フロイト全著作解説

ジェームズ・ストレイチー　北山 修 =監訳・編集　笠井 仁・島田涼子 ほか =訳・注

人文書院

訳者一覧
（50音順）

秋田恭子
阿比野宏
池田政俊
井口由子
笠井　仁
金坂弥起
北山　修
工藤　剛
小坂和子
酒井恵子
島田凉子
須賀路郎
鈴木瑞実
野村　学
馬場謙一
福本　修
松森基子
妙木浩之
山﨑志緒理
吉田弘道
若山隆良
渡辺智英夫

日本語版前書き

　ジェームズ・ストレイチー（1887-1967）が英国で成し遂げた「スタンダード・エディション（*S.E.*）」（1953-1966）は世界の翻訳史の中で、他の追随を許さない誰もが認める素晴らしい訳業である。彼の勇敢さ、勤勉さ、語学力、博学、一貫性など、誉め讃える言葉は数多いが、何よりもあれほどの量の著作をほぼ一人の訳者が「読みやすいもの」にしたという事実は、我が国のフロイト著作の翻訳の現状を一瞥するだけでも、その到達点の高さが分かる。

　実際、当時から英国精神分析学会のアーネスト・ジョーンズは、ストレイチーの力を賞賛して「これこそ科学業績というものがどのように提示されるべきかを示す見本」と言い、「編集の観点から見て、どの独語版よりも信頼できる」とまで語っていた。フロイトの娘アンナ・フロイトも「ストレイチーが達成したものは、著者フロイトの元のテキストそのものに匹敵するくらいだ」と言っており、その賞賛はつきることを知らない。

　確かに、その内容の多様性と広がりの為に、完全な独語版著作集が存在していなかったことも一因となった。しかし、フロイトらが英国に亡命し、多くの分析家が米英に移住して、その後の精神分析が英語圏を中心にして発展したために、ほとんどの精神分析研究者がフロイト原典に当たらず、このストレイチー訳をオリジナルにして引用し言及することになったことが大きい。つまり、このスタンダード・エディションこそ紛れもなく「スタンダード」になったのである。それがどの程度のものだったのか詳しくは不明だが、訳語、訳文、タイトルなどの一部がフロイト自身に相談して決定されており、これもスタンダード・エディションの位置付けを高めている。

　その流布とともに、あまりに分かりやすくなりすぎているとか、科学や医学への適応の為に日常語が専門語になっているなど、もっと別の訳語や言い回しがいくつも提案されてきた。しかし、それがなかなか採用されないのは、良い訳というものは原典よりも分かりやすいのが当然なのであり、大抵の訳語問題がすでにストレイチーたちにより検討されているからである。たとえば、ジョーンズの発案でストレイチーが採用した訳語だが、das　Ich、das

Über-Ich, das Es が ego、superego、id と訳され、日本語でも自我、超自我、エスあるいはイドと訳されていることも訳語問題として大いに議論されてきた。どうして、the I、the above-I、the it にしなかったのだろうかと。しかし、「私」や「それ」に置き換えて訳し直してみると、それなりの不都合がすぐに露呈する。また Trieb が instinct（本能）になっていることも批判され、今回の改訂版ニュー・スタンダード・エディションではとうとう drive（欲動）に置き換えられるという話だ。しかしながら、形容詞や副詞を作りやすい instinct が採用された理由は十分に納得できる。

　そして、訳語というものは、いったん採用され流通すると、それが独り歩きしてしまい、どれほど正しい新訳であろうと置き換わるのに大きな時間がかかるものなのだ。おそらく、今後、どのように改訂され訳し直されようとも、基本においてストレイチー訳に大きな変化はないと見る。一番問題となるのは、フロイトが「考えている最中の考え」を書き記しているので、精神分析思考の運動が伝えられるのに対して、ストレイチーが「すでに考えられた考え」を綴っているという、訳者というアイデンティティとその文体の問題だが、それはどうしようもないことだ。

　D・G・オルンストン・ジュニアが翻訳問題の論文をまとめた本で、ストレイチーの翻訳に関して、こう語っている。「おそらくストレイチーのスタイルは、これからも、エレガントではないかもしれないが、フロイトが書いたもののあらゆる英語版の、いつも一貫したバックグラウンドを形成することだろう。それはストレイチーが正しく見えるだけではなく、彼がいつも正しいからなのである。」(*Translating Freud,* Yale University Press, 1992)

　「正しいストレイチー」に対しては、科学的な術語ではなく、日常語でフロイトを訳し直す試みも英語圏では続いている。例えば数年前から刊行中の、アダム・フィリップスを編集長にした「ペンギン・クラシックス」の新フロイト訳シリーズは、訳者を統一させないという方針で訳文を展開させている。未だ数冊の刊行で、先行き不透明なので本書の書誌では取り上げていないが、この編集方針も納得できる見識なのである。「どのような翻訳も裏切り」なのであり、原語の意味の豊かさはむしろ訳語や訳者を統一しないことで伝えられるのかもしれない。日本の著作集は、いずれもこれまでのところ訳者を統一させていないので、訳語の異同も自然に起きているのである。

　さて、ジェームズ・ストレイチーは、1887年9月26日生まれ、父は軍人で、兄リットンは有名な伝記作家。ケンブリッジ大学トリニティ・カレッジで古

典を学び、ジャーナリストになる。兄とともに、ヴァージニア・ウルフやケインズといったアバンギャルド文化の集まりであるブルームズベリー・グループのメンバーとなる。やがてフロイトを知り、精神分析家になるという希望をもつようになる。そこで相談したジョーンズを通じてフロイトと連絡をとり、1920年から1922年までウィーンに赴いてフロイトから精神分析を受ける。その最中に著作の英訳を依頼され、フロイト自身のチェックを受けた翻訳は、その刊行を計画していたジョーンズに送られたという。また、有名な「カセクシス」や「アナクリティック」などの新造語もウィーン時代に考え出されたという。帰国後、英国精神分析協会のメンバーとなり、1920年代1930年代にフロイトの翻訳を発表した。これらを出版し、現在もスタンダード・エディションを出版しているホガース・プレスは、ブルームズベリーの仲間レオナードとヴァージニアのウルフ夫妻が創立したものである。またストレイチーはクラインに好意的で、ウィニコットの教育分析家としても重要な役を果たし、彼にクラインに出会うようすすめている。晩年は、著作の翻訳に専念し、アブラハムの分析を受けた妻アリックスが彼の死後引き継いで、アンジェラ・リチャーズらの手助けを得てスタンダード・エディションは完成した。心に変化をもたらす「変容性解釈」という概念を提出したことでも知られるようになるが、この論文は松木邦裕監訳で『対象関係論の基礎』（新曜社、2003）に収められている。その治療概念でも伝わることだが、言葉の人であった。

　これほどまでに基本となったスタンダード・エディションは、一つ一つの著作にストレイチーの解説が付せられており、これも長くフロイト理解の基本となってきた。フロイトに関する解説書や入門書には、独文や日本文のものも含めて、これをそっくり写しとっている場合もあるくらいだ。それゆえ、多くの研究者がこれを最良の道案内とし多くを学んだものだが、今回我々はこれをまとめて一冊にして訳出することにした。それがフロイト著作の辞典のようなものになるという読みがあったからだが、今回まとめて見渡してみてその目論見は当たったと思う。

　そして、日本の翻訳の歴史的な代表例や最新の例も付し、著作集の頁数を掲げて日本の読者のために使いやすくした。前後には、論文名からすぐにストレイチーの解説文や、人文書院の著作集、スタンダード・エディションに至ることができるよう、目次や論文索引を付した。原書刊行後に発見されたフロイト著作は、確認できるものや日本で訳文のあるものに限って適当な位

置に挿入しておいた。ただし、ストレイチーにも間違いがあるのだが、それは強迫的に修正せず、ただ彼が作った英文や独文の書誌は情報が古いので、歴史的に重要なものに限った。本文については、原文の情報を損なうことなく訳して、新しい世代のフロイト研究に役立つ「著作辞典」になるようにと心がけて訳した。訳注は、あまり知られていない初期の論文に多く付したが、これも新鮮であろう。また、精神分析が創始されてからの論文の解説は、ピーター・ゲイの伝記を含めて、捕足すべき最新情報が他で入手しやすくなり、邦訳も増えたことがありがたい。

翻訳の大部分は15年前、北山研究所の私が主宰した研究会で完成していた。発刊が遅れたのは、主に監訳者北山の怠慢のせいであるが、1990年代に高まった翻訳問題の議論、そして新しいスタンダード・エディションの改訂版企画の発表などと、見守り検討すべき問題が次々と発生したことも手伝っている。大学就職という変化や一時期日本版著作集が全巻揃わないという状態に陥ったことも、長い中断のきっかけであるが、結果的にもとの研究会参加者には本当に迷惑をかけた。参加して下さった訳者のお名前と現在の所属を巻末に掲げて、完成を共に喜びたい。

しかし、「フロイトを独語で読む」という研究会の仲間である、笠井仁、島田涼子という力強い味方を得て、ここ数年はゆっくりと仕事が積み重ねられていった。文章や訳語統一などだけではなく、日本のフロイト著作の訳を書誌に盛り込み、日本で出ている人文書院版著作集やジョーンズの伝記の邦訳との頁の照合を行なってもらい、研究者や愛好家の便宜をはかった。調べ物では細部にわたってお世話になり、最後はお二人中心の仕事になったところがある。待ちわびる元訳者には深くお詫びすると共に、両先生の労に謝意を表したい。

こういう仕事は、臨床をやりながらやるのは、時間がかかりまったく骨が折れる面があるのだが、これはストレイチーの苦労のほんの一部にしかすぎないと思うだけで、一同励まされる思いがしたものだ。正しく、フロイディアンの"Durcharbeiten"の精神がなければ、ストレイチーの思いを生きて「やり抜く」ことなどできなかっただろう。いつものごとく「北山工房」はクロスワード・パズルを解くがごとく楽しみながらも、時間をかけて抵抗を克服せねばならなかった。

たまたま昨年（2004）、日本精神分析学会が50周年を迎えるにあたり、人文書院がフロイト著作集を改めて一揃いで出せることになり、これこそ完成の

好機だと感じた。これを通して日本語版著作集やその他の訳業が、本書と共にさらに読まれて、分割されやすかったフロイトの「大宇宙」の知恵が全体として浸透しやすくなることを願ってやまない。ストレイチーの編集のままのスタンダード・エディションが一揃いでは入手しがたくなってきた現在、出ると言われながらまだ出版にいたっていない改訂版が待ち遠しいことである。刊行の暁にはぜひともそちらも脇においていただき、フロイト研究のさらなる深化と楽しみに役立てば望外の幸せである。本当に長い間忘れずに待っていただき、最後は急な仕事を引き受けて下さった人文書院の谷誠二さんに心からの敬意を表する次第である。結果として、他国に例のない、こういう辞書があればよかったというようなものが完成したと思う。

　そして、この企画を終始支持して下さった故小此木啓吾先生に再び感謝して、教えを受けた者たちの案下にそっと置かせて頂く。

　　平成17年7月

　　　　　　　　　　　　　　　　　　　　　　　監訳者　　北 山　修

日本語版編集方針

［タイトル］

　項目見出しの日本語の論文名、書名は、人文書院版著作集にあるものは原則としてそれを採用する。著作集にないもので、他に日本語訳のあるものはそれで統一することを原則とする。ただし、タイトルが一般的に固定していないものであれば、明らかな誤訳は修正を行なう。邦訳のないタイトルは原語から新たに訳すが、なるべく独語の直訳で行なう。S.E. においては、書名、ジャーナル名は欧文でイタリックになっているので、日本語では二重括弧『　』に入れ、論文名は引用符「　」でくくるということを原則にした。

［掲載の順番］

　S.E. の登場順に沿って並べている。日本語目次の順番もそれに従っている。付録 Appendix も、必要に応じて訳し、収録は S.E. 掲載の順番に従う。催眠論文や、技法論文など、一括の解説文は、原則 S.E. の順番に従って該当論文の最初に置く。これらの項目見出しは、フロイト自身による論文名、書名と区別して〔　〕に入れて示す。ただし、テーマ別著作リストは便宜のために、巻末に収録する。1903c というような初出年と順番を示すアルファベットは原則 S.E. 本文やその INDEX に従い、元の編者による出版途中での変更は矢印で示している。

［参照頁の表記］

　原文の引用や参照頁数はもっぱら S.E. だが、S.E., II のようにローマ数字でその巻数を示し、頁数はアラビア数字で示す。それと共に人文書院版著作集に訳のあるものは全部巻数頁数を入れる。表記は＜著 10, 33-47＞など。著作集になくて他に邦訳のあるものは、それを紹介するが、頻出の『フロイトの生涯』(『生涯』) の邦訳は短縮版ゆえ、該当箇所のあるもののみ入れて、表記は＜生涯 45＞などと記す。人文書院版著作集以外の、シリーズ化されたフロイト訳の略記は、「選」(日本教文社刊行のフロイド選集)、「大」(アルス刊行のフロイド精神分析大系)、「叢」(春陽堂刊行のフロイド精神分析学全集) である。また書簡については、ユングとの往復書簡集も含め、一般に書簡集として公開された書簡番号を入れているが、最新のマッソン編集のフリースへの「手紙」は当時発表されていたものよりも量が増えて、S.E. が取り上げた頃の番号とは違うので、それのみ古い書簡番号と共に＜手紙 34＞と記した。

［変更や挿入］
　元の文章で「編者」や「われわれ」はストレイチーらのことだが、置き換えて「ストレイチー（ら）」とすることがある。今回掲載部分を指すところでは、元の頁数は本書の頁数に直す。S.E. 自身を明示するところで、「本書の」や「今回の」「現在の」などがあるが、これは「標準版の」とするか、削除する。S.E. 本文のことを指しているところで「以下の」とか頁数だけの指示があるが、これは「本文の」などと修正する。角括弧［　］は元の編者の挿入だが、われわれの日本語版編集での挿入は山括弧＜　＞で示した。

［削除］
　例えば、解説の末尾に英語抄録が何かに載ったというような情報が数行あることがあるが、まったく英語読者向けの情報はカットする。「一度も再版されていない」というような表現は、その後再版されている場合もあるので削除した。

目　　次

日本語版前書き

日本語版編集方針

〔総括的序文〕

〔翻訳にあたって説明を要するいくつかの専門用語に関する覚書〕

大学記念祭派遣助成金を得て行なった
　　パリとベルリンへの研究旅行に関する報告 (1956*a* [1886]) ……… 44

シャルコー著『神経系の疾患に関する講義　第3巻』の
　　翻訳への序文 (1886*f*) ……… 46

あるヒステリー男性にみられた
　　半側感覚喪失の重症例の観察 (1886*d*) ……… 47

〔2つの短い書評〕(1887) ……… 49

　　アヴァーベック著『急性神経衰弱』の書評 (1887*a*)

　　ウェア・ミッチェル著
　　　『ある種の神経衰弱とヒステリーの治療』の書評 (1887*b*)

ヒステリー (1888*b*) ……… 50

〔催眠法と暗示に関する諸論文〕(1888-92) ……… 53

ベルネーム著『暗示』の翻訳への序文 (1888 [1888-9]) ……… 61

アウグスト・フォレル著『催眠法』の書評 (1889*a*) ……… 64

失語症の理解のために (1891*b*) ……… 64

催　眠 (1891*d*) ……… 65

催眠による治癒の一症例
　　「対立意志」によるヒステリー症状の起源に関する ……… 66
　　　論評を添えて (1892-93)

シャルコー著『サルペトリエール病院での火曜講義』(1887-88) の
翻訳への序文と脚注 (1892-94) …… 67

〔1893年の「予報」のためのスケッチ〕(1940-41 [1892]) …………… 69
  (A)ヨーゼフ・ブロイアーへの手紙 (1941*a* [1892])
  (B)メモⅢ (1941*b* [1892])
  (C)ヒステリー発作の理論について (1940*d* [1892])

器質性運動麻痺とヒステリー性運動麻痺の
比較研究についての2、3の考察 (1893*c* [1888-1893]) …… 71

〔フリース宛文書からの抜粋〕(1950*a* [1892-1899]) ………………… 75

科学的心理学草稿 (1950*a* [1895]) ………………………………………… 77
 付録 〔フロイトの退行概念の使用法〕
 付録 〔フロイトのフリースへの1896年1月1日付の
   書簡39〈手紙86〉の抜粋〕〈略〉
 付録 〔*Q* の性質〕

ヒステリー研究 (1893-1895) ……………………………………………… 99
 付録 〔エミー・フォン・N夫人の症例に関する年譜〕

『1893年から1906年の神経症学説小論集』への序文 (1906*b*) ……… 125

シャルコー (1893*f*) …………………………………………………………… 126

ヒステリー現象の心的機制について (講演) (1893*h*) ……………… 128

防衛-神経精神病 (1894*a*) …………………………………………………… 129
 付録 〔フロイトの基礎的仮説の出現〕

強迫と恐怖症 (その心的機制と原因) (1895*c* [1894]) ……………… 137
 付録 〔フロイトの恐怖症についての見解〕

「不安神経症」という特定症状群を
神経衰弱状態から分離する理由について (1895*b* [1894]) ……… 141
 付録 〔'*Angst* 不安' という用語とその英訳〕

「不安神経症」の批判に対して (1895*f*) ………………………………… 145

神経症の遺伝と病因（1896a）	147
続・防衛-神経精神病についての論評（1896b）	148
ヒステリーの病因について（1896c）	150
〔私講師ジクムント・フロイト博士の 　科学的著作の抄録集 1877-1897〕（1897b）	152
神経症の病因における性（1898a）	154
度忘れの心理的メカニズムについて（1898b）	156
隠蔽記憶について（1899a）	157
自伝的覚書（1901c［1899］）	159
夢　判　断（1900a）	160
満たされた予知夢（1941c［1899］）	170
夢について（1901a）	171
日常生活の精神病理学——度忘れ、言い違い、 　為損ない、迷信と思い違いについて——（1901b）	172
あるヒステリー患者の分析の断片（1905e［1901］）	178
性欲論三篇（1905d）	182
フロイトの精神分析の方法（1904a［1903］）	187
精神療法について（1905a「1904」）	188
神経症病因論における性の役割についての私見（1906a［1905］）	189
心的治療（魂の治療）（1905b → 1890a）	190
舞台の上の精神病質人格（1942a［1905 or 1906］）	191
機知——その無意識との関係——（1905c）	192

　　付録　〔フランツ・ブレンターノの謎々〕〈略〉

W・イェンゼン著『グラディーヴァ』にみられる
　妄想と夢（1907a［1906］）……………………………………… 199
事実認定と精神分析（1906c）……………………………………… 201
強迫行為と宗教的礼拝（1907b）…………………………………… 204
児童の性教育について（フュルスト博士への公開状）（1907c）… 205
詩人と空想すること（1908e［1907］）…………………………… 206
ヒステリー症者の空想と両性具有に対するその関係（1908a）… 207
性格と肛門愛（1908b）……………………………………………… 209
「文化的」性道徳と現代人の神経過敏（1908d）………………… 210
幼児期の性理論（1908c）…………………………………………… 212
ヒステリー発作に関する一般的覚書（1909a［1908］）………… 213
神経症者の家族小説（1909c［1908］）…………………………… 214
「読者と良書について」アンケートへの返答（1907d→1906f）… 215
『応用精神科学論集』内容説明（1907e）………………………… 216
ヴィルヘルム・シュテーケル著
　『神経的不安状態とその治療』への序言（1908f）……………… 217
サンドール・フェレンツィ著
　『精神の分析：精神分析領域の論考』への序言（1910b［1909］）… 218
『ノイエ・フライエ・プレッセ』への寄稿（1903a—1905f）…… 218
ある五歳男児の恐怖症分析（1909b）……………………………… 219
強迫神経症の一症例に関する考察（1909d）……………………… 220
強迫神経症の一症例（「鼠男」）のオリジナルな治療記録（1955a）… 222
精神分析について〈精神分析五講〉（1910a［1909］）…………… 226
レオナルド・ダ・ヴィンチの幼年期のある思い出（1910c）…… 229

精神分析療法の今後の可能性（1910d）·· 233

原始言語における単語の意味の相反性について（1910e）············· 234

「愛情生活の心理学」への諸寄与 Ⅰ
　男性に見られる愛人選択の特殊な一タイプについて（1910h）······ 235

「愛情生活の心理学」への諸寄与 Ⅱ
　愛情生活の最も一般的な蔑視について（1912d）·························· 236

「愛情生活の心理学」への諸寄与 Ⅲ
　処女性のタブー（1918a［1917］）··· 238

精神分析的観点から見た心因性視覚障害（1910i）······························· 239

「乱暴な」分析について（1910k）·· 240

自殺についての討論への寄稿（1910g）·· 241

フリードリヒ・S・クラウス博士への手紙
　──『アントロポピュテイア』について（1910f）······················· 242

神経症患者が明かした病因的空想の例（1910j）·································· 243

ヴィルヘルム・ノイトラ著
　『神経症の女性たちへの手紙』書評（1910m）···························· 243

自伝的に記述されたパラノイア（妄想性痴呆）の
　一症例に関する精神分析学的考察（1911c）······························· 244

〔技法に関する諸論文〕（1911-1915［1914］）···································· 250

精神分析療法中における夢解釈の使用（1911e）································· 254

転移の力動性について（1912b）··· 255

分析医に対する分析治療上の注意（1912e）·· 256

分析治療の開始について
　（精神分析技法に対するさらなる忠告 Ⅰ）（1913c）······················· 256

想起、反復、徹底操作
　（精神分析技法に対するさらなる忠告 Ⅱ）（1914g）······················ 258

転移性恋愛について
　（精神分析技法に対するさらなる忠告Ⅲ）（1915*a* [1914]） ………… 259
民間伝承の中の夢（1957*a* [1911]） ………………………………………… 260
精神分析に関して（1913*m* [1911]） ……………………………………… 263
精神現象の二原則に関する定式（1911*b*） ……………………………… 264
神経症発症の諸型について（1912*c*） …………………………………… 266
自　慰　論（1912*f*） ………………………………………………………… 268
精神分析における無意識の概念に関する２、３の覚書（1912*g*） …… 270
証拠としての夢（1913*a*） …………………………………………………… 273
夢の中の童話素材（1913*d*） ………………………………………………… 273
小箱選びのモティーフ（1913*f*） …………………………………………… 274
子供のうその二例（1913*g*） ………………………………………………… 275
強迫神経症の素因
　神経症の選択の問題に関する一寄与（1913*i*） ……………………… 276
オスカー・プフィスター著『精神分析の方法』への序文（1913*b*） … 281
Ｊ・Ｇ・ブアク著『諸民族の風俗・習慣・
　信仰・習慣法における汚物』への緒言（1913*k*） …………………… 282
母音系列の意義（1911*d*） …………………………………………………… 283
「偉大なるはエペソスのディアーナ」（1911*f*） ………………………… 284
Ｍ・シュタイナー博士著『男性能力の心的障害』への序言（1913*e*）　284
トーテムとタブー（1913 [1912-13]） ……………………………………… 285
精神分析への関心（1913*j*） ………………………………………………… 288
分析的実践から得た観察と実例（1913*h*） ……………………………… 289
精神分析治療中における誤った再認識
　（「すでに話した」）について（1914*a*） ……………………………… 290

ミケランジェロのモーゼ像（1914b）……………………………… 291
生徒の心理について（1914f）……………………………………… 292
精神分析運動史について（1914d）………………………………… 293
ナルシシズム入門（1914c）………………………………………… 295
〔メタサイコロジーに関する諸論文〕［1915］…………………… 297
本能とその運命（1915c）…………………………………………… 300
抑　圧（1915d）……………………………………………………… 306
無意識について（1915e）…………………………………………… 309
　　付録　〔フロイトとエヴァルト・ヘリング〕
　　付録　〔心身の平行関係〕〈略〉
　　付録　〔言葉と事物〕〈略〉
夢理論のメタ心理学的補遺（1917d［1915］）…………………… 315
悲哀とメランコリー（1917e［1915］）…………………………… 318
パラノイアについての精神分析理論に異議を唱える症例（1915f）… 321
戦争と死に関する時評（1915b）…………………………………… 322
　　付録　〔フレデリック・ファン・エーデン博士への手紙〕〈略〉
無常ということ（1916a［1915］）………………………………… 323
精神分析的研究からみた2、3の性格類型（1916d）…………… 324
ある具象的強迫観念との神話的類似物（1916b）………………… 325
ある象徴と症状の関連（1916c）…………………………………… 326
ヘルミーネ・フォン・フーク・
　ヘルムート女史宛の手紙（1919i［1915］）…………………… 326
精神分析入門（1916-1917［1915-1917］）……………………… 327
ある幼児期神経症の病歴より（1918b［1914］）………………… 332

欲動転換、とくに肛門愛の欲動転換について (1917c) ………… 336
精神分析に関わるある困難 (1917a) ………………………………… 337
『詩と真実』中の幼年時代の一記憶 (1917b) …………………… 338
精神分析療法の道 (1919a [1918]) ………………………………… 339
大学で精神分析を教える必要があるか (1919j [1918]) ………… 341
「子どもが叩かれる」性的倒錯の成立に関する知識への貢献 (1919e) 342
『戦争神経症の精神分析のために』への序言 (1919d) ………… 344
戦争神経症の電気治療についての覚書 (1955c [1920]) ………… 345
無気味なもの (1919h) ……………………………………………… 346
　　　付録〔ダニエル・ザンデルス『独語辞典』からの抜粋〕〈略〉
ライク著『宗教心理学の諸問題』への序言 (1919g) …………… 348
国際精神分析出版社と精神分析に関する業績への賞金授与 (1919c) 349
ジェームズ・J・パトナム (1919b) ……………………………… 349
ヴィクトール・タウスク (1919f) ………………………………… 350
快感原則の彼岸 (1920g) …………………………………………… 350
集団心理学と自我の分析 (1921c) ………………………………… 354
女性同性愛の一ケースの発生史について (1920a) ……………… 355
精神分析とテレパシー (1941d [1921]) …………………………… 356
夢とテレパシー (1922a) …………………………………………… 358
嫉妬、パラノイア、同性愛に関する
　2、3の神経症的機制について (1922b) ……………………… 359
〔2つの事典項目〕「精神分析」と「リビドー理論」(1923a [1922]) … 360
分析技法前史について (1920b) …………………………………… 361
ある四歳児の連想 (1920d) ………………………………………… 361

アントン・フォン・フロイント博士 (1920c) ……………………… 362
パトナム著『精神分析講話』への序文 (1921a) ……………… 362
J・ファレンドンク著『前意識的な空想的思考』への序言 (1921b) 363
メドゥーサの首 (1940c [1922]) ………………………………… 364
自我とエス (1923b) ……………………………………………… 364
　　付録　〔記述的無意識と力動的無意識〕
　　付録　〔リビドーの大きな貯蔵庫〕
十七世紀のある悪魔神経症 (1923d [1922]) …………………… 379
夢判断の理論と実践へのいくつかの意見 (1923c [1922]) …… 382
夢判断全体への2、3の追記 (1925i) …………………………… 383
幼児期の性器体制（性欲論への補遺）(1923e) ………………… 385
神経症と精神病 (1924b [1923]) ………………………………… 386
マゾヒズムの経済的問題 (1924c) ………………………………… 387
エディプス・コンプレックスの消滅 (1924d) …………………… 388
神経症および精神病における現実の喪失 (1924e) ……………… 390
精神分析要約 (1924f [1923]) …………………………………… 390
精神分析への抵抗 (1925e [1924]) ……………………………… 391
　　付録　〔ショーペンハウアーの
　　　　　「意志と表象としての世界」からの抜粋〕
「魔法のメモパッド」についての覚書 (1925a [1924]) ……… 394
否　定 (1925h) …………………………………………………… 395
解剖学的な性の差別の心的帰結の2、3について (1925j) …… 396
ヨーゼフ・ポッパー－リュンコイスと夢の理論 (1923f) …… 401
フェレンツィ・サンドール博士（50歳の誕生日に）(1923i) … 402

アウグスト・アイヒホルン著『浮浪児』の序文 (1925f) ……………… 402

ヨーゼフ・ブロイアー (1925g) …………………………………………… 403

レイモン・ド・ソシュール著『精神分析法』への序文 (1922e) …… 404

マックス・アイティンゴン著『ベルリン精神分析無料診療所に
　関する報告（1920年3月から1922年7月）』への序文 (1923g) …… 405

フリッツ・ヴィッテルスへの手紙 (1924g [1923]) …………………… 405

ルイス・ロペス–バレステロス・イ・デ・トーレスへの手紙 (1923h) 406

『ル・ディスク・ヴェール』への手紙 (1924a) ………………………… 407

『ユダヤ・プレスセンター・チューリヒ』
　編集人に宛てた書簡 (1925b) ………………………………………… 408

ヘブライ大学開校式に際して (1925c) ………………………………… 409

（『国際精神分析学雑誌』）編集者報告 (1924h) ……………………… 409

自己を語る (1925d [1924]) ……………………………………………… 410

制止、症状、不安 (1926d [1925]) ……………………………………… 412
　　付録　〔「抑圧」と「防衛」〕

素人による精神分析の問題：公平な人物との対話 (1926e) ………… 423

精神の分析 (1926f) ………………………………………………………… 426

ブナイ・ブリース協会会員への挨拶 (1941e [1926]) ………………… 427

カール・アブラハム (1926b) …………………………………………… 429

ロマン・ロランへ (1926a) ……………………………………………… 429

E・ピックヴォルト・ファロー
　「6ヶ月齢の幼児期記憶」についての論評 (1926c) ………………… 430

ある幻想の未来 (1927c) ………………………………………………… 431

文化への不満 (1930a [1929]) …………………………………………… 432

呪物崇拝（1927e） ……………………………………… 437

ユーモア（1927d） ……………………………………… 440

ある宗教体験（1928a［1927］）………………………… 441

ドストエフスキーと父親殺し（1928b［1927］）……… 442
　　付録〔フロイトからテオドル・ライクへの手紙〕〈略〉

マクシム・ルロワへの手紙──デカルトの夢について（1929b）…… 444

ゲーテ賞1930年（1930d）………………………………… 448

リビドー的類型について（1931a）……………………… 450

女性の性愛について（1931b）…………………………… 451

ライク博士と偽医者治療の問題
　（『ノイエ・フライエ・プレッセ』への手紙）（1926i）……… 452

アーネスト・ジョーンズ50歳の誕生記念日に（1929a）……… 453

ハルズマン裁判における専門家の意見（1931d［1930］）……… 453

『メディカル・レヴュー・オヴ・レヴューズ』
　第36巻（1930年）への序文（1930c）………………… 454

エドアルド・ヴァイス著『精神分析学要綱』への序言（1931c［1930］）　455

小冊子『ベルリン精神分析研究所の10年』への序言（1930b）……… 456

ヘルマン・ヌンベルグ著
　『精神分析に基づく神経症学説総論』への序文（1932b［1931］）…… 456

プリボール市長への手紙（1931e）……………………… 457

続精神分析入門（1933a［1932］）………………………… 458

火の支配について（1932a［1931］）……………………… 459

戦争はなぜ（1933b［1932］）……………………………… 461

ヨーゼフ・ポッパー-リュンコイスとの接触（1932c）……… 463

サンドール・フェレンツィ (1933c)	464
ある微妙な失錯行為 (1935b)	465
ロマン・ロランへの手紙 （アクロポリスでのある記憶障害）(1936a)	465
ゲオルグ・フックスへの手紙の抜粋 (1931f)	466
リヒャルト・ステルバ著 『精神分析辞典』への緒言 (1936b [1932])	467
ボナパルト著 『エドガー・ポー　精神分析的研究』への緒言 (1933d)	468
トーマス・マン60歳誕生日に寄せて (1935c)	468
人間モーセと一神教 (1939a [1934-38])	469
精神分析学概説 (1940a [1938])	472
終わりある分析と終わりなき分析 (1937c)	475
分析技法における構成の仕事 (1937d)	480
防衛過程における自我の分裂 (1940e [1938])	481
精神分析初級講座 (1940b [1938])	483
反ユダヤ主義運動についての批評 (1938a)	484
ルー・アンドレアス・サロメ (1937a)	485
成果、考想、問題 (1941f [1938])	486
イギリスにおける反ユダヤ主義 (1938c)	486

付録　テーマ別著作リスト

主として転換ヒステリーを扱ったフロイトの著作リスト	488
主として、あるいは大きく夢を取り扱っているフロイトの著作リスト	489
主として、あるいは大きく性愛を扱ったフロイトの著作リスト	490

子どもの不安と恐怖症を扱ったもの
　および強迫神経症を扱ったいくつかのフロイト著作 …………………… 492
フロイトの解説的著作のリスト …………………………………………… 493
主として精神分析技法と精神療法の理論を扱ったフロイトの著作リスト　493
社会人類学、神話、そして宗教の歴史を扱ったフロイトの著作リスト … 495
主として一般心理学理論を取り扱っているフロイトの著作リスト ……… 496
フロイトの長めの症例報告のリスト ……………………………………… 497
主として、あるいは大きく不安を取り扱っているフロイトの著作リスト　497
主として、あるいは大きく芸術、文学、
　あるいは美学理論を取り扱っているフロイトの著作リスト …………… 498

著作索引（英語・独語・諸国語）
監訳者略歴／訳者一覧

フロイト全著作解説

〔総括的序文〕

（1）　標準版の範囲

　本全集が取り扱う範囲はそのタイトルによって示されている——つまり『ジクムント・フロイト心理学研究全集 The Complete Psychological Works of Sigmund Freud』である。しかしこれを実際に始めるに際し、その内容をもっとはっきりと示しておくのは適切なことであろう。私の目的は、出版されているフロイトの心理学論文の全部をここに収録することであった——それはすなわち、精神分析のものと精神分析よりも前のものとの両方を収録することである。彼の執筆活動の最初の15年の間に、身体科学に関して数多くの出版物をフロイトは発表しているが、それらはここにおさめられない。(原注1)その境界線をここに引くとき、私はかなり寛大だった。というのも、1886年にパリから帰ってきた直後にフロイトが書いた2、3の論文にも紙数を割いているからである。それらは主にヒステリーを取り扱っているのだが、シャルコーの影響の下で書かれたもので、精神過程への言及がほとんどない。しかし、フロイトの神経学論文と心理学論文との本当の橋渡しを果たしてくれるものである。
　この『標準版』〈この序文より後は括弧をとって標準版あるいは S. E. と表記〉はフロイトの書簡を含まない。これは膨大な量があり、その中から比較的わずかな量だけが選ばれてこれまでに出版されている。「公開状」やフロイトの同意を得て彼の存命中に印刷された幾つかのものは別にして、この基本原則を外れるものとして私のとった主な例外は、彼の経歴の初期の間になされたヴィルヘルム・フリースとの書簡の場合である。これはフロイトの見解（彼の初期の見解だけではなく）の理解にとって非常に重要であり、その大部分は除外することなどできないものだろう。従って今回の第Ⅰ巻は、1895年の『草稿』(訳注1)と1892年から1897年の間にフロイトがフリースへ送った一連の「草案」、それから手紙のなかでも確かに科学的に興味深いと思われる部分を収録することとする。
　さらに、ウィーンにおける種々の医学学会の集会で初期の頃に行なわれた

講義や発表された論文の多くが、報告や抄録として同時代の刊行物に発表されているが、この『標準版』はそのどれをも含んでいない。ここでの唯一の例外は、その報告がフロイト自身によって書かれたり修正されたりしたという稀れな場合に限ることにする。

　他方、『独語版全集 *Gesammelte Werke*』（概ね完全と言えそうな唯一の独語版であるが〈必要に応じ G. W. と表記〉）の全内容が、『標準版』でも読むことができる。加えて幾つかの論文は、『独語版全集』が完成してから日の目を見たものであるか、または様々な理由から編者たちが削除したものなのである。『ヒステリー研究』のヨーゼフ・ブロイアーの担当部分は、両方の独語の論文集から除外されていたものだが、第II巻に含まれることは必須のように思われる。

（2）編纂計画

　約200万語を目の前にした編者〈ストレイチー〉の最初の問題は、これらをどうやって読者に提示するのが最善かを決定することであった。この素材を配列する際の基礎になるのは分類上のものか年代かのどちらかである。最初の独語の論文集（フロイトの存命中に編纂された『独語版著作集 *Gesammelte Schriften*』）は題材に従って分けることを試みたが、もっと最近に出た『独語版全集』は厳密に年代順であることを目指したものである。どちらの計画も満足のいくものではなかった。フロイトの著作は幾つかのカテゴリーにうまくおさまるものではなかろうし、厳密な年代順というのも彼の似かよった考えの流れというものを邪魔することになってしまう。それゆえここでは妥協案が採用された。配列は大部分年代順になっているが、特定の場合にこの原則を私は無視している――例えば、フロイトがもとの論文のあと何年もたってから補遺を書いたり（第XX巻にある『自己を語る』の場合のように）、日付の違う論文を自分で集めてひと組にしたり（第XII巻の技法論のように）したところである。しかしながらおしなべて、各巻はそれぞれ特定の何年かの間に属す全著作を含んでいる。各巻の内容は（もちろん1つの長編に関わる場合は別だが）3つのクラスにグループ分けしている。最初に、その期間に属しているものから1つの主要著作（または複数の主要著作）を掲げる――これがその巻のタイトル名になる。次いで、より小規模だが比較的重要な著作がくる。最後に、本当に短い（そしてたいがいはあまり重要でない）著述が集

められている。年代は、可能な範囲で、問題の著作の実際の執筆の日付によって決められた。しかしながら、唯一の確かな日付が出版の日付であることはよくあることである。それゆえそれぞれの著作タイトルの下に丸括弧の中に出版の年が、その後には角括弧の中に執筆年が記されているが、そこでは必然的に後者は前者と違っていることが分かるだろう。例えば第 XIV 巻にある「メタサイコロジー」の最後の 2 つの論文は1917年に出版されたのだが、その 3 つの先行論文と同じ時、つまり1915年に書かれていることはほとんど確実である。従って最後の 2 つの論文は前のものと同じ巻におさめられており、最初に「(1917 [1915])」と記されている。ついでに言うと、それぞれの巻には文献目録と索引がついているが、全集全体の完全な文献目録と索引は第 XXIV 巻に予定している。

（3） 独 語 出 典

この刊行に際しての翻訳は、一般にフロイトの存命中に出版された最後の独語版に基づいている。しかしながら私の困難の 1 つは、その独語テキストが満足できない性質のものであったことにある。フロイトの直接の監修下で世に出た元の出版物は、通例は頼りになるが、時間が経ち責任が他の人達の手に委ねられるようになると、間違いが忍び込んでくるようになった。このことは、2 つの大戦の間にウィーンで出版され1938年にナチスによって破壊された最初の著作集にも当てはまる。第 2 次大戦の間に最大の困難を蒙って英国で印刷された第 2 の著作集は、ほとんどその先行版の写真複写で、当然ながらそれが製作された状況の跡を残している。しかしながらこれが、フロイトの著作の独語版でまがりなりにも完全だと主張できるものとしては、いまだに唯一手に入るものなのである。(原注2)

1908年以来ずっとフロイトは自分の原稿を保管していたが、彼の存命中に出版された著作の場合、私は疑念を抱いた幾つかの場合を除いて、それに頼ることはなかった。幾つかの著作が著者の死後出版されているが、そこでは立場が異なってくる。そしてわずかな例では、とくに『草稿』の場合は（その著作への「編者の序論」からも分かるように）翻訳は原稿の複写写真から直接なされている。

独語版の深刻な欠陥は、彼の何冊かの本が版を重ねるときにフロイトによってなされた枚挙にいとまのないテキストの変更を、まったく取り扱ってい

ないことにある。これはとくに『夢判断』と『性欲論三篇』とに当てはまり、どちらも後の版で相当の程度にまで書き直されている。フロイトの考えの発展について本気で学ぼうとする研究者にとり、彼の見解の層構造を剥き出しにすることは非常に興味深いことである。それゆえここで私は、初めて、いろいろな変更がなされた日付を脚注に記して前の版の内容を提示するよう力を尽くしたのである。

（4） 注 釈

いままさに言ったばかりのことからお分かりのように、最初から最後まで私は「本気の研究者」を想定してこの刊行を構想してきた。その結果膨大な量の注釈が避けられないものとなり、そのため多くの読者がいらいらさせられるかもしれない。ここで私は、ジョンソン博士の言葉を引用したいと思う。
(原注3)

「注釈者が、あることについては書くことが少なすぎたり、また別のことでは多すぎたりするのを避けるのは不可能である。彼は、何が必要かを彼自身の経験から判断できるのみなのである。そして彼がどれだけ長く熟考しようとも、精通した者なら間違うことはありえないと思うような多くの文章を最後には説明することになり、無知な者なら助けを求めるような多くの文章を除外することになる。このような非難はたんに相対的なものであり、静かに耐えねばならないのである。」

『標準版』における注釈には様々な種類がある。最初に、私がいま言及したばかりの純粋にテキスト上の覚書がある。次いで、フロイトは数え切れないくらい歴史上のことや地方のことにそれとなく言及したり、文学からも引用したりしているが、それらの説明があることになる。フロイトは、これまで「２つの教養」(訳注2)と呼ばれてきたものの両方に等しく精通した人間として目を見張らせるような例であった。彼は神経解剖学と生理学の専門家であっただけではなく、母国語の文学や英国、フランス、イタリア、スペインの文学に加え、ギリシャ語やラテン語の古典などにも、広く通じてもいた。
(原注4)彼が言及しているもののほとんどは彼のウィーンの同時代人にはすぐに分かるものであったかもしれないが、現代の英語を話す読者の許容範囲をはるかに超えている。しかしながら、とくに『夢判断』においてそうなのだが、これらのそれとなくなされた言及が議論の流れの中で実際的な役割を果

たしている。それゆえ、ときには不成功に終わらざるをえない探索を要求されたが、これらの説明は怠るわけにはいかなかったのである。

別の種類の注解は、相互参照から構成されている。これらは研究者にとって特別な価値をもっているはずである。しばしばフロイトは同じ話題を数回にわたり取り扱っているが、それも違うやり方で、互いに遠く離れた様々な日付で行なっている。この版の全範囲にわたりこれらの例を相互に参照することは、素材を全体として年代順に取り扱っていることへの反対に打ち勝つための助けになってくれるはずである。(原注5)最後に、もっと稀なことだが、フロイトの発言を解説する覚書がある。しかしこれらはふつう、ただ相互参照の延長上にあるような例なのである。そして、フロイトの意味しようとしたことについてのもっと丹念な検討は、通常、また別の範疇の注釈においてなされた。

というのは、脚注において終始一貫してなされる説明とは別に、例外なくそれぞれの著作には「導入のための覚書」が付けられている。これは、著作の重要性に応じて長さが様々である。(訳注3)すべての例で、それは独語テキストとそのすべての英訳版の文献名から始まっている。(その他の言語への翻訳には注意ははらわれていないし、1939年のフロイトの死後の再版の完全なリストを作ろうとする試みもなされていない。)これに続いて、著作の執筆と発表の日付及び事情について知られていることに関し説明がある。その後で、論文が取り扱う話題と、フロイトの思考の潮流の中におけるその位置について少し指し示すことにした。異同が見出されるとしたら、もちろんここのところである。あまり興味をもたれない短い著作の場合は、文章が1つか2つしかないだろう。主要著作の場合は、何頁にもわたる導入のための小論となるだろう。

これらの多様な種類の編集上の介入は、すべてが1つの原則によって統率されている。一貫して望むことであるが、私はこれまでフロイトに彼自身の注釈者になってもらうことを目指してきた。不明瞭な部分があるところでは、フロイト自身の記述の中に説明を探してきたし、矛盾があるように思えるところでは、読者の前にその事実を提示して読者に自分の判断をくだしてもらうことを可能にすることで十分としてきた。私は説教調になることは避けるよう最善をつくしてきたし、高みから権威を主張するのをなんとか回避してきたのである。しかし、私が自分の意見をとくに理論の問題に関して差し控えたというのだから、これから分かってもらえるように、それがどんな出所

からのものであれ後のすべての論評、推敲、批判をも等しく差し控えたのである。それゆえほとんど例外なく、今回の版では、どれほどすぐれたものであろうと他の著者にまったく言及していない——もちろんフロイト自身によって引用されたものは別であるが。(どちらにしても、彼の死後に見られる精神分析の文献の爆発的増加がこの決定を強いていたであろう。)これによって、研究者はきっと、フロイトの書いたものに外部の意見に影響を受けずに接近できるであろう。

　それらの多くはもはや修正不能であるが、今回の刊行の欠点でもっとも気になるのは注釈の問題なのである。おびただしい数の誤植や些細な言い間違いは第XXIV巻で修正されることを望みたいが、すでに私に分かっているような欠陥はそれほど簡単には正せないものだろう。それらは大体において、素材が熟していないことから生じている。これはすでに私が述べたことが例になる——つまり、本当に信頼できる独語版がまったく存在しないことである。しかし実際のところ、15年余りも前に今回の刊行の仕事にとりかかろうとしたときには、全領土が未調査で地図もなかったのである。アーネスト・ジョーンズのフロイトの生涯に関する出版はまだ始まってもいなかったし、フリースとの書簡や『草稿』が存在していることなどほとんどの人が想像すらしていなかった。本当に多くのところから援助を受けたが、(原注6)とくにアーネスト・ジョーンズは彼が何か発見したときは自分の発見に私が後れをとらないようにしてくれた。にもかかわらず『標準版』は１つの開拓者的な仕事であり、そのことに伴うあらゆる避けがたい過ちと愚かな失策が見られるのである。私自身は時間がたつにつれて訓練されフロイトの考えが前より理解できるようになっていったのだが、時間的に後に出版される巻がそのことを証明することになりそうである。(原注7)

　とりわけ２つの不利な条件を挙げることができるだろう。最終巻が終了するまで全編を印刷の用意ができた状態で修正にいつでも応じられるようにしておくという理想的な状況は、もちろん実現不可能であった。しかしその結果として、最初の巻が出版される前に基本的な事項の全項目が決定されねばならなかった。これらの決定には刊行の体裁や専門用語の選択の問題が含まれていたが、それらは一度決定されると一般に全編通して守られねばならなかったのである。もちろんそのうち幾つかは、後で後悔することになりそうなものであった。(原注8)慈悲深い批評家諸氏に心にとめてほしいもうひとつの欠陥の源は、この『標準版』は多くの点で素人が生み出したものだとい

うことである。個人的には他の職業にいつも携わっている数人の者たちによる仕事であり、人材や便宜を提供してくれそうな既存の学問的機関のどれからも支援は受けていない。

（5）　翻　訳

　フロイトの翻訳改訂ということを考慮したとき、その第1の目標は確かに最大に可能な正確さで彼の意味したいところを書き表わすことに向けられた。しかしもう1つの、そしておそらくはもっと困難な問題を避けて通ることはできなかった。それは文体の問題である。フロイトの書いたものの文学的な功績は、どうしても無視するわけにはいかない。例えば、トーマス・マンは『トーテムとタブー』のもつ「純粋に芸術的な」特質について述べている――それは「その構造と文学的な形式において傑作に類するものであり、独語で書かれたエッセイのすべての偉大な例に並び称せられるべきものである」と評している。(原注9)こうした価値は、翻訳を通して生き延びることがほとんど期待できなかったとしても、その方向に向けてある程度は努力せねばならなかった。『標準版』が最初に計画されたとき、もし全テキストを形作ることに対し1人の手が責任を負うならば、それは利点になるだろうと思われた。そして実際に1人の手が翻訳の仕事の、より大きな部分を成し遂げたのである。たとえ以前の版が基礎として使われたところでさえも、非常に大量の改編を施さねばならなかったことを見出してもらえるだろう。このために不幸にも以前の多くの翻訳を、それ自体では素晴らしいのだが統一性を優先したため、破棄することになってしまった。私が眼前にいつも置いてきた想像上のモデルとは、19世紀の中頃に生まれ幅広い教育を受けた英国人の或る科学者が書いたものというモデルである。そしてけっして愛国主義的な精神で言うのではなく、説明として「英語」という言葉を強調しておきたい。

　フロイトの意味したいところを正しく書き表わすという第1の問題にここで戻るならば、私が述べたばかりのこととの葛藤に陥らねばならなくなる。というのはフロイトが難解になったり不明瞭になったりするところではいつも、どのように洗練された文体をも犠牲にして、逐語訳へと片寄る必要があるのである。同様に同じ理由で、最大の善意を得ても世間では「英語」としてみなされないようなかなりの数の術語、型にはまった言い回し、造語をまるごと翻訳へとのみ込んでいく必要がある。また、『夢判断』『日常生活の精

神病理学』、そしてジョークに関する書物において見られるように、翻訳できない口語上の諸点を孕んだ素材が現われるという特別の困難がある。ここでは、削除したり何か等価の英語の素材で代用したりというような、安易に別の策をこうじることをわれわれは差し控えねばならない。われわれは後退して角括弧と脚注に頼らねばならないが、それはわれわれが基本規則に縛られているからである。その基本規則とは、フロイトであること、フロイトの全てであること、フロイト以外のものではない、ということである。

専門的語彙について私は、全般的にアリックス・ストレイチー（1943）による『独英精神分析新語彙集』で示されている用語を採用したが、それ自身はアーネスト・ジョーンズによって20年前に設置された「用語委員会」の提案に基づくものである。ほんの僅かな例においては、私はこれらの権威から逸脱してしまっている。論争点を提起した個々の言葉は、いくつかこの先にある別個の覚書において論じられている（xxiii頁〈本書37頁〉）。

1つの独語の術語は同じ英語の術語でいつも変わることなく翻訳するという一般規則を、私はできる限り守るようにしてきた。そのため'Unlust〈不快〉'はいつも'unpleasure'と訳され、'Schmerz〈痛み〉'はいつも'pain'と訳される。しかしながら、この規則は誤解につながりやすいことも気付かれるべきである。例えば'psychisch〈心の〉'がいつも'psychical'で、そして'seelisch〈魂の〉'は'mental'[訳注4]と訳されているという事実は、これらの言葉が異なった意味をもっているというような考えにつながるかもしれないが、私は同義語であると信じているのである。しかしながら統一的な翻訳という規則は一貫して遂行され、言い回しや、実に文章全部にまで及んでいる。非常にしばしば起こることだが、フロイトが数ヶ所で（それもときに長い間を空けて）同じ議論を提示したり同じ逸話を語るとき、私はそのまま彼についていくようにして、もし彼が同じ言葉を使うなら私もそうするようにしている。また彼がそれを変化させたなら、私も同じようにしたのである。興味をひく幾つかの点が、このようにして翻訳では大事に扱われている。

ここではっきりと言っておかねばならないのは、どれほど小さくともテキストへのあらゆる追加とあらゆる追加の脚注は角括弧によって示されていることである。

（6） 謝　辞

　他の何よりも前に、米国精神分析協会（私は私自身がその名誉会員として数えられることを誇りに思う）の会員諸氏からその最初期の段階でこの計画に与えられた、とてつもなく寛大な援助にお礼を申し上げたい。とくに、協会の当時の会長であったW・C・メニンガー博士の支持を得て、率先して協力いただいたのはボストンのジョン・マレー博士だった。必要な資金を獲得しようという以前のあらゆる試みは失敗していたが、提案されていたこの版の約500セットを予約しようという偉大な意思表示なしでは、全計画が破棄されていたことだろう。この『標準版』という実物による具体的な証拠が何も存在しないときに、純粋で実に非合理的とも思われる信頼の実行の証しとして、総額が出資された。そして忍耐強い出資者たちは、最初の巻が彼らに届けられるまで４、５年という長きにわたって待つことを余儀なくされたのである。
　そのときからずっと、米国からの援助は揺るぎないものであり、各地から私に数多く届けられている。数年にわたり、私はたえず気持ちよくK・R・アイスラー博士に相談させてもらったが、友情あふれる激励を個人的に与えられたうえ、ジクムント・フロイト資料館の全てを私が自由に使えるようにしてくださった。また彼を通じて、ニューヨーク州精神医学研究所の図書館にある貴重な資料に接することができるという恩恵に浴した。もちろん私は、アレクサンダー・グリンスタイン博士と彼の『精神分析著作索引』にはいつもお世話になってきた。米国から私が受けた援助について終える前に、互いに非常に離れた場所に住むお２人の人物について述べておかねばならない。お２人とも、英語でのフロイトの完全版という夢を随分前から支持されながら、生きてその成就を見られることはなかった。そのお２人とは、オットー・フェニヘルとエルンスト・クリスの両氏である。
　ここで少し母国へと戻るなら、私が受けた主たる援助はもちろん、精神分析研究所からのものである。とくにその出版委員会は、名目は変わったがもっとも早期から終始変わらず、それはしばしばまったく法外な財政的な要求だと思われたにちがいないが、それにもかかわらず援助を続けて下さった。個人的なお名前を挙げるのは事態を歪めることになりそうだが、私はアーネスト・ジョーンズ氏との膨大なやりとりによって教えを受けたことをいま一度思い起こさねばならない。私は格別の理由があって、出版委員会の議長を長

い間つとめられたシルビア・ペイン博士に感謝の意を表したい。

　それでは『標準版』の実際の誕生過程へと戻りたい。言うまでもなく私の最初の謝意は、それぞれの巻の表題が記されている頁に名前があがっているが、その協力者と助手たちに表されねばならない。それは、アンナ・フロイト嬢、私の妻、そしてアラン・タイソン博士である。とくにフロイト嬢は惜しみなく彼女の余暇の時間を捧げられ、翻訳の全てを最後まで読まれ、貴重なご批判を頂戴した。本巻の表題頁にはアンジェラ・リチャーズ（現アンジェラ・ハリス）の名もあがっている。最近の数年は、実に彼女が私の第1助手で、私の仕事の編集面において多くの責任を担ってくれた。個々の巻の索引の大部分を用意してくれたラルフ・パートリッジ夫人にも当然感謝せねばならない。そしてアンブローズ・プライス夫人とD・H・オブライエン夫人に。2人がかりで、この版の素材のすべてがタイプで打ち出されたのである。

　この版の事前の準備に際しての困難は、フロイトが翻訳の著作権をまったくビジネスを考えないで取り扱っていたことから生じた紛糾のために、さらに困難なものとなった。このようなもめごとは、とくに米国における著作権に関して、エルンスト・フロイトの数ヶ月にわたる精力的な交渉のおかげでようやく解決をみたのである。この問題は、英国側ではホガース出版社、とくにレナード・ウルフ氏によって扱われた。ウルフ氏には、約40年の間フロイトの英語訳を出版してこられたので、この版の進行にあたっては積極的な役割を担っていただいた。私の謝意は、私の要求に我慢して応じてくれた出版社や印刷業者の皆様には特別に、どこかで罪悪感を抱きながら、表わされるべきものと思う。

　次のことを追加するのは、適切なことである。多くの支援者の助言から、私は計り知れないくらい教えられ、利益を享受したが、それでもあらゆる点についての最終的な決定は、それが翻訳に関するものでも注釈に関するものでも、最後は私にまかされることになっていた。それゆえ、疑いもなく時間がたてば十分に明らかになるはずの間違いについては、責任はただ私だけに帰せられるべきものなのである。

　最後に私は、さらに個人的な謝意を表することが多分許されるであろう――これほど長い間、翻訳者としての仕事を分かち合ってくれた我が伴侶には本当に世話になった。われわれがフロイトとの分析のためにウィーンで2年間を共に過ごして以来、そしてわれわれの分析が始まってたった数週間で、

最近書いたばかりの論文を翻訳するよう彼から突然指示されて以来——彼は言った「「子供が叩かれる」です」——この翻訳は今回第ⅩⅦ巻におさめられているが、あれ以来かれこれ約半世紀がたつ。今回の大事業においては、承認と批判の両方におけるその公平さによって、彼女はたえず助けになってくれた。私は何回か身体的な困難を抱え込み、この『標準版』がいつか完成に持ち込めるなどと想像することすら愚かであると思われたときに、それらの時期をなんとか切り抜けられたのは、ただただ彼女のおかげなのである。

ジェームズ・ストレイチー
マーロウにて、1966年

（原注1）　これら（長さや重要性の点で異なるが、全部で数は約25になる）の主要部分のフロイト自身の要約を、標準版第Ⅲ巻223-257頁に見出すことができる。
（原注2）　これは現在（1966）、フランクフルトのフィッシャー書店（S. Fischer Verlag）から発売されているが、まったく改訂されていない。
（原注3）　シェイクスピアへの彼の序文からの引用。
（原注4）　彼の著作の中の多くの文章が、視覚的芸術への彼の関心を物語っている。そしておそらく、音楽への彼の態度は実に、彼が信じてもらいたいと期待していたほどには、ネガティブなものではなかった。
（原注5）　言うまでもないことだが、これらの相互の参照が完璧なものだと主張するつもりはない。これらはただその場その場の道しるべとして、これから先の研究について幾つかの方向の可能性を研究者に示唆することが意図されているのである。
（原注6）　これはどこでもそうだったわけではない。1954年に私は、ウィーン精神分析協会の議事録に自由に接近することを拒否された。
（原注7）　これらが発表された実際の順序は、記録しておく価値があるかもしれない。つまり、1953年：Ⅳ、Ⅴ、Ⅶ。1955年：Ⅹ、ⅩⅧ、ⅩⅢ、Ⅱ、ⅩⅦ。1957年：ⅩⅠ、ⅩⅣ。1958年：ⅩⅡ。1959年：Ⅸ、ⅩⅩ。1960年：Ⅷ、Ⅵ。1961年：ⅩⅨ、ⅩⅪ。1962年：Ⅲ。1963年：ⅩⅤ、ⅩⅥ。1964年：ⅩⅫ、ⅩⅩⅢ。1966年：Ⅰ。
（原注8）　非常に些細な例を挙げるなら、もし今日から『標準版』にとりかかるのなら、おそらく'psycho-analysis'という言葉における面倒なハイフンを廃止してしまうだろう。
（原注9）　トーマス・マン、1929年、3頁。

（訳注1）　標準版第Ⅰ巻にある Project for a Scientific Psychology のことであり一般に『科学的心理学草稿』と訳されているものだが、ここではただの『草稿』として取り扱われている。

（訳注2） Two cultures. 医学などの自然科学と、文学などの人文科学の2つを指す。
（訳注3） これが本書においてすべて訳されている。
（訳注4） この *Seele* の訳語の問題は、次の本で取り上げられている。B・ベッテルハイム『フロイトと人間の魂』藤瀬恭子訳（法政大学出版局、1989）。

〔翻訳にあたって説明を要する
いくつかの専門用語に関する覚書〕

Abwehr 私は定訳の'defence（防衛）'を取り入れたが、これは独語よりも受動的な印象を与える。実際の意味は'to fend off（はらい除ける）'に近く、私は同じ語源の動詞である'*abwehren*'にはそれを使っている。^(訳注1)

Affekt, Empfindung, Gefühl これら3つの言葉は、厳密に使われる場合には、意味が異なる。すなわち、'affect〈情感〉'（日常英語ではない）、'sensation〈感覚〉'、'feeling〈感情〉'（あるいは'emotion〈情緒〉'）となる。ここで困るのは、両言語のこれらの言葉がみなひどく曖昧な領域を扱っており、独語と英語の意味が一対一対応せずに重なり合っているという点である。とくに、独語の'*Empfindung*'は英語の'sensation'と'feeling'の両方を表わすことができる。関心があれば、こうした困難が生じている主な2つの節を参照するとよい。すなわち、「無意識」に関するメタ心理学の論文のうち第3セクション（S.E., XIV, 177-178 ; G.W., 10, 275-277〈著6, 94-96〉）と、『精神分析入門』の第25講（S.E., XVI, 395 ; G.W., 11, 410〈著1, 326〉）である。これらの文章、とくに2番目では、'*Empfindung*'を'feeling'と訳す必要があるようである（同様に『制止、症状、不安』の第8章の冒頭、S.E., XX, 132 ; G.W., 14, 162〈著6, 350〉でも同様である）。しかし、そうであれば、'*Gefühl*'は、これらの文章では'feeling'と訳すことができない。私はそれゆえ、代わりに'emotion'をそれに当てている。フロイト自身がこれらの言葉の使用について柔軟に考えていたことは、なかでも、「強迫と恐怖症」に関する初期の仏語の論文の中で彼が'*état émotif*'を、通常独語の'*Affekt*'の同義語として使っている（例えば、G.W., 1, 346〈「失語症と神経症」（安田）146〉）という事実に示されている。^(訳注2)

Angst 'anxiety'〈不安〉が、慣例ではこの用語の訳語となっている。このことについては、標準版第Ⅲ巻116頁にある、不安神経症に関するフロイトの最初の論文に編者が特別に添えた付録で論じている。

Anlehnungstypus （対象選択の）「依存型 Anaclitic（or attachment）type」〈著5, 121〉。この用語については、標準版第XIV巻87頁にある、ナル

シシズムに関する論文に対する編者ストレイチーの脚注で論じている。
(訳注3)

Besetzung 'Cathexis'〈カセクシス〉。この用語の起源については、標準版第Ⅲ巻63頁脚注〈本書136頁〉にある、防衛-神経精神病に関する最初の論文に対する編者ストレイチーの付録に付した脚注で説明している。
(訳注4)

Instanz 'Agency'。独語の用語は、『夢判断』の第4章、独語版全集2-3、149頁（*S.E.*, IV, 144〈著2，122-123〉）に初めて出ているようである。そこではさらに、同じ著作の他の多くの箇所で、'*Instanz*' は '*System*' と同義である。フロイトはどうやらその比喩を、法廷の権力や司法権、あるいはもっと大まかに、法廷そのものを指す法律用語から借りてきているようである。実際（オックスフォード辞典にあるように）、'instance' という言葉の同様の用例が英語にはある。しかし、「第一審法廷 a court of first instance」という表現以外には、ほとんど廃れてしまっている。一方、この英単語には、さまざまなふつうの現代的な用法があり、'*Instanz*' の訳語としては混乱を招くだけだろう。このため私は、独語の概念の本質を含んでいるように思える 'agency' という多義的な言葉を導入した。
(訳注5)

Phantasie 'Phantasy'〈幻想〉。この言葉の綴りはかなりの困惑を引き起こしている。'ph' の語形は、大部のオックスフォード辞典の考察（'Fantasy' の項目にある）にもとづいてここでは採用されているが、そこではこう結論づけられている。「*fantasy* と *phantasy* とは、音においても、もとの語源においても同じものであるにも関わらず、現代の用例では別の言葉として理解される傾向がある。前者の中心的な意味は『気まま、気まぐれ、空想的な思いつき』であり、一方後者のものは『想像、幻想的な考え』である。」したがって、この標準版では専門的な心理現象を表わすために 'ph' の語形を使っている。しかし、'f' の語形も、それがふさわしい場合には使われている（例えば、*S.E.*, XVII, 227および230〈著3，335と338〉を参照）。
(訳注6)

Psyche-psychisch ; Seele （or Seelenleben）-seelisch 'Psyche'—'psychical'; 'mind'—'mental'。私は原則として英語の相当の語形を使ったが、フロイトはこれら2つの言葉を全くの同義語として使っていると私は信じている。このことは多くの箇所に示されている。例えば、『夢判断』

の第7章Bでは、'*psychischer Apparat*' がより一般的ではあるが、'*seelischer Apparat*' が一度ならず出てくる（S.E., V, 536-538；G.W., 2-3, 541-543〈著2，441-443〉）。同様に、『入門』の初めのところでも（S.E., XVI、21-2；G.W., 11, 14-15〈著1，13-14〉）、'*psychisch*' と '*seelisch*' はつねに入れ換えることができるように使われている。そして、さらに、『健康』への寄稿の冒頭で（S.E., VII、283；G.W., 5, 290〈著9，25〉）、彼はその2つの用語の同義的な性格をはっきりと主張している。^(訳注7)

Trieb 'Instinct'〈本能〉。私がこの訳語を選んだことは、一部の方面でかなりの、しかし、私が思うには、不当にきびしい攻撃にさらされている。批判者たちはその用語についてほとんど一様に'drive（欲動）'を代案として挙げている。これにはいくつか異議がある。まず、この意味で使われる'drive' は、英語の言葉ではないということを述べたい。かつ、序文で説明したように、この翻訳は英語への翻訳であることを目指しているのである。'drive' という言葉のこの用法は、あの大部のオックスフォード辞典や、1933年のその最初の増補版（これは'cathexis'を収録するほど十分に最新のものであったが）にも見出すことができない。さらに、それは標準的な心理学の英語の教科書のどれにも見出すことはないだろう。批判者たちは明らかに、'drive' が独語の '*Trieb*' に表面上似ているためにそれを選んだのであり、彼らのうちの大多数が、独語を母国語としているかあるいは小さい頃に独語に馴染んでいたことに実は影響されているのではないかと私は思う。しかし、それを導入することに実質的に利益がありそうであれば、その理由でその言葉を退けるのは理に適わないであろう。現代生物学の観点に立って、フロイトが '*Trieb*' という言葉をさまざまな異なる概念を扱うために使ったことは、ほとんど疑いないようである。これに関して、別のものではあるが関連のある概念の同じように大きな集合を示すために現在用いられている用語の総数が、コッホの『心理学：一科学の研究』の第2巻（ニューヨーク，1959）に掲載されている、R・A・ハインドによる「比較行動学における最近の動向」に関する25頁ほどの寄稿の中に明確に示されている。彼の綿密な分析の過程で、'drive' という言葉自体が「少なくとも3通りに使われて」（585）いるということを彼は示している。^(訳注8)私が思うには、フロイトの '*Trieb*' に 'drive' を当てることが状況を解決すると主張するには、蛮勇を振るわなければならない。フロイトがその言葉をさまざまに使っ

ている点を分類して区別しようとするのは、一翻訳者の務めではない。その仕事は、或る独語の言葉にいつでも同じ英語の言葉がその訳語として使われてさえいれば、読者に安心して委ねることができる。(ついでに言うと、フロイト自身は、S.E., XIV, 118以降；G.W., 10, 211以降〈著6, 59以降〉にある「本能とその運命」に関する彼のメタサイコロジーの論文の冒頭で、彼が 'Trieb' という言葉によって何を意味しているかを、その意味のうちの少なくとも１つの点について、かなり明確に説明している。)このような場合になすべき唯一の合理的なことは、明らかに漠然としていて多義的な言葉を選んで、それに当てることであるように私には思える。それゆえの私の選択が 'instinct' である。ほんのわずかに厄介なのは、6箇所ほどのところで、フロイト自身が独語の 'Instinkt' を、一貫して、おそらく、動物の本能の意味で使っていることである。(原注1)しかし、そのような場合にはいずれも、脚注でこのことに注意を促している。もう１つ考慮したことは、翻訳者以外にとってはあまり重要ではないことであるが、'drive' の形容詞形を見出すことができないことである。批判者たちは 'Triebregung（欲動の動き）' をどのように翻訳しようというのだろう。私はそれに 'instinctual drive' を当ててあるのを見たことがあるが、それは誤訳でもあり、屈伏である。'Drive impulse' ではどうだろうか。白状すると、私は自分の '本能衝動 instinctual impulse' がよいと思っている。

Unbewusst　'Unconscious（無意識）'。この用語の翻訳に関する考察は、標準版第 XIV 巻165頁脚注にある、「無意識」に対する編者ストレイチーの覚書に付した脚注〈本書313頁〉に出ている。

Unlust　'Unpleasure（不快）'。ここでは批判者たちが洋のこちら側から現われ、彼らの方がこれは英語の言葉ではないと宣言するのである。初期の編集者たちはこれらの声に譲歩して、『論文集』では、例えば、'*Schmerz*' を 'pain'、'*Unlust*' を '"pain"'（引用符を付けて）と訳した。このごまかしの行き着く先は、「悲哀とメランコリー」（*S.E.*, XIV, 245；*G.W.*, 10, 430 〈著6, 139〉）にある一節で、そこには '*Schmerzunlust*' という語があり、これは 'pain-"pain"' と訳さねばならなくなってしまうことだろう。(訳注9)幸い、オックスフォード辞典がもう一度、今度は反対の方向で、私たちの役に立つことになる。それには、'unpleasure' が詩人のコールリッジによって1814年に使われたとあるので——確かに、誰

もが満足するような天啓である——、私は一貫して '*Unlust*' を 'unpleasure' と、'*Schmerz*' を 'pain（苦痛）' と、'*peinlich*' を 'distressing（苦しい）' と訳している。

（原注1）　少なくともこれらの例の1つではあるが、フリース宛の手紙（1897年10月15日付の書簡71〈手紙142〉、S.E., I, 266）の中で、彼は '*Instinkt*' を人間の場合の '*Trieb*' の明らかに完全な同義語として使っている。

（訳注1）　ベッテルハイム（『フロイトと人間の魂』125-127）は、"*Abwehr*" とは「受け流し」を意味しており、無意識的内容をそらしたりかわしたりするというフロイトの考えにもっとも近い意味の言葉として "parry"〈かわす〉を挙げている。"defence"、すなわち「防御」に相当する独語には "*Verteidigung*"（defence と同様に「弁護」の意味ももつ）を挙げ、これは、外敵、第三者から身を守ることを意味しているとした。ベッテルハイムは、「"*Abwehr*" を "defence" と訳すのは、本当は内的過程である事柄を外的なものとみなそうとする努力、もしくは外的出来事への反応とみなそうとする努力を反映している」と述べている。

（訳注2）　これらの言葉について、引用箇所の邦訳文では次のように訳されている。

　　　　　　　　　　　　　　　　「無意識」　　『入門』　　『制止〜』

Affekt	affect	〈情感〉		感情	情緒
Empfindung	sensation	〈感覚〉			
	feeling			感覚[1]	感覚[2]
Gefühl	feeling	〈感情〉			
	emotion	〈情緒〉	感情		

[1]　「快感」、「不快感」としての用例もある。ただし、この一節には '*Gefühl*' は出てこない。
[2]　不安の「感覚」を扱っている一節。ここには、「身体感覚」（'*körperliche Sensation*', 'physical sensation'）という表現もある。

　また、'*état émotif*' は、訳書中では「情動状態」と訳されている。
　一般に、'affect' は「情緒」、'emotion' は「情動」と訳されることも多い。近年では、スターンによる 'affect attunement' は「情動調律」、エムディらによる 'emotional availability' は「情緒応答性」と訳されている。

（訳注3）　ここには、以下のように記されている。『『依存型 *Anlehnungstypus*』直訳すれば、『寄り掛かり型 leaning-on type』。この用語は、文法用語の『前接語 enclitic』から類推して、英語では'anaclitic type'と訳されてきた。前接語とは、文章の先頭の単語にはなりえないが、例えば、ラテン語の"*enim*"やギリシャ語の"δξ"のような、より重要な単語に添えたり、寄り掛からねばならない接尾辞を用いたものである。この箇所は、『依存型』という実際の用語が初めて出版されて出ているもののようである。小児が栄養摂取の本能にもとづいて最初の性的対象に到達するという考えは、『性欲論三篇』(1905*d*, *S.E.*, VII, 222〈著5，77〉)の初版に見出すことができる。しかし、その著作の中で'anaclitic type'について2、3はっきりと言及するのは、1915年版になって追加されてからであった。その概念は、愛の心理学に関するフロイトの論文の第2のもの(1912*d*)の冒頭近く、標準版第XI巻180-181頁〈著10，186〉に、たいへん明解に予示された。'*angelehnte*'('attached')という用語は、シュレーバーの病歴(1911*c*)の第3節の冒頭近くで同じ意味に用いられているが、そのもとにある仮説はそこでは述べられていない。──この用語で示される'attachment('*Anlehnung*')が性的本能の自我本能へのそれであり、小児の母親に対するものではないことは記されるべきである。」

(訳注4）'*Besetzung*'には、'investment'をあてることもある。訳語として、「備給」、「充当」、「給付」も用いられてきた。

(訳注5）この邦語訳については、『夢判断』では'*Instanz*'が「検問所」、'*System*'が「組織」と訳されており、また、『精神分析用語辞典』(ラプランシュ／ポンタリス)では、それぞれ、「審級」、「系」と訳されている。ストレイチーの'agency'のニュアンスを活かして多義的な訳語を選ぶなら、「機関」という言葉も考えられるだろう。

(訳注6）ここでは、いずれも'fantastic'の形で出てくる。ただし、訳書中、前者については'fantastic narratives'に対して「幻想物語」、後者については'fantastic world'に対して「空想世界」という訳語が当てられている。'phantasy'という言葉をきっかけとして、その後、対象関係学派で無意識的幻想論が展開されることになった。

(訳注7）これらの言葉について、引用箇所の邦訳文では次のように訳されている。

　『夢判断』第7章B　「退行」
　　psychischer Apparat ── psychical──「心という装置」、単に「心」
　　seelischer Apparat── mental ──「心的機構」、「心という装置」
　心的治療（魂の治療）"Psychische Behandlung (Seelenbehandlung)" (1890)
　　Seele ── mind ── 魂
　　Psychische Behandlung ── psychical treatment ── プシュケーの治療
　　Seelenbehandlung ── mental treatment ── 魂の治療
　　Seelenleben ── mental life ── 精神生活
　　das Seelische des Menschen ── the human mind ── 人間の精神的なもの
　なお、ベッテルハイム（『フロイトと人間の魂』98-107）は、「フロイトの用語の

誤訳のうちでも、魂（*die Seele*）という言葉を排除したことほど、彼の人間主義的世界観の理解を妨げたものはない」と断言し、'*Seele*'、'*seelich*' という語は、今日のアメリカの語法の 'soul' 以上に、もっぱら霊的な意味しかなく、「精神の」であれば、'*geistig*' という正確な相当語句があると述べている。

（訳注8）　ここでハインドは、次の3通りの意味を挙げている。
　Ⅰ．刺激やホルモンなどによって引き起こされる中枢神経の状態であり、それ自体で動物を特定の仕方で行動させる。
　Ⅱ．ある行動に導く内的な原因因子——すなわち、外受容器を通して受けるもの以外のすべての原因因子。
　Ⅲ．内的なものであれ外的なものであれ、行動に影響を及ぼすすべての原因因子。
　　なお、'drive' は、心理学では通常「動因」と訳される。ストレイチーが '*Trieb*' に 'instinct' をあてたために「本能」と訳されたが、近年では、'drive' をあてて「欲動」という訳語を用いるように変わりつつある。

（訳注9）　訳書中には、「苦痛の不快さ」と訳されている。

大学記念祭派遣助成金を得て行なった
パリとベルリンへの研究旅行に関する報告
(1956a [1886])

BERICHT ÜBER MEINE MIT UNIVERSITÄTS-
JUBILÄUMS REISESTIPENDIUM UNTERNOMMENE
STUDIENREISE NACH PARIS UND BERLIN
REPORT ON MY STUDIES IN PARIS AND BERLIN

(a)独語版
1960年　J. & R. Gicklhorn: *Sigmund Freuds akademische Laufbahn im Lichte der Dokumente*〈文書にもとづいたジクムント・フロイトの学者としての経歴〉, 82, Vienna 所収
1987年　*G.W.*, 補遺巻, 31-44.
(b)英語訳
1956年　*Int. J. Psycho-Anal.*, 37(1), 2-7 (Tr. James Strachy.)
1966年　*S.E.*, I, 1-15.（この訳文は、1956年に出版されたものをわずかに訂正して再版したものである）

　『フロイト心理学研究標準版 *Standard Edition of Freud's Psychological Works*』を始めるにはうってつけのこの「報告」は、歴史上の出来事、すなわち、フロイトが科学的な関心を神経学から心理学に転じた頃の、その主役による当時の記録である。
　フロイトが1885年にウィーン大学から派遣奨学金を得た頃の状況は、アーネスト・ジョーンズが詳細に述べている（1953, 82-84〈生涯65-67〉）。その補助金は、600フロリン（当時では50ポンドか250ドル弱の価値）であり、6ヶ月の期間を賄うための費用として、医学部の教授会から給付された。フロイトは、ウィーンに戻ってから彼らに対して正式な報告をすることを求められていた。彼は、帰国後すぐに約10日を費やして、1886年4月22日にそれを書き終えた（Jones 1953, 252）。ジークフリート・ベルンフェルトの発案で、この報告はヨゼフ・ギックルホルン教授によって大学書庫から掘り出され、ニューヨークにあるジクムント・フロイト資料館事務局長K・R・アイスラー博

士の好意により、それが書かれてから70年後に——はじめに英語で——出版可能となった。原文は、ウィーン大学の書庫にあり、12枚の原稿からなっていて、そのうちの１枚目は表題のみが記されている。

　フロイト自身がシャルコーのもとでの研究を一貫して大変重要視していたということは、ほぼ共通の認識である。この報告は、サルペトリエールでの彼の経験をこの上なく明確に転回点として示している。彼がパリに到着したときには、彼の「選んだ関心」は神経系の解剖学であった。しかし、そこを離れるときには、彼の心はヒステリーと催眠法の問題でいっぱいであった。彼は神経学に背を向けて、精神病理学へと向かったのである。その変化の正確な日付を言うことさえ可能であろう——それは、1885年12月初旬のことであり、そのときに彼はサルペトリエールの病理学実験室での彼の研究に終止符を打ったのである。しかし、彼自身がその説明として持ち出しているその実験室の不都合な取り決めは、もちろん、フロイトの関心の方向に重大な変更を引き起こすきっかけであったにすぎない。(訳注1)他のもっと深遠な要因が働いており、なかでも、シャルコーが明らかに彼に及ぼした大きな個人的な影響があったことは疑いない。その影響の彼にとっての意味について、フロイトは師の死去の数年後に書いた追悼文（1893f〈著10, 348-357〉）(原注1)の中で充分に表明した。それだけでなく、彼がこの報告の中でシャルコーについて述べていることの多くは、彼ののちの研究の中にあらわれている。

　フロイトのパリ滞在に関するもっと個人的な記述は、彼から将来の妻宛てに書かれた一連の生き生きとした手紙の中に見出されるだろう。その多くは、エルンスト・フロイトの編集したフロイトの書簡集（1960a〈著8〉）に収録されている。

（原注1）　しかし、おそらく、彼の感情がもっとも情緒的に表現されているのは、『火曜講義』の翻訳への彼の序文の中に見出せるはずである（S.E., I, 135-136）。
（訳注2）
（訳注1）　本文中、８頁に、「非常に貴重な病理学上の材料がいくつか私の自由になった。しかし、それを利用するための条件はもっとも不満足なものであると分かった。実験室は外部の研究員を受け入れるようにはまったくなっておらず、既存の空間と資源は組織が何もないために利用することができなかったのである」と記されている。『フロイトの生涯』にも、解剖学的研究をサルペトリエールの実験室で続けようとして、シャルコーらから幼児の脳をいくつか提供されてもいるが、結局、「彼が今まで慣れていたものと疑いもなく非常にちがったものである、サルペトリ

エールの実験室の条件がますます不満足なものであることに気づき、12月3日、自分はそれを放棄することに決心したと告げた」（生涯152）とある。
（訳注2）　そこには、以下のように記されている。「これらの講義はシャルコーの話し方や物の考え方をそのまま映し出しているので、一度でもその講義に出席したことのある者には、師の声や容姿の思い出がもう一度よみがえり、偉大な人物の魔法がその聞き手を神経病理学のおもしろさや諸問題の虜にした貴重な時間が戻ってくるのである。」

シャルコー著『神経系の疾患に関する講義　第3巻』の翻訳への序文
（1886*f*）

VORWORT DES ÜBERSETZERS VON J. M. CHARCOT,
LEÇONS SUR LES MALADIES DU SYSTÈME
NERVEUX : TOME TROISIÈME
PREFACE TO THE TRANSLATION OF CHARCOT'S
LECTURES ON THE DISEASES OF THE NERVOUS SYSTEM

(a)独語版

1886年　J.-M. Charcot, *Neue Vorlesungen über die Krankheiten des Nervensystems insbesondere über Hysterie*〈神経系の疾患、とくにヒステリーに関する新講義〉, iii-iv, Leipzig and Vienna, Toeplitz and Deuticke 所収

1987年　*G. W.*, 補遺巻, 50-53.

(b)英語訳

1966年　*S.E.*, I, 17-31.（序文は、この時点では独語で再版されていない。その翻訳である英語への初訳は、ジェームズ・ストレイチーによるものである）

フロイトの翻訳した2つの講義（XXIIIとXXIV）は、『ウィーン医事週報』第36巻20号、711-715頁 と、21号、756-759頁（1886年5月15日と22日）に、「外傷に起因する男性のヒステリー性股関節痛の一例について　Über einen Fall von hysterischer Coxalgie aus traumatischer Ursache bei einem Manne」と題して、前もって出版された（Freud, 1886*e*）。その訳本の出版は、1886年7月（フロイトの序文の日付）以前であったということはありえない。

しかし、いずれにせよ、フロイトが序文で述べているように、仏語原典（Paris, 1887）の出版より前のことであった。

　シャルコーがフロイトに本書の独語訳をどのように依頼したかということに関しては、より詳細な説明が彼の『自己を語る』（1925*d*, *S.E.*, XX, 12〈著4，426〉）、および、フロイトが将来の妻に宛てたその当時の手紙（1885年12月12日付、フロイト1960*a*，書簡88〈著8，198-199，手紙の番号は93〉）に見られる。

　フロイトの6つの脚注は、彼自身が序文で示しているように、本文中に報告された病歴のうちの1、2についてその後の展開と、1箇所では、診断上の些細な点に関するシャルコーの見解の最近の変化を、ただ記録しているだけである。その講義のうちの3つ（XI、XIIとXIII）は、失語症について論じている。フロイトによる寸評は、彼がすでにその問題にとくに関心をもっていたことを示しており、それについて彼は5年後に自分の研究論文を書くことになった。彼はそこでシャルコーの考えを簡単に説明しており（1891*b*，100-102〈『失語症と神経症』101-103〉）、この研究を遡って参照している。

　ジョーンズ（1953，230〈生涯151-152〉）によれば、シャルコーは、「フロイト博士に、サルペトリエールのすばらしい思い出として。シャルコー」との献辞のある、革装の彼の著作全巻を贈ってフロイトの翻訳に報いた、とのことである。

あるヒステリー男性にみられた
半側感覚喪失の重症例の観察
（1886*d*）

BEOBACHTUNG EINER HOCHGRADIGEN HEMI-
ANÄSTHESIE BEI EINEM HYSTERISCHEN MANNE
OBSERVATION OF A SEVERE CASE
OF HEMI-ANAESTHESIA IN A HYSTERICAL MALE

(a)独語版
1886年　*Wien. med. Wschr.*〈ウィーン医事週報〉, 36(49), 1633-1638.（12月4日）

1987年　*G.W.*, 補遺巻, 54-64.
(b)英語訳
1966年　*S.E.*, I, 23-31.

　ジェームズ・ストレイチーによる本稿は、英語への初訳である。表題に「ヒステリーの臨床研究への寄与 I　*Beiträge zur Kasuistik der Hysterie, I*」とあるので、これが一連の論文の最初のものとして書かれたことは明らかである。しかし、その続報はなかった。

　1886年10月15日、パリから戻って6ヶ月程して、フロイトは「ウィーン医師会」(Gesellschaft der Aerzte) で、「男性のヒステリーについて　Über männliche Hysterie」と題する論文を発表した。この論文の原稿は残っていないが、それに関する報告がウィーンの医学雑誌に掲載されており、例えば、『ウィーン医事週報』36巻43号、1444-1446頁（10月23日）に掲載されている。それはまた、アーネスト・ジョーンズ（1953, 252〈生涯162〉）によって短く要約されている。フロイト自身は、彼の『自己を語る』(1925*d*, *S.E.*, XX, 15〈著4, 428〉) に、その時のことを述べている。論文の受けは悪く、マイネルトは男性のヒステリーの症例を医師会に示すようにと、フロイトに要求した。総合病院の上級医たちが自分たちの資料を拒否して彼に使わせなかったために、男性のヒステリーを見つけることは、フロイトにとって難しかった。結局、ある若い咽喉科医の援助を得て、彼は余所でそれに適した患者を見つけ、1886年11月26日に医師会でその患者について発表した。症例は、フロイトと、彼の友人であり眼科医で、患者の目の症状の診察を行なったケーニヒスタインとが説明した。後者の論文は、フロイトのものよりも1週間後の『週報』――12月11日号（1674-1676頁）――に掲載された。フロイトは、この論文はその前のものよりもましな受け止められ方をしたとわれわれに語っているが、それでも関心を惹くことはなかった。(訳注1)

　論文の大部分は、読めばわかる通り、その状態に対するシャルコーの特徴的な態度に倣って、ヒステリーの身体的現象に関するものである。心理的な要因への関心の兆しがほんのわずかにあるだけである。

（訳注1）　エレンベルガー（『無意識の発見』下、23-29）によると、10月15日に発表された論文は必ずしも冷遇されたわけではないという。この団体自体がもともとヨ

ーロッパでもっとも著名な医学会の1つで、この学会で初めて発表された重要な発見は少なくなく、また、独創的なところがあればいかなる医師も発表を許されるが、論文は鋭い批判にさらされるという面ももっていたことを明らかにしている。すでにウィーンでは男性ヒステリーは疑問視されておらず、フロイトの発表がシャルコーのもとで経験した症例であったことなどが討論で問題とされたのであろうという。また、11月26日の発表は「前のものよりも良く受け止められた」とあるが、エレンベルガーはおそらくスケジュールが詰まっていたために討論はなかったとしている。

〔2つの短い書評〕(原注1)
（1887）

アヴァーベック著『急性神経衰弱』の書評（1887a）
REFERAT ÜBER AVERBECK, *DIE AKUTE NEURASTHENIE*
REVIEW OF AVERBECK'S *DIE AKUTE NEURASTHENIE* （1887a）
(原注2)

ウェア・ミッチェル著『ある種の神経衰弱とヒステリーの治療』の書評（1887b）
REFERAT ÜBER MITCHELL, *DIE BEHANDLUNG GEWISSER FORMEN VON NEURASTHENIE UND HYSTERIE*
REVIEW OF WEIR MITCHELL'S *DIE BEHANDLUNG GEWISSER FORMEN VON NEURASTHENIE UND HYSTERIE* （1887b）(原注3)

(a)独語版
1987年　*G.W.*, 補遺巻, 65-68.
(b)英語訳
1966年　*S.E.*, I, 35-36.

（原注1）　フロイトがパリからウィーンへ戻った後の時期に、彼は医学雑誌にいくつかの書評を書いた。しかし、ここに翻訳される2つの書評は、精神病理学を扱っているとわかったただ2つのものである。あとは、神経学的な性格のものである。それらは独語では標準版出版当時まで一度も再版されていなかったようであり、2つの英語訳（ジェームズ・ストレイチーによる）は、おそらくこれが最初である。

(原注2) *Wiener med. Wochenschr.*, 37(5), 138 (1887年1月29日)。アヴァーベック医学博士著『急性神経衰弱、医学的文化像 *Die akute Neurasthenie, ein ärztliches Kulturbild* (*Acute neurasthenia, a medical social picture*)』(『ドイツ医事新聞』からの抜刷り)

(原注3) *Wiener med. Wochenschr.*, 37(5), 138 (1887年1月29日)。S・ウェア・ミッチェル著、G. Klemperer訳『ある種の神経衰弱とヒステリーの治療 *Die Behandlung gewisser Formen von Neurasthenie und Hysterie* (The Treatment of certain forms of neurasthenia and hysteria)』Berlin: Aug. Hirschwald, 1887。そのアメリカの原書では、この本は『脂肪と血液、いかにつくるか *Fat and Blood, and How to Make Them*』という書名であった。その多くの版のいくつかに、上記の独語の書名に使われた言葉を入れた副題がついている。——この時期には、フロイト自身がウェア・ミッチェルの治療法を使っており、それをカタルシスによる治療法と組み合わせた結果についてたいへん好意的に書いていることが思い起こされるであろう。『ヒステリー研究 *Studies on Hysteria*』(1895*d*)へのフロイトの技法上の寄与のセクション1の終りの部分を参照 (*S.E.*, II, 267〈著7, 190〉)。(*S.E.*, I, 55も参照のこと)。(訳注1)

(訳注1) 本文中には、「……近年、ウェア・ミッチェルのいわゆる安静療法 rest-cure (プレイフェア Playfair の治療法としても知られている) が、施設でのヒステリーの治療法として高い名声を得てきており、確かにそれに値するものである。それは、まったく静かなところに隔離することと、マッサージと全身への通電療法とを体系的に適用することとを組み合わせたものである。……」とある。さらに、これに対する脚注として、「神経衰弱とヒステリーの治療に関するウェア・ミッチェルの著書についてのフロイトの書評を参照 (*S.E.*, I, 36)。あとになって、フロイトはウェア・ミッチェルの安静療法とブロイアーのカタルシスによる治療法とを組み合わせることを推奨した。『ヒステリー研究』(1895*d*, *S.E.*, II, 267〈著7, 190〉) 参照」とある。

ヒステリー

(1888*b*)

HYSTERIE

HYSTERIA

(a)独語版

1888年　*Handwörterbuch der gesamten Medizin*〈総合医学中辞典〉, A. Villaret 編、Stuttgart, 1, 886-892 所収
1987年　*G.W.*, 補遺巻, 69-90.
(b)英語訳
1966年　*S.E.*, I, 37-57.（ジェームズ・ストレイチーによるものであり、英語への初訳であると思われる）

　フロイトは、『起源』（1950*a*）に収録されて出版されたフリースへのフロイトの手紙のうち、1888年5月28日付（書簡4〈手紙4〉）と同年8月29日付（書簡5〈手紙5〉）の2通、そして、1887年11月24日付（書簡1〈手紙1〉）の3分の1のところではそれとなく、2巻になって出版された（1888と1891年）ヴィラーレの事典に、自分が寄稿したことを述べている。ヴィラーレの事典の諸項目は無署名であるため、その書き手を完全に確かめることはできない。フロイト自身は、そのうちの1つだけ――脳解剖学に関する項目――をこれらの手紙の中で特定しており、それが大きく削られてしまったことについて不満を述べている。しかし、『自己を語る』（1925*d*, *S.E.*, XX, 18〈著4, 431〉）で、彼はさらに失語症に関する項目に言及している。『起源』の編者たちはさらに、小児麻痺に関する項目と麻痺に関する項目が彼のものである可能性を示唆し、また、より大きな確信をもって、おそらくフロイトによるものとして本文のヒステリーに関する項目を含めている。（原注1）
　ストゥットガルトの雑誌『プシケー』に掲載されたこの項目の1953年の再版には、その前にパウル・フォーゲル教授による短い論文がついており、この項目が実際にフロイトによるものであることを信じさせる見事な、説得力のある主張が要約されている。フロイトの当時の著作と関係づけてそれを読めば、フロイトがその著者であることを疑う者はいないだろう。（原注2）他の彼の署名入りの著作の中でフロイトが述べた見解と重なる一連の部分は別にしても、決定的に見える点が1つある。それは、カタルシスによる治療法がはっきりと記述され、ブロイアーによるものであるとされている終り近くの一節である。この時点（1888）では、ブロイアーの方法は、彼自身によっても他の誰かによっても公表されていない。それが最初に発表されたのはそれより4年以上あとの、ブロイアーとフロイトの「予報」（1893*a*）においてである。フロイトは、彼が述べているように（1925*d*, *S.E.*, XX, 19〈著4, 432〉）、長いことブロイアーに信頼されており、パリに行く前（1885）にすでに彼の

方法のことを知っていたのである。したがって、フロイトが著者であることは確証されたと考えられるであろう。(原注3)

その項目は全体として、フロイトがヒステリーの説明においてシャルコーの学説にそれでもなお厳密に従っていることを示しているが、しかし、ブロイアーへの言及とはまったく別に、とくに項目の終り近くに、いっそう独立した態度の明白な兆しの見える2、3の節がある。

（原注1）　もう1つの、ヒステリーてんかんに関するもっとずっと短い項目に関しては、それへの脚注はおそらく彼のものであるようだが、項目そのものはフロイトによるとは限らない。われわれは、この項目を付録に収載した（S.E., I, 58）。(訳注1)

（原注2）　可能性として考えられる1つの疑問は、標準版第Ⅰ巻42頁にあるシャルコーの見解についての明らかに誤った記述から引き起こされる。

（原注3）　ついでながら、この一節はさらに、今なお出くわすことのある、ピエール・ジャネがカタルシス法を始めたとする神話を覆すことにもなる。同様の考えを含むジャネの本は1889年に出版されており、それでブロイアーよりも技法上の優先権は彼にあるように見られていた。1888年にこの項目で言及されていることは、奇妙にも、従来見落とされてきたのだが、最終的にこの主張に始末をつけている。しかし、この議論全体において、アンデルソンの見解が重視されねばならず、それは標準版第Ⅰ巻57頁の脚注にたいへん短く示されている。(訳注2)

（訳注1）　そこには、24行からなる項目の本文から比べるとかなりの程度の長さで、シャルコーの業績に言及した脚注がある。これがおそらくフロイトのものであろうとする根拠として、以下のような編者の説明が脚注に付されている。「この脚注の骨子は、この直後に出版されたシャルコーの『火曜講義』の彼の翻訳（1892-94）に彼が加えた脚注の中で、フロイトによって繰り返された。それは、後出（S.E., I, 142）に見出されるだろう。……」

（訳注2）　そこでは、「しかし、アンデルソン（1962、89以降）が、ここでブロイアーの治療技法に関して与えられた説明が、とくにうまく暗示を使っているというだけのことであり、除反応の本質的な発見となったというほどのことではないと論じていることは記されるべきである」とストレイチーは述べている。

なお、1889年に出版されたジャネの本は『心理自動症』（L'automatisme psychologique, Paris, Alcan）である。この本でジャネは、催眠による実験を中心とした人格の解離の問題を論じている。また、ある種のヒステリー症状を人格から分離した断片である意識下固定観念と関連づけて理解し、これらの人格断片が過去の外傷体験に起因していることを示して、この意識下の心理組織を発見し消滅させればヒステリー症状が治癒しうることを示唆した。この本の中でジャネは、痙攣発

作や譫妄状態、疼痛のほか、恐怖発作、視力喪失といった症状を呈したマリーの症例の治療について論じている。しかし、これは彼が公刊したカタルシスによる治癒の第2例であり、第1例は、催眠と自動書字とを組み合わせた治療によって恐怖発作の消失を図ったリュシーの症例で、1886年に公刊された。エレンベルガーは『無意識の発見』の中で、「今日から回顧すれば、この治療は記録上最初のカタルシス治療とみなされる」（下, 402）、「もしも、ジャネが治療に成功済みのリュシー、マリー、……などの症例報告を、当時すでに発表していたならば、後にカタルシス療法と命名されることになる治療法発見の優先権がジャネにあることを問題にする者はいなかっただろうと思われる」（下, 412）と述べている。

〔催眠法と暗示に関する諸論文〕
(1888-92)

1886年にパリからウィーンへ戻ると、フロイトは自分の注意の大部分を数年の間、催眠法と暗示の研究に充てた。もちろん、そのテーマは多くのところで（例えば、『ヒステリー研究』やシャルコーの追悼文の中に）現われてはいるが、そのテーマを直接扱ったこの時期の著作は、ベルネームの『暗示について』(1888-89)の翻訳への序文と、「催眠法による有効治療事例」(1892-93)に関する論文以外には、存在していないか、入手できないかのどちらかだと思われていた。われわれは偶然今になってこれらの2つの間に3篇のかなり長い論文を挿入することができる。まず第1に、われわれはフォレルの催眠法に関する著書の書評（1889*a*）を発掘したが、これは今まで一度も再版されたことがなかったようである。他の2つは、それぞれ違った意味で新発見であり、どちらも1963年になって初めて日の目を見たものである。これらのうちの第1のものは、実は以前から知られていたものである。標準版第VII巻281頁に掲載されている、「心的 Psychical（あるいは魂の Mental）治療」(1905*b*)という表題をもつ論文がそれである。この論文は、独語版著作集には収録されなかったが、独語版全集の第5巻の中で出版され、『性欲論三篇』や「ドラ」の症例報告のような論文と並んで、1905年のものとされた。そこでは『健康』への寄稿文として記述されたが、この本は、やや大衆的な性格の、2巻からなる医学に関する総合ハンドブックである。その論文は催眠法を中心に論じており、カタルシスによる治療法について可能性としてあいまいにほのめかしている1箇所を除くと、フロイトの発見については何の

言及もない。1905年に、フロイトが突然、時計を15年分逆戻りしてしまったのは、ずっと不可解とされてきたが、その説明が今や、セントルイスにあるワシントン大学のソール・ローゼンツワイグ教授によって見出された。彼の調査では、これまでこの寄稿文に一貫して付されていた、1905年という日付が、実は『健康』の第3版のものであったことがわかったのである——真相は、そのハンドブックの編者たちが怠って表示しなかったということである。その第1版は1890年に出版されており、われわれが今手にしているものと同じフロイトの項目が収録されていた。(第2版は1900年に刊行された。)それゆえ「心的（あるいは魂の）治療」は、この時期のフロイトの他の論文と並んで場所を占めることになったのだが、正しくはこの巻の中でフォレルの書評の後に収録されるべきだったのである。[原注1][訳注1] もう1つの目新しさとは、われわれの知る限りでは、完全な新発見である。それは、A・ブム編集の『治療辞典 Therapeutisches Lexikon』という医学ハンドブックにフロイトが寄稿した催眠に関する項目であり、1891年に初めて出版された。(それには、1893年刊の第2版、1900年刊の第3版がある。) ニューヨーク医学アカデミーの会報の編集者である、ポール・F・クレーンフィールド博士がそれを発見するまでは、この文の存在を示す手がかりはどこにも見当らなかった。[訳注2]

　フロイトの催眠法に関する臨床経験は、いくぶん詳しく跡づけることができる。彼の『自己を語る』($1925d$) の中で、彼は自分がまだ学生だった頃に「磁気術師」であるハンセンの行なった公開実演に参加して、催眠という現象が本当にあることを確信したと報告している（S.E., XX, 16 〈著4，430〉）。20代の初めの頃には、さらに、フロイトは将来自分の共同研究者になるブロイアー（彼よりもほぼ15歳年長の男性）が、ときどき治療目的で催眠法を使っていることを知るようになった。その時期には、しかし、ウィーンにいる多くの高い地位にあった医学の権威者たちはまだ、そのテーマについて警戒心や懐疑的な見解を表明していた。(例えば、標準版第Ⅰ巻92頁以降の、フォレルの書評の中で引用された、フロイトの恩師であるマイネルトの発言を参照のこと。) そして、催眠暗示が承認された形で日常的に使われているのを目にしたのは、30歳になって、彼がパリにあるシャルコーのクリニックに到着した時のことであった。このことが彼に及ぼした深い影響は、彼が1886年にパリから戻った時に行なった「報告」($1956a$)、標準版第Ⅰ巻13頁[訳注3]や、多くの

その後の文章の中に示されている。(原注2)神経科専門医としてウィーンに落ち着くと、彼は電気療法や水療法、安静療法のようなさまざまな手法を使って神経症の治療を試みたが、結局は催眠法に頼るようになった。「ここ数週間の間、私は催眠に取り組んで、あらゆる種類の小さいけれども著しい成功を収めています」と、彼は1887年12月28日にフリース宛に手紙［書簡2〈手紙2〉］を書いている。同じ手紙の中で、彼はすでにベルネームの暗示に関する本を翻訳する契約を結んだことを報告した。しかし、この性急さは熱中のせいではなかった。というのは、その後の8月29日付のフリース宛の手紙［書簡5〈手紙5〉］には、おそらくベルネームの本への彼の序文（それ自体は「1888年8月」付である）の写しも添付されていたが、彼は自分がその翻訳を非常にいやいやながら、単に実務的な理由のために引き受けただけであったと書いているからである。催眠暗示は間違いなく彼の直接の関心事であった。しかし、彼は『自己を語る』(S.E., X, 19〈著4，431〉)のところで今一度、「ごく初めから、私は催眠暗示とは別に、もう1つのやり方で催眠を使っていた」と報告している。ここでは、彼はもちろん症状の起源を遡るために催眠法を用いるブロイアーの方法のことを言っていたのだ。(原注3)彼がこの新しい手法を始めた正確な時期は、いくぶん不確かである。しかし、エミー・フォン・N夫人の症例にはその治療法を間違いなく使っており、彼は彼女の治療を1889年5月かおそらくその1年前には始めていたのである（原注5と原注9を見よ）。その後は、彼はブロイアーのカタルシス法にますます熱中していった。

　一方で、催眠暗示へのフロイトの関心は続いていた。ベルネームの翻訳は1889年の初めには出版されていたらしい。その時には、フロイトはすでに、アウグスト・フォレルと交際があった。フォレルは有名なスイスの精神科医であり、催眠法に関する彼の本について、フロイトは1889年7月と11月の2回に分けて書評を書いている (S.E., I, 91)。そして、（この2回の連載の間に）彼が数週間ナンシーのベルネームとリエボーを訪れたのは、フォレルの紹介によるものであった。(原注4)(訳注5)フロイトがそうしたのは、彼がわれわれに述べているところでは (S.E., XX, 17)、彼の催眠技法を改善したかったからである。ということは、フロイトが自分自身のことを催眠をかける技術の大変な達人であるとは見なしていなかったか、そうでなければ、彼がその手法の限界を認めるという点で多くの人たちよりも正直であったということである。(原注5)早くも1891年、以下に触れる医学辞典への寄稿を発表した時に、彼は

明らかにこうした問題に気づいており、さらに、そのためのいらだちを感じ始めていた（S.E., I, 113）。彼のいらだちは、再びすぐ後で、シャルコーの『火曜講義』の彼の翻訳への脚注（S.E., I, 141）に表わされ、また、『ヒステリー研究』(1895d, S.E., II, 108-9）にあるルーシー・R嬢の病歴の一節ではさらにもっと自由に、表明された。彼はその立場を、何年も後で彼の『精神分析について』（1910a, S.E., XI, 22〈著10、150〉）の中でこうまとめている。「しかし、私はすぐに催眠を嫌うようになりました……私がどんなに努力をしても、ほんのわずかな患者の他には催眠状態に引き入れることができないとわかって、私は催眠を捨てることに決めたのです……。」しかし、その時期はまだ訪れていなかった。彼は、カタルシス法の一部としてばかりではなく、直接的な暗示のためにも催眠を用い続けており、1892年の終りには、彼はこの種のとくにうまくいった症例の詳細な報告を発表した。(S.E., I, 117を見よ）同じ年には、さらに、今度は序論はつけなかったものの、彼はベルネームの2冊目の本（1892a）の翻訳を出版した。(原注6)しかし、まもなく彼は、患者を催眠状態に導く必要もなしに暗示の効果を生じさせることができるやり方を考案した。その最初の方式は、催眠による眠りの代わりに「注意集中」の状態と呼ぶものを用いる方法であった（『ヒステリー研究』S.E., II, 108-109〈著7、80-81〉）。彼は次いで、「圧迫法」を開発した（S.E., II, 110-111, 145, 153以降、270以降〈著7、82-83, 117, 125以降、194以降〉）。こうして、患者の頭を彼の手で単に圧迫することによって、彼は自分が必要とする情報を引き出すことができたのである。(原注7)彼が、ルーシー・R嬢かエリーザベト・フォン・R嬢のどちらの症例にはじめてこの方法を用いたのかは明らかではないが、そのいずれの治療も1892年の暮れに始まった。この方法はもちろん、カタルシス療法にだけ使われ、暗示療法には使われなかった。

　フロイトがこれらのさまざまな手法を捨てた正確な日付は解明できない。1904年の暮れに行なった講演の中で（1905a）、彼はこう断言した（S.E., VII, 260〈著9、16〉）。「私はもう8年ほどの間、治療目的で催眠を使うことはありませんでした（いくつかの特別な実験は除いて）」──従って、1896年頃からである。おそらくこの時期は、「圧迫」法の終りとも重なるのであろう。というのは、『夢判断』(1900a [1899], S.E., IV, 101〈著2、87〉）の初めのところにある彼の手法についての説明の中で、まだ目を閉じておくように推奨はしているが、患者とのそのような接触については何も述べていなかったからである。しかし、彼が自分の技法を述べている、レーヴェンフェルトの強

迫に関する本への寄稿文の中で（1904a）、はっきりとこう書いている。「彼〔フロイト〕は、目を閉じるよう彼らに求めることさえしないし、また、どのような形でも彼らに触れることは避けており、同様に、催眠を思い起こさせるような他のどのような手法をも避けている」(S.E., VII, 250)。実のところ、催眠法の痕跡は最後の最後まで残っていた——「精神分析がそこから発展した催眠法の名残である、治療中の姿勢に関する儀式」がそれであり、フロイトは多くの理由で保持する価値があると考えていた（「分析治療の開始について」1913c, S.E., XII, 133-134〈著9，97〉）。フロイトが催眠を有効に使った期間は、従って、せいぜい長く見積もっても1886年から1896年の間におさまるのである。(原注8)

　フロイトの催眠法と暗示の理論への関心は、もちろん長く続いた。ここで、そのまま「シャルコー対ベルネーム」と記述できそうな形の論争があった——つまり、暗示は催眠の緩やかな形態にすぎないとするサルペトリエール学派の見解と、催眠は単なる暗示の産物であるとするナンシー学派の見解との間の論争であった。フロイトのその論争に対する態度には、動揺のしるしが見て取れる。われわれがすでに引用した1888年8月29日付のフリース宛の手紙［書簡5〈手紙5〉］は、彼がベルネームの本への序文を書いた直後に送ったものであるが、そこで彼はこう書いている。「私は、一面的に思えるベルネームの見解には与せず、私の序文ではシャルコーの観点を擁護しようとしました。」(原注9)フロイトのこのような方針は、序文そのものから判断されるだろう(S.E., I, 78以降)。これはもちろん、おそらく彼に大きな影響を与えた、ナンシー訪問以前のことであった。というのは、その後まもなく、彼のシャルコーの追悼文(1893f)の中で、彼は批判的に、催眠現象に対する「サルペトリエール学派のもっぱら疾病記述的なアプローチ」についてこう書いているからである。「ヒステリー患者への催眠研究の限定、大催眠と小催眠の区別、『大催眠』の3つの段階の仮説、および、身体現象によるそれらの特徴づけ——これらはみな、リエボーの弟子であるベルネームが、より包括的な心理学的基礎の上に催眠法の理論を構築し、暗示を催眠の中心点とし始めたときに、シャルコーの同時代人たちの評判を落とした」(S.E., III, 22-23〈著10, 357〉)。(訳注7)しかし、その後のいくつかの文章の中で、フロイトは「暗示」という用語のあいまいさと、ベルネーム自身がその過程のメカニズムを説明できなかったという事実を主張した。例えば、すでにフォレルの

書評（1889a）101頁や、「少年ハンス」の病歴（1909b, *S.E.*, X, 102 〈著5, 245〉）で再び、そして、『入門』（1916-17, *S.E.*, XVI, 446 〈著1, 368〉）の中で述べられている。彼は、暗示と催眠の両方についての考察がいくつか含まれる『集団心理学』（1921c, *S.E.*, XVIII, 89 〈著6, 210〉）において、もう一度このことに戻っている。そしてこの脚注の中で（*S.E.*, XVIII, 128脚注〈著6, 240〉）、彼はベルネームの見解を支持していた以前の傾向をはっきりと撤回したのである。「このセクションでの議論に導かれて、われわれが催眠についてのベルネームの考えを捨てて、素朴なもっと初期のものへと戻ることになったという事実は、強調する価値があるように私には思える。ベルネームによると、あらゆる催眠現象は、それ自体はそれ以上説明することのできない、暗示という要因にたどりつくはずである。われわれは、暗示は催眠という状態の部分的な現れであり、催眠は人類の早期の歴史から無意識の中に生き残ってきた素因にしっかりと基づいたものである、という結論に達したのである。」この論争に対してフロイトの見解がどちらにも偏らず均衡を保っていたことは、何年も後になって、1930年2月20日付のA・A・ローバック宛の彼の手紙にある一節の中で明かされた。「催眠という問題において、私は確かにシャルコーに反対はしたが、ベルネームに全面的に賛成したわけでもなかった」（フロイト、1960a, 391 〈著8, 398〉）。

　治療法としての催眠を早くに捨てたにもかかわらず、フロイトは生涯を通じてそれに対する感謝の念を表明するのを決してためらうことはなかった。彼は『入門』（1916-17, *S.E.*, XVI, 462 〈著1, 382〉）において、「われわれ精神分析家は、その正統の後継者であると主張しても差し支えないし、また、それによってどれほど刺激を受け理論の明確化が進んだかを忘れることはない」と断言した。そして彼は、技法に関する或る論文の中で、これについてもっと具体的な説明をしている（1914g）。「われわれは、分析の単一の心的過程を、隔離した形、すなわち図式的な形でわれわれの前にもたらしたことで、古い催眠技法に今でも感謝しなければならない。ただこのことのみが、われわれ自身で分析治療のより複雑な諸状況を創り出し、それらに直面してはっきりとさせておく勇気をわれわれに与えてきてくれたのである」（*S.E.*, XII, 148 〈著6, 50〉）。

　（原注1）　ついでながら、1910年6月17日付のフロイトのオスカー・プフィスター宛

の手紙の中に『健康』についての言及がある。そこでは、明らかに児童の「性教育」の問題と関連して、彼はこう述べている。「私が自分の子どもたちに手渡した本は、私自身も寄稿した、一般向けの医学書である『健康』です」（Freud, 1960a, 書簡20）。

（原注２） 彼は1886年４月にウィーンに戻った直後に、催眠法に関する２回の講演を行なった──５月11日のウィーン生理学クラブと、５月27日の精神科医師会とである（Jones, 1953, 252〈生涯161〉参照）。

（原注３） これは、1888年のヴィラーレ〈の事典〉の項目の中ですでに述べられていた（標準版第Ⅰ巻56頁）。しかし、57頁の脚注を参照のこと。(訳注４)

（原注４） フロイトはこの訪問について何度か説明している。例えば、『自己を語る』、『入門』（1916-17, S.E., XV, 103〈著１，82〉）、そして、彼の未完の論文「精神分析初級講座」（1940b ［1938］, S.E., XXIII, 285）。

（原注５） 暗示の効力についての彼の疑念は、早くに生じていたにちがいない。『自己を語る』（S.E., XX, 17-18〈著４，431〉）では、彼が深い催眠を引き起こすことに失敗した患者を説得して、一緒にナンシーに行ったと述べている。しかし、ベルネームも彼女に関してはうまくいかず、彼が大変にうまくいくのは自分の病院の患者の場合だけで、個人診療ではうまくいかないとフロイトに打ち明けた。この患者が誰であるかはわからないが、実はエミー・フォン・N夫人であったかもしれないと言われているものの、あまり説得力はない。それはともかく、フロイト自身は（20年ほど後に書かれたこれまで未刊のままになっている手紙の中で）、催眠治療が効かないことを彼が実感したのは、とくにエミー・フォン・N夫人との経験によるものであったとしている（原注９も参照）。

（原注６） 彼はまた、ウィーン「医学クラブ」で、「催眠と暗示」について、1892年４月27日と５月４日に講演を行なったと記録されている（『国際臨床展望』６巻（20号と21号）、815-818頁と853-856頁に抄録がある）。

（原注７） この技法に関するさらなる考察は、標準版第Ⅱ巻110頁の編者ストレイチーの脚注にある。(訳注６)

（原注８） 1896年は、フロイトの１冊目のベルネームの翻訳の第２版が出版された年であった。86頁にあるように、彼はかなり大幅に文章を削除して（とくに、臨床編において）、彼が初版のために書いた念入りな序論も完全にとってしまった。このことはおそらく、彼がその治療法全体にしだいに我慢できなくなっていったことの表現であったのだろう。

（原注９） これと『ヒステリー研究』にある文章（S.E., II, 101〈著７，74〉）とを完全に一致したものとするのは少々困難である。そこには、こうある。「私が初めてベルネームの「すべては暗示にある　tout est dans la suggestion」という主張の妥当性について重大な疑念を抱くようになったのは、私がフォン・N夫人の意志欠如を研究している間のことであった。」フォン・N夫人の分析が始まったのは、フリ

ース宛のこの手紙よりも1年後の1889年5月と見られる——もっとも、日付はやや不確かであるが（『ヒステリー研究』への付録、S.E., II, 307〈本書120頁〉以降を見よ）。

（訳注1）　標準版は1953年に出版が始まり、1966年に本巻の出版をもって一連の刊行を終えている。標準版は1953年に出版されているので、その時点ではまだここに述べられている事情が判明していなかったわけである。

（訳注2）　以下の催眠と暗示に関する諸論文や初期の業績は、独語版全集に未収録のものが多かったが、その『補遺巻』が1987年に出版されて、これらは一括してその中に収録されて再版されている。

（訳注3）　そこには、シャルコーのもとでヒステリーばかりではなく、催眠法の現象を目の当たりにして、奇妙ではあるが疑うわけにはいかない現象に対する驚きが述べられている。

（訳注4）　この脚注については、「ヒステリー」の訳注2（本書52頁）にすでに訳出してある。

（訳注5）　ナンシーはフランス東部の町。リエボーがこの町で開業医として催眠療法を実践していた。またベルネームは、ナンシー医学校の教授であり、リエボーの催眠暗示による治療を目にして初めは懐疑的であったが、ついには熱心な催眠研究者となった。リエボー、ベルネームのナンシー学派と、パリのシャルコーを中心としたサルペトリエール学派との間の論争については、序論の本文中に述べられている。なお、やはりこの2回の連載の間に、フロイトはパリで開催された第1回国際心理学会（8月6日（火）〜10日（土））と、第1回国際実験治療催眠学会（8月8日〜12日）への参加者として名前が挙がっている。この2つの学会はいずれもシャルコーを会長としていた。国際心理学会の中でも催眠の分科会が設定され、いずれの学会にも、フォレル、リエボー、ベルネーム、ジャネを含む当時の一流の催眠研究者たちが参加している。1889年はフランス革命百年祭を祝して万国博覧会が開催されており、この期間中にいくつもの国際会議が開催されたという（エレンベルガー『無意識の発見』、ジョーンズ『生涯』）。これらの国際学会への参加の途上で、フロイトは患者の1人とともにナンシーにリエボーとベルネームを訪問して数週間過ごしている（原注5も参照）。

（訳注6）　ここには、以下のような「圧迫法」（「前額法」とも呼ばれる）とフロイトの催眠の使用に関する長い解説がある。序論本文中の内容と若干の重複もあるが、そのまま訳出することとする。「フロイトが初めて「圧迫法」を使ったのは、エリーザベト・フォン・R嬢に関してであったようである（S.E., II, 145〈著7，117〉を見よ）。もっとも、そこにある彼の文章はまったくあいまいでなかったというわけではない。この手法についてさらに説明している箇所は、上の本文中（S.E., II, 110〈著7，82〉）と、ちょうどそこで言及している一節〈ルーシー・R嬢に言及し

ている〉にあるものに加えて、155頁〈著7，127〉以降と270頁〈著7，193〉以降に見出されるだろう。これらの説明には、わずかではあるが明らかに一貫していない点がある。この箇所では、患者は「私が圧迫を緩めたその瞬間に」何か見えたり、何か考えが浮かんだりするだろうと言われる。また、145頁では、彼女はこれが「圧迫した瞬間に」生じるだろうと、そして、270頁では、「圧迫が続いている時にはいつでも」生じるだろうと言われる。正確にいつフロイトがこの圧迫法を捨てたのかということは知られていない。彼は確かに1904年以前にはそうしていた。というのは、その年に彼がレーヴェンフェルトの強迫に関する本に寄稿した文章の中で、彼がどのような形でも自分の患者に触れるのは避けているとはっきりと述べているからである（1904a, S.E., VII, 250〈著9，8〉）。しかし、『夢判断』（1900a, S.E., IV, 101〈著2，87〉）の第2章の初め近くで彼の手法について短く説明している中で彼はそれについて一切述べていないので、彼はすでに1900年以前にその実践を捨てていたようである。ついでながら、この後者の一節では、フロイトはまだ、患者が分析中は目を閉じておくべきであると推奨している。もとの催眠法からのこの最後の遺物（横臥は別として）もまた、レーヴェンフェルトへの彼の寄稿文（1904a）からすでに引用した文章の中ではっきりと無用とされた。──われわれは、フロイトが催眠法そのものを使っていた期間について、かなり正確な情報をもっている。1887年12月28日付のフリース宛の手紙の中で（Freud, 1950a, 書簡2〈手紙2〉）、彼はこう書いている。「ここ数週間の間、私は催眠に取り組んでいます。」そして、ウィーン「医学博士会」で1904年12月12日に行なった講演では、彼はこう断言している。「私は8年ほどの間、治療目的で催眠を使うことはありませんでした（いくつかの特別な実験は除いて）。」彼が催眠法を用いたのは、それゆえ、ほぼ1887年から1896年の間ということになる。」なお、フロイトが催眠を用いた期間については、その開始時期の算定に関して、本文中の記載とは若干異なる。

（訳注7）　シャルコーは、ここにあるように、「大ヒステリー」患者に起こるような、十分に深化した大催眠と、不十分で部分的な小催眠とを区別し、リエボーの言う催眠は小催眠に過ぎず、真の典型的な催眠は大催眠であるとした。この大催眠は、神経筋肉の過剰興奮性に特徴づけられるレタルジー、カタレプシー、夢遊状態という3段階を経るという。

ベルネーム著『暗示』の翻訳への序文
（1888 [1888-9]）

VORREDE DES ÜBERSETZERS ZU BERNHEIM,
DIE SUGGESTION UND IHRE HEILWIRKUNG

PREFACE TO THE TRANSLATION OF
BERNHEIM'S *SUGGESTION*

(a)独語版

1888年　H. Bernheim, *Die Suggestion und ihre Heilwirkung*〈暗示とその治療効果〉, iii-xii, Leipzig und Vienna : Deuticke

1987年　*G.W.*, 補遺巻, 107-122.

(b)英語訳

1946年　*Int. J. Psycho-Anal.*〈国際精神分析雑誌〉, 27(1-2), 59-64.（「催眠法と暗示」という表題で）(Tr. James Strachey.)

1950年　*C.P.*〈英語版選集〉, 5, 11-24.（上記の修正版）

1966年　*S.E.*, I, 71-87.（1950年に出版されたものの大幅な訂正版である）

　ベルネームの著書の完全な仏語の題名は、*De la suggestion et de ses applications à la thérapeutique* (Paris, 1886) である。フロイトの翻訳から前もって抜粋されたものが、1888年6月30日付の『ウィーン医事週報』(38(26), 898-900) に、「暗示による催眠 Hypnose durch Suggestion」という表題で、また、最初の2つの段落以外のフロイトの序文の全文が、1888年9月20日と27日付の『ウィーン医事新聞』(11(38), 1189-1193と、(39), 1226-1228) に、「催眠と暗示 Hypnotismus und Suggestion」という題名で掲載された。表題頁には「1888年」と日付が打ってあるが、最終頁に掲載されている「訳者あとがき」にみる通り、それは実は1889年まで出版されなかった。そこには、こうある。「訳者の個人的な事情のために、第2部［本書は2部に分かれている］の出版が約束の期日より数ヶ月延期された。私の尊敬する友人であるオットー・フォン・シュプリンガー博士が、親切にも第2部にある病歴のすべての翻訳を肩代りしてくれなかったなら、今でもおそらく終りに至っていなかったはずである。そのため、私は彼にたいへん感謝している。ウィーン、1889年1月。」これらの「個人的な事情」が何であったのかは何もわかっていない——例えば、これとほぼ同じ時期に、標準版第I巻160頁にある器質性麻痺とヒステリー性麻痺に関するベルネームの仏語の論文（1893*c*）をフロイトが完成させるのをためらったのと同じような、「偶発的で個人的な理由」であったのかどうか。フロイトは本当にわずかな、たいへん短い訳者の注を本書の本文に加えただけであり、しかも、これらは大

半がベルネームの言及した研究の独語版への参照であった。注意を要する唯一のものは、84-85頁に引用している。^(訳注1)

『自己を語る』の中では、フロイトはこの著作の出版の日付についていくぶん混乱を示している。彼がナンシーのベルネームを訪ねたのは、1889年夏のことであったが、それについての記述を、彼はこう終えている。「私は彼と多くの刺激的な会話を交わして、暗示とその治療効果に関する彼の2冊の著作を独語に翻訳することを約束した」(S.E., XX, 18)。実は、すでにみた通り、この著書はこの訪問の前にすでに出版されていた。フロイトによって翻訳されることになるベルネームの2冊目の著書——『催眠法、暗示、精神療法：新しい研究 Hypnotisme, suggestion, psychothêrapie : êtudes nouvelles』——の仏語版は3年後まで出版されなかった（Paris, 1892）。フロイトの翻訳は、その同じ年に『催眠法と暗示、精神療法に関する新しい研究 Neue Studien über Hypnotismus, Suggestion und Psychotherapie』(Leipzig and Vienna : Deuticke) という表題で出版された。この訳書には、訳者による序論も注も収録されなかった。

1896年には、これらの2冊の著書のうちの1冊目の第2版が出版された。しかしこれは、フロイトの初期の支持者であり、シャルコーの『火曜講義』の第2巻の翻訳も引き受けた（S.E., I, 132注を見よ）マックス・カハーン博士の指導のもとに、全面的に改訂されたものだということがわかるだろう。第2版では、この序文は——これまで言われてきたように、短縮されたのではなく——完全に削除されており、後出の付録（S.E., I, 86）にわれわれが再録した短い序文に置き換えられている。

（訳注1） ここでは、意識の活動の変化を大脳皮質と皮質下の脳実質との関連で論じた本文に対して、次のような脚注を加えている。「ある執行行為が、意識的に始まって、後には無意識的に続く場合に、神経系の中のその局在を変えると仮定するのは、私には理にかなわない、不必要なものであるように思える。反対に、おそらく、それに関わる脳の領域が注意（あるいは、意識）の量を変えながら作動することができるということなのだろう。」このような考えは、後に「無意識」に関するメタ心理学の論文（1915e）の中で繰り返されるという。

アウグスト・フォレル著『催眠法』の書評
(1889*a*)

REZENSION VON AUGUSTE FOREL, *DER HYPNOTISMUS*
REVIEW OF AUGUST FOREL'S *HYPNOTISM*

(a)独語版
1889年　Wiener med. Wochenschr., 39(28), 1097-1100, (47), 1892-1896.（7月13日号, 11月23日号）
1987年　G.W., 補遺巻, 123-139.
(b)英語訳
1966年　S.E., I, 89-102.（最初の英訳である。ジェームズ・ストレイチーによる）

　フォレルの著書の完全な表題は、『催眠法、その意義とその取り扱い　*Der Hypnotismus, seine Bedeutung und seine Handhabung*』であった。その著者（1848-1931）は、この時チューリヒ大学で精神医学の教授をしており、かなりの名声を得ていた。社会学的な問題に関する（そして、蟻の自然史に関する）彼のその後の著作は、広く読まれた。最終的に彼は精神分析に非常に批判的になったものの、フロイトをベルネームに紹介したのは彼であった。フロイトは、1889年夏の間に、ということは、この書評の1部の出版と2部の出版の時期の間に、ナンシーを訪ねた。（編者ストレイチーの序論、*S.E.*, I, 65〈本書55頁〉を参照。）

失語症の理解のために
(1891*b*)

ZUR AUFFASSUNG DER APHASIEN
EINE KRITISCHE STUDIE
ON APHASIA: A CRITICAL STUDY

(a)独語版
1891年　Leipzig and Vienna: Franz Deuticke
(b)英語訳
1953年　London: Imago Publishing（Tr. E. Stengel.）
〈これは標準版になく、日本語版のために挿入する。邦訳者の安田によれば、これが標準版に入ることをフロイトが望まなかったという。また、「私講師ジクムント・フロイト博士の科学的著作の抄録集1877-1897」（*S.E.*, III, 223-257）にも記載がある。ただし、「心身のパラレリズム Psycho-Physical Parallelism」（*S.E.*, XIV, 206-208の付録）と「言葉と事物」（*S.E.*, XIV, 209-215の付録）には、一部が紹介されている。〉
(c)邦訳
1974年　「失語症の理解のために」（安田一郎訳）『失語症と神経症』誠信書房
〈シュテンゲルの英語訳からの翻訳である。フロイトの言語論が展開され、「無意識」（1915）の原点であるとみられている。〉

催　眠
（1891*d*）

HYPNOSE

HYPNOSIS

(a)独語版
1891年　Anton Bum's *Therapeutisches Lexikon* 〈治療辞典〉, 724-732.（Vienna: Urban & Schwarzenberg）所収
1987年　*G.W.*, 補遺巻, 140-150.
(b)英語訳
1966年　*S.E.*, I, 103-114.（第2版と第3版は、おもに印刷上の、些細な訂正がわずかにある以外に変更はない。ジェームズ・ストレイチーによる本稿は初めての英訳である）
　医学辞典へのこの署名入りの寄稿は、『ニューヨーク医学アカデミー論集』の編集者である、ポール・F・クレーンフィールド博士によって1963年に発見されるまで完全に見落とされてきた。われわれの注意をそれに向けさせ、われわれに複写を提供してくれた彼に感謝を捧げたい。執筆された状況につ

いては何もわかっていないようである。
(c)邦　訳
1990年　「催眠」(安田一郎訳)『イマーゴ』1(8), 69-77.

催眠による治療の一症例
「対立意志」によるヒステリー症状の起源に関する論評を添えて[訳注1]
(1892-93)

EIN FALL VON HYPNOTISCHER HEILUNG
NEBST BEMERKUNGEN ÜBER DIE ENTSTEHUNG HYSTERISCHER
SYMPTOME DURCH DEN 'GEGENWILLEN'
A CASE OF SUCCESSFUL TREATMENT BY HYPNOTISM
WITH SOME REMARKS ON THE ORIGIN OF
HYSTERICAL SYMPTOMS THROUGH 'COUNTER-WILL'

(a)独語版
1892-93年　*Zeitschr. Hypnot.*〈催眠学雑誌〉, 1(3), 102-107, (4)123-129.
　(1892年12月号、1893年1月号)
1952年　*G.W.*, 1, 1-17.
(b)英語訳
1950年　*C.P.*, 5, 33-46. (Tr. James Strachey.)
1966年　*S.E.*, I, 115-128. (翻訳は、1950年に出版されたもののわずかな訂正版である)

　この論文は、ブロイアーとフロイトの「予報」(1893*a*)とほぼ同時期のものである。この中にある着想のいくつかは(例えば、「対立意志」)、フロイトのその後の研究の中に出てきており、これは彼の催眠法に関する著作と彼が取り組んでいたヒステリーに関する著作との間のある種の接点となっている。「ヒステリー素因の量」——この場合、身体疲労——が対立意志の表面化する機会を提供するという見解は、それ自体ブロイアーや「類催眠状態」の影響を示唆している(*S.E.*, I, 126を見よ)。

(訳注1)　この論文は、第1子、第2子、第3子と、子供に授乳する際に痛みが生じ、食思不振、不眠になった20歳代の女性患者の治療報告である。第1子の場合には、乳母に子供を預けることで症状は解消されたが、3年後の第2子のときには事情により乳母に子供を預けることができずに、フロイトの治療を受けることになった。1晩目には、「恐れないで！　あなたはうまく授乳して、子供は成長するでしょう。あなたの胃はまったく穏やかで、食欲もあって、次の食事を心待ちにしています」などといった暗示を、2晩目には、催眠状態で「私が立ち去って5分すると彼女は自分の家族にやや不機嫌に文句を言うだろう」といった暗示を与えることでこのときの症状は改善された。ところが、その1年後の第3子のときに全く同じ状態に陥り、再度催眠治療を行なうことによって症状が解消され、その後は順調であった、というものである。こうした治療経過の報告に続いて、フロイトは「ヒステリーの心的機構に関する予報」(1893a)と同様に、症状形成における対立意志の心的機構に考察を加えている。「対立意志」については、本論文以降、ほぼ10年後の『日常生活の精神病理学』(1901b)の中で、また、『精神分析入門』(1916-17)の第4講で失錯行為との関係でも論じられている。

シャルコー著『サルペトリエール病院での火曜講義』(1887-88)の翻訳への序文と脚注
(1892-94)

VORWORT UND ANMERKUNGEN ZUR ÜBERSETZUNG VON J.M.CHARCOT
LEÇONS DU MARDI DE LA SALPÊTRIÈRE (1887-88)

PREFACE AND FOOTNOTES TO THE TRANSLATION OF CHARCOT'S *TUESDAY LECTURES*

(a)独語版

1892-94年　J.-M.Charcot, *Poliklinische Vorträge* 〈外来講義〉, 1, 1887-88年度, iii-vi, Leipzig and Vienna, Deuticke 所収 (訳注1)

1987年　*G.W.*, 補遺巻, 151-164.

(b)英語訳

1966年　*S.E.*, I, 129-143.（本稿が最初の英訳で、ジェームズ・ストレイチーによるものである。仏語版は1888年にパリで出版された）

フロイトの翻訳の出版の日付については、かなり疑問が持たれている。彼の序文には「1892年6月」の日付が付されており、その製本されたものの中には題扉にやはり「1892年」と日付が打たれているものもあるが、題扉に「1894年」という日付のあるものもあるのである。本書は、実は1892年から1894年の間に分冊の形で刊行されたのである。フロイトは1892年6月28日付のフリースへの手紙［書簡9〈手紙13〉］に、次のようなコメントを付けて、その1冊（おそらく第1のもの）を同封した。「私が本日お送りするシャルコーの本は、全体としてはうまくいっています。しかし、仏語の単語にいくつか間違った強勢符号やつづりがあるので、私は困っています。まったくいい加減だ！」(原注1)

分冊の形で出版するという方法をとったために、フロイトの脚注にはいくつか一貫していないところがある。例えば、その中に、器質性麻痺とヒステリー性麻痺との区別に関する彼の論文（1893*c*, *S.E.*, I, 157〈『失語症と神経症』〉）への言及が2箇所あるが、その論文の出版は実際は1893年7月末のことであり、それよりも前に付けられた注（*S.E.*, I, 140を見よ）と後に付けられたもの（*S.E.*, I, 141）なのである。同様に、ブロイアーとフロイトのヒステリーの理論への言及が2箇所あるが、「予報」（1893*a*）の出版は1893年1月初旬のことであり、それよりもまず間違いなく前のもの（*S.E.*, I, 138を見よ）と後のもの（*S.E.*, I, 141）となっている。カタルシスの理論をほのめかしたこれらのうち初めの方のものは、これがまさに印刷された最初のものかもしれない。(原注2)しかし、あいにく問題の分冊出版の正確な日付を確定するための材料はない。

フロイトがこの翻訳に付した脚注の数は相当なもので、そのうちの多くはシャルコーの考えを手厳しく批判している。『日常生活の精神病理学』（1901*b*）の中で、フロイトはこの点について少し弁解がましくこう述べている。「私は、著者の許可を求めずに、自分が翻訳した本文に注を付しており、何年か後になって、著者が私の勝手な行為に腹を立てたのではないだろうかと思うだけの理由があった」（*S.E.*, VI, 161〈著4, 139〉）。脚注は、多くが純粋に神経学的な話題に関するものであり、ここには心理学的に重要なものだけを収録した。

最後に、シャルコー自身はその出版が果たされる前に死去した（1893年夏）ことを述べておこう。(原注3)

(原注1) 1894年5月21日付のフリースへの手紙の未公刊の部分〈手紙42〉で、フロイトは『火曜講義』の分冊したうちの最終巻に取り組んでいると述べている。
(原注2) しかし、S.E., I, 40〈本書51頁〉にある、ヴィラーレのヒステリーに関する項目を見よ。
(原注3) 独語訳の第2巻は、フロイトではなく、マックス・カハーン博士によって（S.E., I, 74〈本書63頁〉を見よ）、1895年に制作された。

(訳注1) シャルコーの『火曜講義』は、明治39年（1906）から44年（1911）にかけて、『沙禄可博士神経病臨床講義』前後篇3冊として、当時20代後半の軍医、佐藤恒丸による邦訳が出版されている。しかも、これはフロイトの独語版からの重訳のようであるが、典拠は示されておらず、フロイトの註釈もほとんど削除されているという。江口重幸「Jean-Martin Charcot の火曜講義とその日本語版の成立」（『精神医学』34巻、97-104、1992）を参照。この論文によると、まず1887年に原書のリトグラフ版が出版され（編者ストレイチーの覚書中にある記載とは異なるが、サルペトリエール病院に所蔵の原書のタイトルページ写真を見るとこのように記されている）、次いで1892年にプリント版で原書の第2版が出版され、さらに、フロイトによる序文の中に明記されている通り、この第2版にもとづいてフロイトの翻訳が出版されたという。ただし、リトグラフ版からプリント版への編集にあたり、2章が削除されて、全部で26章の構成になっている。なお、ここに記載されている仏語版原書の表題が "Leçons du mardi de la Salpêtrière" となっているが、"Leçons du mardi à la Salpêtrière" が正しいようである。

〔1893年の「予報」のためのスケッチ〕
(1940-41 [1892])

　この3編の短い記録は、独語版全集の第17巻にあるフロイトの遺稿集の中に収録された。（より詳細な書誌データは、以下のそれぞれ独立した草稿に付されている。）これらの論文3編のすべてがブロイアーの所有になっていたが、『ヒステリー研究』の第2版出版から1年後の1909年に彼からフロイトに返却された、ということを独語版の編者からわれわれは聞いている。フロイトは、1909年10月8日付の手紙でそれらを受け取った礼状で次のように述べた。「古い草稿と草案を送ってくださりまことにありがとうございます。私にはたいへん興味深いものです。ヒステリー発作に関する覚書［スケッチC］については、あなたの仰る通りにちがいありません。しかし、私は出版後には

原稿を残しておかなかったのです。」

　これらの草案の2番目のものには日付が付されていないものの、その3編のすべてが、標準版第II巻3頁〈著7〉にある「予報」——「ヒステリー現象の心的機制について」(1893a) の準備のために、1892年の後半に書かれたことは間違いないことであろう。その著作は、ヨーゼフ・ブロイアーと共同で進められて、1893年1月1日と15日に出版された。

　これらの草案の大部分は高度に凝縮された形となっているが、そこに含まれる個々の要素のうちほとんどのものが、もっとわかりやすく述べられているのを、「予報」の中に発見することができる。しかし、際立った例外が1つある。「恒常原則」が非常にはっきりと、おそらく初めて、スケッチCのセクション5 (153-154) で述べられているのに、何らかの理由のために、「予報」では完全に削除されているのである。「恒常原則」の歴史に関するまとまった説明は、標準版第III巻64-65頁にある「フロイトの基本的仮説」に関する編集者の付録でなされている。(訳注1)

〈以下はそれぞれ標準版第I巻147, 149, 151頁の脚注の訳〉

(A) ヨーゼフ・ブロイアーへの手紙 (1941a [1892])
BRIEF AN JOSEF BREUER
LETTER TO JOSEF BREUER

　[初出、*G.W.*, 17 (1941) 5-6. 英訳（ジェームズ・ストレイチーによる）は、*C.P.*, 5 (1950) 25-26. 標準版翻訳は、これを改訂して再版したものである。——ブロイアーにこの手紙を書く前日の1892年6月28日に、フロイトはフリースにこう書き送っている。「ブロイアーは、われわれが共同して到達したヒステリーに関する除反応の理論とその他の知見を、詳細な出版物の形で、共同発表することに同意しました」(Freud, 1950a, 書簡9〈手紙13〉)。さらに、「私が単独で書きたいと思って始めたその一部を書き終えました」と書き加えている。フロイトがこの手紙の冒頭で言及しているのは、おそらくこのことであろう。]

(B) メモIII (1941b [1892])
NOTIZ "III"
'III'

　[初出、*G.W.*, 17 (1941) 17-18. 英訳（ジェームズ・ストレイチーによる）は、

C.P., 5（1950）31-32. 標準版の翻訳は、後者を改訂して再版したものである。——これは、明らかにブロイアーとフロイトの「予報」（1893a、*S.E.*, II, 11-13）の第3セクションの草稿であり、確かに表題の説明となっている。］

（C）ヒステリー発作の理論について（1940d［1892］）
ZUR THEORIE DES HYSTERISCHEN ANFALLES
ON THE THEORY OF HYSTERICAL ATTACKS

［初出『国際精神分析雑誌イマーゴ』第25巻（1940）107-110. 再版は、*G.W.*, 17（1941）9-13. 英訳（ジェームズ・ストレイチーによる）は、*C.P.*, 5（1950）、27-30. 標準版翻訳は、この後者を改訂して再版したものである。——もとの原稿はフロイトの手書きであるが（「ウィーン、1892年11月末日」と日付がある）、独語版の編者らによると、ヨーゼフ・ブロイアーと共同して執筆されたと言われている。これは「予報」（1893a、*S.E.*, II, 13-17）の第4セクションの草稿である。ヒステリー発作については、フロイトが彼の生涯の後半でも話題にしており、明らかにその問題を論じた論文（1909a）および、ドストエフスキーの「発作」に関する彼の考察（1928b）の中にある。また、彼が翻訳したシャルコーの『火曜講義』に対するフロイトの脚注の1つ（*S.E.*, I, 137）も参照。］

（訳注1）「恒常原則」とは、興奮の総量を一定に保とうとする心的装置のもつ傾向であり、興奮の増加に対しては防御と放出の機制によってそれを果たそうとする。快が興奮の減少に結びつくと考えられることから、これは「快感原則」とも関係が深い。この点で、これはフロイトの経済論的観点の基礎となっている。この背景には、「エネルギー保存の法則」やフェヒナーの「安定原則」といった、物理学からの影響を読み取ることができる。ラプランシュ／ポンタリス『精神分析用語辞典』（村上仁監訳、128-134）も参照のこと。

器質性運動麻痺とヒステリー性運動麻痺の
比較研究についての2、3の考察
（1893c［1888-1893］）

QUELQUES CONSIDÉRATIONS POUR UNE ÉTUDE
COMPARATIVE DES PARALYSIES MOTRICES

ORGANIQUES ET HYSTÉRIQUES
SOME POINTS FOR A COMPARATIVE STUDY OF
ORGANIC AND HYSTERICAL MOTOR PARALYSES

(a)仏語版

1893年　*Arch. Neurol.* 〈神経学論集〉, 26(77), 29-43.（7月号）

1952年　*G.W.*, 1, 37-55.

　　フロイト自身の初期の著作の抄録集（1897*b*）に所収（第XXVIII号）。原文は仏語である。

(b)英語訳

1924年　*C.P.*, 1, 42-58.（Tr. M. Meyer.）

1966年　*S.E.*, I, 155-172.（翻訳は、表題を変えて、ジェームズ・ストレイチーが新たに訳出したものである）

(c)邦　訳

1974年　「器質性運動麻痺とヒステリー性運動麻痺の比較研究についての2、3の考察」（安田一郎訳）『失語症と神経症』誠信書房

　この論文の背景には、アーネスト・ジョーンズ（1953, 255-257〈生涯163-164に相当するが、当該内容はほとんど省略されている〉）によって詳しく語られている長い歴史がある。この研究の主題は、フロイトがパリを出発する直前の1886年2月に、明らかにシャルコーからフロイトに示唆されたものであった。(原注1)彼がウィーンに戻って間もなくの1886年4月に執筆された「パリとベルリンへの研究旅行に関する報告」（1956*a*）の中で、フロイトは、シャルコーとの討論によって「『神経学雑誌』に掲載されることになる「ヒステリー性症候学と器質性症候学との比較 Vergleichung der hysterischen mit der organischen Symptomatologie」と題する論文を私が準備することとなった」と書いている（標準版第I巻12頁を見よ）。したがって、この論文はこのように早い時期にすでに執筆されたらしい。(原注2)しかし、2年とちょっと後の、1888年5月28日付のフリースへの手紙に、彼はこう書いている。「「ヒステリー性麻痺」の第1稿を今書き終えました。第2稿はいつになるかはわかりません。」（Freud, 1950*a*, 書簡4〈手紙4〉）さらに3ヶ月後の、8月29日に、彼は再びこう書いている。「私は、今ついに、ヒステリー性麻痺と器質性麻痺をちょうど書き終えたところで、かなりそれに満足しています」（同、書

簡5〈手紙5〉)。さらに、ベルネームの暗示に関する著書の翻訳（フロイト, 1888-89）への彼の序文（これもまた「1888年8月」付）で、彼はこの主題に言及して、「間もなく刊行されることになる」それに関する著作のことを述べている（80頁）。それから5年間その話題はふれられることがまったくなかったが、1893年5月30日付のフリースへの手紙で今一度沈黙が破られた（Freud, 1950*a*, 書簡12〈手紙24〉)。「本日あなたに送る本はあまりおもしろくはありません。^{（原注3）}もっとこじんまりしていてもっとおもしろいヒステリー性麻痺が、6月初旬に刊行されます。」7月10日には、こうある（Freud, 1950*a*, 書簡13〈手紙25〉)。「ヒステリー性麻痺はずっと前に刊行されるはずだったのですが、おそらく、8月号で発表されるでしょう。それはたいへんに短い論文です。……あなたが私の生徒であったときに私がすでにその問題に取り組んでいて、その当時にそれに関して私の大学での講義のひとこまを充てていたということを、あなたはたぶん覚えているでしょう。」これは、フリースがウィーンでフロイトの講義のいくつかに出席した、1887年秋のことであったのだろう。最後に、1893年7月24日付のフリースへのもう1つの（未公刊の）手紙〈手紙26〉の中には、こうある。「ヒステリー性麻痺がついに刊行されました。」

　明らかに完成していたもとの原稿の出版が5年遅れたことを説明するために、フロイトがここ（*S.E.*, I, 160）で述べている「偶発的で個人的な理由」の性質を説明するようなのは何もない。（標準版第I巻73頁も参照のこと。）それがまた仏語で執筆されたかどうかということもわからない。しかし、彼の「パリ報告」ではそれに独語の題名を付けているにもかかわらず（*S.E.*, I, 12）、おそらく仏語で書かれたようである。というのは、われわれがみた通り、その最初の討論の時に、シャルコーがフロイトの研究の結果を『神経学論集』に掲載する約束をしていたようであり、その7年後にそうしているからである──彼自身の予期せぬ死のわずか2週間ほど前のことであった。

　しかし、この遅れの説明として1つ考えられることは、フロイトの神経学的著作と心理学的著作との分岐点を占めているこの論文の位置に関係している。この論文の初めの3つのセクションは完全に神経学に関するものであり、1886年ではないにしても、1888年には間違いなく執筆されている。しかし、1893年の初めに刊行されたブロイアーとフロイトの「予報」を引用するためだけならば、第4セクションはその年の日付が付けられているはずである。確かに、この最後のセクション全体が、ブロイアーとフロイトがそれを用い

て仕事をし始めた、新しいアイディアに完全にもとづいている——抑圧、除反応、恒常原則は、はっきりとは名づけられていなくても、皆ここでほのめかされている。フロイトがこれらのアイディアに直接触れ始めたのは1887年頃のことであり、その後は、彼はますますそれらに没頭するようになっていた。彼がこの論文の第1稿を書き終えたときには、これらの新しいアイディアに関わる諸事実の説明に関して何らかのぼんやりとした考えをすでにもち始めていた、というのはありえないことではなさそうであり、そのためその問題に一層深く踏み込んでいった間は、彼がその出版を引き留めていたのかもしれない。

　最後に、来たるべきことがらの萌しとして興味深い、まったく些細なことに注意しておいてよいであろう。それは、論文の終り近くにある段落で、たぶんフロイトが初めて公に社会人類学へとわずかに立ち入っているのである。
(訳注1)

（原注1）　フロイトは、本論文の冒頭と、シャルコーの『火曜講義』(『外来講義』第1巻、268頁——フロイト、1892-94)を彼が翻訳したものに付けた脚注の中で、われわれにそのように述べている。ついでながら、この脚注は、本論文のはじめの部分の概要を含んでいる。しかし、『自己を語る』(1925d) 標準版第XX巻13-14頁では、彼はそのアイディアを自分自身で思いついたものであると述べており、このことは、このころパリから妻宛に書き送られたもので、ジョーンズ (1953, 257) が引用した2通の手紙によって確証されるようである。

（原注2）　この論文で指摘されたいくつかの問題点が、1888年刊のヴィラーレの事典の第1巻に収録された「ヒステリー」の項目に見出されることになるということは注意しておいてよいであろう。

（原注3）　児童の脳性対麻痺に関する大部のモノグラフ (1893b)。

（訳注1）　ここでフロイトは、麻痺に関して部位そのものとその部位の概念との連合を論じる中で、社会生活からとった実例として、自分の君主が自分にさわったために手を洗いたがらなくなった忠義な臣下の話などを述べている。この例で言えば、手と王という概念が連合し、手を他のものに連合させない。これと同じことが、ヒステリー性麻痺の場合にみられるという。つまりフロイトは、われわれがある物体の最初の連合に割り当てる情動価が、その物体を他の物体と新しく連合させないために、この物体の観念は連合に近づけないということを論じている。他に、若い夫婦が健康を祝して飲んだコップをこわすときや、酋長が死ぬとその遺体とともにその持ち物にさわってはいけないと考えてこれらを焼く古代の野蛮な種族の例が挙げ

られている（『失語症と神経症』140）。

〔フリース宛文書からの抜粋〕
(1950a [1892-1899])

(a)独語版
1950年　*Aus den Anfängen der Psychoanalyse*〈精神分析の起源から〉(1950a), Marie Bonaparte, Anna Freud and Ernst Kris 編, London: Imago Publishing Co.所収
1986年　Sigmund Freud, Brief an Willhelm Fliess 1887-1904, Jeffrey Moussaieff Masson 編, Frankfurt am Main: S.Fisher Verlag
(b)英語訳
1954年　*The Origins of Psycho-Analysis*〈精神分析の起源〉, 編者同上, London: Imago Publishing Co.; New York: Basic Books.（Tr. Eric Mosbacher and James Strachey.）所収
1966年　S.E., I, 173-280.（翻訳は1954年版に基づくが、完全に改訂されている）
1985年　*The Complete Letters of Sigmund Freud to Willhelm Fliess,* 1887-1904, Jeffrey Moussaieff Masson 編, Cambridge: Belknap Press.
(c)邦　訳
2001年　『フロイト　フリースへの手紙　1887-1904』（河田晃訳）誠信書房
　　〈1985、1986年に英語版、独語版で発刊されたフロイト-フリースの完全に近い書簡集である。ストレイチーが、以下で解説しているのは、それより前のものの抜粋である。〉

フロイトとヴィルヘルム・フリース（1858-1928）の関係の歴史は、アーネスト・ジョーンズによるフロイトの伝記（1953）の第１巻の13章〈生涯195以降〉と、上記目録の２冊の本へのエルンスト・クリスによる序文の中で十分に語られている。ここで説明する必要があるのは、フリースがフロイトより２歳若いベルリンに住む鼻と喉の専門医で、フロイトは彼と1887年から1902年の間、親密で大量の文通を続けたということのみである。フリースはきわめて有能な人物で、生物学一般に非常に幅広い関心を抱いていた。しかし彼がその領域で追求した理論は、今日では、風変わりで全く擁護し難いものであると見なされている。しかしながら彼は、同時代人の他の誰よりもフロイ

トの思想に近づくことができた。だからフロイトは、自分の考えをもっとも自由に、手紙ばかりでなく一連の論文（ここでは「草案」と呼ばれている）においても彼に伝えたのである。論文では、彼は自分が発展させつつあった見解を系統立てて説明しており、その幾つかは彼が後に公刊した著作の最初の素案となった。これらのうち最も重要なものがあの長い論文――約４万語からなる――で、われわれはそれに対して、『科学的心理学草稿』(訳注1)という表題を与えた。しかし、『夢判断』で頂点に達するフロイトの精神分析理論の形成期に書き継がれた一連の論文は、その全体がもっとも綿密な研究の対象たるに値する。

　これらの論文については、その存在の事実さえ第２次世界大戦の時までは全く知られていなかった。(原注1)それらが発見され救い出されたメロドラマ風の物語もまた、アーネスト・ジョーンズの伝記の同じ章で語られている。事のなりゆき全ては、主にマリー・ボナパルト王妃（ギリシャのジョージ王妃）のおかげである。彼女は第１に論文を手に入れたばかりでなく、驚くべき勇気で、その著者にして彼女の教師［フロイト］がそれを破棄しようとする企てを許さなかったのである。

　これまでのところ、それらの論文は抜粋しか公刊されていなかった（この覚書の冒頭に挙げた書物において）。そして標準版のためにわれわれは、その抜粋から更に抜粋を行なった。われわれが選んだのは、(a)『科学的心理学草稿』、(b)　１つを除く「草案」の全て、(c)　手紙のうちで、精神分析の歴史とフロイトの見解の展開に重要な関連があると思われる部分である〈日本ではこれらは別個に訳された〉。読者は、これらの草案及び手紙の中の素材は、著者が自分の意見の考え抜いた表現として用いたものではなく、しばしば非常に圧縮した形で述べられていることを心に留めておいた方がよい。それゆえ、時折見られる首尾一貫しない点や曖昧さは驚くにあたらない。

　標準版は『起源から Anfänge』に印刷された独語版に基づいている。しかしながら元の原稿と比較し、重大な逸脱があるところではかならず説明の注をつけて訂正している。『起源から Anfänge』と『起源 Origins』にある草案と手紙の文字の配置と番号は、参照が簡単なようにそのまま残した〈本書では『起源』の手紙を「書簡」として、マッソン版の手紙を〈手紙〉として、その番号を付す〉。われわれは、(S.E., I, 219で説明する理由から)(訳注2)『起源から』の編者らに従い、『草稿』は他の書簡から引き離し、それを標準版第Ⅰ巻の最後に印刷した。

(原注1) フリースからの手紙は残存しておらず、ずっと以前に破棄されてしまっていたことは疑いない。(訳注3)

(訳注1) 従来『草稿』と呼ばれているが、ストレイチーはフロイトの草稿と彼の標準版の翻訳を区別しているので、ここでは『計画』と訳してもいいくらいである。
(訳注2) フリースの説明では、1895年の9月と10月に書かれた『科学的心理学草稿』は、その他の書簡や草稿とは異なって量的質的にも抜きん出て1つの単位をなしているからということである。そして通例、書簡のうちでも中身と関係する1896年1月1日の手紙も添えられる。
(訳注3) 上記書誌にある通り、マッソンによって1985年に英語版が、1986年に独語版が、完全版として出版された。書簡の扱いをめぐっては、ジクムント・フロイト資料館の事務局長であったクルト・アイスラーとマッソンとの間で訴訟問題にまで発展している。

科学的心理学草稿
(1950a [1895])

ENTWURF EINER PSYCHOLOGIE
PROJECT FOR A SCIENTIFIC PSYCHOLOGY

(a)独語版
Entwurf Einer Psychologie〈心理学の草案〉
1950年 *Aus den Anfängen der Psychoanalyse*〈精神分析の起源から〉, Marie Bonaparte, Anna Freud and Ernst Kris 編, 371-466. London: Imago Publishing Co.所収
1987年 *G.W.*, 補遺巻, 373-486.
(b)英語訳
Project for a Scientific Psychology〈科学的心理学の計画〉
1954年 *The Origins of Psycho-Analysis*〈精神分析の起源〉, 編者同上, 347-445. London: Imago Publishing Co.; New York: Basic Books. (Tr. James Strachey.) 所収
1966年 *S.E.*, I, 281-343, 347-387. (再びジェームズ・ストレイチーによるものであり、完全に改訂され、オリジナルの原稿に従って編集してある)

独語の表題 ENTWURF EINER PSYCHOLOGIE（心理学のスケッチ Sketch of a Psychology の意）は、『起源から』の編者たちによって選ばれた。そして英語の表題は、翻訳者ストレイチーが選んだものである。原文は無題である。

編者ストレイチーは翻訳のいくつかの部分についてニューヨーク州立大学のマートン・M・ジル教授と議論する機会を得、多くの価値ある示唆をもらった。しかしながら、最終テキスト及び注釈の責任は、全て編者ストレイチーにある。

(c)邦　訳

1974年　「科学的心理学草稿」（小此木啓吾訳）著7，231-320.^(訳注1)

（１）　歴史的要約

　1895年4月27日付けヴィルヘルム・フリース宛の手紙（Freud 1950a, 書簡23〈手紙63〉）^(原注1)の中で、フロイトは自分が「神経学者のための心理学」にあまりに打ち込んでいることについて、愚痴をこぼした。「私はそれに積極的に熱中していて、本当に働きすぎで中断せざるを得ないほどです。私は、これまでこれほど強く没頭した経験はありません。そこから何かが生まれるでしょうか。そう願いたいですが、難しく時間のかかる仕事です。」1ヶ月後、1895年5月25日付（書簡24〈手紙64〉）の別の手紙の中では、この「心理学」が更に説明されている。「それは思い出せないくらい大昔から私を誘い続けていましたが、今や私は神経症者たちと出会ったので、一層近くにやってきました。私は2つの目的に頭を悩ませています。1つは、量的な方向からの接近、すなわち、神経の力の一種の経済学を導入すると、心的機能の理論はどのような形になるかを発見すること、もう1つは、精神病理学から正常心理学への収穫を引き出すことです。神経－精神障害に対する満足のいく一般的見解を形成することは、それを正常な心的過程についての明確な仮説と結びつけることができない限り、実際不可能です。私は、最近の数週間の自由時間の全てを、そんなふうに仕事に費やしています。私は夜の11時から2時までの時間を、このような想像や組み換えや推測に費やしています。そして私は、何らかの不合理に行き当たってしまったり、本当にひどく過労に陥るまでは、決して止めないのです。そのため、日々の診療に関心を割けないことに気づいています。それでも、何らかの成果を得るまでには長い時

間がかかるでしょう。」やがてすぐに彼は、より楽観的になった。6月12日（書簡25〈手紙65〉）では彼は、「心理学の構成は成功しそうで、私は大いなる喜びを与えられることでしょう。勿論まだ確定的なことは何も言えません。これについて今発表することは、6ヶ月の胎児の女の子を舞踏会へと行かせるようなものでしょう」と報告している。そして8月6日（書簡26〈手紙70〉）には、「長い省察のあと私は、病的防衛について、そして同時に多くの重要な心理学的過程についての理解に到達したと信じます」と伝えた。しかしながら、ほとんど同時に、更に引っかかる点がでてきた。8月16日（書簡27〈手紙71〉）に彼は書いている。「私は、私の $\phi\psi\omega$ [原注2] で奇妙な経験をしました。第2の山を上ったあと驚くべき発表をしてあなたの祝福を求めるや否や、私は新たな困難に出会い、新しい課題に対して息切れしかかっていることに気づきました。それで私は直ちに覚悟して、書いたものを全部投げ捨てて、全く興味がないと自分に言い聞かせることにしました。」そして同じ手紙のあとの方では、「私にとって『心理学』は本当に厄介です。とにかく、スキットルゲーム（九柱戯）や茸狩の方が遙かに健康的です。結局私は防衛を説明したかっただけですが、それには、あるものを性質の中心から説明しなければならなかったのです。私が片付けなければならなかったのは、質や睡眠、記憶の問題——実際のところ心理学全体です。今はもう私はそれについて聞きたくもありません」と言っている。

　アーネスト・ジョーンズによれば（1953, 418）、この後すぐ、9月4日にフロイトはベルリンのフリースを訪問した。友人との会話は明らかに考えを明確にするのを助けた。というのは、『草稿』の作成はこの訪問の後始まったからである。文字通り直ちにで、フロイトは9月23日（書簡28〈手紙74〉）に「私はまだ鉄道の客車の中にいる間に、あなたの批判に対する私の $\phi\psi\omega$ の要約説明を始めました」と書いている。そしてこれが実際にわれわれが今日所有している形の『草稿』の、最初の鉛筆書きの数枚である。続けて彼は、彼が書いていたものにその後どのように加筆し続けてきたかを述べた。「それは既に膨大な量となっています。勿論殴り書きに過ぎませんが、私が大いに期待しているあなたの側からのさらなる議論にとっての基礎となることを望みます。私の休息した頭脳は今や、残されていた諸問題をたやすく片付けます。」フロイトがフリース宛に、2冊のノートからなるそれまでに仕上げたもの（書簡29〈手紙75〉）を送ったのは、10月8日だった。「それら全てを殴り書きしたのは私が戻った後で、あなたにとって新しいことは殆どないで

しょう。抑圧の精神病理を扱っている第3のノートは私の手元に留めておきます。何故ならそれは主題を途中までしか処理していないからです。私はそこから、草案を作るのを改めて続けねばならず、私はそれに自惚れ幸福になるかと思えば、恥入り、暗礁に乗り上げる、ということを繰り返してきたのです。これまで精神的に苦しみ過ぎたので、まだしっくりこないし恐らく決してそうなることはないだろうと、今は淡々と自分に言い聞かせています。私がしっくりこないのはそのメカニズムではなく——それに関しては私は忍耐強いつもりですが——抑圧の説明です。ちなみに、それについての臨床的な知識は、大きな進歩を遂げているのですが。」1週間後の10月15日（書簡30〈手紙76〉）には、この主題は未解決として再び脇にやられるが、10月20日（書簡32〈手紙78〉）には、更に強い楽観的な見方が溢れ出る。「夜忙しく仕事をしているうちに……柵が突然引き上げられ、覆いは落とされ、神経症の詳細から意識の決定因までを見通すことができました。全ての事柄が互いにぴったりと呼応するように、歯車が噛み合ったので、まるで本物の機械のようにすぐにでも独りでに動き出しそうな印象でした。ニューロンの3つのシステム、量の自由状態及び拘束状態、1次過程及び2次過程、神経系の主たる流れ及び妥協的な流れ、注意と防衛の2つの生物学的規則、質の表示、現実と思考、精神-性的な集団の状態、抑圧の性的決定、そして最後に、知覚的機能としての意識の決定因——これら全ては互いに相応し、今もぴたりと一致しているのです。もちろん私は、喜びがこみ上げることを禁じ得ません。」^(原注3)しかし楽しい時期はそうは続かなかった。11月8日（書簡35〈手紙81〉）には、彼は心理学の原稿を全て引き出しに放り込んだと報告し、「1896年までそこで眠っていてもらう」と書いている。彼は仕事のし過ぎを感じ、苛立ち、混乱し、うまくまとめられないでいたので、それを全て脇にやり、他の事柄へと向かったのである。そして11月29日（書簡36〈手紙82〉）にはこう書いた。「私はもう、『心理学』を孵化させた頃の自分の気持ちが理解できなくなりました。私はどうしてあなたにまで迷惑をかけるようになったのか分かりません。」にもかかわらず、僅か1ヶ月後に、彼はフリースに1896年1月1日（書簡39〈手紙85〉）付けの長い手紙を送った。それは大部分は『草稿』の中で採用された基礎的な立場のいくつかを推敲した改訂版からなる。これは『草稿』自体への付録として後ろに印刷している。そしてこれとともに『草稿』は姿を消し、約50年後になってフロイトのフリースへの忘れられていた他の手紙とともに再び現われるのである。そこにあったアイディアだけ

が存続し、最終的に精神分析の諸理論の中に花開いたのである。

(2) テキストとその翻訳

　前出の書誌の中で示されているように（本書77頁）、著作の独語テキストの初版は『精神分析の起源から』の中に含まれており、1950年にロンドンで出版され、英語翻訳版はその4年後だった。刊行された独語版の正確さには幾らか疑問が投げ掛けられ、翻訳の改訂の前に第1にすべきことは、確かな独語テキストを確認することであるのは明らかだった。これはエルンスト・フロイト氏の好意によって果たされた。彼は原稿の写真複写の用意を手配してくれた。編者〈ストレイチー〉はそれをゆっくりと吟味することができた。
(原注4)

　原稿を吟味することによって、印刷された版には多くの相違があることが直ちに確認された。こうして翻訳者は、フロイトの著作の大半において果たさなければなかった役割とは異なる立場に立たされたのである。他の場合、訳し方の正確さに疑問があったり怪しく感じたりする読者は、信頼できる独語テキストを殆どいつも調べることができる。この場合は不運にも、そのような印刷されたテキストは入手できない。つまり、オリジナル原稿の複写が作られない限り利用できるようにはならない。そこで翻訳者は必然的に、特別の逃れられない責任を負う。というのは読者は完全に彼の掌中にあり、テキストの扱い方をこの状況に合わせなければならないからである。判断の際には、2つのことが考慮されなければならない。すなわち、彼は分かりやすくて読みやすいほどほどの英語の文体で書かれたものを作り出すことを目指さねばならず、また、可能な限りの正確さで、著者が言わんとしたと彼の信じるものを表現することを目指さなければならない。この2つの目標はしばしば衝突するかもしれないが、これのようにきわめて重要な作品の場合には、そして今述べたような事情においては、彼の翻訳の比重は、何よりも正確さに置かれなければならない。

　フロイトの手稿は、この場合とくに、ゴチック体に親しんでいる者ならば誰でも読み解くのに困難はなく、実際テキストそれ自体の中には、論争を招く点は多くはない。フロイトに関して（ベン・ジョンソンがシェークスピアについて述べるように）「1行たりとも書き損じなし」ということは、殆ど文字通り真実だった。そして彼の書いたものは、何頁にも亘って全く訂正がなさ

れていない。それに比べ、たとえば約４万語のごく短い本論究〈編者の序論〉の中には、全部で20以上の訂正がある。かくして、問題と疑問が生じるのは、テキストに原因があるからではなく——もっとも印刷されたテキストの中には、多くの思いがけぬ脱落や誤読があったことが分かるだろうが——むしろ、フロイトの表現の解釈とそれらを読者に提示する最良の方法の関係について原因があったからである。

　より簡単な点から始めるとしよう。フロイトは細心の注意を払う書き手ではなかった。そして幾つかの明白な誤りが起きている。それらは、誤りであるという確信が持てない場合や特に重要であるところを除き、本書では断らずに訂正してある。フロイトの句読法は秩序を欠いており（コンマが落とされたり括弧が開いたまま閉じられなかったり）ともかく英語の使用法と異なることはしばしばである。彼の段落区分は更にそうで、その上それは、いつも簡単に判断できるものではない。故にわれわれの版では、どちらの点についてもいつも原文に従う必要があるとは考えなかった。その一方でわれわれは、彼の非常に特徴的できわめて非英語的な下線を引く方法は厳密に守った。フロイトは、彼が特に重要だと感じる語や句や文は何であれ、下線を引いているのである。(原注5)彼の他の強調方法——ゴチック体の代わりにローマン体で語や句を書くことによって——についてわれわれは注記する必要がないと考えた。これらの点のほとんどについてわれわれの処理は、たまたま『起源から』におけるものと一致している。

　しかし、フロイトの原稿によって生じる主要な問題は、彼の略語の使用である。それには様々な種類がある。それらは最初の４頁半に最も多い——彼が列車の中で鉛筆で書いた部分である。これは残りの部分に較べ、明確さに欠けるわけではない。恐らくより明確でさえある。しかし単に個々の単語が略記されているばかりでなく、他のところでもしばしばそうであるように、文章自体が電文のような文体で書かれている。定冠詞及び不定冠詞は省略され、文章には主動詞がない。例えばこれがその著作の冒頭の文の直訳である。「自然科学的心。を提供する意図、すなわち、心。過程を、特定しうる物質的諸粒子の量。限定された諸状態として表現すること、そうして明解にし、矛盾をなくすこと。」意味のより不確かな補完のみを角括弧で示して、意味に疑いのないところでは、空所を埋めるのが明らかに理に叶ったやり方である。この最初の４頁半の後は、全く違っている。それ以後は略記は個々の単語にほとんど制限されている。

しかしながらここでもまた、なされるべき区別がある。

(a)　まず当然ながら、一般に使用される略語がある。例えば 'und so weiter'（「等」）を表わす 'usw'、'und'（「および」）を表わす 'u' である。

(b)　それとは別に、フロイトがいつも用いる、'ung' と 'ungen' の語尾を 'g' と 'gen' とするような略記がある。たとえば 'besetzung'（「備給 cathexis」）を表わす 'besetzg'。

(c)　次に、その作品あるいはその節で使われる特定の用語の略語がある。その代表例が 'Cschr' で、'Contactschranke'（「接触防壁」）を表わしている。この語は初出では完全表記されているが、以後すべて略記されている。同じく、'Qualitätszeichen'（「質の表示」）を表わす 'Qualz' のように使用頻度の高い用語もある。この種の略語はいずれも明らかに、それを翻訳で真似て読者を煩わせることには意味がない。というのは、それらによってフロイトが何を意味していたかに関しては、何の疑いもないからである。

(d)　次に取り上げるのは、略語というよりむしろ象徴に近づきつつあるもの、フロイトがいつも好んだアルファベットの記号である。例えば、'Neuron'（「ニューロン」）を意味する 'N'、'Wahrnehmung'（「知覚」）を意味する 'W'、'Vorstellung'（訳注2）（「観念」）を意味する 'V' である。'Er' つまり 'Erinnerung'（訳注3）（「記憶」）を意味する非常によく見る略記は、これらと一緒に分類することができるだろう。フロイトはそれらをみたいへん頻繁に用いて、時たま（首尾一貫せずに）完全表記している。ここでも再び意味に関する疑問は存在しないので、われわれは一律に省略されていない形（原注6）を採用する。

(e)　しかしこれが当てはまらない第5のグループが残る。ギリシャ文字 $\phi\psi\omega$（フィー、プシー、オメガ）は本書の中で、その導入時にフロイトが十分に説明した、極めて複雑な概念の速記記号として用いられている。それに応じて、これらはストレイチーらの翻訳の中で変更しないまま用いている。

　ω およびその W との関係についてもっともらしく思われる理論を述べてみよう。フロイトはニューロンの2つの「システム」から始め、かなり明白な理由から、それを ϕ と ψ と名づけた。それから彼は、知覚に関係したニューロンの第3のシステムのための象徴が必要なことに気づいた。そこで、一方では、更に別のギリシャ文字が他の2つのように適当だっただろう——おそらくギリシャ語アルファベットの末尾から。もう一方では、知覚をそれとなくほのめかすことが望ましかった。われわれが見てきたように、大

文字の W は「知覚」('*Wahrnehmung*')を表わすが、ギリシャ語の ω は小文字のwに非常によく似ている。それで彼は、知覚システムに対して ω を選んだのである。いずれにせよ語呂合わせの半分は、英語では消える。しかし、それにも関わらず、'*pcpt*'を採用するよりもむしろここでは ω のままにすることが一番と思われた。'*pcpt*'は、標準版の後の巻全てでそのシステムに与えられた名前である。'W' と 'ω' の間の区別は、フロイトの原稿の中では、全然間違えようがない。しかし、『起源から』では非常にしばしば見分け損われており、アルファベット使用の意味に対して残念な結果となっていることは、独語版のおそらく最も深刻な欠陥である。

　これらのアルファベット記号の中で、全ての最後に来るのが、Q とその謎めいた仲間である $Q\eta$ である。いずれも疑いなく「量」を表わす。しかし、何故両者の違いがあるのだろうか。そしてとりわけ、柔気音符〈'〉のついたギリシャ語のエータ η なのだろうか。フロイトはその差異についてどこにもはっきりと表明したり説明したりしていないが、差異が実際にあることに疑いはない。彼が '$Q\eta$' と書いて、それから 'η' を消した場所（*S.E.*, I, 320〈著7，256〉）があり、「Q と $Q\eta$ より構成された量」について語っている一節（*S.E.*, I, 363〈著7，292〉）もある。しかし実は、これらの言葉のほんの1頁前（*S.E.*, I, 362〈著7，291〉）で彼は、差異を自ら説明しているようでもある。Q は彼の述べるところでは、「外的な量」であり、$Q\eta$ は、「心的な量」であるらしい——言葉遣いに全く曖昧さがないわけではないが。フロイト自身が時に、記号の用い方に一貫性がないように見える、また実に非常にしばしば、完全表記や或いは僅かに略記された語 '*Quantität*' を用いていることを付け加えねばならない。どうやら読者は、この謎に対して自分自身で解決を見出さなければならないらしい。故にわれわれは、慎重に原稿に従って、「Q」や「$Q\eta$」や「量」と印刷する。

　これまで述べてきたように実際、われわれは全体として可能な限り原文に密着している。重要な点で見解が分かれるところは全て、そして重大な疑問があるときはいつも、われわれはそのことを角括弧か注によって書き留めておく。われわれが『起源から』の編者たちと根本的に異なるのはこの点であり、彼らはまったく何の表示もせず勝手に変更している。この事実を考慮して、われわれの翻訳が『起源から』と本質的に別れるところでは、脚注で独語原語を提示することが必要であると考えた。Q と $Q\eta$ の頻繁な間違いのような小さな不正確さについては、断らずに判断した。しかしそれでもなお、

印刷された独語版の中の数多くの誤りを訂正するために、あまりにも多くの脚注が必要となった。多くの読者がこのせいで苛立つであろうことは疑いない。しかし、それによって独語版を所有する人は、より密接にフロイトの元原稿に一致させることができよう。こうして、普通とは異なるこの事情は、われわれが杓子定規にみえることを正当化してくれるだろう。

（3）　著作の意義

　『草稿』のテキストには、このような念の入った手段を講じる価値があったのだろうか。フロイト自身はまず「ノー」と言ったことだろう。彼はそれを2、3週間で書き上げて完結させずに残したし、書いているときには非常に批判的だった。後の人生では彼はそれを忘れてしまったか、少なくとも決して口にしたことはなかったようである。そして晩年に改めてそれを眼の前に出されたとき、破棄しようと全力を尽くした。(原注7) さて、それではこれに何らかの価値がありうるのだろうか。
　著者〈フロイト〉はこれに偏見を持っていたと考えられる根拠があり、その価値は2つの非常に異なる方向から擁護できる。

　標準版の第Ⅱ巻以降の文献目録の索引を調べる者は誰でも、そのいずれの巻にもフリースへの手紙及び『草稿』へと遡る参照が見出されることに、それもしばしば非常に多いことに驚くだろう。そして、次には、それらの参照された頁の脚注の中には、標準版の第2巻以降への参照がとても豊富なことに気づくだろう。こうした情況によって『草稿』が外見上神経学的文書であるにも関わらず、その中にフロイトの後の心理学的諸理論の大きな部分の核を含んでいるという注目すべき真実が知れる。この点ではそれが発見されたことは、単に歴史的に興味深いばかりではない。それは実のところフロイトの基礎的な諸仮説のより曖昧な点の一部に、初めて光を当てたのである。『草稿』が『夢判断』〈著2〉の理論的な第7章の理解の助けとなることは、その著作への編者の序論の中で（S.E., IV, xv〈本書163頁〉以降）幾らか詳しく論じられている。しかし実際は『草稿』或いはむしろその見えない亡霊は、フロイトの理論的著作全体に最後まで取り憑いているのである。(原注8)
　しかしながら、『草稿』とフロイトの後の見解の間に多くの明らかなつながりがあるからといって、それらの間の基本的な相違を見逃してはならない。

第1に、これらの諸頁の中には精神分析の技法的手続きを予期させるものが実は殆どないことが、直ちに見て取れるであろう。自由連想、無意識的素材の解釈、転移——これらは殆どほのめかされてもいない。夢についての節の中にのみ、後の臨床的発展を予期させるものがある。臨床素材は実のところ主として精神病理学が扱われている第2部に限定されている。第1部と第3部は、大体において理論的でア・プリオリなものを基礎にしてその上に構築されている。この点については、更に相違が見えてくる。あまりつながりのない臨床的部分（第2部）では、性が非常に重要な役割を果すのに対して、理論的部分（第1部及び第3部）では、それは小さな役しか果たさない。現実には、フロイトが『草稿』を書いていたちょうどその時、彼の神経症の臨床研究は主として性に焦点を当てていた。彼がフリースに『草稿』の理論的な基礎の幾つかを修正する長い手紙（S.E., I, 388 [書簡39〈手紙85〉]）を送った同じその日（1896年1月1日）に、「クリスマスのおとぎ話」（220頁 [草案K]）をも送ったことが思い起こされるかも知れない。それは防衛-神経精神病についての彼の第2論文（1896b）のための予備的研究で、性的経験の影響を中心とするものであった。性の臨床的意義と理論的意義の間の居心地の悪い乖離は、1、2年後のフロイトの自己分析によってようやく解消されることとなった。彼は自己分析によって、小児性欲を認識し、無意識的本能的衝動の基本的な重要性に到達したのである。

　このことによってわれわれは、『草稿』の中のフロイトの諸理論と後の諸理論とのもう1つの大きな相違に気付かされる。ここで強調されているのは全て、有機体への環境の影響とそれに対する有機体の反応についてである。もちろん外的な刺激の他に、内因的な興奮が存在するのだが、その性質は殆ど考慮されていない。「本能」はただぼんやりした存在で、かろうじて名前があるかないかという程度である。内因的な興奮への関心は、主として「防衛的な」操作とその機制に限られている。後には殆ど万能的な「快感原則」となったものが、ここでは単に制止する機制と見なされているのは、好奇心をそそる事実である。それどころか、4年後に出版された『夢判断』においてさえ、それはまだ終始「不快原則」と呼ばれている。内的な諸力は、殆ど外的な力への2次的な反応にすぎない。実際、エスが発見されるのはまだ先のことである。(原注9)

　このことに留意すると、われわれはおそらくフロイトの諸理論の発達についての、より総体的な見解に至ることができる。『草稿』の中にあるのは、

心についてのエス以前の——「防衛的な」——記述なのである。小児性欲を認識し性的本能を分析すると同時に、フロイトの関心は防衛から反れて、約20年間彼は主としてエスの研究に没頭した。彼がやっと防衛の考察に戻ったのは、研究生活の最後の時期に、エスを大体研究し尽くしたと思ってからのことである。『草稿』の中に、『自我とエス』〈著6〉に現われる構造的な自我の前触れを認めることができるということは、しばしば指摘されている。しかしそれは極めて自然なことである。心理学的過程のエス以前とエス以後の描写の間に、類似性がなかったはずはないだろう。

　『草稿』のこれらの側面について省察することは、この著作に対するまた別の関心を引き出す可能性もあるだろう——それは精神分析からかけ離れているので、ここで扱うことは適切でない。70年前にフロイトが生理学用語によって心的現象を記述しようとした研究方法は、同じ問題の或る種の現代的な研究方法に類似しているように思われるかもしれない。(原注10)人間の神経系はその働きにおいてコンピューターに似ている或いは同じであるとさえ見なすことができると、近年示唆されている——両者はともに情報の受信、貯蔵、処理、送信のための機械である。フロイトによってここに記述された「ニューロン的」な事象とそれを支配する原理の複雑さの中に、情報理論とサイバネティックスの仮説を神経系に適用する際の少なからぬヒントを見つけることができるだろうと指摘されてきたのは妥当なことである。この研究方法の類似性の例を2、3見ると、機械に「記憶」を提供することが最重要であるとフロイトが主張したことが最初に挙げられるかもしれない。また、彼の「接触防壁」のシステムがある。それは機械が先立つ出来事の記憶に基づいて、外的刺激に対する二者択一の反応の間で、適当な「選択」ができるようにするものである。更にフロイトによる知覚メカニズムの説明には、機械自身が環境との関係の中で誤りを訂正する手段としてのフィードバックという基礎的な概念が導入されている。

　このような類似性などが、もしも確認されたならば、疑いなくフロイトのアイディアの独創性と豊かさの新たな証拠となったことだろう。そしてそれは彼を現代の行動主義の先駆者と見る魅惑的な可能性となったかもしれない。同時に熱を入れ過ぎて、フロイトの用語の使用法を歪曲したり、曖昧なことがある彼の記述の中に、関係のない現代的解釈を読み込んだりするかもしれない危険性もある。(原注11)そして結局われわれは、フロイト自身が最終的に神経学的な枠組み全体を破棄したことを思い起こさなければならない。その理

由を推測することもまた、困難ではない。というのはニューロン的な機械装置には、彼が『自我とエス』(1923b, S.E., XIX, 18〈著6，269〉)の中で「深層心理学の闇の中で最後の頼みの灯台」と書いたもの——「意識的であること、あるいは、意識的でないことの性質」を説明する方法——がないことに、彼は気づいたからである。最後の著作、死後出版された『精神分析概説』(1940a [1938], S.E., XXIII, 157〈著9，166〉)で彼は、心的装置の構造を探求する出発点は「あらゆる説明や記述を超えた、並ぶもののない事実——意識という事実によって提供される」と断言した。そして彼は以下の脚注を付け加えている。「思考を極端に押し進めると、アメリカの行動主義の学説がよい例だが、この根本的な事実を無視した心理学を構成することが可能だと考えてしまう。」同様の無視をフロイト自身のせいにしようとするのは、まったくの転倒である。『草稿』は、制作者によって拒否された未完の作に留まらねばならないのである。

（原注1） S.E., I, 175〈本書75頁〉を見よ。
（原注2） 本文で見るようにフロイトは『草稿』の中でこれらの他幾つかのアルファベット記号を用いた。
（原注3） 『草稿』自体がこれらのさまざまな見出し語の意味を明らかにするだろう。
（原注4） 『草稿』の原稿は100枚からなる——およそ、10インチ×8インチの小さいもの80枚、14インチ×10インチの大きいもの20枚である。大きい紙は「第3部」(360頁)の冒頭から始まる。最初の2節を含む最初の4枚半の小さい紙は、明らかに（鉛筆で）列車の中で書かれたものである（S.E., I, 284〈本書79頁〉)。
（原注5） 脚注のごくわずかな箇所で、明確さを期すためにわれわれ自身の手によるイタリック体を付け加えた。
（原注6） 'W' と 'Er' の場合には、ここでは限定が必要である。これらは時にそれぞれ 'Wahrnehmung 知覚' と 'Erinnerung 想起' の代わりに、'Wahrnehmungsbild'（「知覚像 perceptual image」）と 'Erinnerungsbild'（「想起像 mnemic image」）を表わしている。略されていない正しい表記は、短い方の用語が女性形であるのに対して、長い方は中性であるという事実に頼って確認するしかない。通常決定を可能にするのは冠詞か形容詞である。しかしこれが、読者が編者の判断に委ねなければならない例の1つであり、そしてまた、本書の版と『起源から』の間に時折差異が生じる例でもある。
（原注7） これの説明については、ジョーンズの伝記の第1巻第13章（1953, 316-318〈生涯195-196〉)を参照のこと。
（原注8） 更に興味を覚えた研究者は、この長い軌跡をより詳しく、1896年1月1日

付及び12月6日付のフリースへの手紙（S.E., I, 388, 233［書簡39, 52〈手紙85, 112〉］）から、『夢判断』(1900a) の第7章、『精神現象の二原則に関する定式』(1911b〈著6〉)、1915年のメタ心理学論文、『快感原則の彼岸』(1920g〈著6〉)、『自我とエス』(1923b〈著6〉)、「「魔法のメモパッド」についての覚書」(1925a)、そして最後に『精神分析概説』(1940a [1938]〈著9〉) までを追うとよい。

（原注9）『夢判断』第7章（B）での心の働きの全般的な説明は、『草稿』との類似性をやはり強く示している。特に受容する装置としての心を強調している点において似ている。「われわれの主要な活動は全て刺激（内的であれ外的であれ）から始まり、神経支配に終わる」(S.E., V, 537〈著2, 442〉)。

（原注10）特に、プリブラム（1962）による『草稿』の前の版の、この方向に沿った非常に念入りで詳細に亘る吟味を参照。

（原注11）『草稿』の中で電流に言及しているとされている点については、標準版第Ⅰ巻393頁の付録にあるいくつかの注釈〈本書98頁〉を参照のこと。

（訳注1）小此木は著作集における「科学的心理学草稿」という日本語のタイトルの選択は、彼の邦訳がストレイチーの英訳に「信をおいた気持をあらわすため」と、ニューロン理論に立脚した科学的心理学の試みであることを明らかにしたかったからとしている。

（訳注2）'*Vorstellung*' は通常 representation（表象）と英訳されるが、ストレイチーは idea（観念）としている。

（訳注3）同じく、'*Erinnerung*'（想起。「想起、反復、徹底操作」本書258頁参照）をストレイチーは memory（記憶）と訳している。

『草稿』中の略語一覧

Q＝量（一般的、あるいは外界の大きさの水準の）— S.E.I. 362〈著7, 291〉参照

$Q\eta$＝量（細胞間伝導の大きさの水準の）— S.E.I, 306〈著7, 243〉参照

ϕ＝透過性ニューロンのシステム

ψ＝非透過性ニューロンのシステム

ω＝知覚ニューロンのシステム

W＝知覚

V＝観念

M＝運動イメージ

付　録
〔フロイトの退行概念の使用法〕

　退行の概念は、『草稿』の第1部の最後の2セクションに予示されているが、フロイトの理論の中で、次第に重要な役割を果たすようになっていった。
　1914年に『夢判断』の第7章（B）(*S.E.*, V, 542〈著2，446〉) に付加された脚注の中で、フロイトは自ら退行という概念について13世紀のスコラ哲学者アルベルトゥス・マグヌスや、ホッブスの『リヴァイアサン』(1651) にまで遡って調べた。しかし彼はその概念を、『ヒステリー研究』(*S.E.*, II, 189〈著2には未収録〉) へのブロイアーの理論的寄与から、より直接的に引き出したものと思われる。それはフロイト自身が本稿を書く僅か数ヵ月前に出版された。ブロイアーはそこで、興奮が観念または想起像から知覚（または幻覚）へと遡る運動を記述した。それは、フロイトがここで行なっているのと殆ど正確に同じ仕方である。2人とも同じ 'rückläufig' という単語を用いたが、ここでは 'retrogressive〈遡行的〉' と翻訳されている。
　'*Regression*'（「退行」）という独語そのものが最初に登場したのは、われわれの知る限りでは、これよりも約18ヶ月後（同様の文脈で）1897年5月2日にフリースに送られた草案（草案L, *S.E.*, I, 250）の中だった。しかし最初に出版されたのは『夢判断』(1900*a*) 中の一節においてで、後でこの付録の冒頭に引用した脚注が付けられている。
　時が経過するにしたがって、この術語はさまざまな仕方で用いられるようになり、ある時^(原注1)フロイトはそれらを「局所的 topographical」、「時間的」、および「形式的」と分類した。
　「局所的」退行はブロイアーによって導入されたもので、『草稿』で使用され、『夢判断』(1900*a*) 第7章（B）の主な話題となっている。その名称は、その章 (*S.E.*, V, 537〈著2，442〉) にある心の図式に由来する。それは心的過程を、心的装置の知覚端末から運動端末に進むものとして表わしている。局所的退行では、興奮は知覚端末に向かって逆行すると考えられる。このようにこの術語は本質的には、心理学的現象の記述である。
　「時間的」退行は、臨床素材とより近い関係にある。はっきりと「退行」に言及しているわけではないが、1901年に書かれ4年後になって出版された

「ドラ」の症例研究（1905e〈著5〉）に初めて現われる。そこでは倒錯の議論に関連して時間的退行が現われている（S.E., VII, 50-51〈著5，309-310〉）。後の生活で何か偶然の出来事が性の正常な発達を抑制すると、結果として小児期の「未分化な」性(原注2)が再び現われる可能性があるということが示唆されている。フロイトは次のお気に入りのアナロジーを初めて作りだした。「水の流れが川床にある障害物にぶつかると、せき止められて、以前は干上がる運命にあるように見えていた旧い水路にまた戻って流れ出す。」同じアナロジーで説明された同じ仮説は、『性欲論三篇』（例えば、S.E., VII, 170〈著5，37〉）に何度か現われたが、そこでもやはり第1版では、「退行」という術語への言及はない。しかし後の版で付加されたいくつかの文章（例えば、S.E., VII, 240〈著5，92〉、1915年に加えられた）には登場する。(原注3)この種の退行は既に『三篇』で倒錯においてばかりではなく神経症においても（S.E., VII, 172〈著5，38〉）、思春期における正常な対象選択においてさえも（S.E., VII, 228〈著5，82〉）役割を果たしていることが認められていた。

　この「時間的」退行に実際には2種類の異なる機制が絡んでいることは、最初明確に認識されていなかった。単により早期のリビドー的対象に戻るということも、リビドー自体がより早期の機能の仕方に戻るということも考えられたのである。これら2種類とも実際には既に『三篇』の倒錯の論議の中に暗に示されている。そこではより早期の性的対象とより早期の性的目的の両方に回帰する可能性があることが明瞭である（この区別は、『精神分析入門』（1916-17）の第22講（S.E., XVI, 341〈著1，281〉）で非常にはっきりと打ち出されている）。時間的退行のこれらの型の最初のものが殊にヒステリーに特徴的であるように、第2の型は特に強迫神経症に結び付いている。このつながりの例は、既に「鼠男」の症例研究（1909d）で提示されていた（例えば、S.E., X, 244-245〈著5，278-279〉）。しかしその重要性がようやく完全に理解されたのは、リビドー発達における固着点(原注4)と前性器体制の仮説が確立された時だった。それによって、どこか早期の固着点へとリビドーを退行させる欲求不満の影響を把握することができた。これは特に2つの論文——「神経症発症のタイプについて」（1912c, S.E., XII, 232）と「強迫神経症の素因」（1913i, S.E., XII, 323-324）で明らかにされた。しかし既に、より重篤な障害——精神分裂病やパラノイア——においても同様の過程が働いているに違いないと考えられていた。その仮説の証拠は、「自伝的に記述されたパラノイア（妄想性痴呆）の一症例に関する精神分析的考察」（1911c, S.E., XII, 62〈著

9, 329〉)に見出されることとなった。

のちに(『制止、症状、不安』1926d, S.E., XX, 163〈著4, 370〉)フロイトが「防衛」を定義した、「神経症に導く可能性のある葛藤において自我が用いる、あらゆる技術に対する総合的名称」を受け入れれば、われわれは恐らく「時間的」退行のこれらの例を全て防衛機制と見なすこともできるだろう。しかしながら、退行のその他の臨床的な現れ——転移——については、まれに、しかも非常に遠回しの意味でしか、防衛機制であるということはできない。フロイトは転移について、技法的論文「転移の力動性について」(1912b, S.E., XII, 102-103〈著9, 71-72〉)で論じた。時間的退行のこの特殊な形式は、『精神分析運動史』(1914d, S.E., XIV, 10-11〈著9, 258-259〉)で更に興味深いいくつかの短評の主題となった。

フロイトの退行の第3の種類——「形式的」退行——は、「表現と表象の原始的な方法が、通常のものにとって代わるとき」(『夢判断』S.E., V, 548〈著2, 451〉)に起きるとされた。それは主として『精神分析入門』の第10講、11講、13講の中で、夢、象徴使用、言語学との関連から論じられている。

フロイト自身によるこれらのさまざまな種類の退行の分類は、一様ではなかった。それらの最初期の『精神分析について』(1910a, S.E., XI, 49〈著10, 171〉)では、彼は「時間的」及び「形式的」退行について記述している。1914年に『夢判断』に含まれた段落(S.E., V, 548〈著2, 451(訳書では「場所的」)〉)で、彼は「局所的」退行を付け加えた。1915年に書かれた夢理論のメタ心理学的補遺(1917d)の中で彼は、2種の「時間的」退行について述べた(S.E., XIV, 222-223〈著10, 315-316〉)。つまり「1つは自我の発達に、もう1つはリビドーの発達に影響する」。そしてその数頁後で(S.E., XIV, 227)彼は、「局所的」退行に言及し、それを「以前述べた時間的或いは発達的退行」から区別した。最後に、『精神分析入門』(1916-1917, S.E., XV, 211〈著1, 174〉)の第13講で彼は「形式的」退行から「実質的」退行を区別した。

これらの用語法の僅かな揺れを考慮するには、われわれが何度か引用してきたフロイトによる『夢判断』(S.E., V, 548〈著2, 451〉)の中の1914年の段落への最終的な注釈を思い起こすとよい。「しかしながら、これらの3つの種類の退行は全て、実際は1つのものであり、概して一緒に生じる。と言うのは、時間的により古いものは、形式においてより原始的であり、知覚端末

により近い心的な場所にあるからである。」

（原注１）　やはり1914年に付加された『夢判断』の或る段落で（*S.E.*, V, 548）。
（原注２）　これはもちろん、すぐに子供の「多形倒錯」素因として記述されることになるものの初期のかすかな徴候である（『性欲論三篇』1905*d*, *S.E.*, VII, 191参照〈著５，53〉）。
（原注３）　フロイトは最初明らかに、この術語の適用を「局所的」使用法から「時間的」へと拡張することに、気乗り薄だった。
（原注４）　「固着」という術語についての標準版第Ⅰ巻125頁の脚注を参照。

付　録
〔フロイトのフリースへの1896年１月１日付の書簡39
〈手紙86〉の抜粋〕
〈略〉

付　録
〔Qの性質〕

　フロイトが『草稿』（*S.E.*, I, 295〈著７，233〉）とともに導入した２つの「主要な概念」——ニューロンとQ——のうち、前者には何の不思議もない。しかし後者は吟味を要する。とりわけ精神分析において根本的な役割を演じることとなった概念の先駆けだったと、あらゆる方面から考えられるからにはそうである。われわれはここでは、前出の編者の序論で言及した、Qと$Q\eta$の区別という特別の難問に関心がない。われわれが問題にしているのは、$Q\eta$（フロイト自身が最初の段落の末尾ではっきりと述べているように）——神経系と何らかの特別な関連のあるQである。
　それでは、フロイトは1895年の秋にはこのQをどのように描写していただろうか。彼がQを物質的な何か——「運動の一般法則に従う」（*S.E.*, I, 295）——として提示したかったという明白な事実は別として、われわれはQが２つに区別しうる形で現われていることに直ちに気づく。それらの第１は流れている（in flow）Qであり、ニューロンを通り抜けたり、１つのニューロンから他のニューロンへと通っていく。それはさまざまに書かれており、例えば「流れの状態にあるニューロンの興奮」（*S.E.*, I, 296〈著７，233〉）、「流れ

ているQ」(S.E., I, 301〈著7，238〉)、「流れ（current）」(S.E., I, 298〈著7，235〉)、「興奮の通過」(S.E., I, 300〈著7，237〉)である。第2のより静的な形態は、Q「で備給されたニューロン」(S.E., I, 298〈著7，235〉)によって示される。(原注1)

Qの2つの状態の間のこの区別の重要性は、『草稿』において徐々にしか現われていない。だから、フロイト自身著述しながらようやくそれに気づくようになったのだという想像をほとんど禁じえない。この重要性が最初に垣間見えるのは、幻覚と知覚の差異を明示するための機制と、その機制の中で、自我から生ずる抑制的行動が果たす役割についての議論のところである（第1部のセクション14と15）。この抑制的行動（「側面備給」による妨害で、自我からの注意の備給によって指示されている）の詳細は、標準版第Ⅰ巻323から324頁〈著7，258-259〉に書かれており、その結果は、流れている状態のQをニューロンの中で静止しているQの状態へと変化させることである。この区別はすぐに (S.E., I, 326-327〈著7，261-262〉) 1次（抑制されていない）過程と2次（抑制された）過程の区別に関連づけられる。同じ区別を記述するさらに別の仕方は、すぐ後で (S.E., I, 335〈著7，269〉)、妨害的な側面備給はQに対して「拘束する」効果があるという考えとともに導入される。しかしながら、Qの拘束状態と可動状態の間の区別が意味することが『草稿』の第3部 (S.E., I, 368〈著7，296〉以降) で初めて、十分に展開される。Qには2つの状態があるという仮説の必要性は、この時点でフロイトの思考の機制を巡る論議との関連から生じる。思考はニューロンが「高度な備給があるにも関わらず、少量の流れしか許さない」状態にあることを要求するからである。

こうしてQは、2つの方法で計測可能に見えるだろう。すなわち、ニューロン内の備給水準の高さによって、そして備給間の流れの量によって。このことはときどきフロイトが、Qは単に電気でありそれを測定する2つの方法はアンペア〈電流量〉とボルト〈電圧数〉に対応するものであると、本当に信じていた証拠として理解されてきた。『草稿』を書く18ヶ月ほど前、防衛-神経精神病についての最初の論文 (1894a〈著6〉) の中で、彼が、のちにQになるような何かと「身体の表面に広がった電荷」(S.E., Ⅲ, 60〈著6，17〉)を漠然と比較していたのは事実である。またブロイアーが（『草稿』が書かれる僅か数ヶ月前に出版された）『ヒステリー研究』(1895d) への彼の理論的寄与において、「脳の伝導路」の中の「興奮」を電気的なアナロジーに譬える

ことに若干の場所を割いていたことも事実である（S.E., II, 193-194）。しかしながら、『草稿』のどこにも、そのような考えがフロイトの心の中にあったことを示すような言葉はない。反対に、彼は繰り返し、「ニューロンの運動」の性質についてわれわれが知らないという事実を強調している。（例えばS. E., I, 372, 379, 387〈著7, 300, 306, 314〉を見よ。）(原注2)

「拘束」状態の性質とその機制について『草稿』の中で与えられた説明には、いくらか不明瞭なところがあることを認めなければならない。それらのうち最も不可解なことの1つは、「判断」の過程と自我からの備給がそこで果たす役割とに与えられた説明に関連している。その影響はさまざまに記述されており——「側面備給」や「前備給」、「過剰備給」(原注3)として——注意の備給という考えに深く絡んでいる。最初は（例えば、S.E., I, 324〈著7, 259〉）注意は、側面備給をそれが必要なところに向ける手段でしかないように見える。しかし他の箇所（例えば、S.E., I, 368〈著7, 296〉）では、あたかも注意の過剰備給それ自体が「拘束」状態を作り出す力であるように見える。

実際、注意のQとの関係という問題全体を吟味する必要がある（フロイトはそれを1896年1月1日付けフリース宛の手紙［書簡39〈手紙85〉］、標準版第I巻付録Bで「自由 ϕ〈プシー〉エネルギー」と呼んでいるように見える）。注意は第1部のセクション14（S.E., I, 324〈著7, 259〉）で目立たない形で登場するが、すぐにその重要性を示し始め（第1部セクション19と第2部セクション6で）、第3部ではほとんど支配的な特徴となる。にもかかわらず、フロイトの後の著作では、「注意」は時たま言及される以外にはほとんど消えてしまう。しかしその痕跡は、その名前は表に出ないまま2つのかなり異なる方向で最後まで続くのであり、どちらも結局『草稿』が起源となっているのである。一方のより明白なものは、「現実検討」に関係している。そしてこれの歴史は、夢に関するメタ心理学的論考の編者の覚書（1917d, S.E., XIV, 219-221〈本書316-317頁〉）の中で十分に説明されている。もう一方の、気づかれにくいがおそらくより重要なものは、まさに注意やそれに類似の機関が、拘束状態にあるQと自由状態にあるQの区別を、そしてそれを越えて、1次過程と2次過程の間の区別を生じさせるのに果たす役割に関係している。この注意の機能は、「無意識について」（1915e, S.E., XIV, 192）の編者の脚注の中で論じられている。それはフロイトの最晩年の著作『人間モーセと一神教』（1939a, S.E., XXIII, 97〈著11, 344〉）と『精神分析概説』（1940a [1938], S.E., XXIII, 164〈著9, 173〉）で、間接的にほのめかされている。(原注4)

自由Qから拘束Qへの変換をもたらす原因となる機制の正確な細部がどんなものであれ、フロイトがこの区別自体に最大級の重要性を付与したのは明らかである。「私見では」とフロイトは「無意識について」で書いている。「この区別は、われわれが神経エネルギーの性質について現在までのところ得た最も深い洞察を表わしている」(S.E., XIV, 188〈著6，102〉)。（原注5）

　この引用によってわれわれは、フロイトの後の著作が、Qの性質というこの問題そのものに光を当ててくれるだろうという期待を抱きそうである。Q自体は、その名前では以後再び現われることはない。しかしさまざまな別名で登場するのに気づくことは容易であり、その大半は既に『草稿』で馴染みのものである。それらのうち特に「心的エネルギー」には注意を要する。というのは、それがこの概念の被った重大な変化と思われるものを強調しているからである。Qはもはや「物質的な何か」ではなく、心的な何かとなってしまっている。「心的エネルギー」は『草稿』のどこにも見出されない。（原注6）（「ψエネルギー」は書簡39〈手紙85〉他（S.E., I, 390）に出て来るが、単に「ニューロンのψシステムからのエネルギー」を意味する。）しかしそれは『夢判断』では、既に普通に使われている。にもかかわらず、その変化は物質的な基礎を完全に放棄することにはつながらない。たとえフロイトが「心理学的な基盤の上に留まる」つもりだと宣言 (S.E., V, 536〈著2，441〉) しても、注意深く吟味すると古い神経学的な背景の跡が現われるだろう。たとえジョークについての本の中のよく知られた一節 (1905c, S.E., VIII, 148〈著4，351〉) でさえ、彼はニューロンや神経繊維に背を向けているように見えても、事実上生理学的説明のために扉を大きく開けたままにしている。実際、前に引用した「無意識について」(1915e) にある文の中でフロイトは、「心的エネルギー」ではなく「神経エネルギー」と言っている。他方1925年の独語版選集では、『ヒステリー研究』(1895d) の最後の文の2語を、「神経系」から「精神生活」へと改めた。しかし、この変革がどれほど大きいことであれ小さいことであれ、Qの多くの主要な特徴が姿を変えてフロイトの最晩年の著作まで残ったことには何の疑いもない。その証拠は、標準版第Ⅰ巻にある非常に数多い脚注の参照箇所である。

　特に興味深い疑問が生じるのは、Qと諸本能との関係についてである。ここでは本能 (instinct) という名前ではほとんど触れられていない。しかし、それらが「内因性Q」や「内因性興奮」の流れをひくものであることは明らかである。「本能とその運命」へのストレイチーの覚書 (S.E., XIV, 111〈本書

300頁〉以降）では、フロイトの諸本能についての見解の発展の歴史について、特に彼がそれらを最初はリビドー的本能と自我本能へと、のちにはリビドー的本能と破壊的本能へとさまざまに分類したことについて、若干扱っている。そこで触れなかった１つの点は、現在の文脈では特に興味深いもので、フロイトが２度にわたって、２つの本能形態のどちらもとりうる「心的エネルギー」の可能性を示唆していることである（ナルシシズムについての論文（1914c, S.E., XIV, 78〈著5，113〉）と、『自我とエス』（1923b, S.E., XIX,〈著6，288〉）を参照のこと）。(原注7)この「無差別な心的エネルギー」は、出発点のQへと戻っている感が強い。

諸本能（Qのように「心的なものと身体的なものとの境界に位置する」存在）とそれらの分類は、のちに不確実になるが、それはフロイトが一貫して、Qやその片割れの基本的性質についてわれわれが無知であると、強調していたことを思い出させる。われわれが見たように（S.E., I, 393〈本書95頁〉）、このことは『草稿』自体の中でしばしば主張されている。しかしこの点はのちの著作で何度も立ち返られる。ほんの数例を挙げれば、『夢判断』（1900a, S.E., V, 599〈著2，490〉）、「無意識について」（1915e, S.E., XIV, 188〈著6，102〉）、『人間モーセと一神教』（S.E., XXIII, 97〈著11，344〉）においてである。この結論は中でも『快感原則の彼岸』（1920g, S.E., XVIII, 30〈著6，168〉）では次のようにきわめて率直に語られている。「われわれがメタ心理学として記述するものについていくら議論しても際限がないのは、もちろん、われわれが心のシステムの諸要素の中で生じる興奮の過程の性質について何も知らないし、その主題についてどんな仮説を組み立てても正しいと確信できないという事実のためである。結果としてわれわれは、いつも大きな未知の要因とともに作業しており、その要因をいつも新しい公式の中へと持ち越さずにいられないのである。」そこでわれわれの調査はここで終えなければならず、フロイトに従ってQの問題は未解決のままにするしかないように見える。

しかし、Qの究極的な性質はフロイトも解明しえなかったが、彼は本質的な特徴のいくつかを常に仮定し、生涯の終りまで主張し続けた。それが最初に現われた、標準版第I巻393頁ですでに言及した防衛-神経精神病についての第1論文（1894a, S.E., III, 60〈著6，17〉）に戻ると、この未知の存在が、「量のあらゆる特徴を備え（それを計る手段は何もないのだが）、増加、減少、移動、放出が可能である」何かとして記述されているのを見出す。実際、神

秘的なQにその名前がつけられたのは、それがこれら量の特徴を有するというまさにその理由からであることは明らかである。

　量的な事柄は当初から、フロイトの諸理論の多くの点で考慮に入れられなければならなかった。例えば「ヒステリーの病因について」(1896c) には、「神経症の病因においては、量的な必須条件が質的なそれと同じく重要である。つまり、疾病が顕在化する前に越えねばならない閾値が存在する」(S. E., III, 210 〈著10，23〉) とある。しかしながらより重要なのは、葛藤の理論全体の中で、量が暗に、神経症ばかりではなく精神状態の全範囲の原因であると言われているという事実である。この事実がはっきりする文章がいくつかある。例えば、「神経症発症のタイプについて」(1912c, S.E., XII, 236-237)、『精神分析入門』の第23講 (1916-17, S.E., XVI, 374 〈著１，309〉)、「いくつかの神経症的機制について」(1922b, S.E., XVIII, 228 〈著６，256〉)、「終わりある分析と終わりなき分析」(1937c, S.E., XXIII, 226-7 〈著４，387〉) においてである。この最後の場合、量的要因の重要性は、治療状況に関係している。しかしそれは40年以上前の『ヒステリー研究』(1895e, S.E., II, 270 〈著７，193〉) への寄与のときから同様であった。偉大な論文「無意識について」(1915e) でフロイトは「経済的」という術語を「量的」と等価の語として用いた (S. E., XIV, 181 〈著６，98〉)。そしてその時以後、彼はそれらを同義語として用いている。(原注8) 故にわれわれは、われわれの謎めいたQを、その究極の性質が何であれ、メタ心理学の３つの基本要素の１つの祖先と見なして良いであろう。

(原注１) 防衛-神経精神病についてのフロイトの最初の論文への編者の付録にある、備給についてのいくつかの論評 (1894a, S.E., III, 65 〈本書133頁〉) を参照。
(原注２) 電気的理論は、標準版の『夢判断』第７章（E）の訳文の誤訳によって不幸にも強化された恐れがある。そこ (S.E., V，599下から４行目) では独語の‘Niveau’ が全く弁解の余地なく‘potential’（「電位」）と翻訳された。その巻の後の印刷では、‘level’（「水準」）に訂正されている。
(原注３) ついでながら、フロイトがこの最後の術語を自我からの備給にしか用いなかったと考える根拠は乏しいと思われる。例えば『トーテムとタブー』(1912-13, S.E., XIII, 89 〈著４，222〉) にある「リビドー的過剰備給」を見よ。
(原注４) いくつかの文脈でフロイトがした論評は、注意についての彼の見解を側面から照らして興味深い。それによると、注意は自動的行動の能率を妨げるし、自動的行動は注意散漫によって助けられる。29頁と『続精神分析入門』第30講への編者の脚注 (1933a, S.E., XXII, 40参照)。そこには参照箇所が全て挙げられている。

（原注5） フロイトが不思議なことに説明抜きでこの発見をブロイアーのものとしている点は、標準版第II巻xxvii頁〈本書115-116頁〉で論じられる。

（原注6） 「エネルギー」という術語が「Q」の意味で『草稿』に出て来ることは実際非常に稀である。最もよく使われているのを見かける類義語は、多分「興奮」である。

（原注7） 独語はどちらの節でも 'indifferent' である。不幸にも2番目の一節では 'indifferent' の代わりに（余りに大雑把に）'neutral 中立的' と翻訳されている。それによって付随的に、前の方の節が見過ごされるようになった。

（原注8） この同一視は目新しくなかった。それは計画の数ヶ月前に書かれた、フリースへの手紙（S.E., I, 283〈本書78頁〉に引用）に見出される。

ヒステリー研究
（1893-1895）

STUDIEN ÜBER HYSTERIE
STUDIES ON HYSTERIA
（By Breuer and Freud）

(A)ヒステリー現象の心的機制について（予報）
ÜBER DEN PSYCHISCHEN MECHANISMUS HYSTERISCHER PHÄNOMENE (VORLÄUFIGE MITTEILUNG) (1893*a*)

(a)独語版

1893年　*Neurol. Centralbl.*〈神経学中央雑誌〉, 12(1), 4-10（セクションI-II）と、12(2)43-47.（セクションIII-V）（1月1日号と15日号）

1893年　*Wien. med. Blätter*〈ウィーン医学雑誌〉16(3), 33-35（セクションI-II）と、16(4), 49-51.（セクションIII-V）（1月19日号と26日号）

(b)英語訳

The Psychic Mechanism of Hysterical Phenomena (Preliminary Communication)〈ヒステリー現象の心的機制（予報）〉

1909年　*S.P.H.*〈ヒステリー及びその他の精神神経症についての論文選集〉, 1-13. (Tr. A. A. Brill.)

1936年　*Studies in Hysteria* 所収（下を見よ）

On the Psychical Mechanism of Hysterical Phenomena〈ヒステリー現象の心

的機制について〉
1924年　*C.P.*, 1, 24-41. (Tr. J. Rickman.)
1966年　*S.E.*, II, 1-17.
(c)邦　訳
1930年「ヒステリー現象の精神機構に関して（予報）」（安田徳太郎訳）大1
1955年「ヒステリー現象の心的機構について（予報）」（懸田克躬・吉田正巳訳）選9
1969年「ヒステリー現象の心的機構について（予報）」（懸田克躬訳）選9改訂
1974年「ヒステリー現象の心的機制について」（懸田克躬訳）著7, 9-22.
2004年「ヒステリー現象の心的メカニズムについて（暫定報告）」『ヒステリー研究（上・下）』（金関猛訳）ちくま学芸文庫

(B)ヒステリー研究
STUDIEN ÜBER HYSTERIE（1895*d*）
(a)独語版
1895年　Leipzig and Vienna : Deuticke. Pp. v +269.
1909年　第2版　同出版社（変更はないが、新しい序文つき）Pp.vii＋269.
1925年　*G.S.*, 1, 1-238.（ブロイアーの寄稿を削除；フロイトが追加した脚注つき）
1952年　*G.W.*, 1, 75-312.（1925年版の再版）
(b)英語訳
Studies in Hysteria
1909年　*S.P.H.*, 1-120.（Tr. A. A. Brill.）（一部分のみ。アンナ・O嬢、エミー・フォン・N夫人、カタリーナの症例報告病歴とブロイアーの理論の章を削除している）
1936年　New York : Nervous and Mental Desease Publishing Co.（Monograph Series, 61号）Pp.ix＋241（Tr. A. A. Brill.）（完訳、1925年に追加されたフロイトの脚注を除く）
1966年　*S.E.*, II, 18-305.（ジェームズとアリックス・ストレイチーによるまったく新しい完全な翻訳にはブロイアーの寄稿が含まれているが、他の点では、フロイトの追加した脚注を含んだ、1925年の独語版にもとづいている。独語の2種類の論文集（『著作集』と『全集』）からブロイアーの寄稿が削除されたために、原版でフロイトがその削除された部分に言及しているところでいくつか変更が必要となり、また脚注が付されることになった。これらの論文集ではまた、アンナ・Oのものがないために、病歴の番号も変わっていた。標準版の翻訳で

はこうした変更のすべてを無視している。──「予報」と本文の両方の抄録が、フロイト自身の著作の初期の抄録集に収録されていた（1897*b*，24番と31番））

(c)邦　訳
1930年『ヒステリー』（安田徳太郎訳）大１
1955年『ヒステリー研究』（懸田克躬・吉田正巳訳）選９
1969年『ヒステリー研究』（懸田克躬訳）選９改訂
1974年「ヒステリー研究」（懸田克躬訳）著７，3-229.^(訳注1)
2004年『ヒステリー研究（上・下）』（金関猛訳）ちくま学芸文庫

（１）　研究に関する歴史的覚書

　本書の執筆の歴史は、われわれにはいくぶん詳しくわかっている。
　ブロイアーによるアンナ・Ｏ嬢の治療は、この著作全体がそれを基礎としたものであり、1880年から1882年の間に行なわれた。その当時までにヨーゼフ・ブロイアー（1842-1925）は、実践経験の豊富な医師でもあり、また、科学に関する学識のある人でもあるとしてすでにウィーンで高い名声を得ており、これに対して、ジクムント・フロイト（1856-1939）は医師としての資格を得たばかりのところであった。^(原注1)しかし、その２人の男性は数年前からすでに友人であった。その治療は1882年６月初旬に終わっており、その年の11月にブロイアーはフロイトにその注目すべき話を聞かせ、フロイトは（当時、彼の主要な関心事は神経系の解剖学に集中していたが）、その話に強く心を動かされたのである。事実、３年ほど後に、彼がシャルコーのもとにパリで学んでいたときに、フロイトはシャルコーにその症例を報告したほどであった。「しかし、この大先生は私が初めてあらましを話したときになんらの関心をも示さなかったので、私は再びその話にもどろうとしなかったし、私もその話を忘れてしまった」（『自己を語る』1925*d*，第２章, *S.E.*, XX〈著４，432〉）。
　フロイトがシャルコーのもとで学んだのはおもにヒステリーに関することであり、彼が1886年にウィーンに戻って神経疾患の診療をすることになったときには、ヒステリーが彼の患者の大部分となっていた。まず初めに彼は、水療法、電気療法、マッサージ、ウェア・ミッチェルの安静療法のような、当時推奨されていた治療法をあてにした。しかし、これらが不満足なものであるとわかると、彼の思考は他に向いた。彼は1887年12月28日付で彼の友人

であるフリースに宛てて、「ここ数週間の間、私は催眠に取り組んで、あらゆる種類の小さいけれどもはっきりした成功を収めています」と書いている（Freud, 1950a, 書簡2〈手紙2〉）。そして、彼はこれらのうちのある成功例について詳細な記述を残してくれている（1892-93b）。しかし、アンナ・Oの症例はまだ彼の胸に留められており、「初めから私は、催眠暗示とは別の、もう1つのやり方で催眠を使いました」と彼はわれわれに語っている（1925d）。この「別のやり方」が、標準版第Ⅱ巻の主題であるカタルシス法であった。

エミー・フォン・N夫人は、フロイトの書いたところ（S.E., Ⅱ, 48および284〈著7, 23と208〉）によると、彼がカタルシス法で治療を行なった最初の症例であった。[原注2]1925年の本に追加された脚注で彼はこのことを限定して、彼が「とことんまで」その方法を使った最初の症例であったと述べている（S.E., Ⅱ, 105〈著7, 77〉）。この初期の頃には、彼がまだいつもは伝統的なやり方で——直接的な治療暗示を与えるという点で——催眠を用いていたことは確かである。この時代には、実際、催眠暗示への関心は強く、彼はベルネームの本の1冊を1888年に、もう1冊を1892年に翻訳し、また、1889年の夏にはナンシーにあるリエボーとベルネームの診療所を数週間訪れたほどであった。彼がエミー夫人の症例でどの程度まで治療的暗示を用いていたかということは、「夜毎の記録」（S.E., Ⅱ, 48〈著7, 23〉）から彼が再現した、治療の初めの2、3週間の彼の日を追った報告にたいへんはっきりと示されている。われわれはあいにく、彼がいつこの症例の治療を始めたかは確定できないのだが（S.E., Ⅱ, 307〈本書120頁〉の付録を見よ）、1888年か1889年の5月であった——つまり、彼がはじめて「催眠法に取り組んで」から約4ヶ月後か約16ヶ月後のどちらかである。その治療は1年後の1889年か1890年の夏に終わっている。どちらにしろ、その次の（発表の順序でなく、時間上の順序で）症例報告の日付までにはかなりの隔たりがある。これが、1892年の秋に始まり（S.E., Ⅱ, 135〈著7, 107〉）、フロイトが彼の「ヒステリーの最初の完全な分析」と述べた（S.E., Ⅱ, 139〈著7, 111〉）、エリーザベト・フォン・R嬢の症例であった。その直後に続いたミス・ルーシー・Rの症例が同年の年末に始まった（S.E., Ⅱ, 106〈著7, 78〉）。[原注3]残りのカタリーナの症例には、日付がない（S.E., Ⅱ, 125〈著7, 96〉）。[訳注2]しかし、1889年から1892年の間にフロイトが他のいくつかの症例を経験したのはたしかである。特に、チェチーリエ・M夫人の症例については、彼は「これらのうちのどの患者よりもは

るかに徹底的に知っていた」(*S.E.*, II, 69注〈著7，44〉)が、「個人的な事情」のために詳細に報告することはできなかった。しかしながら、本書の中で、フロイトもブロイアーも頻繁に彼女について論じており、フロイトは「ブロイアーとともに行なったこの注目すべき症例の観察が、われわれの『予報』を公にする直接的動機となったのである」と述べている(*S.E.*, II, 178〈著7，149〉)。^{(原注4)(訳注3)}

その画期的な論文(本巻の最初の部分となっている)の草案は、1892年6月に書き始められた。6月28日付のフリースへの手紙(Freud, 1950*a*, 書簡9〈手紙13〉)では、「ブロイアーは、私たちが共同して到達したヒステリーに関する除反応の理論やその他の研究成果を、詳細な出版物の形でまた共同して発表することに同意しました」と知らせている。彼は続けて、「私が先ず一人で書きたいと思っていたその一部は書き終えています」としている。^(訳注5)論文のうちのこの「書き終えた」部分については、その翌日の1892年6月29日に書かれたブロイアー宛の手紙の中でもはっきりと言及されている(Freud, 1941*a*)。「原稿の数枚をあなたに手渡した時に感じていた無邪気な満足は、……心配へと変わってきています。」この手紙には続けて、論文の内容を提案した非常に短い要約がある。次に、シャルコーの『火曜講義』の翻訳にフロイトが加えた脚注があり(Freud, 1892-93*a*, 107)、3つの短い段落で「予報」の主題の要約が記述されており、それを「書き始めた」と述べている。^(原注5)この他に、もう少し詳しい2つの草稿が残っている。^(原注6)このうちの第1のもの(Freud, 1940*d*)は(ブロイアーと共同して書いたと述べられているがフロイトの手書きである)、「1892年11月末日」と日付が打ってある。それはヒステリー発作を論じており、その内容は、表現は違うものの、「予報」のセクション4(*S.E.*, II, 13以降〈著7，18以降〉)にほとんどが含まれていた。しかし、「恒常原則」に関する1つの重要な段落は不思議なことに削除されており、本文の中では、あとの方で(*S.E.*, II, 197以降)ブロイアーだけがその問題について論じている。最後に、「III」という表題のメモがある(Freud, 1941*b*)。これには日付がない。それは、「類催眠状態」とヒステリー性解離を論じており、発表された論文のセクションIII(*S.E.*, II, 11以降〈著7，17以降〉)に密接な関係がある。

1892年12月18日に、フロイトはフリースに宛ててこう書いた(1950*a*, 書簡11〈手紙20〉)。「私たちのヒステリーの理論(追想 reminiscence, 除反応など)が、詳細な予報の形で『神経学中央雑誌』の1893年1月1日号に掲載される

とあなたにお知らせできることを、私はうれしく思います。この論文をめぐって、私と共同研究者とは長い間言い争ってきました。」この論文には「1892年12月」という日付があるが、実際にはその雑誌の2つの号に分けて出版された。最初の2セクションは1月1日号に、残りの3セクションは1月15日号に掲載されたのである。『神経学中央雑誌』（隔週刊）は、ベルリンで出版されていたもので、「予報」はまもなく完全な形でウィーンで『ウィーン医学雑誌』（1月19日、26日号）に再版された。1月11日には、論文の半分だけが出版されたところだったが、フロイトはウィーン医学クラブでその主題で講演を行なった。その講演の完全な速記録が、「講演者によって改訂されて」、『ウィーン医学新聞』の1月22日号と29日号（34巻、122-126頁および165-167頁）に掲載された。その講演（Freud, 1893h）は論文とほぼ同じ領域を扱っていたが、その同じ題材を、まったく違ったやり方で形式ばらずに論じていた。

　論文の刊行は、ウィーンやドイツでは表立った反響はほとんどなかったようである。一方、フランスでは、フロイトが1893年7月10日付の手紙でフリースに報告しているように（1950a, 書簡13〈手紙25〉）、ジャネに好意的に受けとめられた。彼がフロイトの考えに敵対するようになったのは、後になってからのことであった。ジャネは、1893年6月と7月に『神経学雑誌』に掲載された「ヒステリーに関するいくつかの最近の定義」に関する論文において、「予報」について詳しく記述し、褒め讃えていた。彼はこの論文を、1894年に出版された『ヒステリー患者の精神状態 L'état mental des hystériques』と題する彼の本の最終章として使った。もっと意外なのは、おそらく1893年4月に──「予報」の出版からわずか3ヶ月後に──そのほぼ完全な報告がF・W・H・マイヤースによって、ロンドン心霊研究協会の総会で行なわれ、その年の6月にはその『発表論文集』に掲載されたという事実である。「予報」はさらに、『脳』（1894, 125）の中でマイケル・クラークがその全体を要約し論じている。しかし、もっとも意外で不可解な反応は、1893年の2月と3月に、『グラナダ医学雑誌 Gaceta médica de Granada』（11巻、105-111および129-135）に、「予報」の完全なスペイン語訳が発表されたことであった。

　著者たちの次の課題は症例の題材を用意することであり、すでに1894年2月7日には、フロイトはその本について、「半ば終えて、残っているのは、

わずかな症例報告と2つの総論的な章だけです」と語った。5月21日付の手紙にある未公刊の一節で〈手紙42〉、彼はちょうど最後の症例報告を書いているところだと述べており、また、6月22日付には（1950a, 書簡19〈手紙43〉）、「ブロイアーとの共著の本」に含まれることになっている内容が次のように書かれている。「5つの症例報告。ヒステリーの理論に関する彼の小論（要約と批評）、これについては私はまったく関わっていない。そして、治療に関する私の小論で、私はまだそれを書き始めていない。」このあとには、明らかに停滞があった。というのは、1895年の3月4日になって（1950a、書簡22〈手紙55〉）、彼が「大急ぎでヒステリーの治療に関する小論に取り組んでいます」と書き、3月13日に（未公刊の手紙〈手紙57〉）を書き終えたことを書きよこしているからである。4月10日付のもう1つの未公刊の手紙で、彼はその本の校正刷りの後半をフリースに送っており、翌日、それが3週間もすれば出版されるでしょうと彼に語っている。

『ヒステリー研究』は、正確な日付は示されていないものの、1895年5月には順当に出版されたようである。この本はドイツの医学界では好意的に受け止められなかった。例えば、有名な神経学者であるアドルフ・フォン・シュトリュンペルは、きわめて批判的に評している（*Deutsch. Z. Nervenheilk.*〈ドイツ神経治療学雑誌〉, 1896, 159）。一方で、医師ではない著述家で、のちにウィーン・ブルク劇場の取締役となったアルフレート・フォン・ベルガーは、『新自由新聞』（1896年2月2日号）にその真価を認めた評を書いた。イギリスでは、マイケル・クラークが『脳』（1896, 401）に長くて好意的な新刊紹介をしており、また今一度マイヤースが、1897年3月に初めて行なったかなり長い講演でこの研究への関心を示しており、その講演は最終的には彼の『人間のパーソナリティ』（1903）に収録された。

本書の第2版が必要となるまでには10年以上かかっており、2人の著者の道はそれ以前に分かれてしまっていた。1906年5月にブロイアーはフロイトに再版に同意する手紙を書き送っているが、新しい共同の序文が望ましいかどうかについてはいささか異論があった。さらに遅れることになって、ついには、本文にみる通り、2つの別々の序文が書かれた。これらには1908年7月という日付があるが、第2版は実際には1909年まで出版されなかった。この版でもその後の版でも、本文は変わっていないが、1924年にフロイトは『研究』の彼の分担分を収録する著作集の巻（1925年刊）にさらに脚注を追加して書いており、また本文に1、2の小さな変更を施した。

(2) 『研究』の精神分析に及ぼした影響

『ヒステリー研究』は、通例精神分析の出発点と考えられているが、これが本当であるのか、また、どういう点で本当であるのかを手短かに考えてみる価値はある。このことを議論するために、2人の著者による執筆の分担の問題はあとで考えることにして、本書を全体として扱うことにする。『研究』がのちの精神分析の発展に及ぼした影響は、便宜上2つの部分に分けて調べることができるが、それはもちろん勝手な分け方である。『研究』に述べられた技法上の手続きと、それらによる臨床上の知見が、どの程度まで、またどのようにして、精神分析の実践への道を開いたのだろうか。ここに提起された理論的な見解がどの程度まで、フロイトののちの学説に引き継がれたのだろうか。

おそらくフロイトの最も重要な業績は、人間の心を科学的に検討するための最初の道具を創案したことであるという事実は、あまり充分には評価されていない。本巻の主な魅力の1つは、これによってその道具の発展の初期の段階をわれわれがたどることができるというところにある。それがわれわれに伝えるのは、単に相継ぐ障害物の克服物語ではなく、克服せねばならない相継ぐ障害物の発見の物語なのである。ブロイアーの患者であったアンナ・Oは、彼女自身がこうした障害物の最初のもの——ヒステリー患者に特有の健忘——を示して、そして克服した。この健忘の存在が明るみに出ると、患者の顕在的な心はその全体ではなく、その背後に無意識的な心があるということがただちに認識されるようになった（S.E., II, 45〈著7, 175〉以降）。このように問題が、日常的に用いられる普通の調査法で間に合うような、単なる意識的な心的過程の研究ではないということは明白であった。また、無意識的な心的過程があるのだとすれば、何らかの特別な道具が必要なことも明らかだった。この目的のためのはっきりとした道具が催眠暗示であった——催眠暗示は、直接的に治療目的で使われるのでなく、心の無意識的な領域から素材を産出するように患者を説得するために用いられた。アンナ・Oに関しては、この道具を少しだけ使えばよかったようである。彼女は「無意識」から素材を流れるように産出しており、ブロイアーは傍らに座って、遮ることなくそれらに耳を傾けていればよかったのである。しかし、これは言うほ

どやさしいことではなく、エミー夫人の症例報告は、フロイトがこの催眠暗示の新しい使用法に順応し、また、妨げようとしたり切り詰めようとしたりせずに、患者が言わねばならないすべてのことに耳を傾けるのがいかに難しいことであったかを、多くの箇所で示している（例えば、S.E., II, 60注、62注1〈著7，35注、37注〉）。さらに、すべてのヒステリー患者がアンナ・Oほど従順だったというわけではなかった。彼女が明らかにひとりでに陥った深い催眠は、誰もがそれほど容易に得られるものではなかったのである。そしてここで、さらに障害物が出てきた。フロイトは、自分が催眠法の達人には程遠かったと述べている。フロイトは本書の中で（例えば、S.E., II, 107以降〈著7，80以降〉）、彼がいかにしてこの困難を迂回し、いかにして催眠を引き起こそうとする試みを徐々にやめて、ときには前額を圧迫する方法を用いて、自分の患者を「注意集中」の状態にすることで満足したかということをいくつか説明している。しかし、心的過程への彼の洞察をより一層拡げたのは、催眠法の放棄であった。それは、なおもう1つの障害の存在を明らかにした——患者の治療への「抵抗」であり（S.E., II, 154, 268以降〈著7，126, 191以降〉）、つまり彼らが自分自身の治療に協力したがらないということであった。この反抗はどのように処理すればよかったのだろうか。それは、怒鳴りつけて黙らせるか、暗示を与えて取り除けばよかったのか。あるいは、他の心的現象のように、ただ単に探究されればよかったのだろうか。フロイトはこの第2の進路を選ぶことで、彼が全生涯を費やして探索することになった前人未踏の世界に直接踏み込んだのである。

　『研究』の直後から数年のうちに、フロイトは意図的な暗示という装置をますます放棄して（S.E., II, 110注、参照）(訳注6)、患者の「自由連想」の流れにますます頼るようになった。その道は夢の分析へと開かれた。夢分析によって彼は、まず第1に、心の中の「1次過程」の働きと、それがわれわれのもっと接近しやすい思考の産物に影響を及ぼす仕方についての洞察を得ることができ、こうして新しい技法上の装置——「解釈」——をもつこととなった。夢分析は、第2には、彼自身の自己分析を可能にし、彼がその結果として幼児性欲とエディプス・コンプレックスを発見することを可能にした。これらのことはすべて、いくつかのわずかな兆しはあったものの、(原注7)まだ先のことであった。しかし彼はすでに、本巻の最終部分で、研究者の進路にある1つのさらなる障害物に直面していた——「転移」である（S.E., II, 301〈著7，225〉以降）。彼はすでにその恐るべき性質をうかがい見ており、

ひょっとすると、障害物であるばかりではなく、精神分析の技法のもう1つの主要な道具になると気づき始めてさえいたのかもしれない。

　「予報」の著者たちのとった主な理論的な立場は、上辺は単純そうにみえる。彼らは、ものごとの正常な過程では、或る体験が多大な「感情」を伴うとしたら、感情はさまざまな意識的な反射作用で「発散される」か、他の意識的な心的素材と結びつくことによって徐々に減っていくと考えた。一方、ヒステリー患者の場合には（これから述べる理由のために）、これらのうちのいずれも起こらない。感情は「閉塞された」状態にあって、その感情が付随している体験の記憶は意識から切り離されている。感情を帯びた記憶はその後、「回想の象徴」――すなわち抑制された記憶の象徴――とみなせるようなヒステリー症状に顕われる（S.E., II, 90〈著7，64〉）。2つの主な理由が、なぜこの病理的な結果が生じるかを説明するために示唆される。1つは、患者が「類催眠」と称される心の特殊な解離状態にあるときにもとの体験が起こったということ。もう1つは、患者の「自我」がその体験を自らと「相容れない」とみなしたために「払いのける」必要のあったものであったということである。いずれにしろ、「カタルシス」法の治療的な有効性は同じ基礎に立って説明される。つまり、もとの体験をその感情とともに意識化することができれば、その感情はまさにそのことによって発散、すなわち「除反応」され、症状を維持してきた力は働かなくなって、症状自体が消失するというのである。

　これはみなまったく率直に述べられているようであるが、少し考えてみると、多くのことが説明されていないのがわかる。なぜ感情は「発散される」必要があるのだろうか。また、それが発散されない結果がなぜそれほど恐るべきものなのだろうか。こうした根底にある問題は、死後に刊行された草稿のうちの2つ（1941a, 1940d〈いずれも、S.E., I, 147-154に「1893年の予報のための草案」として収録〉）に短くほのめかされていたし、それらを説明する仮説はすでに存在していたのだが、「予報」ではまったく議論されていない。奇妙なことに、「予報」そのものからは削除されているにもかかわらず、フロイトは1893年1月11日の講演ではその仮説について実は述べていたのである（S.E., II, xiv〈本書104頁〉を見よ）。彼は再び、「防衛-神経精神病」（1894a）についての彼の最初の論文の終りの2段落でそれをほのめかしており、そこではとくに、それが1年前の「予報」で論じた除反応の理論の基盤にあ

ると述べている。しかし、この基本仮説は、1895年に標準版第Ⅱ巻へのブロイアーの寄稿のセクション2で初めて正式に示されて名前を与えられたのである（S.E., Ⅱ, 192以降）。このフロイトの理論のもっとも基本的なものが、ブロイアーによって初めて充分に論じられ（彼は実際にはフロイトのものとしている）、フロイト自身は、ときおりその問題に目を向けはしたものの（「本能とその運命」、1915c, に関する彼の論文の初めの方の頁にあるように）、彼が『快感原則の彼岸』（1920g）を書くまではそれをはっきりと述べることがなかったのは不思議なことである。彼は、われわれが今では知っている通り、おそらく1894年の、日付の不確かなフリース宛ての通信でその仮説に名前を付けて言及しており（草案D, 1950a）、また、彼が『研究』の出版から数ヶ月後に書いた「科学的心理学草稿」では、別の名前でではあるが（S.E., Ⅱ, xxiv〈本書112頁〉を見よ）、それについて充分に考察している。しかし、55年後になって（1950a）初めて、草案Dと「草稿」は陽の目を見たのである。

「恒常原則」（これがその仮説に付けられた名前であった）は、フロイト自身が『快感原則の彼岸』の中で用いた言葉ではこう定義されよう。「心的装置は、それに内在する興奮の量を、できるだけ低く、あるいは少なくとも恒常にたもっておくように働く」（S.E., XVIII, 9〈著6, 151〉）。ブロイアーはそれについて本論文中（S.E., Ⅱ, 197）で、たいへん似た言葉ではあるが神経学の方に傾きながら、「脳内の興奮を恒常にたもとうとする傾向」と述べている。(原注8)標準版第Ⅱ巻201頁以降にある彼の議論の中で、感情がヒステリーの病因において重要であるというのは、それらが大量の興奮をもたらし、また、今度はそれらが恒常原則に従って発散を必要とするという事実によるものであると彼は論じている。また同様に、外傷的な体験が病因となるのは、それらが正常なやり方で対処するにはあまりに大きい興奮量を引き起こすからである。こうして、『研究』の基盤にある本質的な理論上の立場は、感情を除反応することが臨床上必要であって、それが閉塞されるようになった場合に病因的な結果となるということが、（恒常原則と呼ばれた）興奮の量を恒常にたもとうとする一般的な傾向によって説明されるということである。

『研究』の著者たちは、ヒステリー現象を外傷とそれらの根深い記憶にだけ帰そうとしており、フロイトが、彼の重要な「力動的な」心の過程に関する見解に到達するのはあとのことで、幼児期の外傷から幼児期の空想へと力点を移してからだ、としばしば考えられてきた。しかしながら、これまで述べてきたことから、恒常原則の形をとった力動的な仮説がすでに外傷と除反

応の理論の基盤となっているとわかるだろう。そして、本能へと地平を拡げて、体験よりもずっと大きな重要性を本能におくようになると、基本仮説を修正する必要はなくなった。事実、すでにブロイアーは、「生体の主要な生理的欲求と本能」が発散を必要とする興奮の増大を引き起こす際に果たす役割を指摘し（S.E., II, 199)、「興奮を増大し続けさせる（そしてその結果神経症を引き起こす）もっとも強力な源泉」として「性的本能」の重要性を強調している（S.E., II, 200)。さらに、葛藤、そして相容れない観念の抑圧という考え全体が、明らかに不快な興奮の増大にもとづいているのである。このことからさらに、フロイトが『快感原則の彼岸』（S.E., XVIII, 7 以降〈著 6，150以降〉）で指摘しているように、「快感原則」自体が恒常原則と密接に結び付いていると考えることができる。彼はさらに先に進んで、快感原則「とは、ある機能に役立つよう作動する1つの傾向である。その機能の役割とは、心的装置に興奮が起こらぬようにするか、あるいはその興奮の量を一定に、またはできるだけ低めにたもつことである」と言明している（S.E., XVIII, 62〈著 6，193〉）。フロイトが彼ののちの著作で本能の属性とした「保守的な」性質と「反復強迫」はまた同じ節で、恒常原則の現われであると考えられている。そして、こうした初期の『ヒステリー研究』の基礎となっている仮説を、最晩年の思索においてもなお基本的なものとフロイトがみなしていたということが明らかになるのである。

（3） 2人の著者の間にみられる見解の相違

われわれは、ここではブロイアーとフロイトとの個人的な関係には立ち入らない。それは、アーネスト・ジョーンズの伝記の第1巻に充分に述べられている。しかし、彼らの科学的な相違について暫時論じることは興味深いことであろう。そのような相違があることは第1版の序文に率直に述べられており、フロイトののちの著作の中ではその相違についてしばしば詳述された。しかし標準版第II巻自体の中では、不思議なことに、それらは少しも目立つものではない。また、「予報」が標準版第II巻の中で明らかに共同で執筆した唯一の部分であるとしても、この著作全体のさまざまな構成要素が誰によるものなのかを確実に突き止めることは簡単ではない。

本著作の中から生まれた、抵抗、防衛、抑圧といったきわめて重要な理論的概念は、のちの技法上の発展とともに、フロイトの功績としてまず差し支

えないだろう。これらの概念が催眠を圧迫法に置き換えたあとどのようにしてできあがったかということは、標準版第Ⅱ巻268頁以降〈著7，191以降〉にある記述から容易にわかることである。フロイト自身は、彼の「精神分析運動史」（1914d）の中で、「抑圧の理論は、精神分析の構造が依って立つ礎石である」と断言し、それに至った経緯について彼がここでしているのと同じ説明をしている。彼はまた、自分がこの理論に単独で到達したという彼の信念を主張しており、発見の歴史がその信念を充分に確かなものとしている。彼は同じ節で、抑圧という概念の萌しをショーペンハウアー（1844）に見出すことができると述べているが、その著作は彼が晩年になって読んだにすぎなかった。また、「抑圧 *Verdrängung*」という言葉が19世紀初頭の心理学者であるヘルバルト（1824）の著書に出ていることが最近になって指摘されているが、彼の考想はフロイトの周囲にいた人たちの多くにとって、そしてとくに彼の精神医学における直接の師であるマイネルトにとって、たいへんな重みをもっていた。しかし、そうした示唆は、フロイトの理論の経験的な基礎に関して、その独創性を何ら損なうものではなく、「予報」（*S.E.*, II, 10〈著7，16に「押し出す」と訳されている〉）にその最初の表現があったのである。

　これに対して、あとでちょっと触れようと思うが、「類催眠状態」という考えをブロイアーが生み出したことは間違いなく、「カタルシス」と「除反応」という用語は彼によるものであったかもしれない。

　しかし、『研究』にある理論的な結論の多くは2人の著者が協力していた頃に交わした議論の産物であったにちがいなく、ブロイアー自身、そのような優先権を決めるのは困難なことであると述べている（*S.E.*, II, 185-186）。フロイトはシャルコーの影響について強調するのを決してやめなかったが、それとは別に、ブロイアーとフロイトはともに、彼らの師であるエルンスト・ブリュッケがその著名なメンバーであった、ヘルムホルツ学派に基本的な忠誠を抱いていたことも覚えておかねばならない。『ヒステリー研究』の基盤となっている理論の多くが、あらゆる自然現象が究極的には物理的、化学的な力によって説明できるとするその学派の学説に由来しているのである。

（原注9）

　標準版第Ⅱ巻にある（xix〈本書109頁〉）ように、ブロイアーが初めて「恒常原則」についてその名前で言及してはいるものの、彼はその仮説をフロイトによるものとしている。彼は同様に、「転換」という用語をフロイトに帰しているが、（*S.E.*, II, 206注に説明されるように）フロイト自身は、それは名

前だけに当てはまることであり、その概念には共同して到達したのだと言っている。一方、当然ブロイアーによるものと言えそうな、いくつかの非常に重要な概念がある。それは、幻覚が心像から知覚への「後退」であるとする考え（S.E., II, 189）、知覚と記憶の機能が同じ装置によっては果たされ得ないとする命題（S.E., II, 188-189注）、そして最後に、かつもっとも驚くべきことに、拘束された（基調となる）心的エネルギーと拘束されない（可動的な）心的エネルギーの区別と、それに相関する1次と2次の心的過程の区別（S. E., II, 194）である。

「備給 Besetzung」という用語は、精神分析理論でここまで馴染まれることになった意味では標準版第II巻89頁〈著7, 63；「配備」と訳されている〉に初めて出ているが、それを使ったのはおそらくフロイトであろう。心的装置の全体か一部がエネルギーの充足を担っているという考案は、もちろん恒常原則の前提となっている。そして、標準的なものとなった実際のこの用語は本書で初めて使用されたが、その考えはフロイトによって他の形でもっと早くから表現されていた。たとえば「エネルギーを供給された *mit Energie ausgestattet*」（1895*b*）、「興奮の総量を負荷された *mit einer Erregungssumme behaftet*」（1894*a*）、「感情の配当を受けた *munie d'une valeur affective*」（1893*c*）、「興奮の総量の置き換え *Verschiebungen von Erregungssummen*」（1941*a* [1892]）、それと、ずっと以前に彼の最初のベルネームの翻訳へのその序文の中で（1888-89）、「神経系における興奮の置き換え *Verschiebungen von Erregbarkeit im Nervensystem*」といった言い回しを見出すのである。

しかしこの最後の引用は、ついうっかり見落とされかねないきわめて重要なことを思い出させてくれる。『研究』を出版した時点でフロイトが「備給」という用語を純粋に生理学的なものとみなしていたことは間違いなさそうである。これは、「科学的心理学草稿」の第1部セクション2で彼がその用語の定義をしていることからわかることであり、（フリース書簡に示されているように）この「草稿」はこのとき、すでにフロイトの心を占めていたもので、わずか数ヶ月後に書かれている。そこでは、当時発見されたばかりであった神経学的実体である「ニューロン」について述べた後で、彼はこう続けている。「このニューロンの記述を量理論に沿ったアプローチと結びつけてみると、空になることもあるが、一定の量によってみたされ『備給された』ニューロンという考えにわれわれは到達するのである。」この時期のフロイトの理論が神経学に偏っていることは、恒常原則が「草稿」の同じ一節に述べら

れているその形式に示される。それは「ニューロン慣性原則」という名称を与えられて、「ニューロンは自ら量を失おうとする傾向をもつ」ことを明らかに示していると定義されている。はなはだしい逆説がこうして明らかとなる。ブロイアーは、これからみるように（S.E., II, 185）、ヒステリーの問題を純粋に心理学的な方向で論じようという彼の意図をこう言明している。「ここからは脳についての言及はほとんどなく、分子については一切ない。心的過程は心理学の言語で論じられるだろう。」しかし実際には、彼の理論の章は広く「脳内興奮」や、また、神経系と電気器具との対応関係に及んでいる。一方、フロイトは、精神現象を生理学と化学の用語で説明することに彼の全エネルギーを捧げていた。それにもかかわらず、彼自身がいくぶん残念に思いながら告白しているように（S.E., II, 160〈著7，133〉）、彼の症例報告は短編小説のように読めるし、彼の分析は心理学的なものなのである。

　実は、1895年にはフロイトは精神病理的状態について生理学的説明から心理学的説明へと移りつつある過程の中間段階にあったのである。一方で、彼は「現実」神経症——神経衰弱と不安神経症——について広い意味での化学的な説明を提案しており（彼の不安神経症に関する2つの論文、1895*b*と1895*f*において）、他方で、ヒステリーと強迫について本質的に心理学的な説明——「防衛」と「抑圧」という言葉で——を提案していた（彼の「防衛-神経精神病」に関する2つの論文、1894*a*と1896*b*において）。彼は神経学者として初期の訓練と経歴を積んだために、心理学的な説明を最終的なものとして受け容れることには抵抗があった。そして彼は、精神事象を純粋に神経学の用語で記述することを可能にしようとして複雑な構造をもった仮説を考案することに没頭した。この試みはついには「草稿」に達し、そしてまもなく断念された。しかし、生涯を終えるまで、フロイトは「現実」神経症の化学的な病因論に固執し続け、あらゆる精神現象の身体的な基盤がついには見つかるであろうと信じ続けた。しかし、そのうちに彼は、心的過程は心理学の言語で論じることができるだけであるというブロイアーの表明した見解に徐々に同調するようになった。1905年になってから（彼の機知に関する著書の第5章で）、彼は初めてはっきりと、心理学的な意味以外のどのような意味でも「備給」という用語を用いようとするあらゆる意図を拒否し、神経路やニューロンと精神の連合経路とを等しいとみなそうとするあらゆる試みを斥けた。
(原注10)

　しかし、ブロイアーとフロイトの間にあった本質的な科学的な相違とは何

であったのだろうか。『自己を語る』(1925d) の中で、フロイトはこれらの第1のものはヒステリーの病因論に関するものであり、「類催眠状態か防衛神経症か」の問題だと言えると述べている。しかし、本書自体に戻るとこの中ではその点はあまり明確ではない。共同執筆の「予報」では、いずれの病因論も受け容れられている (S.E., II, 10以降〈著7, 16〉)。ブロイアーは、彼の理論の章で、明らかに類催眠状態にもっとも力点を置いているが (S.E., II, 215以降)、やや不熱心ではあるものの、「防衛」の重要性も強調している (S.E., II, 214と235-236)。フロイトは、彼の「カタリーナ」の症例報告 (S.E., II, 128〈著7, 100〉)[原注11]と、あまりはっきりとではないが、エリーザベト嬢の症例報告 (S.E., II, 167注〈著7, 140〉) の中で、「類催眠状態」という考えを受け容れているように見える。彼の懐疑がはっきりと見え始めるのは彼の最終章の中だけである (S.E., II, 286〈著7, 210〉)。その翌年出版された「ヒステリーの病因について」という論文 (1896c,〈著10〉) の中で、この懐疑はさらに一段と率直に表現されており、また彼の「ドラ」の症例報告 (1905c) に対するある脚注の中で、彼は「類催眠状態」という用語が「余計なもので、誤解を招くもの」であって、その仮説が「もっぱらブロイアーの主導によって生まれたものである」と言っている (S.E., VII, 27注〈著5, 291注〉)。

しかし、フロイトがあとになって主張した2人の間にあった主な意見の相違は、ヒステリーの原因の中で性衝動の果たす役割に関するものであった。しかし、ここでも、表に現われた相違は思ったほどはっきりとは見られない。ヒステリーの性的な起源に対するフロイトの信念は、彼の心理療法に関する章にある論議から充分はっきりと推測することができるが (S.E., II, 257以降〈著7, 180以降〉)、彼があとで主張したような形では、彼はヒステリーの症例に性的な病因が必ず存在していたとはどこでも言っていない。[原注12]一方、ブロイアーはいくつかの箇所で神経症における性の果たす役割の重要性を最高に強い言葉で述べており、とくに標準版第II巻245-247頁には長い一節がある。彼は、例えば (S.E., II, xx〈本書109-110頁〉に記述があるように)、「性的本能が間違いなく興奮を増大し続けさせる（その結果神経症を引き起こす）もっとも強力な源泉である」(S.E., II, 200) と述べており、また、「女性の重症神経症の大多数はその起源が夫婦生活にある」と断言している (S.E., II, 246)。

この科学上の協力関係の解消についての満足できる説明を見出すために、われわれは文字になった言葉の裏をみる必要がありそうだ。フロイトのフリ

ース宛の手紙によると、ブロイアーが疑っては保留し、結論を出すことにいつも不安な人であることがわかる。極端な例が、『研究』の出版から約6ヶ月後の、1895年11月8日付の手紙（1950a, 書簡35〈手紙81〉）にある。「少し前にブロイアーは医師会で、私について大々的な演説をして、彼が〔神経症の〕性的病因論を信じる方に転向したと宣言しました。しかし、私が彼の傍らに行って礼を述べたところ、彼は私に『けれども、信じちゃいない』と言って私の喜びを砕いたのです。あなたは理解できますか。私にはとても理解できません。」この種のことは『研究』へのブロイアーの寄稿文の行間に読むことができるものであり、注目すべき自分自身の発見に半信半疑の人という像が浮かぶ。彼が、なお一層動揺しそうな発見がこれからまだあるだろうという予感のためにさらにうろたえているのは避けがたいことであった。そしてまた、フロイトが、自分の仕事仲間の落ち着かないためらいに不自由を感じていらだつのは避けられないことであった。

　フロイトのその後の著作の中で彼が『ヒステリー研究』とブロイアーに言及している箇所をいちいち列挙するのは退屈だろうが、いくつか引用してみると、それらに対する彼の態度の中で力点がさまざまに移っていることがわかる。

　『研究』の発刊直後から数年の間に彼が出版した彼の治療方法と心理学的理論に関する多くの短い記述の中で、彼は「精神分析」とカタルシス法との相違を明らかにしようと骨を折った——技法上の革新、彼の手法のヒステリー以外の神経症への拡張、「防衛」の動機の確立、性的病因の強調、そして、すでにみた通り、「類催眠状態」の最終的排除である。最初の一連のフロイトの主要著作——夢（1900a）、失錯行為（1901b）、機知（1905c）、性（1905d）に関する著書——にいたっては、過去を振り返る題材は当然ほとんど、あるいはまったく見られない。そして、クラーク大学での5回の講義（1910a）になって初めて、われわれは包括的な歴史的概観を目にすることになる。それらの講義では、フロイトはしきりに自分の研究とブロイアーの研究との連続性を確立したがっているようであった。1回目の講義全体と2回目のほとんどが『研究』の要約に充てられており、そこからはフロイトではなくブロイアーが精神分析の真の創設者であるといった印象を受けるのである。

　その次に書かれた長い回顧的な概観は、「精神分析運動史」（1914d）にあり、かなり違った調子のものであった。もちろん、論文全体はその内容から

みて論議を呼ぶものであり、精神分析の初期の歴史を描くにあたって、フロイトがブロイアーに負っているところではなく彼と自分の相違点を強調していることや、フロイトがブロイアーを精神分析の創始者であるとする見解をはっきりと撤回していることは驚くに当たらない。この論文でも、フロイトはブロイアーが性的な転移に直面できないことを詳述して、アンナ・Oの分析を終わらせた「厄介なできごと」を漏らしている（S.E., II, 40-41注）。(訳注7)

次にやってきたのはほとんど「謝罪 amende」のようなものである——これについてはすでに標準版第II巻 xxiii 頁〈本書112頁〉で述べたが——それは、拘束された心的エネルギーと拘束されない心的エネルギーとの区別と、1次過程と2次過程との区別を突然ブロイアーによるものとしたことである。これらの仮説がもともとフロイトによって導入されたときには（『夢判断』の中で）、これらが誰によるものなのかについて何もほのめかされてはいなかった。このことは、「無意識」についてのメタ心理学的な論文（1915e）のセクション5に付されたある脚注の中で初めて言及され、『快感原則の彼岸』の中で繰り返された（1920g; S.E., XVIII, 26-27と31）。これらの最後の論文からほどなくして、フロイトがマルクーゼ『中辞典』に寄稿した項目の中に謝意を表した文章がある（1923a; S.E., XVIII, 236）。「『研究』の理論的なセクションで、ブロイアーは心の中の興奮の過程についていくつかの思弁的な着想を提出した。これらの着想は、思索が将来向かうべき方向を決定づけた。……」これと同じような調子で、フロイトは少し後にアメリカの出版物への寄稿の中にこう書いている（1924f）。「カタルシス法は精神分析の直接の先駆者であったが、また、経験がどんなに拡がり、理論がどんなに修正されても、依然としてその核としてその中に含まれているのである。」

フロイトが次に書いた長い歴史的な概観である『自己を語る』（1925d）は、この共同研究から再度引き下がろうとしているように見える。彼はこう書いている。「これまでの私の説明から読者が、『ヒステリー研究』は、その題材の内容のあらゆる本質部分において、ブロイアーの心の産物にちがいないと考えるなら、それがまさに私自身がいつも主張してきたことであった。……本書において提唱された理論に関しては、私にも一部は責任があったが、それがどの程度のものであるかは今日ではもはや確定することはできない。その理論はいずれにしろ控え目なものであり、観察の直接的な記述を越えることはほとんどなかった。」そして「神経症の病因において性のもつ重要性を『ヒステリー研究』から推測するのは難しかったであろう」と彼は付け加

えて、続けてもう一度ブロイアーがその要因を認めたがらなかったことを述べた。

　ブロイアーが死んだのはこの直後のことであり、フロイトが書いた共同研究者の追悼文（1925g）からの引用をもってこの共同研究の紹介を終えるのがおそらく適切であろう。ブロイアーが『研究』を出版するのを嫌がっていたことに触れ、『研究』に関するフロイト自身の主な功績はブロイアーを説得して出版に同意させたことであると断言した後で、彼はこう続けた。「彼が私の説得に従って『研究』を出版するよう準備していた時点で、彼のその意義に関する判断は固まったようであった。彼は私にこう言った。『これはわれわれ2人が世に出す必要のあるもっとも重要なものであると私は信じる』と。彼の最初の患者の症例報告の他に、ブロイアーは『研究』に理論的な論文を寄せているが、それはまったく時代遅れにはなりそうにない。それどころか、今でも充分解明されてはいない思索や示唆を秘めているのである。この思弁的な文章にひたる者は、この男性の精神構造に深い感銘を受けるだろう。彼の科学的な関心が、われわれの精神病理学の方向に向けられたのは残念ながら、彼の長い生涯のほんの短いひとこまにすぎなかった。」

（原注1）　以下にある資料のほとんどは、アーネスト・ジョーンズのフロイト伝によるものである（第1巻、とくに第11章）。
（原注2）　一方、103頁〈著7，76〉にある記述には、チェチーリエ・M夫人の症例（後述）がエミー夫人よりも先であったという含みがあるように見える。しかし、この印象はおそらく文章の言い回しにあるあいまいさによるものであろう。
（原注3）　これらの後者の2つの分析は、どちらも「予報」の出版の時点では始まったばかりであったということは記されるべきである。
（原注4）　フロイトが初めてカタルシス法を使い始めたのがいつであったかという問題は、1916年に彼が述べたことによってなお一層複雑になっている。その事情はこうである。ロンドンで1913年に開催された国際医学会で、ピエール・ジャネはフロイトと精神分析について不合理で不当な攻撃をすることによって自分を際立たせた。それに対する応答は、アーネスト・ジョーンズによって異常心理学雑誌9巻（1915）400頁に発表された。この独語訳が、独語版国際精神分析学雑誌4巻（1916）34頁に掲載された。ジャネは痛烈に批判しつつ、精神分析にわずかでも価値があるとするならそれは完全にフロイト自身の初期の著作に由来するものであると述べており、この主張に反対してジョーンズは、ブロイアーとフロイトの研究成果が実際に出版されたのはジャネのもの（それらは1889年に出版された）よりもあとであったことは事実であるが、彼らの最初の論文の基礎となった研究はジャネの

ものよりも数年早かったと述べている。彼は続けて、「2人の著者の協力は、その最初の報告よりも10年ほど前からのものであり、『研究』において報告された症例の1つは、その出版の期日よりも14年以上前にカタルシス法によって治療されたということが、はっきりと述べられている」とした。この時点で独語訳には（前掲、42）「フロイト」と署名のある脚注があり、以下のように書いてある。「私は、ジョーンズ博士の主張を訂正したい。彼の議論にとっては本質的なものでないが、私にとっては重要だからである。のちに精神分析の仕事とされたものの優先権と独立性について彼が述べたことはすべて正確であるが、それはブロイアーの業績にだけあてはまる。私自身の協力は1891-92に始めたばかりであった。私が引き継いだものは、しばしば公言してきた通り、ジャネからではなくブロイアーから得たものである。」ここでフロイトが示した時期には困惑させられる。1891年では、エミー夫人の症例の開始には2、3年遅いし、エリーザベト嬢にしては1年早いのである。
(訳注4)

(原注5) この日付を正確に定めることはできない。というのは、フロイトの翻訳への序文には「1892年6月」と日付があるが、その訳書が分冊で出版されており、ずっとあとの1893年に刊行されたものもあるからである。しかし、問題の脚注はその本の比較的前の方の頁にあり、したがって、1892年の夏か秋の日付となるのはかなり確かであろう。

(原注6) これらの草稿と要約はみな標準版第Ⅰ巻に完全な形で収められている。標準版第Ⅰ巻 131-143頁「シャルコー著『火曜講義』の翻訳への序文と脚注」および146-154頁「1893年の『予報』のための草案」参照。

(原注7) 例えば、標準版第Ⅱ巻69頁〈著7, 44〉の脚注にある夢に関する論評と、同56頁〈著7, 31〉にある自由連想を思いつく前兆を見よ。

(原注8) 1893年1月11日の講演でフロイトが述べたその原則とは次のようなものであった。「人が心理的影響を体験すると、その人の神経系の中の何ものかが増大する。その何ものかをさしあたり『興奮の総和』と呼ぶことにしよう。そうすると、健康を保つために、この興奮の総和をもう1度低減させようとする傾向が、全ての人に存在する……」(Freud, 1893h, S.E., III, 27)。

(原注9) フロイトの見解を決定づける際におそらく役割を果たしたであろうさまざまな影響については、アーネスト・ジョーンズによって充分に論じられている（1953, 第1巻, 44〈生涯48〉以降と407以降）。これらの文中に挙げられた名前の他に、とくに精神物理学者であるフェヒナーについては述べておくべきであろう。フロイト自身が『自己を語る』(1925d)の第5章で、彼に負うところがあると認めている。

(原注10) フロイトが1895年にはまだ維持しようとしていた神経学的な立場が不安定であったことは、彼が30年後に標準版第Ⅱ巻のまさに最後の文章で修正せざるをえないと感じた箇所において際立っている。彼は1895年には「神経系 *Nervensys-*

tem」という言葉を用いていたが、1925年にはそれを「精神生活 Seelenleben」に置き換えたのである。しかし、見かけ上は重大な変化であっても、文章の意味には何の影響も及ぼさなかった。神経学のその古い語彙は、フロイトが使った時点ですでに、外皮にすぎなかったのである。

(原注11)　彼はすでに「防衛‐神経精神病」に関する彼の最初の論文（1894*a*）とメモ「III」（1941*b*）の中で示しているので、1892年に書いたことはほぼ確かである（*S.E.*, II, xiv〈本書103頁〉を見よ）。

(原注12)　実際、『精神分析について』（1910*a*〈著10〉）の第4講の中で、『研究』の出版の時点では、彼はまだそう思っていなかったとはっきり主張している。

(訳注1)　原書では病歴の1番初めにあるアンナ・O嬢（ブロイアー執筆）の掲載順序が邦訳書では病歴の最後になっており、また、ブロイアーによる理論の章は訳出されていない。

(訳注2)　本文（*S.E.*, II, 125〈著7, 96〉）には、「189‐年の夏期休暇」の旅行中に会ったと記されており、1890年代であったことはわかる。

(訳注3)　『ヒステリー研究』の章立てにある病歴は、エミー・フォン・N夫人、ルーシー・R嬢、カタリーナ、エリーザベト・フォン・R嬢、アンナ・O嬢の5名であるが、ここに述べられているチェチーリエ・M夫人の他にも、ロザーリア・H嬢（著7, 141）など、それ以外の病歴についての断片的な記述がある。

(訳注4)　ブロイアーとジャネとの間のカタルシス法のアイディアの優先権をめぐっては、標準版第I巻40頁にある「ヒステリー」への編者ストレイチーの覚書に付された原注3にも記載がある〈本書52頁〉。

(訳注5)　標準版第I巻147頁にある「ヨーゼフ・ブロイアーへの手紙」の注に引用されているフリース宛の手紙と同一のものであるが、英語原文の表現が若干異なっている。ここで、"A part of it, which I at first wanted to write alone, is finished." となっているところが、"a portion of it, which I began by wanting to write alone, is finished." とある。この手紙は『精神分析の起源から *Aus den Anfängen der Psychoanalyse*』に収録されて1950年に出版され、その英訳が1954年に出版されているが、1955年に出版された標準版第II巻ではその英訳を参照することができなかったために、標準版の最後に1966年に出版された第I巻と異なった表現となっているのであろう。この箇所に関しては内容面で大きな相違はないものの、標準版ではこのようなことがときおり起こっている。

　ちなみに、シャルコーの『火曜講義』の翻訳の出版年の記載も、標準版第II巻では「1892-3」となっているが、第I巻では「1892-94」に改められている。この点については、ここにある原注5の記載にも同様の事情をみることができる。十数年に及ぶ標準版の出版の経過の中で、多くの事実が発掘されてきたことを伺い知ることができる（例えば、ブムの『治療辞典』に収録された「催眠」の項目に関する

事情が、標準版第Ⅰ巻104頁に記されている〈本書65頁〉)。
(訳注6) これは、「圧迫法」に関する編者の脚注であり、標準版第Ⅰ巻所収の「催眠法と暗示に関する諸論文」の訳注6に訳出してある(本書60-61頁)。
(訳注7) 編者ストレイチーの脚注は、「彼女が(さらに)以前に示した数えきれぬほどの個々の病状の全てから解放されたのであった」(著7, 171)という本文に、次のように付されている。「ここのところで(開いた本を指さしながら、そのようにフロイトがかつて本書の編者ストレイチーに語ったところでは)本文に脱落がある。彼の心にあって続いて述べたことは、アンナ・Oの治療の終結を際立たせた事件であった。彼は、『精神分析運動史』(1914d) の初めのところで、それについてブロイアーの観点から「厄介なできごと」と言いながら、また、『自己を語る』(1925d) の第2章で、それを簡単にほのめかした。話全体は、フロイト伝(1953, 1, 246以降〈生涯159〉)の中でアーネスト・ジョーンズが語っており、ここでは、治療が見たところ成功裡に終結に至ったときに、患者が突然ブロイアーに紛れもない性的な性質を帯びた分析されていない強い陽性転移の存在を顕したということを言えば十分である。この事件こそが、ブロイアーにその病歴の出版を何年間も引き止めさせ、結局はフロイトの研究にさらに協力するのを彼がまったくやめてしまうことにつながったと、フロイトは考えた。」これに対してエレンベルガーは(『無意識の発見』下、74-77)、ジョーンズの記述にある矛盾点を指摘して、事があってから70年以上も後で出版され、伝聞にもとづいているので、用心して扱うべきだとしている。ヒルシュミュラー(Hirschmüller, A., "The life and work of Josef Breuer : Physiology and psychoanalysis", New York : New York University Press, 1978/1989) は、クロイツリンゲンにあるベルビュー・サナトリウムに残されていたベルタ・パッペンハイム、すなわちアンナ・Oの治療記録にもとづいて、フロイト＝ジョーンズのアンナ・Oの治療の終結に関する説明は神話であると述べている。彼は、強い情緒的な関係にあったことは事実であるが、偽性妊娠という事実はなかったこと、ブロイアーはその後もヒステリーの治療を続けており、カタルシス法もおそらく用いていたことなどを指摘し、ブロイアーによる治療が充分な解決には至らなかったことが出版をためらった理由の1つであろうと論じている。

付　録
〔エミー・フォン・N夫人の症例に関する年譜〕

エミー・フォン・N夫人の病歴の日付には、すべての独語版にあるものとこの翻訳に再録されたものとで重大な不一致がある。フロイトがエミー夫人の最初の治療を始めたのは1889年5月であると標準版第Ⅱ巻48頁〈著7,

23〉に2ヶ所出ている。その治療は約7週間続いた（*S.E.*, II, 51注と77〈著7，26注と51〉）。彼女の2度目の治療は、最初の治療のちょうど1年後（*S.E.*, II, 78〈著7，52〉）、つまり1890年5月に始まった。この治療は約8週間続いた（*S.E.*, II, 51注〈著7，26注〉）。フロイトは、翌年（*S.E.*, II, 83〈著7，57〉）、つまり1891年の春にエミー夫人をバルト海沿岸の彼女の所有地に訪ねた。この年譜の最初の矛盾は標準版第II巻85頁〈著7，59〉に現われており、そこではこの訪問の日付が1890年5月となっている。この新しい日付の仕方はその後の箇所で維持される。標準版第II巻91頁〈著7，65〉では、フロイトは2度目の治療中に出現した症状を1889年のものとしており、最初の治療中に出現した症状を2ヶ所で1888年のものとしている。しかし、彼は同102頁〈著7，75〉で彼のもとの日付の仕方に戻っており、バルト海沿岸の所有地を彼が訪問した日付が1891年であるとしている。

　早い方の年譜——つまり、フロイトがエミー夫人を最初に治療したのが1888年であったとするもの——が正しいことを物語る一片の証拠がある。標準版第II巻101頁〈著7，74〉で、彼はこの患者の意志欠如を研究していたときに、初めてベルネームの「暗示がすべてである」という主張の妥当性について重大な疑念を抱くようになったということを述べている。彼は同様の疑念をベルネームの暗示に関する著書の翻訳（Freud, 1888-89）への序文の中でたいへん力を込めて表明しており、1888年8月29日付のフリース宛の手紙（1950a，書簡5〈手紙5〉）によって、彼がすでにその日までには序文を仕上げていたことがわかっている。この手紙ではまた、彼はこう書いている。「私には一面的に思えるベルネームの見解に、私は与しません。」フロイトのその疑念が、彼のエミー夫人の治療から出てきたものであるなら、その治療はしたがって、1889年ではなく、1888年の5月に始まったに違いない。

　ついでながら、この修正は1886年春にパリから戻ったあとのいくつかのフロイトの活動に関して一般に受け入れられている記述における不一致を解消するであろう。彼の『自己を語る』（1925d，第2章）の中で、催眠法を使うときに、彼は「初めから」治療暗示を与えるためばかりではなく、症状の歴史を遡る目的のためにもそれを用いていたことを述べている——つまり、初めから彼はブロイアーのカタルシス法を使っていたのである。1887年12月28日付のフリースへの手紙（1950a，書簡2〈手紙2〉）から、彼が初めて催眠法を取り上げたのはその年の終り近くになってのことであったことがわかっている。一方、標準版第II巻の48頁と284頁〈著7，23と208〉で、彼がブロイ

アーの技法を使おうとした最初の症例がエミー夫人であったと述べている。したがって、もしもその症例が1889年5月から始まったとすれば、2つのできごとの間には少なくとも16ヶ月の間隔があったのであり、アーネスト・ジョーンズ博士が述べているように（彼の伝記の第1巻で、1953, 263〈生涯167〉）、フロイトが「初めから」という言葉を使ったとき、彼の記憶はほとんど正確ではなかったということになる。しかし、エミー夫人の治療の日付が1888年5月に繰り上げられたなら、そのずれはほんの4、5ヶ月ほどに減るのである。

1890年か1891年の5月にリヴォニア（あるいはどの国にせよ）を訪れていた期間と同じだけフロイトがウィーンにいなかったことを示すことができたなら、問題は片付いたであろう。(訳注1)しかしあいにく、この時期の彼の現存する手紙には、そうした不在の証拠となるものは何もない。

その問題は、他の不一致によってもさらに一層不明瞭になっている。標準版第Ⅱ巻61頁にある脚注〈著7, 36注〉で、フロイトは最初の治療期間の間に（実際には、1888年か1889年の5月11日に）与えた彼の暗示のいくつかの過剰効果について言及している。彼がそのときに作り出した健忘が、「18ヶ月後」もまだ作用していたと彼は述べている。これは確かにエミー夫人の郷里の所有地を彼が訪ねたときのことを指しており、というのは、その訪問についての彼の記述の中で、彼はその逸話についてもう一度述べているからである（S.E., II, 84〈著7, 58〉）。しかし、そこでは彼はもとの暗示について「2年前に」行ったと述べている。所有地への訪問が1890年か1891年5月であったなら、「2年」というのが正しく、「18ヶ月」というのがきっと間違いだったのだろう。しかし、これらの繰り返し出て来る矛盾は、さらなる可能性を示唆している。フロイトがエミー夫人の住んでいる場所を変えたと考える理由がある。彼の患者が誰であるか漏れないようにする特別な予防措置として、彼は治療の時期も変えたが、その変更を一貫させるのに失敗したということもあるだろうか。(原注1)問題全体が解決されずに残ることも仕方ないだろう。
(訳注2)

（原注1）『夢判断』にある彼自身気づいていない間違いのいくつかについて『日常生活の精神病理学』（1901b）の第10章におけるフロイトの説明を参照。彼はこれらについて、彼が素材に故意に加えた抑制と歪曲に対する無意識的な報復であると説明した。

(訳注1) リヴォニアはバルト海東岸に面した地方で、現在のエストニア、ラトヴィア両共和国に帰属する。本文中に、「彼女の家系は中部ドイツの出であり、2代前からロシア領のバルト海沿岸地区に定住し、そこで財をなした」とある〈著7,24〉。

(訳注2) 『ヒステリー研究』執筆の経過については、すでにみた通りある程度詳しく跡づけることができるが、このエミー・フォン・N夫人の場合のようにいくつか矛盾点を含むものでもある。ここで、本文中に記載のある事項を整理して一覧にすると、以下のようになる。

『ヒステリー研究』に関する年表

1880年	ブロイアー、アンナ・Oの治療開始
1881年	これ以前からカタルシス法による治療［ジョーンズ（1915）の記述による］
1882年6月初旬	アンナ・Oの治療終了
11月	ブロイアー、アンナ・Oの話をフロイトにする
1883年頃	ブロイアーとフロイトの協力？［ジョーンズ（1915）の記述による］
1885年	フロイト、シャルコーにアンナ・Oについて報告
1886年	フロイト、ウィーンに戻り神経疾患の診療（大部分がヒステリー）水治療、電気療法、マッサージ、ウェア・ミッチェルの安静療法による
1887年12月28日	フロイト、フリース宛に「催眠に取り組んで、著しい成功」と書簡
1888年	フロイト、ベルネームの著書を翻訳 伝統的な催眠の使用（直接治療暗示）
1888or89年5月	フロイト、エミー・フォン・N夫人の治療開始 大部分カタルシス法で治療
1889年	ジャネ、著書出版
1889年夏	フロイト、ナンシーにリエボーとベルネームを訪問
1889or90年夏	エミー・フォン・N夫人の治療終了
1891-92年	ブロイアーとフロイトの協力？［フロイト（1916）の記述による］
1892年	フロイト、ベルネームのもう1冊の著書を翻訳
1892年	チェチーリエ・M夫人の治療開始 「『予報』を公刊する直接的動機」

1892年6月	フロイト、「予報」の起草開始（6月28日付フリース宛書簡、6月29日付ブロイアー宛書簡）
1892年夏～秋	フロイト、シャルコー『火曜講義』翻訳に「予報」の論題要約、「『予報』を書き始めた」と記載
1892年秋	エリーザベト・フォン・R嬢の治療開始 「最初の完全なヒステリーの分析」
1892年11月末日	フロイト、ヒステリー発作を論じた手書き原稿（「予報」セクション4に相当）
1892年末	ミス・ルーシー・Rの治療開始
1892年12月18日	フロイト、フリースに「予報」が『神経学中央雑誌』に掲載を予告する書簡
1892年12月	ブロイアー／フロイト、「予報」の日付
1893年1月	「予報」出版 『神経学中央雑誌』（ベルリン）；1月1日号、15日号 『ウィーン医学雑誌』（ウィーン）；1月19日号、26日号
1893年1月11日	フロイト、ウィーン医学クラブで講演 『ウィーン医学新聞』（1月22日号、29日号）に講演速記録掲載
1893年2・3月	「予報」スペイン語版出版
1893年4～7月	イギリスでF・W・H・マイヤース、マイケル・クラークの両氏、フランスでジャネによる好意的な評
1894年2～6月	フロイト、フリース宛に『研究』を書き進めている内容の書簡 この後に明らかな停滞
1895年3月	フロイト、フリース宛に『研究』を書き終えたと書簡
1895年4月	フロイト、フリースに『研究』の校正刷りの後半を送付
1895年5月	『研究』出版 ドイツの医学界では批判的評（アドルフ・フォン・シュトリンペル）、非医師に好評（アルフレート・フォン・ベルガー）、イギリスではマイケル・クラーク、マイヤースに再度好評
189-年夏	カタリーナの治療開始
1906年5月	ブロイアー、フロイト宛に再版を同意する書簡
1908年7月	『研究』（第2版）日付
1909年	『研究』（第2版）出版

1924年　　『研究』著作集版に脚注を追加（1925年出版）

『1893年から1906年の神経症学説小論集』への序文
(1906*b*)

VORWORT ZU *SAMMLUNG KLEINER SCHRIFTEN*
ZUR NEUROSENLEHRE AUS DEN JAHREN
1893-1906

PREFACE TO FREUD'S SHORTER WRITINGS 1893-1906

(a)独語版
1906年　*S.K.S.N.*〈神経症学説小論集〉, 1, iii.
1952年　*G.W.*, 1, 555-558.
(b)英語訳
1962年　*S.E.*, III, 1-6.（翻訳はジェームズ・ストレイチーによるもので、この序文の英語への初訳と思われる）

　これを序文とするのは、5冊からなるフロイトの小論文集の第1巻で、他の巻は1909年、1913年、1918年、1922年に刊行された。この最初の集成の内容の大半は、標準版の第III巻に含まれる。しかしながらフランス語論文の最初の、器質性麻痺とヒステリー性麻痺を比較したもの（1893*c*）は殆ど全体が前精神分析期に属するので、標準版の第I巻に収録されている。同様に、その中の最後の3論文（論文「精神療法について」1905*a*に加えて、2つはレーヴェンフェルトの本1904*a*、1906*a*から）は他のものより日付が後で、標準版の第VII巻に収録される。さらには、『ヒステリー研究』（1895*d*）に再版された「予報」（1893*a*）は標準版の第II巻に入れ、ここでは再録していない。その分、最近発見された講義（1893*h*）を収録している。それは「予報」と同時期のもので、同じ分野を扱っており、フロイトが校正した速記録がある。標準版第III巻には更に、フロイトが自分の論文集から除いた2つの論文が入っている。それは、後に『日常生活の精神病理学』〈著4〉の第1章へと発展した忘却についての議論（1898*b*）と、「隠蔽記憶」についての論文（1899*a*）である。また、教授職に応募する目的で自ら作成した、フロイト

の早期の著作の抄録集（1897b）の一覧も入っている。

フロイトがこれらの論文の中でもシャルコーの追悼文を先に置いたことを考慮すると、標準版第Ⅲ巻の冒頭を、署名入りの写真の複写で飾るのは適切なことと思われる、それは、1886年2月にフロイトがパリから帰国する際に彼に贈られたものである。

シャルコー
（1893f）

CHARCOT
CHARCOT

(a)独語版
1893年　*Wien. med. Wschr.*〈ウィーン医学週報〉, 43(37), 1513-20.
1952年　*G.W.*, 1, 19-35.
(b)英語訳
1924年　*C.P.*, 1, 9-23.（Tr. J. Bernays.）
1962年　*S.E.*, Ⅲ, 7-23.（フロイト自身が集めた彼の初期の著作の抄録集（1897b）に含まれている（22番）。翻訳は1924年版に基づいている）
(c)邦　訳
1974年　「シャルコー」（安田一郎訳）『失語症と神経症』誠信書房
1983年　「シャルコー」（生松敬三訳）著10, 348-357.

1885年10月から1886年の2月まで、フロイトはサルペトリエール病院で、シャルコー[原注1]の下で働いた。これは彼の研究歴の転回点だった。というのは、彼の関心が神経病理学から精神病理学へ、身体科学から心理学へと移ったのはこの期間だったからである。この変化にどんな他のより深い要因が関わっていたにせよ、直接的な決定因は疑いなくシャルコーのパーソナリティだった。彼はパリに着いてからすぐ、次のように将来の妻に書いた（1885年11月24日）。「僕は自分が非常に変わりつつあると思う。何が僕に影響を与えているのか、詳しく君に話してみたい。シャルコーは最も偉大な医師の1人で、彼の見識には天才的なところがあり、僕の目的や意見を全く根こぎに

しつつある。講義が終わると、僕はあたかもノートル・ダムから出てきたように、完全性について新たな理念を抱いていることがある。だが彼のために僕は消耗し切ってしまう。彼の所から帰る時、僕にはもう自分の馬鹿らしい仕事をする意欲が残っていない。僕はこの3日間何も仕事をしなかったけれども、後ろめたさはない。僕の脳は満ち足りていて、まるで夕べを劇場で過ごした後のようだ。この種が実を結ぶことがあるのかどうかは、僕には分からない。だが僕に確かなのは、これまでにこんな影響は誰からも受けたことがないということだ…。」(原注2)本追悼文はシャルコーが亡くなって僅か数日後に書かれたが、フロイトがどれほど彼に心酔していたかのさらなる証拠である。フロイトは生涯を終えるまでその態度を変えなかった。シャルコーの言葉はフロイトの著作の中にいつもふいと顔を出した。そして彼が自分の発展を説明するさいに、シャルコーの果たした役割が忘れられることは決してなかった。

　本論文がフロイトによる彼についての最も長い研究ではあるが、それを補うことができる著作が他に2、3ある。それは、この追悼文の資料の一部ともなった、パリでの研究過程についてフロイトが書いたウィーン大学当局への公式報告（1956a ［1886］）や、『精神分析運動史』（1914d, $S.E.$, XIV, 13-14〈著10, 261-262〉）、『自己を語る』（1925d, $S.E.$, XX, 12-14〈著4, 426-427〉）、そしてまたアーネスト・ジョーンズによる伝記の第1巻（1953, 202-205〈生涯136-137〉）である。(原注3)

（原注1）　ジャン-マルタン・シャルコー（Jean-Martin Charcot, 1825-93）。
（原注2）　この手紙は、最近出版されたフロイトの書簡集（Freud, 1960a〈著8, 194〉）の中に含まれている。
（原注3）　フロイトはシャルコーに頼まれて、彼の本を2冊独語に翻訳した。仏語原本の後半が出版される前に独語版（1886f）が出た『神経系の疾患についての講義』の第3巻（1887）と、『疾患講義』（1887-88）（1888）（Freud, 1892-94）である。フロイトは後者に、シャルコーの許可を得ずにいくつも脚注を加えた。そしてこれがトラブルを引き起こしたようである。『日常生活の精神病理学』の第7章の最後に近い一節（1901b, $S.E.$, VI, 161〈著4, 139〉）を参照。1888年から1889年にかけての1学年度を扱った『疾患講義』の第2巻は、フロイトの初期の弟子であるマックス・カハーネ Max Kahane によって翻訳された（1895）。

ヒステリー現象の心的機制について（講演）
(1893*h*)

VORTRAG: ÜBER DEN PSYCHISCHEN MECHANISMUS
HYSTERISCHER PHÄNOMENE

ON THE PSYCHICAL MECHANISM OF
HYSTERICAL PHENOMENA: A LECTURE

(a)独語版
1893年　*Wien. med. Presse.*〈ウィーン医学新聞〉, 34（4）, 121-126, （5）, 165-167.（1月22日号と29日号）
1987年　*G.W.*, 補遺巻, 181-195.
(b)英語訳
1956年　*Int. J. Psycho-Anal.* 37, （1）, 8-13.（Tr. James Strachey.）
1962年　*S.E.*, III, 25-39.（独語原文は、再版されたことがなかったようである。本書の翻訳は、1956年版をごく僅かに修正したものである）

　独語原本の冒頭には、「ウィーンのヨーゼフ・ブロイアー博士とジクムント・フロイト博士による」という語句がある。しかし実際には、これはフロイトによる講演の速記録であり、彼自身が校正したものである。標準版第II巻中の『ヒステリー研究』（1895*d*〈著7〉）の最初に然るべく収められた、有名な「予報」（1893*a*）と同じ主題を（しばしば類似した術語を用いて）扱ってはいるが、この講演には随所に、フロイト1人の仕事であることを示す特徴がある。
　ブロイアーとフロイトの「予報」は、ベルリンの定期刊行誌である神経学中央雑誌の1893年1月1日号と15日号に、2回に分けて出版された。（すぐ後で、『ウィーン医学雑誌』の1月19日号と26日号に再掲載された。）ここに印刷された講演は、フロイトが1月11日に——すなわち「予報」の第2部が出版される前に、ウィーンの医学クラブの集会で発表したものである。
　講演に関して最も目を引くのは、おそらく、ヒステリーの原因とされるものの中で外傷的因子を重視していることである。もちろんこれは、フロイト

の思想に与えたシャルコーの影響の強さを物語っている。それが「本能的衝動」の果たす役割の認識へと移行するのはもっと後のことである。

防衛-神経精神病
（1894*a*）

DIE ABWEHR-NEUROPSYCHOSEN
THE NEURO-PSYCHOSES OF DEFENCE

(a)独語版

1894年　*Neurol. Zbl.*〈神経学中央雑誌〉, 13(10), 362-364, (11), 402-409. （5月15日号と6月1日号）

1952年　*G.W.*, 1, 57-74.

(b)英語訳

The Defense Neuro-Psychoses

1909年　*S.P.H.*〈ヒステリー及びその他の精神神経症についての論文選集〉121-32. (Tr. A. A. Brill.)

1924年　*C.P.*, 1, 59-75. (Tr. J. Rickman.)

1962年　*S.E.*, III. 41-61.（本書の翻訳は、表題を変更しているが1924年版に基づいている）フロイト自身が集めた彼の初期の著作の抄録集（1897*b*）に含まれている（29番）。

(c)邦　訳

1983年「防衛-神経精神病」（井村恒郎訳）著6, 7-17.

フロイトが1894年1月にこの論文を書き上げたとき、彼の最新の精神病理学的著作——ブロイアーと共著の「予報」——が出版されてから、1年が経過していた。（わずかな例外は、何年か前に計画され下書きされていたヒステリー性麻痺についての論文と、シャルコーの追悼文である。）そして次のものが書かれるまでに、更にもう1年が過ぎた。それでも1893年と1894年は、断じて怠惰だったわけではない。1893年にはフロイトはまだ、大量の神経学的な仕事を続けており、1894年には彼は『ヒステリー研究』の彼の分担の準備をしていた。しかしフリースへの手紙から分かるように、この2年間彼はずっと、

彼の関心の焦点から神経学を駆逐したもの、すなわち神経症の問題の研究に深く打ち込んでいたのである。その問題は2つのかなりはっきりと異なるグループに分けられ、後に（*S.E.*, III, 279〈著10, 45〉）「現実神経症」と「精神神経症」として知られるようになるものにそれぞれ関係していた。フロイトは前者——神経衰弱と不安状態——に関しては、もうあと1年、すなわち1895年の初めまで出版の用意は何もしていなかった。しかしヒステリーと強迫症については、彼には原因を詳しく示すことがすでに可能で、その結果が本論文となったのである。^(原注1)

　もちろんここではまだ、彼はシャルコー及びブロイアーの恩恵を大きく受けている。しかしそれにもかかわらず、フロイト自身の見解の本質的な部分となる多くのものの最初の現れを、ここに見て取ることもまた可能である。例えば、防衛の理論は「予報」の中では非常に短くしか述べられなかったが、ここで初めて包括的に論じられている。「防衛」という術語自体が初めて登場するのも本書である（*S.E.*, III, 47〈著6, 9〉）。「転換」（*S.E.*, III, 49〈著6, 10〉）、「精神病への逃避」（*S.E.*, III, 59〈著6, 16〉）も同様である。^(原注2)性の演じる役割の重要性が浮かび上がり始めている（*S.E.*, III, 52〈著6, 12〉）。そして「無意識」の本質という問題が取り上げられる。中でも最も重要なのはおそらく、備給とその移動可能性の基礎的理論全体が第2セクションで提起されていることと、フロイトの概念的枠組みを基礎づける仮説が、論文の最後から2番目の段落で明確に論じられていることである。フロイトの基礎理論的な見解の最初の出現については、この論文への編者の付録（*S.E.*, III, 62〈本書131頁〉以降）でより詳しく論じている。

（原注1）　転換ヒステリーを扱ったフロイトの主要な著作の一覧は、『ヒステリー研究』の末尾（*S.E.*, II, 310-311）にある。強迫神経症に関する同様の一覧は、標準版第X巻319-320頁にある。
（原注2）　「疾病への逃避」という実際の語句が最初に出てくるのは、ヒステリー発作についての論文（*S.E.*, IX, 231-232）のようである。

付　録
〔フロイトの基礎的仮説の出現〕

　防衛–神経精神病についてのこの最初の論文の中でフロイトは、彼の後のあらゆる仕事が依拠する理論的概念の、最も基礎的なものの多くについて、直接的ではないとしても少なくとも暗示する形で、明らかにしている。論文が書かれたのは1894年１月——「予報」発表から１年後、『ヒステリー研究』の主要部分とその中でブロイアーが分担した理論的部分が完成する１年前であることが思い起こされるだろう。だからこの論文を書いた時、フロイトは彼の最初の一連の心理学的探究に深く打ち込んでいた。そこから多くの臨床的推論が生み出された。その背後には、臨床的な知見をまとめるいくつかのより一般的な仮説があった。しかし1895年の秋に『ヒステリー研究』を出版したその６ヶ月後になって初めて、フロイトは彼の理論的見解の体系的な提示を試みた。そしてその試み（『科学的心理学草稿』）を、著者は未完成で未出版のまま残したのである。それが初めて日の目を見たのは、半世紀以上後の1950年だった。その間フロイトの理論的見解に興味を抱いた研究者は、フロイトが後のさまざまな時期に示した、非連続的で時に曖昧な説明から拾えるものを集めなければならなかった。さらに、後に彼が理論を幅広く論じた1915年のメタ心理学的論文は、不完全な形でしか残っていなかった。つまり、12論文のうち７論文は完全に消失してしまっていたのである。(原注1)

　『精神分析運動史』（1914d）の中でフロイトは、「抑圧の理論は」――或いは言い換えれば、防衛は――「精神分析の構造全体が依拠する礎石である」（S.E., XIV, 16〈著10, 264〉）と宣言した。「予報（ヒステリー現象の心的機制について）」（S.E., II, 10〈著7, 16〉）と「講演」（S.E., III, 38）の中でも１、２文が「防衛」という用語に当てられてはいた(原注2)が、この語が事実上初めて登場し、その理論を実質的に考慮しているのはこの「防衛–神経精神病」（S.E., III, 47〈著6, 9〉）である。

　しかしながら、この防衛の臨床的仮説は、それ自体必然的により一般的な諸仮定に基づいていた。その仮定の１つは、この論文の最後から２番目の段落の中に明記されている（S.E., III, 60〈著6, 17〉）。この仮説を便宜上、「備給 *Besetzung*」(原注3)の理論と呼ぶことにしよう（この名前がつけられたのはもう

少しあとのことであったが)。おそらくフロイトの出版された著作の中でここほど、彼のあらゆる仮説のうちでこの最も基礎的なものの必要性を、はっきりと認めている箇所はない。「心的機能において或るものを区別するべきである——情緒の分量か興奮の総量を——それは量の特徴を全て持っており、…それは増やしたり減らしたり、移動したり放出したりできる…。」もちろん「移動可能な量」という概念は、それ以前の彼の全ての理論的考察の中に暗に含まれていた。彼自身がこの同じ段落で指摘しているように、それは除反応の理論の基礎となり、(すぐあとで論じられることになる) 恒常原則の論拠として必要なものだった。それは、「興奮の総量を負荷された」(S.E., III, 48〈著6, 10〉)、「情緒の分量を供給された」(1894c)、「エネルギーを補給された」(1895d) のような語句——標準的用語「備給された」となるものの前身——をフロイトが用いたときは、いつも含まれていたのである。既に、ベルネームの最初の翻訳の序文 (1888-89) の中で、彼は「神経系における興奮性の置き換え」について語っていた。

　しかしながら、この最後の例によって、われわれは更に複雑な点があることを思い起こさせられる。本論文を書いて18ヶ月以上経てからフロイトはフリースに、既にこれまでに触れてきた『草稿』として知られる、注目すべき断章を送った。備給の仮説についての、最初で最後の十分な論議がここに見られる。しかしこの議論によって明確になったものは、簡単に忘れ去られる。この時期、フロイトはこれらの備給の過程をずっと、物質的な事象と見なしていたようである。『草稿』には、2つの基本的仮定があった。第1は、神経系はニューロンの連鎖から構成されているという最近の組織学的発見が正当であるとすることで、第2は、ニューロンの興奮を「運動の一般諸法則に従う量」と見なすという考えだった。これらの2つの仮定を組み合わせることによって「われわれは、空になったり、或る量に満たされたりする『備給された』ニューロンという考えに達する」(『草稿』第1部セクション2)。しかし備給はこうして第一義的には神経学的な事象として定義されたものの、状況はそう単純ではなかった。ごく最近まで、フロイトの関心は神経学にあった。彼の考えがますます心理学の方に逸れていくので、彼の最初の努力は2つの関心を自然に調和させることだった。彼は、心理学的な事実を神経学の用語で述べることができるはずだと信じた。そのための努力は、まさに『草稿』で頂点に達した。試みは失敗し、『草稿』は放棄された。そして以後心理学的事象の神経学的な根拠について語られることは、(S.E., III, 108以

下で見るような)「現実神経症」の問題への関連以外では殆どなくなる。にもかかわらず、この拒絶は大規模な変革をともなうものではなかった。事実はおそらく、フロイトが神経学的用語によって提出した定式化と仮説が、実際には半分以上心理学的な事象に向けられた眼によって構成されたものであったということであり、神経学を止める時期が来たとき、理論的資料のより大きな部分は純粋に心理的現象に当てはめることができる、いや、実のところ、そうしたほうがより納得も得られやすい、ということがわかったということであろう。

このような考察は「備給」の概念にも当てはまる。この言葉は、『夢判断』(1900a〈著2〉)の理論的な第7章を含めてフロイトの後期の全ての著作では、完全に非物理的な意味で使われていた。[原注4]同じことが、備給の概念を用いた更に先の、後に「恒常原則」として知られた仮説にも当てはまる。これもまた一見生理学的仮説のように聞こえるものとして始まった。『草稿』(第1部セクション1)ではそれは、「ニューロンの慣性法則で、ニューロンには量を捨てる傾向がある」と述べられる。25年後の『快感原則の彼岸』(1920g〈著6〉)の中では、心理学的用語で「心的装置はその中に存在する興奮の量を、可能な限り低く、少なくとも一定に保とうと努力する」と述べられる(S.E., XVIII, 9〈著6, 151〉)。本論文の中ではこの原則は明言されていないが、いくつかの点でほのめかされている。「予報」そのものでなく「予報」についての講演(1893h, S.E., III, 36)、及びヒステリー性麻痺についてのフランス語論文(1893c)の中では既に言及されていた。死後出版された、「1892年11月末」付の「予報」の草稿(1940d)の中でも非常に明確に述べられ、更にそれ以前には、1892年6月29日付フロイトからブロイアー宛の手紙(1941a)でも、そしてシャルコーの『火曜講義』の翻訳(Freud, 1892-94, 107)への脚注の1つでも同様に、暗に語られていた。この原則については後年繰り返し論じられた。例えば、ブロイアーが書いた『ヒステリー研究』の中の理論的論文(S.E., II, 197-198)において、そしてフロイトの「本能とその運命」(1915c, S.E., XIV, 119-121〈著6, 61-64〉)、また『快感原則の彼岸』(1920g, S.E., XVIII, 9〈著6, 151〉)以降、標準版第III巻26頁〈著6, 164〉以降、および同55頁〈著6, 187〉以降において——そこでは、「涅槃原則」という新しい名前が初めて与えられた。

快感原則は、フロイトの心理学的装置において恒常原則と同じく基礎的なものであり、はっきりとした形ではないが、やはり本論文に存在する。まず

彼は、2つの原則が緊密に関係しておりおそらく同一のものであると見なした。『草稿』(第1部セクション8)で彼は書いた。「われわれは、心的生活の不快を避ける傾向について若干知識があるので、その傾向を慣性への原初的傾向と同じであると見なしたくなる。その場合、不快は量の水準の上昇と一致し…快とは放出の感覚であろう。」それから時をおかずにフロイトは、「マゾヒズムの経済的問題」(1924*c*, *S.E.*, XIX, 159-161〈著6, 300-302〉)で、2つの原則を区別する必要性を説明した。この問題に関する彼の見解が変化していく過程は、「本能とその運命」(1915*c*, *S.E.*, XIV, 121脚注〈著6, 63〉)にあるメタ心理学的論文への編者の脚注の中で、詳しく述べられている。^(原注5)

更に、これらの基礎的仮説のうちどこまでがフロイト固有のもので、どこまでが他の影響に由来しているか、が問われるかもしれない。多くのものが起源となった可能性があるといわれてきたが、中でもヘルムホルツ、ヘルバルト、フェヒナー、マイネルトは重要である。しかしながら、ここはそのような広範囲の問題を取り扱う場ではない。その件はアーネスト・ジョーンズによって、彼のフロイトの伝記の第1巻(1953, 405-415)において徹底的に調べられているということを述べるだけで十分である。

特に本論文の終りから2番目の段落で生じる問題について、少し述べておきたい。「情緒の分量 *Affektbetrag*」と「興奮の総和 *Erregungssumme*」が、明らかに同一視されている箇所である。フロイトはこれらを同義語として用いているのだろうか。フロイトが『精神分析入門』(1916-17〈著1〉)の第25講でする情緒の説明と、「無意識について」の論文(1915*e*〈著6〉)の第3部での用い方、そして他の数多くの文章からも同様に、彼が「情緒 affect」という語によって、われわれが「感情 feeling」或いは「情動 emotion」というとき意味しているものと大体同じことを原則として意味したことが分かる。それに対して「興奮 excitation」は、彼が「備給」の未知のエネルギーを記述するために用いたと思われるいくつかの用語の1つである。『草稿』では、われわれがみたように彼はこれを単に「量」と呼んでいる。他のところでは、彼は「心的強度」^(原注6)や「本能的エネルギー」のような用語を用いている。「興奮の総量」という表現そのものは、1892年6月付のブロイアーへの手紙の中で、彼が恒常原則に言及したところに遡られる。このように、2つの用語は類義的ではないように見えることだろう。この見方は、『ヒステリー研究』のブロイアーによる理論的な章にある一節によって確認される。彼はそ

こで、情緒が「興奮の増大を伴う」と想定する理由を、両者が異なることをほのめかしながら述べている（S.E., II, 201-204）。これら全ては、もしも「抑圧」についてのメタ心理学的論文（1915d, S.E., XIV, 152〈著6，82〉）以下の一節が存在しないのであれば、極めて明瞭に思えたことだろう。それは、本能の「心的代表」が、抑圧の下にひどく異なる運命を辿る2つの要素からなることを、フロイトが示している文章である。その2つの要素の1つは、備給されるところの観念あるいは観念の一群であり、もう1つは、そこへ備給される本能エネルギーである。「心的代表の後者の要素に対して、情緒の分量という用語が通常採用されてきた。」(原注7)数行後に、別の数ヶ所で、彼はこの要素を「量的因子」と呼ぶが、しかしそれから更に少し後でそれについてもう一度「情緒の分量」と言っている。一見、あたかもフロイトがここで情緒と心的エネルギーを類義の概念として扱っているかのようである。しかし結局、それはそうではない。というのは、まさに同じ節で、彼は本能の運命にありうることとして「本能の心的エネルギーの…情緒への変換」（S.E., XIV, 154〈著6，84〉）に触れているからである。

　外見上の曖昧さは、情緒の性質についてのフロイトの基礎的見解によって説明されるように思われる。これはおそらく、「無意識」についての論文（1915e）標準版第XIV巻178頁〈著6，96〉のセクション3で最も明確に述べられている。フロイトはそこで、情緒は「放出の過程に相当し、その最終的な現れが感情として知覚される」と断言している。同様に『精神分析入門』の第25講で、彼は「力動的な意味で」情緒とは何であるかを問い、次のように続ける。「情緒はまず第1に特定の運動神経支配または放出を含み、第2に或る感情を含む。後者には2種類ある――生じた運動行為の知覚と、言うなれば情緒に基調を与える快及び不快の直接的感情である。」そして最後に、われわれが始めた「抑圧」についての論文の中で彼は、情緒の分量は、「本能が情緒として感じられる過程の中で、その量に比例して表される限り、…それに一致する」と書いている。

　したがって、フロイトが「情緒の分量」を「興奮の総量」の特殊な表れと見なしていたと想定することは、おそらく正しい。情緒が通例、初期のフロイトが主に関わっていたヒステリーや強迫神経症の症例と深く関わり合っていたことは、疑いなく真実である。この理由から、彼は当時「移動可能な量」を、より一般的な用語である興奮よりも、むしろ情緒の分量として記述する傾向があった。そしてこの習慣は、より正確に区別すれば、彼の論点を

明確にできたかもしれないメタ心理学的論文においても、続いていたのである。

（原注１） 標準版第XIV巻105-107頁を参照。
（原注２） これより更に早く理論を示唆したものとしては、「1892年11月末」付の、「予報」の未公刊の草稿の第５節に辿ることができるだろう（Breuer and Freud, 1940d）。
（原注３） フロイトがこの述語をこの意味で初めて用いたのは、『ヒステリー研究』（1895d, S.E., II, 89, 152〈著7, 63, 124〉）の中だったと思われる。それは本論文の約１年後に出版された。この独語は日常的に使われているもので、多くの意味の中でも特に、「占拠」または「充填」のような意味を持つようである。フロイトは不必要な専門的術語を嫌ったが、1922年に編者ストレイチーが明瞭さを期して、訳語として創った単語'cathexis'（ギリシャ語の $\varkappa\alpha\tau\varepsilon\chi\varepsilon\iota\nu$, catechein, to occupy から）を初めて用いたとき、彼はこれに不満であった。しかし、おそらく最後にはそれに納得していたものと思われる。というのは『ブリタニカ百科辞典』の項目の彼自身の手稿（1926f）標準版第XX巻266頁〈著11、248〉にこの語が見られるからである。
（原注４） 移動可能な量としての備給の理論は既に本論文の時点で明らかにされていたが、この理論、特に、備給のエネルギーが拘束と自由の２つの形態で生じるという考えについての極めて重要な吟味は、まだなされていなかったことに注意しなければならない。この付加的な仮説は、その結果としての精神の１次過程と２次過程の間の区別とともに『ヒステリー研究』(1895)標準版第II巻194頁の注の中でおそらくブロイアーによって素描された。フロイトはそれを『草稿』に取り入れたのである。しかし最初に公に詳細に述べられたのは、『夢判断』(1900a)の第７章であった。また、不安神経症についての第２論文（1895f, S.E., III, 142）の中で示唆されている。
（原注５） フロイトの、快感原則についての最初の長い議論は、『夢判断』(1900a, S.E., V, 600〈著２, 491〉)以降であり、「不快原則」の名前で登場している。彼がこの仮説を再び（今度はよく知られた名前で）取り上げるのは、心的機能の２原則についての論文（1911b）においてで、彼はそこで、快感原則がどのようにして現実原則へと修正されるようになるかを示した。標準版第XII巻219頁。
（原注６） 例えば標準版第III巻140頁、408頁を参照。
（原注７） かなり後期の文章では、「呪物崇拝」についての論文（1927e〈著５〉）の中で、論文「抑圧」の中のこの議論に戻って、彼は「情緒の運命とは異なるものとしての観念の運命の間」(S.E., X, 154〈著5, 492〉)の区別について再び書いている。

強迫と恐怖症
(その心的機制と原因)
(1895c [1894])

OBSESSIONS ET PHOBIES
(LEUR MÉCANISME PSYCHIQUE ET LEUR ÉTIOLOGIE)
OBSESSIONS AND PHOBIAS
(THEIR PSYCHICAL MECHANISM AND THEIR AETIOLOGY)

(a)仏語版
1895年　*Rev. neurol.*〈神経学評論〉，3（2），33-38.（1月30日号）
1952年　*G.W.*, 1, 343-353.
(b)英語訳
1924年　*C.P.*, 1, 128-147.（Tr. M. Meyer.）
1962年　*S.E.*, III, 69-82.（翻訳は、1924年に出版されたものをかなり修正した版である）

　原文は仏語で書かれた。フロイト自身が集めた彼の初期の著作の抄録集（1897b）に収録されている（40番）。A・シフ Schiff による独語訳の表題は「強迫観念と恐怖症」('Zwangsvorstellungen und Phobien')で、『ウィーン臨床評論』9巻17号262-264頁と18号276-278頁において1895年4月28日号と5月5日号に発表された。

(c)邦　訳
1932年　「強迫症と恐怖症（その心的機制並に原因）」（早坂長一郎訳）『東北帝大医学部精神病学教室業報（精神分析学論叢）1』
1974年　「強迫と恐怖症。その心的メカニズムと病因」（安田一郎訳）『失語症と神経症』誠信書房

　本論文は不安神経症についての最初の論文（1895）より2週間後に出版されたが、それ以前に書かれていた。というのは、本論文（*S.E.*, III, 81）でフロイトは不安神経症に関する論文を将来書きたいと語っており、その論文では本論文を参照している（*S.E.*, III, 97脚注）からである。
　本論文の前半はほとんど、強迫を扱っている「防衛-神経精神病」につい

ての第1論文（1894a）のセクション2を繰り返しているにすぎない。後半は恐怖症に関するものであるが、それについては編者の付録（S.E., III, 83-84〈本書139-141頁〉）の中で論じる。

　これはフロイトが大体この時期に仏語で書いた3本の論文の1つである。第1（1894c）は器質性麻痺とヒステリー性麻痺の区別を扱ったもので、標準版の第I巻に収録されている。残る1つは標準版第III巻144頁以下にある。フロイト自身が独語の訳語として選んだ仏語の中に、英訳者にとっても興味深いものが1、2例ある。例えばフロイトは 'Zwangsvorstellung' を仏語ではつねに 'obsession' と翻訳している。これによって、正しい英語版は 'compulsive idea〈強迫観念〉'かそれに類する語でなければならないという窮屈さは解消されることとなる。^{（原注1）}現実には、クラフト-エービングが1867年に 'Zwangsvorstellung' を導入するまでは、仏語と英語の単語に相当する独語は存在しなかったようである（Löwenfeld, 1904, 8参照）。固定した観念の意味での 'obsession' という英語は、少なくとも17世紀まで遡られる。同様にフロイトは 'Zwangsneurose' を仏語では 'névrose d'obsessions' と訳している。彼は独語の 'Angstneurose' を 'névrose d'angoisse' としている。しかしながら少なくとも1箇所（S.E., III, 75）で、彼は Angst を 'anxiété' としている。それは英語の 'anxiety' と同じ含意を多く持つ仏語の単語である（S.E., III, 116以下を参照）。この時期フロイトが、著作の中で実に頻繁に用いているもう1つの語は 'unverträglich' で、それは、ヒステリーにおいては抑圧され、強迫神経症においては別の仕方で取り除かれている観念に対して、使われたものである。この語の意味を「両立不能」であると認めることには、かなりの反対があった。1文字少ないだけの別の独語の単語 'unerträglich' があり、それは 'intolerable'（「耐え難い」）という意味である。この 'unerträglich' がおそらく誤植によって独語版（51脚注4参照）に数回出現しているが、そのため、1924年の論文集第1巻の大部分で 'intolerable' が統一訳語として採用されたのである。フロイトが 'unverträglich' を用いて何を言いたかったかという問題は、彼が選択した仏語の相当語が 'inconciliable〈両立できない〉' であったということで解決すると思われる。

　独語版全集の第1巻（1952年に出版された）では、これらの仏語論文の最初のもの（S.E., Iに収められている）の冒頭に、次の脚注があることを付け加えておこう。「仏語の3つの論文では、誤植や仏語の間違いについてはもとのテキストが改訂され訂正されているが、意味については厳密な注意を払っ

ている。」だから変更の大多数は純粋に字句上のもので、結果として英語翻訳に影響はない。しかしながら、本論文と以下のもの（*S.E.*, III, 143以降〈神経症の遺伝と病因〉）のいくつかの例では、変更はおそらくそれ以上のものであったと考えられるかもしれない。但しそれらのうち2箇所（*S.E.*, III, 145と153〈『失語症と神経症』159, 168(訳注1)〉）は1952年版で、元の雑誌にあったものに戻っている。不確かな所で決定を下すためには、フロイト自身が1906年及び1925年の再版を両方とも眼を通したに違いないことを心に留めておく必要がある。というのは、彼は後者に新しい脚注を加えているからである（*S.E.*, III, 6 脚注参照）。(訳注2)1906年の版は、われわれが通常テキストの中で採用してきたものである。全ての変更された語は全て脚注に挙げられている。

(原注2)

（原注1） もちろん意味に応じて、時に用語を'obsessional idea〈強迫観念〉'と翻訳する必要があったり、時に'compulsion〈強迫行為〉'の概念を特別に導入する必要があったりするかもしれない。

（原注2） 翻訳者にとって更に興味深い点としては、フロイトが本論文を通じて独語 '*Affekt*' の訳語として '*état émotif*' を用いていることは注目に値するだろう。第III巻75頁の最後の段落と、同52頁の最初の段落を比較されたい。同250頁の、仏語論文の彼自身の抄録も参照のこと。

（訳注1） 邦訳は、次の通り、訂正された独語版全集第1巻（1952）に対応したものとなっている。標準版第III巻145頁の "of a less incomprehensible nature" が、独語版全集第1巻410頁で "*d'une nature moins compréhensible*" となっており、邦訳では「未知の性質をもった」と訳されている。また、標準版第III巻153頁の "called for" が、独語版全集第1巻418頁で "*régi*" となっており、邦訳では「支配されている」と訳されている。

（訳注2） これらの論文が1925年に独語版著作集として集められた時、フロイトはいくつかの脚注を加えた。例えば、「続・防衛-神経精神病についての論評」への脚注（*S.E.*, III, 168）では、誘惑説の放棄について言及している（本書149頁も参照）。

付　録
〔フロイトの恐怖症についての見解〕

恐怖症の問題に対するフロイトの最も初期のアプローチは、防衛-神経精

神病についての第1論文（1894a）の中にある。彼はそれを、1年後の本論文の第2節の中でやや多めに扱い、そのすぐ後に書いた不安神経症についての第1論文（1895b）の中でもそれに触れた。恐怖症についてのこれらの初期の議論全てにおいて、不確定な点があるのを見出すことは難しくない。実際、不安神経症についての第2論文（1895f）にある疑問に短く更に言及した中で、フロイトは恐怖症の機制を「はっきりしない」（S.E., III, 144）ものとして語っている。これらの論文の最初のものの中では、彼は「恐怖症と強迫症の大多数」（S.E., III, 58）に同一の機制を考えていた。だがそこでは「純粋にヒステリーの恐怖症」（S.E., III, 57）と「広場恐怖をモデルとする、典型的な恐怖症の一群」（S.E., III, 57脚注1）は除かれていた。この後者の区別は初め脚注に現われたが、決定的なものとなった。というのは、そこには心的な基礎を持つ恐怖症とそうではないもの（「典型的な」もの）という区別が含まれていたからである。こうしてこの区別は、後に精神神経症として知られるようになったものと、「現実神経症」（S.E., III, 279脚注1を参照）との間の区別に結びついた。しかしながら、これらの初期の論文では、一貫してそのように区別されていたわけではなかったようである。かくて本論文では、（それ以前のように）恐怖症の2つの異なる集団の間ではなく、（心的な基盤のある）「強迫症」と（心的な基盤のない）「恐怖症」の間に区別があるように見える。そして恐怖症は「不安神経症の一部」（S.E., III, 80-1）と断言されている。しかしながらここでは、恐怖症をその対象の性質に応じて更に2つの集団に分割し（S.E., III, 80）、さらにまた、（第1論文におけるように）恐怖症のその他の類を「外傷的と呼べるようなもの」と「ヒステリーの症状と同類である」（S.E., III, 74）ものとに分けることによって、分類は混乱している。更に、不安神経症についての論文では主要な区別は、ここでのように強迫症と恐怖症の間ではなく、またもや強迫神経症に属する恐怖症と不安神経症に属するものとの間の区別であった（S.E., III, 96-7）。とはいえそこでも、区別は心的な基盤の有無にあった。だからこれらの論文では、恐怖症とヒステリー、強迫症、不安神経症のつながりは、未決定のままだった。

　散在しているごくわずかの示唆を除くと、フロイトは本論文を含む一群以後約15年間、恐怖症について論じなかったようである。その後「ハンス少年」の症例報告（1909b〈著5〉）で、これらの曖昧さを明確にする第1歩が踏み出された。そこで新たな臨床単位として導入されたのが、「不安ヒステリー」（S.E., X, 15-16〈著5, 180〉）である。フロイトは、恐怖症を「さまざ

まな神経症の一部をなしているともいえる症候群としてしか見なすべきではないし、独立した病理学的過程として位置づける必要はない」と述べた。続けて彼は、機制がヒステリーに似た特定の型の恐怖症に対して、「不安ヒステリー」の名前を提唱した。フロイトが最も詳しく恐怖症の臨床的な説明をしたのは、この症例報告及びその後の「狼男」の報告（1918*b*［1914］〈著9〉）においてである。言うまでもなくどちらも子供の恐怖症である。やや後の「抑圧」及び「無意識」についてのメタ心理学的論文（1915*d*, *e*）の中で彼は、ヒステリーに関連があるのであれ強迫神経症に関連しているのであれ、恐怖症を生む機制のメタ心理学を詳しく論じ始めた（*S.E.*, XIV, 155-157〈著4，84-85〉, 181-185〈著4，98-101〉）。しかしながら、不安神経症の「典型的な」恐怖症という、この一群の論文の最も早期のものに戻る問題が残った。われわれが見てきたように、ここには「現実神経症」の問題全体が関わっていた。それが十分に説明されるのは、「ハンス少年」と「狼男」の恐怖症の再考を中核とする、『制止、症状、不安』（1926*d*〈著6〉）まで待たねばならなかった。

「不安神経症」という特定症状群を
神経衰弱状態から分離する理由について
（1895*b*［1894］）

ÜBER DIE BERECHTIGUNG, VON DER NEURASTHENIE
EINEN BESTIMMTEN SYMPTOMENKOMPLEX
ALS 'ANGSTNEUROSE' ABZUTRENNEN

ON THE GROUND FOR DETACHING
A PARTICULAR SYNDROME FROM NEURASTHENIA
UNDER THE DESCRIPTION 'ANXIETY NEUROSIS'

(a)独語版
1895年　*Neurol. Zbl.*〈神経学中央雑誌〉, 14(2), 50-66.（1月15日号）
1952年　*G.W.*, 1, 313-342.
(b)英語訳
1909年　*S.P.H.*〈ヒステリー及びその他の精神神経症についての論文選集〉144-

154. (Tr. A. A. Brill.)（1912, 第2版；1920, 第3版）
1924年　*C.P.* 1，76-106.（Tr. J. Rickman.）
1962年　*S.E.*, III, 85-115.（今回の翻訳は、表題を改めたが1924年版に基づいている。）フロイト自身による初期の著作の抄録集（1897*b*）に収録されている（42番）
(c)邦　訳
1955年　「「不安神経症」という特定症状群を神経衰弱状態から分離する理由について」（井村恒郎・加藤正明訳）選10
1969年　「「不安神経症」という特定症状群を神経衰弱状態から分離する理由について」（加藤正明訳）選10改訂

　本論文はフロイトの著作全体を導いたいくつかの分岐や鋭い転回を見る軌跡の、最初の一区切りと見なすことができるだろう。しかし、『制止、症状、不安』の付録（1926*d*, *S.E.*, XX, 175）として印刷された、不安(原注1)を扱った著作の一覧からわかるように、厳密に言えば、これはその軌跡の始まりではなかった。これに先立ちフロイトが、フリースに渡した草案（特に草案A、B、E）の形でいくつか予備的な探求は始まっていた。そういうわけで1894年2月8日付の草案Bのセクション2（Freud, 1950*a*）の中で、本論文の主要な点のいくつかは既に要約されている。特に、不安神経症を神経衰弱から「切り離す」必要性が主張され、多くの症状がここでと同じように列挙されている。他方この草案には、本論文で提唱されているような神経症のより深い病因――心的領域で解放できない性的興奮の蓄積――が指摘されていない。このためにはわれわれは草案Eに眼を向けなければならない。そこでは理論が十分に述べられており、おそらく以下の論文よりもさらに明確でさえある。運悪く、草案Eには日付がない。フリース書簡の編集者たちはそれを、はっきりした根拠もなく1894年6月のものとしている。しかしいずれにせよ、それが書かれたのは明らかに本論文よりも前、それもそう遠くない前であるに違いない。ここにある曖昧な点のいくつかは、この草案と草案G（やはり日付がないが、確かにこの作品と同時期である）によって明確化された。後者の草案には、性的過程のメカニズムについてのフロイトの考えを描写している注目すべき図が含まれている。

　これらの初期の論文を読む際には、この時期フロイトが、心理学的データを神経学的用語で述べる試みに熱中していたことを心に留めておくよう勧め

たい。その試みは流産した『科学的心理学草稿』（1950a、これらの「草案」の数ヶ月後の1895年の秋に書かれたが、それらと同じく死後初めて出版された）で頂点に達し、その後完全な失敗に終わっている（S.E., III, 64参照）。彼はまだ、無意識の心的過程があるという仮説を全て採用はしていなかった（その前の「防衛-神経精神病」についての論文、標準版第III巻54頁〈著6，13〉の中の一文に見られるように）。こうして、本論文の中で彼は「心的な性的興奮」と、「性的リビドーすなわち心的欲望」の間を区別する（S.E., III, 107）。「リビドー」は専ら「心的な」何かと見られるが、ここでもまた、「心的」と「意識的」の間には明確な区別がまだなされていないようである。ほんの数年後にフロイト自身が書いた本論文の抄録（1897b, S.E., III, 251）の中では、彼は明らかに既にリビドーを潜在的に無意識的な何かとする見方を受け入れており、「神経症的不安は変形された性的リビドーである」と書いていることに着目すると興味深い。

彼がこの理論をどのような用語で表現したにせよ、それは最晩年まで保持された。但し、数多くの修正によって複雑化した。この先に見解が変わっていく長い展開があるが、それについては、この主題についての主要な作品の最後のものである、『制止、症状、不安』（1926d）への編者ストレイチーの序文（S.E., XX〈本書413頁以降〉）の中である程度説明している。しかしその間に彼は、懐疑的な知人でミュンヘンの精神科医であるレーヴェンフェルトとの直接的な論争に直面した。本稿の次の論文は、その結果生まれたものである。

（原注１）　独語の'Angst'の英訳についての覚書が、本巻（S.E., III, 116以降）にある編者の付録〈本書143頁以降〉の中にある。

付　録
〔'*Angst* 不安'という用語とその英訳〕

フロイトは少なくとも３ヶ所で、独語の単語'*Angst*'、そしてそれと同族語である'*Furcht*　恐怖'および'*Schreck*　驚き'が表現する意味のさまざまな陰影について論じている。[原注1]彼は'*Angst*'における、予期の要素と対象の不在を強調するが、彼による区別はあまり説得力のあるものではなく、ま

た彼の実際の使用法がそれに従っているとはおよそ言い難い。そしてこれは殆ど驚くにあたらない。というのは、'Angst'は通常の独語会話で日常的に用いられる言葉であり、決して専ら精神医学で使われる術語ではないからである。それは場合によって、同じように日常的な英単語——'fear', 'fright', 'alarm'など——数語に翻訳してもよいだろうし、その唯一の訳語として或る単一の英単語に固定することは、まったく実際的でない。にもかかわらず、'Angst'はしばしば精神医学の術語として（とくに'Angstneurose 不安神経症'や'Angstanfall 不安発作'のような組み合わせによって）使われている。そのような場合には同義の英語の専門術語が必要であるように思われる。この目的のために普遍的に、またおそらく不運にも採用されてきた語が'anxiety'である——不運にもとは、'anxiety'にも流通している日常的な意味があり、独語の'Angst'のどんな用法とも関連性がかなり薄い語だからである。しかしながら、英語の'anxiety'には定着した精神医学的な、或いは少なくとも医学的な用法があり、それは（『オックスフォード辞典』によると）17世紀の中頃に遡ることができる。実際、2つの語の精神医学的な用法から、それらの語源が相似したものであることがわかる。'Angst'は独語で「狭い」「制限された」を意味する'eng'の同族であり、'anxiety'は「締める」「絞る」を意味するラテン語の'angere'から派生している。どちらも関係しているのは窒息感であり、それは問題の心理的状態の重篤な形態の特徴である。更に急性の状態は英語では'anguish'という単語で記述されるが、その語源は同じである。そして注目されるのは、フロイトが仏語の論文の中では、独語'Angst'の翻訳として同族の語'angoisse'を（類義語の'anxiété'と同様に）用いていることである（S.E., III, 75参照）。

　従って英訳者は妥協を迫られる。つまり、専門的ないし準専門的文脈では'anxiety'を用いて、他の場合には、何であれ最もふさわしく見える日常的な英単語を選ばなければならない。ついでながら、以前の多くのフロイト訳で採用されていた、'Angst'を「病的不安 morvid anxiety」と翻訳する解決法は、思慮に欠けたものであると言ってよいだろう。なぜなら、フロイトが論じている主な理論的問題の1つがまさに、'Angst'は、時に病理的で時に正常であるのかどうか、もしそうならば何故なのか、という点にあるからである（例えば、『制止、症状、不安』の補遺B（S.E., XX, 164〈著6，154〉以降を参照）。

（原注１）『快感原則の彼岸』（1920g, S.E., XVIII, 12）、『制止、症状、不安』（1926d, S.E., XX, 164-165〈著６，371〉）、『続精神分析入門』（1916-17〈著１〉）の第25講の冒頭に近い一節等を参照。

「不安神経症」の批判に対して
(1895f)

ZUR KRITIK DER 'ANGSTNEUROSE'
A REPLY TO CRITICISMS OF MY
PAPER ON ANXIETY NEUROSIS

(a)独語版
1895年　*Wien. Klin. Rdsch.*〈ウィーン臨床展望〉, 9 (27), 417-419, (28), 435-437, (29), 451-452.（７月７，14，21日号）
1952年　*G.W.*, 1, 355-376.

(b)英語訳
A reply to Criticisms　on the Anxiety-Neurosis［不安神経症についての批判に対する回答］
1924年　*C.P.*, 1, 107-127.（Tr. J. Rickman.）
1962年　*S.E.*, III, 119-139.（本書の翻訳は、表題を変更したが1924年版に基づく。）フロイト自身が集めた彼の初期の著作の抄録集（1897b）に含まれている（33番）

　フロイトの不安神経症についての最初の論文は、1895年１月に発表されたが、レーヴェンフェルトによるその批評は、『神経学中央雑誌 *Neurologisches Zentralblatt*』の３月号に掲載された。本論文はフロイトの応答である。レオポルト・レーヴェンフェルト Leopold Löwenfeld (1847-1923)は、ミュンヘンで開業しているよく知られた精神科医だった。彼はフロイトの知人で、友好的な関係を保ち続けた。彼はフロイトの書いた章を自分自身の２冊の本に収め、最初の２回、1908年と1910年の精神分析学会に出席し、1910年には論文（催眠について）を発表さえした。しかし、にもかかわらず、彼は決してフロイトの考えを完全には受け入れなかった。『精神分析入門』

(1916-17〈著1〉)の第16講では、この論争が彼らの良好な関係に影響しなかったことに触れている。

本論文の主な重要性は、フロイトがここで「病因論的等価」と呼ぶもの——神経症(或いは実のところ、他のどんな疾患であれ)の発生に関わるさまざまな諸原因の相互関係——について詳しく議論していることである。その問題については、フリースへの1893年2月8日付の手紙(Freud, 1950a, 草案B)[原注1]の中で既に素描されており、後に「神経症の遺伝と病因」についてのフランス語論文(1896a)の中で再び扱われた。「病因論的等価」は、神経症が顕在化するにはその前にその全項目が満たされなければならないのだが、「神経症の原因としての性」(1906a, S.E., VII, 279)で再びほのめかされており、ニュールンベルク大会での講演「精神分析療法の今後の可能性」(1910d, XI, 149〈著9，52〉)に再登場する。しかし以後それは、次第に遺伝と経験——神経症の決定因の2つの主要な系列である——の連結へと煮詰められ、最終的に『精神分析入門』(1916-17)の第22講及び第23講で、「相補的系列」[訳注1]という概念が導入される。『三篇』の中には、移行をはっきりと示す一節がある。それに1915年に付加した文章で、フロイトは「病因論的系列」に2度言及し、「一方の因子の強度が弱まると、他方の強度が強まって均衡が保たれる」と論じた。それから1920年に、『精神分析入門』を書いた後で、フロイトは『三篇』の語句を「相補的系列」に変更した。彼は少なくともそれが登場する1箇所では変更したのだが、2番目では見落とした。そのため、そこでは用語の2つのヴァージョンが両方とも数行の中に残っており(S.E., VII, 239-240〈著5，91-92〉)、病因論的等価から相補的系列への流れが顕わになっているのである。

(原注1) この概念は更に遡る。名目的なものを除くと、現存しているフロイトの心理学的著作の中で最早期のもののいくつか、すなわち「予報」のための草案の1つ(「メモⅢ」)(1941b [1892])と、更にその前の1892年6月29日付ブロイアーへの手紙の中に現われる。

(訳注1) 相補的系列 complemental series とは、神経症の病因に関する、外的要因か内的要因かの二者択一を乗り越えようとして、外的要因と内的要因が実際には相補的なものであることを概念化する。

神経症の遺伝と病因
(1896*a*)

L'HÉRÉDITÉ ET L'ÉTIOLOGIE DES NÉVROSES
HEREDITY AND THE AETIOLOGY OF THE NEUROSES

(a)仏語版
1896年　*Rev. neurol.*〈神経学評論〉, 4（6）, 161-9.（3月30日号）
1952年　*G.W.*, 1, 405-422.
(b)英語訳
1924年　*C.P.*, 1, 138-154.（Tr. M. Meyer.）
1962年　*S.E.*, III, 141-156.（原文は仏語で書かれている。今回の翻訳は、ジェームズ・ストレイチーによる新訳である。）フロイト自身が集めた彼の初期の著作の抄録集（1897*b*）に含まれている（37番）
(c)邦　訳
1974年　「神経症の遺伝と病因」（安田一郎訳）『失語症と神経症』誠信書房

　本論文と次の防衛-神経精神病についての第2論文（1896*b*）は、それぞれの出版元に同じ1896年2月5日に発送された。フロイトはフリースにそれを翌日の手紙で報告している（Freud, 1950*a*, 書簡40〈手紙86〉）。仏語の論文はもう一方より約6週間先立って3月の末に出版されたので、必然的に、こちらに「精神分析」（*S.E.*, III, 151）の語が出版物として初めて現われたという優先権があることになる。本論文は、フロイトが当時神経症の主要な型と見なしていた4つ全て、すなわち2つの「精神神経症」、ヒステリー及び強迫神経症と、2つの「現実神経症」（後にこう呼ばれた。*S.E.*, III, 279脚注1を参照）、神経衰弱及び不安神経症の病因について、当時の彼の見解を要約したものである。論文の前半は、大部分が不安神経症についての第2論文（1895*f*）にある病因論の繰り返しであり、それに対して後半は、同時期に出版された防衛-神経精神病についての第2論文（1896*b*）にあるものと同じ根拠を、きわめて手短に扱っている。それゆえ、更に詳しく知りたい読者には、それらの論文とそこに付された編者の注釈を参照していただきたい。

続・防衛-神経精神病についての論評
(1896*b*)

WEITERE BEMERKUNGEN ÜBER DIE ABWEHR-
NEUROPSYCHOSEN

FURTHER REMARKS ON THE NEURO-
PSYCHOSES OF DEFENCE

(a)独語版
1896年　*Neurol. Zbl.*〈神経学中央雑誌〉, 15(10), 434-48.（5月15日号）
1952年　*G.W.*, 1, 377-403
(b)英語訳
Further observations of the Defense Neuropsychoses〈続・防衛-神経精神病についての観察〉
1909年　*S.P.H.*〈ヒステリー及びその他の精神神経症についての論文選集〉, 155-174.（Tr. A. A. Brill.）
1924年　*C.P.*, 1, 155-182.（Tr. J. Rickman.）
1962年　*S.E.*, III, 157-185.（今回の翻訳は、表題を変更したが1924年版に基づいている。）フロイト自身が集めた彼の初期の著作の抄録集（1897*b*）に含まれている（35番）

　この論文は、標準版第III巻142頁で説明したように、「神経症の遺伝と病因」についての仏語の論文と同じ日（1896年2月5日）にフロイトによって発送されたが、出版されたのはその約6週間後だった。1925年に本論文が独語版著作集に収録されることになったとき、フロイトは2、3の脚注を追加した。それに先立ち彼は、1924年の英語翻訳版の脚注に重要な追加（*S.E.*, III, 180-181）をしていた。しかしそれは、どの独語版にも収録されなかった。

　「防衛-神経精神病」についてのこの第2論文は、その2年前に書かれた第1論文（1894*a*〈著6〉）で到達していた議論から始まる。ここで得られた結論の多くは、同時期に書かれた遺伝についての仏語論文（1896*a*）の中で、極めて簡略に先取りされていた。そしてこの著作の本質的な部分は、フロイ

トが「クリスマスのおとぎ話」と題した1896年1月1日付の長い文書（Freud, 1950a, 草案K）の中で、数週間前にフリースに伝えられていた。これに先立つ1984年の論文と同様に、この著作もそれぞれヒステリー、強迫、精神病状態を扱う3つのセクションに区分され、そのいずれにおいてもこの2年間のさらなる研究の成果が示されている。既に最初の論文で、「防衛」或いは「抑圧」の概念が強調されていたが、ここでは、何に対して抵抗が始動するのかについて、より緻密に考察されている。そして結論はいずれにおいても、外傷的性質の性的経験が原因となる因子だということである——ヒステリーの例では受動的経験が、強迫では能動的なものが。但し、その場合もより遠い背景には先に受動的経験があった。言い換えれば、究極的原因は常に、大人による子供の誘惑であった（「ヒステリーの病因について」1896c, S.E., III, 208-209参照〈著10, 21-22〉）。更に、神経症は思春期以後に発病するが、実際の外傷的な出来事はかならず思春期の前に起きている。(原注1)

　標準版第III巻168頁の、フロイトが加えた脚注から分かるように、のちに彼はこの立場を完全に放棄した。この放棄は、彼の諸見解の中で重大な転回点を知らせるものだった。1897年9月21日付のフリースへの手紙（Freud, 1950a, 書簡69〈手紙139〉）の中で彼は、この何ヶ月かの間に、子供に対する倒錯行為がこれほど普遍的であるとはほとんど信じ難いという気持ちがだんだん出てきた、と漏らしている——とりわけ、どの症例でも子供に対する責任を負わなければならないのが父親だったからである。だが数年間、彼は意見の変更を公表しなかった。(原注2) しかしながらこのような理解のもたらした重大な結果は、心的事象において空想の果たす役割にフロイトが気づくようになったことであり、これによって小児性欲とエディプス・コンプレックスの発見への扉が開かれたのである。この主題についての彼の見解の変化の更に詳しい説明は、『性欲論三篇』（1905d, S.E., VII, 126以降）の編者の覚書〈本書182頁以降〉にある。一方この先の発展は、後のフロイトの論文「女性の性愛について」（1931b, S.E., XXI, 238〈著5, 151〉）に記されている。そこでは、父親に誘惑されるという少女の早期の空想が、それより更に早い母親との関係にまで遡られている。

　ちなみに、どのようにして幼児期の外傷の記憶が、当時の実際の経験よりも遙かに大きく影響するようになるかという問題——フロイトがこの時期繰り返し論じ、標準版第III巻166-167頁の長い脚注で詳しく説明した問題——は、小児性欲の発見と無意識的本能衝動の永続性の認識によって、意味を失

ったのである。

　それよりもおそらくずっと興味深いのは、この論文の中にいくつかの新しい心理的機制の出現を認めることである。それらの機制は、以後のフロイトによる心的過程の説明において、非常に大きな役割を果たすこととなった。特に注目すべきなのは強迫的機制の丹念な分析で、それは15年後に「鼠男」の分析（1909d〈著9〉）の理論的なセクションに現われることとなった多くのものを先取りしていた。こうしてわれわれは、自己非難としての強迫という観点（$S.E.$, III, 169）は、防衛の失敗と「抑圧されたものの回帰」の結果としての症状の概念（$S.E.$, III, 169）、そして、症状は抑圧された力と抑圧する力の妥協物であるという遠大な理論（$S.E.$, III, 170）とが早期にほのめかされていることを見出す。最後にパラノイアについてのセクションでは、「投影」の概念が初めて登場し（$S.E.$, III, 184）、論文の末尾の「自我の変更」の概念（既にフリース書簡の草稿Kの中に見られた概念である）においては、フロイトの最晩年の著作のいくつか、例えば「終わりある分析と終わりなき分析」（1937c〈著6〉）などに再び現われる諸概念を予示するものが見られるだろう。

（原注1）　これらの発見は、何ヶ月か前にその概要がフリースに語られていた（1895年10月8日〈手紙75〉からそれ以降）。標準版第III巻166-167頁の長い脚注もまた参照。
（原注2）　彼がレーヴェンフェルトの『性生活と神経症』（$Sexualleben$ und $Nervenleiden$）に寄稿した「神経症における性の役割について」（1906a, $S.$ $E.$, VII, 274-275〈著10, 103-104〉）の中で。

ヒステリーの病因について
(1896c)

ZUR ÄTIOLOGIE DER HYSTERIE
THE AETIOLOGY OF HYSTERIA

(a)独語版
1895年　$Wien.$ $Klin.$ $Rdsch.$〈ウィーン臨床展望〉, 10(22), 379-381, (23),

395-397, (24), 413-415, (25)432-433, (26), 450-452.（5月31日，6月7, 14, 21, 28日号）
1952年　G.W., 1, 423-459.
(b)英語訳
1924年　C.P., 1, 183-219.（Tr. C. M. Baines.）
1962　S.E., III, 187-221.（今回の翻訳は、1924年版を修正したものである。フロイト自身が集めた彼の初期の著作の抄録集（1897b）に含まれている（36番））
(c)邦　訳
1955年　「ヒステリー病因論」（懸田克躬・吉田正巳訳）選9
1969年　「ヒステリー病因論」（懸田克躬訳）選9改訂
1983年　「ヒステリーの病因について」（馬場謙一訳）著10, 7-32.

　1896年5月31日の『ウィーン臨床展望』の脚注によれば、本論文はフロイトが5月2日の「精神医学と神経学のための協会」で行なった講演に基づいている。しかしながら、この日付が正確であるかどうかは疑わしい。4月16日木曜日のフリースへの未公刊の手紙〈手紙94〉の中でフロイトは、次の火曜日（4月21日）に「精神医学協会」で講演をすることになっている、と書いた。彼は話題を特定していないが、1896年4月26日及び28日付の別の未公刊の手紙〈手紙95〉では、彼はその学会でヒステリーの病因について講演をしたと報告し、続けて彼は、「頑固な奴らの反応は冷たく」、座長のクラフト-エービングは科学的なおとぎ話に聞こえると言った、と書いている。更に別の、フリース書簡の中に収録されている5月30日付の手紙（Freud, 1950a, 書簡46〈手紙98〉）では、彼は「同僚たちを無視して、パシュキス Paschkis［『展望』の編集者］のためにヒステリーの病因についての私の講演を全部詳しく書いた」と書いている。そして事実、翌日にはその論文の中で、この講演の内容が発表され始めた。これらの事実を全て総合すると、講演が実際に行なわれたのは1896年4月21日であったものと思われる。

　本論文は、これに先立つ防衛-神経精神病についての第2論文（1896b）の最初のセクションを、膨らませて繰り返したものと見なしてもよいだろう。ヒステリーの原因についてのフロイトの発見がより詳しく語られ、そこに至るまでに彼が克服しなければならなかった諸困難について、若干説明されて

いる。小児期の性的経験が後の症状の背後にあるとフロイトは信じたが、そのことについては論文の最後の部分でとくにより大きなスペースを割いている。以前の諸論文と同じく、必ず大人がこれらの経験の手ほどきをするものと考えられている。つまり、小児性欲の存在が認識されるのは、まだ先のことである。にもかかわらず、『性欲論三篇』(1905*d*, *S.E.*, VII, 191〈著5, 53〉)で小児の性の「多形倒錯的」性格として記述されることになるものについてほのめかしている(*S.E.*, III, 214-215〈著10, 26-27〉)。他の興味ある点としてはとりわけ、神経学的説明よりも心理学的な説明に傾いてきていること(*S.E.*, III, 203〈著10, 17〉)と、「神経症の選択」の問題を解こうとする初期の試み(*S.E.*, III, 219-220〈著10, 30-31〉)に注目されたい。これは、いつも論議が戻っていく主題となった。これに関するフロイトの見解の変化は、「強迫神経症の素因」(1913*i*, *S.E.*, XII, 313以降)の編者の覚書〈本書277頁〉の中で辿ることができる。この主題は事実、本論文より前の2つの論文(156および168-169)の中で既に扱われていた。

〔私講師ジクムント・フロイト博士の科学的著作の抄録集 1877-1897〕

(1897*b*)

INHALTSANGABEN DER WISSENSCHAFTLICHEN ARBEITEN DES PRIVATDOCENTEN DR. SIGM. FREUD 1877-1897

ABSTRACTS OF THE SCIENTIFIC WRITINGS OF Dr. SIGM. FREUD 1877-1897

(a)独語版

1897年　Wien: Deuticke. Pp.24（私家版）

1940年　*Int. Z. Psychoanal. Imago*〈国際精神分析雑誌 イマーゴ〉25(1), 69-93.（「フロイトの精神分析の始まりまでの作品の書誌と抄録　Bibliographie und Inhaltsangaben der Arbeiten Freuds bis zu den Anfängen der Psychoanalyse」という表題で）

1952年　*G.W.*, 1, 461-488.

(b)英語訳
1962年 S.E., III, 223-257.（今回の翻訳はジェームズ・ストレイチーによるもので、英語への初訳である）

　フロイトは1885年に、ウィーン大学の私講師に任命されていた。（これは厳密にではないが、イギリスの大学の講師に似た地位だった。）次の段階は、「員外教授」Professor Extraordinarius（助教授にほぼ等しい）への任命だったが、それは大幅に遅れ、フロイトが、2人の傑出した人物、ノートナーゲルとクラフト-エービングによって自分の名前が評議員会に推薦されることになると聞いたのは12年後であった。これは1897年2月8日付のフリースへの手紙（Freud, 1950a, 書簡58〈手紙120〉）の中で報告されている。(原注1)必要な準備として「履歴書」（同、4月6日付けの書簡59〈手紙123〉）と発表した著作の書誌的抄録が含まれていたが、それがここに収録されたものである。それは5月16日以前に終わり（同、書簡62〈手紙127〉）、フロイトがフリースにその複写を送った5月25日には、明らかに印刷されていた（同、書簡63〈手紙128〉）。その手紙で彼はそれを、レポレルロから拝借した言い回しを用いて「美人の総目録云々」と呼んでいる。しかしながら、これらの準備は全て徒労に終わった。学部の評議員会は多数決で任命を推したにもかかわらず、より高位の大臣の同意が得られなかったからである。それはおそらく、主として反ユダヤ主義的理由からであった。彼はその先5年間、1902年まで教授になれなかった。

　本全集の最終巻にある完全な書誌と比較すれば、フロイトがいくつかの項目をこの一覧からはずしたことに気づくだろう。抜けたものの大半は、評論と非常に小さい論文、共同執筆への無署名寄稿である。何らかの重要性がある著作としては落とされたものが1つだけあるが、それはコカインについての講演（1885b）であり、これが除かれたことに無意識的な要因が絡んでいるということはありうるだろう（Jones, 1953, 106〈生涯81〉）。

　これらの抄録が標準版に収録してあるので、読者は幸いにも、フロイトの「心理学研究全集 complete psychological works」なるものは、フロイトの「著作全集 complete works」からは遙かに遠いこと、彼の活動の最初の多産な15年間は全面的に身体科学に関わっていたことを思い起こすことができる。フロイト自身に、自分の神経学的著作に時折やや軽蔑的な注をつける傾向があったことは注目してもいいだろう。そのうちのいくつかは標準版第

Ⅲ巻において引用されている。しかし他の、より近年の神経学者たちは、フロイトのこの点をまったく真似ていない（スイスの神経学者ブルーン Brun, 1936による議論を参照）。

フロイトが配列した順序はおおむね年代順だが、執筆した時期という点からも公刊された時期という点からも正確なものではないことに気づかれるだろう。

ロンドン大学精神医学研究所神経病理学のサビーネ・ストリッチ Sabine Strich 博士が、これらの抄録を通読して、神経学的素材の翻訳について助言をしてくださったことに心より感謝する。

（原注1）　このエピソードは、フロイトが『夢判断』（1900a, S.E., Ⅳ, 136〈著2, 116〉以降）で報告した夢の1つの中にはっきりと現われた。

神経症の病因における性
（1898a）

DIE SEXUALITÄT IN DER ÄTIOLOGIE DER NEUROSEN
SEXUALITY IN THE AETIOLOGY OF THE NEUROSES

(a)独語版
1898年　*Wien. Klin. Rdsch.*, 12(2), 21-22, (4), 55-57, (5), 70-72, (7), 103-105.（1月9, 23, 30日号と2月13日号）
1952年　*G.W.*, 1, 489-516.
(b)英語訳
1924年　*C.P.*, 1, 220-248. (Tr. J. Bernays.)
1962年　*S.E.*, Ⅲ, 259-285.（今回の翻訳は、1924年に出版されたものの修正版である）
(c)邦　訳
1955「神経症の原因としての性」（井村恒郎・加藤正明訳）選10
1969「神経症の原因としての性」（加藤正明訳）選10改訂
1983「神経症の原因としての性」（馬場謙一訳）著10, 33-49.

この論文は、フリースへの手紙（Freud, 1950a, 書簡83〈手紙157〉）によってわかるところでは、1898年2月9日に仕上げられた。それは既に1ヶ月前（同、書簡81〈手紙153〉）から始められ、フロイトはこれらの2通の中で軽蔑的に「*Gartenlaube*」の論文だと語っている。これは或る家庭雑誌の名前（文字通りの意味は「庭の木陰」）で、その名は感傷的な物語で評判になっていた。だが彼は、論文は「かなり不謹慎で、物議をかもそうと目論んだものです——うまくいけばそうなるでしょう。ブロイアーは、私が私自身を大いに傷つけることをしたと言うでしょう」と付け加えている。

　フロイトの最後の精神病理学的論文、「ヒステリーの病因について」（1896c〈著2〉）から2年が経過しており、その2年の間に非常に多くのことが生じて、彼の心を占めた。おそらく（ともかくわれわれの視点から）最も些細なものは、ノートナーゲルの医学大百科のために、300頁の小児麻痺についての学術論文を1897年の初めまでに完成したことだった。彼は過去数年間、全くいやいやながらそれに関わっていた。そしてそれが彼の最後の神経学的著作となった。例えば、1895年10月20日、31日、11月8日、1896年6月4日、11月2日、1897年1月24日付けのフリースへの手紙（Freud, 1950a, 書簡32, 33, 35, 47, 50, 57〈手紙78, 79, 81, 99, 109, 119〉）を参照のこと。この課題が終わってしまうと、彼は更にすっかり心理学に没頭することができた。そしてすぐに彼は、自己分析に打ち込んだが、のちにこれが画期的な出来事であったと分かるのである。これは1897年の夏に始まり、秋までにはすでにいくつかの基礎的な発見に至っていた。すなわち、神経症の病因としての外傷理論の放棄（9月21日、書簡69〈手紙139〉）、エディプス・コンプレックスの発見（10月15日、書簡71〈手紙142〉）そして正常で普遍的な事実としての小児性欲を徐々に認識したこと（例えば11月14日、書簡75〈手紙146〉）である。

　これらの発展全て（とそれに並行したフロイトの夢の心理学の理解における前進）について、本論文ではほとんど跡を辿ることができない。そしてそのことがこの論文に対する著者の軽蔑の原因となっていることは間違いなさそうである。基本について言えば、これは2年前に到達した段階に留まっている。フロイトは彼の次の力作——更に2年後に現われることになる『夢判断』（1900a〈著2〉）——に向けて、精力を蓄えていた。

　しかし論文の最初の部分に、フロイトの神経症の病因についての以前の見解をただ繰り返しただけではない何かがあるとしたら、論点にもまた、われわれに新しく提供するものがある——社会学的問題への接近である。ここで

フロイトが、性的な事柄、特に自慰や避妊具の使用、あるいは結婚生活の諸困難に対する医学会の態度を遠慮なく批判していることは、文明の社会的慣習に対するフロイトの後の一連の非難全体——「『文化的』性道徳と現代人の神経過敏」(1908d〈著10〉)についての論文に始まり、『文化への不満』(1930a〈著3〉)に終わる——を予示している。

度忘れの心理的メカニズムについて
(1898b)

ZUM PSYCHISCHEN MECHANISMUS DER VERGESSLICHKEIT
THE PSYCHICAL MECHANISM OF FORGETFULNESS

(a)独語版
1898年　*Mschr. Psychiat. Neurol.*〈精神神経学月報〉, 4(6), 436-443.(12月号)
1952年　*G.W.*, 1, 517-527.
(b)英語訳
1962年　*S.E.*, III, 287-297.(アリックス・ストレイチーによる今回の翻訳は、英語への初訳と思われる)
(c)邦　訳
1974年「忘却の心的メカニズムについて」(安田一郎訳)『失語症と神経症』誠信書房
1983「度忘れの心理的メカニズムについて」(浜川祥枝訳)著10, 50-57.

本論文の主題となったエピソードが起きたのは、フロイトが1898年9月にアドリア海岸を訪れていた間だった。彼はウィーンに戻る途中、9月22日付の手紙(Freud, 1950a, 書簡96〈手紙177〉)の中でフリースにその短い説明を送っている。そしてその数日後(9月27日, 同, 書簡97〈手紙178〉)、彼は本論文を或る雑誌に送ったことを報告したが、その後すぐにその雑誌に掲載された。これは初めて出版された失錯行為の病歴であり、フロイトはこれに基づいて、この主題についての3年後のより長い著作(1901b)の冒頭の章を書いた。この著作に対する編者序文(*S.E.*, VI〈本書173-178頁〉)では、その

こと全体についてより十分に論じている。本論文はフロイトの死後、初版から50年以上経って初めて再版された。『日常生活の精神病理学』（*S.E.*, VI）の第１章の初めにあるフロイトの記述に基づいて、ここで取り上げているものは後のヴァージョンの大まかな草稿に過ぎないと一般に考えられてきた。実際に２つの著作を比較してみると、話題の主要な流れが同じというだけであって、ここでは議論の配列が違うし、１、２の点で題材が敷衍されていることが分かる。

隠蔽記憶について
（1899*a*）

ÜBER DECKERINNERUNGEN
SCREEN MEMORIES

(a)独語版
1899年　*Mschr. Psychiat. Neurol.*, 6（３），215-230.（９月号）
1952年　*G.W.*, １, 529-554.
(b)英語訳
1950年　*C.P.*, ５, 47-69.（Tr. James Strachey.）
1962年　*S.E.*, III, 299-322.（本書の翻訳は、1950年に出版されたものを僅かに修正した再版である）
(c)邦　訳
1970年　「隠蔽記憶について」（小此木啓吾訳）著６, 18-35.

　フロイトは1899年５月25日付の未公刊のフリースへの手紙〈手紙198〉で、その日に本論文を定期刊行誌の編集者に送ったと伝えており、その年に出版された。彼は、書いている間はかぎりなく楽しかったと付け加えているが、それはその作品にとっては縁起の悪いことと考えている。
　「隠蔽記憶」の概念は、ここで初めてフロイトによって導入された。[訳注1]それに焦点が合わせられたのは疑いなく、論文の主要な部分を占めており1899年１月３日付フリースへの手紙（書簡101〈手紙188〉）の中でほのめかされた特定の例について、彼が熟考したからだった。にもかかわらず、話題は

何ヶ月も前から——実際、1897年の夏に彼が自己分析に取り掛かって以来ずっと——彼の心を占めていたいくつかの他の事柄と密接に関連していた。それは、記憶の操作とその歪曲、空想の重要性と存在意義（raison d'être）、われわれの幼少期を覆う健忘、そして、これら全ての背後にある小児性欲に関わる問題である。フリース宛書簡を読むと、ここでの議論への多くのアプローチが見出される。例えば、1897年5月25日の草案Mと1897年7月7日の書簡66〈手紙132〉の中の、空想についての記述を参照されたい。フロイトが1901年版の『日常生活の精神病理学』(1901b,〈著4〉)の第4章の末尾で分析した隠蔽記憶は、この同じ1897年の夏に遡ることができる。

興味深いのは、本論文において主に考察されているタイプの隠蔽記憶——早期の記憶が、後から起きた出来事の遮蔽幕として用いられている——は、後の文献からほとんど消えてしまうことである。その後標準タイプと見做されるようになったもの——早期の出来事が、後の記憶によって隠蔽されている——は、ここでは微かにほのめかされているだけである。しかし、フロイトは早くも2年後に『日常生活の精神病理学』の第4章で、ほとんど集中的に扱っている（S.E., III, 322の脚注も参照）。

本論文固有の面白さは、むしろ本質的でない事実によって不当に覆い隠されてきた。そこに書かれた出来事が実際は自伝的なものであることは想像に難くない。そしてこのことはフリース書簡が世に出て確証された。しかしながら、詳細な説明は多くフロイトが公刊した著作の中に辿ることができる。隠蔽記憶の中の子供たちは、実際に彼の甥のジョンと姪のポーリンだった。彼らは『夢判断』(1900a)の何箇所かに登場する。（例えば、S.E., V, 424-425〈著2, 348〉、483〈著2, 397〉、486〈著2, 400〉を参照。）彼らは、『日常生活の精神病理学』の第10章（1901b, S.E., VI, 227〈著4, 194〉）に記された、フロイトのだいぶ年長の異母兄の子供たちだった。この兄は、フロイトが3歳の時フライブルクで一家が離散した後、マンチェスターに住み着いた。フロイトは19歳——ここ（S.E., III, 314）で暗に言われているように20歳ではない——の時、そこに彼を訪ねている。その訪問について『日常生活の精神病理学』の同じ節の中でも、『夢判断』(S.E., V, 519〈著2, 427〉)の中でもほのめかされている。彼がフライブルクに初めて戻った年齢もやはりここで書かれているより1歳若かった。「プリボールの市長への手紙」(1931e, S.E., XXI, 259)の中で彼が告げているように、彼は16歳だった。彼がともに過ごした家族はフルースと名付けられていたが、それはこの一家の娘の1人、ギ

ゼラであり、この逸話の中心人物であることが、この資料からも分かる。このエピソードは、アーネスト・ジョーンズによる伝記の第1巻（1953, 27-29〈生涯40〉）と35-37の中に詳しく描写されている。(原注1)

（原注1）ギゼラ・フルースの名前は、思いがけず重要性のない形で「鼠男」の分析についてのフロイトの記録（1955a, S.E., X, 280）に出ている。

（訳注1）'Screen Memories'の「スクリーン」が持つ語感から投影される幕となる記憶が、また、「隠蔽記憶」の語感から埋もれた記憶が連想されるかもしれないが、いずれも'Deckerinnerung'には対応しない。'Deck'は「覆い」のことで、隠蔽する側の記憶を指す。

自伝的覚書
（1901c [1899]）

AUTOBIOGRAPHISCHE NOTIZ
AUTOBIOGRAPHICAL NOTE

(a)独語版
1901年　J. L. Pagelの *Biographisches Lexicon hervorragender Ärzte des neunzehnten Jahrhunderts*〈19世紀の傑出した医師たちの伝記的辞典〉所収. Berlin und Wien, 第545欄
1987年　*G.W.*, 補遺巻, 370-371.
(b)英語訳
1962年　*S.E.*, III, 323-325.（この覚書は、これまで再版されておらず、ジェームズ・ストレイチーによる本稿が英語への最初の翻訳のようである）

　文中の記述から、これは1899年の秋に書かれたに違いないことが分かる。これは、彼の科学界における立場を大変革させることになる著作の出版直前に、フロイトが自分の活動を概観しようとしたという点で興味深い。原文の数多くの略記は完全表記にした。

夢判断
(1900*a*)

DIE TRAUMDEUTUNG
THE INTERPRETATION OF DREAMS

(a)独語版

1900年　*Die Traumdeutung*『夢判断』. Leipzig und Wien: Franz Deuticke, Pp. iv+375.

1942年　*G.W.*, 2 & 3（第8版の再版）London: Imago Publishing Co. Pp. xv と1-642.

(b)英語訳

1913年　By A.A.Brill. London: George Allen & Co.; New York: The Macmillan Co. Pp. xiii+510.

1953年　*S.E.*, IV & V, 1-621.（今回の全く新しい翻訳はジェームズ・ストレイチーによる）

(c)邦訳

1929年、1930年　『夢の註釈』（大槻憲二訳）全1，別巻

1930年　『夢判断（上・下）』（新関良三訳）大2，3

1954-1955年　『夢判断（上・下）』（高橋義孝訳）選11，12

1968　『夢判断』（高橋義孝訳）著2

1969-1970年　『夢判断（上・下）』（高橋義孝・菊盛英雄訳）選11，12

1969　『夢判断（上・下）』（高橋義孝訳）新潮文庫

　実際には『夢判断』は1899年に最初に刊行されている。フロイトは、ヨーゼフ・ポッパーに関する第2の論文（1932*c*）の冒頭で、この事実に言及している。「夢の解釈に関する私の本（題扉の日付は新世紀のものに遅らせてある）が、ようやく私の手元に届いたのは1899年の冬のことであった。」しかし私たちはいまはもっと正確な情報をヴィルヘルム・フリース宛の手紙（Freud, 1950*a*）から入手できる。1899年11月5日付けの手紙（書簡123〈手紙222〉）の中でフロイトは、「昨日、ようやく本が出版されました」と報告している。そしてその前の手紙によると、フロイトは約2週間前に2冊の新

刊見本を受領していて、そのうちの1冊をフリースに誕生祝いとして贈呈したようである。

　夢判断は、版を重ねていくなかで、多少とも全体として「時節に合わせて」いった2つの書物のうちの1つである。ちなみにもう1つは『性欲論三篇』（1905*d*）であった。『夢判断』の第3版以後では、変更がどこにも明示されていない。そのことがこの後の版の読者にいくぶんの混乱をもたらすこととなった。というのもこれらの新しい素材がときとして、『夢判断』が書かれてからかなり後の時代に始まった、フロイトの見解における修正についての理解を含んでいるかのようだからである。この困難を乗り越える試みとして、フロイトの著作の最初の全集（独語版著作集）の編者たちは、第1巻の中に『夢判断』の初版を原型のままで再収録し、第2巻に、その後に追加された全ての素材を収録した。しかし残念なことには、その仕事はあまり規則的には行なえなかった。というのも追加自体に、日付が付されていなかったからで、そのため、この計画の利点の多くは損なわれてしまっている。その後の版では、区分けされていない古い形の1巻本へと戻ってしまった。単一の主題を扱っている加筆のかなりのものが、夢における象徴に関係したものである。フロイトは『精神分析運動史』（1914*d*）の中でも、『夢判断』の第6章の冒頭、セクションE（*S.E.*, V, 350）においてと同様に、この主題のこの側面の重要性を充分に認識したのはずっと後になってからである、と説明している。初版では、象徴に関する議論は2、3頁に限られていて、第6章の「表象の考察」に関するセクションの末尾で（性的象徴の例示として）のただ1つの夢を取り上げているにすぎない。第2版（1909）において、このセクションには何も加えられなかったが、しかし他方で性的象徴に関して数頁が、第5章の「類型夢」のセクションの末尾に挿入された。これは第3版（1911）においてはかなり拡張されたが第6章のもともとの部分は全く改変されずに残った。再編成の過剰さは明白なものとなり、第4版（1914）では、象徴に関する全く新しい部分が第6章に導入され、この中に第5章に掲載されていた主題に関する素材が、かなりの量の新しい素材と共に、移し替えられた。このあとの版では本書に構成上の変化はなかったが、さらに進んだ多くの題材が付け加えられた。2巻物への改訂（1925）の後、すなわち第8版（1930）の中で、第5章の「類型夢」に関するセクションでは、それ以前には完全に省略されていたいくつかの文章が再び挿入された。

　第4、5、6そして7版（1914年から1922年）には、オットー・ランクに

よる2つの論文（「夢と創造的著作」と「夢と神話」）が、第6章の末尾に収録されていたが、それ以後は省略された。

　各版の文献目録が現存している。第1版は80冊あまりの書物の目録が掲載されていて、フロイトは本文中でその大半を参照している。第2、3版においては変えられなかった。しかし第3版においては、1900年以降に書かれたおおよそ40冊の書物からなる第2目録が付け加えられた。その後両方の目録は急速に膨らみ始め、第8版までには第1目録は260あまりに、第2目録は200を超えるものとなった。この段階で第1目録（1900年以前）にあるもののほんの一部分のみが、実際に本文中で言及されたものであり、他方、（フロイト自身による数多くの序文の中の記載から集めたらしい）第2目録（1900年以降）は、その主題に関する分析的あるいは疑似-分析的な著作の出版に追いつかなかった。さらに、どちらの目録にも見付けることのできない、本文中で引用されたかなりの数の著作がある。第3版以後は、オットー・ランクが主としてこれらの目録の責任を負うことになったようである（S.E., V, 714も見よ）。

（2）　歴　史

　フロイトのフリースとの往復書簡の出版が、『夢判断』が書かれた過程をもっと詳細に辿るのを可能にしてくれている。『精神分析運動史』（1914d）の中で、初期の出版がゆっくりしたペースで進められていたことを回顧しながら、「例えば『夢判断』は1896年の初めには本質部分全てが完成していたが、1899年の夏まで書き留められなかった」と記している。また、両性の間の解剖学的差異の心理学的意義に関する彼の論文への序言（1925j）の中で、彼は以下のように記している。「私の『夢判断』と『あるヒステリー患者の分析の断片』（1905e）…は、ホラチウスによって命じられた9年間[訳注1]ではないが、出版してもよいという気になるまでに4、5年間を要した。」われわれはこうして当時の証拠から、後の回想を拡充したりある点では修正したりできる立場に立っているのである。

　この主題をめぐる数多くの散在した論究――それは書簡によると少なくとも1882年に遡るが――は別にして、フロイトの夢への関心を示す最初の出版された重要な証拠は、ブロイアーとフロイトの『ヒステリー研究』（1895

の中にあるフロイトの最初の症例報告（5月15日の日付けのあるエミー・フォン・N夫人に関するもの）に対する長い脚注の中に現われている。神経症患者は心の中にたまたま同時に存在しているいくつかの考えを互いに結び付けて連想する必要に迫られているように思える、と論じているが、彼はさらに続けて、次のように述べている。「それ程前のことではないが、別の領域で得られたいくつかの観察から、連想へのこの強迫性の強さを私自身確信することができた。数週間の間、私は愛用のベッドをもっと固いのに変えなければならなかった。そこで私はより沢山のより生き生きした夢を見たが、それは言い換えると、たぶんそこで私は通常の眠りの深さに到達することができなかったのである。目覚めて15分間は、夜通し見ていた全ての夢を覚えていた。そしてその夢を書き記し、それらを解こうとする試みに打ち込んだ。これらの夢全ては、2つの因子に辿っていくことができた。その2つとは、（1）日中ちょっと心に留めた考え——触れるだけで結局取り扱えなかったもの——をきちんと考えることの必要性、そして（2）意識の同じ状態の中に存在するかも知れないいくつかの観念を結び付けようとする強迫性である。夢の意味のないそして矛盾した性質は、この後者の因子の制御できない優勢さに原因がある。」

　この文章は残念ながら正確には日付が付されてはいない。標準版第Ⅴ巻の序文は1895年4月に書かれた。1894年6月22日の手紙（書簡19〈手紙43〉）は、症例報告がそのとき既に完成していたことを暗に示しているようであり、たしかに1895年3月4日までには終わっていたのである。その日付のフロイトの手紙（書簡22〈手紙55〉）はことのほか興味深く、願望‒充足の理論の最初の思い付きを示している。その文面の中で、彼は標準版第Ⅴ巻の125頁に含まれている医学生の「便宜の夢」の話を引用している。しかしながら、彼自身によるイルマの注射の夢の分析——第2章で例として掲げられた夢——が、フロイトの心の中ではっきりと願望充足理論を確立したのは、1895年7月24日以前のことではなかった。（1900年6月12日の書簡137〈手紙248〉を見よ。）同じ年（1895年）の9月に、フロイトは「科学的心理学草稿」（フリースとの書簡の付録として出版された）の最初の部分を執筆した。そしてこの「草稿」のセクション19、20とセクション21は、夢に関するまとまりのある理論への最初の取り組みとなっている。それは『夢判断』に再び出現する重要な要素を既に含んでいた。たとえば、（1）夢の願望充足的性質、（2）夢の幻覚的性質、（3）幻覚と夢における心の退行的機能（これは既にブロイア

ーによって『ヒステリー研究』の理論的論文の中で示されている)、(4)睡眠状態が運動麻痺を含んでいるという事実、(5)夢における置き換え機制という性質、そして(6)夢の機制と神経症症状の機制との間の類似性。けれどもこれらのもの以上に、『夢判断』が世界に提示した数々の発見の中でも最も記念碑的であるのは心的機能の2つの異なった様式、すなわち1次過程と2次過程との区別であるということを、「草稿」は示している。

しかしこれは、「草稿」と1895年の暮れにそれとの関連で書かれたフリースへの手紙の重要性を余すところなく述べたというには程遠い。『夢判断』の第7章の大部分が、そして実際フロイトのその後の「メタ心理学的」解釈の大部分が、「草稿」が出版されてようやく、充分に理解できるものになったと言っても過言ではない。

フロイトの理論的著作の研究者は、フロイトの最も深遠な心理学的思索においてすら、彼が使用している諸概念のうち最も基本的ないくつかのものについて、議論がほとんどあるいはまったくなされていないことを知っている。例を挙げるなら、「心的エネルギー」、「興奮量」、「備給」、「量」、「質」、「強度」等などである。出版されたフロイトの著作の中で、これらの概念に関する議論をはっきりと取り上げた唯一のものは、「防衛-神経精神病」(1894a)に関する最初の論文の末尾から2番目の文章である。そこで彼は次のような仮説を提示している。「心の機能の中で、情動価あるいは興奮量と呼ばれるものは、量(これを計る方法はないが)の性質を全て具えており、他の機能とは区別すべきである。それはすなわち、増やしたり、減らしたり、移動させたり、放出したりできるものであり、また、体表を覆う電荷のように表象の記憶痕跡を覆っているものなのである。」フロイトの後の著作でこのような基本的概念に関する説明がないのは、それらが彼自身にとって当然であったように、彼の読者にとっても自明のことであるとフロイトが見なしていたからである。そして、このような曖昧さは、フロイトの死後に出版されたフリースとの往復書簡のおかげで、ずっと明確になったのである。

ここで主題の詳細な論議に入っていくことはもちろん不可能であり、読者には原著そのもの(Freud, 1950a)と、クリス博士の啓発的な序文を参照していただきたい。(原注1)その立場の要点は、しかしながら、まったく単純に示すことができる。フロイトの「草稿」の本質は、起源の異なる2つの理論を結合させて1つの全体にすることにある。2つのうちの第1のものは、最終的にはその由来を、ヘルムホルツの生理学学派に遡ることができる。フロイ

トの師である生理学者ブリュッケはこの学派の主要メンバーであった。この理論によると、神経生理学およびその帰結としての心理学は、純粋に化学-物理学的法則 によって支配されている。それはたとえば、フロイトとブロイアー 2 人によってしばしば言及され、1892年（Breuer and Freud, 1940, 死後出版された草案）には次のような言い方で表現された「恒常原則」なのである。「神経系はその機能として、『興奮の総和』と呼びうるような何かを一定に保とうと努力している。」『ヒステリー研究』への、ブロイアー（ヘルムホルツ学派のもう 1 人の門弟）が書いた理論的論文のかなりの部分が、この文脈に沿って念入りに構成された。第 2 の主要理論は、「草稿」の中でフロイトによって活用された、ニューロンの解剖学的学説であり、これは80年代末に神経-解剖学者たちから受け入れられるようになったものである。（「ニューロン」という術語は、1891年にワルダイエル Waldeyer によって導入されたばかりであった。）この学説は、中枢神経系の機能的単位は、隣接細胞と解剖学的に直接なんのつながりももたない別個の細胞であるということを立証した。「草稿」の冒頭文は、この論文がいかに、これら 2 つの理論の結合に論拠をおいているかということを明示している。その目的は、フロイトが言うには、「心的諸過程を、特定できる構成成分の量的に規定される諸状態として記述すること」である。彼は続けて、これらの「構成成分」はニューロンの集まりであり、その活動状態と静止状態とを区別するものは「運動の一般法則に従って」いる「量」であると仮定している。かくしてニューロンは「空っぽ」であるか「ある量で満たされている」すなわち「備給されている」かのどちらかということになる。[原注2]「神経興奮」はニューロンのシステムを通じて流れる「量」として解釈されるべきであり、そしてそういった流れはニューロン間の「接触-障壁」の状態に応じて、抵抗されたり促進させられたりすることになる。（「シナプス」という術語がフォスター Foster とシェリントン Sherrington によって導入されたのは、すぐ後1897年のことであった。）全神経系の機能は、「慣性」の一般原則に従っている。それに従えば、ニューロンは常にそれを満たす可能性のあるあらゆる「量」を排除する傾向にあり、それは「恒常性」の原理と相関する。フロイトは、これらおよび類似の概念をれんがの 1 つ 1 つとして使用して、高度に複雑で極めて独創的な心の作業モデルを、神経学的機械装置の一部として建設したのである。

　フロイトの図式の中で主要な部分とは、ニューロンを機能の仕方によって 3 つのクラスあるいはシステムに分けるという仮説であった。これらのうち

の最初の2つはそれぞれ外的刺激と内的興奮とに関連づけられた。これら2つは純粋に量的基準によって作動する。すなわちそれらの活動は、侵入してくる神経興奮の強さによって全体的に決定された。第3のシステムは、意識的感覚と感情を区別する質的違いに関係している。ニューロンを3つのシステムに区分することに基づいて、記憶の働き、現実の知覚、思考の過程、そしてまた夢見ることや神経症という現象なども詳細に生理学的に説明された。

しかし不明瞭さと難解さが積もりはじめ、「草稿」執筆後の数カ月間、フロイトは自分の理論を修正し続けた。時間がたつにつれて、彼の関心は神経学的、理論的問題から心理学的、臨床的問題へと徐々に移っていった。そして最終的に彼はその全体図式を放棄するに到った。数年後、『夢判断』の第7章において彼がもう一度理論的問題を取り上げたとき、——心理学に対する身体的な根拠が最終的には打ち立てられるだろうという信念を彼は確かに決して諦めていなかったが——その時神経-生理学的根拠は表面上ははずされていた。それにもかかわらず——そしてこれが「草稿」が『夢判断』の読者にとって重要である理由であるが——初期の図式の全体的パターンの大半とその要素の多くが、新たなものの中に持ち込まれた。ニューロンのシステムは心的システムあるいは心的機関によって置き換えられた。心的エネルギーの「備給」という仮説が、心的「量」にとって代わり、慣性の原理は快感（あるいは、フロイトがここで言っているように不快）原則の根拠となった。さらに、第7章で採用されている心的過程の詳細な説明のいくつかは、生理学的に考えていたことに多くを負っていて、それらを参照するとわかりやすくなる。これは、たとえば記憶痕跡を「記憶システム」の中に植え込むという記述や、願望の特性やそれらを満足させるさまざまな方法に関する議論、そして現実の要請に順応するさいに言語的思考-過程のとる役割を強調することについて当てはまる。

『夢判断』は「1896年の初頭には全ての本質的なところは完成していた」というフロイトの主張が妥当であるということは、これらのことによってわかる。にもかかわらず、ここでわれわれはいくつかの限定を加える立場にある。つまり、エディプス・コンプレックスの存在は1897年の夏から秋にかけて（書簡64から71〈手紙129から142〉）初めて確立され、そしてそれ自体が夢の理論へ直接的に寄与しているわけではないが、しかし、夢の根底にある無意識的願望の幼児的な起源を強調するところで多大な役割を果している。

より明らかに理論的に重要なのは、睡眠願望が夢の中にあまねく存在していることを発見したことである。このことはフロイトによって1899年6月9日（書簡108〈手紙200〉）になってやっと表明されている。また「2次的加工」過程についての最初の閃きは、1897年7月7日の手紙（書簡66〈手紙132〉）の中に示されているようである。夢と神経症症状との間の構造的類似性は、見てきたように、1895年の「草稿」の中で既に述べられていて、1897年の秋までにここかしこで言及されていた。しかしながらまったくもって奇妙なことに、それ以降は忘れ去られてしまったようである。というのも1899年1月3日（書簡101〈手紙188〉）で、新たな発見としてかつその著作がかくも長い間未完成のままになっていた理由の説明として示されているからである。

　フリース書簡は、実際の制作過程をかなり詳細に辿ることを可能にしてくれている。本著作を執筆する着想は1897年5月に、フロイトによって最初に述べられているが、すぐにかたわらに追いやられてしまった。おそらく彼の関心がそのとき、その夏にエディプス・コンプレックスの発見へとつながった自己分析に向けられ始めていたからであろう。その年の終りにもう一度、『夢判断』に手が着けられた。そして1898年の最初の2、3ヶ月で、著作全体の最初の草稿が、第1章を除いて、完成されたようである。[原注3]第1章に関する作業はその年の6月に行き詰まり、夏期休暇後も再開されなかった。1898年10月23日（書簡99〈手紙180〉）に、フロイトはこう記している。著作は「相変わらず滞ったままです。出版するために書き上げる原動力が私にはありません。この心理学の中の割れ目［例えば第7章］が完成を邪魔する障害となっており、それを私はまだ乗り越えていません。それは、完全に分析した例の夢［S.E., IV, xx〈本書167頁〉参照］を取り除いてしまったら生じるであろう割れ目と同じようなものです」。突然、そしてフロイト自身書いているように、「なんら特別の理由もなしに」1899年5月の末に著作が再び動き始めるまでに、何ヶ月間もの停止が必要だった。その後は急速に進行した。文献を取り扱っている第1章は、フロイトにとってはずっと厄介なものであったが、6月に完成し、最初の頁が印刷所に回された。中間章の修正が8月の終りまでには完了し、そして最終の、心理学的な章は完全に書き改められ、最終頁が9月初めには急ぎ送られた。

　フロイトはフリースの批評を求めて原稿と校正の両方を定期的に送った。フリースは著作の最終形態にかなりの影響を及ぼし、また、フロイト自身の1つの重要な夢（S.E., IV, xix〈本書167頁〉参照）の分析が省略された（明ら

かに慎重な判断に基づいて)のは彼の勧めによるものであった。しかし最も厳しい批判は著者自身からなされ、これらは専ら文体と文学的な形式に向けられた。1899年9月21日(書簡119〈手紙215〉)には、著作が完成したとき彼は「自己批判はまったく不当なものでもないと思う」と書いている。「私も、半端ながらも、形式についての意識というものをどこかに持っていますし、また、一種の完全性としての美を称賛する気持ちを秘めてはいるのです。しかし、私の夢についてのこの本の文章は、間接的な言い回しが多すぎるし、主題からそれてばかりいるし、私の抱いている理想とは大違いです。そして、このように形式が整わないことは、素材が未消化なしるしだと考えて間違いはないでしょう。」

しかしこういった自己批判にもかかわらず、そして外的世界からこの著作がほとんど完全に否定されたこと——出版後6年間で351部しか売れなかった——に引き続いて抑うつに陥ったにもかかわらず、フロイトはつねに『夢判断』を最も重要な著作と見なしてきた。英語版第3版の序文で書いている。「こういった洞察は、人生においてたった一度きりの巡り合わせである。」

(3)　ストレイチーの英語版

今回の翻訳は著者の存命中の最後の出版となった独語の第8版(1930)に基づいている。同時に、それは重要な1点において、それ以前のすべての版(独語版および英語版両方の)と異なっている。というのもこれは「合注」版という性質をもっているのである。最初の出版以来の、『夢判断』の内容の変更を日付入りで示す努力がなされているのである。後の版で素材が省略されたりあるいは大幅に修正された場合はすべて、省略された文章あるいは以前の版が脚注に入れられている。唯一の例外は、第4章のランクの2つの付録が除かれたことだけである。それらを含めるかどうかについて真剣に検討したが、収録しないことに決まった。その2つの論文はまったく自己完結的なもので、フロイトの著書とはなんらの直接的な関連もない。それを含めるとさらに50頁ほどを使うことになるし、英語の読者にとって特に啓発的なものとはならないであろう。というのもそれは主に、ドイツ文学とドイツ神話とを取り扱っているからである。

文献目録は完全に改変されている。第1のものは、本文あるいは脚注の中で実際に引用されている全著作の目録である。この文献目録はまた著者索引

としても役立つように配列されている。第2文献目録は1900年以前の独語目録中の全著作を含んでいて、フロイトが実際に引用したものではない。これを印刷することは価値があるように思える。というのも、夢に関する古い文献のかなり完全な文献目録は、これ以外には簡単には入手できないからである。実際に引用されたり、第1目録の中に結果的に含まれたものは別にして、1900年以降の著作は、除外した。しかしながら、2つの私〈ストレイチー〉のリストに関して注意しておきたいことがある。調査してみると、独語目録にはかなりの高率で誤りが発見された。これは可能なかぎり修正したが、かなりの数の記載事項がロンドンでは確認できないことが分かり、これら（アステリスク＊によって区別した）は、疑わしいものとみなさなければならない。

　編者付記は角括弧に入れている。読者の多くは参照とその他の説明注の数の多さに多分いらいらするだろう。しかしながら基本的にはフロイト自身の著作を参照するものであり、（もちろんフロイト自身による参考文献は別として）他の著者のものへの言及はごくわずかである。とにかく、『夢判断』は科学的文献の主要古典の1つであり、時代がそのように扱うようになった、という事実は直視せねばならない。この参考文献と、とくに本書自体の他の部分を引用した相互参照とが、素材の複雑さを辿ろうとする熱心な研究者達の実際の役に立つことが、編者の希望であり信念である。単なる娯楽を求める読者は——もしそういう人がいるとしたら、だが——これらの挿入は飛ばしてしまうに違いない。

　翻訳それ自体に一言加えねばならない。多大な注意が、もちろん夢のテキストの表現の細部に払われている。英語訳が驚くほどぎこちないところでは、解釈上いたしかたない言葉の選択からきた硬さであると考えていただきたい。同一の夢が別の版との間で一貫していない場合には、原本でも同様に一致していないと考えていただいてさしつかえない。相当多くの例で、解釈は全く語呂合わせに頼っているが、そのようなところで、この言葉のうえでの難しさは極まっている。そういった状況に対応する3つの方法がある。翻訳者はその夢を完全に削除するか、あるいは別の同類の夢、すなわち彼自身が体験した夢や、あるいはその場限りのでっちあげの夢に置き換えるのである。これら2つの方法は、本書の初期の翻訳でおもに採用されていた。しかしそれには厳しい反対がある。われわれは科学的古典を扱っているということをもう一度思い出すべきである。われわれが知りたいのは、フロイトによって選ばれた例であって、外の誰かによるものではない。従ってこの翻訳は、元々

の独語の語呂合わせを維持し、角括弧や脚注の中でそれを苦心して説明する堅苦しくて退屈な第3の方法を採用した。そこから引き出されるはずであった笑いは、その過程で完全に消えてしまったが、それは残念ながらやむをえない犠牲であった。

 R・S・パートリッジ Partridge 夫人とC・F・ライクロフト Rycroft 博士は（多くの人たちの中でもとりわけ）、骨の折れる校正作業を惜しみなく手伝ってくれた。パートリッジ夫人にはまた索引に多大な貢献をしていただいた。文献目録の改訂は主としてG・トーランド Talland 氏の手によった。
 最後に、編者の感謝を、絶えざる助言と励ましを賜ったアーネスト・ジョーンズ博士に捧げる。博士のフロイト伝の第1巻が、多くの細部同様に本書全体の背景にもどれほどの光を投げかけているかは測り知れない。

（原注1）「フロイトの最初期の諸理論」（1944）という表題のベルンフェルト Bernfeld の論文もまた、この文脈において大いに興味深い。
（原注2） フロイトのこれらの思索が、神経インパルスの質やその伝達を統御する条件についての体系的な研究が進められる何年も前の時期に生まれたものであることは強調しておかねばならない。
（原注3） これが、標準版第Ⅴ巻の477頁で言及されていることに違いない。その中でフロイトは、「1年以上、完成した原稿を印刷するのを延期した」と述べている。実際、第1章はまだ書かれていなかった。

（訳注1） ホラチウス Quintus Horatius Flaccus はローマの詩人、文芸批評家である。その最後の著作『詩論』は書簡形式をとって、劇の題材、韻律、言語、構成を論じたのちに、文学一般について、独創性と模倣、天賦の才能と文学などを語り、識者の批判を仰ぐべきこと、9年間発表せずにおくことなど、推敲に限りない努力を払うように勧めている（新潮世界文学辞典、新潮社、1990年）。

満たされた予知夢
(1941*c* [1899])

EINE ERFÜLLTE TRAUMAHNUNG
A PREMONITORY DREAM FULFILLED

(a)独語版
1941年　*G.W.*, 17, 19-23.
(b)英語訳
1950年　*C.P.*, 5, 70-73.
1953年　*S.E.*, V, 623-625.（ジェームズ・ストレイチーによる上記の再版である）〈付録Aとして収録された〉
(c)邦　訳
2001年　「実現した夢の予告」（金森誠也訳）『夢と夢解釈』講談社学術文庫

　この論文の原稿には、1899年11月10日の日付が入っており、『夢分析』の出版の6日後である。この出来事を告げたフリースへの手紙（1899年11月5日付、Freud, 1950*a*, 書簡123〈手紙222〉）の中で、フロイトは予知夢の起源と意味を見つけたばかりだと言っている。同じ出来事を『日常生活の精神病理学』（1901*b*〈著4〉）の中で非常に手短にフロイトは報告している。この予知夢の話題は、『夢判断』の中で触れられている（*S.E.*, IV, 65と*S.E.*, V, 621〈著2，507〉）。

夢について
（1901*a*）

ÜBER DEN TRAUM
ON DREAMS

(a)独語版
1901年　*Über den Traum*. L. LöwenfeldとH.Krurellaの編集により連続出版された*Grenzfragen des Nerven- und Seelenlebens*〈神経・精神生活の境界問題〉の一部（pp. 307-344）として初版された。Wiesbaden: Bergmann.
1942年　*G.W.*, 2-3, 643-700. London: Imago Publishing Co.
(b)英語訳
1914年　M. D. Eder（W. L. Mackenzieの序文付き）による。London: Heinemann. New York: Rebman. Pp. xxxii＋110.
1953年　*S.E.*, V, 628-685.（この翻訳は1952年に印刷されたものを改訂した再版

である）
(c)邦　訳
1983「夢について」（浜川祥枝訳）著10, 58-100.

　『夢判断』の出版後わずか3、4カ月後に、その簡約版を執筆するという思いつきが、フロイトの心にはすでにあった。フリースが手紙のなかで、そうするよう提案していたのは明らかである。というのは1900年4月4日の手紙（Freud, 1950a, 書簡132〈手紙241〉）の中で、フロイトは「すでに、レーヴェンフェルトに同種の小論を書かせる約束をした」ということを理由の1つとして挙げて、その提案を断っているからである。彼はまた、膨大な著書を書き終えて間もなくのうちに、そういった仕事に取り掛かることは好まないとも述べている。明らかに、この気のすすまなさは続いた。それは、5月20日（同、書簡136〈手紙246〉）付で、彼は「小冊子」に取り掛かってさえいないと記しているし、また7月10日（同、書簡138〈手紙251〉）には、10月までそれを延期したと報告しているからである。フリースとの往復書簡でフロイトがそのことについて最後に言及したのは1900年10月14日（同、書簡139〈手紙255〉）であり、そこで彼は「心からの喜びなどまったくなく」小論を書いていると表明している。なぜなら、彼のこころは（彼の次の作品となる）『日常生活の精神病理学』の素材で占められていたからである。その著書の中（第7章の終り近く）でたまたま、小論『夢について』の言及がみられるが、要約の出版が大著の売行きを妨げることになるのではないかと疑っている。
　あとで分かるように、この小論の後の版で、フロイトによってなされた唯一の重要な追加は、第2版に導入された象徴に関するセクションのみである。

日常生活の精神病理学
―― 度忘れ、言い違い、為損ない、迷信と思い違いについて ――
(1901b)

ZUR PSYCHOPATHOLOGIE DES ALLTAGSLEBEN
(Über Vergessen, Versprechen, Vergreifen, Aberglaube und Irrtum)
THE PSYCHOPATHOLOGY OF EVERYDAY LIFE
Forgetting, Slips of the Tongue, Bungled Actions,

Superstitions and Errors

(a)独語版

1901年　*Monatsschr. Psychiat. Neurolog.*〈精神神経学月報〉，10(1)[7月号]，1-32，および(2)[8月号]，95-143.

1941年　*G.W.*, 4, Pp. iv+322.

(b)英語訳

1914年　London: Fisher Unwin; New York: Macmillan, Pp. vii+342（Tr. and Introduction A. A. Brill.）

1960年　*S.E.*, VI, 1-279.（今回の翻訳は、アラン・タイソン Alan Tyson による全く新しいものである）

(c)邦　訳

1930年　『日常生活の異常心理』（丸井清泰訳）大4

1930年　『日常生活の精神分析』（大槻憲二訳）全2

1941年　『日常生活に於ける精神病理』（丸井清泰訳）岩波文庫

1958年・1970年改訂　『生活心理の錯誤』（浜川祥枝訳）選13

1970年　「日常生活の精神病理学」（池見酉次郎・高橋義孝訳）著4，5-236．

重ねられた独語版の数や翻訳された外国語の数において、この著作に匹敵するのはフロイトの他の著作の中でも『精神分析入門』(1916-17)のみである。^(原注1)この著作では、多くの改訂版のほとんど全てに新しい素材が含まれていて、その点ではフロイトが生涯にわたって追加をし続けた『夢判断』や『性欲論三篇』と似ていると考えることができなくもない。しかし実際には類似点は全く無いのである。これらの2作では、重要な拡充や修正の施されたほとんどの箇所で、新しく取り入れられた素材は、臨床的発見や理論的結論から成っていた。しかし、『日常生活の精神病理学』では、基本的な解説や理論のほぼ全てが、最初の刊行で既に述べられている。^(原注2)その後に大量に加えられたものは、既に考察したものをさらに明確にするための、添え物的な実例や図解（一部はフロイト本人によるものだが多くは友人や弟子達によるもの）である。フロイトが、それらの逸話そのもの、そして彼の見解がそのような幅広い確証をもって呈示されることの両方を、ことのほか喜んだことは疑いない。しかし読者には、豊富に加えられた新しい例によって、根底にある論議の中心的な流れが中断したり、混乱してしまっていると感じられる

ことは避けがたいところもある（例えば、S.E., VI, 67-80および194〈著4，61-72および167〉の注を見よ）。^(訳注1)

　ここでも、フロイトの夢や機知に関する本の場合のように、或いは恐らくそれ以上に、素材の多くが翻訳不可能な言葉遊びに依存して扱われている、という事実に訳者は直面しなければならない。この問題は以前の出版ではブリルの思い切った手法によって処理された。すなわち、彼は英訳できない語を含む全ての例を削除し、それらに似た彼自身の例証を一定数挿入したのである。これは状況的に全く正当な手続きであったことは疑いない。というのもブリルがその出版をした当時は、フロイトの業績は英語圏の国々にはほとんど知られておらず、フロイト自身がこの本をとくに一般読者に読んでもらいたいと考えていたのだから、売れ行きの邪魔になるようなものをわざわざ作らないことは、重要だったのである（S.E., VI, 272〈著4，230〉の脚注を参照）。^(訳注2)ブリルの狙いがいかに成功したかは、1935年に彼の翻訳が16版を重ね、その後も更に多くの発行が続いたという事実に示されている。彼自身による例もそのほとんどが優れたものであり、その中の2、3はフロイトによって後の独語版オリジナルに取り入れられたほどである。しかし、それでもこの状況を続けることには明らかな反対があり、特にフロイトの論文のもっと熱心な研究者のために編集する際には、この反対意見は強くなる。いくつかの例では、フロイトの例証のための素材を1つ削除するということが、不可避的に、重要な或いは興味深い理論的陳述をも削除することにつながってしまう。更に、ブリルは「著者のケースのいくつかを変形・代用する」という彼の意図をその序文で示してはいるものの、本文中では、代用例であることが明示されるという約束にはなっておらず、読者は時々フロイトを読んでいるのかブリルを読んでいるのかはっきりわからなくなるかもしれない。またブリルの翻訳は1912年の独語版から作られており、後の再版でもまったく訂正されていないことも、付け加えておくべきである。つまりフロイトが10年或いはそれ以上に渡ってそのテキストに加えた極めて多くの追加を完全に無視しているわけである。さまざまな理由によるこれらの削除の、全体としての影響は驚くほどの量となり、独語版全集として編集された最新のテキスト305頁のうちの90～100頁（これは本のほとんど3分の1に当たる）がこれまで一度も英語に訳されていないのである。それゆえ、今回の翻訳においては、言葉遊びの部分は角括弧や脚注に独語原文と説明を入れるという、面白味のない方法で処理する標準版の方針の犠牲となってしまう、読みやすさと

完全性とを、秤にかけなければならない。

　失錯行為 parapraxis〈原注3〉についてフロイトが最初に言及したのは、1898年の8月26日のフリース宛ての書簡（Freud, 1950a, 書簡94〈手紙175〉）の中である。彼はそこで「長い間疑問であったある小さな事柄をついに把握することができました」として、ときどきある名前が逃げてしまい、そこに全く違った名前が代わりに出てくることについて述べている〈原注4〉。その1ヶ月後、9月22日（同，書簡96〈手紙177〉）に、フロイトは別の例をフリースに示している。それが有名な「シニョレリ Signorelli 」の例〈訳注3〉であり、フロイトはこれを同年『精神神経学月報』（1898b）に予備的な形で掲載しており、本書の最初の章でも引き続き使用している。翌年には隠蔽記憶 screen memories についてのフロイトの論文が同じ雑誌に掲載され（1899a）、その主題はやや違った文脈で第4章以下で更に議論されている。しかし当時フロイトは『夢判断』（1900a）の完成と『夢について』（1901a）という短い論文の準備で時間がすっかり費やされていて、『日常生活の精神病理学』に本格的にとりかかったのは1900年の末のことであった。その年の10月の書簡（同，書簡139〈手紙255〉）には、彼の著作の題辞に『ファウスト』から引用することへの同意をフリースに求めており、実際、その題扉にのせられている。〈訳注4〉1901年1月30日（同，書簡141〈手紙262〉）には「半分終わって一時休止しているが、すぐに続きにとりかかります〈原注5〉」と報告しており、2月15日（同，書簡142〈手紙263〉）にはこの4、5日中に完成するだろうと伝えている。実際には7月と8月に2つの論文に分けて同じベルリンの定期刊行誌に予備研究として発表された。

　3年後の1904年、論文は初めて独立した本としてほとんど修正なしで出版されたが、その後20年以上に渡って継続的に追加されていった。1901年と1904年には10章で構成されていたが、あと2章（ここでの3章と11章）が1907年に初めて加えられた。フロイトの書架からメモ書きのはさみこまれた1904年版が見つかったが、そこには更にいくつかの例がざっと書き留められていた。これらの例の大部分は後の版に取入れられた。その他の、興味深いと思われるものに関しては、適切な箇所に脚注の形で本書に盛り込んである。

　フロイトが失錯行為に対して愛着をもっていた理由は、夢と同様、彼がはじめに神経症との関連で発見したことを日常の精神生活に拡大するのをそれ

らが可能にしたからであることは疑いない。同じ理由で彼は、医学領域以外の質問者に精神分析の知見を紹介するのに、最良の準備的素材としてそれらを常に使用した。この素材は簡明で、かつ、全ての正常な人が経験したことがある現象と関係しており、少なくとも表面的には否定できない事柄である。解説的な論文の中で彼はときどき、もっと複雑なメカニズムが関係しているより深いところへ速やかに導こうとする夢よりも、失錯行為を好んで用いている。そういうわけで、1916年から17年にかけての偉大なシリーズ『精神分析入門』を、3講にわたって失錯行為を論じることで開始したのである。ちなみに、『日常生活の精神病理学』に掲載された例の多くがその中で再登場している。また彼は『サイエンティア Scientia』（1913*j*）とマルクーゼの百科事典（1923*a*）への寄稿でも、同じように失錯行為を優遇している。これらの現象は単純で説明しやすいものであったとはいえ、フロイトはこれを使って最終的に、『夢判断』で確立した命題、すなわち精神の機能の仕方には2つの様式、つまり1次過程と2次過程があるということを論証できたのである。更に、失錯行為の吟味によって確証が得られることが可能な、基本的確信がフロイトにはもう1つあった——精神事象には決定論を普遍的に当てはめることができるという信念である。これは彼が『日常生活の精神病理学』の最終章で主張している真理であり、理論的には精神過程のどんな小さな部分にも、心的決定因が発見できなくてはならない、というものである。そしてこの目標が失錯行為においてはより達成しやすそうに見えたという事実が、おそらく失錯行為がフロイトにとって特別魅力的であったもう1つの理由であろう。実際、彼の最も新しい論文の1つである「ある微妙な失錯行為 The Subtleties of a Faulty Action」（1935*b*）についての小論において彼は、まさにこの点に立ち戻っている。

（原注1）　1914年の英語版に加えて『日常生活の精神病理学』は、フロイトの存命中に、ロシア語（1910）、ポーランド語（1912）、オランダ語（1916）、仏語（1922）、スペイン語（1922）、ハンガリー語（1923）、日本語（1930、2つの版）、セルビア－クロアチア語（1937）、チェコ語（1938）、ポルトガル語およびスウェーデン語（時期不詳）に、翻訳されている。
（原注2）　2、3の新しい論点については、後の版では最終章で論議されている。
（原注3）　独語では'*Fehlleistung*'（訳注5）、「誤ったはたらき faulty function」である。興味深い事実だが、フロイトがこの本を書く前にはそのような一般的概念は心理学に存在しなかったようであり、英語ではそれを補うために新語を開発しなければな

らなかった。
（原注４） フロイトはこの例を他のどこにも使用していないので、その解説は得られないのだが、ここに繰り返しておく。「『アンドレアス・ホーファー Andreas Hofer "Zu Mantua in Banden..."』の著者の名前について、それが私に起きたのはそんなに前のことではありません。その名前は"au"で終わる Lindau とか Feldau とかに違いないと私は感じたのです。その人というのは勿論ユリウス・モーゼン Julius Mosen［1803-1867、劇作家・詩人］なのですが、（訳注6）"Julius"の名は私の記憶から滑り落ちていませんでした。そこで私は次のことを示すことができたのです。1)それがある連合を持っていたために私は Mosen の名前を抑圧した。2)幼児期の素材がこの抑圧に何らかの役割を果たした。3)勝手に改ざんした代理物としての名前が、症状のように、素材の２つの集合から生じた。この分析は完璧に終了しているのですが、残念ながら、私の大きな夢同様、これを公けにはできないのです…。」
（原注５） 彼は１月を「ドラ」症例報告の準備に費やした。実際にはその後４年間出版されなかったのだが（1905*e*）。

（訳注１） 67-80頁には、それぞれの例の追加された年代や各固有名詞の解説等のため、１行～13行の脚注が29箇所ある。また194頁の脚注には、その後の追加によって、210頁までの14頁に亙って論の流れが中断されることが示されている。
（訳注２） この脚注は人文書院版著作集に訳されている（著6，230）。「本書は、まったくポピュラーな性質のもので、ただ実例を集めることによって、心理過程の中には無意識的ではあるが、大きな力をもったものがあるという、われわれとして避けることのできない仮定を理解しやすくすることだけが目的であるから、この無意識の性質についての理論的な考察はすべて省いている。」
（訳注３） シニョレリ Signorelli という画家の名前を度忘れし、代わりにボッティチェリ Botticelli やボルトラッフィオ Boltraffio の名前が出てくる、というフロイト自身の経験についてのことである。その力動の論考は解説にある通り本文（*S.E.*, VI）の最初の章で図解入りで述べられている。
（訳注４） 引用部は、「Nun ist die Luft von solchem Spuk so voll, Dass niemand weiss, wie er ihm meiden soll.（Faust, Part II, Act V, Scene 5）」であり、標準版にはベイヤード・テイラー Bayard Taylor による英訳「Now fills the air so many a haunting shape, That no one knows how best he escape.」が添えられている。森鷗外訳では「今は怪異があたりの空気に満ちて、どうして避けて好いか、分からぬ。」
（訳注５） '*Fehlleistung*' の英訳である'parapraxis'、また邦訳としての「失錯行為」については論議のあるところであり、*Leistung*（達成・実行）と *Fehl*（誤り）の両義性がある。

(訳注6) ユリウス・モーゼンは大学で哲学・法律学を学び、弁護士事務所の開設もしているが、若い頃から文学・芸術に傾倒し、劇作家・叙情詩人・小説家・編集者・脚本家として知られる人物。ちなみにアンドレアス・ホーファーとは実在の人物で南チロル地方のレジスタンスの闘士として有名な人物。

あるヒステリー患者の分析の断片
(1905*e* [1901])

BRUCHSTÜCK EINER HYSTERIE-ANALYSE
FRAGMENT OF AN ANALYSIS OF A CASE OF HYSTERIA

(a)独語版
(1901年1月24日「夢とヒステリー Traum und Hysterie」という表題で最初の草稿が完成)
1905年　*Mschr. Psychiat. Neurol.*〈精神神経学月報〉, 18, (4 and 5), Oct. and Nov., 285-310 and 408-467.
1942年　*G. W.*, 5, 161-286.
(b)英語訳
1925年　*C. P.*, 3, 13-146. (Tr. Allix and James Strachey.)
1953年　*S. E.*, VII, 1-122. (翻訳は1925年に出版されたものの改訂版である)
(c)邦　訳
1969年　「あるヒステリー患者の分析の断片」(細木照敏・飯田眞訳)著5, 276-366.

　この症例報告は1905年の10月及び11月まで出版されなかったが、その大部分は1901年の1月に書かれたものである。復元されたヴィルヘルム・フリースへのフロイトの手紙 (Freud, 1950*a*〈邦訳2001〉) が、その主題をめぐる当時の事情について、多くを語ってくれている。
　1900年10月14日 (書簡139〈手紙255〉)、フロイトはフリースに、最近彼が新しい患者である「ある18歳の少女」との治療を始めたと告げている。この少女が紛れもない「ドラ」であり、そして、症例報告そのもの (*S.E.*, VII, 13〈著5, 281〉脚注) からわかるように、彼女の治療は、およそ3ケ月後、

12月31日に終了した。その同じ秋の間、彼はずっと『日常生活の精神病理学』(1901b)に取り組んでおり、1月10日に彼は（公刊されていない手紙の中で〈手紙260〉）彼がその時同時に2つの仕事、すなわち『日常生活』と、「夢とヒステリー、ある分析の断片'Dreams and Hysteria, a Fragment of an Analysis'」——これはフロイトが序文（S.E., VII, 10〈著5，279〉）に書いているようにこの論文の原題であるが——に取り組んでいたと書いている。1月25日（書簡140〈手紙261〉）に彼は以下のように書いている。「『夢とヒステリー』は、昨日書き上がりました。それは、あるヒステリー患者の分析の断片で、2つの夢を中心に解説しています。つまり、これは事実上、夢の本'the dream book'の続編となります。［『夢判断』(1900a〈著2〉)は1年前に出版されていた。］そして、更に、ヒステリー症状の解明と、その状態全体の性器的基盤についての考察を含んでいます。ともかく、私が今まで書いたものの中でも最も難解で、尋常ならざる結果を招くでしょう。しかしながら、人はそれぞれ義務を果たさねばならないし、書物というものは時を超えて残ります。この著作は既にツィーエン Ziehen に送りました。」ツィーエンは、最終的にこの論文が掲載された『精神神経学月報』のウェルニッケ Wernicke の共同編者である。数日後、1月30日（書簡141〈手紙262〉)、フロイトは以下のように続けている。「『夢とヒステリー』にがっかりなさらないで下さい。その中心的な関心は依然として心理学、すなわち夢の重要性の評価と無意識的思考のいくつかの特質についての説明にあります。器官的な側面、すなわち性感帯と両性素質についてはほんの一瞥をくれているにすぎません。しかしそれ［器官的側面］は明確に説明され認知されており、それについての徹底的な考察は別の機会にと考えています。症例は、神経性咳嗽および失声を伴ったヒステリーで、それは親指しゃぶりの特徴へと遡ることができます。更に、葛藤的な精神過程の最も重要な部分は、男性に惹かれることと女性に惹かれることとの間の対立によって演じられています。」これらの引用は、この論文が『夢判断』と『三篇』〈著5，7-94〉との間をどのような方法でつないでいるかを示している。つまり、一方を振り返りながら（look back)、もう一方を目指す（look forward) というやり方である。

2月15日（書簡142〈手紙263〉）で、彼はフリースに『日常生活の精神病理学』が数日のうちに完成するであろうこと、そして、2つの論文が修正され出版業者に送られる準備が整うであろうことを知らせている。しかし、実際にはそれら2つのものがたどった経緯は非常に異なるものとなった。5月8

日（書簡143〈手紙267〉）、彼は既に『日常生活の精神病理学』の最初の校正刷りの訂正を終えている。（それは『月報』の7月号および8月号に滞りなく掲載された。）その時、彼は、未だに症例報告を出版する決心はついてないと述べている。しかしながら、6月9日（別の未公刊の手紙の中で〈手紙268〉）彼は以下のように報告している。「『夢とヒステリー』は、既に発送しました。秋には一般の目に驚きをもって迎えられるでしょう。」フロイトがなぜ再度気を変えて、更に4年間出版を延期することにしたのか、我々には知る由もない。標準版第VII巻本文322頁を見よ。(訳注1)

　論文が最終的に出版された1905年までに、フロイトがどの程度書き直したかを知ることはできない。しかしながら論文中のすべての証拠は、彼がほとんど書き変えていないことを示唆している。「追記」の最終セクション（S.E., VII, 120-122〈著365-366〉）は、少なくとも「序文的注意書き」の中の数文やいくつかの脚注と同様に、間違いなく書き加えられたものである。しかし、これらの僅かな追加を除いて、この論文が『夢判断』出版直後のフロイトの技法や理論的観点を描写していると見なすことはもっともなことである。実際には本論文とほぼ同時期に出版された『三篇』(1905a）が登場するずっと以前に、彼の性欲論がここまでの展開を見せていたのは驚くべきことである。しかし、標準版第VII巻51頁の脚注〈著5, 310〉は、明確にこの事実を証明している。(訳注2)更に言うと、フリースへの手紙を読んだ人ならばわかるように、この理論の大部分はもっと前にも存在していた。1つだけ例をあげるなら、精神神経症が性倒錯の「ネガ（陰画）」(S.E., VII, 50〈著5, 310〉）であるというフロイトの見解は、1897年1月24日のフリースへの手紙（書簡57〈手紙119〉）の中に、ほぼ同じ言い回しで見いだされる。さらにこれより以前にも、1896年12月12日の手紙（書簡52〈手紙112, 日付は12/6〉）の中で、この考えは予示されている。そこでは「性感帯」の概念も紹介されており、「部分欲動」の理論もまたほのめかされている。

　フロイトが、彼の後の著作の中で、3度にわたってこのドラの治療の時期を1900年でなく1899年と誤って記載しているのは興味深い。この誤りは、彼の『精神分析運動史』(1914a〈著10, 255-310〉）の中の最初の節に見いだされ、さらに彼が1923年にこの症例報告で追加した脚注（S.E., VII, 13〈著5, 281〉脚注）の中で2度にわたって繰り返されている。1900年の秋が正確な日時であることは疑問の余地はない。なぜなら、上に引用した外的証拠とは別に、この論文そのものの最後に「1902年」(S.E., VII, 122〈著5, 281〉）と

いう日付がはっきり記載されているからである。

　この年代順の概要は、症例報告の中で得られたデータに基づいており、読者が物語の中の出来事を追う際、役に立つだろう。

1882　　　　　ドラ誕生。
1888（6歳）　父親が結核（T. B.）を患う。家族がB～[訳注3]に転居する。
1889（7歳）　おねしょ。
1890（8歳）　呼吸困難。
1892（10歳）父親の網膜剝離。
1894（12歳）父親の錯乱。彼のフロイト訪問。
　　　　　　　偏頭痛および神経性咳嗽。
1896（14歳）キスの事件。
1898（16歳）（初夏）ドラの初めてのフロイト訪問。（6月終り）湖畔の場面。
　　　　　　（冬）　おばの死。ウィーンでのドラ。
1899（17歳）（3月）虫垂炎。（秋）一家がB～を離れ、工場都市[訳注4]に転居。
1900（18歳）一家がウィーンに転居。自殺の脅し。（10月から12月）フロイトとの治療。
1901　　　　（1月）症例報告が書かれる。
1902　　　　（4月）ドラの最後のフロイト訪問。
1905　　　　症例報告が出版される。

（訳注1）（S. E., VIIの322補遺より）アーネスト・ジョーンズ博士によるフロイトの伝記（1955, 2, 286）によると、この症例報告が最初に送られた雑誌は『心理学及び神経学雑誌 Journal für Psychologie und Neurologie』であった。その編集者であるブロードマン Brodmann は、それを出版することを断った。明らかにそれが思慮分別にかけるという理由からであった。
（訳注2）　ここでは、ヒステリー症状を形成する源泉となる力が、抑圧された正常な性欲のみならず、無意識的な倒錯的活動によることを記述した本文への脚注として、この性倒錯についてのフロイトの見解が、1902年及び1903年に書かれたブロッホ Broch の著作が登場する数年前に書かれていたと記されている。
（訳注3）　オーストリア南部地方の気候にめぐまれた小都市〈著5, 285〉。
（訳注4）　父の工場の所在地〈著5, 287〉。

性欲論三篇
(1905*d*)

DREI ABHANDLUNGEN ZUR SEXUALTHEORIE
THREE ESSAYS ON THE THEORY OF SEXUALITY

(a)独語版

1905年　Leipzig und Wien: Deuticke. Pp. ii＋83.

1942年　*G. W.*, 5, 27-145.（変更無し）

(b)英語訳

Three Contributions to the Sexual Theory〈性理論についての3篇の寄与〉

1910年　New York: Journal of Nerv. and Ment. Dis. Publ. Co. (Monograph Series No. 7). Pp. x＋91. (Tr. A. A. Brill; Introd. J.J.Putnam.)

Three Contributions to the Theory of Sex〈性の理論についての3篇の寄与〉

1916年　上記の第2版。Pp. xi＋117.（追加あり）

Three Essays on the Theory of Sexuality〈性欲論についての三篇のエッセイ〉

1949年　London: Imago Publishing Co., Pp. 133. (Tr. James Strachey.)

1953年　*S. E.*, VII, 123-243.（この翻訳は1949年に出版されたものの修正増補版である）

(c)邦　訳

1931年　「性説に関する三論文」（矢部八重吉訳）全5

1953年・1969年改訂　「性に関する三つの論文」（懸田克躬訳）選5

1969年　「性欲論三篇」（懸田克躬・吉村博次訳）著5, 7-94.

1997年　「性欲論三篇」（中山元訳）『エロス論集』ちくま学芸文庫

　フロイトの『性欲論三篇』は、疑いなく、彼の最も重要で独創的な人知への貢献として『夢判断』に並び立つものである。にもかかわらず、我々が普通の形でこの論文集を読んだのでは、これらが最初に出版されたときの衝撃がどのようなものであったかを正確に推し量ることは難しい。なぜなら、それらは著者によって、20年以上にわたって版を重ねる中で、他のどの彼の著作より、おそらく『夢判断』だけを例外として、多くの修正と追加を受けたからである。(原注1)この版は、独語か英語かに関わらず、全ての以前の版と、

ある重要な点で異なっている。それは、1925年の独語の第6版、すなわちフロイトの存命中最後に出版されたものに基づいているが、初版以来本書にもたらされたあらゆる内容の変更を、日付を付して示している。後の版で資料が削除されたり大きな修正を受けた場所ですべて、削除された文章や以前の形が脚注に記載されている。このことによって読者は、これらの論文がもともとどのような姿であったかはっきり知ることができる。

たとえば、子どもの性の理論およびリビドーの前性器的体制についての全ての部分（ともに第2篇中にある）が、この本が最初に出版されてから10年後の、1915年にようやく追加されたということはまったく驚きである。その同じ年に、リビドー理論についてのセクションもまた第3篇に追加されている。それほどの驚きはないかもしれないが、生化学の進歩によって、性愛の化学的な基盤についての段落は、（1920年に）書き直さざるを得なくなっている。しかしここで本当に驚くべきことは別にある。つまり、本巻では脚注に掲載しているこの段落の最初の形は、フロイトのこの性愛と化学との関係についての優れた先見性と、彼の見方に修正すべき点がいかに少なかったかということを示しているのである（S.E., VII, 216〈著5，73〉）。(訳注1)

しかし、この本がはじめて登場して以来かなりの追加がなされたにも関わらず、その本質は1905年から変わっていないし、実はもっと以前にもさかのぼることができる。今では、この問題へのフロイトの関心の経緯全体を、フリースへの手紙の出版（1950a）のおかげで、詳細にたどることができる。しかし、ここではその概略を示すだけで十分だろう。はじめは不安神経症と神経衰弱の原因として、そして後には精神神経症を引き起こすものとしての、性的要因の重要性についての臨床的な観察が、最初にフロイトを性の問題についての総合的な研究へと導いた。90年代早期の彼の最初のアプローチは、生理学的及び化学的見地からのものであった。例えば、不安神経症についての彼の最初の論文（1895a）のセクション3には、性的興奮と放出の過程についての神経生理学的仮説がある。そしてこの仮説を描いた注目すべき図式が、ほぼ同時期のフリースへの手紙の中の草案G(訳注2)に出てくるが、それはすでに1年前に（草案Dの中で）言及されていたものだった。フロイトの性の化学的な根拠についての主張は、少なくともここまでさかのぼることができる。（それは、おそらく1894年の春に書かれた草案Dでも言及されている。）これについてフロイトは、フリースからの示唆に多くを負うていると考えていたが、とりわけ1895年夏の有名なイルマの注射の夢に対する彼の連

想（『夢判断』第2章）で示されている。彼は、両性素質という似たような主題についてもまたフリースからヒントを得たと思っていた（S.E., VII, 143〈著5，14-15〉脚注）。これについて彼は1896年12月6日の手紙（Freud, 1950a, 書簡52〈手紙112〉）で言及しており、後には「決定要因」と見なすようになった。しかし、彼のその要因の作用についての最終的な見解が、フリースとの意見の不一致をもたらすこととなった。1896年の終りの、この同じ手紙（同，書簡52〈手紙112〉）の中には、性感帯（幼児期には興奮を免れないが、後には抑圧される）と、それらの性倒錯との関連についての最初の説明が見いだされる。そして更に同じ年の初めには（草案K、1896年1月1日）——そしてここにはより心理学的なアプローチの徴候を見いだすことができるのであるが——抑圧的な力と嫌悪と恥と道徳心についての考察が見られるのである。

　しかし、1896年までにはフロイトの性の理論の非常に多くの要素が、すでに彼の頭の中にあったとはいえ、その礎石となるものは、未だ発見されていなかった。そもそもの初めから、ヒステリーの原因となる要因は、幼児期にまでさかのぼるという疑いはあった。そのことは1893年のブロイアーとフロイトによる「予報」の冒頭の段落でほのめかされている。1895年までに（例えば、フリースへの手紙の付録として刊行された「草稿」の第2部を見よ）フロイトは、早期幼児期の性的誘惑の外傷の影響に論拠をおいて、ヒステリーを完全に説明していた。しかし、1897年以前の全ての時期で、幼児性欲は潜伏的な因子にすぎないと見なされていた。ただ、大人の介入によってふたを開けられると、悲惨な結果をともなって顕在化しやすいのである。これについて明らかな例外があるとすれば、フロイトによって描き出されたヒステリーと強迫神経症の原因の対比から、導かれるだろう。彼の説明によれば、前者は幼児期の受動的な性的体験に遡ることができるが、後者は能動的な体験に遡るものであるという。しかし、フロイトは「防衛-神経精神病」についての彼の第2の論文（1896b）の中で、それを極めて簡潔なものにしている。そこでは、この区別について、強迫神経症の根底にある能動的な体験は、常に受動的なそれに先行されていると描かれている——つまり、今一度、小児性欲がかきたてられるのは究極的には外的な干渉によるものとなった。1897年の夏になってはじめてフロイトは、彼の誘惑理論を捨てなければならないことに気づいた。彼はこの出来事を9月21日のフリースへの手紙（Freud, 1950a, 書簡69〈手紙139〉）(原註2)で知らせている。ほとんど同時に、彼は自己

分析を通じて、エディプス・コンプレックスを発見（10月3日および15日の書簡70および71〈手紙141，142〉）したが、このことによって必然的に、性的な衝動が、最も幼い幼児においても、なんら外的な刺激を必要とせずに、普通に起こるという理解を導き出すこととなった。この理解によって、事実上、フロイトの性欲論は完成した。

　しかしながら、彼が自身の発見に完全に満足するまでには、数年の年月を要した。例えば、「神経症の原因としての性」についての彼の論文（1898a〈著10，33-49〉）の中の一節で、彼はそれについてほめたりけなしたり気まぐれで定見がなかった。一方で彼は、子供達には「あらゆる精神的な性的機能と多くの身体的な性的機能の可能性」があり、それ故に彼らの性的生活が思春期にならないと始まらないと考えるのは誤りであると述べている。しかしもう一方で彼は、「人類の秩序と進化は、あらゆる幼児期の重大な性的活動を回避しようとする」ものであり、人間の性を動機づける力は蓄積され、思春期になってはじめて解放されるべきであり、そして、このことが幼児期の性的体験が病因となることを説明していると断言している。彼は、続けて、重要なのは、このような身体的で精神的な性的器官のすでにそれまでに起こってしまった発達に起因するもので、成熟の中での体験によってもたらされる事後効果であると述べている。実は『夢判断』の第1版（1900a）の中にも、第3章の終りに近いところに（$S.\ E.$, IV, 130〈著2，111〉）興味深い一節がある。そこではフロイトは以下のように述べている。「我々は幼児期の幸福を尊重する、なぜならそれは未だ性的欲望に対して無垢だからである。」（1911年にこの文章に対する訂正の脚注が追加されている。）これが、この本の早期の草稿からの名残であることは疑いの余地がない。なぜなら、ほかの場所（例えば第5章のエディプス・コンプレックスについての彼の考察の中）では、彼は全くはっきりと、正常な子どもにも性的な願望が存在することを書いているからである。そして、彼が「ドラ」の症例報告を書き上げた時点（1901年の初め）までに、彼の性欲論の主要な方向性が確立されていたのは明らかである。（$S.\ E.$, VII, 5〈本書180頁〉を見よ。）

　しかしながら、それでも、彼は得られた結論を急いで発表しようとはしなかった。『夢判断』が書きあげられ、公表されようというまさにその時、1899年10月11日（Freud, 1950a, 書簡121〈手紙219〉）、彼はフリースに以下のように書き送っている。「性欲論こそ、夢の本を引き継いだものと言ってもいいでしょう。」そして3ヶ月後、1900年1月26日（同，書簡128〈手紙234〉）

「私は性欲論についての材料を集めつつあり、何らかのひらめきが、集めたものを燃え立たせるのを待っているのです。」しかし、ひらめきが起こるまでには長い時間を要した。共に1901年の秋までに公表された『夢について』の小論と『日常生活の精神病理学』を除くと、その後の5年間、フロイトはなんら重要なものを出版していない。

　そして突然、1905年になって、彼は3つの主要な著作を出版した。『機知』についての本〈著14, 237-421〉と『三篇』及び「ドラ」の症例報告である。これらの中で最後にあげたもののほとんどの部分が、何年も前にかかれたということは確かである（S. E., VII, 3〈本書178頁〉以降を見よ）。しかし実際の出版の順序が、依然としてはっきりしないことに違いない。症例報告の、すでに引用したこの経過についての脚注（S. E., VII, 51脚注〈本書179-181頁に解説〉）には『三篇』は「この年に出版された」と書かれている。同様に、『三篇』（第1版）の本文211頁の脚注には『機知』についての本が、「1905年に出版された」と書かれてある。一方、『機知』についての本の第3章第2セクションの脚注には、『三篇』が「同時に出版されそうだ」と書かれている。それ故、これらの著作は、この段落の最初に書いた順序で出版されたと暫定的に仮定できるだろう。(訳注3)

　独語版においては、第1論文の中でしか、節に番号が振られていない。しかも実際は1924年以前には、第1論文の途中までしか、番号が振られていなかったのである。ここでは参照の便のために、第2論文及び第3論文のセクションにも番号を付けている。〈ただし邦訳は独語版を踏襲している。〉

（原注1）　フロイト自身が、「男根期」（1923e）についての彼の論文の最初の段落で、この事情やこれによって起こり得る不一致について、かなり詳しく解説している。
　　　　(訳注4)
（原注2）　彼が誘惑理論を放棄したことは、本著作の中の短い一節と脚注（S.E., VII, 190〈著5, 53〉）の中ではじめて公に表明された。そしてそのすぐ後に、彼の「神経症病因論における性の役割」についての2つ目の論文の中で（1906a, 274以降〈著10, 101-107〉）、より詳細に説明されている。彼は、後に、この出来事に対する彼自身の反応を、彼の『精神分析運動史』（1914d〈著10, 255-310〉）及び『自己を語る』（1925d〈著4, 422-476〉）の中に記述している。

（訳注1）　ここでは、脚注の中に、第1版（1905）から第3版まで記載されていた文

章が示されている。そこには性ホルモンの発見以前に、フロイトが、甲状腺ホルモンやある種の毒物の作用機序から推論して、性欲の伝達に化学物質が関与しているのではないかと仮定していたことが書かれている。ストレイチーによればフロイトのこの考えは、1896年のフリースへの手紙（1950a, 書簡42および44〈手紙89, 93〉）の中に既に見られるという。フロイトは更に化学物質の重要性について、『三編』第1版と同時期に書かれた神経症における性の役割についての2番目の論文（1906a, S.E., VII, 279〈著10, 106〉）の中で強調しているという。

(訳注2) 草案Gは、Melancholiaという表題である。ここでフロイトは、メランコリーと性的無感覚（sexual anesthesia）との関係について、メランコリーはリビドーの喪失に対する喪の仕事であるという考えを出発点に論じ、性に関する図式を呈示して説明している。フロイトによるとこの図式は彼がそれまでにしばしば用いていたものだと言う。ここでは外界の性的対象、精神的性欲群（psychic sexual group）、身体的性的興奮（somatic sexual excitation）、末梢器官（the end organ）それぞれの関連が、脊髄反射などを含め有機的に図示されている。

(訳注3) ラプランシュ／ポンタリスの精神分析用語辞典のフロイト著作年表にも同様に、「機知」「性欲論三篇」「あるヒステリー患者の分析の断片」の順に記載されている。

(訳注4) これは「幼児期の性器体制（性欲論への補遺）」〈著11, 98〉のことである。この中でフロイトは、「性欲論三篇」について、初版以降全面的な改訂を行なわず、元々の文章を残したままで新しい考えを加筆して行ったために、古いものと新しいものが、矛盾なく全体としてまとまらないこともしばしばあったと述べている。

フロイトの精神分析の方法
(1904*a* [1903])

DIE FREUD'SCHE PSYCHOANALYTISCHE METHODE
FREUD'S PSYCHO-ANALYTIC PROCEDURE

(a)独語版
1904年　Loewenfeldの *Die psychischen Zwangserscheinungen* 〈心的強迫現象〉545-551, 所収（Wiesbaden: Bergmann）
1942年　*G. W.*, 5, 1-10.
(b)英語訳
1924年　*C. P.*, 1, 264-271.（Tr. J. Bernays.）

1953年　S. E., VII, 247-254.（新しい表題の翻訳は、1924年に出版されたものにかなりの修正を加えたものである）
(c)邦　訳
1932年　「フロイドの精神分析法」（大槻憲二訳）全8
1958年　「フロイドの精神分析の方法」（古澤平作訳）選15
1969年　「フロイドの精神分析の方法」（小此木啓吾訳）選15改訂
1983年　「フロイトの精神分析の方法」（小此木啓吾訳）著9, 7-12.

　もともとこの論文が寄稿されたレーヴェンフェルトの強迫現象についての本は、フロイトによって、「鼠男」の症例報告の中（1909d, 第2部の出だしの脚注の中〈著9, 213-282〉）で、強迫神経症についての「標準的な教科書」とされている。レーヴェンフェルトがフロイトにこの寄稿を説得したのは、フロイトの技法が、『ヒステリー研究』（1895d）に記述されて以来、非常に大きく修正されて来ていたためであると、レーヴェンフェルトは説明している。レーヴェンフェルトの序文の日付は「1903年11月」になっている。それ故フロイトの論文は、同じ年の、それ以前に書かれたと推定される。

精神療法について
（1905a [1904]）

ÜBER PSYCHOTHERAPIE
ON PSYCHOTHERAPY

(a)独語版
（1904年12月12日。ウィーン医学教授団 Wiener medizinisches Doktorenkollegium に向けての講演として行なわれた）
1905年　*Wien. med. Presse*〈ウィーン医学雑誌〉1月1日, 9-16.
1942年　*G. W.*, 5, 11-26.
(b)英語訳
1909年　*S. P. H.*〈ヒステリー及び他の精神神経症についての論文選集〉(Tr. A. A. Brill.)（1912年, 第2版；1920年, 第3版）
1924年　*C. P.*, 1, 249-263.（Tr. J. Berrays.）

1953年　S. E., VII, 255-268.（今回の翻訳は、1924年に出版されたものをかなり修正したものである）
(c)邦　訳
1932年　「精神療法に就いて」（大槻憲二訳）全 8
1958年　「精神療法について」（古澤平作訳）選15
1969年　「精神療法について」（小此木啓吾訳）選15改訂
1983年　「精神療法について」（小此木啓吾訳）著 9, 13-24.

神経症病因論における性の役割についての私見
（1906*a* ［1905］）

MEINE ANSICHTEN ÜBER DIE ROLLE DER SEXUALITÄT IN DER ÄTIOLOGIE DER NEUROSEN
MY VIEWS ON THE PART PLAYED BY SEXUALITY IN THE AETIOLOGY OF THE NEUROSES

(a)独語版
（1905年 6 月。原稿の日付）
1906年　Loewenfeld の *Sexualleben und Nervenleiden*〈性生活と神経障害〉第 4 版所収
1942年　G. W., 5, 147-159.
(b)英語訳
My Views on the Role of Sexuality in the Etiology of the Neuroses
1909年　S. P. H.（Tr. A. A. Brill.）
My Views on the Part Played by Sexuality in the Aetiology of the Neuroses
1924年　C. P., 1, 272-283.（Tr. J. Bernays.）
1953年　S. E., VII, 269-279.（ジェームズ・ストレイチーによる新たな翻訳である）
(c)邦　訳
1983年　「神経症病因論における性の役割についての私見」（木村政資訳）著 10, 101-107.

　レーヴェンフェルトのこの本の早期の版には、フロイトの私見についての

考察が載っていた。しかし、第4版のために、レーヴェンフェルトは、本論文を書くようフロイトを説得した。フロイトは、第5版のためにそれを書き直すことに合意した。しかし実際は、たった1ヶ所些細な変更がなされたに過ぎなかった。

心的治療（魂の治療）
(1905 b →1890 a)

PSYCHISCHE BEHANDLUNG (SEELENBEHANDLUNG)
PSYCHICAL (OR MENTAL) TREATMENT

(a)独語版
1905年　*Die Gesundheit*〈健康〉, R. Kossmann and J. Weiss 編, 1, 368-384.（Stuttgart, Berlin & Leipzig: Union Deutsche Verlagsgesellschaft）所収
1942年　*G. W.*, 5, 287-315.
(b)英語訳
1953年　*S. E.*, VII, 281-302.（翻訳はジェームズ・ストレイチーによるもので、ここで初めて出版されるものだが、わかっている限りでは、初めての公刊である）
(c)邦　訳
1983年　「心的治療（魂の治療）」（小此木啓吾訳）著9, 25-43.

『健康』は、きわめて多彩な共著者によって2冊にまとめられた、半ば一般向けの医学についての合作本であった。フロイトの寄稿は、様々な治療法について扱ったセクションの一部分をなしていた。彼の存命中には一度も再版されなかった。[訳注1]

（訳注1）　この論文は、実際には1890年に出版されていた。本書53-54頁の解説を参照。

舞台の上の精神病質人格
(1942*a* [1905 or 1906])

PSYCHOPATHISCHE PERSONEN AUF DER BÜHNE
PSYCHOPATHIC CHARACTERS ON THE STAGE

(a)独語版
（1953年時点で、独語では出版されていなかった）
1987年　*G. E.*, 補遺巻, 655-661.
(b)英語訳
1942年　*Psychoanal. Quart.* 〈季刊精神分析〉11（4）, 10月, 459-464.（Tr. H. A. Bunker.）
1953年　*S. E.*, VII, 303-310.（翻訳はジェームズ・ストレイチーによって新たになされたものである）

　マックス・グラフ Max Graf 博士は、『季刊精神分析』11巻（1942）465頁の小論の中で、この論文がフロイトによって1904年に書かれ、著者から彼に送られたものであると語っている。それを、フロイト自身が出版することはなかった。この日付に関しては多少の誤りがあるに違いない。（原稿そのものには日付はつけられていない。）なぜなら、標準版第VII巻310頁で考察されているヘルマン・バール Hermann Bahr の演劇、『他人　Die Andere』は、1905年の11月の初めに、初めて（ミュンヘンとライブチッヒで）公演され、その最初のウィーン公演は同じ月の25日だったからである。1906年までは、本の形では出版されなかった。それゆえ、この論文は1905年末か1906年初めに書かれたものらしい。『季刊精神分析』の編集者であるレイモンド・ゴセリン Raymond Gosselin 博士に厚くお礼を申し上げなければならない。彼は、フロイトの手書き原稿の複写写真を提供してくれた。原稿は所々判読困難であり、それが2つの英訳版の僅かな相違の原因である。

機知―その無意識との関係―
(1905c)

DER WITZ UND SEINE BEZIEHUNG ZUM UNBEWUSSTEN
JOKES AND THEIR RELATION TO THE UNCONSCIOUS

(a)独語版
1905年　Leipzig und Wien: Deuticke. Pp. ii+206.
1940年　G. W., 6, 1-285.（変更なし）
(b)英語訳
Wit and its Relation to the Unconscious 〈機知とその無意識との関係〉
1916年　New York: Moffat, Yard, Pp. ix+388.（Tr. A. A. Brill.）
1960年　S. E., VIII, 1-236.（表題を、『ジョークとその無意識との関係』[訳注1]とした全く新しい翻訳は、ジェームズ・ストレイチーによるものである）
(c)邦　訳
1930年　『洒落の精神分析』（正木不如丘訳）大9
1931年　「機知とその無意識に対する関係と」（大槻憲二訳）全6
1970年　「機知―その無意識との関係―」（生松敬三訳）著4, 237-421.

　ジョークと夢との関係について論じる途中で、フロイトは彼自身が「ジョークの問題に手をつけた主観的な契機」(*S.E.*, VIII, 173,〈著4, 370〉) について述べている。手短に言うとそれは、1899年の秋、『夢判断』の校正刷りを読んでいたヴィルヘルム・フリースが、それらの夢にはジョークが多過ぎると文句をつけたという出来事であった。このエピソードは、すでに『夢判断』自体の初版 (1900a) の脚注 (*S. E.*, IV, 297-298〈著2, 248〉の脚注) において報告されているが、今我々はその正確な日付を特定することができる。というのも、フロイトがフリースの文句に対して返事をしている手紙が残っているからである。それは1899年9月11日、ベルヒテスガデンで書かれたもので、そこでフロイトは本を仕上げるべく手を入れていたのだが、手紙の中でフロイトは、夢の中にジョークとも思えるようなものが存在するという興味深い事実についての説明をこの本の中に挿入するつもりだと書いている (Freud, 1950a, 書簡118〈手紙213〉)。

このエピソードに後押しされて、フロイトがこの題材により強い関心を向けるようになったことは疑いないのだが、かと言ってこれが彼の関心の出発点というわけでもなかったようである。何年か前から彼がこの問題を心にかけていたことを示す証拠は充分にある。フリースの批判に対し、たちどころに応える用意ができていたという事実からしても、きっとそうに違いないと思われるし、また、『夢判断』（S. E., V, 605〈著2，495-496〉）の終りの方の頁で、「滑稽 comic」効果のメカニズムについて言及していることからも裏づけられる。その箇所で述べられていることは、本書の最終章における主な論点の1つを先取りしたものである。しかし、フロイトが夢についての綿密な研究を始めるや否やたちまち、夢それ自体またはそこからの連想の中に、しばしばジョークに似たものが表われたことに衝撃を受けたのは必然的なことだった。『夢判断』にはその実例が満載されているが、一番早い時期に書き留められたものといえば恐らく、チェチーリエ・M 夫人の見た、語呂あわせのような夢であろう。この夢は、『ヒステリー研究』（1895d）の中の、エリーザベト・フォン・R 嬢の症例の末尾に付された脚注（S. E., II, 181の注〈著7，153〉）において、報告されている。(訳注2)

しかしながら、夢とは全く離れた所で、フロイトが早くからジョークに対する理論的関心を抱いていたことを示す証拠がある。1897年6月12日にフリースに宛てて書かれた手紙（Freud, 1950a, 書簡65〈手紙131〉）の中で、フロイトは2人の「乞食 Schnorrer」のジョーク(訳注3)を引いて、その後にこう続けている。「ここのところずっと私は、深い意味を持つユダヤの逸話を集めていたということを白状せねばなりません。」その3ヶ月ほど後の1897年9月21日、彼はそれとは別のユダヤの逸話を「私のコレクションの1つ」（同，書簡69〈手紙139〉）として引用しており、それ以外にも沢山のものがフリースとの往復書簡の中に登場し、また『夢判断』の中にも現われる。（詳しくは S. E., IV, 194-195〈著2，163〉第5章セクションBの中の、これらの笑話についてのコメントを参照のこと。）彼の理論を基礎づけたこれらの逸話の多くは、このコレクションから引き出されたものであった。

その他に、この頃のフロイトにきわめて重要な影響を与えたのは、テオドール・リップス Theodor Lipps である。リップス（1854-1914）は、ミュンヘンの教授で心理学と美学の著作があり、'Einfühlung'（「共感 empathy」）という用語を世に広めたのはこの人の貢献と言われている。フロイトが彼に関心を持つようになったのは、1897年の心理学の学会で彼が発表した無意識

についての論文がきっかけだったと思われる。これは『夢判断』の最後の章における長い論議（S. E., V, 611〈著2, 498〉以降））の基礎になったものである。フリースの手紙によれば、1898年の8月と9月、フロイトがリップスの以前の著作、『精神生活の基本的事実　The Basic Facts of Mental Life』（1883）を読んでいたこと、そして無意識についての彼の見解に衝撃を受けたことが分かる（Freud, 1950a, 書簡94, 95, 97〈手紙175, 176, 178〉）。しかしながら1898年には、リップスのまた別の論文で、今度はもっと特殊化された題材を扱ったもの——『滑稽とユーモア　Komik und Humor』が出された。そしてこの論文こそが、フロイトが本著作のまさに冒頭において語っているように、彼がこの研究に取り組む勇気を与えてくれたのである。

　これだけ準備された下地の上に、フリースの批判的なコメントという種子が蒔かれたわけであるが、それでもなお、実りの時を迎えるまでには、さらに数年間を要した。

　1905年、フロイトは3つの主要な論文を出版した。即ち、4年前に大部分は書き上がっていたにも関わらずこの年の秋に発表された「ドラ」の症例報告、そして『性欲論三篇』、および『機知とその無意識との関係』である。後の2冊を書く作業は、ほぼ同時に進められた。アーネスト・ジョーンズ（1955, 13〈生涯248〉）の伝えるところによれば、フロイトは2つの原稿を隣り合ったテーブルの上に置いておき、気分によっていずれかを書き進めたという。これらの本はほぼ同時に出版されており、どちらが先であるか完全には確定できない。出版社の発行番号は、『三篇』が1124、『ジョーク』が1128であるが、ジョーンズ（同, 375注）は、この後の方の番号は「誤り」[原注1]だと言っており、この順番は逆にすべきだという意味のようにもとれる。しかしながら、同じ節の中でジョーンズは、『ジョーク』は「もう1冊のすぐ後で発表された」とはっきり言い切っている。実際に出版された日付が、6月の初め以前であるのは間違いない。というのも、6月4日、ウィーンの日刊紙ツァイトに、長くて好意的な調子の書評が掲載されているからである。

　この本の辿ったその後の歴史は、この時期フロイトが手がけたその他の主要な論文と比べると、非常に異なったものであった。『夢判断』、『日常生活の精神病理学』、そして『三篇』はいずれも、その後の版においては、これが同じものだとはほとんど思えないまでに拡大・修正を施されている。『ジョーク』の本は1912年になって第2版が出される運びとなった時、細かな追

加が5、6ヶ所あったが、それ以降さらに変更が加えられることはなかった。
（原注2）

　このことは、本書がフロイトの他の著作とはいくぶん異なった存在だという事実と関係しているように思われる。彼自身も同じ意見かもしれない。彼が他の論文の中で本書を引用している例は、他と比べてきわめて少ない。（原注3）『精神分析入門』(1916-1917, 第15講, S.E., XV〈著1〉)において彼は、本書のために一時的に脇道にそれたと言っている。また、『自己を語る』(1925d, S.E., XX, 65-66〈著4，472〉)においては、本書を少々けなすかのような調子で引用している箇所すらある。その後、思いもかけないことに、20年以上もの間をおいて、「ユーモア」(1927d, S.E., XXI〈著3〉)に関する短い論文によって、彼は再びこの糸を手繰っている。この論文において彼は、まだ不明な点の多い問題に新しい光を投げかけるため、彼が精神の構造に関して新しく提唱した考え方（訳注4）を用いている。

　アーネスト・ジョーンズは本書のことを、フロイトの論文の中で最も知られていないものだと書いているが、それは確かに、驚くまでもなく、ドイツ人でない読者に関して当たっている。

　「翻訳者は裏切り者！　Traduttore-Traditore！」これは、本論文（S.E., VIII, 34〈著4，258〉）においてフロイトが検討しているジョークの1つだが、この巻の題扉を飾るのにぴったりかも知れない。フロイトの論文の中には、翻訳者をひどく苦労させるものが数多くあるが、この論文はその例として格別である。本論文中で我々は、『夢判断』や『日常生活の精神病理学』においてと同じように、そして恐らくはより一層、翻訳できないような言葉遊びを含んだ例に数多く出くわす。そして他の論文の場合と同様に、この版で採用している、少々頑固な方針について説明するしかないだろう。通常だと、こういった手に負えない例を扱う際の方法は2つあり、そのどちらか一方が採用される。すなわち、それを全く省いてしまうか、翻訳者自身による例で置き換えるか、である。英語の読者にフロイト自身の考えをできる限り正確に提示することを意図したこの版には、これらの方法のどちらもふさわしくないだろう。そういうわけで我々は、重要な語はもとの独語で提示し、それについての説明を、角括弧内か脚注においてなるべく短く書く、というやり方で満足するしかなかった。このやり方ではもちろん、そのジョークが失われてしまうのを避けられなかったが、忘れてはならないのは、先の2つの方

法のいずれを選んでも、フロイトの主張の一部、しかも時には最も興味深い部分が失われるということである。そして、読者が求めているのはその主張の方であって、一時の娯楽ではないはずである。

　しかしながら、この特異的な論文を翻訳するに当たって、もっとずっと深刻な問題が存在する。それは、論文全体を通じて見られる、用語上の困難さである。奇妙な巡り合わせで（その原因を調べると面白そうなのだが）、この論文において議論されている現象を表わすような独語の用語と英語の用語は、決して一致しないのである。狭すぎたり広すぎたりするのが常で、双方の隔たりを放置する訳にも行かないし、重ね合わせることもできない。まさに本書の表題である'*Der Witz*'〈機知、冗談、小話〉について、我々は大きな問題に直面する。これを'Wit'〈知力、機転、理性〉と訳すと不幸な誤解を招く。通常の英語の用法では、'wit'や'witty'の意味は非常に限定されており、ジョークの中でも最も洗練された、知的なもののみを指す。この論文の中の例をちょっと見ただけでも、'*Witz*'及び'*witzig*'は、それよりはるかに広い意味を持っていることが分かるであろう。^{（原注4）}一方'joke'〈ジョーク、冗談、からかい〉の方は、独語の'*Scherz*'〈冗談、しゃれ、戯れ〉に当てるには広すぎるように思われる。このようなディレンマにおける唯一の解決法として今のところ考えられるのは、ある独語に相当するものとして1つの英単語を採用し、たとえ特定の文脈の中では誤った訳語に見えようとも、完全に首尾一貫して変わることなく当てはめる、というやり方である。この方法だと読者は少なくとも、フロイトがその言葉を用いて意味しているものについて、自分自身の結論を持つことができるだろう。従ってこの本では一貫して、'*Witz*'は'joke'、'*Scherz*'は'jest'〈冗談、しゃれ、戯れ〉と訳してある。形容詞の'*witzig*'は、ここでは殆どの場合単に'*Witz*'の形容詞形として使われているのだが、これは非常に厄介である。実際に『コンサイス・オックスフォード辞典』を引くと、コメント無しで形容詞'joky'とある。この言葉を使えば不器用で遠回しな表現をせずにすんだかもしれない場面は数限りなくあったのだが、告白すると、訳者はこの言葉を使えるほど神経が図太くはなかったのである。'*Witz*'を'wit'と訳したのはわずか2、3ヶ所（例えば*S.E.*, VIII, 140〈著4，344〉）だが、そこではこの独語は（最後の脚注で説明されているように）精神の働きの意味で使われており、その産物を指してはいないので、これに相当し得る英語は存在しないように思われる。

　他にも、これほど手ごわくはないが、独語の'*das Komische*'〈滑稽なも

の〉'と'die Komik〈滑稽〉'についても難しいところがある。両者を区別するために、前者に'the comic'、後者には'comicality'を当てようかという試みは、標準版第VIII巻144頁の段落のおしまいの一節〈著4，348〉を見て、断念した。ここではこの2つの語が一連の文の中で使用されているのだが、明らかに意味は同じで、「〈文体の〉洗練のための言い替え elegant variation」に過ぎないのである。その結果、これら2つの独語のいずれに対しても、大変堅苦しい英語ながら、'the comic'を統一的に採用することとした。

最後に、英語の'humour〈ユーモア〉'はもちろん独語の'Humor〈ユーモア〉'に対して用いられているのだが、この本のいくつかの文脈においては、英語としては明らかに不自然であるということを言っておきたい。これは、今日ではこの語が、'sense of humor'という言い回し以外で、単独で使われるのは珍しいせいではないかと思われる。しかしこの場合も、フロイトがこの語に付与した意味を、読者自身に決めていただきたい。

そうこう言っても、これらのいずれにせよ表面的な困難が、読み始めたばかりの読者に二の足を踏ませることがないようにと願いたい。この本は魅惑的な素材に満ちており、その多くはフロイトの他の著作には現われないものである。その中に含まれた、複雑な心理的過程についての詳細な論述は、『夢判断』を除いては匹敵するものがなく、まさにかの偉大な論文を我々にもたらしたのと同じ才能のほとばしりから生まれたものである。

（原注1） 親しい人との会話において彼は、これはフロイト自身の発言だと述べている。
（原注2） この版においては、著者が長い章をいくつかの節に分けているものについて、参照の便宜のため、それらの節に番号を振ってある。
（原注3） 1つの小さな例外は、フロイトがF・S・クラウスKrauss博士に宛てた公開書簡（1910f）の中の、猥褻な冗談に関する一段落、標準版では第XI巻234頁〈著10，360〉において見られる。
（原注4） ついでに言えば'Der Witz'は、精神的能力とその産物の両方、すなわち'wittiness'と'witticism'の両方の意で用いられるという点で、ここで却下されている訳語を当てるのには難がある。その上この独語の単語は、もっとずっと曖昧な、'ingenuity〈巧妙さ〉'のような意味で用いられる場合もある[訳注5]。もっともその点に関しては英語の'wit'もまた、より広い意味で使われる。

（訳注1）　従来フロイトの論文中の'Witz'の和訳としては、「機知」が用いられているが、本序文によれば、'Witz'の英語訳として、'Wit'でなく'joke'を採用したところにストレイチー独自の工夫があるので、「'Witz'の英語訳としての'joke'」の訳語として、本書の本文では「ジョーク」を当ててある。

（訳注2）　チェチーリエ夫人は、彼女の担当医であるフロイトとブロイアーが並んで立つ2本の木にぶら下がっているという幻覚を見た。当時夫人は2人に、ある薬をくれるよう頼んで両方に断わられ、腹を立てていたといういきさつがあり、「あの2人ときたらどっちもどっちだ、いいコンビ Pendant（独語で"対をなすもの"の意だが、"耳飾り"という意味も併せ持つ）じゃないの！」と考えたことから、2人が耳飾りのように対になってぶら下がっているという幻覚が生じたのだと説明されている。

（訳注3）　「乞食」はユダヤの小話にしばしば登場し、施しを受けるのが当然の権利のごとく振舞い、自分には「借り」は無いと主張し、感謝も負い目も感じない厚かましさが笑いを誘う。エリオット・オーリング Elliott Oring 著『ジクムント・フロイトのジョーク―ユーモアとユダヤ人アイデンティティーに関する研究― *The jokes of Sigmund Freud : a study in humor and jewish identity*』（University of Pennsylvania Press, 1984）によると、フロイトはこのような「乞食」の姿に、自分自身の姿を重ね合わせていたふしがあり、フロイトも苦学時代にはしょっちゅう借金をしていたこと、中でも師のブロイアーには金銭的にも学問の上でも多大の「借り」があり、フロイトはブロイアーに対する負い目を感じ続け、その「借り」を無かったものと思いたい気持があったこと、フロイトにとっては、自分がユダヤ人であり、ユダヤの伝統に負うていること自体、認めたくないけれども認めざるを得ない一種の「負債」であり、彼の名前からして、ヘブライ名のジギスムント Sigismund と、ドイツ名のジクムント Sigmund との両方を用いていたところにも、彼のアイデンティティーの葛藤が見られること、等が指摘されている。

（訳注4）　「ユーモア」という彼のエッセイによれば、ユーモア的精神態度とは、他人や自分がおびえ苦しんでいる時に、ちょうど大人が子どもを扱うように、その苦悩を取るに足らないものとして優しく笑い飛ばして見せ、苦悩から守ってやるようなものだという。これを力動的機能の面から説明すれば、ユーモリストは自分の心理的なアクセントを自我から引き上げて超自我の方へ転移し、自分の中の親的なもの＝超自我の立場に立って自我を子どものように保護するのだという。従って、機知が無意識の加工によって生ずる滑稽であるのに対して、ユーモアは超自我の媒介によって生ずる滑稽であるとしている。

（訳注5）　「Witz：短く、的を射た（そして知恵に富んだ）話で、予期せぬ転換や、不意うちをくわせるような効果を伴い、笑いを喚起するもの。a）着想豊かな、知恵に富んだ表現、機知を用いた表現を作り出す能力。b）（古めかしい言い方で）利口さ、抜け目のなさ。」（独独辞典 Duden の記載より）

付　録
〔フランツ・ブレンターノの謎々〕
〈略〉

W・イェンゼン著『グラディーヴァ』にみられる妄想と夢
(1907*a* [1906])

DER WAHN UND DIE TRÄUME IN W. JENSENS *GRADIVA*
DELUSIONS AND DREAMS IN JENSEN'S *GRADIVA*

(a)独語版
1907年　Wien: Verlag Hugo Heller & Co., Pp. 81.（*Schriften zur angewandten Seelenkunde*〈応用精神科学論集〉），1号
1941年　*G. W.*, 7, 29-125.

(b)英語訳
Delusion and Dream
1917年　New York: Moffat, Yard. Pp. 243.（Tr. H. M. Downy.）(G. Stanly Hall の序文付き。Freud の「後記」は削除。Jensen の小説の翻訳収録）
1959年　*S. E.*, IX, 1-95.（翻訳はジェームズ・ストレイチーによる全く新しいものであり、表題も変更されている。「後記」が初めて英語に翻訳されている）

(c)邦　訳
1929年　「妄想と夢」（安田徳太郎訳）『芸術と精神分析』ロゴス書院所収
1969年　「W・イェンゼンの小説『グラディーヴァ』にみられる妄想と夢」（池田紘一訳）著3, 5-80.
1975年　『妄想と夢』（安田一郎・安田洋治訳）誠信書房
1996年　『グラディーヴァ／妄想と夢』（種村季弘訳）作品社

『夢判断』（1900*a*, *S. E.*, IV, 261-266〈著2, 148-152〉）の中で、フロイトは『エディプス王』と『ハムレット』に対する注釈をしているが、それを除けば、これはフロイトの初めての文学作品の分析の出版である。しかし、もっと早い段階で、フロイトはメイヤー Conrad Ferdinand Meyer の作品'Die Richterin [The Woman Judge 女性判事]' の短い分析を書いて、それをフリー

スへの1898年6月20日の日付の手紙（Freud, 1950a, 書簡91〈手紙170〉）に同封している。

アーネスト・ジョーンズ（1955, 382）によればフロイトにイェンゼン^(原注1)の本を紹介したのはユングであった。フロイトは特にユングを喜ばせるためにこの論文を書いたと言われている。この論文が書かれたのは1906年の夏であった。その数ヶ月前に2人は出会っており、暖かい友情関係はその後5、6年続いている。この論文は1907年の5月に出版され、フロイトはその1冊をすぐにイェンゼンのもとに送った。それに続いて短い手紙のやりとりがあった。それは、第2版の「後記」で触れられている（S. E., IX, 91〈著3, 76〉）。このやりとりのイェンゼン側のものは（3通のやや短い手紙で、1907年5月13日、5月25日、12月14日付）、既に『精神分析運動』第1巻（1929）207-211頁で発表されている。その手紙はきわめて友好的な調子であり、イェンゼンはフロイトが自分の小説を分析したことを喜んでいたような印象も受ける。イェンゼンはフロイトの解釈の基本的な流れは受け入れていたようにさえ思える。特に、標準版第IX巻91頁〈著3, 76〉にあるように、彼がフロイトの理論について何か知っていたかどうか尋ねられたときに（尋ねたのはユングらしいが）、「いささか不愉快そうに」答えたと書かれているが、その記憶はないと、イェンゼンははっきりと語っている。

イェンゼンの作品に対してのフロイトの深い洞察を別にしても、フロイトが作品中にひろがる情景に特別に魅了されていたということは疑いようのないことである。フロイトのポンペイに対する興味は古くからのものであった。それは、1度ならずフリースへの書簡に表われている。そして、彼の夢^(原注2)の1つの中で'via〈経由して〉'という言葉の連想として、フロイトは「私の研究しているポンペイの通り」をあげている。これは1897年4月28日であった（Freud, 1950a, 書簡60〈手紙125〉）。フロイトが実際にポンペイを訪れた、1902年9月の数年前であった。とりわけ、フロイトはポンペイの歴史的運命（埋没と後の発掘）とフロイトに馴染みのある心的なできごと、つまり抑圧による埋没と分析による発掘との間の類似性に魅きつけられていた。この類似性についてはイェンゼン自身が触れており（S. E., IX, 51〈著3, 43〉）、フロイトはここでも後の文脈同様楽しんでそれについて詳細に検討している。

フロイトの論文を読んでいく上で、早期の精神分析の業績の1つとして、フロイトの著作におけるその年代的な位置を心に留めておくことは重要であ

る。この論文が書かれたのは「ドラ」の症例報告と『性欲論三篇』が発表されてほんの１年後のことであった。実は、『グラディーヴァ』の議論の中には、夢に対するフロイトの解釈の要約があるばかりでなく、神経症の理論と精神分析の治療的行為に関する、おそらく初めてのいくぶん一般的な説明が、はめこまれているのである。一見よくできた話(原注3)としか思えないものから、この豊富な素材を引き出す、ほとんど手品のような能力はまったく感嘆に値する。しかし、無意識的であるにせよ、この成果においてイェンゼン自身の果たした役割を過小評価することはよくないであろう。

（原注１） ヴィルヘルム・イェンゼン（1837-1911）は北ドイツの劇作家、小説家であり、尊敬されてはいるが、偉大な作家とはみなされていない。
（原注２）「セセルノ村 *Villa Secerno*」の夢。『夢判断』（S. E., IV, 317〈著２, 264〉）にも報告されているが、ポンペイの連想はそこでは述べられていない。
（原注３）『自己を語る』（1925d, S. E., XX, 65〈著４, 422〉）のなかで、フロイトは『グラディーヴァ』を「それ自体には何も特別な価値のない」作品として、やや軽蔑して話していた。

事実認定と精神分析
(1906c)

TATBESTANDSDIAGNOSTIK UND PSYCHOANALYSE
PSYCHO-ANALYSIS AND THE ESTABLISHMENT
OF THE FACTS IN LEGAL PROCEEDINGS

(a)独語版
1906年　*Arch. Krim. Anthrop.*〈犯罪人類学論集〉, 26(1), 1-10.
1941年　*G. W.*, 7, 1-15.
(b)英語訳
The Testimony of Witnesses and Psychoanalysis〈証人の証言と精神分析〉
1920年　*S. P. H.*〈ヒステリー及びその他の精神神経症についての論文選集〉, 216-35.（第３版のみに所収）(Tr. A. A. Brill.)
1924年　*C. P.*, 2, 13-29 (Tr. E. B. M. Herford.)
1959年　*S. E.*, IX, 97-114.（今回の翻訳は、表題を変更しているが、1924年に出

版されたものを基にしている）

　これは、もともとは講義として1906年6月に発表されたものであり、レフラー Löffler 教授（ウィーンの法学の教授）の依頼によって、彼の大学のセミナーで行なわれた。発行の日付にやや混乱がある。掲載されている号の雑誌には、最初の頁に「1907年12月21日」発行と書かれている。しかし、これは明らかに「1906年」の誤植である。というのは、それに続く号に「1907年3月6日」「1907年4月29日」の日付があるからである。

　この講義は歴史的な意味で興味深い。というのは、フロイトが初めて公にユングの名前を出しているからである^(原注1)（S.E., IX, 104）。フロイトはこの講義をするほんの数ヶ月前にユングと手紙のやりとりを始めたばかりであった。だが、彼らの最初の出会いは、次の2月になるまで実現しなかった。
　この論文はユングの直接の影響を示している。その主な目的がチューリッヒにおける連想実験とコンプレックスの理論をウィーンの学生に紹介することにあるようであった。チューリッヒにおける研究は、それより2年早く定期刊行物において見られ始めていた（Jung and Riklin, 1904）。また、フロイトが講義をするほんの数ヶ月前に、ユング自身も彼の手法を法的証拠として適用することについての2、3の研究を出版していた（例えばJung, 1906, 104で言及している）。
　後になって、つまり、ユングが離れて行った後、フロイトは『精神分析運動史』（1914）において、連想実験とコンプレックスの理論の両方の価値を切り下げている（S. E., XIV, 28-29〈著10, 274-278〉）。そして本論文においてさえ、それらを認めてはいるものの、暗に批判的である。フロイトはチューリッヒにおける発見が、実際は精神分析の原理を単に特殊な形で適応したに過ぎないということを示そうと骨を折っている。そして、最後から2番目の段落で、フロイトは連想テストの結果から余りにも早まった結果を出すことの危険性を示している。
　チューリッヒの用語である「コンプレックス」が、出版されたフロイトの著作でデビューしたのはこの作品であったので、ここでその主題について手短に述べるのは妥当であろう。連想実験はブント Wundt が最初に系統だてて創始したもので、後にクレペリン Krapelin、そしてとくにアシャフェンブルグ Aschaffenburg の貢献によって精神医学に導入された。当時チュー

リッヒのブルクヘルツリ精神病院の院長であったブロイラー Bleuler と、第一助手だったユングの指揮のもと、一連の類似した実験が行なわれ、そこでの発見は1904年から発表された。それらは、ユングの編集によって、後に2巻（1906-1909年）にまとめられた。刺激語に対する言語的な反応の形を新たに分類しているが、主にチューリッヒでの発見は、反応に影響するもののなかで或る1つの特別な要素の重要性を強調し、そのことに興味を向けていた。この要素はこれらの出版物の最初のもの（Jung and Riklin, 1904）で「情緒的に彩られた観念的なコンプレックス」と記述されている。著者らは脚注（同、57頁）で、これを「ある特別な情緒に彩られたできごとに関する観念の全体」を意味するものと説明している。それに続いて、「コンプレックス」という言葉をこの意味で使うことにしようと付け加えている。それらの観念が無意識であるのか、抑圧されているのかという問題に対して、その文中では何ら直接の言及は見られないが、「コンプレックス」が抑圧された素材から成り立つのかそうでないのかということは、後の文章（例えば同、74頁）から明らかである。簡略化されているという利便性を除けば、そのように定義された「コンプレックス」という言葉には何ら特別な価値はないように思える。またこの意味で使われたのはこれが最初であったかどうかも疑わしい。有名なベルリンの精神科医であるツィーエン Ziehen [原注2]がその用法を考案したのは自分であると主張していると、アーネスト・ジョーンズ（1955, 34, 127〈生涯256〉）は書いている。しかし、実際にはまさに同じ意味であると思えるようなものが、フロイト自身の初期の著作の中に3ヶ所見いだされる。それは、『ヒステリー研究』（1895, S. E., II, 69[原注3]〈著7, 23〉）のエミー・フォン・N嬢の症例である。一方で、ブロイアーは同じ論文において（S.E., II, 231）、初期のチューリッヒにおける定義よりも、無意識の要素を強調しているようである。彼は次のように書いている。「生じているが意識に入り込めない諸観念は…時折…集まり、コンプレックス、すなわち意識から離された心的集合体 mental strata を形づくる」と。後にその用語が心理学だけでなく、一般にも使われるキャッチワードになると、「意識から引き離されている」つまり「抑圧された」ものに関する諸観念の1つの塊の特徴が、その言葉の言外の意味の本質部分をなすこととなった。

　フロイトはこの後に法学に触れることはほとんど稀であり、次に言及するまでの間もかなり空いている。性格タイプに関する彼の3番目の研究（1916

d）は、犯罪の心理に直接関係がある。そして、後の2回の機会で、彼は犯罪の事例と関連して報告している。このうちの1つ（1931d）では、彼は殺人のケースにおいて専門家としての意見を求められている。そしてもう1つでは、彼は暴行のケースにおける弁護のためのメモを書いている（Jones, 1957, 93〈生涯434〉）。このメモは（1922年に書かれたものだが）残っていない。これら両方の例において、彼は法的手続きにおける精神分析理論の中途半端な応用について非難している。

（原注1） アドラーの名前もまたここで初めてみられる。
（原注2） ツィーエンは、精神分析に対する辛辣な反対者であった。だが、『日常生活の精神病理学』（1901b）と「ドラ」（1905e）の症例報告が最初に陽の目を見たのは、彼が共同編集している雑誌であったという奇妙な事実がある。
（原注3） 初期においてフロイトはしばしば、「観念の集合　groups of ideas」や、「心的集合 psychical groups」という用語を使ったが、それはほとんど同じ意味のようである。例えば、『ヒステリー研究』（$S.E.$, II, 12, 89, 166〈著7, 18, 63, 138〉）やフリースとの書簡（Freud, 1950a〈手紙〉）での、草案G（おそらく1895年1月に始まる）を参照してもらいたい。『日常生活の精神病理学』（1901b）の始めの頃の版において、「思考の集合 circles of thoughts [*Gedankenkreisen*]」を見つけることができる（第6章A）。1907年の版以降では全て「コンプレックス」に変更されている。

強迫行為と宗教的礼拝
（1907b）

ZWANGSHANDLUNGEN UND RELIGIONSÜBUNGEN
OBSESSIVE ACTIONS AND RELIGIOUS PRACTICES

(a)独語版
1907年　*Z. Religionspsychol.*〈宗教心理学雑誌〉, 1（1）（4月号）4-12.
1941年　*G. W.*, 7, 127-139.
(b)英語訳
1924年　*C. P.*, 2, 25-35.（Tr. R. C. McWatters.）
1959年　*S. E.*, IX, 115-127.（翻訳は表題は僅かに変更されているが1924年に発行

されたものの改訂版である）
(c)邦　訳
1969年　「強迫行為と宗教的礼拝」（山本厳夫訳）著5，377-384.

　この論文は、ブレスラー Bresler とフォルブロット Vorbrodt の監修による雑誌の創刊号のため、1907年2月に書かれたものであり、3月2日にウィーン精神分析協会において発表された。そのときの会合にはユングが初めて出席していた。これは宗教心理学へフロイトが入っていくきっかけとなっており、「精神分析的要約　Short Account of Psycho-Analysis」（1924f）のセクション5（$S.E.$, XIX, 205〈著11, 144〉以降）で指摘しているように、この主題について5年後の『トーテムとタブー』で、さらに幅広く論述するためのはっきりとしたステップとなった。しかしこれに加えて、本論文は、ブロイアー時代以来数十年ぶりに、フロイトが強迫神経症について議論しているという点にも大きな興味がある。フロイトはここで、強迫症状の機制の概要を述べている。強迫については「鼠男」（1909d）の症例報告において、さらに詳しく述べられることになるが、その治療はこの論文が書かれたときには始められていなかった。

児童の性教育について
（フュルスト博士への公開状）
（1907c）

ZUR SEXUELLEN AUFKLÄRUNG DER KINDER
(OFFENER BRIEF AN DR. M. FÜRST)

THE SEXUAL ENLIGHTENMENT OF CHILDREN
(AN OPEN LETTER TO DR. M. FÜRST)

(a)独語版
1907年　*Soz. Med. Hyg.*〈社会医学および衛生学〉, 2 (6)［6月号］360-367.
1941年　*G. W.*, 7, 17-27.
(b)英語訳
1924年　*C. P.*, 2, 36-44.（Tr. E. B. M. Herford.）

1959年　S. E., IX, 129-139.（翻訳は1924年に出されたものを基にしている）
(c)邦　訳
1932年　「子供の性的啓蒙の為に」（木村廉吉訳）『東北帝大医学部精神病学教室業報（精神分析学論叢）1』
1969年　「児童の性教育について」（山本由子訳）著5，371-376.
1971年　「子どもの性知識によせて」（金森誠也訳）『性愛と自我』白水社

これは、ハンブルグの医師であるフュルスト博士の要請に応えて書かれた。彼が編集者である社会医学と衛生学の定期刊行誌に掲載するためであった。アーネスト・ジョーンズ（1955, 327-328）によれば、フロイトは、1909年5月12日のウィーン精神分析協会での討議で、その主題に対する彼の見解をより詳しく説明した。30年程たって、フロイトは「終わりなき分析と終わりある分析」（1937c）のセクション4の最後の段落（S.E., XXIII, 230〈著6，394〉）で、子どもの「性教育」の話題に戻っている。そこでは彼は、問題はこの論文での議論ほど簡単ではないと書いている。

詩人と空想すること
(1908e [1907])

DER DICHTER UND DAS PHANTASIEREN
CREATIVE WRITERS AND DAY-DREAMING

(a)独語版
（1907年12月6日講義として発表された）
1908年　Neue Revue〈新評論〉, 1 (10) [3月号], 716-724.
1941年　G. W., 7, 211-223.
(b)英語訳
The Relation of the Poet to Day-Dreaming〈詩人の白昼夢との関係〉
1925年　C. P., 4, 172-183.（Tr. I. F. Grant Duff.）
1959年　S. E., IX, 141-153.（翻訳は1925年に出されたものを改訂しており、題名も変更している）
(c)邦　訳

1931年　「詩人と空想」（大槻憲二訳）全6
1953年　「空想することと詩人」（高橋義孝訳）選7
1969年　「詩人と空想すること」（高橋義孝訳）著3，81-89.
1970年　「詩人と空想すること」（高橋義孝・池田紘一訳）選7改訂

　これは、もともと1907年12月6日に90人の聴衆を前にして、ウィーンの出版者であり書店の経営者であったユーゴ・ヘラー Hugo Heller の部屋で行なわれた講義で話されたものである。ユーゴ・ヘラー自身ウィーン精神分析協会の会員であった。その講義のかなり正確な要約はその翌日に、ウィーンの日刊紙ツァイトに出されたが、フロイトが書いた完全なものは1908年はじめに、新しく出版されたベルリンの文学雑誌に初めて発表された。

　創造的執筆活動の問題については、少し前に『グラディーヴァ』に関するフロイトの研究でいくらか触れられていた（例えばS.E., IX, 92〈著3, 77〉）。1、2年前に、彼は「舞台の上の精神病質人格 Psychopathic Characters on the Stage」（1942a [1905]）という未発表のエッセイのなかでその問題を取り上げていた。しかしながら、ほぼ同じ時期に書かれた次の論文と同様に、この論文での興味の中心は、幻想 phantasies の議論におかれている。

ヒステリー症者の空想と両性具有に対するその関係
（1908a）

HYSTERISCHE PHANTASIEN UND IHRE
BEZIEHUNG ZUR BISEXUALITÄT

HYSTERICAL PHANTASIES AND THEIR
RELARION TO BISEXUALITY

(a)独語版
1908年　Z. Sexualwiss.〈性科学雑誌〉, 1（1）[1月号], 27-34.
1941年　G. W., 7, 189-199.
(b)英語訳
Hysterical Fancies and their Relation to Bisexuality

1909年　*S. P. H.* 194-200. (Tr. A. A. Brill.)

1924年　*C. P.*, 2, 51-58. (Tr. D. Bryan.)

1959年　*S. E.*, IX, 155-166.（この翻訳は1924年に出版されたものの改訂版である）

(c)邦　訳

1932年　「ヒステリー空想と両性具有性に対するその関係と」（大槻憲二訳）全9

1933年　「ヒステリー症の空想と両性関係」（小沼十寸穂訳）大15

1960年・1969年改訂　「ヒステリー症者の空想と両性具有に対するその関係」選14（高橋義孝訳）

1983年　「ヒステリー症者の空想と両性具有に対するその関係」（高橋義孝訳）著10，128-134.

　この論文はもともとヒルシュフェルド Hirschfeld の『性的中間段階のための年報 *Jahrbuch für sexuelle Zwischenstufen*』のために書かれたものであったが、同じ編集者によって創刊されたばかりの新しい雑誌に転載されることとなった。フロイトは自己分析と関連して1897年頃に初めて、ヒステリー症状の基盤としての幻想の重要性を認識した。しかし、フリースには個人的にその発見を伝えてはいるものの（例えば1897年の7月7日、9月21日の手紙を見よ：Freud, 1950*a*, 書簡66と69〈手紙132, 139〉）、完全に発表したのはこの論文の書かれたほんの数年前のことだった（Freud, 1906*a*, *S. E.*, VII, 274-275〈著10，103-104〉）。この論文の主要な部分は、症状と幻想との関係のさらなる議論に費やされている。そしてその表題にもかかわらず、両性性の主題はほとんど結果論にすぎない。ちなみに、この論文の頃のフロイトの心は、幻想の主題で占められていたようだということも、述べておこう。幻想についてはさらに、「幼児期の性理論」(*S.E.*, IX, 209〈著5，67-8〉)、「家族ロマンス」(*S.E.*, IX, 237〈著10，135〉)、「詩人と空想すること」(*S.E.*, IX, 143〈著3，81〉)、「ヒステリー発作」(*S.E.*, IX, 229)、そして、『グラディーヴァ』の研究の中の多くの箇所（例えば*S.E.*, IX, 49-52〈著3，42-44〉）でも議論されている。もちろん本論文の素材の多くはすでに予測されていた。たとえば、「ドラ」の分析（1905*e*, [1901], *S. E.*, VII, 47-52〈著5，307-311〉）や『性欲論三篇』（1905*d*, *S. E.*, VII, 165-166〈著5，165〉）を参照されたい。

性格と肛門愛
（1908*b*）

CHARAKTER UND ANALEROTIK
CHARACTER AND ANAL EROTISM

(a)独語版
1908年　*Psychiat.-neurol. Wschr.*〈精神神経学週報〉, 9（52）［3月号］, 465-467.
1941年　*G. W.*, 7, 201-209.
(b)英語訳
1924年　*C. P.*, 2, 45-50.（Tr. R. C. McWatters.）
1959年　*S. E.*, IX, 167-175.（翻訳は1924年に刊行されたものの改訂版である）
(c)邦　訳
1932年　「性格と肛門性感」（大槻憲二訳）全8
1933年　「性格と肛門性欲」（小沼十寸穂訳）大15
1953年・1969年改訂　「性格と肛門愛」（懸田克躬訳）選5
1969年　「性格と肛門愛」（懸田克躬・吉村博次訳）著5，133-138.
1997年　「性格と肛門愛」（中山元訳）『エロス論集』ちくま学芸文庫

　この論文のテーマは今や馴染みのものとなっているので、最初に発表された際の驚きや憤慨を理解することは難しくなっている。アーネスト・ジョーンズ（1955, 331-332）によれば、ここで肛門愛と関連づけられている3つの性格傾向[訳注1]についてフロイトは、1906年10月27日のユングへの手紙の中で、すでに書いている〈5F〉。1897年12月22日のフリースへの手紙（Freud, 1950*a*, 書簡79〈手紙151〉）の中で、お金とけちくささを糞便と関連付けていた。この論文が「鼠男」（1909*d*）の分析による刺激を受けているということは、疑いようがない。「鼠男」の分析はほんの少し前に終わったところであった。だが、肛門愛と強迫神経症の特別なつながりが示されたのは、数年後の「強迫神経症の素因」（1913*i*）においてである。別の症例である「狼男」の症例報告（1918*b*［1914］）によって、ここで扱われている話題は更に進展し、論文「欲動転換、とくに肛門愛の欲動転換について　On Transformations of Instinct」(1917c, V) が著わされたのである。

（訳注1） 3つの性格傾向とは、几帳面、頑固、倹約である。

「文化的」性道徳と現代人の神経過敏
(1908d)

DIE 'KULTURELLE' SEXUALMORAL UND DIE MODERNE NERVOSITÄT
'CIVILIZED' SEXUAL MORALITY AND MODERN NERVOUS ILLNESS

(a)独語版

1908年　*Sexual-Probleme*〈性問題〉, 4（3）, [3月号], 107-129.

1941年　*G. W.*, 7, 141-167.

独語の『Sexual-Probleme』は本論文と次の「幼児期の性理論」(IX, 207) が掲載された雑誌であり、『Muttershutz 母性保護』を引き継いだ雑誌である。その誌名で目録に載っていることがある。誌名は変更されても、その巻番号は途切れることなく継続されていた。

(b)英語訳

Modern Sexual Morality and Modern Nervousness〈現代の性道徳と現代人の過敏さ〉

1915年　*Amer. J. Urol.*〈アメリカ泌尿器科学雑誌〉, 11, 391-405.（不完全版）

1924年　*C. P.*, 2, 76-99. (Tr. E. B. Herford and E. C. Mayne.)

1959年　*S. E.*, IX, 177-204.（今回の訳は表題を変更しているが、1924年に発表されたものを基にしている）

　　　　1915年の翻訳は1931年にニューヨークでユーゲニックス出版から出版された小冊子（W. J. Robinson 編集）として再版されている。いずれも最初の10段落が削除されている。

(c)邦　訳

1932年　「文明的性道徳と近代の神経病」（大槻憲二訳）全9

1960年・1969年改訂　「「文化的」性道徳と現代人の神経過敏」（高橋義孝訳）
　選14

1983年　「「文化的」性道徳と現代人の神経過敏」（高橋義孝訳）著10, 108-127.

　この論文は、文化と本能的生の対立についてフロイトが十分に議論したもっとも初期のものであるが、その主題に対するフロイトの確信はさらに遡って見つけることができる。例えば、1897年5月31日のフリースに送ったメモのなかで、フロイトは「近親相姦は反社会的であり、文化とは近親相姦の前進的な断念から成り立っている」と書いている（Freud, 1950*a* 草案N）。しかしながら、実はこの対立は、人の性の発達において潜伏期が衝撃的なものであるというフロイトの理論全体に、暗に示されており、また、『性欲論三篇』（1905*d*）の最後の数頁では、「文化と性の自由な発達の間にある対立的な関係」について述べている（*S. E.*, VII, 242〈著5，93〉）。本論文の大部分は、ほんの3年前に出版された『性欲論三篇』での発見を要約したものであると言ってもさしつかえないだろう。

　この対立に対する社会学的観点が本論文の主題を成しているが、フロイトは後の著作においてもしばしばそのことに触れている。この主題についてついでに言及している多くの著作を除いても、愛の心理学についての論文（1912*d*）の第2のものの最後の2セクション（*S. E.*, XI, 184〈著10，188〉以降）や、『ある幻想の未来』（1927*c*）〈著3，362〉の最初の数頁や、アインシュタインへの公開状である「戦争はなぜ」（1933*d*,〈著11，261〉）の終りの数段をあげることができるだろう。しかし、フロイトがこの主題について最も長く綿密な議論をしているのは、もちろん『文化への不満』（1930*a*,〈著3，431〉）である。

　独語の'*Kultur*'という言葉を'文明 civilization'と訳すか'文化 culture'と訳すかという昔からの問題に対して、ここではあるときは一方に訳し、またあるときはもう一方に訳すという選択で対処している。実は訳者らは、『ある幻想の未来』の第3段落〈著3，363〉にあるフロイトの言葉によって、自由になっているのである。それは「私はcultureとcivilizationの区別を軽視している」という文章である。

幼児期の性理論
(1908c)

ÜBER INFANTILE SEXUALTHEORIEN
ON THE SEXUAL THEORIES OF CHILDREN

(a)独語版
1908年　*Sexual-Probleme*, 4 (12) [12月号], 763-779.
1941年　*G. W.*, 7, 169-188.
(b)英語訳
1942年　*C. P.*, 2, 59-75.（Tr. D. Bryan.）
1959年　*S. E.*, IX, 205-226.（この翻訳は1924年に刊行されたものの修正版である）
(c)邦　訳
1969　「幼児期の性理論」（懸田克躬訳）著5，95-108.

　この論文は「『文化的』性道徳と現代人の過敏性」が掲載されたものと同じ雑誌の後の号に初めて発表された。これはそれほど人目も引かなかったし、現代の読者を驚かすようなことはほとんどなさそうだが、実はおびただしい量の新しい考えを世界に向けて送り出しているのである。この逆説も以下のことを考えると納得できるものとなる。つまり、１つはこの論文が「ハンス少年」の症例報告（1909b）の数ヶ月前に発表されたことであり、(*S.E.*, IX, 218の脚注2,〈著5，102〉からわかるように、その症例報告はおそらくすでに吟味段階にあった)、またもう１つは、本論文が発表された8年後の1915年には『性欲論三篇』（1905d）に「幼児の性探究」（*S. E.*, VII, 194-197,〈著5，56-58〉）のセクションが加えられたが、これも実のところ本論文の要約にすぎなかったということである。「児童の性教育について」（〈著5，371〉）の以前の論文において、フロイトは「ハンス少年」（*S.E.*, IX, 134〈著5，373〉）から素材のいくつかを引用し、子どもの性的好奇心について手短に議論している。しかも、「幼児の性理論」の存在にまで言及している（137〈著5，375〉）。しかし、これについては、ただ触れたというだけで、その本質についてはまっ

たく特定していない。

　そういう事情から、本論文を読んだ最初の読者たちは前もって何の予告も与えられずに、口を通して受精するという考え、肛門を通って生まれるという考え、両親の性交をサディスティックなものとしてとらえる考え、男性にも女性にもペニスがあるという考えに向き合わされたのである。男性にも女性にもペニスがあるという考えは最も広範な意味を持つものの1つである。それらの意味が次々と本論文の中で初めて述べられている。男の子も女の子もペニスに強くひきつけられていることの重要性や、1つの性にはペニスがないということの発見が、女の子においては「ペニスを羨むこと envy」をもたらし、男の子においては「ペニスを持った女性」の観念を生じさせること、また、それが同性愛の1つの形に関係しているといったことである。そしてついにはここで、「去勢コンプレックス」そのものの最初のはっきりとした言及と議論に出会うのである。それまでは、それを予測させるものとして『夢判断』の中に1箇所（1900, S. E., V, 619〈著2，395〉）、去勢の脅威についてのあいまいな言及を見るだけであった。

　ここで述べられている素材は並はずれて豊富であるが、そこに「ハンス少年」の分析での発見が大きく貢献していることは疑うべくもない。その報告は少し前に完成していて、本論文の内容の多くが具体的に描かれ、発展させられている。

ヒステリー発作に関する一般的覚書
(1909*a* [1908])

ALLGEMEINES ÜBER DEN HYSTERISCHEN ANFALL
SOME GENERAL REMARKS ON HYSTERICAL ATTACKS

(a)独語版
　(1908年　おそらくこの頃書かれた)
1909年　*Z. Psychother. Med. Psychol.*〈心理療法・医学的心理学雑誌〉, 1 (1)
　　[1月号], 10-14.
1941年　*G. W.*, 7, 233-240.
(b)英語訳

General Remarks on Hysterical Attacks
1924年　C. P., 2, 100-104.（Tr. D. Brian.）
1959年　S. E., IX, 227-234.（この翻訳はわずかに表題を変更してあるが、1924年に刊行されたものの改訂版である）
(c) 邦　訳
1932年　「ヒステリー発作の一般的徴象」（大槻憲二訳）全9

　この論文はアルバート・モール　Albert Moll が発行した新しい雑誌の創刊号に、フロイトが依頼されて寄稿したものである。数ヶ月前の1908年4月8日に、フロイトはウィーン精神分析協会で同じ主題について話していた。その問題についてフロイトが最後に議論したのは、『ヒステリー研究』へのフロイトとブロイアーの「予報」（1893*a*）のセクション4〈著7，18〉においてであった。本論文は、高度に凝縮され、ほとんど図式的で、かつ、後の発展の兆しを見いだすことのできる著作の1つである（特にセクションBを参照のこと）。しかしフロイトは20年後のドストエフスキーの「てんかん」発作（1928*b*〈著3，415〉）の議論まで、ヒステリー発作というこのテーマに戻ることはなかった。

神経症者の家族小説
(1909*c* [1908])

DER FAMILIENROMAN DER NEUROTIKER
FAMILY ROMANCES

(a)独語版
　（1908年　おそらくこの頃書かれた）
1909年　O. Rank, *Der Mythus von der Geburt des Helden* 〈英雄誕生の神話〉, 64-8, Leipzig und Wien : Deuticke 所収
1941年　*G. W.*, 7, 225-231.
(b)英語訳
1913年　Rank, *Myth of the Birth of the Hero* 〈英雄誕生の神話〉, *J. Nerv. Ment. Dis.* 40,. 668, 718（Tr. S. E. Jelliffe, F. Robins.）所収

1959年　S. E., IX, 235-241.（この翻訳は1950年に刊行されたものを、ごくわずかに改訂したものである）
(c)邦　訳
1937年　「神経症者の家族ロマンス」（大槻憲二訳）全9改訂
1982年　「家族空想物語」（佐竹洋人訳）山根常男訳編『家族の社会学と精神分析，家族研究リーディングス3』誠信書房
1983年　「ノイローゼ患者の出生妄想」（浜川祥枝訳）著10, 135-138.
1997年　「神経症者の家族小説」（中山元訳）『エロス論集』ちくま学芸文庫

　これがランクの本の中に最初に出されたときは、何の見出しもなく、独立したセクションもなかった。謝意の数語と共に、一連のランクの議論の中で紹介されているにすぎなかった。再版されたときにはじめて、独語の表題をつけられたのである。ランクの本の巻頭には「1908年クリスマス」との日付があるので、フロイトのこの寄稿が執筆されたのはおそらくこの年であろう。「家族ロマンス」という着想やその名前も長くフロイトの心の中にあった。ただ最初は特に妄想患者たちのものとしていた。1897年1月24日、3月25日や1898年6月20日のフリースへのフロイトの手紙を参照されたい（Freud, 1950a, 書簡57〈手紙119〉，草案Mおよび書簡91〈手紙170〉でその用語が最初に使われている）。

「読者と良書について」アンケートへの返答
（1907d →1906f）

ANTWORT AUF EINE RUNDFRAGE
VOM LESEN UND VON GUTEN BÜCHERN
CONTRIBUTION TO A QUESTIONNAIRE ON READING

(a)独語版
1907年　"Vom Lesen und von guten Büchern, eine Rundfrage veranstaltet von der 'Neuen Blätter für Literature und Kunst'〈読者と良書について，『文学芸術新誌』が行なったアンケート〉", Wien, 1907, ix.
1987年　G. W., 補遺巻, 662-664.

(b)英語訳

1951年　K. R. Eissler 'An Unknown Autobiographical Letter by Freud and a Short Comment', *Int. J. Psycho-Anal.*, 32, 319-20.（Tr. Eissler.）

1959年　*S. E.*, IX, 245-247.（翻訳は1951年に出版されたものに基づいている）

　1907年の小冊子では、ユーゴ・ヘラーの出版社から発せられたアンケートに、32人の高名な人物が答えている。それには、ユーゴ・フォン・ホフマンスタールから始まり、ペーター・アルテンベルク、ヘルマン・バール、アウグスト・フォレル、ヘルマン・ヘッセ、エルンスト・マッハ、トーマス・マザリク、アーサー・シュニッツラー、そしてヤコブ・ヴァッサーマンからの寄稿が含まれていた。

『応用精神科学論集』内容説明
(1907*e*)

ANZEIGE (DER *SCHRIFTEN*
ZUR ANGEWANDTEN SEELENKUNDE)
PROSPECTUS FOR *SCHRIFTEN*
ZUR ANGEWANDTEN SEELENKUNDE

(a)独語版

1907年　"Der Wahn und Die Träume in W. Jensens 'Gradiva'" (Freud, 1907 *a*) 初版のみ

1987年　*G. W.*, 補遺巻, 695-696.

(b)英語訳

1952年　"Introduction to 'Schriften zur angewandten Seelenkunde'" (Tr. H. A. Bunker.), I. Bry, H. Bayne and M. Elbert,"Ex Libris I. Early Monographic Series", *Bull. Am. Psa. Ass.*, 8, 214-215.

1959年　*S. E.*, IX, 248-249.（翻訳は、1952年に出版されたものの修正版である）

　1907年から1925年の間に、20冊の本が「応用精神科学論集」のシリーズで出版された。この第1巻はユーゴ・ヘラーから出版され、1年後変更のない

ままでフランツ・ドイティケ Franz Deuticke から再出版され、そこからその後の巻がすべて出版された。イェンゼン Jensen の『グラディーヴァ』に関するフロイトの著作以外に、シリーズは彼のレオナルドの研究(1910c)、またその中にリクリン、ユング、アブラハム、ランク、サジャー、プフィスター、アーネスト・ジョーンズ、ストルフェルらの仕事が含まれていた。

ヴィルヘルム・シュテーケル著
『神経的不安状態とその治療』への序言
(1908f)

VORWORT ZU *NERVÖSE ANGSTZUSTÄNDE UND IHRE BEHANDLUNG* VON WILLHELM STEKEL

PREFACE TO WILLHELM STEKEL'S *NERVOUS ANXIETY-STATES AND THEIR TREATMENT*

(a)独語版
1908年　Stekel, *"Nervöse Angstzustände und ihre Behandlung"*, 1908, B, Berlin und Wien: Verlag Urban & Schwarzenberg.
　フロイトの序文は後期の版には掲載されなくなった。
1941年　*G. W.*, 7, 467-468.
(b)英語訳
1959年　*S. E.*, IX, 250-251.（翻訳はジェームズ・ストレイチーによる初訳である）
(c)邦　訳
1983年　「ヴィルヘルム・シュテーケル『神経的不安状態とその治療』への序言」（生松敬三訳）著10, 358.

サンドール・フェレンツィ著
『精神の分析：精神分析領域の論考』への序言
(1910*b* [1909])

VORWORT ZU *LÉLEKELEMZÉS,*
ÉRTEKEZÉSEK A PSZICHOANALIZIS KÖRÉBÖL
IRTA DR. FERENCZI SÁNDOR

PREFACE TO SANDOR FERENCZI'S *PSYCHO-ANALYSIS :*
EASSAYS IN THE FIELD OF PSYCHO-ANALYSIS

(a)ハンガリー語版・独語版
1910年　S. Ferenczi "Lélekelemzés, Értekezések a pszichoanalizis köréböl," Budapest, 1910, 3-4（ハンガリー語訳）
1928年　*G. S.*, 11, 241.（独語原文）
1941年　*G. W.*, 7, 469.
(b)英語訳
1959年　*S. E.*, IX, 252.（翻訳は英語への初訳で、ジェームズ・ストレイチーによる）

『ノイエ・フライエ・プレッセ』への寄稿
(1903*a*-1905*f*)

BEITRÄGE ZUR *NEUE FREIE PRESSE*
CONTRIBUTIONS TO THE *NEUE FREIE PRESSE*

(a)独語版
1903-1905年　*Neue Freie Presse*〈新自由新聞〉
1987年　*G. W.*, 補遺巻，491-495, 133, 733-734.
(b)英語訳
1959年　*S. E.*, IX, 253-256.（翻訳は英語への初訳で、アンジェラ・リチャーズによる）

1903年2月から1905年8月の間に6つの短い原稿がウィーンの日刊誌に寄せられており、それらは確実にフロイトのものとすることができる。標準版の第Ⅶ巻に収録されるべきものであったが、第Ⅸ巻が印刷されるまでその存在が確認できなかった。標準版では3つが除かれているが、それらは非常に短く興味の薄いものである。それまでは独語原文は再版されたことがなかった。

ある五歳男児の恐怖症分析
(1909*b*)

ANALYSE DER PHOBIE EINES FÜNFJÄHRIGEN KNABEN
ANALYSIS OF A PHOBIA IN A FIVE-YEAR-OLD BOY

(a)独語版
1909年　*Jb. psychoanal. psychopath. Forsch.*〈精神分析学・精神病理学研究年報〉, 1(1), 1-109.
1940年　*G. W.*, 7, 241-377.
1922年　'Nachtschrift zur Analyse des kleinen Hans〈ハンス少年分析記後日談〉' *Int. Z. psychoanal.* 8(3), 321.
1940年　*G.W.*, 13, 429-432.
(b)英語訳
1925年　*C. P.*, 3, 149-287.「後日談(1922)」, 同, 288-289. (Tr. Allix and James Strachey.)
1955年　*S. E.*, Ⅹ, 1-147.「後日談(1922)」, 同, 148-149. (今回の翻訳は、いくつかの変更および付記が加えられているが、1925年に最初に出版された英語版の再版である)
(c)邦　訳
1969年　「ある五歳男児の恐怖症分析」(高橋義孝・野田倬訳)著5, 173-275.
1983年　「ハンス少年分析記後日談」(小此木啓吾訳)著9, 455-456.

少年ハンスの人生のより早期の部分に関するいくつかの記録は、2年前にフロイトの論文「児童の性教育について The Sexual Enlightenment of

Children」(1907c) の中ですでに発表されていた。その論文の1909年以前の版の中では、少年は「少年ヘルベルト little Herbert」と呼ばれていたが、本論文発表以降は、「少年ハンス little Hans 」と名前が変わっている。この症例は、他には、本論文にわずかに先立って発表されたフロイトの論文「幼児期の性理論 On the Sexual Theories of Children」(1908c〈著5，102〉) でも簡単に言及されている。『年報』に初めて発表する際に、本論文が「フロイト著」ではなく「フロイト談」と記されていたことは言及しておく意味があるだろう。少年ハンスの他に4編の長い症例研究を収録している独語版著作集第8巻 (1924) にフロイトが付け加えた脚注の中で、フロイトはこの症例が少年ハンスの父親のはっきりとした同意のもとに発表されたものであることを記している。この脚注は症例「ドラ」(1905e; S. E., VII, 14〈著5，281〉) の「序文的注意書き」の最後にある。

以下の短い年表は、症例報告に基づいており読者が物語をたどるのに役立つだろう。
1903（4月）ハンス誕生
1906（当年3歳から3歳9ヶ月）最初の報告
    （当年3歳3ヶ月から3歳半）（夏）グムンデンへの最初の訪問
    （当年3歳半）去勢の脅威
    （当年3歳半）（10月）妹ハンナの誕生
1907（当年3歳9ヶ月）最初の夢の報告
    （当年4歳）新しい家への引っ越し
    （当年4歳3ヶ月から4歳半）（夏）グムンデンへの2回目の訪問
        噛みつく馬のエピソード
1908（当年4歳9ヶ月）（1月）倒れる馬のエピソード、恐怖症の発症
    （当年5歳）（5月）分析終結

強迫神経症の一症例に関する考察
(1909d)

BEMERKUNGEN ÜBER EINEN FALL VON ZWANGSNEUROSE

NOTES UPON A CASE OF OBSESSIONAL NEUROSIS

(a)独語版
1909年　*Jb. psychoanal. psychopath. Forsch.,* 1(2), 357-421.
1941年　*G. W.,* 7, 379-463.
(b)英語訳
1925年　*C. P.,* 3, 293-386.（Tr. Alix and James Strachey.）
1955年　*S. E.,* X, 151-249.（この症例報告の翻訳は、1925年の最初の英語版の再版だが、多くの修正といくつかの脚注を加えた）
(c)邦　訳
1930年　「強迫神経症の一例」（對馬完治訳）全 4
1959年　「強迫神経症の一例に関する考察」（熊田正春・小此木啓吾訳）選16
1969年　「強迫神経症の一例に関する考察」（小此木啓吾訳）選16改訂
1983年　「強迫神経症の一症例に関する考察」（小此木啓吾訳）著 9, 213-282.

　フロイトによるこの症例の治療は、1907年の10月 1 日に始まった。治療の開始についてのフロイトの報告とそれに続く議論が、ウィーン精神分析協会において、10月30日と11月 6 日の 2 晩にわたっておこなわれた。この 2 回の会合の記録について、フェダーン Federn（1948）は「フロイト教授：ある症例研究の始まり」という標題の論文の中で、いくらか説明している。しかし、彼は 2 回目の日付を、11月16日と間違えていた。フロイトは、さらに、1907年11月20日、1908年 1 月22日と 4 月 8 日にウィーン協会で、この症例の詳細についての短い報告をした。1908年 4 月27日にザルツブルクで開かれた第 1 回国際精神分析学会学術大会では、フロイトはもっと長い報告をしている。そこに出席したアーネスト・ジョーンズ博士によれば、フロイトの講演は 4 時間以上にわたった。オットー・ランクによる、この講演のごく短い要約が、『精神分析中央雑誌』第 1 巻（1910年）125-126頁に掲載されているが、これはこの症例報告が最終的な形になった 1 年後に公刊されたものである。しかし、大会の時には、どう考えても治療は終わってはいなかった。というのは、それはフロイトが（*S.E.,* X, 186〈著 9, 236〉で）述べているように、この治療は約 1 年にわたって続いたからである。1909年の夏に彼はこの症例報告の出版の準備をした。ユングへの手紙から、その準備に 1 ヶ月以上を費やし、最終的には1909年の 7 月 7 日〈150F〉に出版社に送ったことがわかる。

この治療の初期の部分についてのフロイト自身による記録が残っており、治療の進展が日を追って綴られている。出版された症例報告の基礎資料となったものである。そのオリジナルな治療記録は、今回初めて英訳されての出版となるが、本巻の巻末に収録されている。そこにある解説的な記述は、複雑な話をたどる読者の役に立つだろう。

（これまでのすべての版で、患者は「中尉H」（*S.E.*, X, 172〈著9，226〉）、「残酷な大尉」は「大尉M」（*S.E.*, X, 169〈著9，224〉）と呼ばれてきたが、ここでは、「オリジナルな記録」で使われた名前に合わせるために、それぞれ「L」と「N」に変えた。）

強迫神経症の一症例（「鼠男」）のオリジナルな治療記録
（1955*a*）(訳注1)

ORIGINALNOTIZEN ZU EINEM FALL VON ZWANGSNEUROSE ("RATTENMANN")
ORIGINAL RECORD OF THE CASE

(a)独語版
1987年　*G. W.*, 補遺巻，503-569.
(b)英語訳
1955年　*S. E.*, X, 251-318.

　フロイトには、その生涯を通じて、著作が1つ出版されると、その基になった資料をすべて破棄する習慣があった。従って、著作のオリジナルな原稿や、まして、そのもととなった予備的なメモ書きや記録は、ほんの僅かしか残っていないというのは事実である。ここに収録した治療記録は、理由はわからないが例外的に残っていたもので、フロイトの死後ロンドンにあった書類の中から発見された。このことについては、独語版全集の編者が、フロイトの多くの遺作が収められた第17巻の序文で述べている。しかし、この記録はその巻には入れられてはおらず、独語ではいまだに（1954年当時）出版されていない。(訳注2)アリックスとジェームズ・ストレイチーによって英訳され、

初めて公刊されるものである。

　この原稿は、フロイトがいつも好んで用いた普通に使われている大判の用紙に書かれており、159頁の脚注に「治療の行なわれたその日の夜に書かれた」とあるまさにその記録を含んでいることは、間違いない。原則として、記録は毎日書かれているが、たまに数日分とんでいて、その後にまとめて書かれている。頁の余白には時折、単語がぽつんと垂直に書かれている。それらの単語は、「夢」「転移」「自慰空想」のように、そこで論じている特定の題材を要約しようとしている。それらは明らかに、後になって、おそらくフロイトがこの症例について何かの発表を準備している時に、書き込まれたものである。それらの単語はこの翻訳に入れる必要はないと考えた。この記録は、何の説明もなく1月20日（1908年）に中断されたが、治療はさらに4ヶ月弱続いている。

　原文の独語は、その大部分が電文のような文体で書かれ、多くの略語が使われ、代名詞や重要でない単語は省かれている。しかし、その意味がはっきりと解読できない箇所は、ほんの少ししかない。この標準版の翻訳では、この素材をより理解しやすく、読みやすくするために、省略されている箇所はほとんど書き足した。それゆえ、この訳文に形の上でまとまりがあるとしても、読者は、この記録が出版しようという考えもなく手も入れられていなかったメモ書きに過ぎないものであるということを、常に心にとめておいてほしい。この記録に出てくる固有名詞の大部分は、他の名前か、独断で選んだ頭文字に置き換えてある。フロイト自身が発表した症例研究の中で用いた仮名は、当然ここでもそのまま使われている。

　オリジナルの記録の最初の約3分の1は、公刊された論文の中で、フロイトによってほとんど逐語的に再生されている。この部分は、1907年10月1日の予備面接から最初の7回のセッション、つまり10月9日（第1章（D）の終り、S.E., X, 186）までを含んでいる。フロイトが論文で行なった変更は、もっぱら言語上のまたは文体上のものであった。すなわち、この公刊された版にフロイトは相当量の記述を加えているが、その主な変化は、日々の記録に表われていたよりも、混乱の少ない、巧みな戦略の物語を作ったことである。公刊された症例研究とオリジナルな記録の間の違いは、全体としてそれほど重大なものとは思われないし、記録のその最初の部分をここであえて公刊する必要はないだろう。しかしながら、初回セッションは、他のどこよりも論文での変化が大きく、この面接のオリジナルな記録を提供することは、

施された変更の性質を考えるうえで興味をひくものと思われる。

　1907年10月1日——ローレンツ博士（29歳半）は、強迫観念に悩んでおり、特に1903年以降ひどくなっているが、それは子どもの頃始まったものだと述べた。主な特徴は、大好きな2人の人物、彼の父親と彼が崇拝しているある女性に何か起こるのではないかという惧れであった。この他に、たとえば自分の喉をかみそりで切るのではないかという強迫的衝動や、まったく些細なことに関しての制止もときどきあった。彼が私に語ったところでは、彼はこれらの観念と闘うのに、学生生活の何年間かを無駄にし、その結果やっと今、法律の最終試験に合格したところであった。[訳注3] 彼の観念は、刑法に関わる仕事の時にだけ、彼の専門の仕事に影響した。彼はまた、その崇拝する女性に、何か傷つけるようなことをするのではないかという衝動にも悩んでいた。この衝動はふつう彼女がいる時はおさまっているが、彼女がいない時に出てくるのだった。だが、彼女から離れると——彼女はウイーンに住んでいるのだが——いつも彼の状態はよくなった。彼が試みたさまざまな治療のうち、ミュンヘンでの水療法以外は、どれも役に立たなかった。この治療法も、彼の考えでは、そこで1人の女性と知り合いになり、定期的な性交渉を持っていたから良かっただけであるということだった。ここではそのような機会はなく、ごくたまに性交渉を持つだけで、それも何かがあった時の不規則なものでしかなかった。売春婦には嫌悪感があった。彼の性生活は、本人が言うには、発達が遅かった。自慰は16〜17歳の頃ほんの少ししただけであった。最初の性交は26歳の時だった。

　「彼は私に、頭脳明晰な、鋭敏な人物という印象を与えた。私が彼に条件について述べた後、彼は母親と相談しなければならないと言った。翌日彼は戻ってきて、それを受諾した。」

　フロイトの記録の残る3分の2は標準版第X巻にすべて訳出した。これらは、出版された症例報告の中で、フロイトが取り上げた素材を含んでいることがわかる。しかし大部分は、新しい材料である。もし、記録と出版された症例報告との間にたまに相違があるとすれば、記録が終わった後もこの治療が何ヶ月も続いていて、患者が初期の説明を訂正したり、フロイト自身が細かな点についてより明らかな見解を得る機会があったのだという事情を、心に留めておかねばならない。この記録は、フロイトの報告全体が依拠した生

の素材の描写として、また、素材を次第にはっきりとさせていった手法の描写として、我々が手にすることのできる唯一のものという点で注目すべきである。最後に、この資料は、この分析を行なった当時のフロイトの技法的な細かな仕事ぶりを観察するまたとない機会を与えてくれる。

　読者が話を経時的にたどるさい役立つように、便宜的な一覧表を添えるが、これは、この記録と出版された症例研究から得られた、時に矛盾する年代的な資料をもとに作成している。患者の家族に関連する事実も記述しておく。

〈年代順のできごと〉

1878	患者出生
1881（3歳）	父親への激怒
1882（4歳）	ペーター嬢とのこと、カテリーネの死
1883（5歳）	剝製の鳥
1884（6歳）	勃起、両親が彼の思考を読むという観念
1885（7歳）	リーナ嬢とのこと、弟の狙撃
1886（8歳）	学校へ上がった。ギゼラと知り合う
1887（9歳）	ギゼラの父親の死
1888（10歳）	いとこの便の中の（寄生）虫
1889（11歳）	性的な目覚め、「汚い豚」
1890（12歳）	少女との恋、父親の死の強迫観念、母親のゲップ
1891（13歳）	リーナ嬢への露出
1892（14歳）	この頃まで宗教的
1893（15歳）	
1894（16歳）	ときおり自慰行為
1895（17歳）	
1898（20歳）	ギゼラとの恋、父親の死の強迫観念、お針子の自殺
1899（21歳）	ギゼラの手術、父親の死、自慰始まる、軍隊
1900（22歳）	自慰をしない誓い、─（12月）ギゼラによる拒絶
1901（23歳）	ギゼラの祖母の病気、自慰の再開
1902（24歳）	（5月）伯母の死と強迫神経症の発症（夏）グムンデン─（10月）試験
1903（25歳）	（1月）試験─冷淡な伯父の死、結婚の計画、強迫神経症

              の悪化
              —（7月）試験、ギゼラによる2回目の拒絶
              ウンタラッハでの夏、自殺念慮
1904（26歳）　初めての性交（トリエステ）
1906（28歳）　ザルツブルグ在、イニシャルによる厄除け
              日本刀の夢
1907（29歳）　（8月）ガリシアでの演習—（10月）分析の開始

〈患者の兄弟姉妹についての覚書〉
ヒルデ　一番上の姉、既婚
カテリーネ　患者より4〜5歳年長、患者が4歳の時死亡
ゲルダ
コンスタンツェ
患者より1歳半年下の弟（？ハンス）
ユーリエ　患者より3歳年下、ボブ St と結婚

（訳注1）　現在、本書は北山修らにより日本語訳を準備中である。
（訳注2）　1974年に、エルザ・リベロ・ハウェルカ Elza Ribeiro Hawelka により、Presses Universitaires de France から、独語の原文を再生し、仏語の訳文と注をつけた仏版「L'HOMME AUX RATS」が出版されている。なお、1987年に、独語版全集の補遺版に独語の完全版が「ORIGINALNOTIZEN ZU EINEN FALL VON ZWANGSNEUROSE」として納められたが、匿名処理が標準版と同じように施されている。
（訳注3）　独語の原文を直訳すると、「法律の最終試験に合格した」という箇所は、「司法研修生（Gerichtspraktikannt）になった」となっている。また次の文章の「彼の専門の仕事（his professional work）」は、独語では「In seiner Berufstätigkeit」となり「職業活動」の意味にとれる。

精神分析について
〈精神分析五講〉(訳注1)
（1910a［1909］）

ÜBER PSYCHOANALYSE

FIVE LECTURES ON PSYCHO-ANALYSIS

(a)独語版
1910年　Leipzig und Wien: Deuticke. Pp. 62.
1924年　G. S., 4, 345-406. （若干変更された）
1943年　G. W., 8, 1-60. （G. S. より変更なし）
(b)英語訳
The Origin and Development of Psychoanalysis〈精神分析の起源と発展〉
1910年　Am. J. Psychol. 21 (2 and 3), 181-218 (Tr. H. W. Chase.)
1924年　An Outline of Psychoanalysis〈精神分析学概説〉所収 Van Teslaar 訳、New York: Boniand Liveright. Pp. 21-70. （上記のものの再刊）
1957年　S. E., XI, 1-55. （本稿は、「精神分析に関する5つの講義」という表題をつけた、ジェームズ・ストレイチーによる全く新しい翻訳である）
(c)邦　訳
1933年　「精神分析五講」（大槻憲二訳）全10
1969年　「精神分析について」（懸田克躬訳）選17改訂
1983年　「精神分析について」（懸田克躬訳）著10, 139-175.

　1909年、マサチューセッツ州ウースターのクラーク大学は、創立20周年を祝ったが、学長であるG・スタンレー・ホール G. Stanley Hall 博士は、フロイトと何人かの主要な弟子（C・G・ユング、S・フェレンツィ、アーネスト・ジョーンズ、そしてA・A・ブリル）を、名誉学位を授与するために祝典に招いた。フロイトが最初に招待状を受け取ったのは1908年12月のことだったが、その行事が開かれたのは翌年秋で、フロイトの5つの講義は1909年9月6日月曜日と続く4日間に行なわれた。そのときフロイト自身が述べているように、これは、その若い科学が最初に公式に認知された出来事だったのであり、彼は自分の『自己を語る』（1952d, 第5章）の中で、講義をするため演壇に上るときに、いかに「ともかく信じられない白昼夢が実現したように思われた」かを記述している。(原注1)

　その講義（もちろん独語の）は、ジョーンズ博士によると、ほとんどいつも通り即興的に、ノートもなく、準備らしい準備もなくなされたものであった。求められて、フロイトが渋々それを書き出したのは、ウィーンに戻ってからのことだった。この著作は12月の第2週になるまで完成しなかったが、

フロイトの言語的記憶力は非常によかったので、ジョーンズ博士が請け合っているように、印刷されたものは「最初に講演されたものからそれほど掛け離れてはいなかった」。それらは、最初に英訳で、1910年の初め『アメリカ心理学雑誌』において発表されたが、独語原文は、そのあとすぐにウィーンで小冊子として出版された。(原注2)その小冊子は人気がでて、いくつもの版を重ねたが、それらのうちのどれにも、主旨の変更はない。ただ1つの例外は、1923年に冒頭に付け加えられた脚注であり、独語版著作集および独語版全集だけにある。その中でフロイトは、ブロイアーへの恩義の念の表現を取り消している。ブロイアーに対するフロイトのさまざまに変化する態度については、「ヒステリー研究」に付した編者の序文（S. E., II, xxvi〈本書115頁〉以降）で論じている。

　フロイトは生涯を通じて、自分の発見について解説を行なう用意がいつでもあった。（解説の一覧表は S. E., XI, 56 に掲載した）。彼はすでに精神分析に関する短い解説を出版していたが、この一連の講義が、初めての広範なスケールのものだった。これらの解説は、対象とする聴衆によって、当然、その難しさも異なるのだが、とくに数年後（1916-17）に出された『精神分析入門』という偉大な連続講義と比べると、最も単純なものの1つに数えられるに違いない。つづく四半世紀の間に精神分析の構造には多くの追加がなされたにもかかわらず、これらの講義は、ごくわずかな修正しか必要としない見事な見取り図を今もなお提供してくれる。そしてこれを見れば、フロイトを非凡な解説的講義者たらしめた、彼の語り口の分かりやすさと明晰さ、表現形式に対する自由な感覚が、よくわかるのである。

（原注1）　その祝典に関するもう1つの記録が『精神分析運動史』（1914d）に見られる。ここで述べた詳しい事情の大半はそこから得たものであり、その全記述は、アーネスト・ジョーンズの伝記（1955, 59以降〈生涯269以降〉）に含まれている。
（原注2）　フロイト生前に、この講義は多くの言語に翻訳された。ポーランド語（1911）、ロシア語（1911）、ハンガリー語（1912）、オランダ語（1912）、イタリア語（1915）、デンマーク語（1920）、仏語（1921）、スペイン語（1923）、ポルトガル語（1931）、そして日本語（1933）。

（訳注1）　英語タイトルの邦訳としては「精神分析五講」として広く知られている。

レオナルド・ダ・ヴィンチの幼年期のある思い出
(1910c)

EINE KINDHEITSERINNERUNG DES LEONARDO DA VINCI
LEONARDO DA VINCI AND A MEMORY OF HIS CHILDHOOD

(a)独語版

1910年　Leipzig und Wien: Deuticke. Pp. 71.（*Schriften zur angewandten Seelenkunde*〈応用精神科学論集〉7号）

1943年　*G. W.*, 8, 127-211.

(b)英語訳

1916年　New York: Moffat, Yard. Pp. 130.（Tr. A. A. Brill.）

1957年　*S. E.*, XI, 57-137.（「レオナルド・ダ・ヴィンチと彼の幼年期のある思い出」と表題を改めた今回の翻訳は、アラン・タイソンによるまったく新しいものである）

(c)邦訳

1929年　「レオナルド・ダ・ギンチの小児期回想」（安田徳太郎訳）『芸術と精神分析』ロゴス書院所収

1931年　「レオナルドの幼児期記憶」（大槻憲二訳）全5

1933年　「レオナルド・ダ・ヴィンチ」（篠田英雄・濱野修訳）大10

1953年　「レオナルドオ・ダ・ヴィンチの幼年期の一記憶」（高橋義孝訳）選7

1969年　「レオナルド・ダ・ヴィンチの幼年期のある思い出」（高橋義孝訳）著3, 90-147.

1970年　「レオナルド・ダ・ヴィンチの幼年期のある思い出」（高橋義孝・池田紘一訳）選7 改訂

　フロイトのレオナルドに対する例の興味は長く続いたものであったが、そのことは1898年10月9日のフリースへの手紙（Freud, 1950, 書簡98〈手紙179〉）の一節からも理解される。その中で彼は、以下のように述べている。「多分最も有名な左利きの人物はレオナルドでしょうが、彼についてはいかなる恋愛沙汰も知られていません。[原注1]」この興味が一時的なものでなかったということは、お気に入りの本についての「アンケート questionnaire」

(1907d）に対するフロイトの回答の中に、メレゾフスキーのレオナルドに関する研究を挙げていることからもうかがえる。しかし、本論文を著わすことになった直接的な刺激は、1909年秋に彼の患者の1人から受けたものらしい。フロイトがユングへの10月17日の手紙で述べていることだが〈158F〉、その患者は、レオナルドの天才を除いて彼と同じ素質をもっていると考えられていた。フロイトは、レオナルドの若いころについての本をイタリアから手に入れようとしていると付け加えた。これは、標準版第XI巻82頁〈著3，93〉の注にあるスコナミリオによるモノグラフのことである。レオナルドについてのこの論文やいくつかの他の本を読んだ後、彼は12月1日にウィーン精神分析協会でこの主題について話した。しかし、これを書き終えたのは1910年の4月初めのことで、出版されたのは5月の終りであった。

フロイトは、本書ののちの版で、かなりな訂正と加筆を行なった。中でも、割礼についての短い脚注（S.E., XI, 95-96注〈著3，115〉）、ライトラー Reitler からの抜粋（S.E., XI, 70-72注〈著3，96-97〉）、そしてプフィスターからの長い引用（S.E., XI, 115-116注〈著3，130-131〉）を特に挙げておきたい。これらのすべては1919年に付け加えられ、ロンドンの下絵についての議論（S.E., XI, 114-15注〈著3，130〉）は1923年に付け加えられた。

このフロイトの論文は、過去の歴史上の人物の人生に臨床的精神分析の方法論を適用した最初のものではなかった。この方面における実験は、すでに他の人々によってなされていた。注目すべきはサドガー Sadger で、かれはコンラート・フェルディナンド・マイヤー Conrad Ferdinand Meyer（1908）、レーナウ Lenau（1909）、クライスト Kleist（1909）についての研究を出版していた。[原注2]フロイト自身は、作家たちに対するいくつかの断片的分析を、作品中のエピソードに基づいて、かつて行なったことはあったが、この種の詳細な伝記的研究に取り組んだことはなかった。実は、これよりずっと前の1898年6月20日、彼はフリースにC・F・マイヤーの短編の1つ「女性判事 Die Richterin」についての研究を送っており、それはその作者の人生早期に光を当てたものだった（Freud, 1950, 書簡91〈手紙170〉）。だが、このレオナルドについての研究は、伝記分野へのフロイトの大規模な遠征の最初のものであるだけでなく、最後のものとなった。この本は、いつも以上の非難を浴びたらしい。フロイトが、第6章（S.E., XI, 130〈著3，141-142〉）の冒頭の考察で、あらかじめ自己弁護しているのはもっともなことではあっ

た——その考察は今日でも、伝記の作家と批評家について広く当てはまるものである。

　しかしながら、奇妙なことに、つい最近にいたるまで、明らかにこの論文の最大の弱点を衝いた批評家は１人もいない。レオナルドの揺籃を猛禽が訪れた、という彼の記憶あるいは空想が突出した役割を果たしているが、レオナルドのノートの中で、この鳥の名は'*nibio*'（現代の形は'*nibbio*'）とされており、この語は、通常「トビ kite」を表わすイタリア語なのである。しかしながら、フロイトは、自分の研究で終始その単語に独語の'*Geier*'を当てており、それは英語では「ハゲタカ vulture」としか訳せないのである。
（原注３）

　フロイトの誤りは、彼が使っていた独語訳の何冊かに発しているようである。たとえばマリー・ヘルツフェルド Marie Herzfeld（1906）は、揺籃空想についての１つの版において、「トビ」を表わす正しい独語'*Milan*'の代わりに'*Geier*'という単語を用いている。だがおそらく、最も重要な影響を与えたのは、メレゾコフスキー Merezhkovsky のレオナルドに関する本の独語訳だった。この本は、フロイトの書庫にある印がつけられた本からわかることだが、レオナルドについてのフロイトの非常に大きな情報源であって、おそらく彼はこれによって最初にその話を知ったのだった。ここでも、メレゾコフスキー自身は、「トビ」を表わすロシア語である'*korshun*'を正確に使っているにもかかわらず、揺籃空想で使われた独語の単語は'*Geier*'なのである。

　この間違いに直面して、この研究全体を価値のないものとして片付けようという衝動を感じる読者たちもいるかもしれない。しかし、状況をより冷静に調べ、どの場所でフロイトの議論や結論が無効となるのかを詳細に検討するのが、よいやり方だと思う。

　まず、レオナルドの絵画の「隠された鳥」（*S.E.*, XI, 116注〈著３，131〉）は、放棄しなければならない。もしそれが仮に鳥であったとしても、それはハゲタカであり、トビとは似ても似つかないものである。この「発見」は、しかしながら、フロイトによるものではなく、プフィスターによるものだった。それは本書の第２版まで紹介されなかったし、フロイトはそうとう長い間保留したあとそれを受け入れたのである。

　次に、もっと重要なことだが、エジプトとのつながりである。「母」（'*mut*'）を意味するエジプト語を表わす象形文字は、確かにハゲタカを表

現しており、トビではない。ガーディナー Gardiner は、その権威ある『エジプト語文法』(第2版, 1950, 469) において、その生き物を 'Gyps fulvus' すなわちハゲタカ (griffon vulture) であるとしている。このことから、次のように結論される。すなわち、レオナルドの空想の鳥は彼の母親を表わしていたというフロイトの理論は、エジプト神話によって直接的に裏付けることはできないし、また、レオナルドがそのエジプト神話を知っていたかどうかは問題でなくなる。(原注4)その空想と神話とは、お互いに直接のつながりは無さそうである。それでも、それらそれぞれを独立したものと受け取っても、興味深い疑問を生じさせる。どのようにして、古代エジプト人が「ハゲタカ」と「母親」の概念を結び付けるようになったのか？ それは単に音声的な偶然の一致にすぎないという、エジプト学者たちの説明は満足なものだろうか？ もしそうでないなら、両性具有の母親―女神というフロイトの議論には、レオナルドのケースとのつながりとは無関係に、それ自体の価値があるはずである。同じようにまた、揺籃の中にいる彼のもとを鳥が訪れて、その尾を彼の口の中に差し入れた、というレオナルドの空想は、その鳥がたとえハゲタカではなかったとしても、説明をおおいに必要としているのである。そして、その空想についてのフロイトの心理学的分析は、この訂正によって否定されるのではなく、単に裏付けの一部を奪われるだけなのである。

　エジプトについての議論は結果として見当違いではあったが、それにもかかわらず、この議論は独自の価値を大いに保っているし、さらに、それとは別に、フロイトの研究の本体は、この誤りによって影響されない。その本体とは、すなわち、幼年期からのレオナルドの感情生活の詳細な構成、彼の芸術的衝動と科学的衝動との間の葛藤の解釈、彼の心理的性愛的な歴史の深い分析である。そして、この主題に加えて、その研究はわれわれに、多くの重要な副題を提示している。つまり、創造的芸術家の心の本性と働きについてのより広い議論があり、ホモセクシュアリティの或る特定の型の形成についての概略が示され、そして、とくに精神分析理論の歴史という観点から興味深いのであるが、ナルシシズムの概念が初めてその全容を現わしているのである。

（原注1） フリースは左右両側性（bilaterality）と両性性（bisexuality）の間のつながりを主張してきたが、フロイトは疑問視した。この論争（それは、彼らの仲たがいの理由の1つだったが）についての間接的な言及が標準版第 XI 巻136頁以降に

ある。
(原注2) ウィーン精神分析協会の議事録（残念ながら、そこから引用することはできないが）には、1907年12月11日の会議で、フロイトが、精神分析的伝記という主題でいくつかの意見を述べた、とある（Jones, 1955, 383参照）。
(原注3) これは、イルマ・リヒター Irma Richter が最近出版したレオナルドのノート（1952, 286）からの選集の脚注で指摘されている。プフィスター（S.E., XI, 116注〈著3, 131〉）と同様、彼女はレオナルドの幼児期の記憶を「夢」であると言っている。
(原注4) ハゲタカの処女受胎の物語もまた、レオナルドが幼児期に母親と排他的なきずなをもっていたということの証拠にはならない。しかしながら、これが証拠とはならないというだけで、そうしたきずなの存在が否定されるわけではない。

精神分析療法の今後の可能性
(1910*d*)

DIE ZUKÜNFTIGEN CHANCEN DER PSYCHOANALYTISCHEN THERAPIE
THE FUTURE PROSPECTS OF PSYCHO-ANALYTIC THERAPY

(a)独語版
1910年　*Zbl. Psychoan.*〈精神分析学中央雑誌〉, (1-2), 1-9.
1943年　*G. W.*, 8, 103-115.
(b)英語訳
The Future Chances of Psychoanalytic Therapy
1912年　*S. P. H.*〈ヒステリー及びその他の精神神経症についての論文選集〉（第2版）207-215.（Tr. A. A. Brill.）
The Future Prospects of Psycho-Analytic Therapy
1924年　*C. P.*, 2, 285-296.（Tr. Joan Riviere.）
1957年　*S. E.*, XI, 139-151.（今回の翻訳は、1924年に出版されたものに基づいている）
(c)邦　訳
1932年　「精神分析療法の将来」（大槻憲二訳）全8

1958年　「精神分析療法の今後の可能性」（古澤平作訳）選15
1969年　「精神分析療法の今後の可能性」（小此木啓吾訳）選15改訂
1983年　「精神分析療法の今後の可能性」（小此木啓吾訳）著9, 44-54.

　この論文は、1910年3月30日と31日にニュルンベルクで開催された精神分析学会第2回大会の開会の辞として読み上げられたものである。精神分析を同時代に位置付けて総括的に外観したものとして、8年後のブダペスト大会においてフロイトが行なった同様の講演「精神分析療法の道 Lines of Advance in Psycho-Analytic Therapy」(1919a) に比されるだろう。とりわけ、技法を扱っている本論文の第2部は、ブダペスト大会での講演の主要なテーマとなった「能動的」治療を予示するものであった。

原始言語における単語の意味の相反性について
(1910e)

ÜBER DEN GEGENSINN DER URWORTE
THE ANTITHETICAL MEANING OF PRIMAL WORDS

(a)独語版
1910年　Jb. Psychoan. Psychopath. Forsch. 〈精神分析学・精神病理学研究年報〉, 2 (1), 179-184.
1943年　G. W., 8, 213-221.
(b)英語訳
The Antithetical Sense of Primal Words
1925年　C. P., 4, 184-191.（Tr. M. N. Searl.）
1957年　S. E., XI, 153-161.（本稿は、表題を'The Antithetical Meaning of Primal Words' と改変した、アラン・タイソンによる新たなものである）
(c)邦　訳
1931年　「原始語の相反意義について」（大槻憲二訳）全6
1974年　「原始語の反対の意味」（安田一郎訳）『失語症と神経症』誠信書房
1983年　「原始言語における単語の意味の相反性について」（浜川祥枝訳）著10, 201-207.

フロイトが1909年の秋にアベル Abel の小冊子に出会ったことは、アーネスト・ジョーンズ（1955, 347）が書いている。彼はとりわけその発見を喜んだが、そのことは彼が自分の諸著作の中でこれに頻繁に言及していることからもわかる。たとえば1911年には、『夢判断』（1900a, S. E., IV, 18）にそれについての脚注を付け加えているし、『精神分析入門』（1916-17）の第11講と第15講で相当詳しくそれを要約している。アベルの小冊子が1884年に出版されたということを読者は心に留めるべきであり、彼の発見のうちいくつかのものがのちの文献学者からは支持されていないとしても、それは仕方のないことだろう。これはとくに彼のエジプト学についてのコメントに関して当てはまる。それらのコメントは、エルマン Erman がエジプト文献学を初めて科学的に基礎づける以前になされたのだった。アベルからのここでの引用は、彼の挙げた実例の綴りに、いかなる修正もほどこさず訳出されている。

「愛情生活の心理学」への諸寄与　I
男性にみられる愛人選択の特殊な一タイプについて
（1910h）

ÜBER EINEN BESONDEREN TYPUS DER
OBJEKTWAHL BEIM MANNE
(BEITRÄGE ZUR PSYCHOLOGIE DES LIEBESLEBENS I)
A SPECIAL TYPE OF CHOICE OF OBJECT MADE BY MEN
(CONTRIBUTIONS TO THE PSYCHOLOGY OF LOVE I)

(a)独語版

1910年　*Jb psychoan. psychopath. Forsch.*, 2(2), 389-397.（'Beiträge zur Psychologie des Liebeslebens'）

1924年　'Beiträge zur Psychologie des Liebeslebens' Leiptzig, Wien, Zurich: Internatinaler Psychoanalytischer Verlag（Pp. 3-14）所収.

1943年　*G. W.*, 8, 66-77.

(b)英語訳

Contributions to the Psychology of Love: A Special Type of Choice of Object made by Men

1925年　*C. P.*, 4, 192-202.（Tr. Joan Riviere.）
1957年　*S. E.*, XI, 163-175.（今回の翻訳は、アラン・タイソンによる新しいものである）
(c)邦　訳
1932年　「恋愛生活の心理　1、男子の対象選択に於ける特殊の型」（大槻憲二訳）全9
1960年　「愛情生活の心理学への諸寄与1　男性にみられる愛人選択の特殊な一タイプについて」（高橋義孝訳）選14
1969年　「「愛情生活の心理学」への諸寄与1　男性にみられる愛人選択の特殊な一タイプについて」（高橋義孝訳）選14改訂
1983年　「「愛情生活の心理学」への諸寄与1　男性にみられる愛人選択の特殊な一タイプについて」（高橋義孝訳）著10, 176-184.

　この論文と続く2つの論文は、数年間にわたって書かれ出版されたものであったが、フロイトは、上記のような共通の表題を付けて比較的短い論文の第4の連作（*S. K. S. N.* 神経症学説小論集, 4頁, 1918）の中に一緒に入れている。1906年11月28日のウィーン精神分析協会の会議において、フロイトがこのような論文を書きたいと言ったということが、アーネスト・ジョーンズ（1955, 333）からうかがわれる。本論文の要旨は、1909年5月19日に同じ集まりで発表され、1週間後に議論された。だが、実際に執筆されたのは翌年の夏の初めになってからであった。

「愛情生活の心理学」への諸寄与　II
愛情生活の最も一般的な蔑視について
(1912*d*)

ÜBER DIE ALLGEMEINSTE ERNIEDRIGUNG DES
LIEBESLEBENS
(BEITRÄGE ZUR PSYCHOLOGIE DES LIEBESLEBENS II)
ON THE UNIVERSAL TENDENCY TO DEBASEMENT
IN THE SPHERE OF LOVE
(CONTRIBUTIONS TO THE PSYCHOLOGY OF LOVE II)

(a)独語版

1912年　*Jb. psychoan. psychopath. Forsch.* 4(1), 40-50.（'Beiträge zur Psychologie des Liebeslebens)

1924年　'Beiträge zur Psychologie des Liebeslebens' Leiptzig, Wien, Zurich : Internatinaler Psychoanalytischer Verlag（Pp. 15-28）所収.

1943年　*G. W.*, 8, 78-91.

(b)英語訳

Contributions to the Psychology of Love : The Most Prevalent Form of Degradation in Erotic Life

1925年　*C. P.*, 4, 203-216.（Tr. Joan Riviere.）

1957年　*S. E.*, XI, 177-190.（今回の翻訳は、'On the Universal Tendency to Debasement in the Sphere of Love 愛情の領域における価値低下の一般的傾向' という異なる表題をつけた、アラン・タイソンによる新しいものである）

(c)邦　訳

1932年　「恋愛生活の心理 2、恋愛生活の一般的卑しめに就て」（大槻憲二訳）全9

1960年　「愛情生活の心理学への諸寄与 2　愛情生活の最も一般的な蔑視について」（高橋義孝訳）選14

1969年　「「愛情生活の心理学」への諸寄与 2　愛情生活の最も一般的な蔑視について」（高橋義孝訳）選14改訂

1983年　「「愛情生活の心理学」への諸寄与 2　愛情生活の最も一般的な蔑視について」（高橋義孝訳）著10, 184-194.

　本論文の前半にある2つの性的傾向についての議論は、『性欲論三篇』（1905*d*）に対する補足的性質をもったものであり、事実、三篇の1915年版には、本論の短い要約が含まれている（*S. E.*, VII, 200）。心因性インポテンスに関する分析は、本論の中心部分を占めているが、この主題に関するフロイトの主要な著述となっている。本論の後半部分は、文明と本能的生の間の背反性という主題を詳細に論じた彼の多くの連作の一部をなすものであるが、そのもう1つの例が、標準版第XI巻54頁〈著10, 174〉の『精神分析について』にある。この主題についての彼の最も充実した議論は、「「文化的」性道徳と現代人の神経過敏」（1908）、および、ずっと後の『文化への不満』（1930*a*）の中に見いだされる。

「愛情生活の心理学」への諸寄与 III
処女性のタブー
(1918a[1917])

DAS TABU DER VIRGINITÄT
(BEITRÄGE ZUR PSYCHOLOGIE DES LIEBESLEBENS III)
THE TABOO OF VIRGINITY
(CONTRIBUTIONS TO THE PSYCHOLOGY OF LOVE III)

(a)独語版
(1917年12月12日に、ウィーン精神分析学会で報告として発表された)
1918年　*S. K. S. N.*, 4, 229-251.（'Beiträge zur Psychologie des Liebeslebens' III)（第2版, 1922）
1924年　'Beiträge zur Psychologie des Liebeslebens' Leipzig, Wien, Zurich : Internatinaler Psychoanalytischer Verlag（Pp. 29-48）所収.
1943年　*G. W.*, 12, 159-180.

(b)英語訳
Contributions to the Psychology of Love : The Taboo of Virginity
1925年　*C. P.*, 4, 217-235.（Tr. Joan Riviere.）
1957年　*S. E.*, XI, 191-208.（今回の翻訳は、アンジェラ・リチャーズによる新しいものである）

(c)邦　訳
1932年　「恋愛生活の心理　3、処女性のタブー」（大槻憲二訳）全9
1960年　「愛情生活の心理学への諸寄与3　処女性のタブー」（高橋義孝訳）選14
1969年　「「愛情生活の心理学」への諸寄与3　処女性のタブー」（高橋義孝訳）選14改訂
1983年　「「愛情生活の心理学」への諸寄与―処女性のタブー」（高橋義孝訳）著10, 333-347.

　この論文は1917年9月に書かれたが、翌年まで出版されなかった。2つの先行する論文とこの論文の間には数年の隔たりがあったにもかかわらず、こ

れらは一緒にまとめるのが適当だと考えられたようである。というのは、フロイト自身が1つの共通の表題のもとにこれらをまとめたからである。「トーテムとタブー」(1912-1913) が、この連作の2番目の論文と3番目である本論との間に出版されており、この第3論文は見方によっては、「トーテムとタブー」の2番目のエッセイへの追加であるとも言える。しかし一方、本論文は、女性における冷感症の臨床的問題についての議論を含んでいて、その観点からは、この連作の第2論文における男性のインポテンス研究の片割れともなっている (S.E., XI, 184〈著3, 188〉以降を見よ)。

精神分析的観点から見た心因性視覚障害
(1910*i*)

DIE PSYCHOGENE SEHSTÖRUNG IN PSYCHOANALYTISCHER AUFFASSUNG
THE PSYCHO-ANALYTIC VIEW OF PSYCHOGENIC DISTURBANCE OF VISION

(a)独語版

1910年　*Ärztliche Fortbildung*〈医学卒後教育〉　*Ärztliche Standeszeitung*〈医学職業新聞〉の付録, 9(9), 42-44（5月1日）

1943年　*G. W.*, 8, 93-102.

(b)英語訳

Psychogenic Visual Disturbance according to Psycho-Analytical Conceptions〈精神分析の概念による心因性視覚障害〉

1924年　*C. P.*, 2, 105-112. (Tr. E. Colburn Mayne.)

1957年　*S. E.*, XI, 209-218.（'The Psycho-Analytic View of Psyschogenic Disturbance of Vision' という新たな表題を付けたこの翻訳は、ジェームズとアリックス・ストレイチーによる新しいものである）

(c)邦　訳

1983年　「精神分析的観点から見た心因性視覚障害」（青木宏之訳）著10, 195-200.

これは、フロイトのもっとも古い友人の 1 人で、有名なウィーンの眼科医であるレオポルド・ケーニヒスタイン Leopold Königstein の『記念論文集』に寄稿するために書かれた。フロイトはこれについて、1910 年 4 月 12 日付けのフェレンツィへの手紙の中で、単なるその場しのぎの作品（pièce d'occasion）であり、何の価値もない、と言っている（Jones, 1955, 274）。しかしながら、これは少なくとも、非常に興味を引く一節を含んでいる。というのは、ここで彼が初めて「自我本能（ego-instincts）」という用語を用い、それを明らかに自己保存本能（self-preservative instincts）と同一視し、抑圧機能の中の重要な部分をこの自我本能に帰したからである。その諸本能についてのフロイトの見方の発展についての説明は、標準版第 XIV 巻における「本能とその運命」（1915c）に対する編者の覚書〈本書300-306頁〉で記している。また、本論文の後半の段落（S.E., XI, 217〈著10, 199〉以降）において、フロイトが精神的諸現象は根本的に身体的な諸現象に基づいている、という彼の信念を特に明確に表明していることは、特筆に値する。

「乱暴な」分析について
(1910k)

ÜBER 'WILDE' PSYCHOANALYSE
'WILD' PSYCHO-ANALYSIS

(a)独語版
1910年　Zbl. Psychoan.〈精神分析学中央雑誌〉, 1(3), 91-95.
1943年　G. W., 8, 117-125.
(b)英語訳
Concerning "Wild" Psychoanalysis〈「乱暴な」分析について〉
1912年　S. P. H.〈ヒステリー及びその他の精神神経症についての論文選集〉
　　　（第2版）, 201-206.（Tr. A. A. Brill.）（第3版, 1920）
Observations on "Wild" Psycho-Analysis〈「乱暴な」分析についての観察〉
1924年　C. P., 2, 297-304.（Tr. Joan Riviere.）
1957年　S. E., XI, 219-227.（表題を'"Wild" Psycho-Analysis'と修正したこの翻訳は、1924年に出版されたものに基づいている）

(c)邦　訳
1932年　「分析の「仕荒し」に就いて」（大槻憲二訳）全8
1958年　「「乱暴な」分析について」（古澤平作訳）選15
1969年　「「乱暴な」分析について」（小此木啓吾訳）選15改訂
1983年　「「乱暴な」分析について」（小此木啓吾訳）著9, 55-61.

　フロイトは本論文（1910年12月に出版された）の本質的なテーマについて、すでにおよそ6年ほど前に、標準版第VII巻261-262頁〈著9, 17-18〉の精神療法についての講義（1905a）において触れていた。その主題から離れても本論文に価値があるのは、フロイトが後年めったに言及することのなかった「現実神経症」に関する記述があり、そこには不安神経症と不安ヒステリーの区別が重要であることを思い起こさせる記述があるからである。

自殺についての討論への寄稿
（1910g）

BEITRÄGE ZUR SELBSTMORD-DISKUSSION
CONTRIBUTIONS TO A DISCUSSION ON SUICIDE

(a)独語版
1910年　*Diskussionen des Wiener psychoanalytischen Vereins* 〈ウィーン精神分析協会討論〉, 1号（1910年），（'Über den Selbstmord, insbesondere den Schülerselbstmord 〈自殺、とりわけ学生の自殺について〉'), 19 and 59. Wiesbaden: Bergmann
1943年　*G. W.*, 8, 61-64.
(b)英語訳
1957年　*S. E.*, XI, 231-232.（ジェームズ・ストレイチーによる翻訳は、おそらく初の英語訳である）

　これらの寄稿は、1910年4月20日および27日にウィーン精神分析協会で行なわれた討論においてなされたものである。南米の学者、アーネスト・オッペンハイム教授の挨拶によって進行が開始された。彼は出版されたものでは

'Unus Multorum' というペンネームで登場している。実は、当時彼は精神分析協会の会員であり、のちに、出版はされなかったが民間伝承の中の夢についての論文（Freud, 1957*a*）をフロイトとの共同研究で手がけている。続く討論はフロイトによって始められフロイトによって終えられた。このような討論のこれとは別の唯一の報告は同様に出版されている――マスターベーションについて（1912*f*）のものである。

フリードリヒ・S・クラウス博士への手紙
――『アントロポピュテイア』について
(1910*f*)

BRIEF AN DR. FRIEDRICH S. KRAUSS ÜBER DIE *ANTHROPOPHYTEIA*

LETTER TO DR. FRIEDRICH S. KRAUSS ON *ANTHROPOPHYTEIA*

(a)独語版
1910年　*Anthropophyteia*, 7, 472.
1943年　*G. W.*, 8, 223-226.
(b)英語訳
1957年　*S. E.*, XI, 233-235.（翻訳は初めて英訳されたもので、ジェームズ・ストレイチーによる）
(c)邦　訳
1983年　「フリードリヒ・S・クラウス博士への手紙――『アントロポピュテイア』について」（生松敬三訳）著10, 359-360.

『アントロポピュテイア』は、フリードリヒ・S・クラウス博士によって創刊され編集される定期刊行物で、主として性的な性格の文化人類学的素材を扱う。1904年に第１巻が登場し、その後1914年の第１次世界大戦勃発まで毎年１巻ずつ刊行されてきたが、その後は廃刊となったようである。その通常の巻に加えて、いくつかの追加の巻が発表され、その中の１つであるJ・G・ブアクの『諸民族の風俗・習慣・信仰・慣習法における汚物』の翻訳に対して、フロイトは緒言を書いている（1913*k*）。標準版第XI巻231頁の脚注

〈本書242頁〉で述べているような、民間伝承の中の夢に関する論文（1957 a）は、『アントロポピュテイア』からの抜粋が多く含まれている。

神経症患者が明かした病因的空想の例
（1910 *j*）

BEISPIELE DES VERRATS PATHOGENER
PHANTASIEN BEI NOUROTIKERN

TWO INSTANCES OF PATHOGENIC PHANTASIES
REVEALED BY THE PATIENTS THEMSELVES

(a)独語版
1910年　*Zbl. Psychoan.*, 1, 43.
1945年　*G. W.*, 8, 227-228.
(b)英語訳
1957年　*S. E.*, XI, 236-237.（翻訳は英語への初訳であり、ジェームズ・ストレイチーによるものである）

「ジクムント・フロイト博士」の署名で最初公刊された。

ヴィルヘルム・ノイトラ著『神経症の女性たちへの手紙』書評
（1910 *m*）

BESPRECHUNG VON DR. WILH. NEUTRA,
BRIEFE AN NERVÖSE FRAUEN

REVIEW OF WILHELM NEUTRA'S
LETTERS TO NEUROTIC WOMEN

(a)独語版
1910年　*Zbl. Psychoan.*, 1, 49.

1987年　G. W., 補遺巻, 500.
(b)英語訳
1957年　S. E., XI, 238.（翻訳は英語への初訳であり、ジェームズ・ストレイチーによるものである）

当時は、独語の原文は再版されてはいなかったようである。

ヴィルヘルム・ノイトラ博士による *Briefe an nervöse Frauen*. Second Thousand. Dresden and Leipzig : Minden, 1909の書評。「フロイト」の署名で最初公刊された。

自伝的に記述されたパラノイア（妄想性痴呆）の一症例に関する精神分析学的考察
（1911*c*）

PSYCHOANALYTISCHE BEMERKUNGEN ÜBER EINEN
AUTOBIOGRAPHISCH BESCHRIEBENEN FALL VON PARANOIA
(DEMENTIA PARANOIDES)

PSYCHO-ANALYTIC NOTES ON AN AUTOBIOGRAPHICAL
ACCOUNT OF A CASE OF PARANOIA
(DEMENTIA PARANOIDES)

(a)独語版
1911年　*Jb. psychoan. psychopath. Forsch.*, 3（1）, 9-69.
1943年　G. W., 8, 239-320.
(b)英語訳
1925年　C. P., 3, 387-466. さらに'"Postscript" to the Case of Paranoia'〈パラノイア症例の「後書き」〉前掲、467-470.（Tr. Alix and James Strachey.）
1958年　S. E., XII, 1-82.（この翻訳は、1925年に公刊されたものにかなりの修正と注釈を加えた再刷である）
(c)邦　訳
1959年　「自伝的に記述されたパラノイア（妄想性痴呆）の一症例に関する精

神分析学的考察」(熊田正春・小此木啓吾訳) 選16
1969年 「自伝的に記述されたパラノイア (妄想性痴呆) の一症例に関する精
　　神分析学的考察」(小此木啓吾訳) 選16改訂
1983年 「自伝的に記述されたパラノイア (妄想性痴呆) の一症例に関する精
　　神分析学的考察」(小此木啓吾訳) 著9, 283-347.

　シュレーバーの『回顧録』^(訳注1)は1903年に公刊された。ところが、精神医学者の仲間うちでは幅広く議論されたものの、それがフロイトの関心を惹くようになったのは1910年の夏になってからであった。その年の9月、フェレンツィとシチリア旅行に出かけた際、フロイトがその『回顧録』やパラノイアに関する全般的な問題について語ったことが知られている。ウィーンに戻る途中に論文を書き始め、アブラハムとフェレンツィのふたりに宛てた12月16日付けの書簡でその完成を伝えているが、1911年の夏までは公刊されなかったようである。「後書き」は、1911年9月22日、(ワイマールで開かれた)国際精神分析学会第3回大会で発表され、翌年初頭に公刊された。

　フロイトは、彼の精神病理学研究のかなり早い時期からパラノイアの問題に着手していた。『ヒステリー研究』〈著7〉が公刊される数ヶ月前の1895年1月24日、フロイトはパラノイアの問題についての長い書簡をフリースに送っている (Freud, 1950a, 草案H)。これには、簡単な症例報告と、2つの大きな要点を立証することをねらった理論的考察が含まれていた。すなわち、パラノイアとは防衛の神経症であることと、その主要なメカニズムは投影であるということの2点である。そのほぼ1年後 (1896年1月1日のこと)、今度はパラノイアについてのもっとずっと短い書簡をフリースに送った。これは、「防衛の神経症」(Freud, 1950a, 草案K) についての全般的な説明の一部をなしており、それを発展させて、フロイトはその後間もなく同じタイトルを冠した2番目の論文 (1986b, S. E., III) を公刊したのである。公刊されたその体裁は、この論文の第3セクションにもう1つの長めの症例報告が含まれ、「慢性パラノイア症例の分析」という見出しがつけられた―この症例に対しフロイトは (20年近くたったあとに追加された脚注で)「妄想性痴呆」という修正された診断名を選んでいる。1896年のこの論文では、理論に関して、彼の以前の主張にほとんど何も付け加えられてはいない。しかし、やがてフリースに宛てた書簡 (1899年12月9日、Freud, 1950a、書簡125〈手紙228〉) に、

幾分秘密めかした段落が登場し、そこでは、パラノイアには早期の自体愛が関係しているのではないかという彼ののちの見解がほのめかされているのである。その内容は、「神経症の選択」という問題に関連した論文「強迫神経症の素因」の編者の覚書に完全な形で引用されている（S. E., XII, 314 〈本書278頁〉を見よ）。

　この最後の文章の日付からシュレーバー症例の公刊までは10年以上の歳月が経過しており、その間、フロイトの著述でパラノイアについて言及されることはほとんどなかった。しかしながら、アーネスト・ジョーンズ（1955, 281）によれば、1906年11月21日、ウィーン精神分析協会においてフロイトは女性のパラノイア患者の症例を発表している。その時点では、どうやらフロイトは、この問題、すなわち、パラノイアと抑圧された受動的同性愛との結びつきについて、のちに彼が到達する全体的把握にはまだ至っていなかったようである。にもかかわらず、わずか1年とちょっとののち、ユング（1908年1月27日〈66F〉）とフェレンツィ（1908年2月11日）に宛てた書簡の中で、フロイトはその仮説を提唱し、それに対するふたりの確認を求め、同意を得ようとしている。シュレーバーの『回顧録』によって、フロイトが自分の理論を最初に発表し、パラノイアにおいてはたらく無意識過程の分析の詳細な記述でそれを裏付ける機会を得るまでには、さらに3年以上の歳月が経過したのであった。

　フロイトののちの著作においては、その疾患に関する言及が数多ある。それらの言及の中で比較的重要なものは、「精神分析理論に反するパラノイアの1例」に関する論文（1915f）と「嫉妬、パラノイア、同性愛に関する2、3の神経症的機制について」（1922b,〈著6〉）のセクションBである。加えて、「17世紀の悪魔神経症」（1923d,〈著11〉）では、その論文の主題の神経症がフロイトによってパラノイアとみなされた箇所はどこにもないにもかかわらず、シュレーバー症例についての考察が含まれている。これらその後の著作のいずれにおいても、本論文の中で表明されたパラノイアに対する見解に本質的な変更は加えられてはいないのである。

　しかしながら、シュレーバー分析の重要性は、パラノイア問題に光を当てたということに限られるものでは決してない。特にそのセクション3は、同時期に発表された精神現象の2原則についての短い論文（1911b, S. E., XII, 218〈著6, 36〉）とともに、多くの点でフロイトがその3、4年後に着手したメタ心理学についての先駆的論文となっているのである。そこでは、のちに

詳細に議論されることになる多くの問題が取り上げられている。そういうわけで、自己愛に関する見解（S. E., XII, 60〈著9, 327〉以降）はこの主題について書かれた論文（1914c〈著5〉）にとって予備的なもので、抑圧のメカニズムについての記述（S. E., XII, 66〈著9, 334〉以降）は数年のうちに再び取り上げられることになったし（1915d〈著6〉）、また、本能についての議論（S. E., XII, 74〈著9, 340〉）は「本能とその運命」（1915c〈著6〉）の中でさらに念入りに議論されることを予感させるものであったのである。一方、投影についての段落（S. E., XII, 66〈著9, 333〉）は、見込みに反してその後の議論が見当たらない。しかしながら、後半部分で議論されているふたつの問題点、すなわち、神経症発症の様々な原因（「欲求不満」の概念を含む）と、連続する「固着点」の果たす役割については、やがてそれぞれ別個の論文で扱われることになる（1912c, 1913i）。最後に、後書きで、フロイトは初めて神話の世界へほんの少し足を踏み入れ、トーテムについてここで最初に触れているのだが、それらはこのとき彼の思考をとらえ始め、のちに主要な著作の１つのタイトルとなるのである（1912-13〈著3〉）。

　フロイトが述べているように（S. E., XII, 46注1〈著9, 315注〉）、彼の症例報告では『回顧録』に含まれなかった事実は１つだけしか（シュレーバーの発病時の年齢）用いていない。我々は現在、フランツ・バウメイヤー博士によって執筆された論文（1956）のおかげで、かなりの量の追加情報を得ている。バウメイヤー博士は、数年間（1946-49）勤めていたドレスデン近郊の病院で、シュレーバーが再発を繰り返した病気についてのもともとの症例記録を大量に発見した。彼はその記録を要約し、その多くをそのまま引用している。それに加えて、シュレーバーの家族歴と発病前の生活史に関する膨大な数の事実を集めている。こうした素材のうちフロイトの論文に直接関連のあるものについては、脚注で触れておく。ここで報告する必要があるのは、『回顧録』で語られた病歴に続く部分だけである。1902年の終りに退院したあと数年の間、シュレーバーは表面的には普通の生活を送り続けたようである。その後1907年11月、彼の妻が脳卒中を起こしている（1912年まで生きていたのだが）。このことが彼に新たな発病を引き起こしたようであり、２週間後——今度はライプチヒ市ドゥーゼン地区の精神科病院に——再入院することになった。(原注1)彼はそこで、極度に混乱した、ひどく疎通のとれない状態のまま身体的にも次第に悪化し、1911年の春——フロイトが論文を公刊す

る直前に死亡した。以下に掲げる年表は、部分的に『回顧録』とバウメイヤーの素材から引用したデータに基づいているが、フロイトの考察の細部を理解する助けとなるであろう。

1842年	7月25日　ダニエル・パウル・シュレーバー、ライプチヒにて出生。
1861年	11月、父親、53歳で死去。
1877年	兄（3歳年上）、38歳で死去。
1878年	結婚。

1回目の発病

1884年	秋、ドイツ帝国議会に立候補。^(原注2)
1884年	10月、ゾンネンシュタイン収容施設に数週間入院。
	12月8日、ライプチヒ精神科クリニックへ。
1885年	6月1日、退院。
1886年	1月1日、ライプチヒ下級裁判所判決議長就任。

2回目の発病

1893年	6月、控訴院議長任命間近と通知される。
	10月1日、控訴院議長に就任。
	11月21日、ライプチヒクリニック再入院。
1894年	6月14日、リンデンホフ収容施設に転院。
	6月29日、ゾンネンシュタイン収容施設に転院。
1900-1902年	『回顧録』を執筆、退院をめぐって法的手段に訴える。
1902年	7月14日、退院の判決。
	12月20日、退院。
1903年	『回顧録』公刊。

3回目の発病

1907年	5月、母親、92歳で死去。
	11月14日、妻の脳卒中。その後間もなくの発病。
	11月27日、ライプチヒ市ドゥーゼン地区の収容施設に入院。
1911年	4月14日、死去。
1912年	5月、妻、54歳で死去。

本文の中で様々に言及されている3つの精神科病院に関する記録もまた、理解の助けになるだろう。

(1)ライプチヒ大学精神科クリニック（入院部門）。医長：フレヒズィッヒ

Flechsig 教授。

　(2)ゾンネンシュタイン館。ドレスデンから10マイルほど離れたエルベ地方プリーナのザクソン州立収容施設。医長：G・ヴェーバー Weber 医師。

　(3)リンデンホフ私立収容施設。コズヴィッヒ近郊、ドレスデンの北西11マイル。医長：ピアソン Pierson 医師。

　イーダ・マカルピン Ida Macalpine 博士とリチャード・A・ハンター Richard A. Hunter 博士とによる『体験記』の英訳は、1955年に刊行された（London: William Dawson）。様々な理由から、今回我々はこの翻訳を使うことができなかった。その理由のうちいくつかは、彼らの訳と我々の訳とを比較すれば誰の目にも明らかである。すなわち、この英訳には病歴の最中に生まれたシュレーバーの著書から多くが引用されているからである。精神分裂病者が創作したものの翻訳には明らかに特別な困難があり、その中では、フロイト自身が「無意識について」(S. E., XIV, 197〈著6, 87〉以降）という論文の中で指摘したように、言葉が主要な役割を果たす。そこでは訳者は、夢や言い間違い、ジョークなどにおいてしばしば出くわすのと同様の問題に直面するのである。このような場合すべてにおいて、標準版で採用されたのはさえない方法だが、必要に応じてもともとの独語を脚注に記し、説明的なコメントによって英語圏の読者がその素材について自分なりに理解できるよう配慮した。この方法は同時に、外見を完全に無視し、純粋な逐語訳によってシュレーバーの文体の粗削りな姿をさらけ出すことになってしまうだろう。原文においてとりわけ目につく特徴の１つは、官吏的で学術的な19世紀独語による難解で精緻な文章と、それらが記述する精神病的出来事の度外れた奇想天外さとの間に絶えず生じるコントラストなのである。

（原注１）フロイトによって1926年９月13日に書かれ、その一部がアーネスト・ジョーンズによる伝記第３巻（1957, 477）の中で発表された、マリー・ボナパルト妃に宛てた書簡からすると、この時の再発とその時期などについて、フロイトは論文の中では一切触れてはいないが、どうやら、ステグマン医師によって知らされたようである。本文の46頁と51頁の脚注〈著９, 315と320の注〉を参照せよ。

（原注２）この時点でシュレーバーはすでに、ショムニッツの下級裁判所 Landgericht 判決議長として、司法の要職にあった。１回目の発病から回復したあと、彼はライプチヒの下級裁判所において同様の地位にあった。２回目の発病の直前には、ドレスデンのザクソン控訴院議長に任命されたのである。

(訳注1) この症例の資料には邦訳がある。
シュレーバー，D・P（尾川浩・金関猛訳）『シュレーバー回想録』平凡社，1991
シュレーバー，D・P（渡辺哲夫訳）『ある神経病者の回想録』筑摩書房，1990

〔技法に関する諸論文〕
(1911-1915 [1914])

　フロイトは、『ヒステリー研究』(1895d〈著7〉)の中の論文で、ブロイアーの発見に基づいて自分が展開させた精神療法技法について極めて詳細に記述した。それは、「圧迫」法と記述されることもあるが、まだ暗示の要素をかなり含んでいた。それがその後急速に進化して、フロイトは間もなく「精神分析的」方法と呼ぶようになったのである。標準版第XII巻 (172) に印刷したフロイトの技法上の著作のリストを検討してみると、1903年と1904年の非常に簡単な2つの記述を除けば、その後15年以上もの間、技法に関する総括的な記述は一切公刊していないことがわかる。この間の彼の方法について我々はほとんど知り得ないが、主として付随的に述べられたこと——例えば『夢判断』(1900a〈著2〉)や、もっと詳しくはその時期の彼の三大症例報告、すなわち「ドラ」(1905e [1901]〈著5〉)、「少年ハンス」(1909b〈著5〉)、「ねずみ男」(1909d〈著9〉)の中で明らかになることから、推論しなければならない（ついでに言うと、後の2つの報告が書かれたのは、この相対的な沈黙の時期のほぼ終り頃に当たる）。アーネスト・ジョーンズ (1955, 258以降) によれば、1908年の時点で、フロイトは既に *Allgemeine Technik der Psychoanalyse* (*A General Account of Psycho-Analytic Technique* 精神分析技法の包括的説明) を書いてみようかと何となく考えていたらしい。それはおよそ50頁に及ぶ予定で、そのうちの36頁分は、その年の終りには既に書き上げられていた。しかし、この時点で筆が止まってしまい、フロイトは、1909年の夏休みまで、それを書き上げることを先送りしようと決めたのであった。しかし、その時になっても、論文「鼠男」を仕上げねばならず、また、アメリカ渡航の準備もあって、技法に関する論文は再び棚上げされてしまった。それにもかかわらず、同じ年の夏、フロイトはジョーンズ博士に、「技法の原理と法則についてのささやかな覚書」を計画中であり、それは極めて身近な弟子たちだけに私的に配布する予定であると告げた。そのあと、「精神分

析療法の今後の可能性」が発表されるまでは、この主題に関しては何も語られなかった。その論文は、翌年3月の終りにニュルンベルク大会で読み上げられた（1910*d*）。それは技法に関する問題に触れているのだが、その中で（*S. E.*, XI, 142〈著9, 45〉）フロイトは、「近い将来」、*Allgemeine Methodik der Psychoanalyse*（精神分析の一般的方法論）——おそらく体系的な技法書を著わす予定であると述べたのである。しかし、数カ月後に書かれた「乱暴な」分析についての批評（1910*k*〈著9〉）を除いては、またしても18ヶ月以上先送りされてしまい、1911年の暮れになって初めてここに挙げる6つの論文の公刊が始まったのである。

最初の4つの論文は、その後の15ヶ月間にわたって矢継ぎ早に発表された（1911年12月から1913年3月まで）。その後しばらく間が空き、残りの2つの論文は1914年11月と1915年1月にそれぞれ発表された。しかしながら、これら2つの論文は、実際のところ、1914年7月の終り、すなわち第1次世界大戦勃発の直前には書き上げられていたのである。そのように、6つの論文の発表はおよそ2年半にもわたっているが、フロイトはそれらの論文を1つの連続性をなすものとみなしていたようである。それは、4番目の論文の脚注（*S.E.*, XII, 123〈著9, 87〉）や、あとの方の4つの論文がもともとは同じ表題であったといった事実、さらには、フロイトがそれらの4つの論文を、1918年に4番目の小論文集の中で、「精神分析技法について Zur Technik der Psychoanalyse（On the Technique of Psycho-analysis）」という見出しでまとめて再版したことなどからわかる通りである。そういうわけで、今回は、論文の年代順を無視し、一連のものとして標準版第XII巻では一括して含めることがふさわしいと考えた。

これら6つの論文は非常に多くの重要な主題を取り扱っているものの、およそ精神分析技法の系統立てた説明とみなすことはできそうにない。にもかかわらず、それらは、フロイトの技法についての最も精密なアプローチを呈示しているのである。というのも、これらの論文が発表されたあとの20年間、フロイトは、技法という主題についてはっきりした論文は、わずか2つしか書いていないからである。すなわち、ブダペスト大会の発表論文における治療の「積極的」方法についての議論（1919*a* [1918]〈著9〉）と、夢解釈におけるいくつかの実践的な助言（1923*c*）である。これらの論文の他には、我々は従来と同様に主として症例報告、とりわけ「狼男」の分析（1918*b* [1914]〈著9〉）の中の付随的な事柄を頼りにするしかないのだが、これは、

本論文とほぼ同じ時代に書かれたものである。もちろん、これに加えて、『精神分析入門』(1916-17〈著1〉)の第27講と第28講には、精神分析療法の基礎となる原則についての長い記述があるが、これはおそらく、技法に関する問題への直接的な貢献とはみなされないであろう。それどころか、明らかに技法的な本質についての重要な2つの論文（1937c〈著6〉、1937d〈著9〉）でフロイトが再びその問題に立ち返るのは、フロイトの最晩年、1937年になってからなのである。

　技法に関するフロイトの著作が相対的に少ないことは、彼の躊躇や執筆の遅れと並んで、フロイトにとって、この種の題材の公刊は不本意だという気持ちがいくらかあったということを示唆している。実際のところ、様々な理由から、それが実情であったようである。確かにフロイトは、将来の患者が自分の技法の詳細について多くを知りすぎるのは嫌がっていたし、患者たちが、フロイトが技法について書いたことは何にでも目を通そうと躍起になっているということにも気づいていたのである。（こうした感情は、先に触れたように、技法に関する著作の普及を限られた数の分析家の中だけにとどめたいという提案によって例証されている）。(原注1)しかし、そのことを別にしても、「若き分析家への手引き」とでも呼ばれるようなものの初心者にとっての価値について、フロイトは非常に懐疑的であったのである。何らかの形でそれに類似したものは、このシリーズの3番目と4番目の論文において見出されるだけである。こうしたことは、彼が「分析治療の開始について」において我々に語っているように、関与する心理的要因（分析家のパーソナリティを含めて）があまりにも複雑で変わりやすいので、確実でしっかりとした標準的法則を打ち立てることができないという一面もあるからである。そうした標準的法則が価値を持つのは、その背景が正しく理解され会得された時に限られる。実際のところ、これらの技法に関する論文の非常に多くの部分は、精神分析療法というよりむしろ精神療法一般のメカニズムの解説に当てられているのである。ひとたびこのメカニズムが把握されると、患者（そして分析家）の反応を説明し、あらゆる特定の技法上の工夫において予想される効果と利益について、判断を下すことが可能になったのである。

　しかしながら、技法についての議論のあと、最後にフロイトは、技法の正しい習熟とは、臨床経験によってのみ獲得され得るものであって、書物を通してなされるものではないと主張してやまなかった。患者との臨床経験はもちろんだが、なかんずく分析家自身が分析を受けるという臨床経験が重要な

のである。このことは、フロイトが次第に確信していったように、すべての実践的な精神分析家にとっての基本として必要なものであった。フロイトはこの考えを、当初、例えば「精神分析療法の今後の可能性」(1910*d*, *S. E.*, XI, 145〈著9，44〉)の中で、ややためらいがちに提唱していた。そのことは、本シリーズの論文の1つ(*S.E.*, XII, 116〈著9，83〉以降)でもっと明確に表明されており、晩年の著作の1つ『終わりある分析と終わりなき分析』(1937*c*〈著6，409〉)の中では、すべての分析家は、定期的に、おそらく5年に1度くらいは、新しく分析を受けるべきであると断言しているのである。本巻に挙げる技法に関する論文は、背景にあるこの制約となる条件を常に意識して読まれるべきであることは疑いようもない。

　最後に触れておきたいのは、この一連の論文の中でフロイトは、すべての分析家が医師の資格を必ずしも持っていなくてもよいかという問題には言及していないということである。これらの論文の中では、分析家は医師であるということが当然のこととされているようであり、全体を通してそのように言われない場合よりもはるかにしばしば'*Arzt*'つまり「内科医」あるいは「医師」という言葉が、散見されるのである。医師ではない精神分析家が登場する可能性についての取り組みをフロイトが初めて公刊したのは、これらの論文の最後のものと同じ時期であり、標準版第XII巻(330以降)のプフィスターによる著書の序文の中にある。この問題についての彼の主要な議論は、その後の、素人による分析についての小冊子(1926*e*)(原注2)やそれに対する後書き(1927*a*)にある。もしフロイトが生涯のもっとあとにこのシリーズを書いたのであったならば、'*Arzt*'という言葉はそれほど登場しなかったのではないかと推測される。実際のところ、技法に関する彼の最後の2篇の論文(1937*c*と1937*d*)では、その言葉は一切登場しないのである。すべて'*Analytiker*'、すなわち「分析家」という言葉にとって代わられているのである。

(原注1)「逆転移」(*S.E.*, XII, 160-161の注を見よ)という現象についての著作において、十分な議論が行なわれていないことも、おそらくこうした感情の表れと考えることができるだろう。
(原注2)ちなみに、そこには、この一連の論文から多くの言葉が借用されており、第5章においては、ときにはほとんど逐語的に引かれている。

精神分析療法中における夢解釈の使用
(1911e)

DIE HANDHABUNG DER TRAUMDEUTUNG
IN DER PSYCHOANALYSE
THE HANDLING OF DREAM-INTERPRETATION
IN PSYCHO-ANALYSIS

(a)独語版
1911年　*Zbl. Psychoan.*, 2（3）, 109-113.
1943年　*G. W.*, 8, 349-357.
(b)英語訳
The Employment of Dream-Interpretation in Psycho-Analysis
1924年　*C. P.*, 2, 305-311.（Tr. Joan Riviere.）
1958年　*S. E.*, XII, 89-96.（この翻訳は1924年に出版されたものの修正版で、表題がわずかに改変されている）
(c)邦　訳
1932年　「精神分析に於ける夢の解釈の使用」（大槻憲二訳）全8
1958年　「精神分析療法中における夢解釈の使用」（古澤平作訳）選15
1969年　「精神分析療法中における夢解釈の使用」（小此木啓吾訳）選15改訂
1983年　「精神分析療法中における夢解釈の使用」（小此木啓吾訳）著9, 62-67.

　本論文は1911年12月に最初に公刊された。そのテーマは、表題が暗に示す通り、特定のもの、すなわち、治療的な分析の中で現われるような夢だけを扱っている。同じ主題に関するさらなる寄稿は「夢解釈の理論と実践についての意見 'Remarks on the Theory and Practice of Dream-Interpretation'」(1923c) のセクション1から8セクション8に載せられている。

転移の力動性について
(1912*b*)

ZUR DYNAMIK DER ÜBERTRAGUNG
THE DYNAMICS OF TRANSFERENCE

(a)独語版
1912年　*Zbl. Psychoan.*, 2（4）, 167-173.
1943年　*G. W.*, 8, 363-374.
(b)英語訳
1924年　*C. P.*, 2, 312-322.（Tr. Joan Riviere.）
1958年　*S. E.*, XII, 97-108.（翻訳は、ジェームズ•ストレイチーによるもので、初めて公刊される）
(c)邦　訳
1932年　「転嫁の動力性」（大槻憲二訳）全8
1958年　「感情転移の力動性について」（古澤平作訳）選15
1969年　「感情転移の力動性について」（小此木啓吾訳）選15改訂
1983年　「転移の力動性について」（小此木啓吾訳）著9, 68-77.

　フロイトはこの論文（1912年1月に公刊された）を技法に関するシリーズの中に含めたが、実際のところ、転移という現象と、それが分析的治療においてどのように作用するかについての理論的検討という色彩がかなり強いものである。すでにフロイトは、ドラの症例報告（1905*e*［1901］）、標準版第VII巻116-117頁における最後のやや短い注釈の中で、その問題を取り上げていた。さらに『精神分析入門』（1916-17〈著1〉）の第27講の後半と第28講の前半において、この問題を詳細に取り扱い、また、最晩年には『終わりある分析と終わりなき分析』（1937*c*〈著6〉）という長い論文において、このテーマについての重要なコメントをいくつも残している。

分析医に対する分析治療上の注意
(1912e)

RATSCHLÄGE FÜR DEN ARZT BEI
DER PSYCHOANALYTISCHEN BEHANDLUNG
RECOMMENDATIONS TO PHYSICIANS
PRACTISING PSYCHO-ANALYSIS

(a)独語版
1912年　　*Zbl. Psychoan.*, 2 (9), 483-489.
1943年　　*G. W.*, 8, 375-387.
(b)英語訳
Recommendations for Physicians on the Psycho-Analytic Method of Treatment
1924年　　*C. P.*, 2, 323-333.（Tr. Joan Riviere.）
1958年　　*S. E.*, XII, 109-120.（翻訳は、1924年に出版されたものの修正版で、表題が変えられている）
(c)邦訳
1932年　　「分析医に対する処置上の注意」（大槻憲二訳）全8
1958年　　「分析医に対する分析治療上の注意」（古澤平作訳）選15
1969年　　「分析医に対する分析治療上の注意」（小此木啓吾訳）選15改訂
1983年　　「分析医に対する分析治療上の注意」（小此木啓吾訳）著9, 78-86.

この論文は、1912年7月に初めて発表された。

分析治療の開始について
（精神分析技法に対するさらなる忠告Ⅰ）
(1913c)

ZUR EINLEITUNG DER BEHANDLUNG（WEITERE RATSCHLÄGE
ZUR TECHNIK DER PSYCHO-ANALYSE Ⅰ）

ON BEGINNING THE TREATMENT (FURTHER RECOMMENDATIONS ON THE TECHNIQUE OF PSYCHO-ANALYSIS Ⅰ)

(a)独語版
1913年　*Int. Z. Psychoanal.,* 1（1）, 1-10 and（2）, 139-146.
1943年　*G. W.,* 8, 453-478.
(b)英語訳
'Further Recommendations in the Technique of Psycho-Analysis : On Beginning the Treatment. The Question of the First Communications. The Dynamics of the Cure'
1924年　*C. P.,* 2, 342-365.（Tr. Joan Riviere.）
1958年　*S. E.,* Ⅻ, 121-144.（翻訳は、1924年に出版されたものの修正版で、表題が変えられている）
(c) 邦　訳
1932年　「分析処置法」（大槻憲二訳）全8
1958年　「分析治療の開始について」（古澤平作訳）選15
1969年　「分析治療の開始について」（小此木啓吾訳）選15改訂
1983年　「分析治療の開始について」（小此木啓吾訳）著9, 87-107.

　この論文は、1913年の1月と3月の2回に分けて公刊された。「治療とはどのような素材に対して始められるべきか？」（*S.E.,* Ⅻ, 134〈著9, 98〉）という言葉で終わっている1回目は、'Weitere Ratschläge zur Technik der Psycho-Analyse：Ⅰ. Zur Einleitung der Behandlung' という表題だった。2回目も同じ表題だったが、'—Die Frage der ersten Mitteilungen—Die Dynamik der Heilung〈最初の報告の問題—治療の力動〉' という言葉が付け加えられた。この完全な形の表題は、上に挙げた一番最初の英語訳に示したものである。1924年から以降のすべての独語版では、'Zur Einleitung der Behandlung'〈治療の開始〉という短い表題が採用され、付け加えられた言葉はない。フロイトのもともとの見解では（彼自身の原稿に示されるように）、この論文は、表題に対応して3つのセクションに区分された。すなわち、最初は「治療の開始」で標準版第Ⅻ巻139頁〈著9, 103〉まで、2番目の「最初の報告の問題」は同141頁〈著9, 105〉までで、そこから3番目の「治療の力動」が始まっている。

想起、反復、徹底操作
（精神分析技法に対するさらなる忠告 II）
(1914g)

ERINNERN, WIEDERHOLEN UND DURCHARBEITEN
(WEITERE RATSCHLÄGE ZUR TECHNIK DER PSYCHO-ANALYSE II)
REMEMBERING, REPEATING AND WORKING-THROUGH
(FURTHER RECOMMENDATIONS
ON THE TECHNIQUE OF PSYCHO-ANALYSIS II)

(a)独語版
1914年　*Int. Z. Psychoanal.*, 2 (6), 485-491.
1943年　*G. W.*, 10, 125-136.
(b)英語訳
1924年　*C. P.*, 2, 366-376.（Tr. Joan Riviere.）
1958年　*S. E.*, XII, 145-156.（翻訳は、1924年に公刊されたものの修正版で、表題が変えられている）
(c)邦　訳
1932年　「想起、反覆、並びに徹底操作」（大槻憲二訳）全8
1958年　「想起、反復、徹底操作」（古澤平作訳）選15
1969年　「想起、反復、徹底操作」（小此木啓吾訳）選15改訂
1970年　「想起、反復、徹底操作」（小此木啓吾訳）著6，49-58.

　この論文が初めて公刊された際（1914年の終り頃）の表題は、'Weitere Ratschläge zur Technik der Psychoanalyse (II): Erinnern, Wiederholen und Durcharbeiten.' というものであった。1924年の英語訳の表題は、上に引用したように、これを訳したものである。1924年以降は、独語版ではもっと短い表題が採用された。

　この論文は、その技法的な重要性とは別に、「反復強迫」(*S.E.*, XII, 150 〈著6, 52〉) と「徹底操作」[訳注1](*S.E.*, XII, 155 〈著6, 57〉) という概念が初めて登場しているという点で注目に値する。

（訳注1）「徹底操作」の訳は「生き抜く」という主体性とは異なるイメージを伝える。

転移性恋愛について
（精神分析技法に対するさらなる忠告Ⅲ）
(1915a [1914])

BEMERKUNGEN ÜBER DIE ÜBERTRAGUNGSLIEBE
(WEITERE RATSCHLÄGE ZUR TECHNIK DER
PSYCHO-ANALYSE III)

OBSERVATIONS ON TRANSFERENCE-LOVE
(FURTHER RECOMMENDATIONS ON THE TECHNIQUE OF
PSYCHO-ANALYSIS III)

(a)独語版
1915年　*Int. Z. Psychoanal.,* 3（1）, 1-11.
1943年　*G. W.,* 10, 305-321.
(b)英語訳
Further Recommendations in the Technique of Psycho-Analysis: Observations on Transference-Love
1924年　*C. P.,* 2, 377-391.（Tr. Joan Riviere.）
1958年　*S. E.,* XII, 157-171.（翻訳は、1924年に公刊されたものの修正版で、表題が変えられている）
(c)邦　訳
1932年　「医者に対する夫人患者の転嫁愛に就いて」（大槻建二訳）全8
1958年　「感情転移性恋愛について」（古澤平作訳）選15
1969年　「感情転移性恋愛について」（小此木啓吾訳）選15改訂
1983年　「転移性恋愛について」」（小此木啓吾訳）著9, 115-126.

　この論文が初めて公刊された時（1915年初頭）、表題は、'Weitere Ratschläge zur Technik der Psychoanalyse（III）: Bemerkungen über die Übertragungsliebe.' であった。1924年の英語訳の表題は、上に挙げたようにこれを訳したものである。1924年以降の独語版では、それよりも短い表題

が採用された。

　アーネスト・ジョーンズ博士（1955, 266）によれば、フロイトは、この技法論集の中で、この論文を最高のものであると考えていた。1931年12月13日にフロイトがフェレンツィに宛てた書簡は、フェレンツィによって導入された技法上の展開について書かれたもので、この論文の興味深い後書きとなっている。それは、ジョーンズ博士によるフロイトの伝記第3巻の第4章の最後のあたりに収録されている（1957, 174〈生涯480〉以降）。

民間伝承の中の夢
(1957a[1911])

TRÄUME IM FOLKLORE

DREAMS IN FOLKLORE

（By Freud and Oppenheim）

(a)独語版

1958年　*Dreams in Folklore*, Part II, New York : International Universities Press. Pp. 69-111.

1987年　*G. W.*, 補遺巻, 573-600.

(b)英語訳

1958年　Id., Part I, New York : International Universities Press. Pp. 19-65. （Tr. A. M. O. Richards ; Introd. J. Strachey.）

1958年　*S. E.*, XII, 175-203.（この翻訳はニューヨークで出版されたものの再版で、些細な変更が加えられている）

　もともと標準版の文献リストでは1957aとされており、そのままにすることが最もよいと考えられたが、この論文の実際の公刊が思いがけず1958年に延期されてしまったのである。

(c)邦　訳

2001年　「民間伝承の中の夢」（金森誠也訳）『夢と夢解釈』講談社学術文庫

　フロイトとウィーンのD・E・オッペンハイム Oppenheim 教授の共著であるこの論文の存在は、当時オーストラリアに住んでいたオッペンハイムの

娘リフマン Liffman 夫人が、ニューヨークの書店にそれを知らせた1956年の夏まで、事実上見過ごされてきた。その後間もなく、フロイト資料館に代わって、バーナード・L・パッセラ Bernard L. Pacella 博士が原稿を入手したのだが、我々が標準版の中にこの作品を収録することができるのは、彼の気前のよさと、資料館事務局長であるK・R・アイスラー博士の惜しみない助力のお蔭である。

　この論文でフロイトの共著者となったデービッド・アーンスト・オッペンハイムは、1881年に、ブリュン、現在のチェコスロバキアで生まれた。彼は古典文学の学者で、ウィーンの中等学校 *Akademisches Gymnasium* で教授となり、ギリシャ語とラテン語を教えていた。アーネスト・ジョーンズ博士（1955, 16）は、彼が1906年のフロイトの大学での講義に参加していたことに触れている。しかし、どうやら1909年まで、彼はフロイトとは知り合いではなかったらしい。その年の秋、彼は、精神分析の文献の知識があることがわかるようなやり方で、古典神話を扱った論文の写しをフロイトに送ったようである。というのも、それに対してとてもあたたかい言葉で感謝を示し、彼の古典の知識を精神分析の研究に役立ててほしいと提案する内容のフロイトの書簡（1909年10月28日付け）^{（原注1）}が残っているからである。その結果、彼とウィーン精神分析協会との関係ができたらしく、彼は1910年に会員となったのである（Jones, 同）。その年の4月20日、彼はウィーン協会で（特に男子学生の）自殺に関するシンポジウムを開き、その内容が小冊子の形で刊行された（1910 ; Freud, 1910g も参照せよ）。オッペンハイムの寄稿文は、その中の 'Unus Multorum' という署名のあるものであるが、それは、数年後にアドラーとフルトミュラーによって編集された論文集『治療と教育』（1914）の中で再版されている。公刊されたウィーン協会の議事録からわかることは、彼が1910年と1911年の間に3つの「短報」を報告していて、その中の最初のもの、すなわち「夢象徴に関係のある民間伝承の素材」（1910年11月16日）に関するものがこの論文と明らかに関係があるということである。1911年の春、フロイトは『夢判断』第3版を刊行しているが、この中でフロイトは、民間伝承における夢に関連して、オッペンハイムの論文に触れ、そうしたテーマの論文が間もなく発表されるだろうと述べた脚注を付け加えた（S. E., V, 621）。その脚注は後の版ではいずれにおいても削除されてしまった。この論文が散逸したことと同様、この削除が行なわれたことについては、オッペンハイムがその後間もなくアドラーの支持者になったことや、1911年10月11日

に他の5名とともにウィーン精神分析協会から脱退したという事実によって説明されることは間違いない。彼は第2次大戦中、妻とともに拘禁されていたテレジエンシュタットの強制収容所において死亡した。戦後、彼の妻が、保存し続けることのできたこの原稿を持ってオーストラリアに移住したのである。彼女の希望にそって、その公刊は彼女が亡くなるまでは見送られたのであった。

　この論文の中でフロイトが分担執筆した部分の日付は、かなり狭い範囲に特定することが可能である。すなわち、1911年の早い時期には書かれていなかったはずである。それがわかるのは、本文中で、その年の初頭に出版されたシュテーケルの『夢の言葉 *Die Sprache des Traumes*』に言及しているからである (*S.E.*, XII, 194注)。そして、その年の夏、アドラーと最終的に絶交する前に完成されたに違いない。

　現在我々が手にしている形の原稿は、筆者らによる最終的な改訂を受けてはいないものの、編集上の校閲をほとんど必要とせず、また、ふたりの筆者によって担当された部分を明確に判読することができるものである。もともとの素材は明らかにオッペンハイムによって収集された。これは、たいていが F・S・クラウス Krauss によって編集された『アントロポピュテイア *Anthropophyteia*』誌 (Leipzig, 1904-13) から引用されていたが、フロイトはこの雑誌には常に特別な興味を抱いていた[原注2](この論文と特に関連があるものとしては、彼が編者に宛てた公開状 1910*f*, ブアク Bourke の『諸民族の風俗・習慣・信仰・慣習法における汚物』1913*k, S. E.*, XII, 335などを参照せよ)。オッペンハイムは、こうした素材の一部はタイプライターで、一部は手書きで(わずかな寸評を加えながら)写し取ってフロイトに託し、それからフロイトはそれらを適切な順序に並べかえ、オッペンハイムの原稿用紙をそれよりもはるかに長い自分の原稿に張りつけ、豊富なコメントを書き込んでいったのである。そのあとフロイトはオッペンハイムにその原稿をまるごと送り返したはずで、オッペンハイムはそれにもう1度2、3のコメントを付したようである(そのうちのいくつかは速記による)。

　そういうわけで、ここに掲載した翻訳では、もし事前に意見交換されたことを考慮に入れなければ、ふたりの筆者によって寄稿された内容は自ずと識別されることになる。すなわち、ここで幾分小さめの活字で印刷されたもとの素材はすべてオッペンハイムによるものである。その他のすべて、すなわち序論や解説、結論、そして素材の全体的な配列はフロイトによるものであ

る。編者らによってなされた唯一の変更は、参考文献を本文中から脚注へ移したことである。オッペンハイムによる余白へのちょっとした書き込みも、誰によるものかを明記した上で脚注として印刷されている。しかしながら、それらのうちのいくつかは、残念なことに判読し難いものになっている。

多くのオリジナルな物語が書かれる際に用いられていた様々な方言については、翻訳にあたってそれを再現しようとは試みていない。一般に民話と関連のある類の慣用表現は採用されている。参考文献は可能な限りチェックされており、その中の多くの誤りが修正された。

（原注1）　この手紙の独語原文は、英訳とともにこの論文のアメリカ版に収録されている。
（原注2）　素材の中には、1883年から1911年の間にハイルブロンとパリで刊行された同様の雑誌『クリプタディア』誌からとられたものもある。

精神分析に関して
(1913 *m* [1911])

ÜBER GRUNDPRINZIPIEN UND ABSICHTEN
DER PSYCHOANALYSE
ON PSYCHO-ANALYSIS

(a)独語版
（1958年時点で独語版は出版されていなかったようである）
1987年　*G. W.,* 補遺巻, 723-729.〈アンナ・フロイトによる独語への逆翻訳〉
(b)英語訳
1913年　*Australian Medical Congress, Transactions of the Ninth Session* 〈オーストラリア医学会議、セッション9の交流〉, 2, Part 8, 839-842.
1958年　*S. E.,* XII, 205-211.（この翻訳は、1913年に出版されたものの修正版である）

1911年3月始め、フロイトは、心理学的医学・神経学部門の代表であるアンドリュー・デイヴィッドソン Andrew Davidson 博士から、その年の9月

にシドニーで開催される予定のオーストラリア医学大会で発表する論文の依頼を受け取った。早速フロイトは5月13日に論文を発送し、それが大会で読み上げられ、その後、ユングとハブロック・エリスによる論文（これも精神分析的な主題に関するもの）とともに『大会誌』に掲載された。

　独語版は見つかっていないが、論文そのものから得られる証拠によると、刊行された英語版がフロイト自身によって英語で書かれた可能性は薄いようである。むしろ、元々独語で書かれたものが、おそらくオーストラリアで翻訳されたのであろう。そうしたことから、刊行された原文にこだわる理由は特にないと思われるので、原文の用語や文体に対して若干の修正を施している。

精神現象の二原則に関する定式
(1911*b*)

FORMULIERUNGEN ÜBER DIE ZWEI PRINZIPIEN
DES PSYCHISCHEN GESCHEHENS

FORMULATIONS ON THE TWO PRINCIPLES OF
MENTAL FUNCTIONING

(a)独語版
1911年　*Jb. psychoan. psychopath. Forsch.*, 3, (1), 1-8.
1943年　*G. W.*, 8, 229-238.
(b)英語訳
Formulations Regarding the Two Principles in Mental Functioning
1925年　*C. P.*, 4, 13-21.（Tr. M. N. Searl.）
1958年　*S. E.*, XII, 213-226.（この翻訳は、1925年に公刊されたものに基づいているが、表題が修正され、ほとんどの部分が書き直されている）
(c)邦　訳
1955年　「精神現象の二原則に関する定式」（井村恒郎・加藤正明訳）選10
1969年　「精神現象の二原則に関する定式」（加藤正明訳）選10改訂
1970年　「精神現象の二原則に関する定式」（井村恒郎訳）著6, 36-41.

アーネスト・ジョーンズ博士によると、フロイトがこの論文を計画し始めたのは1910年6月で、シュレーバーの症例報告（1911c〈著9〉）とほぼ同じ時期に手掛けていた。この論文に対するフロイトの取り組みはゆっくりしたものであったが、10月26日、ウィーン精神分析協会においてこのテーマについて講演した際、聴衆の反応が鈍いことに気づき、彼自身自分の発表に満足しなかった。フロイトが実際にこの論文を書き始めたのは12月になってからであった。1911年1月の終りに完成したが、公刊されたのは春の終り頃で、シュレーバー症例と同じ号の『年報』に掲載されることになった。

この論文はよく知られた論文で、精神分析の古典の1つであるのだが、ほとんど同じ時期に書かれたシュレーバーの症例報告のセクション3とともに、フロイトが10年以上もの間をおいて、臨床的な知見から得られた全般的な理論仮説の議論を再開したものであった。彼が初めてそのような議論を広範囲にわたって試みたのは、1895年の「科学的心理学草稿」〈著7〉の中の神経学になぞらえた言い回しによるものであったが、それはフロイトの存命中に公刊されることはなかった（Freud, 1950a）。『夢判断』（1900a〈著2〉）の第7章は類似した一連の仮説について解説したもので、この時にはまさしく心理学用語で書かれていた。本論文（特に前半部分）の素材の多くは、それら2つの原典から直接引用されたものである。この著作は棚卸しのような印象を与える。それはあたかも、フロイトがいわば自己点検のために初期の基礎的仮説を持ち出し、近い将来展開することになる主要な理論的議論、例えば自己愛についての論文や膨大な数にのぼるメタ心理学の論文などの基礎として、それらを使うための準備をしていたかのようである。

彼の見解についてのこの解説は非常に凝縮されたもので、今日においてさえ容易に理解できるものではない。今でこそ我々は、フロイトが言っていることのほとんどは、彼が長い間心の中であたためていたものだということがわかるのだが、公刊された時点では、それは困惑してしまうほどの新奇なものに満ちていて、読者に衝撃を与えたに違いない。例えば、標準版第XII巻219頁〈著6, 37〉以降の（1）と記された段落は、「科学的心理学草稿」やメタ心理学の論文を知らなかった人や、『夢判断』の中の、ほとんど同様に凝縮された全く体系化されていない数々のくだりから理解の糸口を探すしかなかった人にとっては、実に理解し難い箇所であろう。フロイトがこの論文を初めて読み上げた際に感じた聴衆の反応の鈍さは、ほとんど驚くには値し

ないのである。

　この著作の主要なテーマは、それぞれ心的な1次過程と2次過程において優位を占め、統制を担っている2つの原則（快感原則と現実原則）の区別である。実際のところ、そうした命題は「科学的心理学草稿」の第1部セクション1において既に論じられ、第1部のセクション15、16や第3部セクション1の後半部でも詳しく述べられている。そして、『夢判断』の第7章（S. E., V, 565-567, 598以降〈著2, 464-466, 490以降〉）においても再度論じられている。しかし、それを十分に論じることは、それからおよそ3年後に書かれた夢のメタ心理学についての論文（1917d[1915]）まで見送られたのである。現実に対する我々の心的態度という問題に関して、フロイトの考え方の進展をもっと詳細に説明したものは、その論文の編者ストレイチーの覚書（S. E., XIV, 219〈本書316頁〉以降）の中にある。

　論文の最後の部分では、関連するその他の話題が多く並べられているが、（主要なテーマの場合と同様に）そうしたテーマの展開はその後の検討に委ねられている。実際のところ、論文全体は、（フロイト自身が述べているように）予備的で探索的な性質のものだが、だからといってその重要性が損なわれるというわけではないのである。

神経症発症の諸型について
(1912c)

ÜBER NEUROTISCHE ERKRANKUNGSTYPEN
TYPES OF ONSET OF NEUROSIS

(a)独語版

1912年　Zbl. Psychoan., 2(6), 297-302.

1943年　G. W., 8, 321-330.

(b)英語訳

Types of Neurotic Nosogenesis

1924年　C. P., 2, 113-121.（Tr. E. C. Mayne.）

1958年　S. E., XII, 227-238.（この翻訳は、ジェームズ・ストレイチーによる新しい翻訳であり、表題も変えられている）

(c) 邦　訳
1933年　「神経症罹病の諸型に就いて」（早坂長一郎訳）東北帝大医学部精神病
　　　　学教室業報（精神分析学論叢）2
1955年　「神経症の発病の型」（井村恒郎・加藤正明訳）選10
1969年　「神経症の発病の型」（加藤正明訳）選10改訂

　この論文は、『中央誌』の1912年3月号に発表された。これは、シュレーバー分析（1911c）の61頁〈著9，329〉以降の一段落に含まれていたいくつかの所見を発展させたもので、そのテーマは、神経症的な病いの促進要因の分類である。もちろんフロイトは、それまでにもしばしばその問題を取り扱ってはいた。しかし、彼の初期の著述では、外傷的な出来事の方が際立っていたため、見解は曖昧にされていたのである。フロイトが外傷理論をほとんど完全に断念したあと、彼の興味は、主として神経症の原因となる様々な傾向に集中するようになった（例えば、『三篇』（1905d）の最後の方、S. E., VII, 235〈著5，84〉以降にある「総括」においてなど）。罹患要因については当時の論文でもいくつか触れられているが、しかしそれは、極めて概説的で、しかも幾分謙遜した言い回しでしかなかった（例えば、神経症の病因に関する論文（1906a、同278-279〈著10，106-107〉）を参照せよ）。そうは言っても、例えば『精神療法について』（1905a，同267〈著9，23〉）においては、「欠乏 privation」（'$Entbehrung$'）という概念が時折登場しているが、それは、何らかの外的環境による欠如という意味でしかないということは事実である。満足を妨げる内的な障害に起因する神経症の発症可能性については、そのあとしばらくして、例えば「文化的」道徳の影響についての論文（1908d〈著10〉）において論じられるようになるが、フロイトも本論文中（S.E., XII, 233〈選10, 81-82〉）でそれとなく言っているように、それはおそらくユングの業績の影響によるものであろう。上に挙げた最後の論文では、'$Versagung$（欲求不満）'という言葉が、内的障害を記述するために用いられている。しかし、少し前のシュレーバー分析の論文（1911c）（S.E., XII, 57〈著9，325〉と S.E., XII, 62〈著9，329〉）においてその言葉が再び登場する際には、今度は外的障害にしか言及しておらず、そのことは、その論文と同時期に書かれた2篇の論文、すなわち、転移の力動性（1912b, 103〈著9，72〉）、と性愛蔑視の傾向（1912d, S. E., XI, 181〈著10，186〉）、についての2つの論文においても同様なのである。しかし、本論文では、フロイトは、いずれの障害をも含める

ことのできるような包括的な概念を導入するために、その言葉を初めて用いたのであった。

　この時以降、神経症に罹患する主たる原因としての「欲求不満」は、フロイトの臨床の最前線で最も一般的に用いられる概念の1つとなり、後の多くの著述においても繰り返し用いられている。そうした議論の中で最も念入りなものは、『入門』(1916-17)の第22講に見出されるだろう。成功を遂げた瞬間、つまり欲求不満とは全く反対の状態で病いに陥る人という、一見矛盾するような症例は、様々な性格類型に関する論文（1916d, S. E., XIV, 316〈著6, 118-119〉以降）の中でフロイトによって問題提起され、解明されているが、アクロポリスを訪ねたことを綴った、ロマン・ロランへの公開状の中で、フロイトは再び同じ問題に立ち返ったのである。「狼男」(1918b〈著9〉)の症例報告の一節においてフロイトが指摘したのは、ここに挙げた神経症の発症タイプのリストの中には看過されたものがあり、それはすなわち、自己愛的な欲求不満（S. E., XVII, 118〈著9, 451〉）に起因するタイプであるということであった。

自　慰　論
(1912f)

BEITRÄGE ZUR ONANIE-DISKUSSION
CONTRIBUTIONS TO A DISCUSSION ON MASTURBATION

(a)独語版

1912年　*Die Onanie*（*Diskussionen der Wiener Psychoanalytischen Vereinigung*, 2), Wiesbaden: Bergmann. Pp. iii-iv and 132-140所収

1943年　*G. W.*, 8, 331-345.

(b)英語訳

Masturbation

1921年　*Medical Critic and Guide* (New York), 24(September), 327-334.（「序論」は削除されている）(Tr. Eden Paul.)

1958年　*S. E.*, XII, 239-254.（この翻訳はジェームズ・ストレイチーによる新訳である）

(c)邦　訳
1960年・1969年改訂　「自慰論」（高橋義孝訳）選14
1983年　「自慰論」（高橋義孝訳）著10, 208-218.

　ウィーン精神分析協会で催された自慰に関する議論は、その前の、フロイトが寄稿し同様に公刊された自殺についての議論（1910g）よりもはるかに長期に渡るものとなった。『精神分析学中央誌』（1911-12）の第2巻に掲載された協会の議事録によると、（フロイトを含む）14人のメンバーがその議論に参加し、1911年11月22日に始まり1912年4月22日に終わるまでの合計9夜が費やされた。議事録に「エピローグ」と記されている終結の言葉をフロイトが読み上げたのは、その最終日においてであった。「序論」の部分は会合では述べられておらず、論文が最終的に掲載されたパンフレットの単なる前書きである。
　自慰についてわずかに言及されているものはしばしばあるものの、この論文には、フロイトの著作に見出される自慰についての極めて豊富な議論が盛り込まれている。彼の初期の論文では、自慰は、主に「現実神経症」との関連性において、そして、特に神経衰弱の引き金になる要因として登場している（例えば、神経症の病因論に関する彼の仏語の論文のセクション2、1896a〈著7〉を参照せよ）。興味深いのは、この論文においてフロイトがそうした立場を果敢に擁護するとともに、その後ほとんど見られなくなった「現実神経症」一般に関する言明の1つを提示する絶好の機会としているということである（S.E., XII,〈著10, 212〉以降）。
　こうした初期の論文のあと、フロイトの自慰についての最初の重要な記述が登場したのは、『三篇』第2版のセクション4（1905d, S. E., VII, 185〈著5, 49〉以降）であった。この中でフロイトは初めて早期幼児期における自慰の重要性を主張することになった。しかし、その著作の第3版（1915）にならなければ（つまり本論文の日付のあと）、自慰に明らかに異なる3つの様相があることは明確に示されなかった（S.E., VII, 188-189, 脚注3を参照せよ）。フロイトによる自慰に対する次のやや長めの言及、すなわち「鼠男」の症例報告（1909d, S. E., X, 202-203〈著9, 248〉）においては、そうした区別ははっきりなされてはいなかった。しかしながら、2つの別の重要な点が、およそこれと同時期の論文で主張されている。すなわち、手淫と幻想との関連についてはヒステリー性の幻想に関する論文（1908a〈著10〉）において、そして、

手淫と去勢の脅威との関連については幼児期の性に関する理論（1908c〈著5〉）や、もちろん「少年ハンス」の分析（1909b〈著5〉）においても論じられている。「文化的」道徳の影響についての論文（1908d〈著10〉）の一節にも触れておくべきで、そこでは自慰に対する反対論が、本論文におけるのと同様の論調で主張されている。ついでに言うと、フロイトがその中で述べているのは、人の性的行動というものが、しばしばその人の外的世界への全般的な反応の仕方の「様式を規定する」ということで、このことが、本論文中の「心的様式を規定すること」への曖昧な言及、標準版第XII巻251-252〈著10, 215〉の段落(b)を説明するものであることは間違いないのである。

自慰に結びついた罪悪感や女子における自慰の独特な特徴については、標準版第XII巻246頁と247頁の脚注において注意が喚起されているが、それらに関する彼の議論は別にして、フロイトが自慰に関してその後言及していることのほとんどすべてが去勢恐怖に関連したものであるというのは、奇妙な事実である。このテーマのその他の側面に対する彼の興味は、この論文の中ですべて言い尽くされてしまったようである。(原注1)

（原注1）　しかしながら、標準版第XII巻254頁の脚注2を参照せよ。(訳注1)

（訳注1）　この脚注には、フリースへの手紙（1897年12月22日付〈手紙151〉）からの引用がある。そこでは、自慰が「原嗜癖」であり、その代用品としてアルコールやタバコに対する嗜癖が生まれると考えられている。

精神分析における無意識の概念に関する2、3の覚書
(1912g)

EINIGE BEMERKUNGEN ÜBER DEN BEGRIFF DES UNBEWUSSTEN
IN DER PSYCHOANALYSE

A NOTE ON THE UNCONSCIOUS IN PSYCHO-ANALYSIS

(a)英語版
1912年　*Proceedings of the Society for Psychical Research*〈心霊研究協会会報〉, 26(Part66), 312-318.

1925年　*C. P.*, 4, 22-29.
1958年　*S. E.*, XII, 255-266.
(b)独語版
1913年　*Int. Z. Psychoanal.*, 1(2), 117-123.
1943年　*G. W.*, 8, 429-439.
(c)邦　訳
1932年　「精神分析学に於ける無意識の概念」（林　髞訳）大13
1970年　「精神分析における無意識の概念に関する二、三の覚書」（小此木啓吾訳）著6, 42-48.

　1912年、フロイトはロンドン心霊研究協会からその会報の「特殊医療部門」に寄稿するように求められたが、この論文はその成果である。これはフロイトが英語で執筆したものであるが、1912年11月に公刊される前にどうやらイギリスで改訂されたようである。この論文の独語版は、1913年に独語版国際精神分析雑誌3月号に掲載された。これも、フロイト自身によって書かれたものではないということを示すものは、何ひとつ見当たらない。しかし、ジョーンズ博士（1955, 352）によると、実は、フロイトの英語論文が彼の主要な弟子のひとり、ハンス・ザックスによって翻訳されたものであるということがわかる。最後に付け加えなければならないのは、この論文が1925年に英語版著作集第4巻に再版された時、用語を最新のものにするほんの僅かな「2度目の改訂」を受けたということである。
　こうした諸々の事情の結果、我々の手元には完全に信頼できる原稿は全く残ってはいない。改訂も翻訳も、見事に仕上げられていることは疑いようがなく、おそらくフロイト自身、そのどちらにも目を通したことだろう。にもかかわらず、我々は、フロイトによる正確な用語選択については疑問が残るという不確かな状態に留まらざるを得ないのである。困難の一例を挙げてみよう。例えば'conception（概念）'という言葉が、第2段落から第5段落まで繰り返し用いられている。我々からすれば、フロイトが念頭に置いていたのは、通常この版で'idea（観念）'という英語に訳されている'*Vorstellung*'という独語であったと仮定したくなるところである。そして、実際、独語訳の該当する個所には'*Vorstellung*'が当てられている。英語版の第7段落の最後と第8段落では'idea'という言葉が使われているが、それに該当する独語は'*Idee*'になっている。しかし、第10段落、第11段落でも再び'idea'とい

う英語を目にするが、その独語訳はほとんどすべてが'*Gedanke*'（この語は我々は通常'thought'と訳している）となっており、1ヶ所だけが'*Vorstellung*'となっているのである。

そうした事情のもとで、説明が必要な用語にところどころ脚注を付した上で、もともとの英語版を、最初に心霊研究協会会報に掲載された通りに単にそのまま再版することが最も賢明な方針であると我々は考えた。

これがフロイトの最も重要な理論的な論文の1つであるということを思い出すと、我々が原稿にまつわるこうした不確かさを遺憾に思う理由は理解されるだろう。この論文でフロイトはまず始めに、無意識的な心的過程に関する仮説の根拠を熟慮を重ねてたっぷりと説明した上で、彼の「無意識的」という言葉の様々な用い方を並べている。実際のところ、この論文は、彼がおよそ3年後に書くことになった同じテーマに関する論文（1915*e*〈著6〉）の試論となっているのである。少し前の論文「精神現象の二原則に関する定式」（1911*b*〈著6〉）やシュレーバー分析（1911*c*）のセクション3〈著9, 326〉と同様に、この論文はフロイトが心理学理論への関心を一新した証拠なのである。

「無意識的」という言葉本来の多義性についての議論は特に興味をそそるもので、その使い方は3つに区別されている。すなわち、「記述的」、「力動的」、「システム的」用法の3つである。この説明は、誉れ高い名著のセクション2（*S.E.*, XIV, 172〈著6, 91〉）にあるもっと短い説明よりも詳細で明解である。というのも、そこでは「記述的」用法と「システム的」用法の2つしか区別されてはおらず、さらに、そのうちの後者と「力動的」用法――この論文では抑圧された無意識に適用されている言葉――の分かりやすい区別がなされていないからである。その後の『自我とエス』第1章（1923*b*〈著6〉）、『精神分析入門（続）』第31講（1933*a*〈著1〉）における同じ問題についての議論では、フロイトはここで行なわれた3つの区別に立ち戻った。そして、この第3の用法（本論文の最後でほんの僅かに触れられているだけだが）、「システム的」用法は、ここでは心の構造を「エス」「自我」「超自我」の3つに分割することへの1つのステップであるとみなされており、全体的な状況を非常にはっきりさせることになったのである。

証拠としての夢
(1913*a*)

EIN TRAUM ALS BEWEISMITTEL
AN EVIDENTIAL DREAM

(a)独語版
1913年　*Int. Z. Psychoanal.*, 1(1), 73-78.
1946年　*G. W.*, 10, 11-22.
(b)英語訳
A Dream which Bore Testimony
1924年　*C. P.*, 2, 133-143.（Tr. E. Glover.）
1958年　*S. E.*, XII, 267-277.（翻訳は、1924年に出版されたものに基づいている）
(c)邦　訳
1983年　「証拠としての夢」（西田倬訳）著10, 246-254.

　独語版国際精神分析学雑誌に初めて登場した際（1913年の初頭）、この論文は、'Beiträge zur Traumdeutung'（「夢判断に役立つもの」）という大見出しのもとに集められた、様々な筆者による論文集の筆頭に掲載された。
　この論文は、間接的な夢分析という特徴を呈している。そのことを別にしても、特筆に値するのは、夢が出来上がる際に潜在的な夢思考が果たす役割について極めて明解な説明が述べられている点と、夢思考と夢そのものとの区別を心にとどめておく必要性が強調されている点にある。

夢の中の童話素材
(1913*d*)

MÄRCHENSTOFFE IN TRÄUMEN
THE OCCURRENCE IN DREAMS OF MATERIAL FROM FAIRY TALES

(a)独語版
1913年　Int. Z. Psychoanal., 1(2), 147-151.
1946年　G. W., 10, 1-9.
(b)英語訳
1925年　C. P., 4, 236-243.（Tr. James Strachey.）
1958年　S. E., XII, 279-287.（この翻訳は、1925年に刊行されたものをわずかに改変した再刷である）
(c)邦　訳
1931年　「夢と童話」（大槻憲二訳）全6
1932年　「夢に於ける童話の要素」（石中象治訳）大14
1972年　「夢の中の童話素材」（菊盛英夫訳）『フロイト・造形美術と文学』河出書房新社
1983年　「夢の素材としての童話」（西田俤訳）著10, 240-245.

　この論文の中で報告されている2つの例のうちあとの方は、「狼男」の分析から引用されたもので、これが刊行された時点ではフロイトによる治療が継続中であった。本論文中のこの部分全体は、症例報告の中に逐語的に含められているが、それが書かれたのは1914年で、その4年後に「ある幼児期神経症の病歴より」（1918b〈著9〉）として刊行された。そこでは夢の分析がさらに深く行なわれている（S. E., XVII, 29〈著9, 367〉以降）。

小箱選びのモティーフ
（1913f）

DAS MOTIV DER KÄSTCHENWAHL

THE THEME OF THE THREE CASKETS

(a)独語版
1913年　Imago, 2(3), 257-266.
1946年　G. W., 10, 23-37.
(b)英語訳
The Theme of the Three Caskets

1925年　*C. P.*, 4, 244-256（Tr. C. J. M. Hubback.）
1958年　*S. E.*, XII, 289-301（翻訳は、1925に刊行されたものに基づいている）
(c)邦　訳
1931年　「筥撰みの動機」（大槻憲二訳）全6
1933年　「小筥選みの主旨」（篠田英雄・濱野修訳）大10
1953年　「小箱選びのモティーフ」（高橋義孝訳）選7
1969年　「小箱選びのモティーフ」（小此木啓吾訳）著3, 282-291.
1970年　「小箱選びのモティーフ」（高橋義孝・池田紘一訳）選7 改訂

　フロイトの書簡（Jones, 1955, 405, に引用されている）によれば、この論文の基礎となる考えを彼が思いついたのは1912年6月であるが、その刊行は1年後であった。

子供のうその二例
（1913*g*）

ZWEI KINDERLÜGEN

TWO LIES TOLD BY CHILDREN

(a)独語版
1913年　*Int. Z. Psychoanal.*, 1(4), 359-362.
1943年　*G. W.*, 8, 421-427.
(b)英語訳
Infantile Mental Life : Two Lies Told by Children
1924年　*C. P.*, 2, 144-149.（Tr. E. C. Mayne.）
1958年　*S. E.*, XII, 303-309.（翻訳は、1924年に刊行されたものの修正版（表題が短くなっている）である）
(c)邦訳
1932年　「子どもの嘘二つ」（大槻憲二訳）全9
1969年　「子供のうその二例」（飯田真訳）著5, 367-370.

　独語版国際精神分析学雑誌に初めて登場した際（1913年の夏）、この論文は、

'Aus dem infantilen Seelenleben'という大見出しのもとに集められた、様々な筆者による論文集の筆頭に掲載された。この見出しは、この論文の1918年の再版に取り入れられ、1924年の英語訳の表題にも含められていたが、それ以降は削除されてしまった。

強迫神経症の素因
神経症の選択の問題に関する一寄与
(1913*i*)

DIE DISPOSITION ZUR ZWANGSNEUROSE
EIN BEITRAG ZUM PROBLEM DER NEUROSENWAHL

THE DISPOSITION TO OBSESSIONAL NEUROSIS
A CONTRIBUTION TO THE PROBLEM OF
CHOICE OF NEUROSIS

(a)独語版

1913年　*Int. Z. Psychoanal.*, 1(6), 525-532.

1943年　*G. W.*, 8, 441-452.

(b)英語訳

The Predisposition to Obsessional Neurosis : A Contribution to the Problem of the Option of Neurosis〈強迫神経症の素因：神経症の選択の問題への寄与〉

1924年　*C. P.*, 2, 122-132.（Tr. E. Glover and E. C. Mayne.）

1958年　*S. E.*, XII, 311-326.（ジェームズ・ストレイチーによる翻訳はここに初めて登場するもので、表題が修正されている）

(c)邦　訳

1935年　「強迫神経症の素因」（早坂長一郎訳）東北帝大医学部精神病学教室業報（精神分析学論叢）4

1955年　「強迫神経症の素因：神経症の選択の問題に関する一寄与」（井村恒郎・加藤正明訳）選10

1969年　「強迫神経症の素因：神経症の選択の問題に関する一寄与」（加藤正明訳）選10改訂

この論文は、1913年9月7、8日にミュンヘンで行なわれた国際精神分析学会第4回大会においてフロイトによって発表され、その年の終りに公刊された。

　その中で、特に重要な2つの問題が議論されている。まず第1に、「神経症の選択」^(原注1)という問題であるが、これはこの論文の副題にもなっている。このことは、極めて早い時期からフロイトを悩ませていた問題であった。その問題に関する3つの長い議論がフリースに宛てた書簡、すなわち、1896年1月1日（Freud, 1950a, 草案K）、1896年5月30日（同、書簡46〈手紙98〉、そのままの言い回しが見られる）、1896年12月6日（同、書簡52〈手紙112〉）の中にある。このうち、はじめの2つとほぼ同時期に公刊されたフロイトの2篇の論文、すなわち、神経症の遺伝と病因に関する仏語の論文（1896a）と防衛-神経精神病についての2篇の論文のうちの2番目（1896b）の中で、この問題について言及している。

　この問題についてのこれらの初期の議論の中で、別個の2つの解答が区別され得るかも知れないが、しかしながら、神経症に対して心的外傷に基づいた病因論を仮定する点では両者とも似通っている。第1のものは、本論文（S.E., XII, 319）の中でも述べられている受動性と能動性にまつわる理論、すなわち、早期幼児期における受動的な性的体験によってヒステリーに罹患しやすく、能動的な性的体験は強迫神経症に陥りやすくなるという理論である。10年後、神経症において性的な問題が果たす役割に関する議論（1906a〈著10〉）の中で、フロイトはこの理論を完全に破棄することになった（S.E., VII, 275〈著10, 104〉）。

　これら初期の理論の第2は、第1のものから完全には区別されていないが、決定要因が時間的な問題にあるとするものであった。神経症が取る形態は、心的外傷体験が起こった人生の時期に、あるいは別の版では、再び訪れた心的外傷体験に対して防衛的な行為が取られた時期に依るとそれぞれ仮定されたのである。1897年1月24日にフリースに宛てた書簡（Freud, 1950a, 書簡57〈手紙119〉）で、フロイトは次のように述べている。「最近では、今まで私が抱いていた考え、つまり神経症の選択はそれが始まった時期によって決定されるという考えは、確かなものではなくなりつつあります。というのは、選択はむしろ早期幼児期に固定されているようだからです。しかし、それが発症の時点なのか、それとも抑圧の時点なのか、決定的なことは未だにぐらついておりますが、今の私は後者の方がいいと思っています。」さらにその

数ヶ月後、1897年11月14日の書簡（同、書簡75〈手紙146〉）の中では、「神経症の選択——つまり発生するのがヒステリーか、強迫神経症か、パラノイアかという決定——は、おそらく、抑圧（すなわち、内的快感の起源を内的不快の起源に変えてしまう）を可能にする［発達の］波の性質（つまり時間的状況）によるのでしょう」と述べたのである。
　しかし、さらに2年後、1899年12月9日には、彼ののちの見解を予示するような一節をしたためている（前掲、書簡125〈手紙228〉）。すなわち、「つい先頃、私は何か新しい閃きといえるかもしれないものを得たのでした。私はかねてより『神経症の選択』という問題を考えております。ある人がパラノイアの代わりにヒステリーになるのはいつの時点のことでしょうか？　私のそもそもの荒削りな試みは、強引に要塞に突撃しようとした時のもので、神経症の選択は、性的外傷体験が起こった年齢、つまりそれを体験した時点でのその人の年齢によって決まるという考え方を打ち出したのでした。私はそうした考え方をだいぶ以前に断念してしまい、手がかりのないままでしたが、数日前、性の理論との結びつきが見えてきたのです」。
　「最も低い次元の性は自体愛ですが、それはいかなる精神的あるいは性的目的も持たず、部分的な満足感だけを求めます。それがやがて対他愛（同性愛や異性愛）にとって代わられるのですが、また独自の脈動として存在し続けるのも確かなことです。ヒステリー（とその変形としての強迫神経症）は、対他愛的なものです。つまりその主な方向性は、愛している人との同一化なのです。パラノイアはその同一化をもう一度解消させます。つまり、子ども時代に愛していたが、その後捨ててしまったすべての人物像をもう一度蘇らせ（露出症者の夢についての私の議論を参照のこと）、[原注2] その上で自我そのものをそうした外部の人物に埋没させてしまうのです。[原注3] そういうわけで、私はパラノイアを、自体愛的脈動が前方へ大きくうねり、次にそれが優勢である地点へと寄せ戻るものとみなすようになったのです。それに対応した悪化は『特発性パラノイア』[原注4]として知られているものでしょう。自体愛と原初的な『自我』との特別な関係は、こうした神経症の本質にはっきりとした光を投げかけるものだと思われるのですが、解明の糸口はここで途切れてしまいます。」
　ここにおいて、フロイトは自著『三篇』（1905d）（$S.\ E.$, VII, 235〈著5，84〉以降）の締めくくりのあたりで概観された立場に近づきつつあった。複雑な性的発達過程は、時間論的理論の新しい書き変えを示していたのである。す

なわち、一連の「固着点」というありそうな概念のことであり、性的発達過程はそこで滞りやすく、また、その後の人生で困難に出会うとその時点まで退行する可能性があるということである。しかしながら、一連の固着点と神経症の選択との関係については、何年もの間、明白な見解は提示されなかったのである。そうした見解が提示されたのは、精神現象の２原則についての論文（1911*b*）224頁〈著６，40〉や（もっと詳しくは）それとほぼ同時期のシュレーバー分析（1911*c*）68頁〈著９，335〉などにおいてであった（後者の論文における議論は、フロイトがこの問題に対する当初のアプローチについてここ（S.E., XII, 318〈選10，92-93〉）で述べる際に念頭にあったものだと思われる）。しかし、全体的な問題が、本論文の中ではもっと一般的な言葉で検討されているのである。

　こうしたことから、我々は特にここで議論されている重要な第２の問題点に移ることができる。すなわち、リビドーの前性器期的な「体制」という問題である。今となっては、この考えは我々にはとても馴染み深いものなので、それがここで初めて登場したということを知るにつけ、驚いてしまうのである。しかし、『三篇』（S. E., VII, 197-199〈著５，58〉）でそうした概念を扱ったセクション全体は、実のところ、1915年に追加されたに過ぎず、この論文が公刊された２年後であったのである。もちろん、非性器的な性的部分欲動が存在するという認識は、もっとはるか以前にさかのぼることができる。それは『三篇』（1905*d*）の初版において顕著であるし、もっと前にフリースへの書簡の中でもほのめかされている（例えば、1897年11月14日付けの書簡75〈手紙146〉を参照せよ）。目新しい点は、性的発達の過程には、決まった段階があり、その段階１つ１つにおいては、それぞれ別個の部分欲動が全体の状況を順次支配するという考え方である。

　そうした段階で唯一、肛門サディズム期がこの論文の中で議論されている。しかしながら、フロイトは既に、それよりも早い２つの性的発達段階をはっきりと識別していた。ところが、これら２つの段階はいずれも、ある１つの部分欲動の優位性によっては特徴づけられなかったのである。すべての発達段階の中で最も早期の段階、すなわち、いかなる対象選択もまだ行なわれていない自体愛の段階は、『三篇』（S. E., VII, 181〈著５，46〉）の初版において登場しているが、先に引用した1899年のフリースへ宛てた書簡の中で既に明示されていたのである（S. E., XII, 314〈本書278頁〉）。[原注5] その次の段階は、本論文のおよそ３、４年前に自己愛の名のもとにフロイトによって提示され

ていたが、そこでは対象選択が初めて起こるものの、その対象とはその人自身に他ならないという段階である（S.E., XII, 60注3を参照せよ）。リビドー発達の中で組織化されたその他の2つの段階は、記述されないままであった——1つは肛門サディズム期よりも前の段階、もう1つはそれよりもあとの段階である。肛門サディズム期よりも前の段階、すなわち口愛期は、1つの部分欲動の優位性をもう一度示すことになった。そのことは、既に言及した1915年版『三篇』のあるセクション（S. E., VII, 198〈著5，58〉）において触れられていた。肛門サディズム期よりもあとの段階は、もはや前性器的ではないものの、成人という意味ではまだ十分に性器的であるとは言えない「男根」期であるが、何年もあとになって、ようやくフロイトによる「幼児期のリビドーの性器体制 The Infantile Genital Organization of the Libido」に関する論文（1923e〈著9〉）の中で登場したのである。

　そうしたことから、性的本能の連続的な早期体制化についてのフロイトの知見が公刊された順序は、以下のように要約されるであろう。すなわち、1905年、自体愛の段階（非公式には1899年に既に記述されていた）；1911年、自己愛の段階（非公式には1909年）；1913年、肛門サディズム期；1915年、口愛期；1923年、男根期の順である。

（原注1）　もちろん、すべての神経症の中で精神神経症だけが関係している。
（原注2）　『夢判断』（1900a〈著2〉）が既に公刊されていた。問題のくだりは、第5章セクションD（α）（S. E., IV, 242-248〈著2，200-206〉）にあり、露出症者の夢の由来を極めて早期の幼児期にまでさかのぼっている。
（原注3）　このことは、シュレーバー分析（S.E., XII, 49〈著9，317〉）の中の、ヒステリーやパラノイアについての見解を予示しているようである。
（原注4）　'Primäre Verrücktheit.' 19世紀後半のドイツ精神医学において普及していた概念。
（原注5）　フロイトは「自体愛」という実際の用語をハブロック・エリスから借用したのだが、彼は前年1898年に公刊された論文〈著10〉の中でこの用語を導入していた。

オスカー・プフィスター著『精神分析の方法』への序文
(1913b)

GELEITWORT ZU *DIE PSYCHANALYTISCHE METHODE*
VON DR. OSKAR PFISTER, ZURICH^(訳注1)

INTRODUCTION TO PFISTER'S
THE PSYCHO-ANALYTIC METHOD

(a)独語版

1913年　O. Pfister, *Die psychanalytische* [sic] Methode（Pädagogium　第1巻）, iv-vi, Leipzig and Berlin：Klinkhardt.（1921，第2版；1924，第3版）所収

1946年　*G. W.*, 10, 448-450.

(b)英語訳

1917年　Pfister, *The Psychoanalytic Method*, v-viii, New York：Moffat, Yard；London：Kegan Paul 所収（Tr. C. R. Payne.）

1958年　*S. E.*, XII, 327-331.（翻訳は、ジェームズ・ストレイチーによる新しい翻訳である）

(c)邦　訳

1983年　「オスカー・プフィスター『精神分析的方法―経験科学的＝体系的叙述―』への序文」（小此木啓吾訳）著10, 361-363.

　ここで紹介されている著書の筆者オスカー・プフィスター博士は、チューリッヒの牧師、教育者であり、30年間にわたってフロイトと親交があり、フロイトの見解の忠実な支持者であった。彼は素人として精神分析を実践したまさに最初の人々のうちのひとりであり、フロイトによるこの序文の後半部分は、非医師の精神分析家を認めることに賛同するフロイトの言い分の中で、おそらく最も早く公刊されたものとなっている。およそ20年後、フロイトは『素人による精神分析の問題』（1926e）の中で、さらに詳細に議論を展開させた。

　序文の末尾の日付（ルートリッジとキーガン・ポールとの取り決めによって標準版には載せられている）は、独語版では〈日本語版でも〉省略されている。

(訳注1) タイトルに"PSYCHANALYTISCHE"と表記されているのは、書誌の独語版に関する記載に"[sic(ママ)]"とあるように、"O"の脱字があるわけではなく、プフィスターの著書がもともとこのように表記されていたことによる。"Psychanalyse"という綴りについて、プフィスターはこの著書の中で(16-17脚注)、"Psychanalyse"という言葉は語源上誤りであり、子音の前では"o"が入るが(例えば"Psychologie")、母音の前で入るのは正しくないこと、語形によっては、母音が多い場合(例えば"Autoerotismus")、語が長い場合に"o"を添えることはあることを指摘しつつ、"Neuroasthenie"、"Psychoasthenie"とすることには疑問を呈している。実際、一般にこれらは"Neurasthenie〈神経衰弱〉"、"Psychasthenie〈精神衰弱〉"と表記される。ちなみにフロイト自身の序文では、プフィスターの著書の中でも"Psychoanalyse"と表記されている。

なお仏語でも、一般に"psychanalyse"という表記が用いられている。「精神分析」という言葉の初出は、フロイトの仏語による論文「神経症の遺伝と病因」(1896a)の中のことであったが(本書147頁参照)、この中でもフロイト自身の表記は"psychoanalyse"であった。

標準版の中には、他に、ハンガリー語の"pszichoanalizis"(本書218頁、338頁)、イタリア語の"psicoanalisi"(本書455頁)が出てくる。英語では、フロイト自身の表記に関してはもっぱら"psycho-analysis"が用いられている。

J・G・ブアク著『諸民族の風俗・習慣・信仰・習慣法における汚物』への緒言
(1913k)

GELEITWORT ZU *DER UNRAT IN SITTE,*
BRAUCH, GLAUBEN UND GEWOHNHEITSRECHT
DER VÖLKER VON JOHN GREGORY BOURKE
PREFACE TO BOURKE'S *SCATALOGIC*
RITES OF ALL NATIONS

(a)独語版

1913年 J. G. Bourke, *Der Unrat in Sitte, Brauch, Glauben und Gewohnheitsrecht der Völker* 〈国々の風俗、習慣、信仰、そして、慣習法の中の汚物〉 translated into German by F. S. Krauss and H. Ihm, Leipzig: Ethnologischer Verlag 所収

1946年　G. W., 10, 453-455.
(b)英語訳
Preface to Bourke's *Scatalogic [sic] Rites of All Nations*
1934年　J. G. Bourke, *Scatalogic Rites of All Nations* (New Edition), vii-ix, New York: American Anthropological Society 所収
1950年　C. P., 5, 88-91. ('The Excretory Functions in Psycho-Analysis and Folklore' のタイトルで)(Tr. J. Strachey.)
1958年　S. E., XII, 333-337. (翻訳は、1950年に公刊されたもので、わずかに修正されている)
(c)邦　訳
1983年　「J・G・ブアク「諸民族の風俗・習慣・信仰・慣習法における汚物」への緒言」(生松敬三訳) 著10, 364-366.

　ジョン・グレゴリー・ブアク John Gregory Bourke 隊長 (アメリカ合衆国第3騎兵隊) による著書は、フロイトがその翻訳にこの前書きを寄せたものであるが、最初は1891年に、表題に「一般読者向けではない」という言葉が添えられて公刊された (Washington: Lowdermilk)。フロイトは1912年初頭に (間違いなくアーネスト・ジョーンズ博士の影響によって) この書物に注目し、フロイトの推薦によって独語に翻訳されたようである。それは、翻訳者のひとり F・S・クラウス Krauss が編集していた雑誌『アントロポピュテイア』から、年1回の増刊号の1つとして出版された。フロイトは、その2、3年前に、編集者への公開状の中でこの雑誌に対する関心を示していた (1910 f)。フロイトとオッペンハイムによる「民間伝承の中の夢」(1957a[1911]) という論文に引用された素材の多くは (188以降)、雑誌『アントロポピュテイア』に由来するもので、この前書きで議論された話題について論じている。

母音系列の意義
(1911d)

DIE BEDEUTUNG DER VOKALFOLGE
THE SIGNIFICANCE OF SEQUENCES OF VOWELS

(a)独語版

1911年　朱刷りのVaria〈雑文集〉 *Zbl. psychoan.*, 2（1911年），105に，フロイトの署名入りで収められた

1943年　*G. W.*, 8, 347-348.

(b)英語訳

1957年　*S. E.*, XII, 341.（ジェームズ・ストレイチーによる翻訳は英語への初訳である）

「偉大なるはエペソスのディアーナ」
(1911*f*)

"GROSS IST DIE DIANA DER EPHESER"
'GREAT IS DIANA OF THE EPHESIANS'

(a)独語版

1911年　朱刷りのVaria〈雑文集〉, *Zbl. psychoan.*, 2号（1911年），158頁に，フロイトの署名入りで収められた

1943年　*G. W.*, 8, 359-360.

(b)英語訳

1957年　*S. E.*, XII, 342-344.（ジェームズ・ストレイチーによる翻訳は英語への初訳である）

素材は（独語版テキストの最後の注に示されているように），F・サルティオー　F. Sartiaux著 *Villes mortes d'Asie mineure*〈小アジアの死せる町〉, Paris, 1911中のエペソスに関する節（62-106）から引いたものである。

M・シュタイナー博士著『男性能力の心的障害』への序言
(1913*e*)

VORWORT ZU *DIE PSYCHISCHEN STÖRUNGEN DER MÄNNLICHEN POTENZ* VON DR. MAXIM. STEINER

PREFACE TO MAXIM STEINER'S
THE PSYCHICAL DISORDERS OF MALE POTENCY

(a)独語版

1913年　M. Steiner's *Die psychischen Störungen der männlichen Potenz*, Leipzig and Vienna: Deuticke, iii-iv.

1946年　*G. W.*, 10, 451-452.

(b)英語訳

1958年　*S. E.*, XII, 345-346.（翻訳はジェームズ・ストレイチーによるもので、英語への初訳と思われる）

(c)邦　訳

1983年　「M・シュタイナー博士『男性能力の心的障害』への序言」（生松敬三訳）著10, 363-364.

トーテムとタブー
(1913[1912-13])

TOTEM UND TABU
TOTEM AND TABOO
Some Points of Agreement between
the Mental Lives of Savages and Neurotics

(a)独語版

1912年　第Ⅰ部、*Imago*, 1, (1), 17-33.（*'Über einige Übereinstimmungen im Seelenleben* der Wilden und der Neurotiker'〈「未開人と神経症者との精神生活における若干の一致点について」〉という表題で）

1912年　第Ⅱ部、*Imago*, 1, (3), 213-227, と(4), 301-333.（同じ表題で）

1913年　第Ⅲ部、*Imago*, 2, (1), 1-21.（同じ表題で）

1913年　第Ⅳ部、*Imago*, 2, (4), 357-408.（同じ表題で）

1913年　*Totem und Tabu* という表題で一巻本として、Leipzig and Vienna: Heller. Pp. v+149.

1940年　*G. W.*, 9.

(b)英語訳

1918年　New York: Moffat, Yard. Pp. xi+265.（Tr. A. A. Brill.）

1950年　London: Routledge and Kegan Paul, Pp. xi+172.（Tr. James Strachey.）

1953年　S. E., XIII, vii-161.（翻訳は1950年に出版されたものに若干の修正を加えている）

(c)邦　訳

1928年　『トーテムとタブー』（吉岡永美訳）啓明社

1930年　『トーテムとタブー』（関　栄吉訳）大11

1932年　「トーテムとタブー」（矢部八重吉訳）全7

1953年　「トーテムとタブー」（土井正徳訳）選6

1969年　「トーテムとタブー」（西田越郎訳）著3, 148-281.

1970年　「トーテムとタブー」（吉田正巳訳）選6改訂

　前書きにおいてフロイトは、彼がこれらのエッセイを書いたのは、ヴントとユングの著作に刺激されたからだと言っている。実際には、社会人類学に対するフロイトの関心は、もちろんずっと前からのものであった。フリース宛の或る手紙（1950*a*）では、彼が長年考古学と前史時代の研究に取り組んで来たことについておおまかに触れたうえ、人類学的な話題およびそれらの話題に精神分析のもたらしうる新たな見解について何度も詳しく述べている。例えば草案N（1897年5月31日）では、「近親相姦の恐怖」を論じる中で、フロイトは文明の発達と本能の抑圧との間にある関係にふれている。これは彼が「『文化的』性道徳」（1908*d*）の論文の中で、さらに後の「文化への不満」（1930*a*）の中で再び論じることになった主題である。また書簡78〈手紙150〉（1897年12月12日付）の中ではフロイトはこのように書いている。「精神内神話 endopsychic myths がどういうものであるか想像できますか。それは私の精神的労働が生み出した最も新しい産物なのです。その人独自の心的装置にそなわったおぼろげな内的知覚が思考の幻想を刺激するのですが、その幻想はおのずと外界に投影されますし、特徴的なのは未来やあの世に投影されることです。不死、最後の審判、死後の生などはすべて我々の内的心の反映…精神-神話学 psycho-mythology なのです。」そして書簡144〈手紙269〉（1901年7月4日）の中では、「英国人がクレタ島（クノッソス）の遺跡を発掘したという記事をお読みになりましたか。彼らはそれが正真正銘のミノス

王の迷宮だと宣言しています。ゼウスはもともとは牡牛であったようです。私たち自身の古い神もまた、ペルシャ人から煽られて純化される前は、牡牛として崇められていたのです。これはいろいろなことを考える材料となりますが、それらの思索はまだ論文として書き始めるような段階ではありません。」最後に、『夢判断』(1900a)の初版本の第5章セクションBの終り近く、標準版第Ⅳ巻217頁に付けられた脚注の中にある短い文章に言及しておく価値はあるだろう。そこでは家族の中の父親の社会的地位から、君主制が生じる様子を大ざっぱに示そうとしている。

　しかしフロイトが果たした社会人類学に対する貢献の主な要素が最初に現れたのはこの著作、とりわけ第4部であった。そこには原始群と原父殺しに関するフロイトの仮説が含まれており、また、後の社会的および文化的制度のほとんどすべての起源をその仮説から跡づけることによって、彼の理論を詳細に仕上げている。フロイト自身はこの最後の小論については、その内容に関しても形式に関しても、非常に高く評価していた。おそらく1921年であったと思うが、フロイトは訳者〈ストレイチー〉に対して、この著作は彼の最高傑作だと思うと言っている。にもかかわらず、アーネスト・ジョーンズ博士によると、この小論の校正刷りが上がって、フロイトがこれをウィーン精神分析協会において発表した後の1913年の6月中旬にも、フロイトはまだこの著作の出版に疑念とためらいを表明していたということである。しかしながらこれらの疑念は間もなく取り除かれ、そのうえ著作はフロイトの生涯を通じて最もお気に入りの本であったし、彼は常にこの本に立ち戻っていった。例えば『自己を語る』(1925d)の6番目の章では、フロイトは特に注意を払いながら『トーテムとタブー』を要約し考察を加えているし、最後に出版された書物である『人間モーセと一神教』(1939a)でも何度もこの本を引用している。

　これら1部から4部のエッセイの実際の構成については、我々には十分な情報があり、詳細に関してはアーネスト・ジョーンズ博士によるフロイトの伝記の第2巻に見いだすことができる。フロイトは1910年にはすでにこの研究のための準備を始めており、とりわけこの主題に関する膨大な量の文献を読み始めていた。『トーテムとタブー』という表題は、明らかに1911年の8月にはフロイトの頭の中にはあったはずである。しかし彼はこのエッセイが集められて1巻の成書の形となって、ようやくその表題に決定したのであった。第1部は1912年の1月中旬に完成した。それは同年の3月にイマーゴ

に掲載され、その後間もなく、いくつかの小さな部分が削除されて、ウィーンの週刊誌パン（1912年4月11日、18日）およびウィーンの日刊紙ノイエス・ヴィーナー・ジュルナール（1912年4月18日）で再版された。第2部は1912年5月15日にウィーン精神分析協会で口頭で発表されたが、その発表は3時間にわたるものであった。第3部は1912年の秋の間に準備され、1913年1月15日にウィーン精神分析協会で発表された。第4部は1913年の5月12日に完成し、1913年6月4日にウィーン精神分析協会で発表された。

『トーテムとタブー』はフロイトの存命中に英語以外でも数ヶ国語に翻訳された。それはハンガリー語（1919年）、スペイン語（1923年）、ポルトガル語（日付なし）、仏語（1924年）、日本語（1930年と1934年の2度）、ヘブライ語（1939年）であるが、最後のものに対しては、標準版第XIII巻 xv頁にあるように、フロイトが特別に前書きを書いている。

精神分析への関心
（1913*j*）

DAS INTERESSE AN DER PSYCHOANALYSE
THE CLAIMS OF PSYCHO-ANALYSIS
TO SCIENTIFIC INTEREST

(a)独語版
1913年　*Scientia*, 14（31および32）, 240-250および369-384.
1943年　*G. W.*, 8, 389-420.
(b)英語訳
1953年　*S. E.*, XIII, 163-190.（ジェームズ・ストレイチーによるこの翻訳は今回初めて出版されるものであり、これは知る限りでは英語での最初の出版となる）
(c)邦　訳
1930年　「精神分析の興味」（久保良英訳）大6
1937年　「精神分析の興味」（大槻憲二訳）全4改訂
1983年　「精神分析への関心」（木村政資訳）著10, 219-239.

この論文は、イタリアの有名な科学雑誌である『サイエンティア』の編集者からの至急の要請に応えて、フロイトが書いたものである。この雑誌の刊行の正確な日付は、おそらく1913年の9月と11月であろう。精神分析学を医学以外の領域に適用することについてのフロイトの包括的説明としては、唯一のものである。

分析的実践から得た観察と実例
(1913h)

ERFAHRUNGEN UND BEISPIELE
AUS DER ANLYTISCHEN PRAXIS
OBSERVATIONS AND EXAMPLES
FROM ANALYTIC PRACTICE

(a)独語版
1913年　*Int. Z. Psychoanal.*, 1(4), 372-382.
　　　　（No.1, 2, 3, 4, 9, 10, 13, 15, 19, 20, 21, 22はフロイトによるものである）
1946年　*G. W.*, 10, 39-42.（序論およびNo.13, 15, 19, 22）
　　　　No.1, 2, 3, 9, 10, 19, 20は*Die Traumdeutung*〈夢判断〉第4版（1914年）以降に所収
(b)英語訳
1953年　*S. E.*, XIII, 191-198.（ジェームズ・ストレイチーによる本稿は、今回初めて出版されるものであり、初の全英訳である）

　独語版国際精神分析学雑誌に最初に掲載されたとき、この論文は22の小項目から成っていた。これらのうち12項目はフロイトによるものであり、9項目はフェレンツィ、1つはタウスクによるものであった。序論もあったが、その著者名は記されていなかった。しかし、おそらくフロイトによるものであろう。というのも、それが独語版全集の中に含まれているからである（*S. E.*, XIII, 193の脚注を参照のこと）。[訳注1] フロイトによる7項目は後に「夢判断」の第4版以降の版の中に加えられた（少しばかり修正された形で）。序論および4つのフロイトによる項目は、独語版著作集と独語版全集の中で再版され

ている。しかし、これらのうちの1つは、実は『夢判断』に収録されたもののうちの1つである。残りの2つの項目（第4番と21番）は、独語で再版されたことは一度もなかった。元の論文の中でフロイトが受け持った部分は、ここで全訳した。項目の番号は最初のままにするのが一番わかりやすいだろう。そうすれば、欠落している番号の項目がフェレンツィとタウスクによる寄稿だということが理解されるからである。

（訳注1）　フロイトの執筆であることを示唆する文章上の指摘。

精神分析治療中における誤った再認識(「すでに話した」)について
(1914*a*)

ÜBER FAUSSE RECONNAISSANCE ('DÉJÀ RACONTÉ')
WÄHREND DER PSYCHOANALYTISCHEN ARBEIT
FAUSSE RECONNAISSANCE ('DÉJÀ RACONTÉ')
IN PSYCHO-ANALYTIC TREATMENT

(a)独語版
1914年　*Int. Z. Psychoanal.*, 2(1), 1-5.
1946年　*G. W.*, 10, 115-123.
(b)英語訳
1924年　*C. P.*, 2, 334-341.（Tr. James Strachey.）
1953年　*S. E.*, XIII, 199-207.（翻訳は1924年に出版されたものの修正版である）
(c)邦　訳
1932年　「精神分析操作中に於ける誤てる再認識に就いて」（大槻憲二訳）全8
1958年　「精神分析治療中における誤れる再認識（「既に話した」）について」
　　　（古澤平作訳）選15
1969年　「精神分析治療中における誤れる再認識（「既に話した」）について」
　　　（小此木啓吾訳）選15
1983年　「精神分析治療中における誤った再認識（「すでに話した」）について」
　　　（小此木啓吾訳）著9, 108-114.

ミケランジェロのモーゼ像
（1914*b*）

DER MOSES DES MICHELANGELO
THE MOSES OF MICHELANGELO

(a)独語版

1914年　*Imago*, 3(1), 15-36.

1946年　*G. W.*, 10, 171-201.

1927年　Nachtrag zur Arbeit über den Moses des Michelangelo 〈ミケランジェロのモーゼ像に関する論文への後書き〉*Imago*, 13(4), 552-3.

1948年　*G. W.*, 14, 321-322.

(b)英語訳

1925年　*C. P.*, 4, 257-287.（Tr. Alix Strachey.）

1951年　Postscript to my Paper on the Moses of Michelangelo, *Int. J. Psycho-Anal.*, 32, 94.（Tr. Alix Strachey.）

1953年　*S. E.*, XIII, 209-238.（訳は1925年および1951年に出版されたものの訂正版である）

(c)邦　訳

1931年　「ミケルアンヂェロのモーゼ」（大槻憲二訳）全6

1933年　「ミケランゼロの「モオゼス」」（篠田英雄・濱野修訳）大10

1953年　「ミケランジェロのモーゼ」（高橋義孝訳）選7

1969年　「ミケランジェロのモーゼ像」（高橋義孝訳）著3, 292-313

1970年　「ミケランジェロのモーゼ」（高橋義孝・池田紘一訳）選7 改訂

1984年　「『ミケランジェロのモーゼ像』」補遺（高橋義孝訳）著11, 242-243.

　ミケランジェロの彫像に対するフロイトの興味は古くからのものだった。1901年9月の、生まれて初めてのローマ訪問の4日目にフロイトはその像を見に行ったのだが、後にも折りにふれて何度も見に行っている。1912年にすでに彼はこの論文を書く計画を立てていた。しかし1913年の秋になるまで、それは書かれなかった。この本の出版に関するフロイトの長い逡巡と、最終的に匿名での出版に踏み切るにいたった経緯については、アーネスト・ジョ

ーンズ博士のフロイトの伝記の第2巻に書かれている。この論文は雑誌『イマーゴ』に「＊＊＊著」というかたちで掲載され、その偽装は1924年にいたるまで取り払われることはなかった。

生徒の心理について
(1914*f*)

ZUR PSYCHOLOGIE DES GYMNASIASTEN
SOME REFLECTIONS ON SCHOOLBOY PSYCHOLOGY

(a) 独語版
1914年　K. k. Erzherzog-Rainer Realgymnasium〈カー・カー・エアツヘルツォーク-ライナー理工科高校〉の創立50周年記念を祝う式典文書 Festschrift（10月）所収
1946年　*G. W.*, 10, 203-207.
(b)英語訳
1953年　*S. E.*, XIII, 239-244.（翻訳はジェームズ・ストレイチーによるもので、知られている限り英語への初訳である）

　フロイトは、9歳から17歳までの間（1865-1873年）、ウィーンの Leopoldstädter Kommunal-real- und Obergymnasium レオポルドシュテッター地方理工科高校・上級高校、一般にはその所在地シュペールガッセの地名からシュペール・ギムナジウムとして知られている高校に在学した。その学校がのちに「K. k. Erzherzog-Rainer Realgymnasium」と改名されたのである。この論文はその高校の創立50周年を記念する文集のために書かれたものである。フロイトが1873年6月16日に学校時代の友人に宛てて書いた手紙（*Int. Z. Psychoanal. Imago,* 26号，1941，5〈著8，書簡1〉）の中で、彼はその学校の卒業試験の話を書いている。フロイトはとくに、専門職の選択という主題の本論文（*S. E.*, XIII, 242）中に引用された作文について触れているが、フロイトはその作文できわめて優秀な成績をおさめている。

精神分析運動史について
(1914d)

ZUR GESCHICHTE DER
PSYCHOANALYTISCHEN BEWEGUNG
ON THE HISTORY OF THE PSYCHO-
ANALYTIC MOVEMENT

(a)独語版
1914年　　*Jb., Psychoan*〈精神分析学年報〉, 6, 207-260.
1946年　　*G. W.*, 10, 43-113.
(b)英語訳
1916年　　*Psychoan. Rev*〈精神分析学評論〉., 3, 406-454.（Tr. A. A. Brill.）
On the History of the Psycho-Analytic Movement
1924年　　*C. P.*, 1, 287-359.（Tr. Joan Riviere.）
1957年　　*S. E.*, XIV, 1-66.（翻訳は1924年に出版されたものの修正版である）
(c)邦　訳
1933年　　「精神分析運動史」（大槻憲二訳）全10
1959年・1969年改訂　「精神分析運動の歴史について」（懸田克躬訳）選17
1983年　　「精神分析運動史」（野田倬訳）著10, 255-310.

　1924年以前の独語版には「1914年2月」という日付が論文の最後に記されている。実際、その年の1月と2月に書かれたのだろう。1924年の版で細かい点での変更が2、3行なわれ、標準版第XIV巻33から34頁〈著11, 279〉に長い脚注が付されている。この部分はこれまで英訳されていなかった。

　本論文が書かれるにいたった状況についての詳細な説明はアーネスト・ジョーンズのフロイト伝の第2巻第5章（1955, 142以降〈生涯310〉）に見られる。ここではその位置づけを手短に要約するので充分であろう。アドラーとフロイトの意見の対立は、1910年には決定的なものになっていて、数年後にはユングとの対立も危機的なものとなっていた。フロイトと彼らを分かつ相違にも関わらず、彼らは双方とも長い間にわたって、自分たちの理論を「精神分析」と呼んでいた。本論文の目的は、精神分析の基本的な前提と仮説を

明言して、それらと、アドラーやユングの理論は全く両立し得ないことを示し、これらの相反する見解を全て同じ名前で呼ぶと、全体的な混乱を招くと断定することにあった。長年の間、一般には「精神分析には3つの学派」があると言われ続けてきたが、最終的に行き渡ったのは、フロイトの主張であった。アドラーは自分の理論に対して、すでに「個人心理学 Individual Psychology」という名前を選んでいたし、そのすぐ後にユングは「分析的心理学 Analytical Psychology」という名前を採用している。

　精神分析の基本的な原理をきわめて明確なものにするために、フロイトは精神分析以前の始まりの時期からその発展の歴史を辿っている。論文のセクション1は、フロイトだけが精神分析に関わっていた時期、つまりおよそ1902年までを扱っている。セクション2はおよそ1910年までの物語を書いているが、これは、精神分析的な見方が初めて、より広い社会にまで拡がり始めた時期である。フロイトが異なる意見についての議論に入るのはセクション3であり、最初にアドラー、それからユングについて論じ、彼らが精神分析的発見から袂を分かつことになった基本的な論点について指摘している。この最後のセクションではきわめて、そしてこの論文のそれ以外の部分でもいくぶんか、他のどんな著作に比べてもフロイトが好戦的であることが分かる。もちろん、論文発表に先立つ3、4年の間の彼の経験を考えてみれば、この異様な雰囲気は驚くに当たらない。

　アドラーとユングについての議論は、本論文と同時期に書かれたフロイトの他の2つの著作にも見ることができる。「ナルシシズム」(1914c) についての論文は「運動史」とほぼ同時期に書かれたが、ユングとの論争について述べているいくつかの段落がセクション1の終り (S.E., XIV, 79以降、〈著5, 115〉) に見られるし、アドラーについても同様の文章がセクション3の始め (S.E., XIV, 92, 〈著5, 124〉) に見られる。「狼男」の症例報告 (1918b) は大部分が1914年の終りに書かれたが、1918年になって 初めて（2つの文章をつけ加えて）出版された。それは多くの部分がアドラーとユングに対する経験的な論駁に当てられており、彼らの理論に何回も攻撃を行なっている。その後のフロイトの著作の中で、これらの論争について色々なところで言及しているのを（主に解説や半分自伝的な著作の中で）散見できるが、それらは全てもっと乾いた調子で、長大なものは1つもない。しかしながら特に触れておかなければならないのは、殴る空想についてのフロイトの論文 (1919e, S. E., XVII, 201 〈著11, 26〉以降) の最後のセクションで、抑圧をもたらす動機とな

る諸力に関するアドラーの見解について綿密に論理的な議論を行なっているということである。

著作の純粋に歴史的で自伝的な部分に関して述べておかねばならないのは、いくつかの点で本著作を補うものとなっている『自己を語る』(1925d) と同じ話題を多少とも繰り返しているということである。この主題をもっと完全な形で取り扱うためには、もちろん読者はアーネスト・ジョーンズによる3巻本のフロイト伝に目を通すべきである。今回の翻訳の脚注では、ジョーンズの著作に出てくるのと同じ話を繰り返して取り上げるつもりはない。

ナルシシズム入門
(1914c)

ZUR EINFÜHRUNG DES NARZISSMUS
ON NARCISSISM: AN INTRODUCTION

(a)独語版
1914年　*Jb. Psychoan.*, 6, 1-24.
1946年　*G. W.*, 10, 137-170.
(b)英語訳
1925年　*C. P.*, 4, 30-59.（Tr. C. M. Baines.）
1957年　*S. E.*, XIV, 67-102.（今回の翻訳は1925年に出版されたものに基づいている）
(c)邦　訳
1932年　「ナルチスムス概論」（大槻憲二訳）全9
1933年　「自己愛症序論」（林　髞訳）大15
1953年・1969年改訂　「ナルチシズム入門」（懸田克躬訳）選5
1969年　「ナルシシズム入門」（懸田克躬・吉村博次訳）著5, 109-132.
1997年　「ナルシシズム入門」（中山元訳）『エロス論集』ちくま学芸文庫

本論文の標題は、文字どおりに訳すと「ナルシシズムという概念の導入について」となっただろう。フロイトは以前から長年に亙って、この用語を使ってきた。アーネスト・ジョーンズ（1955, 304）によると、1909年の11月10

日のウィーン精神分析協会の会合でフロイトは、ナルシシズムが自体愛と対象愛の間の不可欠な中間的段階であると主張した。だいたい同じ頃に彼は『性欲論三篇』（1905d）の第2版の出版の準備をしており（前書きでは「1909年12月」という日付になっている）、その新しい版が1910年始めに出ていたとあれば、この新しい用語は、『三篇』第2版につけ加えられた脚注（$S. E.$, VII, 145脚注〈著5，17注〉）において初めて公に使われたということは確かなようである。というのは、同じ年の5月の末にフロイトの『レオナルド』に関する本（1910c）が出ているが、その中でナルシシズムについてかなり長い言及（$S. E.$, XI, 100〈著3，138〉）がなされているからである。フロイトは本論文のはじめで、1911年に出版されたランクによるこの主題の論文に言及しているが、そのすぐあとに続けて、フロイト自身のもの、例えばシュレーバー分析（1911c）のセクション3や『トーテムとタブー』（1912-13, $S. E.$, XIII, 88-90〈著3，221-222〉）についても触れている。

　本論文を書こうという考えは、1913年6月のフロイトの手紙の中に、初めて現れている。そして同じ年の9月の第3週にローマで、休暇中にその最初の草稿を書き上げている。彼が最終稿に着手しているのは、1914年2月の終りになってからであり、1ヶ月後に完成している。

　本論文はフロイトの著作の中で最も重要なものの中の1つであり、彼の見解が進展した中心点の1つと見なされることだろう。ナルシシズムの主題について、それ以前に彼が行なってきた考察をまとめ、性的な発達の中でナルシシズムの占める位置について考えている。しかし本論はそれにとどまらない。つまり本論は自我と外的対象の間の関係という、より深い問題に着手しており、「自我リビドー」と「対象リビドー」の間に初めて区別をつけたからである。さらに、おそらく最も重要なのは、本論は「自我理想」とそれに関わる自己観察機関という概念を導入していることである。後者は最終的に『自我とエス』（1923b）の中で「超自我」として述べられるものの基礎となった。そしてこれらすべてのことにつけ加えて、セクション1の終りのところとセクション3のはじめで、アドラーとユングとの論争にも触れているが、それは1914年の始めの数ヶ月の間の本著作とだいたい同時期に書かれた「精神分析運動史」（1923b）の主要なテーマであった。実際、本論文を書くフロイトの動機の1つが、ユングの非性的な「リビドー」やアドラーの「男性的抗議」に代わるものを、ナルシシズムの概念が提供することを示すことにあ

ったのは確かだろう。

　本論が掲げた話題は、これらにとどまらず、それゆえこの論文があまりに圧縮されていて尋常でない印象となっていることは驚くにあたらない。本論が含んでいる素材の量のために、枠組みが破裂しそうなのである。フロイト自身、そのように感じていたらしい。アーネスト・ジョーンズ（1955, 340）の伝えるところによると、「彼〈フロイト〉はその結果にとても不満だった」、それでアブラハムに次のように手紙を書いている。「「ナルシシズム」には大変骨を折りましたし、それに応じてあちこちに歪みの跡が見られます。」

　とはいうものの、本論文は長い時間をかけて研究することが必要な類のものであるし、それに報いてくれるだけのものではあろう。また、その後の思考の流れの多くのものの出発点となった。例えば、「悲哀とメランコリー」（1917e［1915］）237以降〈著6, 137以降〉や『集団心理学』（1921c）の8章と11章の中でさらに探求されたものがある。さらにそれに加えて『精神分析入門』（1916-17）の第26講の大部分がナルシシズムの主題で占められている。本論の中ですでに明らかになり始めていた心の構造について、新しい見解がさらに発展したために、後にフロイトはここでの主張のいくつかを再検討している。特に自我の機能についてを挙げることができる。この関連で指摘されるべきことは、フロイトが「das Ich〈私というもの〉」（本全集ではほとんどいつも「自我 the ego」と訳されている）に結びつけていた意味が徐々に修正されていったということである。最初、彼は、私たちが「自分 the self」という場合のように、その用語をそれほど厳密にではなく使っていた。しかしその後の著作の中では、はるかに明確で、より狭義の意味で使っているのである。本論文は、この発展の移行的な地点に位置づけられる。話題の全体的な概観は、『自我とエス』（1923b）の編者〈ストレイチー〉による序論〈本書365頁以降〉の中で、もっと十分に論じられている。

［メタサイコロジーに関する諸論文 ［1915］］

　フロイトが心理学理論についての見解を初めて十分に説明し、出版したのは『夢判断』（1900a）の第7章においてであった。彼がそれ以前に書いて出

版されていなかった「科学的心理学草稿」(1959*a*[1895])の多くの内容が、変形されてはいるが含まれている。ジョークについての彼の本(1905*c*)の第6章にあるような、時折行なわれる短い考察は別にして、彼が再び理論的な諸問題に深く取り組み始めるまでに10年の歳月を経ている。「精神機能の2原則」について探求している論文(1911*b*)に続いてフロイトは、やや試験的な他のアプローチ、つまりシュレーバー分析の第3部(1911*c*)、無意識について英語で書かれた論文(1912*g*)、ナルシシズムについての長い論考(1914*c*)を著わしている。最終的に、1915年の春と夏に、彼は再び自分の心理学的理論について系統立てて詳細な解説を示したのである。

　続く5篇の論文は、相互に関連している一連の論文の体をなしている。4番目の論文の脚注(222〈著10, 315〉)から分かることだが、それらの論文はフロイトがもともと *Zur Vorbereitung einer Metapsychologie* ［メタ心理学序論］という題で、本の形で出版しようと考えていた論文集の一部をなすものだった。^(原注1)彼はこの一連の論文の目的は、精神分析のための確固とした理論的な基盤を提示することにあるとつけ加えている。

　これらのうち最初の3篇は1915年に、後の2篇は1917年に出版されている。けれどもアーネスト・ジョーンズ博士(1955, 208〈生涯343〉)によると、実際にはそれらはすべて、1915年の3月15日から5月4日の間の7週間ほどの間に書かれたものであった。また、続く3ヶ月の間にさらに7篇の論文がこの論文集に加えられ、12篇からなる論文集全体が8月9日に完成したこともジョーンズ博士(同, 209〈生涯344〉)の本から分かる。けれどもあとの7篇の論文は出版されず、フロイトは後日それを破棄したらしい。というのもそれらは跡形もなく、実際それらが本当に存在したことはジョーンズ博士がフロイトの書簡を調べ始めるまでは、知られていなかったり、忘れ去られたりしていたのである。1915年にフロイトがこれらの論文を書いていた間、彼は自分の思索の進展を手紙に書き続けた(Abraham, Ferenczi, および Jones)。だが、その後それらの論文についてはアブラハムへの1917年11月付けの手紙に、唯一言及されているだけのようである。この手紙はだいたい、後の2篇の論文が出版された時期に書かれたもので、他の7篇の論文はその時には存在していて、フロイトはまだそれらを出版するつもりであったようだ。けれども彼は適切な時期が訪れていないと感じていたのである。

　最後の7篇の論文のうち5篇が、主題として、意識、不安、転換ヒステリー、強迫神経症と転移神経症を全般的に扱っていたということであり、現存

する論文のなかで、それらの論文について言っているのであろうと推察できるところもいくつかある。さらに2篇の不明の論文が論じていたであろう主題を推測することもできる。つまり、それは昇華と投影(原注2)（あるいはパラノイア）である。なぜなら、かなりはっきりとこれらの論文のことを言っているところがあるからである。このようにこの論文集は、夢と同様におもな神経症と精神病のほとんど（転換ヒステリー、不安ヒステリー、強迫神経症、躁うつ病、およびパラノイア）の背景に観察される過程を扱い、抑圧、昇華、取り込み、および投影という心的機制を扱い、そしてまた、意識と無意識という精神の2つのシステムを扱った包括的なものであったと考えられる。

　これらの論文が日の目を見なかったことで、私たちが失ったものが、いかに大きいのかは表現しがたい。フロイトがそれらを書いていたときには、好都合な要因がたまたまうまく結びついたのである。彼が以前に書いた主な理論的な著作（『夢判断』の第7章）はフロイトの心理学的な研究の比較的初期の段階で、15年前に書かれたものであった。しかしながら、ここでは彼の知的な力は絶頂期のままに、理論構築の土台となるおよそ25年にわたる精神分析の経験を積んでいたのである。そのうえその時は、第1次世界大戦が勃発したために、たまたま臨床を縮小していたため、必然的に5ヶ月ほど暇になったのである。そのあいだに彼は自分の計画を実行したのである。おそらく私たちは、失われた論文の内容の多くはその後の著作に受け継がれているに違いないと考えて、自ら慰めようとすることもできるだろう。しかしもしそれらの論文が現存したとすれば、私たちが現実に満足しなければならない、断片的で、不十分な示唆の代わりに、意識や昇華といった問題に関する議論のために多くを知ることができたのである。

　この一連の論文は特に重要なものであり、論証は厳密であり、しかもその扱っている話題がときに難解であるために、これを正確に翻訳するためには、特別な努力を払わなければならなかった。翻訳は全体を通して（そして特に疑わしい文章のところでは）たとえ読みにくくなっても、できるかぎり独語への忠実さを保った。（例えば、「抑圧されたもの the repressed」とか「心的なもの the mental」などといった英語的でない用語もふんだんに用いた）。1925年に出版された版に基づいているが、この翻訳は結果的にまったく新しいものとなった。導入部の素材の量が通常より多く、本文への注釈も大量で、また、ことに曖昧なところをはっきりとさせてくれそうなフロイトの著作の他の部分の引用がかなり多くなったのも、無理からぬことであったと思っている。

彼の理論的な著作の重要なもののリストを、一連の論文の最後の付録に掲載している（S. E., XIV, 259-260）。

（原注1）　独語版著作集第5巻（1924）432頁では、「メタ心理学の論文」という表題で、心霊研究協会のためにフロイトが書いた論文が今回の5つの論文とともに掲載されていた。けれどもそれはもともとの論文集の一部をなすものではない。

（原注2）　シュレーバーの分析（1911c）の第3部で、フロイトは投影のメカニズムについて論じているが、自分自身は満足していないと宣言しているし、その後の著作ではもっと充分に考察すると約束している。これらの失われた論文の中で実行していなかったとすればこの約束は決して果たされなかったようである。

本能とその運命
（1915c）

TRIEBE UND TRIEBSCHICKSALE
INSTINCTS AND THEIR VICISSITUDES

(a)独語版

1915年　　Int. Z. psychoanal., 3(2), 84-100.

1946年　　G. W., 10, 209-232.

(b)英語訳

1924年　　C. P., 4, 60-83.（Tr. C. M. Baines.）

1957年　　S. E., XIV, 109-140.（翻訳は1925年のものに基づいているが、大部分が書き直されている）

(c)邦　訳

1932年　「本能、及び、本能の運命」（林　髞訳）大13

1970年　「本能とその運命」（小此木啓吾訳）著6, 59-77.

1996年　「欲動とその運命」（中山元訳）『自我論集』（竹田青嗣編）ちくま学芸文庫

　フロイトは本論文を1915年の3月15日に書き始めた。この論文と次の論文（「抑圧」）は4月4日までに完成している。

　前書きとして、本論文中（そして標準版全体にわたって）'instinct 本能'と

いう英語は独語の'*Trieb*'という語を指していることを注意しておかねばならない。'drive 衝動'や'urge 衝迫'といった別の選択肢も考えられたが、この〈instinctという〉英語を選択したことについては、本編の第1巻にある総括的序文で説明している。ともかく'instinct'という言葉はここでは、現在生物学者の間で大勢を占めているらしい意味で使われているわけではない。しかしフロイトは本論文中で、そのように翻訳されたこの言葉に彼がどのような意味を与えたのか示している。たまたま「無意識」についての論文195頁以降〈著6，107以降〉で、フロイト自身が'*Instinkt*'という独語を、おそらくはかなり違った意味で使っている。(訳注1)

とはいえ、より明確な理解のためには、フロイトの'*Trieb*'(「本能 instinct」)と'*Triebrepräsentanz*'(「本能代表 instinctual representative」)という用語の使用には曖昧なところがあるということに、注意する必要がある。標準版第XIV巻121-122頁〈著6，63〉で、フロイトは、本能とは「精神的なものと身体的なものとのあいだの境界領域上の概念であり、…有機体 the organism 内部から発せられ精神に到達する諸刺激の心的代表者 psychical representative(原注1)である」と述べている。彼はそれ以前にも2回、ほとんど同じ言い回しで説明している。数年前、シュレーバー症例についての論考(1911c)の第3節の終りの方で、彼は本能について「身体的なものと精神的なものとの間の境界領域上の概念。…有機的な力 organic forces の心的代表者」と書いている。(訳注2)そしてまた、この論文の数ヶ月前に書かれ、『三篇』(1905d)の第3版(1915年に出版されたが、前書きには1914年10月の日付が記されている)につけ加えられた文(S. E., VII, 168〈著5，35〉)のなかで、本能とは、「休むことなく流れている、体内的な刺激源の心的代表者であり、…精神的なものと身体的なものの境界領域上に横たわる概念なのである」と書いている。(訳注3)これら3つの記述はフロイトが本能とその「心的代表者」との間に何の区別もつけていないということを簡単に示しているようである。彼は明らかに、本能そのものを身体的な力の心的な代表者と見なしていた。けれども今私たちが後に書かれたこの一連の論文に目を向けるなら、彼が本能とその心的代表者とをきわめて明瞭に区別していることに気づくだろう。おそらくこのことは「無意識について」の論文の一節(S.E., XIV, 177〈著6，95〉)で「本能は意識の対象とはなりえない。ただ本能を代表しているところの表象 idea [*Vorstellung*]だけが、意識の対象となりえるのである。さらにいえば、本能は無意識のうちにあっても、表象によってしか代表され得な

い。…にもかかわらず、われわれが無意識的本能衝動とか、抑圧された本能衝動と言うときには、…その表象としての代表が無意識であるような本能的衝動のみを考えているのである」。(訳注4)これと同じ見解が、他の多くの箇所に現れている。例えば「抑圧」(S.E., XIV, 148〈著6，80〉)では、彼は「本能の心的（表象としての）代表」について語り、続けて「…その代表は変わらず存続し、本能はこれに結びついたままである」（同，152〈著6，82〉）と言う。(訳注5)そして同じ論文で再び、本能の代表者について「本能から来るある量の心的エネルギー（リビドー、関心）でみたされている表象または表象群」とフロイトは書いて、さらに続けて「その表象とは別に、本能を代表する要素を何か考えるべきである」と述べている。そのため、この第2の引用群においては本能はもはや身体的な衝動の心的な代表とは見なされておらず、むしろそれ自体が心的でない何かであると見なされている。本能の性質についての、これら明らかに異なる見解の双方が、その後のフロイトの著作で見られるが、後者の見解が多い。けれどもその2つの見解の矛盾点は現実的なものというよりも表面的なもので、その矛盾の解答はまさに、この概念自体が、身体的なものと精神的なものの境界上の概念であり、曖昧なものであるということであるのかも知れない。

多くの箇所で、フロイトは、本能に関する心理学的な知識の現状に対する不満を表現している。例えば、それほど前のことではないが、ナルシシズムについての論文（1914c）の中で、彼は「われわれにとって、なんらかの手引きになるような本能の理論がまったく欠けている」と不満を述べている（S.E., XIV, 78〈著5，113〉）。また後に『快感原則の彼岸』（1920g, S. E., XVIII, 34〈著6，170〉）においては本能について「心理学的研究における1つの最も重要であり、同時にもっとも曖昧な要素」と書いているし、『ブリタニカ百科事典』の彼の項目（1926f）においてフロイトは「精神分析にとってもまた、本能理論は 曖昧な領域である」と告白している。本論文はこの主題を包括的に扱った比較的初期の試みである。その後に続く多くの論文がいくらか、これを修正したり、補ったりしたが、にもかかわらず、フロイトの本能についての理解やそれらがどのように作用すると考えていたかに関するもっとも明瞭な説明がここにある。その後の思索によって、本能のより深い部分での決定因ならびに、それらの分類に関する見解をフロイトが変えたことは事実である。しかしこの論文はその後の発展を理解するためにも不可欠の基盤である。

フロイトが本能の分類に関する見解を変えていく過程は、ここで要約しておくほうがよいだろう。諸本能がはっきりとその姿を見せるのが、彼の著作の流れの中では比較的後期においてであるというのは驚くべき事実である。「本能」という言葉は、ブロイアー時代やフリースとの往復書簡、あるいは『夢判断』（1900d）のなかにおいてすらほとんど見いだせないのである。『性欲論三篇』（1905d）で初めて「性本能 sexual instinct」という言葉があのようにふんだんに使われたのであり、「本能衝動 instinctual impulse」(原注2)は、「強迫行為と宗教的礼拝」についての論文（1907b）で初めて登場したようである。しかしこのことは主に単なる言葉の問題であり、もちろん他の名前で本能は存在していたのである。それらの場所には主として、「興奮」「感情的表象」「願望的衝動」「内因性の刺激」などといった言葉が代わりに使われていた。例えば、単一の興奮をもたらす力として働く「刺激」と、恒常的なものとしていつも働く「本能」を、本論文の中で（S.E., XIV, 118〈著6，60〉）で区別している。この正確な区別は、20年前に、「刺激」と「本能」の代わりに「外因性の興奮」と「内因性の興奮」という言葉を使った以外はほとんど同じ言葉を使ってフロイトが行なっていたものである。(原注3)同様に、フロイトは本論文の中で（S.E., XIV, 119,〈著6，60〉）、原始的な有機体は、それが外的な刺激に対して取れるような回避行動を、本能欲求に対しては取ることができないと指摘している。これについてもフロイトは、再び「内因性刺激」という用語を使ってであるが、20年前に予想している。この2番目の箇所は「草稿」（1950a[1895]）の第1部のセクション1のなかにあり、これらの内因性の刺激は「身体細胞から生じて、飢餓、呼吸、性欲などの主要な欲求を引き起こす」と続けているが、この論文のどこにも「本能」という言葉は実際には見つからない。

　精神神経症の基底にある葛藤は、こうした初期においては、「自我」と「性欲」の間にあると述べられていることもある。「リビドー」という用語がしばしば使われているが、その概念は「身体的な性的緊張」の現れについてのものであり、その箇所ではその緊張は化学的な出来事と見なされている。『三篇』においてだけ、リビドーが性的本能の表現として明示されている。葛藤のもう一方は「自我」であるが、それはもっと長い間未定義のままであった。主に自我の機能、特に「抑圧」や「抵抗」、「現実検討」などに関して論じられてきたのであり、（「草稿」の第1部セクション14にあるきわめて初期の試みは別にして）自我の構造や力動についてはいずれもほとんど語られて

いない。(原注4)「自己保存」本能は、リビドーがその発達の早期には、これらの本能に結びついていたという理論(原注5)に関連して間接的に言及されている以外は、めったに触れられなかったし、さらに、神経症的な葛藤における抑圧する機関（agent）としての自我によって演じられる役割 と、それらの本能を関連づける明白な理由はないようである。そして、表面的には全く突然に、心因性の視覚障害についての短い論文（1910i）のなかで、「自我本能」という用語を導入し、それを一方では自己保存本能に、そして他方では抑圧機能と同一視している。それ以後はその葛藤は2つのグループの本能、つまりリビドー本能と自我本能の間にあるものとして、いつも表わされている。

　ところが、「ナルシシズム」の概念の導入が複雑な問題をもたらした。その理論についての彼の論文（1914c）の中で、フロイトは「自我リビドー」（あるいは「自己愛リビドー」）という考え方を進めた。それは「対象リビドー」が対象に備給するのとは対照的に、自我に備給する（S.E., XIV, 76〈著5, 111〉）のである。その論文のある一節（同じ引用箇所）で、本論文にある記述（同, 124〈著6, 65〉）と同様に、フロイトが自分の「二元論的」な本能の分類が成り立つかどうかについてすでに不安に思っていることが示されている。シュレーバーの分析（1911c）では、「自我備給」と「リビドー」、「性的な起源から 生じる関心」と「一般的な関心」は違うと主張しているが、この違いはナルシシズムについての論文でユングに対する返答の中（S.E., XIV, 80-81〈著5, 115〉）に再び現われている。本論文の中（同, 135〈著6, 73〉）で「関心 interest」という語は再び使われており、『精神分析入門』の第26講（1916-17）では、「自我の関心」あるいは単に「関心」が いつも「リビドー」と比較対照されている。けれどもこれら非リビドー的な本能の正確な性質というものは漠然としている。フロイトの本能の分類についての転回点は『快感原則の彼岸』（1920g）において訪れる。その著作の第6章で、自分が到達した考え方の難点を率直に認めて、次のように明言している。「もちろん自己愛リビドーは性的本能の力の現れである」し、「それは『自己保存本能』と同一視されるべきものである」（S. E., XVIII, 50〈著6, 184〉以降）。とはいえ彼はリビドー的な本能とは別に自我本能と対象本能が存在すると依然として考えていたし、ここでは二元論的な見解に固執しながらも、死の本能の仮説を導入している。この地点までの、本能の分類についてのフロイトの見解の発展に関する説明が、『快感原則の彼岸』第6章の終りの長

い脚注（S. E., XVIII, 60-61〈著6，192〉）にあり、『自我とエス』（1923b）の第4章では、心の構造についての新しく完成した図式に照らして、その主題についてのさらに進んだ考察が行なわれている。『文化への不満』（1930a）の第6章では、さらに詳しく再びその問題の全体を横断的に論じ、そこで初めて攻撃的で破壊的な本能について特別に考察を行なっている。それ以前にフロイトは、（サディズムやマゾヒズムにおけるように）それらの本能がリビドー的要素と融合している場合を除いて、これらの本能にはほとんど関心を示していなかった。しかしここで彼ははじめてそれらの本能を純粋な形で考察し、それらを死の本能の派生物として説明している。この主題についての後の再考は、『続精神分析入門』（1933a）の第32講の後半と死後に出版された『精神分析学概説』（1949a[1938]）の第2章の最後の要約の部分に見られる。
（原注6）

（原注1） 本論文とシュレーバーの引用における独語は'Repräsentant 代表者'であり、法廷や議会での言葉として主に用いられる特殊な公用語である。続く引用部分のすべてにおいては、ほとんどいつも、フロイトは'Repräsentanz'と書いている。それはより抽象的な内容の言葉であり、もし存在するなら'representance'という語で、あるいは、もしもあまりに曖昧でなかったなら'representation 代理表象'という語にした方がよかっただろう（'representation'に対する本来の独語は'Vertretung'で、フロイトがブリタニカ百科事典のために書いたオリジナルな文章にある似たような一節（1926f）の中に登場している）。多くのところでフロイトは'Triebrepräsentanz'という複合語を用いている。その語は「ある本能の代表者 representative of an instinct」ということを意味しているが、ここでは普通は短くして「本能的代表者 instinctual representative」としてある。

（原注2） Triebregungen の訳。

（原注3） 不安神経症についてのフロイトの最初の論文（1895b）の第2節の終りを参照のこと。

（原注4） ナルシシズムについての論文のストレイチーの覚書の終りの部分（S.E., XIV, 71〈本書297頁〉）と「夢理論についてのメタ心理学的補遺」のなかの「現実検討」についての議論（同，220以降〈著10，315〉）を参照せよ。

（原注5） 例えば、『三篇』の一節、標準版第VII巻181-182頁〈著5，46-47〉を参照のこと。けれどもそこでは自己保存についての明確な言及が1915年につけ加えられたのである。

（原注6） 破壊的本能とその昇華の可能性についてのいくつかの記述が、マリー・ボナパルト王妃へのフロイトの2通の手紙、1937年5月27日、6月17日のものにある。

それらはアーネスト・ジョーンズによる伝記の第3巻（1957）の付録Ⅰ（NO.34および35）に掲載されている。

（訳注1）「動物の本能」というときに使っている。「人間にも、遺伝される心理的形成物、例えば動物の本能に似たものがあるとすれば、それが「無意識」の核になる」と記されている。
（訳注2）著作集では「代表者」が「現れ」と訳されている。
（訳注3）著作集ではこの部分の訳は「だから欲動は心理的なものを身体的なものから区別する概念の1つである」（著作集5, 35）となっている。つまり本能はここでは「欲動」とされ「境界線上の概念」というよりも「区別する概念」と訳されている。
（訳注4）著作集ではこの部分の「本能」はすべて「欲動」になっている。
（訳注5）著作集ではこの部分の「本能」はすべて「衝動」になっている。

抑　圧
(1915*d*)

DIE VERDRÄNGUNG
REPRESSION

(a)独語版
1915年　*Int. Z. psychoanal.*, 3(3), 129-138.
1946年　*G. W.*, 10, 247-261.
(b)英語訳
1925年　*C. P.*, 4, 84-97.（Tr. C. M. Baines.）
1957年　*S. E.*, XIV, 141-158.（翻訳は1925年のものに基づいているが、大部分が書き直されている）
(c)邦　訳
1932年　「圧迫現象」（林　髞訳）大13
1955年　「抑圧」（井村恒郎・加藤正明訳）選10
1969年　「抑圧」（加藤正明訳）選10改訂
1970年　「抑圧」（井村恒郎訳）著6, 78-86.
1996年　「抑圧」（中山元訳）『自我論集』ちくま学芸文庫

「精神分析運動史」（1914d）のなかでフロイトは「抑圧理論は、精神分析という構築物が依って立つ礎石である」（*S. E.*, XIV, 16〈著10，264〉）と明言している。そして今回の小論と、これに続く「無意識」についての論文のセクション4で、その理論についてもっとも詳細に系統立てて述べている。

抑圧の概念は歴史的には精神分析のきわめて初期に遡る。それについて言及し最初に出版されたものは、1893年のブロイアーとフロイトによる「予報」（*S. E.*, II, 10〈著10，264〉）であった。'*Verdrängung*'という語は19世紀初期の心理学者ヘルバルト Herbart によって使われていたが、フロイトは、彼の師でありヘルバルトの称賛者であったマイネルト Meynert を通じてこの言葉を知った可能性はある。^{（原注1）}しかしすでに引用した「運動史」の一節（*S. E.*, XIV, 15〈著10，263〉）で、フロイト自身は「抑圧の理論は、まったくなにものからの影響も受けることなく確かに私が思いついたのだ」と主張している。「自己を語る」（1925d）の中では、「これは発見」であり「このようなものは精神生活の中でこれまで 認知されていなかった」と書いている。どのように発見がなされたかについてはフロイトの著作の中でいくつかの説明がある。例えば、『ヒステリー研究』（1895d, *S. E.*, II, 268-269〈著7，192〉）や再び「運動史」（*S. E.*, XIV, 16〈著10，264〉）である。これらすべての説明は、抵抗という臨床的な現象から、どうしても抑圧の概念を考えざるを得なかったという事実を強調している点で似通っている。抵抗という現象はやがて、ヒステリーのカタルシス療法における催眠の放棄という、技法上の革新によって明るみに出る。

気づかれるであろうと思うが、『ヒステリー研究』の中で行なわれている説明では、その過程を記述するために実際に用いられている用語は「抑圧」ではなく「防衛」である。この初期の段階では、２つの用語が区別されずに、ほとんど同義語としてフロイトによって使われている。どちらかというと「防衛」のほうが多く使われている。けれどもすぐに、フロイトが神経症における性欲に関する論文（1906a, *S. E.*, VII, 276〈著10，101〉）で述べているように、「抑圧」は「防衛」の代わりにきわめて広範に使われはじめた。こうして例えば、「鼠男」症例報告（1909d）では、フロイトは強迫神経症における「抑圧」のメカニズムについて、情動の備給を不快な観念から置き換えることであると論じている。これに対し、ヒステリーでは、意識からその観念が完全に駆逐されるのである。つまり、そこでフロイトは「２つの種類の抑圧」（*S. E.*, X, 196〈著9，244〉）について語っているのである。実際、本論文

においてもこの用語は、こうしたより広い意味で用いられているのであり、そのことは、終りの方で、様々な形の精神神経症における抑圧の異なるメカニズムについて論じていることからもわかる。けれども、フロイトが主にここで念頭に置いていた抑圧の形が、ヒステリーにおいて起きるものであるということは、かなりはっきりしている。そしてもっと後になって、『制止、症状、不安』(1926d)の第11章セクションＡの(c)で、彼は「抑圧」という用語をこの１つの特定のメカニズムに限ること、そして「神経症へつながるような葛藤の中で自我が利用しているあらゆる技術を全体的に示すもの」として「防衛」を復活させることを提案している。この区別を行なうことの重要性は、後に「終わりある分析と終わりなき分析」(1937c)のセクション５でフロイトが論じている。

抑圧を作動させる契機となる力の性質という特別な問題は、本論文ではほとんど触れられていないが、フロイトにとってはつねに関心事であった。特に、抑圧と性の関係という問題があるが、フリースとの手紙のやりとり（1950c）での多くの論点を見ても分かるように、初期にはフロイトの答えは一貫していない。けれども後に、フロイトは抑圧を「性的なものにする」どのような試みも拒否したのである。この問題についての充分な考察（特にアドラーの見解への言及を含む）は「子どもが叩かれる」(1919e, S. E., XVII, 200〈著11, 26〉以降)の最終セクションに見いだせる。さらに後の『制止、症状、不安』(1926d)、特に第４章、そして『精神分析入門（続）』(1933a)の第32講の最初の部分でフロイトはその主題に新たな光を投げ掛けているが、そこでは不安は、以前に考えられていたように、そして本論の中でも、例えば153頁や155頁で述べられているように、抑圧の結果ではなくて、それをもたらす、主な動機となる力の１つであると論じられている。(原注2)

（原注１）　標準版第XIV巻162頁を参照のこと。このことについての充分な考察はアーネスト・ジョーンズによる伝記の第１巻（1953, 407以降）に見いだせるだろう。
（原注２）　自我によって行なわれる外的現実やその一部の「否認 disavowal」あるいは「否定 denial」（$Verleugnung$）と抑圧との区別は、「フェティシズム」についての彼の論文（1927c）で詳細に論じられている。標準版第XIV巻221頁〈著5, 391-396〉を参照のこと。

無意識について
(1915*e*)

DAS UNBEWUSSTE
THE UNCONSCIOUS

(a)独語版
1915年　*Int. Z. psychoanal.*, 3(4), 189-203. および(5), 257-269.
1946年　*G. W.*, 10, 263-303.
(b)英語訳
1925年　*C. P.*, 4, 98-136.（Tr. C. M. Baines.）
1957年　*S. E.*, XIV, 159-204.（今回の翻訳は1925年のものに基づいているが、大部分が書き直されている）
(c)邦　訳
1932年　「無意識」（林　髞訳）大13
1954年・1970年改訂　「無意識について」（井村恒郎訳）選4
1970年　「無意識について」（井村恒郎訳）著6，87-113.

　本論文は3週間もかからず、1915年の4月4日から23日の間に書き上げられたらしい。その後、同年の独語版国際精神分析学雑誌に2回に分けて、最初はセクション1から4、2回目はセクション5から7が掲載された。1924年以前の版では、本論文はセクションに分かれておらず、今回のもので各セクションの見出しとなっているものは欄外に小見出しとして印刷されていた。唯一の例外は、「局所論的視点」という言葉で、本論ではセクション2の見出しの一部となっているが、もともとはそのセクションの第2段落のはじめの「積極的な言い方をすると…」（*S. E.*, XIV, 172〈著6，92〉）という言葉のところの欄外にあった。2、3の小さい修正が1924年版のテキストにほどこされている。

　一連の「メタ心理学的論文」がおそらくフロイトの理論的な著作全ての中で最も重要なものと見なされるとすれば、「無意識について」の本小論がメ

タ心理学的諸論文の頂点にあることは間違いない。

　無意識的な精神的過程が存在するという考えはもちろん精神分析理論にとって基本的なものである。フロイトは飽くことなく、その考えを支持することを力説し、それに対する反論と格闘した。事実、彼の理論的な著作の一番最後の未完の草稿は1938年に彼が書いた断片で、'Some Elementary Lessons in Psycho-Analysis 精神分析初級講座'（1940b）という英語の表題がつけてあったが、それは無意識の概念を新たに立証するものであった。

　とはいえ、まず明らかにされるべきことはその仮説についてのフロイトの関心は決して哲学的なものではなかったということである。もちろん哲学的な問題が近くに横たわっていることも確かであるが。彼の関心は実践的なものだったのである。彼はこうした仮説を設けることなしには、自分が出会った実に様々な現象を説明することも、あるいは記述することすらできないと思ったのである。また一方ではこうした仮説に立てば、きわめて肥沃な新たな知の領域への道が開かれていると思ったのである。

　初期において、彼の一番身近な環境ではその考えに対する抵抗はそれほど大きくなかったはずである。フロイトの直接の先生たち、例えばマイネルトであるが、[原注1]彼らの心理学への関心は、主にJ・F・ヘルバルト Herbart（1776-1841）の考え方に支配されていた。それにフロイトの高等学校ではヘルバルト学派の原理を体現した教科書が用いられていたらしい（Jones, 1953, 409以下）。無意識的な精神過程の存在がヘルバルトの体系の中では本質的な役割を演じている。しかしこうした事実にも関わらず、フロイトは自分の精神病理学的研究のごく初期の段階では、すぐにこの仮説を採用しなかった。事実、当初から彼は本論文の冒頭の数頁で強調されている議論のもっている力を感じとっていたようである。それはすなわち、精神的な出来事を意識的なものに限定し、それらの間に、純粋に身体的で神経学的な出来事をちりばめていくことは、「精神的連続性を断ち切り」、観察されている現象の流れに把握できない途切れをもたらすことになる、という議論である。けれどもこの困難を克服するには、2つ方法がある。身体的な出来事を無視して、その途切れは無意識的な精神的出来事で満たされているという仮説を採用するか、あるいは、意識的な精神的出来事を無視して、不連続性がなく、観察されたあらゆる事実を包含するような、純粋に身体的なつながりを構築するというものである。フロイトは、初期の科学者としての実績は全く生理学に関するものであったので、まずこの2番目の可能性に抗いがたい魅力を感じた。付

録（S. E., XIV, 206）にこれに関連した文章があるが、彼が失語症の論文（1891b）でその著作を賞賛しているヒューリングス・ジャクソン Hughlings Jackson の見解によってこの魅力はおそらく強化されたものである。従って、フロイトはその初期には、精神病理学的な現象を記述する神経学的な手段を採用しており、ブロイアー時代の彼の著作全部が公然とその手法に基づいていた。彼は純粋に神経学的な構成要素から「心理学」を構築する可能性に知的に惹かれていき、1895年には何ヶ月もかけてその離れ業を達成しようとしていた。そうしてその年の4月27日（Freud, 1950a, 書簡23〈手紙63〉）にフロイトはフリースにこう書いている。「『神経学者のための心理学』にあまりに深入りしていて、本当に働きすぎで休まなければならないほどに、全く疲弊しています。私はこれほどまで何かに熱中したことはありません。でもそこから何かが生まれるのでしょうか。私はそう望んでいますが、進行は困難で遅々としています。」何ヶ月も後になって、そこから本当に何かが生まれた。私たちが「科学的心理学草稿」として知っている未完の作品で、それは1895年の9月と10月にフリース宛に急いで送られたものである。この驚くべき産物は、人間の行動の全範囲を、正常のものも病理的なものも、2つの物質的な存在を複雑に組み合わせることで記述し、説明しようとするものである。その2つとはニューロンと「流動的な状態にある量」、つまり特定されていない物理的、あるいは化学的なエネルギーである。何らかの無意識的精神過程を仮定する必要性は、この方法では完全に回避されていた。つまり、ここでは身体的（physical）な出来事のつながりは断ち切られておらず、完全だったのである。

「草稿」が完成されず、そしてその背景にある思考の流れ全体がすぐに放棄されたのには多くの理由があるだろう。しかしその主な理由は、心理学者フロイトが神経学者フロイトに取って代わったということであった。「心理学的分析」によって解明され、精神的過程の言語によってしか説明されえないようなきめ細やかな出来事を取り扱うには、ニューロン系の洗練された構造ですら、あまりにも無様で粗野なものであることが次第に明らかになってきたのである。フロイトの関心の移行は、実際とても緩やかに起きていた。すでに『失語症』の出版の時には、エミー・フォン・N嬢の症例の治療が2、3年前に終わっていて、彼女の症例報告は「草稿」の1年以上前に書きあげられている。その症例報告（S. E., II, 76〈著7，45〉）の脚注において、フロイトが「無意識」という語を出版物で初めて使っているものが見つかる。ま

た彼が『ヒステリー研究』（1895d）の分担部分で基礎として使っている見かけ上の理論は神経学的なものかもしれないが、心理学、そしてそれとともに無意識的な精神過程の必要性は着実に入り込んでいるのである。実際、ヒステリーの抑圧理論、そしてカタルシス療法の基盤全体は心理学的な説明を声高に要求しているし、「草稿」の第2部でそれらが神経学的に説明されたのは、相当な苦心の末なのであった。(原注2) 数年後、『夢判断』（1900a）において、不思議な変容が起きた。心理学の神経学的な説明が完全に姿を消すだけでなく、「草稿」において神経系の用語で書かれていたものの多くが、ここでは精神的な（mental）用語に翻訳されると説得力を持ち、前よりもはるかに理解しやすいものだということがわかったのである。ここではっきり無意識が確立されたのである。

とはいえ繰り返して述べなければならないことは、フロイトの確立したものは単なる形而上学的な存在 entity ではないということである。『夢判断』の第7章で彼が行なったことは、いわば形而上学的な存在に血肉をまとわせたものである。初めて彼は無意識がどのようなもので、どのように働き、心の他の部分とどのように異なり、それらの部分とどのような相互関係を持つのかを示したのである。彼はこの論文で、これらの発見に立ち戻り、拡充し、深めている。

もっとも、より初期の段階では「無意識」という用語が曖昧なものであったということが明らかになってきている。この3年前に、心霊研究協会のために英語で彼が書いた論文（1912g）は多くの点で本論文の準備となったが、その中でフロイトはそれらの曖昧さを注意深く調べて、その言葉の「記述的」な使用、「力動的」使用、「システム的」使用を区別していた。彼は本論文のセクション2（S. E., XIV, 172〈著6，91〉以降）で、少し形を変えてはいるが、その区別を繰り返している。そして『自我とエス』（1923b）の第1章で再びそれらに戻っているし、『続精神分析入門』（1933a）の第31講でさらに詳しくそれらの区別を語っている。「意識」と「無意識」との対比を心の様々なシステムの違いに当てはめる大ざっぱなやり方が本論の中で明確に述べられている（S. E., XIV, 192〈著6，104〉）。けれども全体的な立場がようやく眺望されるようになるのは、『自我とエス』でフロイトが新しい心の構造的描写を導入した時である。とはいえ、「意識か無意識か？」という基準はあまり実際的ではないにもかかわらず、フロイトはつねに（本論の2箇所、S. E., XIV, 172と192〈著6，92と104〉）、や『自我とエス』と『続精神分

入門』で行なっているようにその基準が、「結局のところ深層心理学の暗闇を照らす1つの灯台の光である」と主張している。(原注3)

(原注1) この点について、生理学者のヘーリングからのフロイトに対する影響があっただろうことが付録A（S. E., XIV, 205）で論じられている。
(原注2) 奇妙なことに、ブロイアーは彼の「ヒステリー研究」への理論的貢献の中で無意識的観念を筋道立てて擁護した最初の人物であった（S. E., II, 222以降）。
(原注3) 「自我とエス」の第1章の終りの言葉。英語の読者に分かってもらわなければならないのは、独語にはほとんどないことであるが、〈英語の〉'unconscious' という言葉にはかなり曖昧なところがあるのである。独語の 'bewusst' と 'unbewusst' は受動分詞という文法形態をとっていて、それらの通常の意味は 'consciously known〈意識的に知られている〉' とか 'not consciously known〈意識的に知られていない〉' といったものである。英語の 'conscious' は同じようにも使われうるが、おそらく、能動的意味において使われるほうがより普通である。つまり 'he was conscious of the sound'〈彼はその音に気付いていた〉とか 'he lay there unconscious'〈そこで気を失っていた〉である。独語ではこうした能動的な意味をもつことはあまりないので、この論文で 'conscious' は全般的に受動的な意味で理解してもらいたい。それに対して独語の 'Bewusstsein'（ここでは 'consciousness' と訳されているが）は、能動的意味をはっきり持っている。そのため例えば標準版第XIV巻173頁〈著6，92〉では、心的行為が「意識の対象」になることについて語っている。またセクション1の最後の段落（S. E., XIV, 171〈著6，91〉）では、彼は「意識による［精神的過程の］知覚」について語っている。さらに一般的に、フロイトが「私たちの意識」という文句を使うときには何かについての意識を指しているのである。彼が受動的な意味で精神状態としての意識を語りたいと思うときには、彼は 'Bewusstheit' という言葉を使っているが、それはここでは 'the attribute of being conscious〈意識的である態度〉''the fact of being conscious〈意識的である事実〉' あるいは単に 'being conscious〈意識的であること〉' と訳している 。英語の 'conscious' は、これらの論文においてほとんど常にそうであるように、受動的な意味と見なされなければならない。

付　録
〔フロイトとエヴァルト・ヘリング〕

ウィーンにおけるフロイトの先輩の中に生理学者のエヴァルト・ヘリング Ewald Hering（1834-1918）がいたが、彼は1884年に若者フロイトにプラハ

における助手のポストを与えた。そのことは、ジョーンズ博士の本（1953, 244）からわかる。エルンスト・クリス（1956）の指摘によれば、フロイトの無意識についての見解はヘリングの影響を受けていた可能性（S. E., XIV, 162を参照）があり、40年ほど後のあるエピソードがそのことを示唆している。1880年にサミュエル・バトラー Samuel Butler が『無意識的記憶 Unconscious Memory』を出版したが、これには1870年にヘリングが行なった講義「組織化された事柄の普遍的な機能としての記憶について Über das Gedächtnis als eine allgemeine Funktion der organisierten Materie」の翻訳が収録されており、バトラーはこれに全体として賛同している。イズラエル・レヴィーン Israel Levine による『無意識』という表題の本が1923年にイギリスで出版され、アンナ・フロイトによるその独語訳が1926年に出ているが、その本の1つのセクション（第1部、セクション13）はサミュエル・バトラーを扱っており、その部分はフロイト自身が翻訳している。著者であるレヴィーンは、ヘリングの講義について言及しているが、ヘリングよりもバトラーに関心があった。それに関連して（独語訳の34頁で）フロイトは次のような脚注を加えている。

「ヘリングの講義になじみがあり、傑作だと思っているドイツ人の読者が、その講義に基づいたバトラーによる考察をそれより上位に位置づけることなど、もちろんないだろう。さらに、いくつかの当を得た記述をヘリングに見いだすことができるが、それは心理学に無意識的な精神活動というものを仮定する権利を与えているのである。つまり次のように言っている。『幾千層にも入り組んだ私たちの内なる生の織物を、もしその糸が意識を横断している限りにおいてのみ探求しようとするのであれば、いったい誰が解きほぐすことを望めようか。…無意識的な素材の神経過程のような連鎖は、意識的な知覚を伴う1つの環で終わるものであり、「観念の無意識的連鎖」とか「無意識的推論」として記述されてきた。そして心理学の観点からこのことが正当化されうるのである。なぜなら、もしも心理学が心の無意識的状態をしっかり摑んでおくことを拒んだら、心はしばしば心理学の指の間をすり抜けていってしまうからである。』[Hering, 1870, 11-13]」

〈以下の2つの付録は1つの論文（1891b）の部分である。本書65頁に紹介がある。〉

付　録
〔心身の平行関係〕
〈略〉

1974年　「失語症の理解のために」（安田一郎訳）『失語症と神経症』誠信書房
　　所収

付　録
〔言葉と事物〕
〈略〉

1974年　「失語症の理解のために」（安田一郎訳）『失語症と神経症』誠信書房
　　所収

夢理論のメタ心理学的補遺
（1917d[1915]）

METAPSYCHOLOGISCHE ERGÄNZUNG
ZUR TRAUMLEHRE

A METAPSYCHOLOGICAL SUPPLEMENT
TO THE THEORY OF DREAMS

(a)独語版
1917年　*Int. Z. Psychoanal.*, 4(6), 277-287.
1946年　*G. W.*, 10, 411-426.
(b)英語訳
1925年　*C. P.*, 4, 137-151.（Tr. C. M. Baines.）
1957年　*S. E.*, XIV, 217-235.（翻訳は1925年のものに基づいているが、大部分が
　　書き直されている）
(c)邦　訳
1932年　「夢学に対する超意識心理学的補足」（林　髞訳）大13

1983年 「夢理論のメタ心理学的補遺」(木村政資訳) 著10, 315-324.

　本論文は、次の論文(「悲哀とメランコリー」)と一緒に、1915年の4月23日から5月4日の間の11日の間に書かれたらしい。これは2年後まで出版されなかった。その表題が示しているように、基本的には、フロイトが新しく表明した理論的な図式を、『夢判断』の第7章で提示された仮説に対して適用したものである。しかし結局、大部分が、心のさまざまな「システム」に対して睡眠状態の及ぼす影響についての考察になってしまい、そしてその考察は、おもに幻覚の問題や、私たちが正常な状態でどのようにして幻想と現実とを区別できるのかについての探求に集中していっている。

　フロイトは早い頃からこの問題に没頭していた。1895年の「草稿」(Freud, 1950a, 特に第1部のセクション15および16、第3部のセクション1)で、その問題に多くの場所をさいている。そこで彼が提案している解答は、異なる用語で表現されているが、明らかに本論で提示されているものと似ている。そこには2つの主だった思索の流れがある。フロイトは、「1次的な心的過程」それ自体は観念と知覚の間をまったく区別しないと論じている。まず第1に、1次的心的過程は2次的な心的過程によって制止を受けなければならない。そして、その制止を働かせるために必要なエネルギーを供給するのに十分な備給を貯えた「自我」が存在するところでのみ、それらのことは実際に起こり得るのである。その制止の目的は「現実の標識」が知覚装置を通じて現れるための時間的な余裕を作ることである。しかし第2には、この、制止し遅らせることとは別に、自我はまた「注意」の備給(*S. E.*, XIV, 192とその脚注)(訳注1)を外的世界に向けるという役目を担っている。その注意なしでは現実の標識は観察され得ないだろう。

　『夢判断』(1900a)標準版第V巻566頁以降および598頁以降〈著2, 465以降および490以降〉の中でもまた、制止と遅延の機能は物事が現実か否かを判断する過程の中になくてはならない要素であると主張され、それは「2次過程」に属するものと再び述べている。もっとも自我がそのようなものであるとはもはや語られていなかった。次にフロイトがその主題を真剣に議論したのは、「精神現象の二原則」(1911b)という論文においてであった。そこで彼は初めて「現実検討」という実際の用語を使っている。ここでまたその過程の遅らせるという特徴が強調されているが、注意の機能はさらに注目すべきものとしてそこに登場している。それは外的世界を周期的に調べるもの

として述べられ、特に感覚器官や意識に関連づけられている。この問題の最後の側面、つまり Pcpt.（感覚）システムと Cs.（意識）システムが果たす役割は、本論文の中で主に論じられている。

　しかしこの主題についてのフロイトの関心は、決して今回の論文で述べ尽くされているわけではない。例えば、『集団心理学』（1921c）の中で、フロイトは現実検討を自我理想の仕事としている（S. E., XVIII, 114〈著6，230〉）。しかしその考えは、その後すぐに『自我とエス』（1923b）の第3章のはじめの脚注で、引っ込めている。そして今回「草稿」を書いた初期の頃以来はじめて現実検討が自我に属するものと明確に述べられている。この主題についてのもっと後の特に興味深い議論が「否定」についての論文（1925h）のなかにあり、現実検討が拠り所としているのは、自我がその発生上感覚知覚の手段と密接な関係にあるということである、と述べられている。その論文の中ではまたほとんど同時代の（'Mystic Writing-Pad 魔法のメモパッド' についての論文（1925a）の終りの部分と同様に）、周期的探索的な備給を外界へと送り出す自我の習慣についてさらに言及しているが、それは結局、もともと「注意」として述べられてきたものを異なる用語で間接的に言ったものである。しかし「否定」においてフロイトは現実検討についての分析をさらに進め、その発達の過程全体の起源を個人の最早期の対象関係にまで遡らせている。

　その後、フロイトは自我心理学への関心が高まり、自我の外的世界との関係をより綿密に検討することになる。『自我とエス』のすぐ後で出版された2つの短い論文（1924b と1924e）では、神経症における自我の現実との関係と、精神病におけるそれとの間の区別について論じている。そして「フェティシズム」についての論文（1927e）では、彼は初めて自我の防衛手段について詳しい説明をしている。それは '*Verleugnung*'（「否認」あるいは「否定」）であり、以前は抑圧と区別されていなかったもので、耐え難い外的現実に対する自我の反応と述べられている。この主題はさらに、フロイトの最晩年のいくつかの著作の中、特に没後に出版された『精神分析概説』（1940a（1938））の第8章の中で展開している。

（訳注1）「無意識について」のなかの「意識されるということは、注意の向け方によって制限されるのを、我々は経験している」という部分。脚注にも、意識が注意することで制限されるという点を述べている。

悲哀とメランコリー
(1917*e*[1915])

TRAUER UND MELANCHOLIE
MOURNING AND MELANCHOLIA

(a)独語版
1917年　*Int. Z. Psychoanal.*, 4(6), 288-301.
1946年　*G. W.*, 10, 427-446.
(b)英語訳
1925年　*C. P.*, 4, 152-170.（Tr. Joan Riviere.）
1957年　*S. E.*, XIV, 237-258.（翻訳は1925年のものに基づいているが、大部分が書き直されている）
(c)邦　訳
1932年　「悲哀と憂鬱」（林　髞訳）大13
1955年　「悲哀とメランコリー」（井村恒郎・加藤正明訳）選10
1969年　「悲哀とメランコリー」（加藤正明訳）選10改訂
1970年　「悲哀とメランコリー」（井村恒郎訳）著6，137-149.

　アーネスト・ジョーンズ（1955, 367-8）を読むと分かるのだが、フロイトは本論の主題を1914年の1月、ジョーンズに詳細に解説している。そしてその年の12月30日にウィーン精神分析学会で発表している。フロイトは1915年2月にはじめて本論の原稿を書いた。彼はそれをアブラハムに見せ、アブラハムはかなり長いコメントを送ってよこした。そこにはメランコリーとリビドー発達の口唇期には関係があるという、重要な示唆が含まれていた（*S. E.*, XIV, 249-250〈著6，142〉）。最終稿は1915年の5月4日に書き上げられたが、その前の論文と同様に、2年後まで出版されなかった。
　ずっと以前に（おそらく1895年の1月）、フロイトは純粋に神経学的な用語でメランコリー（フロイトはこの用語に、今日では通常抑うつ状態と記述されているものを含めていた）の詳細な説明を試みてフリース宛に送っている（Freud, 1950*a*, 草案G）。
　この試みは特に実りあるものではなかったが、すぐにこの主題に対する心

理学的なアプローチに置き換えられた。ようやく2年後になって、フロイトが予見していた実に特記すべき例の1つに私たちは出会う。それは原稿として書かれているが、またもやフリース宛であり、「メモⅢ」という表題が付けられている。この原稿は1897年3月31日付けで、偶然エディプス・コンプレックスをはじめて予示するものとなったのである（Freud, 1950a, 草案N）。問題の文章は、その意味があまりに圧縮されていて所々で曖昧ではあるが、全部を引用するに値するものである。

「両親に対する敵対的な衝動（彼らが死ねばいいという願望）もまた神経症にとって不可欠な構成要素である。それらは強迫的な観念として意識の上には登場する。パラノイアでは迫害妄想のもっとも最悪なもの（統治者や君主に対する病的な不信感）がこれらの衝動に対応する。それらはしばしば、両親への思いやりの心が働いているとき、——彼らの病気や死に際して——抑圧されている。そのような時には、彼らの死について自分自身を責めたり（それがメランコリーとして知られている）、あるいは（当然の報いという考えを媒介にして）両親がかかっていた同じ［病気の］状態になるというヒステリー的な形で自分自身を罰したりすることが悲哀の現れなのである。ここで起きている同一化は、私たちに分かる限りでは、思考様式に他ならず、私たちがその動機を探し求める必要性がなくなるわけではない。」

この文章に概観されているような思索の流れをさらにメランコリーに適用することを、フロイトはまったく脇に追いやったままであったように見える。実際、彼は本論文の前に、1910年のウィーン精神分析協会での自殺の議論におけるいくつかの意見（S. E., XI, 232）を除けば、この状況について再び言及したことはほとんどなかった。そこでは彼はメランコリーと正常な悲哀の状態とを対比させることが重要であると強調しているが、そこに関わっている心理学的な問題は依然として未解決のままであると明言している。

フロイトがその主題を再び再開することが可能となったのは、もちろんナルシシズムの概念と自我理想の概念を導入したためである。実際のところ、本論はフロイトが1年前に書いたナルシシズムに関する論文（1914c）の延長にあると見なすこともできる。その論文がパラノイアの場合における「批判的機関」の働きについて記述している（S. E., XIV, 95以降）と同様に、本論文ではメランコリーでも同じ機関が働いているとみている。

本論がほのめかしている内容はすぐに明らかになったわけではないが、それはある特定の病的な状態のメカニズムを説明することよりも重要なものに

なる運命にあった。ここに含まれている素材によって、「批判的機関」をさらに考察することになる。それが『集団心理学』(1921c)の第11章標準版第XVIII巻129頁〈著6, 241〉以下に見いだされ、次に『自我とエス』(1923b)における超自我の仮説や、罪責感の新たな評価につながったのである。

別の見方をすると、この論文は同一化の性質という問題全体の検討を必要としている。フロイトは当初それを、リビドー発達の口唇的、あるいは食人的段階に密接に結びついた、そしておそらくはそれに依拠しているものと見なそうとしていたように思われる。それゆえ『トーテムとタブー』(1912-13)標準版第XIII巻142頁〈著3, 265〉で、彼は原始群の息子たちと父親の間の関係について書いていたが、「父親をむさぼり食うという行為で、息子たちは彼との同一化を完成するのである」。そしてまた、1915年に出版されたのだが本論文の数ヶ月前に書かれた『三篇』の第3版につけ加えられた文章のなかで、フロイトは食人的口唇期を「同一化という形で、後に重要な心理的な役割を担うことになる1つの過程の原型」と述べている。本論の中 (S. E., XIV, 249-250〈著6, 142〉) で、彼は同一化について「対象選択の前の段階であって、…自我が対象を選びだす最初のやり方である」と語り、「自我はこの対象を取り入れようとし、リビドー発達の口唇期または食人期にふさわしく、むさぼり食うという方法をとる」と付け加えている。（原注1）そして実際のところアブラハムが口唇期とメランコリーの関連性を示唆したのかもしれないが、「狼男」の症例研究 (1921c) の中でその関連性について論じていることからも分かるように、フロイト自身の関心がすでにそれに目を向け始めていたのである。その症例研究は1914年の秋に書かれ、そこでは口唇期が重要な役割を演じている (S. E., XVII, 106〈著9, 440〉)。数年後、『集団心理学』(1921c) 標準版第XVIII巻105頁〈著6, 222〉では同一化の主題が再び取り上げられ、明らかに本論の考察との連続性の中にあり、以前の見解の変化――あるいはおそらくその明確化にすぎないかもしれないが――が始まっているようである。私たちがそこで知る同一化とは、対象備給に先立つものであり、それとは区別されるものであるのに、語られているのは依然として「第1段階すなわち口唇期の派生物のように振る舞う」同一化なのである。この同一化の見解は例えば『自我とエス』(1923b) の第3章のように、その後のフロイトの著作の多くでいつも強調されるものである。そこでは彼はこう書いている。「両親との同一化は、第1に明らかに対象備給の結末、あるいは結果ではない。それは直線的で直接的な同一化であり、いかなる対

象備給よりも早期に生じる。」

　とはいえ、後にフロイトが本論文の最も重要な特徴と見なしていたと思われるところは、メランコリーにおいて対象備給が同一化に置き換えられる過程の説明であった。『自我とエス』の第3章では、フロイトはこの過程がメランコリーに限定されるものではなく、ごく一般的に起きるものと論じている。彼が指摘するところでは、これらの退行的な同一化は相当程度に私たちがある人物の「性格」として記述するものの基盤となっている。しかしもっとはるかに重要なことは、エディプス・コンプレックスの解消から生じるこれらの退行的な同一化のもっとも早期のものが、まったく特別な地位を占めるようになり、事実上、超自我の核を形成するということだ、と彼は示唆している。

（原注1）　フロイトは先に掲載したものでこれらのメタ心理学的論文の最初のもの（S. E., XIV, 136〈著6, 74〉）の中で「取り入れ」という用語を、異なる文脈ですでに使っているが、その用語はこの論文では現われていない。本文中で言及された『集団心理学』の章のなかで、彼が同一化の話題に戻ったとき、フロイトは「取り入れ」という言葉を何回か使っており、そしてそれほど頻繁ではないが、その後の著作の中にも何回か現われている。

パラノイアについての精神分析理論に異議を唱える症例
（1915f）

MITTEILUNG EINES DER PSYCHOANALYTISCHEN
THEORIE WIDERSPRECHENDEN FALLES VON PARANOIA

A CASE OF PARANOIA RUNNING COUNTER
TO THE PSYCHO-ANALYTIC THEORY OF THE DISEASE

(a)独語版
1915年　*Int. Z. Psychoanal.,* 3(6), 321-329.
1946年　*G. W.,* 10, 233-246.
(b)英語訳
1924年　*C. P.,* 2, 150-161.（Tr. E. Glover.）

1957年　S. E., XIV, 261-272.（1924年に出版されたものに基づいている）
(c)邦　訳
1933年　「精神分析学説に背馳せるパラノイア症の一例」（小沼十寸穂訳）大15

　本論で提示された症例報告は、シュレーバーの分析（1911c）においてフロイトが述べたパラノイアと同性愛との間に密接な関係があるという見解を確証することを目的としている。偶然にもそれは、事実についての表面的な知識に基づいて症例に関する性急な見解を固めてしまう危険性についての、臨床家に対する教訓的な実例となっている。最後の数頁は神経症的な葛藤の中で作用している過程についてのもっと一般的な、いくつかの興味深い意見を含んでいる。

戦争と死に関する時評
（1915b）

ZEITGEMÄSSES ÜBER KRIEG UND TOD
THOUGHTS FOR THE TIMES ON WAR AND DEATH

(a)独語版
1915年　*Imago*, 4(1), 1-21.
1946年　G. W., 10, 323-355.
(b)英語訳
Reflections on War and Death
1918年　New York: Moffat, Yard. Pp. iii+72. (Tr. A. A. Brill and A. B. Kuttner.)
Thoughts for the Times on War and Death〈戦争と死の時代についての論考〉
1925年　C. P., 4, 288-317. (Tr. E. C. Mayne.)
1957年　S. E., XIV, 273-300.（翻訳は1925年に出版されたものに基づいている）
(c)邦　訳
1932年　「戦争と死の精神分析」（石中象治訳）大14
1969年　「戦争と死に関する時評」（森山公夫訳）著5, 397-420.

これら2つのエッセイは第1次世界大戦が勃発して約6ヶ月後、1915年の3月と4月頃に書かれた。そしてその戦争について熟慮したフロイトの見解のいくつかが表わされている。彼のもっと個人的な反応はアーネスト・ジョーンズの本（1955）の第2部の23章に書かれている。フロイトがオランダの知人であるフレデリック・ファン・エーデン博士に書いた手紙が本論のほんの少し前に出版されている。この手紙は標準版第XIV巻301頁の付録に収めた。[訳注1]同年1905年の暮れ頃に、フロイトは似たような主題で「無常ということ」という別のエッセイを書いている。そのエッセイも掲載している（*S. E.*, XIV, 305〈著3, 314〉）。何年もたってから、フロイトはアインシュタインへの公開状『戦争はなぜ』（1935*b*）の中で、再びその主題に戻っている。今回の2つのエッセイの2番目のもの、つまり死についてのものは、1915年の4月はじめにフロイトが人生の大半所属していたウィーンのユダヤ人クラブであるブナイ・ブリースの会合で初めて読まれたらしい（1914*e*を参照）。もちろん、このエッセイは大部分が「トーテムとタブー」（1912-1913）のセクション2のものと同じ素材である。

（訳注1）　この手紙の翻訳はない。手紙では、私たちの知性が脆弱であり、衝動や感情によって動かされるという精神分析の主題が正しいということ、そして今回の戦争がそれを証明しているということが語られている。

付　録
〔フレデリック・ファン・エーデン博士への手紙〕
〈略〉

無常ということ
（1916*a*［1915］）

VERGÄNGLICHKEIT
ON TRANSIENCE

(a)独語版
1916年　*Das Land Goethes 1914-1916.*〈ゲーテの国 1914-1916年〉Stutt-

gart: Deutsche Verlagsanstalt. Pp. 37-38. 所収
1946年　*G. W.*, 10, 357-361.
(b)英語訳
1942年　*Int. J. Psyho-Anal.*, 23(2), 84-85. (Tr. James Strachey.)
1950年　*C. P.*, 5, 79-82. (訳者同じ)
1957年　*S. E.*, XIV, 303-307. (翻訳は1950年に出版されたものを若干手を加えて再版したものである)
(c)邦　訳
1960年・1969年改訂　「無常ということ」(高橋義孝訳)選14
1969年　「無常ということ」(高橋義孝訳)著3，314-317.

　本エッセイは、1915年11月のベルリン・ゲーテ協会 Berliner Goethebund の依頼で、次の年に『ゲーテの国 *Das Land Goethes*』という表題で出版された記念論集のために書かれた。この念入りに作られた論集は古今の著名な作家や芸術家、例えばフォン・ビューロー von Bülow、フォン・ブレンターノ von Blentano、リカルダ・フーフ Ricarda Huch、ハウプトマン Hauptmann やリーバーマン Liebermann らの文章が数多く収録されている。独語の原文(当時2年目に入っていた戦争についてのフロイトの感情に関する描写は別にして)はフロイトの文章力の優れた証拠となっている。このエッセイの数ヶ月前に書かれたのに2年後まで出版されなかった、「悲哀とメランコリー」(1917*b*)の中で述べられている悲哀についての理論に関する叙述を、このエッセイが含んでいるのは興味深いことである。

精神分析的研究からみた2、3の性格類型
(1916*d*)

EINIGE CHARAKTERTYPEN AUS DER PSYCHOANALYTISCHEN ARBEIT
SOME CHARACTER-TYPES MET WITH IN PSYCHO-ANALYTIC WORK

(a)独語版

1916年　*Imago*, 4(6), 317-336.
1946年　*G. W.*, 10, 363-391.
(b)英語訳
1925年　*C. P.*, 4, 318-344.（Tr. E. C. Mayne.）
1957年　*S. E.*, XIV, 309-333.（翻訳は1925年に出版されたものに基づいている）
(c)邦　訳
1933年　「精神分析学から見た性格型の二三」（篠田英雄・濱野修訳）大10
1953年　「精神分析的研究からみた若干の性格典型」（高橋義孝訳）選7
1970年　「精神分析的研究からみた若干の性格典型」（高橋義孝・池田紘一訳）選7改訂
1970年　「精神分析的研究からみた二、三の性格類型」（佐々木雄二訳）著6, 114-136.

　この3つのエッセイは、1916年のイマーゴの最終刊で出版された。そのうち三番目は一番短いが、フロイトの医学的ではない書き物のいずれと比較しても負けないほど多くの反響をもたらしたのだが、それは犯罪の心理学という問題にまったく新鮮な光を投げかけているからである。

ある具象的強迫観念との神話的類似物
（1916*b*）

MYTHOLOGISCHE PARALLELE ZU
EINER PLASTISCHEN ZWANGSVORSTELLUNG

A MYTHOLOGICAL PARALLEL TO A VISUAL OBSESSION

(a)独語版
1916年　*Int. Z. Psychoanal.*, 4(2), 110.
1946年　*G. W.*, 10, 397-400.
(b)英語訳
1925年　*C. P.*, 4, 345.（Tr. C. M. J. Hubback.）
1957年　*S. E.*, XIV, 337-338.（翻訳は1925年に出版されたものに基づいている）
(c)邦　訳

1983年　「ある具象的強迫観念との神話的類似物」（高田淑訳）著10, 313-314.

ある象徴と症状の関連
(1916c)

EINE BEZIEHUNG ZWISCHEN EINEM
SYMBOL UND EINEM SYMPTOM

A CONNECTION BETWEEN A SYMBOL AND A SYMPTOM

(a)独語版
1916年　*Int. Z. Psychoanal.*, 4(2), 111.
1946年　*G. W.*, 10, 393-396.
(b)英語訳
1924年　*C. P.*, 2, 162.（Tr, D. Bryan.）
1957年　*S. E.*, XIV, 339-340.（翻訳は1924年に出版されたものに基づいている）
(c)邦　訳
1983年　「ある象徴と症状」（木村政資訳）著10, 311-312.

ヘルミーネ・フォン・フーク・ヘルムート女史宛の手紙
(1919*i*[1915])

BRIEF AN FRAU DR. HERMINE VON HUG-HELLMUTH
LETTER TO DR. HERMINE VON HUG-HELLMUTH

(a)独語版
1919年　*Tagebuch eines halbwüchsigen Mädchens*, Leipzig, Wien, ZUrich : Internationaler Psychoanalytischer Verlag
1946年　*G. W.*, 10, 456.
(b)英語訳
1957年　*S. E.*, XIV, 341.（翻訳はジェームズ・ストレイチーによる新しいものである。Messrs George Allen and Unwin の手配で収録された）

(c)邦　訳
1983年　「ヘルミーネ・フォン・フーク・ヘルムート女史宛、1915年4月27日付の手紙」(生松敬三訳) 著10, 367.

　フロイトにより1915年4月27日に書かれた手紙からの抜粋である。これらの抜粋は、この手紙が触れている日記のフォン・フーク・ヘルムート夫人による編集への前書きに収められているものである。日記の Eden と Ceder Paul による英訳(この前書きを含む)は、ロンドンでは George Allen and Unwin、ニューヨークでは Seltzer から(1921年；第2版は1936年に)、『ある少女の日記 *A Young Girl's Diary*』というタイトルで出版された。この出版の後になって、フォン・フーク・ヘルムート夫人に原稿を託した正体不明の人物によって日記は修正されていたかもしれないと考えられるようになった。それで独語版は廃刊となったが、英語の翻訳は印刷物として残った。

精神分析入門
(1916-1917[1915-1917])

VORLESUNGEN ZUR EINFÜHRUNG IN DIE PSYCHOANALYSE
INTRODUCTORY LECTURES ON PSYCHO-ANALYSIS

(a)独語版
1916年　第1部(単独で)、*Die Fehlleistungen* 〈失錯行為〉. Leipzig and Vienna : Heller.
1916年　第2部(単独で)、*Der Traum* 〈夢〉. 同出版社
1917年　第3部(単独で)、*Allgemeine Neurosenlehere* 〈神経症論総論〉. 同出版社
1917年　上記3部を1巻にして。同出版社。Pp. viii+545.
1940年　*G. W.*, 11, Pp. 495.

(b)英語訳
A General Introduction to Psychoanalysis
1920年　New York : Boni & Liveright. Pp. x+406.(訳者不詳；Foreword G. Stanley Hall.)

Intrductory Lectures on Psycho-Analysis
1922年　London: Allen & Unwin. Pp. 395.（Tr. Joan Riviere; Freudによる前書抜き、Ernest Jonesによる前書付き）
1961-1963年　S. E., XV & XVI, 1-463.（訳は、ジェームズ・ストレイチーによる新訳である）
(c)邦　訳
1926年　　『精神分析入門（上）』（安田徳太郎訳）アルス
1928年　　『精神分析入門（下）』（安田徳太郎訳）アルス
1929年　　『精神分析入門（上・下）』（安田徳太郎訳）大 7，8
1952-1953年　『精神分析入門（上・下）』（丸井清泰訳）選 1，2
1969-1970年　『精神分析入門（上・下）』（井村恒郎・馬場謙一訳）選 1，2 改訂
1971年　　『精神分析入門（正・続）』（懸田克躬・高橋義孝訳）著 1
1977年　　『精神分析入門（上・下）』（高橋義孝・下坂幸三訳）新潮文庫

　『精神分析入門』は、おそらく『日常生活の精神病理学』を除くと、フロイトの著作の中で最も広く読まれている。(原注1)そして、誤植の多い点でも際立っている。上に示した記録にも見られるように、第 2 版では40箇所の修正が行なわれたが、誤植はまだかなりあった。また、版によって表現が少しずつ異なる箇所は、本文中かなりの数にのぼる。今回の翻訳は、独語版全集のテキストにしたがっているが、この全集は、独語版著作集と事実上同じものである。標準版第 XV 巻は、以前の版からの比較的重要な変更だけを記録してある。
　本著作の各 3 部が、実際にいつ出版されたかは明らかではない。第 1 部は、1916年 7 月27日付のルー・アンドレアス・ザロメに宛てた手紙（Freud, 1960 参照）の中でフロイトがこれに言及しているので、1916年 7 月末までに出版されていたことは確かである。同じ手紙の中で、フロイトは第 2 部も出版間近であると述べている。第 3 部は、1917年 5 月には出版されたようである。

　ウィーン大学の学年暦は、2 学期にわかれていた。冬学期は10月から 3 月までで、夏学期が 4 月から 9 月までである。本書に収められている講義は、第 1 次世界大戦中の続けて 2 回の冬学期に、つまり、1915年から16年と、1916年から17年にかけて、フロイトが行なったものである。(原注2)それらが出

版されるまでの事情は、アーネスト・ジョーンズの伝記の第 2 巻（1955, 245以降）に詳しく述べられている。

　『続精神分析入門』の序文でフロイト自身が書いているように、ウィーン大学での彼の身分は「末席に連なる」ものでしかなかったが、1885年に私講師（大学講師）に任命され、また1902年に特別教授（助教授）に任命されてからは、彼は大学で多くの連続講義を行なった。それらの記録は残されていないが、ハンス・ザックス（1945, 39以降）やテオドール・ライク（1942, 19以降）、アーネスト・ジョーンズ（1953, 375〈生涯229〉以降）らが、フロイトの講義について述べた文章は読むことができる。フロイトは1915年の秋に始まる一連の講義をもって、大学での最後の講義にしようと決心していた。そしてそれらの講義の出版に同意したのは、オットー・ランクの示唆によるものだった。先に引用した『続精神分析入門』の序文の中で、フロイトは、〈『精神分析入門』の〉前半は「即興的に講義したあとで、すぐに書き留めた」ものであり、「後半部分の原稿は、間にはさまった夏休みの間にザルツブルクで書き、次の冬学期に一語一語そのまま講義した」と書いている。当時は「私はまだ録音機のような記憶力を具えていた」と彼は付け加えているが、いかに注意深く講義の準備をしていたとしても、実際の講義はいつも即興的だったし、(原注3)ノートも持っていないのが常であった。フロイトの講義のやり方については、誰もが同じ意見を記しているが、それによれば、彼は表現に凝ることなく、その口調はつねに穏やかで、しかも親密な会話調であった。しかし、だからといって彼の講義にずさんな点や混乱した処があったなどと考えてはならない。彼の講義は、ほとんどつねに一定の形式、つまり頭部と体部と尾部を具えており、しばしば審美的統一性があるという印象を聴衆に与えた。

　彼は講義をするのが好きではなかったと言われている（Reik, 1942, 19）が、これは彼が一生の間に行なった講義の回数と合わないだけでなく、実際に刊行された論文のうち講義形式のものの割合がきわめて高い点とも一致しない。しかし、この矛盾は説明が可能である。検討してみると、フロイトの出版物のうちで、講義形式のものは、おもに解説的な論文であることがわかる。例えば「ヒステリーの原因」（1896c）に関する初期の講義、やや後の「精神療法について」（1905a）、そしてもちろんアメリカで講演された『精神分析について』（1910a）、ならびに本書の一連の講義がそれである。しかしこれ以外に、何年も経ってから、フロイトは自分の考えのその後の発展を提示しよ

うとして、明らかな理由もなく、再び講義形式で『続精神分析入門』(1933a) を出版したが、実際に講義を行なう可能性はまったくなかったのである。つまり、明らかにフロイトは、自らの意見を強く打ち出す方法として講義形式を気に入っていたのだが、その場合、あくまでも現実の、あるいは想像上の聴衆と生き生きとした接触を保つことが前提条件なのであった。フロイトが聴衆との接触をどれほど一貫して保持し続けたか、つまり、どれほどきまって聴衆の口から反論を引き出したか、そしてどれほど頻繁に聴衆と想像上の議論を試みていたか、本書を読めば分かるはずである。実際にフロイトは、このような症例報告の方法を、まったく講義と関係のないいくつかの論文に適用している。例えば、『素人による精神分析の問題』(1926e) の全体と、『幻想の未来』(1927c) の大部分は、著者と批判的な聴き手の間の対話の形をとっている。いくつかの間違った見方とは恐らく反対に、フロイトのやり方は、権威的かつ独断的に自分の意見を押し付けるというのとは、まったく対照的なものだった。『精神分析入門』のある箇所で、彼は聴衆に向かって言っている。「私の方からはお話ししませんが、しかしきっとあなた方はご自分でそれを発見なさるでしょう」(S. E., XV, 431)。反論に対しては大声で黙らせるのではなく、率直に検討するやり方がとられた。そして結局のところこのようなやり方は、精神分析の技法そのものの本質的特徴を拡張したものにほかならなかった。

　『精神分析入門』は、第1次世界大戦当時のフロイトの考えと精神分析の位置とをまとめて再評価するものであると考えても誤りではない。アドラーとユングの離反はすでに過去のものとなっていたし、ナルシシズムの概念は形成されて数年経ち、画期的な「狼男」の症例報告は、後年になるまで出版されなかったとはいえ、『分析入門』の講義が開始される1年前に（2つの節を除いて）すでに書き上げられていた。同様に、基本的理論にかんする一連の偉大な「メタ心理学的」論文の数々も、数ヶ月前にすべて書き終えられていたが、そのうち3篇だけが公刊されていた。（『入門』講義のあと、まもなくさらに2篇が発表されたが、残る7篇の論文は跡形もなく消え去った。）これらのメタ心理学的論文執筆や、同じく『入門』の講義も確かにフロイトの臨床業務が戦争で暇になったために促進されたのだった。明らかに1つの転回点が訪れ、休止の時が来たように思われた。しかし、実際には新鮮な創造的想念が準備され、やがて『快感原則の彼岸』(1920g)、『集団心理学』(1921c)、そして『自我とエス』(1923b) において日の目を見ることとなったのである。

実のところ、この分岐線はあまり明確に引くわけにはいかない。例えば「反復強迫」（*S. E.*, XVI, 274）の概念を暗示する考えはすでに見いだされているし、自我の分析が開始されていたのはきわめて明白である（*S. E.*, XVI, 422および428）。一方、「無意識」（*S. E.*, XV, 227注1）という用語の多義性をめぐる諸困難も、精神の新たな構造論的説明への道を開きつつあった。

　『分析入門』の講義の序文の中で、フロイトは内容に新しさがないといささか自嘲的に述べている。しかし、精神分析の諸文献を多数読んできた人でも、本書を読んで退屈する心配はない。他のどこにも書かれていないことを多数発見することは間違いないだろう。フロイト自身、序文の中で新しい材料として、とくに不安についての議論（第25講）と原空想についての議論（第24講）を選んでいるが、注目すべき点はこれに止まるものではない。第10講における象徴性の再検討は、最も完璧なものと言ってよいだろう。夢の形成について、第14講の最後の数頁ほど明晰な総括は、他のどの論文にも見いだすことができない。倒錯について、第20講および21講以上に思いやりに富んだ解説はない。最後に、精神分析療法の過程については、最終講で展開された分析に匹敵するものはない。さらに失錯行為や夢のメカニズムのように、その主題がすでに古いと思われる場合でも、思いもよらぬ方向から接近を試みて、少々うんざりしかねないよく知られた論題に、新たな光を投げかけている。『精神分析入門』が広範な読者を得ているのは、きわめて当然のことである。（原注4）

（原注1）　本講義は、最も広く翻訳された。フロイトの存命中に（英訳版は別にして）、オランダ語（1917）、仏語（1922）、イタリア語（1922）、ロシア語（1922-3）、スペイン語（1923）、日本語（1928）、ノルウェー語（1929）、ヘブライ語（1930）(訳注1)、ハンガリー語（1932）、セルビア-クロアチア語（1933）、中国語（1933）、ポーランド語（1935）、チェコ語（1936）、に翻訳された。おそらくその頃までに、ポルトガル語とスウェーデン語でも刊行され、後にアラビア語でも刊行された。

（原注2）　本シリーズの最初の講義は、アーネスト・ジョーンズによれば、1915年10月23日であったが、同時代の紙上紹介では、10月16日となっている（*Int. Z. Psychoan.*, 3, 376）。いずれにせよ、土曜日に行なわれた点では一致している。

（原注3）　この唯一の例外が、ブダペスト大会での発表論文（1919a）に記録されている。ジョーンズ参照（1953, 375注〈生涯229〉）。

（原注4）　これらの講義は、ほかならぬその性質上、広範な主題を扱っており、フロイトが（彼自身最後の講義の末尾で触れているように）十分詳しく論じることがで

きずに終わったものもいくつかある。多くの読者、なかんずく本書を通して精神分析に初めて接する学生たちは、もっと詳細に学びたいと思うこともあるだろう。したがって、本書の脚注で、本文の主題をさらに詳しく扱っているフロイトの他の著作を参照できるよう、とくに豊富に挙げておいたつもりである。

(訳注1) ヘブライ語版への序言（1934a [1930]）は、以下の通り邦訳されている。
1984年 「『精神分析入門講義』ヘブライ語版への序言」（生松敬三訳）著11, 411-412.

ある幼児期神経症の病歴より
(1918b[1914])

AUS DER GESCHICHTE EINER INFANTILEN NEUROSE
FROM THE HISTORY OF AN INFANTILE NEUROSIS

(a)独語版
1918年　S. K. S. N., 4, 578-717.
1947年　G. W., 12, 27-157.
(b)英語訳
1925年　C. P., 3, 473-605.（Tr. A. and J. Strachey.）
1955年　S. E., XVII, 1-122.
(c)邦　訳
1933年　「或る小児神経症の病歴から」（林　髞訳）大15
1959年　「ある幼児期神経症の病歴より」（熊田正春・小此木啓吾訳）選16
1969年　「ある幼児期神経症の病歴より」（小此木啓吾訳）選16改訂
1983年　「ある幼児期神経症の病歴より」（小此木啓吾訳）著9, 348-454.

主として日付に関するいくつかの変更が1924年の独語版にとりいれられ、最後に長い脚注が付け加えられた。今回の翻訳は1925年に出版されたものの改訂版である。

これはフロイトのすべての症例報告の中で最も入念に書かれたものであり、おそらく、もっとも重要なものであろう。患者である裕福な若いロシア人が

分析を受けるためにフロイトを訪ねたのは、1910年の2月のことであった。この論文で報告された彼の最初の治療過程は、その時から、フロイトが症例を終結したとみなした1914年7月まで続いた。彼は同年の10月にこの症例報告を書き始め、11月初めにはそれを書き終えている。(原注1) しかしながら、彼はその出版を4年間控えていた。彼が述べているように（S. E., XVII, 7, 脚注）、最終的な形において何ら重大な変更はなされていないが、2つの長い文章が挿入された。最初の治療過程の終結後の経過も、1924年版の最後に付け加えられた脚注に描かれている（S. E., XII, 121-122）。もっと後の情報も、フロイト自身がその後出版したものや、フロイトの死後に明らかにされた資料の中に見つけられる。

　フロイトは「狼男」の症例報告の前後に発表した著作で、「狼男」の症例に数多く言及しているが、それらは列挙するだけの価値がある。フロイトがこの症例に関心のあったことを示す最初の公刊物は、1912年の初秋に彼の署名のもとに世に出された段落であり（Zbl. Psychoanal., 2, 680）、明らかにこの症例の病歴の中心的特徴である狼の夢によって刺激されたものである。それは、'Offener Sprechsaal（公開討論）' という表題で出版されており、以下のとおりである。
　「私の同僚である精神分析実践家たちのなかで、夢見者が早期に両親の性交を目撃していた、という結論を正当化する解釈の成り立つ患者のあらゆる夢を集めて、注意深く分析してくれる人がいれば嬉しいのですが。そういった夢がいくつかの点で特別な価値を持つことを明らかにするには、1つのヒントがあれば十分です。もちろん、証拠と見なされる夢は、子どもの頃に見られたものでなければならず、それを思い出したというのでなければなりません。　フロイト」

　その主題について更に次の段落が、1913年初めに著わされている。（Int. Z. Psychoanal., 1, 79）:『特別な意味を持つ子どもの夢 Children's Dreams with a Special Significance』「独語版国際精神分析学雑誌第2号680頁の公開討論において、私は同僚達に、『その解釈が、夢を見た人が早期に両親の性交の目撃者であったという結論を正当化してくれるような』子ども時代に見られた夢ならどんなものでも発表してくださるよう、お願いしました。私は今、この条件を満たしたと思われる最初の寄稿をしてくださった、ミラ・ギンバー

グ Mira Gincburg 博士（Breitenau-Schaffhausen の）に感謝します。これに対する批評は、比較できる材料がもっと集まるまで、延ばそうと思います。フロイト」

　この記述に続いて、問題の夢についてのギンバーグ博士の説明がある。同じ年のもっと後になって、ヒッチマン Hitschmann が同じような夢を報告した（Int. Z. Psychoanal., 1, 476）。しかし、その件についてフロイトからは何の連絡もなかった。しかしながら、同じ年の夏の間に、彼は「夢の中の童話素材 The Occurrence in Dreams of Material from Fairy Tales」（1913d）と題する論文を発表し、実は、そこで狼の夢について報告している。それがこの症例報告（29以降）の中で、部分的に再版されたのである。また翌年早々に、「精神分析治療中における「誤った再認識」について Fausse Reconnaissance in Psycho-Analytic Treatment」（1914a）という論文を出し、この症例の別のエピソードを描いている。これもまた部分的にここで再版されている（S. E., XVII, 85）。「抑圧」（1915d）というメタ心理学的論文は本論文より後に書かれたが、先に発表されており、この患者の狼恐怖に言及した段落を含んでいる。この症例研究の刊行の後長い年月を経て、フロイトは『制止、症状、不安』（1926d）において、子どもの動物恐怖に関して検討する中で、この症例にたち戻っている。その著作の第4章と7章で、本論文の患者の狼恐怖と「少年ハンス」（1909b）の症例で分析した馬恐怖とを比較している。そして最後に、晩年の論文の1つである「終わりある分析と終わりなき分析」（1937c）で、フロイトは治療に期限を設けるという技術的革新に対して、いくらか批判的にコメントをしているが、この症例ではその方法を導入しており、標準版第XVII巻11頁に描かれている。

　出版時におけるフロイトの視点からは、この症例報告の第1の意義は、アドラーやとりわけユングへの批判を裏付けることにあったことは、明らかである。幼児性欲をどんなに否定してもそれを論破する確実な証拠がここにある。しかし、ほかにも多くの価値あるものがこの治療の中から現われた。もっともその中のいくつかは、この報告が書かれてから出版されるまでの4年間に、もうすでに世に出ていた。たとえば、「原光景 primal scenes」と「原幻想 primal phantasies」の関係があり、それは原幻想の心的内容は遺伝されうるか、という曖昧な問題に直接的に結び付いている。これは、『精

神分析入門』(1916-17)の第23講で検討されたが、更に本論文の標準版第XVII巻57頁以降と95頁以降に加えられた部分でも入念に推敲されている。また、患者の肛門期性愛を扱ったセクション7にある注目すべき材料は、「欲動転換 'On Transformations of Instinct'」(1917c)という論文の125頁以下で使われている。

　さらに重要なことは、この分析が、リビドーのより早期の口愛的組織化に光を当てたことであり、標準版第XVII巻106-107頁以下でやや長めに考察されている。この組織化についてフロイトが最初に出版物の形で言及したのは、1915年に『三篇』(1905d)の第3版、標準版第VII巻198頁に追加された1節においてであった。この第3版の序文には、1914年10月の日付がある。これは彼が「狼男」についての論文を書いていた間の正確な月である。この分析で現われた「人食いの(cannibalistic)」素材が、フロイトがこの時期に没頭していた最も重大ないくつかの理論への道を拓くために、重要な役割を担ったものと思われる。それらの理論とは、体内化(incorporation)、同一視、自我理想の形成、罪悪感、そして、抑うつの病理的状態の相互の結びつきである。これらの理論のいくつかは、『トーテムとタブー』(1913年の半ばに書かれた)の最後のエッセイやナルシシズムの論文(1914年の初期には完成していた)などに、もうすでに書かれていた。その他のものは、「悲哀とメランコリー」の中で発表されることになった。この最後のものは1917年まで出版されなかったが、1915年5月の初めには、最終的な形にまとめられていた。その中に含まれる多くの視点が、この症例報告が書かれたわずか数週間後の1914年12月30日にウイーン精神分析学会で発表されたのである(Jones, 1955. 367)。

　たぶん、主要な臨床的発見は、患者の神経症において、彼の1次的な女性的衝動が演じていた決定的な役割の証拠が明らかにされたということである。きわめて著しい彼の両性的素質は、フロイトが長い間抱き続けてきた、フリースとの交友関係にまで遡ることのできる諸観点の1つの確証にすぎなかった。しかし、その後の著作の中で彼は、両性的素質が普遍的に生じるという事実や、「反転した inverted」あるいは「陰性の negative」エディプスコンプレックス(訳注1)の存在を以前より強調するようになっている。この論点は『自我とエス』(1932b)の第3章において「完全な」エディプスコンプレックスについての1節の中で最もはっきり表現されている。一方両性的素質に関係した動機が抑圧の不変的決定因であるという意味の仮説的推論は誘惑的

ではあるが、強い抵抗に遭っている（S. E., XVII, 110〈著9, 443-444〉）――フロイトはこのあとすぐに「子どもが叩かれる」（1919b）の標準版第XVII巻200頁〈著11, 26〉以降で、この点にたち戻って十分に時間をかけて検討している。(訳注2)

最後にフロイトがこの症例について論ずる時に、並外れて文学的技法を用いることに注意を向けるのは多分適切であろう。彼は思いがけず新しくて複雑な心理学的出来事を科学的に説明するという開拓者の仕事に直面していたのである。その結果、この作品は混乱とあいまいさの危険を避けているだけでなく、最初から最後まで読者の注意を魅きつけるものとなったのである。

（原注1） これらの日付はアーネスト・ジョーンズ（1955、312）からのものであり、フロイトの往復書簡に基づいている。7頁の脚注では、彼は1914-15年にかけての冬と言っている。

（訳注1） 陰性エディプスコンプレックスとは、例えば、男児が女児のようにふるまい、父に対して愛情ある態度を、母に対しては女性的な嫉妬深い態度を示すもの。
（訳注2）「子どもが叩かれる」では、性的特質に対する抑圧の関係を取り扱った2つの理論について反論している。第1の理論は、両性の素質に基づくもので、男女両性の性格の間の闘いが抑圧の動機をなしているとするもので、第2の理論は、その根拠を社会学的支柱に求めたもので、アドラーが提唱しているものである。フロイトは両者共に不十分であるとして、「抑圧の動機が性に関係づけられることは許されないという観点を飽くまで固執する」と言う。むしろ、人間の発展段階にとって新しいものと折り合わず、有害なものは何であれ、「抑圧過程の犠牲」になるとしている。

欲動転換、とくに肛門愛の欲動転換について
(1917c)

ÜBER TRIEBUMSETZUNGEN, INSBESONDERE DER ANALEROTIK
ON TRANSFORMATIONS OF INSTINCT AS EXEMPLIFIED IN ANAL EROTISM

(a)独語版

1917年　*Int. Z. Psychoanal.*, 4(3), 125-130.
1946年　*G. W.*, 10, 401-410.

(b)英語訳

On the Transformation of Instincts with Special Reference to Anal Erotism

1924年　*C. P.*, 2, 164-171.（Tr. E. Glover.）
1955年　*S. E.*, XVII, 125-133.（翻訳は表題が修正されているが、1924年に刊行されたものに基づいている）

(c)邦　訳

1933年　「本能転換、特に肛門性欲の転換に就て」（小沼十寸穂訳）全15
1969年　「欲動転換、とくに肛門愛の欲動転換について」（田中麻知子訳）著 5, 385-390.
1997年　「欲動転換、とくに肛門愛の欲動転換について」（中山元訳）『エロス論集』ちくま学芸文庫

この論文は1917年まで刊行されなかったが、おそらくかなり以前に、ことによると1915年にはすでに書かれていたらしい。この時期に戦争という困難な状況のために、刊行が長く遅れることは、避けられなかった。論文の要旨はフロイトの『三篇』(1905*d*) の1915年版（*S. E.*, VII, 186）につけ加えられた段落にすでに書かれていた。さらに、ここで到達した多くの結論は「狼男」(1918*b*) の分析から引き出されたようであるし、その病歴のほとんどは1914年の秋の間に書かれたのである。その症例報告の第7段落の後半部分（80以降）は、本論文の命題を詳細にわたって例証している。

精神分析に関わるある困難
(1917*a*)

EINE SCHWIERIGKEIT DER PSYCHOANALYSE

A DIFFICULTY IN THE PATH OF PSYCHO-ANALYSIS

(a)独語版

（1917年　*Nyugat*（Budapest）, 10(1), 47-52. ハンガリー語訳）
1917年　*Imago*, 5(1), 1-7.

1947年　G. W., 12, 1-12.
(b)英語訳
One of the Difficulties of Psycho-Analysis
1920年　Int. J. Psycho-Anal. 1, 17-23.（Tr. Joan Riviere.）
1925年　C. P., 4, 347-356.（訳者同じ）
1955年　S. E., XVII, 135-144.（この翻訳は「精神分析の過程におけるある困難 A Difficulty in the Path of Psycho-Analysis」という新しい表題ではあるが、1925年に刊行されたものに基づいている）
(c)邦　訳
1932年　「精神分析の困難」（菊池栄一訳）大14
1971年　「精神分析のむずかしさ」（金森誠也訳）『性愛と自我』白水社
1983年　「精神分析に関わるある困難」（高田淑訳）著10, 325-332.

　H・イグノートス Ignotus という指導的な1人のハンガリー人が、彼が編集人である定期刊行誌 Nyugat に寄稿するよう手紙でフロイトに求めた。この論文はその結果であり、明らかに教育水準は高いが精神分析の訓練を受けてはいない読者のために企画されたものである。記事は1916年の暮れに書かれ、1917年初頭にハンガリー語訳（'A pszichoanalizis egy nehézségéröl' という表題）で最初に刊行された。オリジナルの独語版は2、3ヶ月後に「イマーゴ」で発表された。精神分析理論への抵抗についてのより一般的考察はフロイトが数年後に書いた論文（1925e）に見られる。もちろん本論文の最初の部分はナルシシズムについての論文（1914c）の簡単な要旨である。3つの「人間のナルシシズムに対する打撃」はフロイトの『精神分析入門』（1916-17）の第18講の終りでも書かれており、その執筆は本論文が書かれた頃には終わっていた。

『詩と真実』中の幼年時代の一記憶
(1917b)

EINE KINDHEITSERINNERUNG AUS
DICHTUNG UND WAHRHEIT
A CHILDHOOD RECOLLECTION FROM

DICHTUNG UND WAHRHEIT

(a)独語版
1917年　*Imago*, 5(2), 49-57.
1947年　*G. W.*, 12, 13-26.
(b) 英語訳
1925年　*C. P.*, 4, 357-367.（Tr. C. J. M. Hubback.）
1955年　*S. E.*, XVII, 145-156.（翻訳は、1925年に刊行されたものをかなり修正した訳である）
(c)邦　訳
1931年　「ゲーテの幼児期記憶」（大槻憲二訳）全6
1933年　「『詩作と真実』に現れたゲエテの小児期記憶」（篠田英雄・濱野修訳）大10
1953年　「『詩と真実』中の幼年時代の一記憶」（高橋義孝訳）選7
1970年　「『詩と真実』にみられる幼年時代の一記憶」（高橋義孝・池田紘一訳）選7 改訂
1983年　「『詩と真実』中の幼年時代の一記憶」（高橋義孝訳）著3，318-326.

　フロイトは、この論文の最初の部分を1916年12月13日に行なわれたウィーン精神分析学会の前に書き、2番目の部分は1917年4月18日に行なわれた同じ学会の前に書いている。実際には、この論文は1917年の9月にハンガリーにあるタツラ（Tatra）山で過ごした夏季休暇から帰る電車の中までは書かれていなかった。刊行の日付は、『イマーゴ』がこの時代戦争状況によってかなり不定期であったため、不確かである。この論文の要旨は、レオナルド・ダ・ヴィンチの幼児期の記憶についての彼の研究（1910*c*）の2章に1919年に付け加えられた長い脚注にみられるだろう。

精神分析療法の道
(1919*a*[1918])

WEGE DER PSYCHOANALYTISCHEN THERAPIE
LINES OF ADVANCE IN PSYCHO-ANALYTIC THERAPY

(a)独語版

1919年　*Int. Z. Psychoanal.*, 5(2), 61-68.

1947年　*G. W.*, 12 181-194.

(b)英語訳

Turnings in the Ways of Psycho-Analytic Therapy〈精神分析療法の方法における転換〉

1924年　*C. P.*, 2, 392-402.（Tr. Joan Riviere.）

1955年　*S. E.*, XVII, 157-168.（翻訳は、表題を修正したが、1924年に出版されたものに基づいている）

(c)邦　訳

1932年　「精神分析療法の道」（大槻憲二訳）全 8

1958年　「精神分析療法の道」（古澤平作訳）選15

1969年　「精神分析療法の道」（小此木啓吾訳）選15改訂

1983年　「精神分析療法の道」（小此木啓吾訳）著 9，127-135.

　この演説は、第 1 次世界大戦が終わる少し前の、1918年、9月28日と29日の両日に、ブダペストで行なわれた、第 5 回国際精神分析学会学術大会でフロイトが発表したものである。それは、学会の前の夏の間に、フロイトが、アントン・フォン・フロイント Anton von Freund（*S.E.*, XVII, 167，脚注 1）^(訳注1)とともにブダペストの郊外のシュタインブルグの彼の家で過ごしていたときに書かれたものである。この論文では、後には主にフェレンツィの名に結び付けられるようになった「積極的」方法^(訳注2)が強調されている。これは、約20年近く後のフロイト晩年に出版された 2 著作（1937*c* と1937*d*）を除くと、フロイトの最後の純粋に技法的な著作である。彼はニュールンベルグの学会（1910*d*）における演説で、これらの「積極的」方法を予感させるものをすでに示していた。

（訳注 1）　167頁脚注にはこう記されている。「この講演が行なわれた当時、アントン・フォン・フロイントは、ここ（*S. E.*, XVII, 167）に示されているような協会を設立する計画をたてていた。フロイトによるフォン・フロイント Von Freund の追悼文（1920*c*〈著10，383-384〉）を見よ。」

（訳注 2）　積極療法 active therapy とは、フェレンツィにより試みられた精神療法技法である。はじめは、患者の無意識的な葛藤を精神分析の過程で出現させるために、心身の欲求をできるだけ満足させないことが必要だと考えた。しかし、これは、

患者の欲求不満を高めるにすぎないことがわかり、これとまったく正反対の方法をとるようになった。それは、患者が神経症になっている根底には、幼少時の両親の関係で十分に受け入れられていなかったという原因があると考えた。そのため治療上、患者が、治療者によって改めて受け入れられ、愛情を十分に注いでもらうという体験の必要性を主張した。このような能動的な治療態度は、禁欲原則の放棄を意味し、フロイトの客観的、受動的、中立的な態度とは正反対のものであった。そのため、フロイトには受け入れられなかった。しかしそれにより、治療者、患者関係についての論議がなされ、逆転移解釈、退行理論、児童分析などに受け継がれていくことになった。

大学で精神分析を教える必要があるか
(1919*j*[1918])

KELL-E AZ EGYETEMEN A PSCHOANALYSIST TANITANI?
〈上のタイトルはハンガリー語〉
SOLL DIE PSYCHOANALYSE
AN DEN UNIVERSITÄTEN GELEHRT WERDEN?
ON THE TEACHING OF PSYCHO-ANALYSIS IN UNIVERSITIES

(a)独語版：独語原文は跡形もない。おそらく1918年に執筆された。
(1919年　*Gyógyászat*, 59(13), 192. ハンガリー語訳)
1987年　*G. W.*, 補遺巻, 699-703.〈アンナ・フロイトによる英語からの逆翻訳〉
(b)英語訳
On the Teaching of Psycho-Analysis in Universities〈大学で精神分析を教えることについて〉
1955年　*S. E.*, XVII, 169-173.

　この論文は、1919年3月30日のブダペストの医学雑誌 *Gyógyászat* に、ハンガリー語訳（多分フェレンツィによる翻訳）で、最初に出版された。ハンガリー語のタイトルは、字義通りの意味としては、「精神分析は大学で教えるべきか」というものである。この論文は、色々な著者による、医学教育の改善を論じるシリーズの1つであったらしい。フロイトは、1918年の秋、ブダ

ペストで行なわれた第5回国際精神分析学会学術大会の頃に書いたようである。その頃、ブダペストの医学生の間で、カリキュラムに精神分析を含むことを求める声があがっていた。事実、1919年3月、ボルシェヴィキ Bolshevik 政権が一時的にハンガリーを支配した時に、フェレンツィは大学で精神分析の教授に任命された。——本論文の再発見は、ブエノス・アイレスのルドビコ・ローゼンタール Ludovico Rosenthal 博士の努力によるものである。そして、私たちが初期の出版物の直接複写を自由に利用できたことは、彼に負うところが大きい。ハンガリー語からのこの翻訳は、J・F・オドノーヴァン O'Donovan とルドビコ・ローゼンタールによるものに基づいており、マイケル・バリント Michael Balint の助けを借りて、改訂してきた。読者には、これはせいぜいフロイトの実際の言葉をまた聞きしているにすぎないものと、理解していただきたい。

「子どもが叩かれる」
性的倒錯の成立に関する知識への貢献
(1919*e*)

'EIN KIND WIRD GESCHLAGEN'
BEITRAG ZUR KENNTNIS DER ENTSTEHUNG SEXUELLER PERVERSIONEN
'A CHILD IS BEING BEATEN'
A CONTRIBUTION TO THE STUDY OF THE ORIGIN OF SEXUAL PERVERSIONS

(a)独語版
1919年　*Int. Z. Psychonal.*, 5(3), 151-172.
1947年　*G. W.*, 12, 195-226.
(b)英語訳
1920年　*Int. J. Psycho-Anal.* 1, 371-395.（Tr. A. and J. Strachey.）
1924年　*C. P.*, 2, 172-201.（訳者同じ）
1955年　*S. E.*, XVII, 175-204.（今回の翻訳は、1924年に出版されたものの修正版である）

(c)邦　訳
1933年 「小児が打擲される！倒錯性欲の発生に関する参考知見」（小沼十寸穂訳）大15
1984年 「「子供が叩かれる」性的倒錯の成立に関する知識への貢献」（高橋淑訳）著11，7-29.
1996年 「子供が叩かれる―性倒錯の発生の知識への寄与」（中山元訳）『自我論集』ちくま学芸文庫

　1919年1月24日のフェレンツィへの手紙の中でフロイトはマゾヒズムについての論文を書いていると伝えている。その論文は、1919年3月の半ばまでに完成し、現在の表題が付けられ、その夏に出版された。
　論文の大部分は、ある特定の倒錯にかんするきわめて詳細にわたる調査から成っている。フロイトの発見は、マゾヒズム（訳注1）の問題に特別な光を投げ掛けるものであり、サブタイトルが示すように、この論文はまた、性的倒錯全般についての我々の知識をひろげることを意図していた。この点から、『性欲論三篇』の第1論文（1905d）の補足とみなしてもよいだろう。
　とはいえ、それに加えて、この論文では、抑圧を作動させる動機について、フリースとアドラーがそれぞれ提案したこの問題にかんする2つの理論を特に引き合いに出しながら議論しているが、フロイトはその考察をかなり重要視していた。抑圧の機制については、フロイトの2つのメタ心理学的論文である「抑圧」（1915d）と、「無意識」（1915e）のセクション4において徹底的に論議されている。しかし、抑圧をもたらす動機についての問題は、「狼男」（1918b）の分析の最終セクション標準版第XVII巻110頁以降で触れられてはいるものの、本論文以上に十分検討されているものはない。その問題は早い時期から、フロイトの興味を引き、また混乱の原因ともなっていたものであり、フリースとのやりとり（1950a）でもあちらこちらで触れられている。フロイトは、最晩年に、「終わりある分析と終わりなき分析」（1937c）の最終セクションで、もう一度ここに立ち戻り、フリースとアドラーの理論について、再び議論している。

（訳注1）　フロイトは、はじめは、サディズムはマゾヒズムに先立つもので、マゾヒズムは、自己自身に向き変えられ、制止されたサディズムであるというようにマゾヒズムを、2次的形成物として考えていた。しかし後に、「死の本能論」の考えと

共に、マゾヒズムを、自己に向けられた破壊的な衝動として考え、2次的に生じるのは、むしろサディズムであると考えるようになった。しかし、現在では、フロイトの初期の考えが支持されており、また、自己愛、抑うつ感情、退行、依存欲求等さまざまな観点と共に論じられている。

『戦争神経症の精神分析のために』への序言
(1919d)

EINLEITUNG ZU ZUR PSYCHOANALYSE DER KRIEGSNEUROSEN
INTRODUCTION TO PSYCHO-ANALYSIS AND THE WAR NEUROSES

(a)独語版

1919年　Leipzig und Vienna : Internationaler Psychoanalytischer Verlag. 3-7.

1947年　G. W., 12, 321-324.

(b)英語訳

1921年：London, Vienne and New York : International Psycho-Analytical Press. 1-4.

1950年　C. P., 5, 83-87.（Tr. J. Strachey.）(「精神分析と戦争神経症　Psycho-Analysis and War Neuroses」の表題で)

1955年　S. E., XVII, 205-210.（1921年に出版された翻訳は、アーネスト・ジョーンズによるものと思われる。今回の翻訳は、1950年に出版されたものをわずかに修正したものである）

(c)邦　訳

1983年　「『戦争神経症の精神分析のために』への序言」（生松敬三訳）著10, 371-374.

1918年9月28と29日に、ブダペストで開かれた第5回国際精神分析学会学術大会で、フロイトは、標準版第XVII巻159頁以降の論文[訳注1]を発表しているが、その会報にはまた、「戦争神経症の精神分析」についてのシンポジウムが含まれていた。それは、サンドール・フェレンツィ、カール・アブラ

ハム、エルンスト・ジンメル Ernst Simmel がそれぞれ読み上げた3篇の論文で始められた。これらの論文は、1918年4月9日、ロンドンにおいて王立医学協会 Royal Society of Medicine で発表されたアーネスト・ジョーンズの同じ主題の論文と共に、1年後に小さな本として出版された。それは、新しく創立されたばかりの国際精神分析学出版社による最初の出版物（*S.E.,* XVII, 267を見よ）であった。そこで、それらの論文の前に、フロイトによるこの短い序文が載せられたのである。元の英語の翻訳は、1919年春という日付になっていたが、どの独語版にも、その日付はない。

　フロイトは、翌年オーストリア戦争省によって設置された委員会で発表した覚書の中で、ふたたび戦争神経症の治療という主題を取り上げている（Freud, 1955*c*［1920］）。その覚書は、この論文に付録として印刷されている。

（訳注1）「想起、反復、徹底操作」〈著6，49-58〉

戦争神経症の電気治療についての覚書
（1955*c*［1920］）

GUTACHTEN ÜBER DIE ELEKTRISCHE BEHANDLUNG
DER KRIEGSNEUROTIKER

MEMORANDUM ON THE ELECTRICAL TREATMENT
OF WAR NEUROTICS

(a)独語版
(1955年の時点では、独語版は出版されていない)
1987年　*G. W.*, 補遺巻, 704-710.
(b)英語訳
1955年　*S. E.*, XVII, 211-215.（英訳はジェームズ・ストレイチーによるものであり、初めてここに登場する）

　第一次世界大戦の終りで、オーストリア-ハンガリー帝国の解体の後、戦争神経症に苦しんでいる人たちが軍医たちによって残忍な取り扱いを受けているという多くの報告がウィーンで流布するようになった。そこで、この問

題に対する究明がオーストリア陸軍省によって開始され、その過程でフロイトが専門家としての意見を述べるように指名された。これに応じて、彼はその究明を担当する委員会にメモを提出して、続いて口頭での検討のために彼らの前に出頭した。彼のメモは陸軍省の資料室において、ウィーン大学のヨーセフ・ギックルホルン Gicklhorn 教授によって探しあてられたものだが、彼はたいへん親切にもその写真複写を私たちに使わせてくれた。さらには、ニューヨークの（ジクムント・フロイト資料館事務局長である）K・R・アイスラー博士に対し、この書類への我々の注意を喚起していただいたことに感謝する。もとの原稿は、フロイトが習慣的に使っていた大判用紙の5頁半を占めた。書類の冒頭には 'Gutachten über die elektrische Behandlung der Kriegsneurotiker von Prof. Dr. Sigm. Freud' と彼の手書きで記され、本人によって「ウィーン、1920年2月23日」と書かれた。最初の頁の頭に、「軍務違反の調査委員会 Kommission zur Erhebung militärischer Pflichtverletzungen」によって、1920年2月25日に受理されている。おのおのの頁には、国家資料館の公印も押されている。

無気味なもの
(1919*h*)

DAS UNHEIMLICHE
THE 'UNCANNY'

(a)独語版
1919年　*Imago*, 5(5-6), 297-324.
1947年　*G. W.*, 12, 227-268.
(b)英語訳
1925年　*C. P.*, 4, 368-407.（Tr. Alix Strachey.）
1955年　*S. E.*, XVII, 217-256.（翻訳は、1925年の版をかなり修正したものである）
(c)邦　訳
1931年　「気味悪さ」（大槻憲二訳）全6
1933年　「不気味なるもの」（篠田英雄・濱野修訳）大10

1953年 「無気味なもの」（高橋義孝訳）選7
1970年 「無気味なもの」（高橋義孝・池田紘一訳）選7改訂
1969年 「無気味なもの」（高橋義孝訳）著3，327-357.

　この論文は、1919年の秋に出版されたもので、フロイトは同じ年の5月12日に、フェレンツィへの手紙の中でこれについて触れている。そこでは、彼は、引き出しから古い論文を引っ張り出して書き直していると述べている。それが最初にいつ書かれたのか、どれほど修正されたのかということについてはなにも知られていないが、『トーテムとタブー』から引用された脚注（S.E., XVII, 241）(訳注1)によると、その主題が、早くも1913年には彼の頭にあったということがわかる。「反復強迫 Compulsion to repeat」を扱ったくだり（S. E., VII, 234以降）(訳注2)が、改訂された部分であることは間違いない。そこには『快感原則の彼岸』（1920g）の内容の多くの要約が含まれており、『彼岸』は「すでに完成されたもの」として語られている。1919年5月12日の、フェレンツィへの同じ手紙に、この後者の作品の草稿は完成したと書かれているが、実際出版されたのは、翌年であった。さらに詳しいことは、標準版第XVIII巻3頁『快感原則の彼岸』に付した編者ストレイチーの覚書〈本書351頁以降〉にある。

　この論文の最初のセクションには、ある独語の辞書からの長い引用があり、翻訳するにあたって特に困難をもたらした。読者には、この前置きの障害のためにがっかりされぬよう望みたい。というのは、この論文は、大変興味深く、重要な素材に満ち、そして、単なる言語学的な論題をはるかに超えているからである。

（訳注1）（241頁の脚注にはこう記される。）私の本『トーテムとタブー（1912-13）』の第3論文「アニミズム、呪術および観念の万能」を参照せよ。そこには次の脚注がある。「われわれは、一般に観念の万能や思考のアニミズム的様式などを確証しようとするような印象に対して、そういった信仰を、われわれの判断では、捨ててしまった段階に達したのちには、「無気味」という性格を賦与するようである。（S. E., XIII, 86）」
（訳注2）（234頁の脚注にはこう記される。）この言いまわしは、ニーチェ Nietzsche（たとえば、「ツァラトゥストラは斯く語りき」の最後の部分）からの影響のように思われる。『快感原則の彼岸』（1920g）の第3章、標準版第XIV巻22頁で、フロイトは同じような言いまわしを「同じことの永遠の繰り返し」と引用符に入れ

ている。

付　録
〔ダニエル・ザンデルス『独語辞典』からの抜粋〕
〈略〉

ライク著『宗教心理学の諸問題』への序言
(1919g)

VORREDE ZU *PROBLEME DER RELIGIONSPSYCHOLOGIE* VON DR. THEODOR REIK
PREFACE TO REIK'S *RITUAL : PSYCHO-ANALYTIC STUDIES*

(a)独語版
1919年　T. Reik, "*Probleme der Religionspsychologie*〈宗教心理学の諸問題〉"第Ⅰ部：'Das Ritual〈宗教的儀式〉' vii-xii, Leipzig und Vienna : Internationaler Psychoanalytischer Verlag 所収
1947年　*G. W.*, 12, 325-329.
(b)英語訳
1931年　Reik, *Ritual : Psycho-analytic Studies*, 5-10, London : Hogarth Press and Institute of Psycho-Analysis ; New York : Norton (Tr. D. Brayn.)
1950年　*C. P.*, 5, 92-97.（「精神分析と宗教的起源 Psycho-Analysis and Religious Origins」という表題で）(Tr. J. Strachey.)
1955年　*S. E.*, XVII, 257-263.（翻訳は、1950年に出版されたものであり、少し改訂されている。ライクの原本の第2巻は、これまで刊行されていない）
(c)邦訳
1983年　「テーオドル・ライク博士『宗教心理学の諸問題、第一部・儀礼』への序言」（生松敬三訳）著10, 375-378.

国際精神分析出版社と精神分析に関する業績への賞金授与
(1919*c*)

INTERNATIONALER PSYCHOANALYTISCHER VERLAG
UND PREISZUTEILUNGEN FÜR PSYCHOANALYTISCHE ARBEITEN
A NOTE ON PSYCHO-ANALYTIC
PUBLICATIONS AND PRIZES

(a)独語版
1919年　*Int. Z. Psychoanal.*, 5, 137.
1947年　*G. W.*, 12, 331-336.
(b)英語訳
1955年　*S. E.*, XVII, 267-270.（翻訳は、英語では初訳であり、ジェームズ・ストレイチーによるものである。）
(c)邦　訳
1983年　「国際精神分析出版社と精神分析に関する業績への賞金授与」（生松敬三訳）著10, 378-380.

　さらに同じ主題についての2つの告示が、両方ともフロイトの署名で印刷され、つづいて出現した。「懸賞金授与 Preiszuteilungen」(*Int. Z. Psyconal.*, 7, 381) と「懸賞の通知 Preisausschreibung」(ibid., 8, 257)。第1は、1921年の終りに出版された。

ジェームズ・J・パトナム
(1919*b*)

JAMES J. PUTNAM
JAMES J. PUTNAM

(a)独語版
1919年　*Int. Z. Psychoanal.*, 5, 136（「編集者 Herausgeber」の署名あり）
1947年　*G. W.*, 12, 315.

(b)英語訳
1955年　S. E., XVII, 271-272.（翻訳は、英語では初訳であり、ジェームズ・ストレイチーによるものである）
(c)邦　訳
1983年　「ジェームズ・J・パトナム追想」（生松敬三訳）著10, 368.

ヴィクトール・タウスク
（1919f）

VICTOR TAUSK
VICTOR TAUSK

(a)独語版
1919年　Int. Z. Psychoanal., 5, 225（「編集」の署名あり〈「編集委員会」の意〉）
1947年　G. W., 12, 316-318.
(b)英語訳
1955年　S. E., XVII, 273-275.（翻訳はジェームズ・ストレイチーによる新しいものである）
(c)邦　訳
1983年　「ヴィクトール・タウスク追想」（生松敬三訳）著10, 369-371.

快感原則の彼岸
（1920g）

JENSEITS DES LUSTPRINZIPS
BEYOND THE PLEASURE PRINCIPLE

(a)独語版
1920年　Leipzig, Vienna and Zurich: Internationaler Psychoanalytischer Verlag. Pp. 60.
1940年　G. W., 13, 1-69.

(b)英語訳

1922年　London and Vienna: International Psycho-Analytical Press. Pp. viii+90.（Tr. C. J. M. Hubback ; Pref. Ernest Jones.）

1950年　London: Hogarth Press and Institute of Psycho-Analysis. Pp. vi+97.（Tr. J. Strackey.）

1955年　S. E., XVIII, 1-64.（フロイトは第2版に多くの追加をしているが、しかしその結果もたらされた変化はささいなものであった。翻訳は、1950年に出版されたものをいくらか修正したものである）

(c)邦　訳

1930年　「快不快原則を越えて」（大槻憲二訳）全4

1930年　「快の原理を越えて」（久保良英訳）大6

1954年・1970年改訂　「快感原則の彼岸」（井村恒郎訳）選4

1970年　「快感原則の彼岸」（小此木啓吾訳）著6, 150-194.

1996年　「快感原則の彼岸」（中山元訳）『自我論集』ちくま学芸文庫

　彼の往復書簡に見られるように、フロイトは1919年3月、『快感原則の彼岸』の最初の草稿に取りかかり、そして、続く5月に草稿が完成したと報告した。同じ月の間に、彼は、「無気味なもの」(1919h)についての論文を仕上げつつあったが、これは、数行の中に『彼岸』の要旨の多くを述べているような段落を含んでいる。この1段落の中で彼は、子どもの行動や精神分析的治療の中で見られる現象として「反復強迫」に言及している。彼はこの強迫が、本能の最も深い本性に由来した何かである、と示唆している。そして彼は、これは、快感原則を無視できるほど強力なものである、と主張している。しかしながら、「死の本能」をほのめかすようなものはまだない。彼は、この主題についての細部にわたる説明をもう完成してしまった、と付け加えている。この要約を含む論文「無気味なもの」は、1919年秋に出版された。だがフロイトは、『快感原則の彼岸』をもう1年据え置いた。1920年初頭に、彼は再び「快感原則の彼岸」に取り掛かり、そして今度は、おそらくこれが初めてのことだと思われるが、アイティンゴンEitingonへの2月20日の手紙で「死の本能」について言及しているのである。彼は、5月と6月にはその論文をまだ修正中であったが、1920年の7月半ばについに完成した。9月9日に、彼はハーグの国際精神分析学会学術大会で講演したが、その題目は「夢理論への補遺」(*Ergänzungen zur Traumlehre*)というものだった。その

中で彼は、この本が近く出版されることを予告しており、そしてそのすぐ後に出版された。講演内容の「著者による要約」は、独語版国際精神分析学雑誌第6巻（1920）、397-398頁に掲載された（英訳は、英語版国際精神分析学雑誌第1巻354頁に発表された）。この要約が実際フロイト自身によるものなのかどうかは確かでないようだが、ここに（新訳で）再掲載するのも面白いだろう。

「夢理論への補遺」

「演者は短い発表の中で3つの点について夢理論を扱った。それらのうちの最初の2点は、夢は願望充足であるという命題に関するものと、それについていくつかの必要な修正を打ち出したものであった。第3の点は、夢の『予知的な』目的なるものを演者は拒否しているのだが、その拒否を完全に確定するような材料に関連していた。」^{（原注1）}

「演者は以下のようなことを説明した。この理論の中に当然含まれていた、おなじみの願望に満ちた夢と不安夢に並んで、第3のカテゴリーの存在を確認するための根拠があったが、このカテゴリーに対して彼は『懲罰夢』という名前を与えた。もしわれわれが、自我の中に特別な自己観察的で批判的な機関（自我理想、検閲者、良心）が存在するという正当な仮定を考慮するなら、これらの懲罰夢もまた、願望充足理論の元に包括されるべきであろう。というのは、これらは、この批判的機関の側の願望充足をあらわすであろうからである。演者の意見では、このような夢と普通の願望充足の夢との関係は、反動形成から生じる強迫神経症の症状とヒステリーの症状との関係にほぼ等しいものである。」

「しかしながら、もう1つの夢の階層は、夢が願望充足的であるという規則に対してより重大な例外を示すもののように思われる。それらはいわゆる『外傷的な』夢である。それらは、事故に遭った患者によって見られるものであるが、神経症者の精神分析の間にも起こり、彼らに幼児期の忘れられた外傷を思い出させる。これらの夢を願望充足理論に当てはめるという問題に関連して、演者は、『快感原則の彼岸』という表題で出版する予定の論文に短く言及した。」

「演者の発言の第3の点は、ゲントのファレンドンク Varendonck 博士よってまだ出版されていなかった研究に関する情報だった。この著者は、半睡状態での大規模な無意識的幻想の産物を、彼の意識的観察のもとに置くこ

とに成功しており、彼はその過程を『自閉的思考』と記述している。これは、翌日起こりそうなことを予測したり、解決や適応のための準備をするなどといったことは、すべて前意識的活動の範囲内にあるのではないかという問いから出て来たものであった。その前意識的活動は、潜在的な夢思考も作り出しており、そして、演者がいつも主張してきたように、夢の作業には何の関係もないのである。」^(原注2)

　一連のフロイトのメタ心理学的著作において、『快感原則の彼岸』は、彼の見解の最終的段階を紹介するとも考えられよう。彼は、臨床的現象としての「反復強迫」についてはすでに注意を促してきたが、ここでは、それに対し、本能としての性格を付与しているのである。ここではまた、初めて、エロスと死の本能の間の新しい二分法を提示しているが、これについては『自我とエス』(1923b)で十分に考究された。また、『快感原則の彼岸』においては、後のフロイトの作品すべてを支配することになる心の解剖学的構造の新しい見取り図のヒントを見ることができる。最後に破壊性の問題だが、それは彼の理論的諸著作においては一層重要な役割を演じるものであり、ここで初めてはっきりとその姿を現わしたのである。「精神現象の二原則に関する定式」(1911b)、「ナルシシズム」(1914c)、そして「本能とその運命」(1915c)——といったフロイト初期のメタ心理学的な諸作品から、この議論におけるさまざまな要素が派生してきていることは、明らかである。だがとりわけ顕著なのは、本論文の前半部分との近似性であり、それは、フロイトが25年前の1895年に書いた「科学的心理学草稿」(1950a)に続く部分なのである。

（原注1）『夢判断』(1900a)の第VI章、(I)($S. E.$, V, 506-507脚注〈著2，416-417〉)を参照のこと。
（原注2）　このファレンドンク博士の本へのフロイトの序文は標準版第XVIII巻の後半にのせられている。

集団心理学と自我の分析
(1921c)

MASSENPSYCHOLOGIE UND ICH-ANALYSE
GROUP PSYCHOLOGY AND THE ANALYSIS OF THE EGO

(a)独語版

1921年　Leipzig, Vienna and Zurich: Internationaler Psychoanalytischer Verlag. Pp. iii+140.

1940年　G. W., 13, 71-161.

(b)英語訳

1922年　London and Vienna: International Psycho-Analytical Press. Pp. viii+134.（Tr. J. Strachey.）

1963年　S. E., XVIII, 65-143.（最初の独語版においては、テキストのいくつかの段落は、小さな活字で印刷されていた。このとき英訳者は、これらのパラグラフを脚注へ移すようにフロイトから指示された。同様の移動が、95頁で述べられているような例を除いて、後の独語版すべてで実行された。フロイトは、この著作ののちの版でいくつかの些細な変更と追加を行なった。今回の翻訳は、1922年に出版されたものにかなりの改定を加えている）

(c)邦　訳

1930年　「集団心理学と自我の分析」（久保良英訳）大6

1931年　「集団心理と自我の分析」（長谷川誠也訳）全3

1954年・1970年改訂　「集団心理学と自我の分析」（井村恒郎訳）選4

1970年　「集団心理学と自我の分析」（小此木啓吾訳）著6, 195-253.

　フロイトの手紙でわかるのは、1919年の春の間に、集団心理学の説明の最初の「単純なアイディア」が浮かんだということである。その時にはこのことから何も生まれなかった。だが1920年2月には彼はその主題について研究しており、同年8月には、最初の草稿を書き上げた。しかしながら、彼がそれに最終的な形を与え始めたのは、1921年2月になってからだった。1921年3月の末までには完成し、3、4ケ月後に出版された。

　本論文とそのすぐ前に発表された先行論文『快感原則の彼岸』（1920g）の

間には、直接的なつながりはほとんどない。フロイトがここで取り上げた思考の連鎖は、とりわけ『トーテムとタブー』(1912-13)の第4の論文およびナルシシズムに関する論文（1914*c*）（その最後の段落は、高度に濃縮された形で、本論文で議論されている多くの要点を提起している）および「悲哀とメランコリー」（1917*e*）から引き出されたものである。フロイトはここでまた、1885年から86年にかけてのシャルコーとの研究から始まった、彼が初期に興味を抱いた催眠と暗示に戻っている。

　このタイトルから示されるように本論文は2つの異なった方面において重要である。すなわち、一方で、個人精神の心理学における変化の基盤の上に立って集団心理学を説明し、そしてもう一方では、精神の解剖学的構造に関するフロイトの探求をもう1段階更に進めているのである。この精神とは、すでに『快感原則の彼岸』（1920*g*）において予告されていたものだが、『自我とエス』（1923*b*）においてより完全な形で描き出されることとなった。

女性同性愛の一ケースの発生史について
(1920*a*)

ÜBER DIE PSYCHOGENESE EINES
FALLES VON WEIBLICHER HOMOSEXUALITÄT
THE PSYCHOGENESIS OF A CASE
OF HOMOSEXUALITY IN A WOMAN

(a)独語版
1920年　*Int. Z. Psychoanal.*, 6(1), 1-24.
1941年　*G. W.*, 12, 269-302.
(b)英語訳
1920年　*Int. J. Psycho-Anal.*, 1, 125-149.（Tr. Barbara Low and R. Gabler.）
1955年　*S. E.*, XVIII, 145-172.（この翻訳は、1924年に刊行されたものに相当の修正を加えてある）
(c)邦　訳
1932年　「或る婦人同性愛者の心理的原因」（大槻憲二訳）全9
1933年　「同性愛に陥った或る女性の心理成生に就て」（小沼十寸穂訳）大15

1960年　「女性同性愛の一ケイスの発生史について」（高橋義孝訳）選14
1969年　「女性同性愛の一ケースの発生史について」（高橋義孝訳）選14改訂
1984年　「女性同性愛の一ケースの発生史について」（高橋義孝訳）著11, 30-53.

　20年近い間隔の後、フロイトは、この論文の中で、不完全ではあるがかなり詳細な、女性患者の病歴を発表した。しかし、『ヒステリー研究』（1895d）に寄せた彼の論文同様、「ドラ」症例（1905e[1901]）がもっぱらヒステリーを扱ったのに対し、彼は今度は、女性の性という問題全体についてより深く考え始めた。彼の探究は、結果として、解剖学的な性の差別の心的帰結の2、3について（1925j）、および女性の性について（1931b）、そして彼の『続精神分析入門』（1933a）の第33講につながることとなった。それに加えて、この論文は、同性愛全般についてのフロイトの後年の見解の提示や、技法的諸点についてのいくつかの興味深い意見も含んでいる。

精神分析とテレパシー
(1941*d*[1921])

PSYCHOANALYSE UND TELEPATHIE
PSYCHO-ANALYSIS AND TELEPATHY

(a)独語版
（1921年8月。原稿の日付）
1941年　G. W., 17, 25-44.
(b)英語訳
1953年　*Psychoanalysis and the Occult* 〈精神分析とオカルト〉, 所収, New York, International Universities Press, 56-68.（Tr. George Devereux.）
1955年　S. E., XVIII, 173-193.（翻訳は、ジェームズ・ストレイチーによる新しいものである）

　原稿の冒頭には、「21年8月2日」という日付が記されており、「ガスタインにて、21年8月6日」という日付で終わっている。原文には表題がなく、

ここで採用したのは、独語版全集の編者によって選択されたものである。

独語版に対する序文的覚書によると、その論文は、「1921年9月初めにハルツ山地で行なわれた、国際精神分析協会の中央理事会のために書かれた」ものであった。しかしながら、当時の中央理事会の理事長だったアーネスト・ジョーンズ博士は、フロイトの最も近い弟子たちの集まりはあったが、かの組織のいかなる会合も当の日付にハルツ山地で行なわれてはいない、と述べている。その弟子たちとはジョーンズ博士その人に加えて、アブラハム、アイティンゴン、フェレンツィ、ランク、ザックスである。論文が読み上げられたのは、この非公式な会合であったと思われる。

フロイトは、この論文で、3症例の報告をするつもりだった。しかし彼がガスタインで原稿を準備しようとした時、第3の症例のための資料をウィーンに置き忘れてきたことに気付いた。そのため、かなり異なった性格の素材を代わりに使わざるをえなかった。もともとの「第3症例」は、しかしながら、単独の原稿として生かされた。これは次のような書き出しで始まっている。「後記。この報告は、抵抗のために忘れられていたものであるが、分析実践の期間の思考−転移の症例である。」その症例は、実は、フォーサイス Forsyth 博士とフォーサイト・ザーガ Forsyte Saga に関係しているのだが、『続精神分析入門』の第30講に記録された症例の最後のものである。この症例の2つの版は一致度がきわめて高く、ほとんど言葉の違いしかないくらいである。それゆえ、ここに収録する必要はないと思われた。実質的な相違点は、標準版第XXII巻で見ることができるだろう。

これはフロイトのテレパシーに関する最初の論文であり、その中の素材の多くは、この主題についての後の論文にはいろいろな形で含まれていたにもかかわらず、本論文は彼の存命中には刊行されなかった。この次に書かれたが先に出版されることになった論文が、いくらかことなる話題を扱った「夢とテレパシー」(1922a) であり、標準版第XVIII巻では本論文の次に掲載されている。この後すぐに彼は、「夢のオカルト的重要性について The Occult Significance of Dream」(1925i) という短い覚書を書いた。これは明らかに『夢判断』に含める予定で書かれ、実際、最初はその独語版著作集の第3巻の付録の一部として印刷された。しかしその後はどの版にも収録されなかった。最後に、『続精神分析入門』(1933a) の中に、既に言及した「夢と心霊術 Dreams and Occultism」についての講義がある。この最後の著作では、彼がもはや、オカルティズムについて論じることの妥当性について、いかな

る疑問も感じていなかったという事実は、一言しておく価値があるだろう。この主題を論じることへの疑念は本論文の中では明白である。ところが、その講義が終結するころには、彼は、ここで表明された惧れ、すなわち、もし思考-転移という真実が確立されることになれば、精神分析家の科学的な外見が、危機にさらされるかもしれないという危惧を、撤回するのである。

夢とテレパシー
(1922*a*)

TRAUM UND TELEPATHIE
DREAMS AND TELEPATHY

(a)独語版
1922年　*Imago*〈イマーゴ〉、8(1), 1-22.
1940年　*G. W.*, 13, 163-191.
(b)英語訳
1922年　*Int. J. Psycho-Anal.* 3, 283-305.（Tr. C. J. M. Hubback.）
1925年　*C. P.*, 4, 408-435.（訳者同じ）
1955年　*S. E.*, XVIII, 195-220.（翻訳は、1925年に出版されたものに相当の修正を加えたものである）
(c)邦　訳
1984年　「夢とテレパシー（精神感応）」（高田淑訳）著11, 54-77.

これは、前出の論文（*S.E.*, XVIII, 177）の後に書かれたにもかかわらず、最初に公刊されたテレパシーについてのフロイトの論文である。これは1921年の11月末よりずっと前に書かれたということはありえない。というのは、実は、ここで議論されている素材の中に、9月27日の8週間後の日付があるからである（*S. E.*, XVIII, 211）。論文中の証拠から、それが講演として企画されたことがわかるし、オリジナル原稿には（1922年と1925年の版においてと同様）「ウィーン精神分析協会でなされた講演」とタイトルの下に書いてある。しかし、公刊されたウィーン協会の議事録には、これが読み上げられた証拠はない。それを読み上げるというフロイトの意図は、1922年のイマーゴの最

初の号が既に活字に組まれた後で、何らかの理由から放棄されたのだろう。

嫉妬、パラノイア、同性愛に関する2、3の神経症的機制について
(1922*b*)

ÜBER EINIGE NEUROTISCHE MECHANISMEN BEI EIFERSUCHT, PARANOIA UND HOMOSEXUALITÄT

SOME NEUROTIC MECHANISMS IN JEALOUSY, PARANOIA AND HOMOSEXUALITY

(a)独語版
1922年　*Int. Z. Psychoanal.*, 8(3), 249-258.
1940年　*G. W.*, 13, 193-207.

(b)英語訳
Certain Neurotic Mechanisms in Jealousy, Paranoia and Homosexuality
1923年　*Int. J. Psycho-Anal.*, 4, 1-10. (Tr. Joan Riviere.)
1955年　*S. E.*, XVIII, 221-232.（翻訳は、1924年に出版されたものに基づいている。ただし題名は修正された）

(c)邦　訳
1932年　「嫉妬、妄想、同性愛に於ける二、三の神経症的機制に就いて」（大槻憲二訳）全9
1933年　「嫉妬、偏執、同性愛に於ける二、三の神経症的機構に就て」（小沼十寸穂訳）大15
1955年　「嫉妬・パラノイア・同性愛における二、三の神経症メカニズムについて」（井村恒郎・加藤正明訳）選10
1969年　「嫉妬・パラノイア・同性愛における二、三の神経症メカニズムについて」（加藤正明訳）選10改訂
1970年　「嫉妬、パラノイア、同性愛に関する二、三の神経症的機制について」（井村恒郎訳）著6，254-262.

アーネスト・ジョーンズ博士によると、この論文は1921年9月にハルツ山

地で友人の小グループの前でフロイトが読み上げたものである。『精神分析とテレパシー』の論文が読まれたのと同じ機会であった（S.E., XVIII, 175を見よ）。

〔2つの事典項目〕
「精神分析」と「リビドー理論」
（1923a[1922]）

'PSYCHOANALYSE' UND 'LIBIDOTHEORIE'
(A) 'PSYCHOANALYSE' AND (B) 'LIBIDOTHEORIE'

(a)独語版
1923年　Handwörterbuch der Sexualwissenschaft〈性科学中辞典〉M. Marcuse編集, Bonn. Pp. 296-298および377-383所収
1940年　G. W., 13, 209-233.
(b)英語訳
Two Encyclopaedia Articles
1942年　Int. J. Psycho-Anal., 23, 97-107.（Tr. James Strachey.）
1950年　C. P., 5, 107-135.（訳者同じ）
1955年　S. E., XVIII, 233-259.（翻訳は1950年のものであり、わずかに修正されている）
(c)邦　訳
1932年　「精神分析学」と「リビド学説」（林　髞訳）大13
1984年　「精神分析」と「リビード理論」（高田淑訳）著11, 78-97.
1997年　「リビドー理論」（中山元訳）『エロス論集』ちくま学芸文庫〈1項目のみ〉

独語版著作集第11巻201頁に見つかったメモによれば、これらの項目は1922年の夏の間に書かれており、すなわち、『自我とエス』（1923b）において精神の構造についてのフロイトの見解が最終的に組み替えられる前のものである。その新しい見解は、この2つの項目の中では表わされていないが、これらを書いていたときすでに彼の思考の中には明確に存在していたに違い

ない。というのは、2つの項目の片方で実際言及している1922年9月のベルリン国際精神分析学会学術大会において、フロイトは、自我、超自我、エスの新しく定義した概念を初めて発表しているからである。似たような意味合いをもつ講義調の項目が、アメリカの出版物（1924*f*）のためにその後間もなく書かれたが、それはこれらの新しい概念を考慮に入れている。

分析技法前史について
（1920*b*）

ZUR VORGESCHICHTE DER ANALYTISCHEN TECHNIK
A NOTE ON THE PREHISTORY OF
THE TECHNIQUE OF ANALYSIS

(a)独語版
1920年　*Int. Z. Psychoanal.*, 6, 79-81.（初出は'F'の署名で、匿名で出版された）
1947年　*G. W.*, 12, 307-312.
(b)英語訳
1950年　*C. P.*, 5, 101-104.
1955年　*S. E.*, XVIII, 263-265.（翻訳はジェームズ・ストレイチーによるもので、1950年に出版されたものの再版である）
(c)邦　訳
1932年　「分析技法前史に就いて」（大槻憲二訳）全8
1958年　「分析技法前史について」（古澤平作訳）選15
1969年　「分析技法前史について」（小此木啓吾訳）選15改訂
1983年　「分析技法前史について」（小此木啓吾訳）著9, 136-139.

ある四歳児の連想
（1920*d*）

GEDANKENASSOZIATION EINES VIERJÄHRIGEN KINDES
ASSOCIATIONS OF A FOUR-YEAR-OLD CHILD

(a)独語版
1920年　*Int. Z. Psychoanal.*, 6(1920年), 157.
1947年　*G. W.*, 12, 303-306.
(b)英語版
1955年　*S. E.*, XVIII, 266.（翻訳は英語への初訳であるが、ジェームズ・ストレイチーによる）

アントン・フォン・フロイント博士
(1920*c*)

DR. ANTON V. FREUND
DR. ANTON VON FREUND

(a)独語版
1920年　*Int. Z. Psychoanal.*, 6, 95.
1940年　*G. W.*, 13, 435-436.
(b)英語訳
1955年　*S. E.*, XVIII, 267-268.（翻訳はジェームズ・ストレイチーによる新しいものである）
(c)邦　訳
1983年　「アントン・フォン・フロイント博士」（生松敬三訳）著10, 383-384.

（「編集者と発行者」という署名の元で出ている。）おそらくOtto Rankとの共同であろう。

パトナム著『精神分析講話』への序文
(1921*a*)

PREFACE TO J. J. PUTNAM'S
ADDRESSES ON PSYCHO-ANALYSIS

(a)独語版
なし〈1940年　G. W., 13, 437-438に英文で所収〉
(b)英語版
1921年　J. J. Putnam 著　*Addresses on Psycho-analysis*, London
1955年　*S. E.*, XVIII, 269-270.（1921年の Ernest Jones 訳の再録である）
(c)邦　訳
1984年　「プトナム『精神分析講話』への序文」（生松敬三訳）著11, 377-378.

J・ファレンドンク著『前意識的な空想的思考』への序言
（1921*b*）

GELEITWORT ZU J. VARENDONCK
ÜBER DAS VORBEWUSSTE PHANTASIERENDE DENKEN
INTRODUCTION TO J. VARENDONCK'S
THE PSYCHOLOGY OF DAY-DREAMS

(a)独語版
1928年　*G. S.*, 11, 264.
1940年　*G. W.*, 13, 439-440.
　〈もともと英語で書かれ、最初のパラグラフが独語で訳され、前者に収録された。後者には残りの部分の英語版も合せて掲載された。これに関しては独語版はない。〉
(b)英語版
1921年　J. Varendonck 著　The Psychology of Day-Dreams〈白日夢の心理学〉, London
1955年　*S. E.*, XVIII, 271-272.

　元の英語のテキストは、おそらくフロイト自身によって書かれたものであり、標準版では何の変更も加えずに再録されている。故に、いくつかの語彙が標準版の他のところで使われているものとは異なっている。例えば、'前意識　pre-conscious' は 'fore-conscious' となっている。この本は、アンナ・フロイトによって独語に翻訳された（*Über das vorbewusste phantasierende Denken*, Wien, 1922）。この翻訳には、おそらくフロイト自身によって書かれた独語版の序文

の最初のパラグラフだけが含まれていた。
(c)邦　訳
1984年　「J・ファレンドンク『前意識的な空想的思考』への序言」(生松敬三訳）著11, 379-380.

　ファレンドンクの本については、標準版第XVIII巻5頁〈本書352-353頁〉に短く触れられている。

メドゥーサの首
（1940c[1922]）

DAS MEDUSENHAUPT
MEDUSA'S HEAD

(a)独語版
1940年　Int. Z. Psychoanal. Imago, 25 , 105.
1940年　G. W., 17, 45-48.
(b)英語訳
1941年　Int. J. Psycho-Anal., 22, 69.（Tr. James Strachey.）
1955年　S. E., XVIII, 273-274.（翻訳は上記の再版である）
(c)邦　訳
1997年　「メドゥーサの首-草稿」（中山元訳）『エロス論集』ちくま学芸文庫

　原稿には1922年5月14日という日付が入っていて、さらなる展開の下書きのように見える。

自我とエス
（1923b）

DAS ICH UND DAS ES
THE EGO AND THE ID

(a)独語版
1923年　Leipzig, Vienna and Zurich: Internationaler Psychoanalytischer Verlag. Pp. 77.
1940年　G. W., 13, 235-289.
(b)英語訳
1927年　London: Hogarth Press and Institute of Psycho-Analysis. Pp. 88.（Tr. Joan Riviere.）
1955年　S. E., XIX, 1-59.（翻訳は、1927年に出版されたものをかなり修正したものである）
(c)邦　訳
1932年　「自我とエス」（對馬完治訳）全 7
1930年　「自我とエス」（久保良英訳）大 6
1954年・1970年改訂　「自我とエス」（井村恒郎訳）選 4
1970年　「自我とエス」（小此木啓吾訳）著 6, 263-299.
1996年　「自我とエス」（中山元訳）『自我論集』ちくま学芸文庫

　「自我とエス」は1923年4月の第3週に刊行されたが、少なくともその前年の7月にはフロイトの頭の中にはあった（Jones, 1957, 104〈生涯442〉）。1922年9月26日、第7回国際精神分析学会学術大会に於いて（これはベルリンで開かれ、フロイトが出席した最後の学会である）、フロイトは'Etwas vom Unbewussten［無意識についてのいくつかの意見］'という表題の短い論文を読み上げており、その中で本著作の内容を予告している。その論文（それ自体は一度も出版されていない）の抄録は同年の秋に『独語版国際精神分析学雑誌』第5巻4号486頁[原注1]に掲載され、それはフロイト自身によって書かれたものであるという確証はないにも関わらず、ここに掲載する価値があるものである。

「無意識についてのいくつかの意見」
　「演者は精神分析に於ける『無意識』の概念の発展のおなじみの歴史を繰り返した。『無意識』は第1に純粋に記述的な用語であり、それ故に一時的に潜在化しているものを含んでいた。しかしながら、抑圧の過程を力動的に見ることによって、無意識という言葉にシステム的な意味を与えることが必要となり、その結果無意識は抑圧されたものと等価なものと見做されなけれ

ばならなくなったのである。潜在的で且つ一時的にだけ無意識的なものは『前意識』という名称を与えられ、システム的視点からは、それは意識に極めて近い位置付けをされた。『無意識』という言葉に二重に意味があることは、確かに不都合があったが、それはささいなものだったし、また、避け難いものでもあった。しかしながら、抑圧されたものを無意識と、また自我を前意識や意識と、同じものと見做すことは実際的ではないということが分かった。演者は自我の中にも無意識があるということ、そして、それは抑圧された無意識のように力動的に振る舞うということを示す2つの事実を論じた。それは分析の最中に自我から生ずる抵抗と、無意識の罪責感という2つである。演者は、まもなく出版される著作『自我とエス』の中で、これらの新発見が我々の無意識の見方に及ぼす筈の影響を評価しようとしたことについて述べた。」

　『自我とエス』は、フロイトの主要な理論的著作の最後のものである。これには、一見新しく革命的とさえ言える、心と、心の働きについての記述が提示されている。そして実際、この出版以後の日付の精神分析に関する著作は全て、少なくとも用語に関しては、この著作の明白な影響が認められる。しかし、それがまったく新鮮な洞察と統合であるにも関わらず、フロイトの新機軸と見えるものがしばしばそうであるように、その新しい考えの萌芽は以前の、時にはかなり前の著作の中に見つけることが出来るのである。

　ここで示された心の全体像を前もって予測させるような記述は、1895年の「草稿」(Freud, 1950a)、『夢判断』(1900a) の第7章、1915年のメタ心理学的論文と続いてきた。これら全ての論文の中で、この問題の2つの側面についての強調点はいろいろと変わっているが、心的機能と心的構造の相互に関係する問題が、不可避なものとして考察されている。精神分析がヒステリーの研究との関連に起源をもつというその歴史的偶然から、直ちに心的機能としての抑圧（あるいは、もっと広くいうと、防衛）の仮説へと導かれた。そして次に、局所論的仮説に、つまり抑圧された部分と、他方の抑圧している部分の2つを含む心の描写へとつながった。「意識」の質はこれらの仮説に明らかに密接に関わっている。そして、心の抑圧された部分を「無意識」と呼ばれるものと、また抑圧している部分を「意識」と呼ばれるものと同じだと考えることは簡単であった。フロイトが以前に『夢判断』の中で示した、心の図説（$S.\ E.$, V, 537-541 〈著2, 442-445〉）と、1896年12月6日のフリース

への手紙（Freud, 1950a, 書簡52〈手紙112〉）はこの立場の見解を代表している。そしてこの明らかに単純な図式が、フロイトの初期の理論的な考えの全ての基盤となっている。つまり、機能的には、活動への道をなんとか見出そうとするが抑圧する力 repressing force によって検閲を受けて抑えられている抑圧された力 repressed force という考え、そして構造的には、「自我」が対抗する「無意識」という考えである。

　それでも、じきに込み入った問題が現われた。「無意識」という用語が2つの意味で使われていることがすぐに分かったのである。つまり（特定の性質がある心的状態にあるだけとする）「記述的な」意味と、（特定の機能がある心的状態にあるとする）「力動的な」意味とである。「記述的」あるいは「力動的」という言葉が使われたわけではないが、この区別は既に「夢判断」の中で述べられていた（S. E., V, 614-615〈著2，502-503〉）。心霊研究会のために書かれた英語の論文（1912g, S. E., XII, 262〈著6，45〉）では、よりはっきりと述べられている。しかし、初めからもう1つの、もっと不明瞭な考えが（図で説明したものにはっきりと見られるように）既に含まれていたのである。つまり、心の中の「システム」という考えである。これは機能以上の何かに基づく心の局所論的、あるいは構造論的区分、つまり、分化していく特性と作用の仕方を帰属させることの出来る諸部分への区分けを意味していたのである。このような考えのいくらかは疑いなく「無意識 the Unconscious」という言葉に既に含まれており、そしてこの言葉はごく初期に現われている（例えば「ヒステリー研究」の脚注、1895d, S. E., II, 76〈著7，50-51〉）。「システム」の概念は『夢判断』（1900a, S. E., V, 536-537〈著2，441〉）で明確になった。「システム」という言葉を導入するさいに用いたいくつかの用語はただちに局所論的なイメージを抱かせるものであった。フロイトはこれを文字通りに受け取ることを警戒してはいたのだが。いくつもの「システム」があり（記憶の、知覚の、等）それらの中に「無意識 the unconscious」（前掲, 541〈著2，445〉）もあったが、「簡略化のため」に 'the System *Ucs.*〈無意識システム〉' と名付けられた。これら初期の文章の中でこの無意識システムが明らかに意味していたのは、『夢判断』の最終セクション（前掲, 611以降〈著2，499以降〉）までは、すべて抑圧されたものであった。『夢判断』の最終セクションではより広い範囲の何かが示唆されている。その後、この問題は既述の心霊研究協会のための論文まで（1912g）そのまま残された。この論文の最後の数文で（「無意識」という用語の記述的用法と力動的用法とのはっ

きりとした区別の他に)、3番目の「システム的」用法が定義されている。この1節 (*S. E.*, XII, 266 〈著6, 48〉) の中で、フロイトが '*Ucs.*' という表記を使うことを提案したのはこの「システム的」な無意識だけであると示されているようである。このことはきわめて明瞭に見えるが、奇妙なことに、この明確な叙述は「無意識について」(1915*e*) のメタ心理学的論文の中で再びぼかされている。この論文のセクション2 (*S. E.*, XIV, 172 〈著6, 91〉以降) では、「無意識」という用語の用法はもはや3つではなく2つである。「力動的」用法は消えてしまい、おそらくそれは「システム的」用法に含まれたのであり(原注2)、それは今や抑圧されたものを含んでいるものの、まだ '*Ucs.*' と呼ばれていた。最終的に、フロイトは本論文の第1章で (『続精神分析入門』の第31講、1933*a* においてと同様に) 3層の区別と分類に立ち戻った。しかしながら、その章の最後で多分うっかりと '*Ucs.*' という略語を3種類の「無意識」の全てに使ってしまったのだ (*S. E.*, XIX, 18 〈著6, 268-269〉)。

システムに対して用いられている「無意識」という用語が果たして適当なのか、という問題が今度は生じてきた。心の構造論的図において、最初から「無意識」と最もはっきりと区別されていたのは「自我 the ego」だった。しかし今では、自我そのものが部分的には「無意識的」として記述されなければならないことになってしまったのである。これは『快感原則の彼岸』において初版 (1920*g*) の文の中で指摘されている。「おそらく自我の多くの部分はそれ自身、無意識であり、…(原注3)おそらく一部分のみが、われわれが『前意識』とよぶものに相当する。」翌年の第2版では、この文は次のように変えられている。「確かに自我の多くのものはそれ自体無意識であり、…そしてそのわずかの部分が、われわれが前意識とよぶものに相当する。」(原注4)そして、この発見とその根拠は、本論文の最初の章においてより一層強調して述べられている。

こうして、「無意識」や「自我」同様に、意識という基準も、心の構造的な図を描くことにもはや役立たないことが明らかになった。それゆえに、フロイトはこの立場での意識の使用を放棄した。「意識的であること」、はその後は、単に心的状態に付帯したり付帯しなかったりする特質と見做されるようになった。この用語の古い「記述的」意味が実際のところ、残ったものの全てだった。フロイトが今回導入した新しい用語法は、きわめて明白な効果があり、従ってより一層の臨床的進歩を可能にした。しかし、それは本質的にはフロイトの心的構造と機能の見方への根本的変化を含むものではなかっ

た。実際に、3つの新しく提示されたもの、つまりエスと自我と超自我には全て長い過去の歴史があるのであり（うち2つは他の名のもとに）、このことは吟味に値する。

「エス *das Es*」^(原注5)という用語は本論文でフロイトが述べているように（*S.E.*, XIX, 23〈著6，272-273〉）、ゲオルグ・グロデック Georg Groddeck の最初の用例に由来するものであった。彼はバーデンバーデンで開業していた医者であり、その頃精神分析に興味を持つようになっていて、彼の幅広い着想にフロイトは大変共鳴していた。グロデックはというと、彼の師であるエルンスト・シュヴェニンガー Ernst Schweninger から「エス *das Es*」というものを考え出したようである。シュヴェニンガーは前の世代の、有名なドイツ人の医者である。しかし、フロイトも指摘していることであるが、この言葉の使用は、間違いなくニーチェにまで遡る。いずれにせよ、フロイトによってこの用語はグロデックとは違った、より正確な意味を与えられた。整理されて、部分的には用法が不明瞭であった初期の「無意識」、「the *Uns.*」、「システム的無意識」といった用語に取って代わられたのである。^(原注6)

「自我 *das Ich*」に関しては、その位置付けはかなり不明確である。この用語はフロイトの時代以前にももちろんよく使われていた。しかし、フロイト自身がこの用語に付与した正確な意味は、初期の著作の中では明らかではなかった。その主な用法は次の2つになると思われる。1つは、ある人物の全体としての自己（おそらく身体も含んだ）を他の人から区別するものとしての用語であり、もう1つは、特別な属性と機能によって特徴づけられる心の特定の部分を示すものとしてである。フロイト初期の、1895年の「草稿」（Freud, 1950*a*, 第1部、セクション14）において「自我」の詳細な説明の中でこの用語が使われているのは、この第2の意味においてである。そして『自我とエス』における心の解剖で使用されているのも、これと同じ意味である。しかし、彼のその間のいくつかの著作の中で、特にナルシシズムとの関係では、「自我」はむしろ「自己 self」に相当しているように見える。この言葉のこれら2つの意味に境界線を引くことは、しかしながら、つねに容易であるとは限らない。^(原注7)

しかしまったく確かなのは、1895年の「草稿」での自我の構造と機能の詳細な分析という独立した試みの後、フロイトはこの問題に約15年の間ほとんど触れずにいたということである。彼の興味は、無意識とその諸本能、特に

性的な本能の研究と、それらが正常なあるいは異常な心的行動に於いて果たす役割に向けられた。もちろん、抑圧的な力が同じくらい重要な役割を果たしているという事実は、決して見落とされたわけではなく、常に強調されてはいた。がしかし、それらのより徹底的な考察は後に残された。さしあたり、「自我」という包括的な名前をそれらに与えるだけで十分だったのである。

およそ1910年頃にも変化への2つの徴候があった。心因性視力障害についての論文（1910*i*）には、「自我本能」への初めての言及と思われるものがあり（*S. E.*, XI, 214〈著10, 197〉）、抑圧の機能を自己保存の機能と結び付けるとされている。もう1つのより重要な発展は、1909年に初めて提唱され、さまざまな関係における自我とその機能の詳細な考察へと導くナルシシズムの仮説である。つまり、レオナルドの研究（1910*c*）、シュレーバー症例（1911*c*）、精神現象の2原則についての論文（1911*b*）、「ナルシシズム」そのものについての論文（1914*c*）、「無意識について」のメタ心理学的論文（1915*e*）である。しかしながら、この最後の論文に於いて、一層の発展が起こった。自我と記述されてきたものが、ここで'System' *Cs.* (*Pcs.*)〈意識（前意識）システム〉となるのである。^(原注8)このシステムこそがわれわれが新しく正確な用語として得る「自我」の原型であり、そこからは、見てきたような、「意識」の性質と関連して起きた混乱は取り除かれているのである。

「無意識について」（*S. E.*, XIV, 188〈著6, 103〉）で列挙されているように、the System *Cs.* (*Pcs.*) の機能は、検閲、現実検討などの活動を含み、それらはここではすべて「自我」のものとなっている。しかしながら、1つ特異的な機能がある。それは自己批判能力で、その考察は重大な結果へとつながった。これと互いに関係のある「罪悪感」は、主に強迫神経症との関連において、初期からフロイトの興味を引いていた。強迫観念は幼児期に楽しんだ性的快感への「自己非難が形を変えたもの」であるという彼の理論は、早くにはフリースへの手紙で輪郭が描かれているが、「防衛－神経精神病」（1896*b*）についての2番目の論文のセクション2で充分に説明されている。自己非難が無意識的なものであろうということはこの段階で既に示唆されており、「強迫行為と宗教的礼拝」についての論文で明確に記述された（1907*b*, *S. E.*, IX, 123〈著5, 381〉）。しかしながら、ナルシシズムの概念を用いることによってのみ、これらの自己非難の実際のメカニズムに光を投げかけ得たのである。ナルシシズムについての論文（1914*c*）のセクション3において、冒頭でフロイトは幼児のナルシシズムは成人では彼自身の中で発達してくる

理想自我 ideal ego への献身に取って代わられるということを示唆した。彼はそれからその意見を「特別な心理的機関」があるだろうという考えにまで発展させている。その働きは実際の自我を理想自我あるいは自我理想　ego ideal——彼はこれらの用語を区別せずに使用しているようであるが——によって見張り、且つ評価することである（S. E., XIV, 95〈著 5，127〉）。彼はこの機関には沢山の機能があるとした。それは正常な良心、夢の検閲、ある種の偏執的妄想も含む。「悲哀とメランコリー」（1917e［1915］）の論文で、彼はさらにこの機関を、悲哀の病的な状態の原因と見做し（S. E., XIV, 247〈著 6，141〉）、より明確に、自我の他の部分とは別物であると主張した。そしてこれは『集団心理学と自我の分析』（1921c）の中でより一層明確にされた。しかしながら、ここでは「自我理想」そのものとその強制に関わる「機関」との区別が抜け落ちているということは注意すべきである。「機関」はすなわち「自我理想」と呼ばれていたのである（S. E., XVIII, 109-110〈著 6，226〉）。後には、強制したり、禁止したりする機関という側面が優勢になるのではあるが、'$das\ Über$-Ich'[原注9]が初めて出てきたのは「自我理想」の同義語としてである（S. E., XIX, 28〈著 6，276〉）。実際、『自我とエス』とそれにすぐ続く2、3の短い著作の後では、専門用語としての「自我理想」はほぼ完全に消えている。『続精神分析入門』の第31講の中の数文でまた少しだけ出てくるが、ここではわれわれは最初の区別に戻ったことが分かる。つまり超自我に与えられた「重要な機能」は「自我が自らを評価するための自我理想の手段」として働くことである。——ナルシシズムの論文ではこれとほとんど同じ言い回しで自我理想が初めて紹介されていた（S. E., XIV, 93〈著 5，125〉）。

　しかし、この区別は、われわれが超自我の発生についてのフロイトの記述に立ち戻ったときには、わざとらしいものに見えるかも知れない。この記述（第3章の）は疑いなく、『自我とエス』の心の3層の区別という主要な論題にとっては2次的な重要性しか持たない一部である。そこでは超自我は子どもが行なう最早期の同一化への対象備給を変形したものに由来するとなっている。つまりそれがエディプス・コンプレックスに取って代わるのである。このメカニズム（以前の対象への同一化と取り入れが対象備給に置き換わること）は、フロイトによって初めて（彼のレオナルドの研究1910cの中で）同性愛の1つのタイプの説明に適用された。そこでは男の子は自分の母親への愛を、母親に同一化することで置き換えるとされている（S. E., XI, 100〈著 3，

118〉）。次にフロイトは同じ考えを「悲哀とメランコリー」（1917e, S. E., XIV, 249〈著6, 142〉）で、抑鬱状態について述べるときに適用した。これら様々な種類の同一化と取り入れについてのより掘り下げた詳細な議論は、『集団心理学と自我の分析』の第7章、第8章、第11章にみることが出来るが、フロイトが、子どもの初期の対象関係が超自我の起源であるという最終的な観点に到達したのは、この論文が初めてであった。

ひとたび心の解剖学についての新しい説明を確立すると、フロイトはそこに含まれる意味合いを吟味する立場に立っていた。そして、この著作でも最後の方で彼は既にそれを行なっている。心の分割と2つの種類の本能との関係、そして心そのものの分割された部分どうしの相互関係について、特に罪悪感に関して。しかしこれらの疑問の多く、とりわけ最後のものは、次々と書かれた他の著作の主題を成すことになった。例えば、「マゾヒズムの経済的問題」（1924c）、「エディプス・コンプレックスの消滅」（1924d）神経症と精神病についての2つの論文（1924bと1924e）、性の解剖学的区別についての論文（1925j）であり、これらは全てこの巻に収録されている。より重要な『制止、症状、不安』（1926d）は少し後に公刊された。最後に、超自我についてのさらに長い議論は、「超自我」「良心」「罪悪感」「自己懲罰の欲求」「後悔」といった用語の適当な用法についての興味深い考察と共に、『文化への不満』（1930a）の第7章と第8章でみることが出来る。

（原注1） 翻訳は翌年国際精神分析学雑誌第4巻3号367頁の中で公表されている（そこではこの論文の発表の日付が「9月25日」と誤植されている）。本書では僅かに修正した形で再版されている。
（原注2） この2つの用語は、『快感原則の彼岸』（1920g, S. E., XVIII, 20〈著6, 160〉）においてはっきりと同じであるとされているようである。
（原注3） すなわち、記述的な意味のみならず、力動的な意味でも。
（原注4）フロイトは「防衛-神経精神病」（1896b）の第2の論文の書き出しの文の中で、既に防衛の心理学的機制を「無意識的」であると実際に述べていた。
（原注5） この用語の英語での訳語の選択について、多くの論議が巻き起こった。既に確定していた'ego'と対応するように、結局'the it'でなく「イドthe id」が選ばれた。
（原注6） 'Ucs.'という表記は本論文の後はなくなった。例外として、『人間モーセと一神教』（1939a）の第3章第1部（E）の中で1回だけ、思い出したように使

われているのみで、そこでは奇妙にも「記述的な」意味で使用されている。頻度は低くなっていったが、フロイトは「イド」の同義語として「無意識」という用語を使い続けた。

（原注７）　標準版の中のいくつかの箇所において、'das Ich' はその意味から、「自己 the self」と訳される必要があった。『文化への不満』（1930*a*）の第１章の第４段落の冒頭に、フロイト自身が明白に「自己 *das Selbst*」と「自我 *das Ich*」を等しいものとして述べている一節がある。そして、夢への倫理的責任の議論（1925*i*, S. E., XIX, 133）の中で、彼は独語の'Ich'という言葉の２つの使い分けに明確な区別をつけた。

（原注８）　これらの（'*Ucs.*'のような）略語は、『夢判断』（1900*a*, S. E., V, 540注〈著２，445〉）にまで遡る。

（原注９）　ジョーンズ（1957, 305注）はこの用語はミュンスターベルグ Münsterberg（1908）によって以前から使用されていたと述べている。しかし、それは違う意味においてであり、フロイトがその文章に出会ったこともなさそうだと付け加えている。

付　録
〔記述的無意識と力動的無意識〕

　標準版第 XIX 巻15頁〈著６，265-266〉にある２文から興味深い問題が生じる。アーネスト・ジョーンズ博士の私信から編者ストレイチーの注意はそこに引き付けられた。アーネスト・ジョーンズはフロイトの書簡を調べるうちにこれを見つけたのである。

　この著作が出版されて２、３ヶ月後の1923年10月28日にフェレンツィはフロイトに次のように書いている。「…それでも敢えてお聞きします…『自我とエス』の中の一節が、あなたの説明なしには私には理解できないのです。…13頁（原注１）には次のように書いてあります。『…記述的な意味では２種の無意識的なものがあるが、力動的な意味ではただ１つしかない』。しかしながら、12頁（原注１）ではあなたは潜在的無意識は記述的な意味においてのみ無意識であって、力動的な意味においてではないと書いているので、私は、２種の *Ucs.*〈無意識〉の存在という仮説が必要となるのはまさに力動的なアプローチの方向であって、記述では *Cs.*〈意識〉と *Ucs.*〈無意識〉だけを区別するものと考えていたのです。」

これに対し、フロイトは1923年10月30日に次のように答えている。「…『自我とエス』の13頁の1節についてのあなたの質問に、私は本当に冷汗が出ました。13頁に出てくるものは12頁のものと全く反対の意味なのです。そして13頁の文では『記述的な descriptive』と『力動的な dynamic』は単に入れ替わってしまっているのです。」

　しかしながら、この驚くべき事件を少し考えてみると、フェレンツィの批判は誤解に基づいていて、フロイトがそれを余りにも性急に受け入れてしまったことがわかる。フェレンツィの言っていることの根底にある混乱はそう容易には整理することが出来ないものであり、かなり長い議論は避けられない。しかしながら、フェレンツィ以外の人たちも同じ誤りに陥るかも知れないので、この問題を整理しようと試みることは価値があると思われる。

　先ずフロイトの後の文の前半「記述的な意味では2種の無意識がある」から考えてみよう。この意味は完全に明確であるように見える。記述的な意味では「無意識」という用語は2つのもの、つまり潜在的な無意識と抑圧された無意識を含んでいる。しかしながら、フロイトならこの考えをもっと明確に表現していそうなものである。「2種の無意識 [*zweierlei Unbewusstes*]」の代わりに、はっきりと記述的な意味では「2種類の無意識的なもの」があるということを述べたはずである。そして実際、フェレンツィはこの言葉を誤解したのである。彼はこれを「記述的に無意識的」という用語が2つの異なった意味を持っているといっているのだととった。彼がそうとったのも当然だが、これはそうであるはずがない。記述的に使われている無意識という用語は、ただ1つの意味しか持ち得ない。つまりここでこの語が適用されたのは意識的ではないものに対してなのである。論理学の用語法で、彼はフロイトがこの用語の内包について述べていると考えた。しかし、実はフロイトは外延について述べていたのである。

　今度はフロイトの後の文の後半「しかし力動的な意味では [無意識の種類は] 1つだけ [存在する] に移ろう。ここでもまた、その意味は完全に明確であるように見える。「無意識」という用語は力動的な意味ではただ1つのもの、つまり抑圧された無意識だけを表わしている。「力動的無意識」という用語はたった1つの意味しか持ち得ないという意見は、ここでこの用語の外延について言っているのである。内包について言っているとしても正しくはあるのだろうが。しかし、フェレンツィは「2種の *Ucs.*〈無意識〉の存在という仮説が必要なのはまさに力動的なアプローチ法である」という理

由でこれに反対している。フェレンツィは再びフロイトのことを誤解している。もし心の中で力動的な要素を担っている「無意識」という用語をよく考察すれば、それが1つの意味しか持っていないことがわかるとフロイトがいっている、とフェレンツィは解釈したのである。もちろん、これはフロイトが主張していたこととはことごとく反対である。実際は、フロイトが本当に言おうとしていたのは、力動的に無意識であるところのもの全て（即ち抑圧されたもの）は、1つの集合 class に落ち着くということである。この立場は、フェレンツィが記号「*Ucs.*」を記述的な意味の「無意識」を表わすために使ったことで少しく混乱した。フロイト自身が標準版第 XIX 巻18頁〈著6，268〉で、それとなく作ってしまった誤りである。

このように、このフロイトの後の文は、批判を本質的には免れているように見える。しかし、フェレンツィが指摘し、フロイト自身が同意したと思われるように、これは前の文と矛盾するのであろうか？　この前の文は潜在的無意識のことを「力動的意味ではなく記述的な意味でのみ無意識的である」ものとして述べている。フェレンツィはこれは後の「記述的な意味では2種の無意識がある」という記述と矛盾すると考えていたらしい。しかしこの2つの叙述は、互いに矛盾しない。潜在的無意識が記述的にのみ無意識であるという事実は、それだけが記述的に無意識的なものであるということを意味しているのではまったくないからである。

実際、本論文の約10年後に書かれたフロイトの『続精神分析入門』の第31講の中の一節には、この議論の全てがかなり似通った言葉で繰り返されている。その節の中で記述的な意味では前意識と抑圧されたものの両方が無意識であるが、力動的な意味では無意識という用語は抑圧されたもののみに限られるということが再三説明されている。

この書簡のやり取りはフロイトがきわめて過酷な手術を受けたほんの2、3日後に行なわれたということは指摘されるべきである。彼はまだ書くことが出来ず（彼の返事は書きとらせたものである）、おそらくこの議論について本腰を入れて考えられる状態ではなかったであろう。フロイトは、よく考えてみたら、フェレンツィの発見が思い違いであったということに気付いたのではないかと思われる。というのは、この本の後の版でもこの節はまったく訂正されていないからである。

（原注1）　これは独語版の頁数である。標準版第 XIX 巻ではどちらの文も15頁にあ

る。

付　録
〔リビドーの大きな貯蔵庫〕

　この問題に関しては相当な困難がある。このことは標準版第XIX巻30頁〈著6，278〉の最初の脚注で言及されているし、同46頁〈著6，289〉ではかなり長く論じられている。

　このアナロジーは『性欲論三篇』（1905d）の第3版に付け加えられた部分で初めて出てきたと思われる。これは1915年に出版されたが、フロイトは1914年の秋には既に書いていた。その一節は次のように書かれている（$S. E.$, VII, 218〈著5，74〉）。「ナルシシズム的、ないしは自我のリビドーは、対象備給がそこから送りだされ、そしてまたそこへ回収されてくる大きな貯蔵庫らしい。子ども時代最早期には、リビドーはナルシスティックに自我に備給されているが、長じると、その自我への備給がリビドーの噴出によってただ隠されてしまうのである。しかし、本質的には、その噴出の背後にあって自我へのリビドー備給は続いているのである。」

　しかしながら、同じ考えがもっと初期にフロイトのお気に入りのもう1つのアナロジーの中で表明されていた。これは「大きな貯蔵庫」の代わりに、また時には一緒に使われている。（原注1）このより初期の一節はナルシシズムそのものについての論文（1914c）の中にあり、同年1914年の前半にフロイトが書いたものである（$S. E.$, XIV, 75〈著5，111〉）。「われわれはこうして自我への根源的なリビドー備給があるという観念を形づくるのであって、その一部はのちには対象にあたえられることになるのだが、これはしかし、根本的には存在し続けている。この自我への備給と対象への備給との関係は、アメーバ本体とそれが送り出す偽足との関係に似ている。」（訳注1）

　この2つのアナロジーは1916年末にハンガリーの定期刊行物のために書かれたやや一般的な論文（「精神分析に関わるある困難」1917a, $S. E.$, XVII, 139〈著10，327〉）で一緒に現れる。「自我とは、対象のために予定されたリビドーがそこから流れ出し、リビドーが再び流れ帰って来る、大きな貯蔵庫のようなものである。…このような関係を具体的に説明するために、粘性の物質で偽足を作り出すアメーバを考えてもいいだろう…。」

アメーバは1917年からの『精神分析入門』（1916-17）の第26講で再び現われるし、貯蔵庫は『快感原則の彼岸』（1920g, S. E., XVIII, 51〈著6，184〉）で現われる。「精神分析は…自我こそリビドーの正しい本来の貯蔵庫であって、リビドーはまずそこから発して対象に達するものであるという結論に達した。」

フロイトは1922年の夏に書いた百科辞典の項目にもよく似た一節を用いており（1923a, S. E., XVIII, 257）、ほぼ直後にエスについて発表している。これは初期の記述を徹底的に修正したものであると思われる。「われわれは自我とエスを区別した結果、［中略］エスをリビドーの大きな貯蔵庫とみなさなければならない…」そしてまた、「そもそもの初めに、あらゆるリビドーはエスの中に蓄積されたが、自我はまだ形成中であり弱体であった。エスはこのリビドーの一部分をエロス的対象備給におくり、次に、成長した自我がこの対象リビドーを占有しようとし、自我自身をエスの愛の対象にしようとする。自我のナルシシズムはこのように2次的なもの、すなわち対象から撤退したものである」（S. E., XIX, 30注および46〈著6，278および289〉）。

この新しい立場はきわめて明確で分かりやすいように思える。そしてそれゆえ、『自我とエス』のほんの1年ほど後に書かれた『自己を語る』（1925d [1924], S. E., XX, 56〈著4，464-465〉）で次の文にぶつかると戸惑いを感じるのである。「一生のあいだに、自我はリビドーの大きい貯蔵所であり続け、ここから対象備給は送り出されるし、またリビドーが対象から流れ戻って来ることもあるのである。」(原注2)

この文が精神分析理論の発達の歴史を辿るなかで生まれたということは真実である。しかし、『自我とエス』で述べられた考察が変わったということは書かれていない。そして最後に、われわれは1938年に書かれたフロイトの最晩年の著作の1つ『精神分析概説』の第2章で次の一節を見つけるのである（1940a〈著9，161〉）。「エスと超自我の中での、リビドーの振る舞いについてはどんなものであれ、言いあらわすことは困難である。われわれがそれに関して知っていることはすべて、自我を通して知り得たものである。自我ははじめのうち自由に動かし得るリビドーの全量を貯蔵している。われわれはこの状態を、絶対的1次的自己愛と呼ぶ。この状態は、自我が対象表象にリビドーを備給し、自己愛的リビドーを対象リビドーに変換させるまで保たれる。自我は全生涯を通じてリビドーの大貯蔵庫である。そこからリビドー備給によってリビドーが対象に向かって流出したり、逆に、自我に流れ込ん

だりもする。それはアメーバが偽足を動かすのに似ている。」

これらの後の表現は、フロイトが本論文で表した見解を撤回したことを意味するのであろうか。そう考えることは困難で、これらの一見衝突する2つの見方を調和させることに役立つ点が2つある。第1のものはとても些細なことである。「貯蔵庫」のアナロジーはそもそもの性質としてとても曖昧なものである。貯蔵庫は水を貯蔵するタンクとも、水を供給する源ともどちらにもとれる。自我とエスの両方に、両方の意味でイメージを適用することは、大した困難ではない。それに、もしフロイトが心の中にある概念をもっと正確に示していれば、引用してきた様々な文章、特に標準版第XIX巻30頁の脚注は、確実に明白なものとなっていただろう。（訳注2）

第2の点ははるかに重要なものである。『続精神分析入門』におけるマゾヒズムの論議の中で、上述の脚注で引用された一節のほんの2、3頁後でフロイトは次のように述べている〈著1, 471〉。「自我──と言ってもここではむしろエス、すなわちその人格全体をさしているのですが──は、もともとすべての本能的衝動を内に含んでいるのですから、そこには破壊欲動も含まれているとしますと…」もちろん、この挿入部分はエスと自我がまだ未分化なままその中にある原初的状態を指している。（原注3）さらに、これに似ているがもっとはっきりした意見が『概説』にある。これは既に引用した部分の2段落前である〈著9, 160〉。「われわれは、使うことのできる全てのエロスのエネルギーが未分化な自我-エスの中にあるような、そんな最初の状態を考えているのである。これからはこのエロスのエネルギーを『リビドー』とよぶことにしよう。」もしわれわれが、これをフロイトの理論の真の本質として捉えるならば、フロイトの表現の中の一見したところの矛盾は小さくなる。この「自我-エス」はもともと貯蔵タンクという意味での「リビドーの大きな貯蔵庫」であった。分化が起きた後でも、エスは貯蔵タンクであり続けるが、さらに、備給を送り出し始めると（対象に対しても、あるいはいまや分化した自我に対しても）、供給の源でもあることになる。しかし、自我についても同じことがいえる。というのは、自我はもちろん自己愛的リビドーの貯蔵タンクでもあるが、もう1つの見方として、対象備給の供給源でもあるからである。

しかしながら、この最後の点によって、われわれはさらに疑問を抱く。それは、フロイトが異なる時点では異なる考えを持っていたという推測は、避け難いのではないかという疑問である。『自我とエス』（46〈著6, 289〉）で

「そもそもの初めには、あらゆるリビドーはエスの中に蓄積されていた」とあり、そして「エスはこのリビドーの一部分をエロス的対象備給におくり」、自我はこのエロス的対象備給を支配するために、自我自身を愛の対象としてエスに押しつけるのである。「自我の自己愛はこのように２次的なものである。」しかし『概説』では、「はじめのうち、自由に動かし得るリビドーの全量は自我の中に貯蔵されており」、「われわれはこの状態を、絶対的に１次的自己愛と呼ぶ」。そして、「この状態は、自我が対象表象にリビドーを備給し始めるまで保たれる」。これらの２つの記述で、２つの異なる過程がみられるように思われる。第１の過程では、最初の対象備給はエスから直接出てきて、自我には間接的にのみ到達するものとして考えられている。第２のものは、全てのリビドーがエスから自我へと出ていき、対象には間接的にのみ、到達すると考えられていたということである。この２つの過程は矛盾するものではないと思われるし、両方が起こるということは可能である。しかし、この疑問についてはフロイトは沈黙を守っている。

（原注１）　このアナロジーは未発達の形で既に『トーテムとタブー』の中の３番目の小論の中に現われていた。この論文は、1913年の初頭に初めて出版されたものである（*S. E.*, XIII, 89〈著３，222〉）。
（原注２）　ほとんど同じ記述が『続精神分析入門』（1933*a*）の第32講にある。
（原注３）　もちろん、これはフロイトのものではよく知られた見解である。

（訳注１）　アメーバは偽足を出すと、本体がその分小さくなることから、リビドーの全体量は一定であり、対象に与えられるとその分自我にふりあてられる量は減るということ。また偽足が本体に戻れるように、回収可能であるということ。
（訳注２）　この脚注の著作集の邦訳を引用しておく。「われわれは自我とエスを区別した結果、『ナルシシズム入門』で述べた意味で、エスをリビドーの大きな貯水池とみなさなければならない。先に述べた同一視によって、自我にそそぎこむリビドーはその「自己愛」をつくる。」〈著６，278〉

十七世紀のある悪魔神経症
（1923*d*［1922］）

EINE TEUFELSNEUROSE IM SIEBZEHNTEN JAHRHUNDERT

A SEVENTEENTH-CENTURY DEMONOLOGICAL NEUROSIS

(a)独語版
1923年　*Imago*, 9(1), 1-34.
1940年　*G. W.*, 13, 315-353.
(b)英語訳
A Neurosis of Demoniacal Possession in the Seventeenth Century
1925年　*C. P.*, 4, 436-472.（Tr. E. Glover.）
1961年　*S. E.*, XIX, 67-105.（新しい表題をつけた翻訳は、1925年に出版されたものをかなり修正したものである）
　「愛蔵 Bibliophiles」版が、1928年のウィーンで開かれた独語愛書家会議のために出版された。その中に3枚の絵の白黒複写（悪魔の第1、第2、第5の出現を表わしているもの）と原稿が4葉収録されている。
(c)邦　訳
1932年　「十七世紀の悪魔憑き神経症」（菊池栄一訳）大14
1984年　「十七世紀のある悪魔神経症」（池田紘一訳）著11, 102-133.

　本論文は1922年の最後の数ヶ月で書かれた（Jones, 1957, 105〈生涯442〉）。本論文の起源は、フロイト自身によってセクション1の冒頭で充分に説明されている（*S.E.*, XIX, 73〈著11, 103〉）。魔法。憑依。それらと類似した諸現象へのフロイトの関心は長い間持続していた。これは、1855年から1856年にかけてのサルペトリエールでの彼の研究の影響であると考えられる。パリ滞在についてのフロイトの「報告」（1956a[1886]）で再三述べられている事実として、シャルコー自身は神経症の歴史的側面に多くの注意を傾けていた。フロイトが訳したシャルコーの最初の一連の講義の中の第16講の冒頭に16世紀の憑依の症例についての記述（1886f）があり、また、フロイトが訳した第2の一連の講義中の『火曜講義』（1892-93a）の7番目に中世の「悪魔病demonio-manias」のヒステリー的性質についての議論がある。さらに、フロイトのシャルコーへの追悼文（1893f）では、彼は自分の師の成した仕事の中でこの側面を特別に強調している。

　1897年1月17日と24日のフリースへの2通の書簡の中で（Freud, 1950a, 書簡56, 57〈手紙118, 119〉）魔女および彼女らと悪魔との関係について論じているが、これはこの関心がまだ薄れていないということを示している。実際、

第1の手紙では、フロイトはこの話題が彼とフリースとの間でたびたび議論されてきたものであるかのように語っている。悪魔が父親の表象であろうという提案はすでに示されており、魔女について中世に信じられていたことにおいて肛門的題材が果たしている役割が特に強調されている。これらの両方の点が「性格と肛門愛」についての論文の中のこの主題への短い言及（1908 b, S. E., IX, 174〈著5, 137〉）で繰り返されている。1909年1月27日にウィーンの本屋であり出版者でもあったユーゴ・ヘラー Hugo Heller が、その会員となっていたウィーン精神分析協会で「悪魔の歴史」についての論文を発表したということが、ジョーンズ（1957, 378）からわかる。協会の議事録は残念ながらわれわれの手には入らないが、ジョーンズによれば、フロイトは詳細に悪魔を信じることの心理学的構造について語ったとのことである。これは明らかに本論文のセクション3と同じ方向である。そのセクションでも、フロイトは個人的なケースと限られた悪魔学的問題の議論を飛び越して、父親に対して女性的な態度をとる男性という考えを取り入れることに含まれる、より広範な問題のいくつかの考察をしている。そしてフロイトはどこにもこの症例をパラノイアとは分類していないにも関わらず、ここで類似するものとしてシュレーバー博士の病歴を持ち出している。

　イーダ・マカルピン Ida Macalpine 博士とR・A・ハンター Hunter 博士によって、『分裂病 Schizophrenia 1677』（London, 1956 : Dawson）の表題のもとに豪華な本が最近出版された。これには「マリアツェルの勝利 Trophy of Mariazell」の原稿の複写とそれに添えられていた9枚の絵のカラー複写が収録されている。(原注1) これらを吟味するとフロイトのこの原稿についての説明への1、2の追加と訂正が可能となる。フロイトの記述は疑いなくパイヤー-トゥルン Payer-Thurn 博士の写本と報告書に全面的に基づいている（S.E., XIX, 73〈著11, 103〉を見よ）。マカルピン博士とハンター博士の長い注釈は、この症例についてのフロイトの見解に対して大いに批判的であることを付け加えておくべきである。しかも不幸にも、フロイトが引用した原稿の多くの文章の、彼らの訳を採用することは不可能であった。なぜなら、原本を訳した彼らの翻訳が2、3の重要な点に於いてフロイトのものと一致しないからである。

　今回の翻訳では、その原稿の17世紀の独語の文体に似せようとはしていない。

(原注1) 白黒の絵の複写は同じ著者達による以前の論文（1954）に載せられている。

夢判断の理論と実践へのいくつかの意見
(1923c[1922])

BEMERKUNGEN ZUR THEORIE UND PRAXIS DER TRAUMDEUTUNG
REMARKS ON THE THEORY AND PRACTICE OF
DREAM-INTERPRETATION

(a)独語版
1923年　*Int. Z. Psychoanal.*, 9(1), 1-11.
1940年　*G. W.*, 13, 299-314.
(b)英語訳
1943年　*Int., J. Psycho-Anal.*, 24(1-2), 66-71. (Tr. James Strachey.)
1950年　*C. P.*, 5, 136-149.
1961年　*S. E.*, XIX, 107-121.（翻訳は、1950年に出版されたものに注をつけての修正版である）

　本論文の内容は1921年9月のハルツ山地への徒歩旅行の時にフロイトが同行者達に伝えたものである（Jones, 1957, 86）。その旅行で彼は仲間に、他にも2篇の論文、1941*d* と1922*b*（S. E., XVIII, 175および223）を読み聞かせている。しかしながら、本論文は実際には1年後の1922年7月ガスタインにおいて初めて執筆された（Jones, 同, 93。執筆の日付は、Jones, 1955, 269では間違って「1923年」と記載されている）。その当時の著作である『快感原則の彼岸』（1920*g*）と『集団心理学と自我の分析』（1921*c*）でそれぞれ論じられたように、セクション8および10は「反復強迫」と「自我理想」の論証へのフロイトの関心を反映しているように思われる。

夢判断全体への2、3の追記
（1925*i*）

EINIGE NACHTRÄGE ZUM GANZEN DER TRAUMDEUTUNG
SOME ADDITIONAL NOTES ON
DREAM-INTERPRETATION AS A WHOLE

(a)独語版
1925年　*G. S.*, 3, 172-184.
1952年　*G. W.*, 1, 559-573.
(b)英語訳
1943年　*Int. J. Psycho-Anal.*, 24(1-2), 71-75.（Tr. James Strachey.）
1961年　*S. E.*, XIX, 123-138.（翻訳は、1950年に出版されたものに注を加えて若干修正したものである）

　本論文が最初に掲載された独語版著作集の第3巻は1925年の秋に出版された。ほぼ同時期（1925年9月）にこれらの小論のうちの3番目のものだけが『年鑑1926』(27-31)に収録され、またイマーゴの第11巻3号の234頁から238頁まで(1925)にも掲載された。3番目のもののみの英語訳の再版は、ジョージ・デュヴリュー George Devereux 編集の『精神分析とオカルト』ニューヨーク、1953年、国際大学出版、87頁から90頁に収録されている。

　これらの3篇の小論は、幾分変化に富んだ書誌的経緯を持つものである。『夢判断』に付した編者の序論（*S. E.*, IV, xii〈本書160頁〉以降）で説明したように、フロイトの最初の著作集（独語版著作集）が出版されたとき、第2巻を『夢判断』第1版の忠実な再版に当て、第3巻に後の版で書かれたその著作への全ての修正と追加を集めることになった。この追加資料の中に、3つの 'Zusatzkapiteln（追加の章）' が完全な形で入っていた。これらのうちの最初の2つ（それぞれ象徴と2次的加工を扱っている）は、ほぼ完全に第2版以後に付け加えられた古い資料からなるものであった。しかし、*Zusatzkapitel* C（ここに掲載する一連の論文）は全く新しく、以前の版にはなかった

ものである。しかしながら、この Zusatzkapitel C を入れるべき場所——それは、この本の最末尾である——が独語版著作集（2,538）[原注1]第１版の再版の中ではっきりと指示されていることからも分かるように、フロイトが「夢判断」の後の版全てにこれを収録しようと思ったことは、ほとんど疑う余地がない。

　これは1925年のことであった。次の標準的な１巻ものの『夢判断』（第８版）は1930年に出版された。これは1925年版からの新しい資料全てを収録していたが、ただ１つ追加の章Cだけは例外であった。この直接的な結果として、1932年の英語訳の改訂版（ブリルによる）からもこの章が欠けることになった。独語版全集（1942）の第２巻と第３巻の２冊を占める『夢判断』の版にも、この章は収録されていない。実際[原注2]不運が続いたものと思われる。これが収録されるべき時間的に正しい場所である独語版全集第14巻（1948年出版）で偶然見落とされてしまい、1952年に独語版全集の最後に出版された全集第１巻の終りにやっと掲載されているからである。独語版はこのように20年以上にもわたって日の目を見なかったのである。

　これらの出来事の中で最初に述べたこと、つまり『夢判断』の第８版からその章が欠けていることに対してはある説明が可能である。これらの小論の最後で、テレパシーが本当に存在するということをフロイトが半分以上認めているということが、最初に公表されたとき、特にイギリスの科学界において精神分析運動に傷をつけるものだとして、アーネスト・ジョーンズのかなり強い抗議を招いたのである。ジョーンズによるエピソードに書かれているこの説明（1957, 422以降）は、フロイトがその抗議に動じなかったらしいことを示している。しかし、それでも彼が自分の全ての著作の中で最も有名な作品に、その小論を収録しなかったことは、その抗議に対してその程度には譲歩したのだと考えられる。

（原注１）　さらにこれらの小論のうちに、フロイトは明らかに『夢判断』のことを指して「この本」「これらの頁」と語っている（S. E., XIX, 131と132）。

（原注２）　最初の２つの小論のみが1931年にフロイトの夢についての小論集で再版された。３番目の小論がないことはこの覚書の最終段落での仮説を確信させるものである。

幼児期の性器体制（性欲論への補遺）
(1923e)

DIE INFANTILE GENITALORGANISATION
(EINE EINSCHALTUNG IN DIE SEXUALTHEORIE)
THE INFANTILE GENITAL ORGANIZATION
(AN INTERPOLATION INTO THE THEORY OF SEXUALITY)

(a)独語版
1923年　Int. Z. Psychoanal., 9(2), 168-171.
1940年　G. W., 13, 291-298.
(b)英語訳
The Infantile Genital Organization of the Libido: A Supplement to the Theory of Sexuality
1924年　Int. J. Psycho-Anal., 5, 125-129. (Tr. Joan Riviere.)
1961年　S. E., XIX, 139-145.（今回の翻訳は、表題を修正しているが、1924年に出版されたものに基づいている）
(c)邦　訳
1984年　「幼児期の性器体制（性欲論への補遺）」（吾郷晋浩訳）著11, 98-101.
1997年　「幼児期の性器体制（性理論への補遺）」（中山元訳）『エロス論集』ちくま学芸文庫

　本論文は1923年2月に書かれた（Jones 1957, 106〈生涯570、訳者註4に概要の記載あり〉）。副題が示すように、これは本来『性欲論三篇』(1905d)への追加である。そして、実際、本論文で提唱されていることの要点を述べている新しい脚注が『性欲論三篇』の1924年版に加えられている（1924, 7, 199-200〈著5, 59-60〉）。本論文の出発点は主に『三篇』のセクション5および6（前掲、194-199〈著5, 56-61〉）であり、両方とも日付は1915年としか記されていないが、しかし、これは、「強迫神経症の素因」(1913i, 前掲、12, 324-326)についての論文の最後の方に見られるアイディアや、さらに遡ってたとえば「幼児期の性理論」(1908c, 前掲、S. E., IX, 215-220〈著5, 95-108〉）にも見られる多くの着想を拾い上げたものである。

神経症と精神病
(1924*b*[1923])

NEUROSE UND PSYCHOSE
NEUROSIS AND PSYCHOSIS

(a)独語版
1924年　*Int. Z. Psychoanal.*, 10(1), 1-5.
1940年　*G. W.*, 13, 385-391.
(b)英語訳
1924年　*C. P.*, 2, 250-254.（Tr. Joan Riviere.）
1961年　*S. E.*, XIX, 147-153.（翻訳は1924年のものに基づいている）
(c)邦　訳
1955年　「神経症と精神病」（井林恒郎・加藤正明訳）選10
1969年　「神経症と精神病」（加藤正明訳）選10改訂

　本論文は1923年の晩秋に書かれた。神経症と精神病の起源の違いという特殊な問題に対して、『自我とエス』で提唱された新しい仮説を適用したものである。同じ議論が、本論文の数ヶ月後に書かれた「神経症及び精神病における現実の喪失」(1924*e*, 183〈著6, 316〉)でより深められている。この問題の根源はフロイトによって「防衛-神経精神病」についての彼の最初の論文(1894*a*)のセクション3で既に論じられている。

　本論文の第2段落で、フロイトは「別の方面から生じた一連の考え」によって刺激されたものだと述べている。彼が言っているのはホローシュHollósとフェレンツィによる進行麻痺の精神分析の研究(1922)のことのようである。これは出版されたばかりで、フェレンツィが理論的な部分を書いていた。

マゾヒズムの経済的問題
（1924*c*）

DAS ÖKONOMISCHE PROBLEM DES MASOCHISMUS
THE ECONOMIC PROBLEM OF MASOCHISM

(a)独語版
1924年　*Int. Z. Psydhoanal.*, 10(2), 121-133.
1940年　*G. W.*, 13, 369-383.
(b)英語訳
The Economic Problem in Masochism
1924年　*C. P.*, 2, 255-268.（Tr. Joan Riviere.）
1961年　*S. E.*, XIX, 155-170.（翻訳は、表題を少し変えているが、1924年のものに基づいている）
(c)邦　訳
1932年　「マゾヒスムス論」（大槻憲二訳）全9
1933年　「マゾヒズムに於けるリビド経済の問題」（小沼十寸穂訳）大15
1960年　「マゾキズムの経済的問題」（高橋義孝訳）選14
1969年　「マゾヒズムにおけるエネルギー配分の問題」（高橋義孝訳）選14改訂
1970年　「マゾヒズムの経済的問題」（青木宏之訳）著6，300-309.
1996年　「マゾヒズムの経済論的問題」（中山元訳）『自我論集』ちくま学芸文庫

　本論文は1924年1月の末までには仕上げられていた（Jones, 1957, 114〈邦訳446〉）。
　この重要な著作の中でフロイトはマゾヒズムの不可解な現象について充分に論じている。彼は以前にもこの問題を扱ったことがあるが、いつもいくらかのためらいがあった。『性欲論三篇』（1905*d*）標準版第VII巻157-160頁^(原注1)〈著5，26-29〉、メタ心理学的な論文「本能とその運命」（1915*c*, *S. E.*, XIV, 127-130〈著6，67-70〉）でこの問題を扱い、そして「『子供が叩かれる』」（1919*e*）ではかなり長くこの問題について論じている。「『子供が叩かれる』」にかんしては、彼自身がフェレンツィへの手紙の中で「マゾヒズム

についての論文」と説明している。これら全ての著作の中では、マゾヒズムは先行するサディズムから引き起こされており、1次的なマゾヒズムは認められていなかった（たとえば S. E., XIV, 128および S. E., XVII, 193-194〈著6, 68および著11, 20〉を見よ）。しかしながら、『快感原則の彼岸』（1920g）で「死の本能」を取り入れた後に、「1次的なマゾヒズムというものもあるのかもしれない」（S. E., XVIII, 55〈著6, 186〉）という記述が見られ、本論文では1次的なマゾヒズムの存在は確かなものとなっている。^(原注2)

　この1次的なマゾヒズムの存在は、本論文中ではおもに本能の2つの種類である「融合」と「拡散」に基づいて説明されている。この2種の本能という概念は1年近く前に出版された『自我とエス』（1923b）で詳細に考察されたものである。その一方で、不快に向かう本能の明らかに自己矛盾した性質が、この興味深い入門的論文で扱われている。ここで初めて、「恒常原則」と「快楽原則」との間の区別がはっきりとつけられるのである。

　フロイトの分析はこの1次的な、即ち「性感的な erotogenic」マゾヒズムが2つの派生的な形態を生ずることを示している。1つは、フロイトが「女性的な」と呼んだものであるが、これは既に「叩く幻想」（1919e）についての論文の中で論じられている形態である。しかし、第3の形態である「道徳的マゾヒズム」は、フロイトにとって『自我とエス』で軽く触れただけであった多くの点を敷衍する機会となると共に、さらに、罪悪感と良心の作用に関しての新たな問題を展開する機会ともなった。

（原注1）　これの多くは実際1915年の本に加えられたのみである。1924年に付け加えられた脚注は本論文の要点を述べている。
（原注2）　本論文の後半である程度論じられてはいるものの、フロイトが死の本能の外的作用、つまり攻撃性と破壊性に、彼の注意を特に傾けるようになったのは、『文化への不満』（1930a）の第6章から後の著作の中においてのみであるということは、おそらく言及しておくべきであろう。

エディプス・コンプレックスの消滅
（1924d）

DER UNTERGANG DES ÖDIPUSKOMPLEXES

THE DISSOLUTION OF THE OEDIPUS COMPLEX

(a)独語版

1924年　*Int. Z. Psychoanal.*, 10(3), 245-252.

1940年　*G. W.*, 13, 393-402.

(b)英語訳

The Passing of the Oedipus Complex

1924年　*Int. J. Psucho-Anal.*, 5(4), 419-424.（Tr. Joan Riviere.）

1961年　*S. E.*, XIX, 171-179.（今回の翻訳は、表題を変えているが、1924年のものに基づいている）

(c)邦　訳

1933年　「エディプス複合の衰滅」（小沼十寸穂訳）大15

1960年　「エディプスコムプレックスの消滅」（高橋義孝訳）選14

1969年　「エディプスコンプレックスの消滅」（高橋義孝訳）選14改訂

1970年　「エディプス・コンプレックスの消滅」（吾郷晋浩訳）著6, 310-315.

1997年　「エディプス・コンプレックスの崩壊」（中山元訳）『エロス論集』ちくま学芸文庫

　1924年の最初の数ヶ月に書かれた本論文は、本質的には『自我とエス』の一節（*S.E.*, XIX, 31以降〈著6, 278〉）をさらに詳しく論じたものである。本論文では、男子と女子では性の発達が違う経過を辿るということに初めて重きをおいて、さらにわれわれが一層の関心を向けることを求めている。この考え方の新しい方向性は、約18ヶ月後のフロイトの論文「解剖学的な性の差別の心的帰結の2、3について」（1925j）(訳注1)の論文でさらに進められている。この主題についてのフロイトの見解が変わっていく経緯は「解剖学的な性の差別の心的帰結の2、3について」の論文に付した編者ストレイチーの覚書で論じられている（*S.E.*, XIX, 243〈本書397頁〉以降）。

（訳注1）　この論文の邦題は誤訳であり、「差別」ではなく、「区別」とするべきである。該当論文の訳注を参照のこと。

神経症および精神病における現実の喪失
(1924e)

DER REALITÄTSVERLUST BEI NEUROSE UND PSYCHOSE
THE LOSS OF REALITY IN NEUROSIS AND PSYCHOSIS

(a)独語版
1924年　*Int. Z. Psychoanal.*, 10(4), 374-379.
1940年　*G. W.*, 13, 361-368.
(b)英語訳
1924年　*C. P.*, 2, 277-282.（Tr. Joan Riviere.）
1961年　*S. E.*, XIX, 181-187.（英語訳の脚注（*C. P.*, 2, 277）の記述によると、実は英語訳の方が、独語の原本より先に出版されていた。翻訳は1924年のものに基づいている）
(c)邦　訳
1955年　「神経症と精神病の現実喪失」（井村恒郎・加藤正明訳）選10
1969年　「神経症と精神病の現実喪失」（加藤正明訳）選10改訂
1970年　「神経症および精神病における現実の喪失」（井村恒郎訳）著6, 316-319.

　本論文は1924年5月末までには書かれていた。と言うのは、その月にアブラハムが本論文を読んでいるからである。これより前の論文「神経症と精神病」（1924b）149頁に始まった議論を敷衍したり訂正したりして続けたものである。これら2つの論文で引き出された区別の妥当性についてのいくつかの疑問は、後にフロイトによって「フェティシズム」（1927e）についての論文の中で論じられている。

精神分析要約
(1924f [1923])

KURZER ABRISS DER PSYCHOANALYSE

A SHORT ACCOUNT OF PSYCHO-ANALYSIS

(a)独語版
（1923年　執筆の日付）
1928年　G. S., 11, 183-200.
1940年　G. W., 13, 403-427.
(b)英語訳
Psychoanalysis : Exploring the Hidden Recesses of the Mind 〈精神分析：精神の隠れ家の探求〉
1924年　*These Eventful Years : The Twentieth Century in the Making, as Told by Many of its Makers* 〈この多事なる年月：発展過程の20世紀、20世紀を作る多くの人たちが語る〉, Vol. II, chap. LXXIII, 511-523, 所収。London and New York: Encyclopaedia Britannica Publishing Co. (Tr. A. A. Brill.)
1961年　S. E., XIX, 189-209. （表題を変えた翻訳は、ジェームズ・ストレイチーによる新しいものである）
(c)邦　訳
1933年　「精神分析要領」（大槻憲二訳）全10
1984年　「精神分析要約」（吾郷晋浩訳）著11, 134-148.

　本論文はフロイトが1923年10月と11月にアメリカの出版社の求めに応じて書いたものであるということを、われわれはアーネスト・ジョーンズ（1957, 114〈生涯446〉）から知ることが出来る。この著作は約2年後に『ブリタニカ百科事典』そのもののために書かれた項目（1926*f*）とは区別すべきである。独語の原文は、アメリカのものよりもおとなしい表題で、1928年に初めて出版された。

精神分析への抵抗
（1925*e*[1924]）

DIE WIDERSTÄNDE GEGEN DIE PSYCHOANALYSE
THE RESISTANCES TO PSYCHO-ANALYSIS

(a)独語版
 (1925年　*La Revue Juive* (Geneva), March. 仏語訳)
 1925年　*Imago*, 11(3), 222-233.
 1948年　*G. W.*, 14, 97-110.
(b)英語訳
 1950年　*C. P.*, 5, 163-174.（Tr. James Strachey.）
 1961年　*S. E.*, XIX, 211-222.（翻訳は1950年に出版されたものを若干訂正したものである）
(c)邦　訳
 1984年　「精神分析への抵抗」（池田紘一訳）著11, 149-158.

　この小論は、フロイトが「編集委員会 Editorial Committee」に名を連ねていた雑誌に、最初仏語で掲載された。本論文はおそらく1924年9月に、その時の編集者であるアルベール・コーエン Albert Cohen の要請によって書かれたものである。独語の原文は『イマーゴ』と『年鑑1926』にほとんど同時に掲載された。これは仏語版の約半年後の1925年9月に出版されている。

付録
〔ショーペンハウアーの「意志と表象としての世界」^{(原注1)(訳注1)}
からの抜粋〕

　フロイトは晩年の著作の中で、ショーペンハウアーが性に重きをおいていたことの重要性にしばしば言及した。この主題に標準版第XIX巻218頁〈著11, 154〉で触れているのはもちろん、「精神分析に関わるある困難」（1917*a*, *S. E.*, XVII, 143-144〈著10, 331-332〉）の最終段落と、『性欲論三篇』（1905*d*, 前掲、*S. E.*, VII, 134）の第4版への序文（1920年に書かれたもの）でもそのことについて言及している。また『快感原則の彼岸』の第6章（1920*g*, *S. E.*, XVIII, 50〈著6, 182〉）でも再び現われる。これは前述の序文を書いたのとほぼ同時期にフロイトが改訂した著作である。そして、『自己を語る』（1925*d*, 20, 59〈著4, 467〉）の第5章の終り近くでもまた出てくる。
　フロイトは、時折、とりわけて「強烈に印象的な一節」や「忘れ難い印象を与える言葉」にそれとなく触れているのだが、ショーペンハウアーの著作

から引用したり、その出所を示したことはまったくない。しかしながら、ここに記された抜粋は、フロイトが心に留めていた一節からのものであることは、大いに有り得ると思われる。そしてそれ故、多分これを再現することは興味のあることである。この段落は、『意志と表象としての世界』の第4巻42章「種属の生命」[*'Leben der Gattung'*]への補遺に出てくるものである。この点のすぐ前で、ショーペンハウアーは性的欲望の性質を論じており、これは他のどんな欲望とも異なると断言している。「…それは最も強い（the strongest）ものであるだけでなく、他のものよりもより力強い（more powerful）種類のものである。」(訳注2)彼は、古代におけるこの力への認識の例を挙げており、次のように続けている。

「人間界において性的関係が演ずる重大な役割は右のすべてに対応するもので、この世界では元来それがあらゆる行動・営為の見えざる核心をなしており、それにいかようにヴェールをかけようともいたるところで顔をのぞかせている。それは戦争の原因であり講和の目的であり、真率さの基礎、諸謔の目標であり、つきることなき機知の源泉、すべての暗示を解く鍵、あらゆる秘密の合図、あらゆるあいまいな申し出、あらゆる盗み見の意味でもあり、青年の、ときには老人の日常の工夫努力、遊冶郎の頭にこびりついた考え、純潔な男の場合にもその意志に反して絶えず繰りかえされる夢、いつもながらの笑いの種なのだが、これひとえに性的関係の根底に最も奥深い真剣さが宿るがゆえである。ところであらゆる人間のこの大切な用務がひそかに行なわれ、表向きはできるだけ知れないようになっているというのはこの世の皮肉でありお笑い種だ。実際はいついかなるときもこの用務はこの世のほんとうの世襲の主としてその全能により祖先伝来の王座に腰をおろす。そして、われわれ人間がこの用務を抑制し監視し、少なくとも限定し、できることなら隠しとおすかあるいは、それが人生のまったく付随的なついでの用件として現われるよう自由に支配すべくいろいろと工夫したことがらを、その座から見下しつつ軽蔑の目差しで嘲笑するわけである。——ところで以上のすべては性欲(原注2)が生への意志の核心であり、したがっていっさいの意欲の集中発揮であることと一致する。だからこそわたしは本文中で生殖器を意志の焦点と称したのだ。しかり、人間は性欲(原注2)の権化だとさえいえる。なぜなら彼の発生、彼の願望中の願望は交合行為であるし、またこの欲望のみが彼の全現象を恒久化し締めくくるのであるから。なるほど生への意志はさし

あたっては個体保存のための努力として表われる。がしかしそれは種属保存の努力への1段階にすぎない。そして後者は、種属の生命が持続、延長ないし価値の点において個体のそれを凌駕する程度に応じてよりいっそう激烈でなくてはならない。それゆえ性欲[原注2]は生への意志の完璧な表われであり、最も明快に表現せられたこの意志の典型なのである。そこからの個体の発生ならびに、自然人におけるこの意志の他のいっさいの願望を超える優位性は、右の点と完全に一致する。」

（原注1） R. B. ハルダーネ Haldane と J. ケンプ Kemp 訳、1886, 3, 313-314。抜粋はジョージ・アレン George Allen とアンウィン Unwin による編集で出版されている。
（原注2） ['Geschlechstrieb' が言語である。フロイトが使用する時は、標準版では「性本能 sexual instinct」と訳されている。[訳注3]

（訳注1） 英語版の抜粋は原注1のとおり。ここでは有田潤・塩屋竹男訳『ショーペンハウアー全集7』（白水社、1974）から引用した。
（訳注2） この「」内は、標準版からの訳であり、有田・塩屋訳からの引用ではない。
（訳注3） 標準版で原注が付いている語は日本語訳では全て「性欲」となっているが、英語は、順に、'sexual passion'、'sexual desire'、'sexual passion' である。

「魔法のメモパッド」についての覚書
(1925a[1924])

NOTIZ ÜBER DEN 'WUNDERBLOCK'
A NOTE UPON THE 'MYSTIC WRITING-PAD'

(a)独語版
1925年　*Int. Z. Psychoanal.*, 11(1), 1-5.
1948年　*G. W.*, 14, 1-8.
(b)英語訳
1940年　*Int. J. Psycho-anal.*, 21(4), 469-474.（Tr. James Strachey.）
1950年　*C. P.*, 5, 175-180.
1961年　*S. E.*, XIX, 225-232.（翻訳は、1950年に出版されたものを若干修正し、

いくつかの注をつけての再版である）
(c)邦　訳
1996年　「マジック・メモについてのノート」（中山元訳）『自我論集』ちくま学芸文庫

　本論文はおそらく1924年の秋に書かれた。というのは、フロイトがアブラハムへの手紙で、同年の11月に書き直しているところだと伝えているからである（Jones, 1957, 124-125）。意識、前意識、知覚-意識体系という独創的で啓蒙的な論考の基礎となる面白い小さな道具は少なくともイギリスでは、'Printator' の商品名で今（1961）でも極めて容易に入手できる。もし実物を試して吟味することが出来れば、本論文の内容ははるかに明確なものになるであろう。^(訳注1)

（訳注1）　尖ったものでなぞると字や絵がかけて、上にある透明のシートをはがすと書いたものが消えるおもちゃのこと。

否　定
（1925*h*）

DIE VERNEINUNG
NEGATION

(a)独語版
1923年　*Imago*, 11(3), 217-221.
1948年　*G. W.*, 14, 9-15.
(b)英語訳
1925年　*Int. J. Psycho-Anal.*, 6(4), 367-371.（Tr. Joan Riviere.）
1950年　*C. P.*, 5, 181-185.（上記のものの修正版）
1961年　*S. E.*, XIX, 233-239.（翻訳は、1950年に出版されたものの修正版である。1950年の翻訳はD・ラパポート Rapaport「思考の構成と病理 *Organization and Pathology of Thought*」ニューヨーク、1951年の中で再版された）
(c)邦　訳

1969年　「否定」(高橋義孝訳) 著3, 358-361.
1996年　「否定」(中山元訳)『自我論集』ちくま学芸文庫

　アーネスト・ジョーンズ (1957, 125〈生涯451〉) によれば、本論文は1925年の7月に書かれた。しかしながら、1923年の「ドラ」の症例報告にフロイトが付け加えた脚注にも見られるように、この主題について、フロイトは明らかに長い間考えていた (S.E., XIX, 239参照)。この論文は最も簡潔なものの1つである。主としてメタ心理学のある特別な点を扱ってはいるが、それでも最初と最後の文章では技法について触れている。脚注の中の参照文から、本論文のこの2つの側面には、先行する長い歴史があったことが分かるだろう。

　本論文の以前の翻訳 (1925) からの抜粋はリックマン Rickman の『ジクムント・フロイトの著作選集 General Selection from the Works of Sigmund Freud』(1937, 63-67) に収録されている。

解剖学的な性の差別の心的帰結の2、3について[訳注1]
(1925j)

EINIGE PSYCHISCHE FOLGEN DES ANATOMISCHEN GESCHLECHTSUNTERSCHIEDS
SOME PSYCHICAL CONSEQUENCES OF THE ANATOMICAL DISTINCTION BETWEEN THE SEXES

(a)独語版
1925年　*Int. Z. Psychoanal.*, 11(4), 401-410.
1948年　*G. W.*, 14, 17-30.
(b)英語版
Some Psychological Consequences of the Anatomical Distinction between the Sexes
1927年　*Int. J. Psycho-Anal.* 8(2), 133-142. (Tr. James Strachey.)
1950年　*C. P.*, 5, 186-197. (上記のものの再版)
1961年　*S. E.*, XIX, 241-258. (今回の翻訳は、1950年に出版されたものを、修正

して新たに注釈をつけ、表題を若干変えたものである）
(c)邦　訳
1953年　「解剖学的な性の差別の心的帰結の二三について」（懸田克躬訳）選5
1969年　「解剖学的な性の差別の心的帰結の二、三について」（懸田克躬訳）選5改訂
1969年　「解剖学的な性の差別の心的帰結の二、三について」（懸田克躬・吉村博次訳）著5，161-170.
1997年　「解剖学的な性差の心的な帰結」（中山元訳）『エロス論集』ちくま学芸文庫

　本論文は1925年8月までに書き上げられ、フロイトはこれをフェレンツィに見せた。アンナ・フロイトが彼に代わって9月3日のホンブルグ国際精神分析学会学術大会で発表し、その秋には『雑誌』に掲載された（Jones, 1957, 119〈生涯448〉）。
　この短い論文では、フロイトの、女性の心的発達についての見解が、凝縮された形で、事実上初めて十分に再評価されている。ここには、この主題についての後の全ての彼の著作の萌芽が含まれている。
　初期の頃から、フロイトは女性の性生活を包む暗さに不満をもっていた。そして、『性欲論三篇』（1905d）の冒頭近くで、男性の性生活「だけが探究しやすいものになっているのに対して、女性のそれは…まだ見通しがたい暗がりに覆われている」（S. E., VII, 151〈著5，21〉）と述べている。同様に、幼児の性理論の論議（1908c）でも、彼は以下のように書いている。「内外の事情が不都合なため、次に述べる報告は主として1つの性、すなわち男性の性的発達にだけ通用する」（S. E., IX, 211〈著5，97〉）。また、かなり後で、彼の素人分析についての小冊子（1926e）では「私たちには、幼い女の子の性的活動がどんなものか、男の子の場合ほどわかってはいませんが、この知識の差を恥じる必要はありません。だって、おとなの女性の性生活ですら心理学にとっては未だに『暗黒大陸』なのですからね」（S. E., XX, 212〈著11，188〉）。[原注1]
　この暗さの結果の1つとして、フロイトは非常にしばしば女性の心理は単純に男性のそれに似たものとして扱い得ると仮定することになった。この例は沢山ある。例えば、『夢判断』（1900a）での、エディプス状況についての彼の初めての詳細な記載の中で、彼は2つの性の間には完全な相似性がある

と仮定している。すなわち「女の子の最初の愛情は父親に、男の子の最初の幼稚な欲望は母親に向けられる」(S. E., IV, 257〈著2, 215〉)。同様に、『精神分析入門』(1916-17)の第21講〈著1, 275〉で幼児の性的発達についての長い記述の中で、フロイトは以下のように述べている。「みなさんが気づいておられるとおり、私は男の子と父母との関係だけを述べました。小さい女の子についても、必要な変更を加えれば、事態は全く同じであるといえます。父親へのやさしい愛情、母親を邪魔者として取りのぞきたいという欲求…。」また、『集団心理学』(1921c)においては、同一視の初期の経緯について語る中で、以下のように述べている。「同様のことが、入れ替えをすれば、幼い女児についても母親とのあいだに行なわれる」(S. E., XVIII, 106〈著6, 222-223〉)。『自我とエス』(1923b)の中でも、エディプス・コンプレックスの解消に伴って起こる複雑な過程は、女子においても男子においても「まったくおなじよう」だと考えられている (S. E., XVIII, 32〈著6, 279〉)。(原注2)あるいは、マルクーゼ百科事典の項目 (1923a, S. E., XVIII, 245) にあるように、女性のエディプス・コンプレックスの記述は簡単に省略されうるのである。その一方で、幼児の性的体制についての論文 (1923e) の「男根期」の記述の中で、フロイトは率直に述べている。「残念なことに、これに関しては男児についてしか述べられない。女児については、これに相当する過程についてわかっていないからである」(S. E., XIX, 142〈著11, 99〉)。

しかし実際は1900年の「ドラ」の分析の頃から長い間ずっと、フロイトの関心は女性の心理には向かなかった。女性を扱った重要な症例の資料をフロイトが出版したのは15年後であった。そして、「精神分析理論に反する」女性のパラノイアの症例 (1915f) が出版されたが、この症例の本質は患者の母親との関係にある。同様のことがいえる女性の同性愛の症例 (1920a) が出版されるのにはそう時間はかからなかった。これら2つの間で叩く空想の研究 (1919e) が出版されている。これはほぼ全体が女の子の幼児期の性的発達に関係するものである。そして、ここで既に、2つの性が「完全に相似」であるとの考えが不十分なものだとはっきり論じられている。「完全な並行現象を期待したのは間違いだった」(S. E., XVII, 196〈著11, 23〉)。それ以来、女性の性の歴史の問題は疑いなくいつもフロイトの頭にあった。そして『自我とエス』(1923b)ではそのことについてほとんど触れていないとはいえ、そこで発展した、新たな臨床的観察に結びついたエディプス・コンプレックスの終りに関する理論こそが、新しい説への鍵をもたらしたのである。

フロイトは既に「エディプス・コンプレックスの消滅」(1924*d*) の中でそれに向かっていることを感じていたが、本論文に於いて初めて充分にそれを論じたのである。これは後の「女性の性愛について」の論文 (1931*b*)、(原注3)『続精神分析入門』(1933*a*) の第33講、そして最後に、遺稿となった『精神分析概説』(1940*a*[1938]) の第7章でさらに敷衍された。

　ほとんど全ての細かい部分まで、凝縮した形で本論文にすでに出てきている。しかし、これらの項目の多くがとっくの昔に準備されていて、後はつなげられることだけが必要だったということは注目すべきである。このように、女の子の性発達のいくつかの特殊性は認識されてきていたし、主張されていた。既に『性欲論三篇』(1905*d*) の初版で、フロイトは、小さな女の子においては、主役的な性器は陰核であるということ、この事実にしたがって、「小さな娘の性愛はまったく男性的な性格をもって」おり、陰核が膣にとって代わられる前に、つまり男性的なものが女性的なものにとって代わられる前に「思春期の抑圧の波」が必要とされるのであると主張している (*S. E.*, VII, 219-221〈著5，76〉)。実際に、この大部分は1897年11月14日のフリースへの手紙 (Freud, 1950*a*, 書簡75〈手紙146〉) の中で、何年も前に述べられていた。この問題は「幼児期の性理論」(1908*c*) についての論文でさらに深められた。そこでは、女の子のペニス羨望や去勢コンプレックスとの関連で説明されている (*S. E.*, IX, 217-218〈著5，102〉)。(原注4) このことによって生じるナルシシズムの傷つきが、自分の母親への恨みへとつながっているという事実は、「〈精神分析的研究からみた〉 2、3の性格類型」についての論文 (1916*d, S.E.*, XIV, 315〈著6，118〉) で指摘されている。そして、この恨みを裏づける他の根拠は、少し前のパラノイアの病歴 (1915*f, S.E.*, XIV, 267-268) に挙げられている。

　長い間、忘れられていたように見えたにも関わらず、この新しい命題の基本的な根拠は記述されてこなかったというわけでもない。子どもの最初の性的対象は母親の乳房であり、これが後の全ての恋愛関係の原型であるという簡単な記述が『三篇』に見られる (*S. E.*, VII, 222〈著5，77〉)。このことは、男の子と同様、女の子においても真実であるということははっきりと示されていたが、本論文で初めて明白に繰り返されているようである (*S.E.*, XIV, 251〈著5，164〉)。(原注5) 小さな女の子が「正常な」エディプス・コンプレックスに至る前に必要とされる二重の変化は、次のように明らかになった。つまり、主役の性器が変わることと、性的対象が変わることである。そして、

女の子の「前エディプス」期の研究とともに、『自我とエス』にある仮説によって暗に示された女の子と男の子の間の違い、つまり、男の子と女の子の去勢およびエディプス・コンプレックスとの関係における違いと、さらには超自我の構成における違いの研究への道が開けていたのである。フロイトの著作の、遠く隔たった歴史的な諸段階に由来する、様々な知の断片を統合したというところに、本論文の重要性がある。

（原注1）　アーネスト・ジョーンズは以下のように述べている（1955, 468）。「フロイトが男性のそれよりも女性の心理をより不可解に思っていたということはほとんど疑う余地がない。彼はかつてマリー・ボナパルトに次のように語ったことがある。『女性の魂を30年探究し続けているにも関わらず、かつて答えられたこともないし、私が未だに答えることの出来ない大きな疑問は、「女性は何を求めているのか？」ということだ』。」残念なことに、ジョーンズはこの言葉の日付を書いていない。フロイト自身は彼の後の論文「女性の性愛について」（1931b）のセクション1の最終段落で、彼が何を困難に感じていたかの部分的な説明をしようとしている。そこで彼は、それを彼の女性との転移関係における特性に帰している。

（原注2）　『自己を語る』（1925d）でも同様の立場がとられている。「男児はその性愛的な願望を母親に集中するようになり、父親をライバルとみなして敵対的な衝動を示すようになる。女児の場合もこれと類似した態度を示してくる」（S. E., XX, 36〈著4, 447〉）。しかし1935年にフロイトはここに脚注を加えている。そこには初期の意見の劇的な修正と、それらがどのように起きたかという説明が示されている。「小児性愛についての調査研究は、男性についてなされたものであり、そこで得られた理論は男児に向けられるものである。男性と女性の両性に並行した関係が成り立つだろうと期待したのは自然な成り行きだったが、適当でないことがはっきりした。」そして彼は本論文で初めて発表した知見の要点を続けている。

（原注3）　ここで為された最も重要な追加は、新たな症例の資料に基づいた、幼い女の子の母親への前エディプス期での愛着の強さと持続の発見である。

（原注4）　これは「処女性のタブー」（1918a）でさらに議論されている。

（原注5）　ナルシシズムについての論文（1914c）で、この根本的な事実は再び記述されているが（S. E., XIV, 87-88〈著5, 121〉）、どういうわけか見逃がされている。そして、男の子と女の子の初期のリビドー対象の区別は、対象選択の依存的タイプと自己愛的タイプの区別に集中していった。

（訳注1）　人文書院版で「差別」と訳されているが、これは「区別」の誤訳である。つまり、男児と女児との間の違いを論じたものであって、「差別」という単語から連想されるような、優劣の差ではない。

ヨーゼフ・ポッパー—リュンコイスと夢の理論
（1923*f*）

JOSEF POPPER-LYNKEUS UND DIE THEORIE DES TRAUMES
JOSEF POPPER-LYNKEUS AND THE THEORY OF DREAMS

(a)独語版
1923年　*Allgemeine Nährpflicht*〈一般的栄養義務〉(Vienna), 6
1940年　*G. W.*, 13, 355-359.
(b)英語訳
1961年　*S. E.*, XIX, 259-263.（今回のジェームズ・ストレイチーによる翻訳は、初めての英訳である）
(c)邦　訳
1983年　「ヨーゼフ・ポッパー—リュンコイスと夢の理論」（生松敬三訳）著10, 380-382.

　ヨーゼフ・ポッパー（1838-1921）は、職業は技師であったが、オーストリアにおいては主に哲学的、社会学的主題についての著作で（「リュンコイス Lynkeus」の筆名で）よく知られていた。彼の社会改革案の記述は、『貧困への終焉 *An End to Poverty*』の表題のもとに英語で出版されたフリッツ・ヴィッテル Fritz Wittels の本にみることが出来る。これには、翻訳者エデン・パウルとチェダー・パウル Eden and Cedar Paul によるポッパー自身の短い伝記も収められている。フロイトの批評の対象となった短い想像的素描『ある現実主義者の空想 *Phantasien eines Realisten*』の本は大変有名で、多くの版を重ね、1921年には第21版が出版された。フロイトの論文は間違いなくその著者の死に際して、ある定期刊行物で発表するために書かれたもので、その定期刊行物とは、その名が示すように、最低限の食料の万人への供給を求めるもので、その発想をポッパーに負っていた。フロイトは同じ主題についての、もっと長い論文をもう1篇約10年後に書いている（1932*c*）。

フェレンツィ・サンドール博士（50歳の誕生日に）
(1923*i*)

DR. FERENCZI SÁNDOR (ZUM 50. GEBURTSTAG)
DR. SÁNDOR FERENCZI (ON HIS 50th BIRTHDAY)

(a)独語版
1923年　*Int. Z. Psychoanal.*, 9(3), 257-259.
1940年　*G. W.*, 13, 443-445.
(b)英語訳
1961年　*S. E.*, XIX, 265-269.（ジェームズ・ストレイチーによる今回の翻訳は、初めての英訳と思われる）
(c)邦　訳
1984年　「フェレンツィ・サンドール博士（50歳の誕生日に）」（生松敬三訳）著 11, 381-383.

これは初め「発行者・編集者 *Herausgeber und Redaktion*」の署名の上に、フェレンツィの50歳の誕生日を祝した『雑誌』の特別号の序文として発表された。

アウグスト・アイヒホルン著『浮浪児』^(訳注1)の序文
(1925*f*)

GELEITWORT ZU *VERWAHRLOSTE JUGEND* VON AUGUST AICHHORN
PREFACE TO AICHHORN'S *WAYWARD YOUTH*

(a)独語版
1925年　August Aichhorn, *Verwahrloste Jugend*〈手におえない子〉, 3-6, Leipzig

Vienna and Zurich : Internationaler Psychoanalytischer Verlag. （1931，第2版）所収

1948年　G. W., 14, 565-567.

(b)英語訳

1935年　Aichhorn, *Wayward Youth*, v-vii, New York : Viking Press 所収（1936年再版、London : Putnam）（翻訳者不詳）

1950年　C. P., 5, 98-100.（「精神分析と非行 Psycho-Analysis and Delinquency」という表題で）（Tr. James Strachey.）

1961年　S. E., XIX, 271-275.（今回の翻訳は、初め1950年に出版されたものをほんのわずか修正したものである）

(c)邦　訳

1984年　「アウグスト・アイヒホルン『浮浪児＝保護教育における精神分析、最初の手引のための十講』」（生松敬三訳）著11，383-385．

　K・R・アイスラー Eissler 博士によるアウグスト・アイヒホルン August Aichhorn（1878-1949）の伝記的研究は、『手におえない子 *Wayward Youth*』の英訳の1951年版で公刊された。アイヒホルンの著作は、初め1925年7月に出版された。フロイトはさらに『文化への不満』（1930a）の第7章の脚注で、短く言及している。

　フロイトによる精神分析と教育との関係についてのより充分な議論は、『続精神分析入門』（1933a）の第34講の中盤の長い一節に見られる。

（訳注1）　原題は'*Verwahrloste Jugend*' である。三沢泰太郎訳で『手におえない子』（1981，誠信書房）がある。本論文の邦題は、直訳すれば「アイヒホルン『手におえない子』への序文」となり、人文書院版の表題とは対応しない。

ヨーゼフ・ブロイアー

（1925*g*）

JOSEF BREUER

JOSEF BREUER

(a)独語版
1925年　*Int. Z. Psychoanal.*, 11(2), 255-256.
1948年　*G. W.*, 14, 562-563.
(b)英語訳
1925年　*Int. J. Psycho-Anal.*, 6(4), 459-460.（翻訳者不詳）
1961年　*S. E.*, XIX, 277-280.（今回の翻訳は、ジェームズ・ストレイチーによる新しいものである）
(c)邦　訳
1984年　「ヨーゼフ・ブロイアー」（生松敬三訳）著11, 385-387.

この追悼文の最後の10数行は、『ヒステリー研究』の編者ストレイチーの序文の終りで引用されている（1895*d*, *S. E.*, II, xxviii〈本書117頁〉）。そこでもまた、2人の協力者の科学的関係についての論議がみられる。

レイモン・ド・ソシュール著『精神分析法』への序文
(1922*e*)

GELEITWORT ZU RAYMOND DE SAUSSURE,
"LA MÉTHODE PSYCHANALYTIQUE"
PREFACE TO RAYMOND DE SAUSSURE'S
THE PSYCHO-ANALYTIC METHOD

(a)仏語版・独語版
1922年　R. de Saussure *"La méthode psychanalytique"* Lausanne and Geneva, vii-viii〈仏語〉
1987年　*G. W.*, 補遺巻, 752-753〈独語原文〉
(b)英語訳
1961年　*S. E.*, XIX, 283-284.（アンジェラ・リチャーズによって初めて英訳された）

これまで独語の原文は出版されておらず、仏語版はその後2度と印刷されたことがなかったようである。標準版第XVIII巻に収められるべきものであ

ったが、第XIX巻が印刷されるまで目を向けられなかった。ド・ソシュール博士の好意で、元の自筆独語原稿を見ており、我々の翻訳はそれに基づいている。それゆえ、仏語版とは2、3の点で若干異なることになる。

マックス・アイティンゴン著『ベルリン精神分析無料診療所に関する報告（1920年3月から1922年7月）』への序文
(1923*g*)

VORWORT ZU MAX EITINGON, *BERICHT ÜBER DIE BERLINER PSYCHOANALYTISCHE POLIKLINIK* (*MÄRZ 1920 BIS JUNI 1922*)

PREFACE TO MAX EITINGON'S *REPORT ON THE BERLIN PSYCHO-ANALYTICAL POLICLINIC* (*MARCH 1920 TO JUNE 1922*)

(a)独語版
1923年　Leipzig, Vienna and Zurich, 3.
1940年　*G. W.*, 13, 441.
(b)英語訳
1961年　*S. E.*, XIX, 285.（翻訳は、ジェームズ・ストレイチーによる初訳である）
(c)邦　訳
1984年　「M・アイティンゴン『ベルリン精神分析無料診療所に関する報告』への序」（生松敬三訳）著11, 380-381.

数年後フロイトは同じ主題でもう1つのパンフレットに序文を書いた。

フリッツ・ヴィッテルスへの手紙
(1924*g*[1923])

BRIEF AN FRITZ WITTELS

LETTER TO FRITZ WITTELS

(a)独語版
1987年　G. W., 補遺巻, 754-758.
(b)英語訳
1961年　S. E., XIX, 286-288.
(c)邦　訳
1974年　書簡216（生松敬三訳）著8，353-354.

　フリッツ・ヴィッテルス（1880-1950）は、ウィーン精神分析協会の初期のメンバーの1人であったが、何らかの特定されない理由から1910年に脱会した。1924年に彼はフロイトの伝記を書き、1923年の終りに発刊前の原稿をフロイトに送っている。フロイトは1923年12月18日の手紙で謝意を表している。後の1924年、Eden and Ceder Paul によりこの本が英訳出版された。*Sigmund Freud, his Personality, his Teaching and his School* 〈ジクムント・フロイト、彼の性格、彼の教え、そして彼の学派〉（London: Allen and Unwin; New York: Dodd, Mead）。これには、「フロイトの明確な承認を得て」ヴィッテルスへの彼の手紙からの抜粋の翻訳が冒頭に掲載された。我々は、それまで出版されたことがなかったかにみえる、この手紙の独語原文を検討したが、標準版に掲げられるもの、つまり1924年に印刷されたものの（2，3の些細な変更を伴う）再生であり、根本的な間違いはない。疑いもなく、ヴィッテルスの本そのものの翻訳者たちによってなされたものである。削除されたのは短い文章だが、シュテーケルにさらに触れていて、フロイト自身の病気について書いているところである。追記されてもいいことは、ヴィッテルスが1927年にウィーン精神分析協会に再選されたことであろう。この手紙は、George Allen と Unwin 両氏の配慮で、ここに掲載となった。

ルイス・ロペス-バレステロス・イ・デ・トーレスへの手紙
(1923*h*)

BRIEF AN LUIS LOPEZ-BALLESTEROS Y DE TORRES

LETTER TO SEÑOR LUIS LOPEZ-BALLESTEROS Y DE TORRES

(a)スペイン語版
独語の原文は存在していないようである。
1923年　Obras Completas del Professor S. Freud〈S・フロイト教授全集〉, Madrid, 1923, 4, 7.
1940年　G. W., 13, 442.
(b)英語訳
1961年　S. E., XIX, 289.（ジェームズ・ストレイチーによる翻訳は英語への初訳である）

　この手紙は、フロイトが彼の著書のスペイン語翻訳者に宛てて書いたもので、1923年5月7日の日付がある。これはスペイン語で収録された。フロイトはスペイン語に詳しかったので、彼自身がスペイン語で書くことは不可能ではなかった（Jones, 1953, 180参照〈生涯124〉）。

『ル・ディスク・ヴェール』への手紙
(1924a)

ZUSCHRIFT AN DIE ZEITSCHRIFT LE DISQUE VERT
LETTER TO LE DISQUE VERT

(a)仏語版
独語テキストは存在せず、もともと仏語で書かれたものと考えられる。
1924年　Le Disque Vert, 2（第3シリーズ）（6月）, 3.
1940年　G. W., 13, 446.
(b)英語訳
1961年　S. E., XIX, 290.（ジェームズ・ストレイチーによる今回の翻訳は英語への初訳である）

　初出の雑誌はパリとブリュッセルで Franz Hellens (Frederic van Ermengem のペン・ネーム) によって刊行されたが、1924年に「フロイトと精神分析 Freud et la Psychoanlyse」というタイトルの特別号を出した。それは200頁を越え、36人の筆者によるさまざまな長さの寄稿を掲載していた。「ウィーン、1924年2月26日」という日付のあるフロイトからの仏語の短い手紙によって始められている。この特別号の内容の詳細な説明は *Int. Z. Psychoanal.* 10 (1924)206-208にある。そこにフロイトの手紙のテキストも収録されている。

『ユダヤ・プレスセンター・チューリヒ』
編集人に宛てた書簡
(1925*b*)

BRIEF AN DEN HERAUSGEBER DER
JÜDISCHE PRESSZENTRALE ZÜRICH
LETTER TO THE EDITOR OF THE
JEWISH PRESS CENTRE IN ZURICH

(a)独語版
1925年　*Jüdische Presszentrale Zürich*, 1925年2月26日
1948年　*G. W.*, 14, 556.
(b)英語訳
1961年　*S. E.*, XIX, 291 (翻訳は英語への初訳であり、ジェームズ・ストレイチーのものである)
(c)邦　訳
1984年　「『ユダヤ・プレスセンター・チューリヒ』編集人に宛てた書簡」(生松敬三訳) 著11, 387.

冒頭の明らかな削除に関しては説明がない。

ヘブライ大学開校式に際して
（1925c）

ON THE OCCASION OF THE OPENING OF THE HEBREW UNIVERSITY

(a)独語版
 （1948年　G. W., 14, 556-557, に英文が転載されている。）
(b)英語訳
1925年　*The New Judaea*, 1(14)227、3月27日号、1925.
1961年　*S. E.*, XIX, 292.
(c)邦　訳
1984年　「ヘブライ大学開校式に際して」（生松敬三訳）著11, 388.

　最初は、2週間に1度発行される定期刊行物に、他の著名な人物たちの同様のメッセージと共に出版された。独語本文は存在しない。ゆえに、英語のオリジナルに変更を加えることなく掲載された。ただし、元のタイトルは「ヘブライ大学の開校に向けて 'To the Opening of the Hebrew University'」であったが変更している。1925年4月に本大学はBalfour卿によって開校された。

（『国際精神分析学雑誌』）編集者報告
（1924h）

MITTEILUNG DES HERAUSGEBERS
（*DER INTERNATIONALEN ZEITSCHRIFT FÜR PSYCHOANALYSE*）
EDITORIAL CHANGES IN THE *ZEITSCHRIFT*

(a)独語版

1924年　*Int. Z. Psychoanal.*, 10, 373.
1987年　*G. W.*, 補遺巻, 713-714.
(b)英語訳
1961年　*S. E.*, XIX, 293.（それまで転載されたことはなかった。翻訳はジェームズ・ストレイチーによるもので、英語への初訳である）

自己を語る
（1925*d*[1924]）

SELBSTDARSTELLUNG
AN AUTOBIOGRAPHICAL STUDY

(a)独語版
1925年　グローテ教授編纂 *Die Medizin der Gegenwart in Selbstdarstellung*〈自己を語ることによる現代の医学〉, 4, 1-52（Leipzig : Meiner）
1950年　*G. W.*, 14, 31-96.
(b)英語訳
1927年　*The Problem of Lay-Analyses*〈素人による精神分析の問題〉, New York : Brentano. Pp. 189-316.（Tr. James Strachey.）
1935年　London : Hogarth Press and Institute of Psycho-Analysis. pp. 137.（独語版第2版を改訂した同じ翻訳。新たな脚注、追加事項、「後記（1935）」が付けられている）
Autobiography〈自伝〉
1935年　New York : Norton. Pp. 153. 上記と同じもので、表題が変更されている。
1959年　*S. E.*, XX, 1-74.（翻訳は、1935年に出版されたものの修正版である）
(c)邦　訳
1933年　「自伝」（木村謹治・内藤好文訳）大12
1933年　「自伝」（大槻憲二訳）全10
1959年・1969年改訂　「自らを語る」（懸田克躬訳）選17
1970年　「自己を語る」（懸田克躬訳）著4, 422-476.

　フロイトが、「後記」（*S.E.*, XX, 71）で説明しているように、この論文の英

語訳が1927年に最初にアメリカで出版された時には、「素人による精神分析」に関する論文と同じ巻に収められていた。しかしながら、『自己を語る』の名前はその本の題扉にもカバーにも記載されてはいなかった。その作品が、8年後に新しいアメリカの出版者によって引き継がれた時、彼は時代に合わせて改訂したほうがいいとフロイトに示唆した。そんなわけで、そのときの新しい題材は、独語よりも前に英語で出版されているのである。1928年刊行の独語版著作集第11巻にあるものだけがもちろん初版のテキストである。1948年に出版された独語版全集第14巻にあるものは、この著作集第1版の写真製版であるが、第2版に加えられていた新たな脚注を付けてある。しかしながら、不幸にして、この論文のその時点でのテ・キ・ス・ト・に相当量の変更と追加がなされていた事実は見落とされてしまった。そのため、これらの変更や修正は独語版全集では漏れてしまっていたのである。単独で出版された各版（1936年と1946年）には当然含まれているのだが。これらの脱落を、英語版では記載している。我々は、この論文の主要部分が1924年8月と9月に書かれ、実際には1925年2月に出版されたこと、「後記」が1935年5月までに仕上げられたことをアーネスト・ジョーンズ（1957, 123〈生涯451〉）から知ることができる。

　この論文は、通例、フロイトの「自伝」と呼ばれているが、それは完全に誤解のもととなっている。本論文が最初に寄稿された叢書の名称——*Die Medizin der Gegenwart in Selbstdarstellungen*（「自己描写による現代の医学 Contemporary Medicine in Self-Portrayals」とでも訳されようか）——が、編者のねらい（約27人の指導的立場にある医学の権威者の寄稿によるもので、1923-25年の間に4巻が出版された）を明確に示している。つまり、近代の医学史において主要な役割を担った執筆者たちによりその歴史を解説することであった。それゆえ、フロイトのこの研究は本質的に、精神分析の発展におけるフロイトの個人的役割を説明するものである。彼自身、最初の段落で指摘しているように、ほぼ10年前の「精神分析運動史」（1914*d*）という論文においてすでに考察した背景の多くを繰り返すのは避けられないことであった。それにもかかわらず、この2つの研究を比較すると、彼の気分は全然違っていることがわかる。以前の論文を深刻なものにしていた論争は、ここではその重要性を失い、フロイトは、彼の科学的見解の進展について、冷静で全く客観的な解説ができるようなっている。

彼の私生活について知りたければ、アーネスト・ジョーンズの伝記全3巻を今一度参照されたい。

制止、症状、不安
(1926*d* [1925])

HEMMUNG, SYMPTOM UND ANGST
INHIBITIONS, SYMPTOMS AND ANXIETY

(a)独語版

1926年　Leipzig, Vienna and Zurich: Internationaler Psychoanalytischer Verlag. Pp. 136.

1948年　*G. W.*, 14, 111-205.

(b)英語訳

1927年　Stanford, Conn.: Psychoanalytic Institute. Pp. vi+103. (L. Pierce Clark 監訳, S. Ferenczi 序言)

1936年　London: Hogarth Press and Institute of Psycho-Analysis. Pp. 179. (Tr. Alix Strachey.)

1959年　*S. E.*, XX, 75-172. (この翻訳は、1936年にロンドンで刊行された版に、かなり修正を加えたものである)

原文の第1章からの抜粋は、ウィーンで1926年2月21日付けの『新自由新聞 *Neue Freie Presse*』に掲載された。また最初のアメリカでの訳は、その一部が『精神分析学論集 (*Archives of Psychoanalysis*)』第1巻(1927)、461-521頁で再版されている。3つの翻訳はすべてフロイトの許可を得たものである。そして、アーネスト・ジョーンズが指摘している(1957, 139-140〈生涯457〉)ように、後二者の翻訳者たちは、同時に準備に取りかかり、互いの仕事についてはまったく知らなかった。

(c)邦訳

1931年　「禁制と徴候と杞憂」(矢部八重吉訳) 全5

1932年　「制止、症状、及び、恐怖」(林　髞訳) 大13

1955年　「制止・症状・不安」(井村恒郎・加藤正明訳) 選10

1969年　「制止・症状・不安」(加藤正明訳) 選10改訂

1970年　「制止、症状、不安」(井村恒郎訳) 著6, 320-376.

アーネスト・ジョーンズによれば、この本は1925年7月に書かれ、同年12月に改訂され、翌年2月の第3週に出版されている。

　この本が扱っている話題は広範にわたるが、それらをまとめるのにフロイトは、いつになく困難を感じていた節がある。このことは、例えば、同じ主題を複数の場所で、非常によく似た用語を用い、たびたび考察の対象としていることや、多くの別個の問題を、フロイトが「補遺」の中で整理せざるを得なかったことに現われているし、この本の実際の表題にも現われている。にもかかわらず、不安の問題が中心的な主題であることに——様々な種類の抵抗、抑圧と防衛の区別、不安と痛みと喪の仕事との関係といった重要な副次的問題はあるものの——変わりない。付録〈本書497頁〉に挙げられたリストを一目見るだけで、フロイトの心理学的研究の最初から最後までこの不安の問題が、いかにいつも彼の頭の中に存在していたかが分かる。この主題のいくつかの点については、彼の考えはほとんど修正されていないが、それ以外の点では、彼が本論文中で報告しているように、かなりの変更が加えられている。これらの変化の歴史を、このうち特に重要な2、3の問題点について、おおよそのところでも辿ってみるのは、おそらく興味深いことだろう。

(a) リビドーが変換されたものとしての不安

　フロイトが不安の問題に初めて出会ったのは、「現実」神経症を探求する過程においてであった。この問題に関する彼の最も古い考察は、不安神経症について彼が書いた最初の論文（1895b）、およびその少し前、おそらくは1894年の夏に彼がフリースに送った、この主題についての覚書（Freud, 1950a, 草案E）の中に見ることができる。この頃には、彼はまだ自分の神経学的研究の強い影響下にあり、心理学のデータを生理学的用語で表現しようという試みに没頭していた。特に彼は、フェヒナーにならって、根本的仮定として「恒常原則」を採用していた。この原則によれば、神経系には、中に存在する興奮の量を減らすか、少なくとも一定に保とうとする固有の傾向がある。したがって彼が、不安神経症の症例では、性的な緊張の解放がいつ見てもいくらか妨げられているという臨床的な発見をした時に、集積した興奮は不安という形に変換されることで出口を見いだしているのだと結論したのは、彼にとっては自然なことだった。彼はこれを、いかなる心理学的な決定因ももなわない純粋に身体的な過程とみなした。

　恐怖症や強迫神経症で起こる不安は、最初から複雑な問題を提起していた。

というのは、ここでは心理学的事象の存在を除外できなかったからである。しかし、不安の発生について言えば、説明は依然同じだった。このような精神神経症の場合は、解放されなかった興奮が集積する理由は心理学的なもの、すなわち抑圧であるとされた。しかし、それに引き続いて起こることは、「現実」神経症の場合と同じであると、つまり集積された興奮（またはリビドー）が直接不安に変換されるとされた。

　いくつか引用してみると、フロイトがいかに忠実にこの見解を保持し続けたかが分かる。先に触れた「草案 E」（c. 1894）では、彼は「不安は集積された緊張の変換から生じる」と書いている。また、『夢判断』（1900a）では「不安は、無意識から発し、前意識によって抑圧されたリビドー的衝動である」（S. E., IV, 337-338〈著2，280-281〉）と、『グラディーヴァ』（1907a）では「不安夢における不安は、神経症の不安一般と同様に……抑圧の過程を通してリビドーから発生する」（S. E., IX, 60-61〈著3，51〉）と、「抑圧」についてのメタ心理学的論文（1915d）では、抑圧後「［本能衝動の］量的状態［すなわちそのエネルギー］は、消えたのではなく、不安に変換されていたのである」（S. E., XIV, 155〈著6，82〉）と書いている。最後に、1920年になってもフロイトは、『三篇』の第4版の脚注に、「精神分析研究の最も重要な成果の1つは、神経症的な不安はリビドーから生じ、リビドーが形を変えたものであり、したがってリビドーと関係があるわけだが、その関係はワインとワインビネガーとの関係に似ているということの発見である」とつけ加えている（S. E., VII, 224〈著5，79-80〉）。しかし興味深いことだが、非常に早い段階では、フロイトはこの主題についての疑問に苛まれていたらしい。1897年11月14日のフリース宛ての手紙（Freud, 1950a, 書簡75〈手紙146〉）の中で彼は、そのときまで書き綴っていたこととはまったくなんの関連もなく、「それで私は、今後はリビドーの原因となる因子と不安の原因となる因子とは別個のものであるとみなすことに決めた」と書いている。このたった1つ孤立した自説撤回を跡づける証拠は、他にはどこにも見あたらない。本論文で、フロイトは長い間奉じてきた理論を放棄した。彼は、もはや不安を変換されたリビドーとはみなさなくなり、危険な状況に対するある特定の様式による反応とみなすようになった。しかしここでも（S. E., XX, 141〈著6，356〉）彼はなお、不安神経症の場合に「まさに利用されなかったリビドーのあまりが、不安の生成にはけ口を見いだす」というのは、大いにありそうなことだと固執している。この古い理論の最後の遺物は、数年後には放棄され

る運命にあった。彼は『続精神分析入門』（1933*a*）の第32講の、不安に関する考察の最後に近い一節では、不安神経症の場合でも、不安の出現は外傷的な状況への反応であって、「われわれは、このような場合に不安へと転換されるのがリビドーそれ自体であるとは、もはや主張しない」と書いている〈著1, 463〉。

(b)現実的な不安と神経症的な不安

　神経症的な不安は変換されたリビドーに過ぎないという持論にもかかわらず、フロイトは最初から、外的な危険による不安と本能的な危険による不安との間にある密接な関係を強調しようと骨を折っていた。不安神経症について論じた最初の論文（1895*b*）で彼は、「精神は、外から接近する課題（危険）に適切な反応で対処できないと感じると、不安の感情に襲われる。神経症では、内から起こった（性的）興奮を鎮められないと分かると、不安に襲われる。この場合精神は、この興奮を外に投影しているかのようにふるまうのである。感情［正常な不安］とこれに相当する神経症とは、互いに密接な関係にある。前者は外因性の興奮に対する反応であり、後者はそれと類似の内因性の興奮に対する反応である」と書いている〈選10, 28-29〉。

　後にこの立場は、特に恐怖症に関連して、多くのフロイトの著作の中でさらに練り上げられた。その例としては、「抑圧」（1915*d*）及び「無意識」（1915*e*）に関するメタ心理学的論文（S. E., XIV, 155-157および182-184〈著6, 84-85および99-100〉）や、『精神分析入門』の第25講などが挙げられる。しかし、「現実」神経症では不安はリビドーから直接派生していると主張する限り、2種類の場合の不安が同一であると主張するのは困難であった。この見解を放棄したこと、および新たに自動的不安と信号としての不安を区別したことによって、全体の状況が明確になり、神経症的不安と現実的不安との間に包括的な違いを見る、いかなる理由もなくなったのである。

(c)外傷的な状況と危険な状況

　本論文をより難解にしているのは、外傷に対する直接かつ自動的な反応としての不安と、そのような外傷の接近を知らせる危険信号としての不安の区別が、それより前にも何ヶ所かで触れられているとはいえ、最終章でようやくつけられているということである。（おそらく、これより後の『続精神分析入門』の第32講に書かれたもっと短い説明の方が、理解しやすいだろう。）

自動的不安の基本的決定因は、外傷的な状況の発生である。そしてこの外傷的な状況の本質は、出所が外であれ内であれ、対処できない興奮の集積に直面した自我の側の無力さ（helplessness）の体験である（S. E., XX, 137および166〈著6，353および372-373〉）。「信号としての」不安は、外傷的な状況が起きるという脅威に対する自我の反応である。そのような脅威が危険な状況を構成している。内的な危険は人生の段階とともに変化するが（S. E., XX, 146-147）、それらは共通の特徴も持っている。つまり、愛情対象からの分離、愛情対象の喪失、あるいは愛情対象の愛の喪失（S. E., XX, 151）——様々な形で満たされない欲求の集積を招き、その結果無力な状況につながるかもしれない喪失、ないしは分離——を含んでいる。これ以前にフロイトが、これらの因子を全部ひとまとめに論じたことはなかったが、各因子についてはそれぞれこれ以前に長い歴史がある。

　外傷的な状況それ自体は明らかに、フロイトが不安について論じた最初期の著作に出てくる、集積され、解放されていない緊張状態の直系の派生物である。ここでなされている説明のいくつかは、1894年か1895年からの引用といってもいいだろう。例えば、標準版第 XX 巻168頁の「止むことのない苦痛をこうむること、あるいは満たされることのない本能的欲求の集積を体験すること」〈著6，374〉は、「草案 E」（Freud, 1950a）の「解放が阻止されたことによる…興奮の精神的集積」と対比されるだろう。この初期には、集積された興奮がほとんどいつもリビディナルなものと考えられていたのは事実であるが、必ずいつもというわけではなかった。同じ「草案 E」のそれより後の部分には、不安は「別の内因性の刺激——呼吸を喚起する刺激——の集積の感覚である」のかもしれず、「…したがって不安は、一般に、身体的緊張の集積と関連して用いられることが可能なのかもしれない」と指摘する一文がある。またフロイトは、1895年の「草稿」（Freud, 1950a, 第1部、セクション1）の中でも、解放を求める内因性の刺激を引き起こす主な欲求として「飢餓、呼吸、性欲」を列挙しているし〈著7，234〉、それより後にある一節（第1部、セクション11）では、ある条件下ではこの解放は「生物体としての人間が、早い段階には達成できない」「外界における変化（例えば栄養物の摂取や性対象への接近）を必要とする」と述べている〈著7，254〉。これを成し遂げるには「外部からの助け」が必要であるが、幼児はこの助けを金切り声によって引き寄せる。そしてここでフロイトは「人間のもともとの無力さ」について言及している。同じ論文の第3部セクション1には、「助けを

与えてくれる人物（通常は願望対象そのもの）の注意を、幼児の望むものや困っていることに向けさせること」の必要性について同じような言及がある〈著7，294〉。これらの記述は、ここ（S. E., XX, 136-138〈著5，79〉）で述べられている無力な状況についてほのめかした初期のものであったと思われる。乳児が母親の不在を寂しく思う無力な状況については、幼児が暗闇で感じる不安は「愛する誰かの不在」が原因であると説明した『三篇』（1905d）の脚注（S. E., VII, 224〈著5，79〉）において、フロイトはすでに明確に述べていた。

　しかしそれならば、人生のあらゆる時期に外傷状況をもたらしがちな、様々な特定の危険についてはどうなのかという疑問がわいてくる。これらを手短に挙げると、出生、対象としての母親の喪失、ペニスの喪失、対象の愛の喪失、超自我の愛の喪失である。出生の問題はあとのセクションで扱うことにする。また、母親からの分離の重要性に言及したいくつかの初期の記述は、たった今取り上げた。去勢の危険とその破壊的効果とは、疑いなくこれらすべての危険の中でもっとも馴染み深いものである。しかし1923年に「少年ハンス」の症例報告（1909b）に追加された脚注は、思い起こしてみるに値する。この中でフロイトは、「去勢コンプレックス」という名前を、子どもが否応なしに体験する他の種類の分離に適用することに反対している（S. E., X, 8注〈著5，175〉）。本論文ではっきりと浮き彫りにされた分離による不安という概念について、初めてそれとなく触れられたのが、おそらくこの文章だろう。愛する対象の愛を失う危険に重みのおかれている点が、女性の性愛の特徴と関係しているのは明白であるが（S. E., XX, 143）、この女性の性愛の特徴がフロイトの心を占め始めたのは、ようやく近年になってからだったのである。(原注1)最後に、超自我の愛を失う危険は、長く論争されてきた罪悪感の問題を我々に思い起こさせるが、この問題については、ほんの少し前に『自我とエス』（1923b）の中で、再び述べられたばかりであった。

(d)信号としての不安

　この概念は、不快感一般に適用されるものとしては、フロイトの概念の中でも非常に古いものであった。没後出版された1895年の「草稿」（Freud, 1950a）の第2部のセクション6には、自我が苦痛体験の発生を制限する機制の説明がある。「このようにして不快の放出は量的に制限され、その開始は、自我に対しては正常な防衛を稼働させる信号として作用する」〈著7，

286〉。同様に、『夢判断』（1900a）の中でも（S. E., V, 602〈著2, 493〉）、思考は「思考活動における感情の発達を、信号として作用するのに必要な最少限度に制限することを」目指さなくてはならないと断言されている。「無意識について」（1915e）の中では（S. E., XIV, 183〈著6, 99〉）、この考え方がすでに不安に適応されている。フロイトは恐怖症における「代理観念」の出現について考察し、「この外的構造のどんな性質の興奮も必然的に、それが代理観念と結びついているために、わずかな不安を発達させるにちがいない。そしてこれが今や…不安の発達がさらに進むことを制止するための信号として用いられている」と書いている。同様に、『精神分析入門』の第25講でも1、2ヶ所で、「不安な予期」の状態は、深刻な不安の突発を防ぐための「信号」を提供していると記述されている。ここから本論文で展開される解明にいたるまでは、長い道のりではなかった。また本論文においても、この概念はまず第1に「不快」の信号として紹介されており（S. E., XX, 92〈著6, 324〉）、「不安」の信号としては後から紹介されているに過ぎないことにも、注目してよいだろう。

(e)不安と出生^(訳注1)

　残っているのは、不安がどんな形で顕在化するかを決めるのは何なのかという疑問である。これについてもフロイトは、彼の初期の論文の中で考察している。まず最初に彼は（変換されたリビドーとしての不安という彼自身の見解に合致させて）そのもっとも目立つ症状である息切れと動悸を、交接行為の諸成分とみなした。症状は、興奮を解放するための正常な手段を欠く場合、分離され誇張された形の外観を呈するようになるのである。この説明は、上述の、おそらく1894年の6月に書かれたと推定されるフリースに送った論文の草稿Eの中にも、不安神経症に関する最初の論文（1895b）のセクション3の終りにも見ることができ、「ドラ」の症例報告（1905e [1901]）の中でも繰り返されている。そこではフロイトは、「私は数年前に、ヒステリーと不安神経症に起きる呼吸困難と動悸は、交接行為の分離した断片に過ぎないと主張した」（S. E., VII, 80〈著5, 333〉）と書いている。これらすべてが、情動（emotion）表出一般に関するフロイトの見解とどれほど一致しているのかははっきりしない。これらはもとをたどれば、間違いなくダーウィンからきているようである。というのは、フロイトは『ヒステリー研究』（1895d）の中で、ダーウィンがこのテーマについて書いた本（Darwin, 1872）を2度引

用しているし、2度目の引用では、ダーウィンが、情動表出は「当初は、意味があり目的に適っていた行為から、成っているのだ」ということをわれわれに教えてくれたと述懐しているのである（S. E., II, 181〈著7, 152-153〉）。1909年のウィーン精神分析学会での議論では、ジョーンズによれば、フロイトは「あらゆる感情（affect）は…出来事の回想に過ぎない」と言ったと報告されている（1955, 494）。それよりずっと後、『精神分析入門』（1916-17）の第25講で、彼はこの問題を再度取りあげ、感情の「核」は「ある特定の重要な体験の反復」であるという自分の考えを表明した。彼はまた、ヒステリー発作を幼児期の出来事の復活であるとした以前の自分の説明（1909a、S. E., IX, 232〈著1, 326〉）を回想し、「ヒステリー発作が新たに構築された個人的感情になぞらえられるならば、正常な感情は代々受け継がれるようになった一般のヒステリーになぞらえることができるだろう」と結論した。本論文でも、彼はこの理論をほとんど同じ表現で繰り返している（S. E., XX, 93および133〈著6, 325および351〉）。

　この感情理論は、それが不安のとる形に対するフロイトの初期の説明においてどのような役割を果たしていたのかはともかく、彼の新しい説明では極めて重要な役割を果たしている。この新しい説明は、見たところ何の予告もなく、『夢判断』の第2版に追加された脚注の中に登場した（S. E., V, 400〈著2, 330-331〉）。子宮内での生活に関する幻想についていくらか考察した最後に、彼は（語間を空けてその文章を強調印刷にして）こう続けた。「さらに、出生という行為は最初の不安体験であり、したがって不安という感情の源泉であり原型である。」この版は1909年に出版されたが、序言には「1908年夏」の日付が入っている。この革命的な概念が、なぜこの時期突然登場したのかに関する手がかりをつかむ可能性は、当時フロイトがシュテーケルが不安状態について書いた本に序言（「1908年3月」の日付）を寄せたばかりだったという事実の中に見いだすことができるだろう（Freud, 1908f）。確かにこの序言には新しい理論を暗示するものはこれっぽっちも含まれていないし、シュテーケルの本自体も明らかに、不安と交接との結びつきという初期のフロイトの理論を受け入れているようである。にもかかわらず、フロイトの関心が再びこの問題に向いてきていたことに間違いはなく、このころに、後に彼が『精神分析入門』の中で不安について考察する際に描写した、ある出来事に関する古い記憶も甦ったのだろう。その記憶とは、彼が病院の住み込み研修医だったころに、他の若い医師から面白おかしく聞かされた話

であったが、それは、ある助産婦が、出生と脅えとの結びつきについてどんなふうに説明したかということであった。この記憶は間違いなく1884年ごろまで遡れるが、この1917年のこの講義までは、フロイトがこれに触れたことはないようである。実は、シュテーケルの本を読んだことによってこの記憶が呼び覚まされていて、1908年に新しい理論が出現する引き金になったというのはありえそうなことである。それ以降、この理論が省かれることは決してなかった。彼が愛情生活の心理学について書いた最初の論文（1910h）（S. E., XI, 173〈著11，183〉）の中では、彼はこの理論を特別扱いしている。この論文は1910年まで出版されなかったが、われわれの知るところでは、1909年5月のウィーン精神分析学会ではその要旨が発表されており、同年11月の学会の議事録（Jones, 1955, 494に引用されている）にも、彼が子どもの不安体験は出生という行為自体で始まると述べたことが報告されている。

　1917年の講義以降、この主題は数年間ねかされ、『自我とエス』（1923b）の最後から3番目の段落の文末にいきなり再登場する〈著6，299〉。そこでフロイトは、出生のことを「最初の大きな不安状態」と語っている。これは、われわれをランクの『出生外傷 The Trauma of Birth』という本が出版された時に向かわせる。このフロイトの文章とランクの本の時間的関係は完全には明らかではない。『自我とエス』は1923年4月に出版された。ランクの本の表題紙には「1924」という日付がついているが、最後の頁には「1923年4月に書かれた」という一文が見え、献呈の辞はこの本が1923年5月6日（フロイトの誕生日）にフロイトに「贈られた」ことを物語っている。アーネスト・ジョーンズ（1957, 60〈生涯414〉）は、フロイトは1923年12月に出版されるまではこの本を読んでいないと明言しているが、にもかかわらず彼はすでに1922年9月にはランクの思想の大筋を知っており（同，61〈生涯415に言及あり〉）、このことは、なぜ『自我とエス』の中で出生に言及したのかを、疑いの余地なく十分に説明している。

　ランクの本は、不安のとる形についてフロイトがした説明の採用をはるか越えていた。彼は後の不安発作はすべて出生外傷を「解除しようとする」試みであると論じた。彼はすべての神経症を同様の論理で説明し、それにともなってエディプス・コンプレックスを王座から引き降ろし、出生外傷の克服を基礎とした修整された治療技法を提案した。この本についてフロイトが公にした言及は、最初は好意的であった。^(原注2)しかし本論文は、彼がその意見を完全に、また最終的に逆転させたことを示している。しかしながらランク

の見解を拒否したことが刺激となり、彼は自分自身の見解を再考することになった。その結果が『制止、症状、不安』なのである。

(原注1) 「エディプス・コンプレックスの消滅」(1924d)と両性の生理学的区別(1925j)に関する論文の中では、フロイトは男児と女児の性的発達の差異を強調すると同時に、両性において母親が最初の愛の対象であるという事実を主張し始めていた。彼の見解における強調点の推移の歴史は、この2つの論文のうちの後者の編者ストレイチーの覚書の中で考察しているので、読者はこれを読むことになるだろう(S. E., XIX, 243-247〈本書397-400頁〉)。
(原注2) 例えば、1923年に「少年ハンス」の分析に追加された脚注(S. E., X, 116〈著5, 254〉)や、ほぼ同じ頃『三篇』に追加されたもう1つの脚注(S. E., VII, 226〈著5, 81-82〉)を参照。フロイトの揺れ動く態度に関する詳しい説明は、ジョーンズ、1957(61以降〈生涯415以降〉)に出ている。(訳注2)

(訳注1) birth は一般に出産と訳されているが、不安を体験する主体は、母親ではなく子どもであるから、ここでは子どもの行為としてみる訳語である出生を採用した。
(訳注2) ジョーンズによれば、当初フロイトは神経症の病因についての、彼が生涯を賭けた仕事が崩壊するのではないかという警戒的な衝撃を覚え、その衝撃は数ヶ月間続いたが、次第にランクが重要な発見をしたことを喜ぶ気持ちになり、今までの精神分析にそれをどう織り込むかに関心が移っていった。その後、彼はランクの理論に疑念を抱くようになったが、他の分析家からの批判に対しては、1924年2月の時点では、早急に否定的な判断は下さないようにと、まだランクを擁護する姿勢を示していた。しかし同年4月、この問題をめぐる対立をきっかけに「委員会」が解散に追い込まれたころには、フロイトがランクの理論に抱いた熱中は消散し、これを失敗作であると見なすようになった。

付録
〔「抑圧」と「防衛」〕

標準版第XX巻163頁〈著6, 370〉でこの2つの用語の用法の歴史についてフロイトがしている説明は、誤解を招きやすいかもしれないし、いずれにせよ、詳しく解説しておく価値はあると思われる。両用語ともブロイアー時代にごく自然に生まれている。最初に「抑圧(Verdrängung)」が登場した

のは「予報（Preliminary Communication）」（1983a, S. E., II, 10〈著7，16〉）の中であり、「防衛（Abwehr）」(原注1)が登場したのは「防衛-神経精神病」（1894a）について論じた最初の論文の中である。『ヒステリー研究』（1895d）の中には、「抑圧」は12回ほど、「防衛」はそれよりやや頻回に登場している。しかしながら、これらの用語の用法にはなんらかの区別があったようである。すなわち「抑圧」は実際の過程を、「防衛」はその動機づけを記述していたらしい。にもかかわらず、『研究』の初版の序言（S. E., II, xxix〈著7，5〉）の中では、著者らはこの2つの概念を同等視しているようなのである。というのは、彼らは自分たちの見解について、「『防衛』、つまり観念を意識から抑圧することの動機づけとしては…性愛が主役を演じているようである」と述べているのである。さらにフロイトは、「防衛-神経精神病」について論じた2番目の論文（1896b）の最初の段落では、もっとはっきりとした形で、「『防衛』または『抑圧』の精神過程」のことをほのめかしている。

　ブロイアー時代以降、つまりだいたい1897年以降、「防衛」の使用頻度は減少する。しかし、まったく使用されなくなったわけではなく、何度かは、例えば『日常生活の精神病理学』（1901b）の初版の第7章や、機知に関する本（1905c）の第7章セクション7などの中で見ることができる。しかし、すでに「抑圧」が優勢になり始めており、「ドラ」の症例（1905e）や『三篇』（1905d）の中では、もっぱら「抑圧」だけが使われた。そしてこの直後の、1905年6月の日付のある神経症における性愛について論じた論文（1906a）の中では、明らかにこの変化に注意が向けられている。自分の見解の歴史的発展を概観しながら、ブロイアー時代の直後の時代を取り扱っている時に、フロイトはこの概念について触れる機会を得て、「…『抑圧』（私は今は『防衛』という代わりにこう言い始めている）…」と書いているのである（S. E., VII, 27〈著10，105〉）。

　この文章からみられ始めた、わずかではあるが不正確な表現は、「精神分析運動史」（1914d）（S. E., XIV, 11〈著10，259〉）になると、いっそう目につくようになる。ここではフロイトは、もう一度ブロイアー時代の終りについて書き、「私は心的分裂そのものを、当時私が『防衛』と呼び、後には『抑圧』と呼んだ撃退（repelling）の過程の効果であるとみなした」と述べているのである。

　それでも1905年以降「抑圧」の優勢はさらに増し、例えばわれわれは「鼠男」の分析（1909d）の中で（S. E., X, 196〈著9，244〉）、フロイトが「ヒス

テリーと強迫神経症でそれぞれ用いられる2種類の抑圧」について語っているのを発見する。これは、本論文の中で示唆されている改訂された図式でなら、「2種類の防衛」と語ったであろうと思われる、特に分かりやすい例の1つである。

　しかし、「抑圧」よりも包括的な用語である「防衛」の有用性が遠慮がちに、特にメタ心理学的論文の中でその姿を現わし始めるのには長くかからなかった。こうして諸本能の「変遷」は———「抑圧」はそのうちの1つに過ぎない———、諸本能に対する「防衛の様式」とみなされるようになり（S. E., XIV, 127, 132および147〈著6，69，71，79〉）、さらにまた「投影」が「防衛機制」ないし「手段」として語られるようになったのである（同184および224〈著6，100および著10，316〉）。しかしながら、本論文において、この2つの用語の用法を区別することの便宜性がはっきりと認識されるまでには、それから10年を要した。

（原注1）　この版で用いられている、これに相応する動詞形は、「防衛する（to fend off）」である。

素人による精神分析の問題：公平な人物との対話
（1926 *e*）

DIE FRAGE DER LAIENANALYSE
Unterredungen mit einem Unparteiischen
THE QUESTION OF LAY ANALYSIS
Conversations with an Impartial Person

(a)独語版

1926年　Leipzig, Vienna and Zurich: Internationaler Psychoanalytischer Verlag. Pp. 123.
1927年　'Nachwort zur *Frage der Laienanalyse*〈『『素人による分析の問題』へのあとがき』〉', *Int. Z. Psychoanal.*, 13(3), 326-332.
1948年　G. W., 14, 207-296.

(b)英語訳

1927年　The Problem of Lay-Analyses〈素人による精神分析の問題〉, New York : Brentano. Pp. 25-186 所収（Tr. A. P. Maerker-Branden ; Pref. S. Ferenczi.）、この巻はまた『An Autobiographical study 自己を語る』(4)を収めている。

The Question of Lay-Analysis : an Introduction to Psycho-Analysis〈素人による精神分析の問題：精神分析序説〉

1947年　London : Imago Publishing Co. Pp. vi+81.（Tr. N. Procter-Gregg ; Pref Ernest Jones.）

1950年　New York : Norton. Pp. 125.（上記の再刷）

1950年　'Postscript to a Discussion on Lay Analysis〈素人による精神分析についての議論へのあとがき〉', C. P., 5, 205-214.（Tr. James Strachey.）

1959年　S. E., XX, 177-258.（異なる副題が付されているこの重要な論文の今回の訳は、ジェームズ・ストレイチーによる、全く新しいものである。「あとがき」の翻訳は、1950年に出版されたものを、改訂した再版である）

'Psychoanalyse und Kurpfuscherei（精神分析といかさま治療 Psycho-Analysis and Quackery)' という表題の独語の原文からの抜粋が、原文とほぼ同時期の1926年9月に出版された『年鑑1927』47-59頁に収められていた。

(c)邦　訳

1932年　「素人分析の問題」（木村謹治・内藤好文訳）大12

1932年　「非医者の分析可否の問題」（大槻憲二訳）全8

1971年　「精神分析問答――素人による精神分析の問題」（金森誠也訳）『性愛と自我』白水社

1984年　「素人による精神分析の問題」（池田紘一訳）著11, 159-227

1984年　「『素人による精神分析の問題』のためのあとがき」（池田紘一訳）著11, 228-235.

　1926年、晩春のウィーンで、ウィーン精神分析協会の著名な非医師会員であるテオドール・ライクに対して訴訟が起こされた。彼は、分析的に治療をしていた患者により提出された資料にもとづいて、「いかさま治療 quackery」に対する古いオーストリアの法律に違反したかどで罪に問われた。その法律というのは、医師の資格を持たずに患者の治療をすることを非合法としたものであった。直ちに、フロイトは精力的に介入した。彼は、政府高官と非公式に現状についての論議をした。そして、すぐに出版するために、この小冊子を作ったのである。彼は6月末に書き始めて、7月末までに印刷さ

れ、9月には出版された。幾分かはおそらく彼の介入の結果として、また、幾分かはその証拠が不充分だったために、検察は予備調査の後に訴訟手続きを中止した。

　しかしながら、事はそれで終わらなかった。フロイトの小冊子の出版は、各精神分析協会自体の内部にあった、非医師による精神分析の許可についての意見の強い対立を表面化させたのである。それゆえ、この問題を公にした方がよいだろうということになり、さまざまの国々の分析家たちによる議論の長い一連の詳細な報告（全部で28篇）が、1927年に2つの公式定期刊行物に発表された。——それは、独語版国際精神分析雑誌（第13巻1, 2, 3部）と英語版国際精神分析雑誌（第8巻2, 3部）である。その一連の議論は、フロイトが、反対者の議論に答え、彼自身の主張を繰り返した後記（S.E., XX, 251〈著11, 228〉以降）をもって終わっている。

　その問題についてのフロイトの見解の充分な説明は、アーネスト・ジョーンズのフロイトの伝記（1957, 309以降）の第3巻第9章（「素人分析」）にある。彼は早い時期から、精神分析は純粋に医療の専門家の仕事であるとはみなさないという意見を強く持っていた。この問題についての最初に公刊された彼の見解は、1913年に出版されたプフィスターの本に寄せた序文（Freud, 1913b）の中にあったと思われる。そして、1938年、彼の最晩年に書かれた手紙（Jones, に引用されている。同, 323）の中で「私は、この見解を否定したことは一度もないし、さらに、以前よりも一層熱心に主張する」と言明した。しかし、彼がそのことについて厳密にかつ完全に論じたのは、本論文においてであった。

　しかしながら、素人による精神分析の問題についての議論は別にして、本論文は、精神分析の理論と実践についての非技法的記述としては最上のものであり、最も活き活きとした軽妙な文体で書かれたものである。とくに理論的な部分は、早期の解説的な研究よりも、『自我とエス』（1923b）において心の構造に関する彼の見解が非常に明確に示された後に書かれたという点で有利だったのである。

精神の分析
(1926f)

PSYCHO-ANALYSIS
PSYCHO-ANALYSIS

(a)独語版

（おそらく1925年に書かれた）

1934年　*G. S.*, 12, 372-380.

1948年　*G. W.*, 14, 297-307.

(b)英語訳

'Psychoanalysis: Freudian School'〈精神分析：フロイト学派〉

1926年　*Encyclopaedia Britannica*〈ブリタニカ百科事典〉13版. 新第3巻. 253-255. 所収（Tr. James Strachey）

1929年　*Encyclopaedia Britannica*14版. 第18巻, 672-674.（上記の再版）

1959年　*S. E.*, XX, 259-270.（翻訳は、1926年に最初に出版されたものの改訂版である。この論文は、『ブリタニカ百科事典』発行者との調整によって再版するものである）

(c)邦　訳

1984年　「精神の分析」（木村政資訳）著11, 236-241.

　1910-11年に刊行された『ブリタニカ百科事典』の第11版には、精神分析についての叙述がなかった。第1次世界大戦後、1922年に「第12版」と称するものが出版された。これは、古い第11版に3つの「新巻」を加えたものである。それにも、精神分析についての項目は載せられていなかった。その後すぐ1926年に、「第13版」を出版することが決定し、それは、もう一度古い11版に3つの「新しい増補巻」を加えたものとなったが、それらの増補巻は、「第12版」の新巻とは別のものであった。そのときは、精神分析に関する項目が必要であると判断され、フロイト自身が寄稿を依頼された。彼は『ブリタニカ百科事典』に対して、熱い思いを抱いていたので、フロイトはこの誘いを喜んで受け入れたにちがいない。彼は『トーテムとタブー』の準備をしながら、調べた全ての権威のリストを入れてアーネスト・ジョーンズに手紙

（1912年２月24日付）を書き、明らかに自慢気に言葉を結んでいる。「私はまさに、1911年、第11版の『ブリタニカ百科事典』に取り憑かれています」（Jones, 1955, 395）。彼はつねにこの事典を熱心に調べていたのである。(原注1)その上、1924年にすでに『ブリタニカ百科事典』の出版社から出された『These Eventful Years〈この多事なる歳月〉』という表題の２巻の編集本に、精神分析に関する長い章を寄稿していた。(原注2)第13版の出版後まもなく、全巻の改訂をすることの必要性が認識された。フロイトの項目を別のものに取り替えるという動きがみられた。しかし、アーネスト・ジョーンズとフロイト自身の共同運動のおかげで、この意見は押さえられ、そしてその項目は第14版（1929）およびその後のすべての版で無修正で掲載されている。

　しかしながら、1934年に独語の原文が表に出たとき、実は、かなりの数の小さな、しかし決して些細ではない変更が最初から英語版でなされていたことがわかった。例えば、その項目の題が、「精神分析」から「精神分析：フロイト学派」に変更されていた。(原注3)そして、ユングとアドラーへの無礼な言及は削除されていた。また、フロイトの議論の筋道を補足するとは思えない追加の中見出しも挿入されていた。本書の目的のための最善策は、フロイトが書いた独語の原文に戻ることだと考えられた。『百科事典』版との比較的重要な相違は、脚注に示してある。これを機に翻訳は改訂し、いくつかの専門用語は、この版の他の箇所で採用している用法に統一した。

（原注１）　1924年　フェレンツィの50歳の誕生日にフロイトは、第11版全巻をプレゼントした（Jones, 1957, 115）
（原注２）　これは、Jones, 1957, 140の中で本論文と間違って同一視されていた。それは、標準版第XIX巻「精神分析要約　A Sort Account of Psycho-Analysis」（1924*f*）に掲載されている。
（原注３）　しかしながら、1953年の『百科事典』の再版以来、表題は元にもどされている。

ブナイ・ブリース協会会員への挨拶
(1941*e*[1926])

ANSPRACHE AN DIE MITGLIEDER
DES VEREINS B'NAI B'RITH

ADDRESS TO THE SOCIETY OF B'NAI B'RITH

(a)独語版
1941年　G. W., 17, 49-53.
(b)英語訳
1959年　S. E., XX, 271-274.（ジェームズ・ストレイチーの翻訳は、初めての英訳のようである。フロイト（1950a）〈独語版初出原本〉の英語訳である『精神分析の起源』（1954）の312頁の脚注に数行添えられている）
(c)邦　訳
1984年　「ブナイ・ブリース協会会員への挨拶」著11, 413-415.

　この挨拶はフロイトの70歳の誕生日を祝して1926年5月6日に催された、ブナイ・ブリースの集会において代読された。これに先行して、彼の主治医であるルードヴィッヒ・ブラウン教授からの讃辞があった。
　ブナイ・ブリース（「契約の息子たち」）とは、ユダヤの文化的なこと、知的なこと、そして慈善的なことの関心を代表する結社である。当初は、19世紀半ばにアメリカで設立され、世界各地に支部が置かれるようになった。下記に示されるように、フロイトは1895年にウィーン支部に入会し、隔火曜日に開かれる集会の長年にわたっての常連であった。時々、フロイトはそこで講義をおこなった。そのうちのいくつかが記録として次のごとく残されている。1897年12月の夢に関する2度の講義（Freud, 1950a, 書簡78〈手紙150〉）；次いで1900年3月の特定されない講義（同、書簡130〈手紙239〉）；1900年4月27日のゾラの『豊穣 La fécondité』[原注1]についての講義（Jones, 1953, 363〈生涯223〉）；アナトール・フランスの『天使の反逆 La révolte des anges』についての講義（Sachs, 1945, 103）；1915年の「戦争と死に関する時評」〈著5, 397-420〉（Jones, 1955, 415）についての後半の講義。

（原注1）　これはフロイトの「読書に関する質問への寄与 Contribution to a Questionnaires on Reading」（1907b, S. E., IX, 246の中で彼自身が選んだ「10冊の良書」の中の1冊である。

カール・アブラハム
（1926b）

KARL ABRAHAM
KARL ABRAHAM

(a)独語版
1926年　*Int. Z. Psychoan.*, 12(1), 1
1948年　*G. W.*, 14, 564.
(b)英語訳
1926年　*Int. J. Psycho-Anal.*, 7, 1.（翻訳者は不明）
1959年　*S. E.*, XX, 277-278.（翻訳は，上記のものを少し修正したものである）
(c)邦　訳
1984年　「カール・アーブラハム」（生松敬三訳）著11, 388-389.

ロマン・ロランへ
（1926a）

AN ROMAIN ROLLAND
TO ROMAIN ROLLAND

(a)独語版
1926年　*Liber amicorum Romain Rolland* 〈ロマン・ロラン交遊録〉, Zurich and Leipzig, Rotapfel, 152.
1948年　*G. W.*, 14, 553.
(b)英語訳
1959年　*S. E.*, XX, 279.（翻訳は英語への初訳であるが、ジェームズ・ストレイチーによる）

　1926年1月26日ロマン・ロランの60歳の誕生日のおりに出版された。10年後に、フロイトは、同じ作家への敬意から「アクロポリスの記憶の障害」

(1936a)という論文を捧げている。

E・ピックヴォルト・ファロー
「6ケ月齢の幼児期記憶」についての論評
(1926c)

BEMERKUNG ZU E. PICKWORTH FARROW'S
'EINE KINDHEITSERINNENRUNG AUS DEM 6. LEBENSMONAT'
PREFATORY NOTE TO A PAPER BY
E. PICKWORTH FARROW

(a)独語版
1926年 *Int. Z. Psychoan.*, 12, 1(1926), 79.
1948年 *G. W.*, 14, 568.
(b)英語訳
1959年 *S. E.*, XX, 280. (翻訳はジェームズ・ストレイチーによる新しいもので、George Allen & Unwin 両氏の計らいによって実現した)

　この序文はファロー Farrow の論文の冒頭にあり、「フロイト教授が我々のために本論文について次のように書いてくださいました」と紹介されている。この論文そのものが英語で出版された形跡はないが、内容は何年も後に著者によって、*A Practical Method of Self-Analysis*〈自己分析の実践方法〉、London, Allen & Unwin、1942年および New York, International Universities Press、1945年に組み込まれた。フロイトの言葉の英訳がその巻への序文として印刷されており、フロイトの許可を得ての掲載であると言明されている。(これはもちろんフロイトの死後何年か経ってからのことである。) この主題は Farrow によって本論文と同時期に書かれたいくつかの論文でも扱われている。Farrow 1925a, 1925b, 1925c および1927である。

ある幻想の未来

（1927c）

DIE ZUKUNFT EINER ILLUSION
THE FUTURE OF AN ILLUSION

(a)独語版
1927年　Leipzig, Vienna and Zurich : Internationaler Psychoanalytischer Verlag. Pp. 91.
1948年　G. W., 14, 323-380.
(b)英語訳
1928年　London : Hogarth Press and Institute of Psycho-Analysis. Pp. 98. (Tr. W. D. Robson-Scott.)
1961年　S. E., XXI, 1-56.（この翻訳は、1928年版に基づいている）
本論文は、1927年春に書き始められ、9月までに完成し、同年11月に出版された。
(c)邦　訳
1931年　「宗教の未来」（長谷川誠也訳）全3
1932年　「幻想の未来」（木村謹治・内藤好文訳）大12
1954年　「幻想の未来」（土井正徳・吉田正己訳）選8
1969年　「ある幻想の未来」（浜川祥枝訳）著3, 362-405.
1970年　「幻想の未来」（吉田正己訳）選8改訂

　フロイトは、『自己を語る』に1935年につけ加えた「後記」の中で、最近10年間に彼の著作に生じた「ある重要な変化」について触れている。「私の関心は、自然科学、医学、そして心理療法という長い回り道をした後で、ずっと以前に心を奪われていた文化の諸問題へと戻ってきた。その当時私はまだ若く、充分に思索できるほどの年齢ではなかった」（S. E., XX, 72〈著4, 423〉）と彼は説明している。もちろん彼はその間にも、文化の問題には幾度か触れている。とくに『トーテムとタブー』（1912-1913）[原注1]を挙げることができよう。しかし、この『ある幻想の未来』において、彼はその後の人生の主要な関心を傾けることになる一連の研究に着手したのである。それらの

研究のうち最も重要なのは『文化への不満』(1930a)で、これは『ある幻想の未来』を直接引き継いだものであり、その生の哲学に関する議論は、『続精神分析入門』(1933a)の最後にあるアインシュタインへの公開状『戦争はなぜ』(1933b)、そしてついには彼が1934年以降取り組んだ『人間モーセと一神教』(1939a)を形作るもとになっている。

標準版第XXI巻6頁〈著3，363〉でフロイトが(「私は文化cultureと文明civilizationの区別を軽視している」と)言い放っていることや、『戦争はなぜ』の終りの方の、似たような趣旨の意見を見る限り、独語のKulturの正しい訳は何かという厄介な問題に手を染める必要はないように思われる。われわれは大体(いつもというわけではないが)、名詞には「文明civilization」、形容詞には「文化的なcultural」をあてた。

(原注1) フロイトの出版物の中で、宗教の問題を扱った最初のものは、「強迫行為と宗教的礼拝」(1907b)の中に見られる。

文化への不満
(1930a[1929])

DAS UNBEHAGEN IN DER KULTUR
CIVILIZATION AND ITS DISCONTENTS

(a)独語版
1930年　Vienna: Internationaler Psychoanalytischer Verlag. Pp. 136.
1931年　第2版(第1版にいくらか加筆した再版)
1948年　G. W., 14, 419-506.
(b)英語訳
1930年　London: Hogarth Press and Institute of Psycho-Analysis. New York: Cape and Smith. Pp. 144. (Tr. Joan Riviere.)
1961年　S. E., XXI, 57-145. (この翻訳は、1930年版に基づいている)
(c)邦　訳
1931年　「文明と不満」(大槻憲二訳) 全3
1932年　「文化の不安」(菊池栄一訳) 大14

1953年　「文化の不安」（土井正徳訳）選6
1969年　「文化への不満」（浜川祥枝訳）著3，431-496.
1970年　「文化のなかの不安」（吉田正己訳）選6 改訂

　独語原文の第1章は、他の部分より少し先立って、精神分析運動第1巻4号（1929年11～12月）において発表された。第5章は別に、同じ雑誌の次の号、第2巻1号（1930年1～2月）に載っている。1931年版には2、3の脚注が追加され、新しい結びの一文がつけ加えられた。以前の英訳版には、これらの変更は加えられていなかった。
　フロイトは1927年秋に『ある幻想の未来』を完成させた。その後の2年間、おそらくは主として病気のせいで、彼はほんの少ししか仕事をしていない。だが1929年の夏には、再び社会学的な問題に関するもう1つの著作に取りかかった。最初の原稿は7月の末までには完成し、11月初旬に印刷所に送られ、実はその年のうちに出版されたのだが、題扉の日付は「1930年」となっている（Jones, 1957, 157-158〈生涯470-471〉）。
　フロイトが選んだそもそものタイトルは'Das Unglück in der Kultur'（「文化における不幸 Unhappiness in Civilization」）であったが、'Unglück'は後に'Unbehagen'へと変更された。この単語は、仏語なら'malaise'を当てればよいだろうが、英語では同義語を見つけるのが難しい。フロイトは翻訳者のリヴィエール Riviere 夫人にあてた手紙の中で、「文化における人間の不快 Man's Discomfort in Civilization」ではどうかと提案したが、表題に関するこの困難な問題への、理想的な解答として最終的に採用された方法を見いだしたのは、リヴィエール夫人自身であった。[訳注1]

　この本の主題――本能の要求と文化による制限との間の、解消しがたい敵対関係――は、フロイトのずっと初期の心理学の著作にまで遡ることができよう。即ち、1897年5月31日、彼はフリースに次のように書き送っている。「近親相姦は反社会的であり、それを放棄していくことこそが文化なのです」（Freud, 1950a, 草案N）。またその1年後、「神経症の原因としての性」（1898a）の中で彼は、「神経衰弱が蔓延していることの責任は、われわれの文化にあると言ってもよいだろう」と述べている。にも関わらず、フロイトは初期の著作において、抑圧というものを、完全に外的で社会的影響によるものと見なしていたわけではないように思われる。彼は『三篇』（1905d）の

中で「文化と自由な性的発達との間の反比例の関係」(S. E., VII, 242〈著5, 93〉) について述べているが、同じ論文の別の箇所では、性本能をせきとめる堤防が潜伏期において現われることに関して、次のような見解を示している。「文明化された子どもを見ていると、このような堤防が築かれるのは教育の成果であるという印象を受けるし、また教育がこのことにおおいに関係していることは疑いない。だが現実には、このような発達は器質的に規定され、遺伝的に決まっているものであり、時には教育の助けを全く借りないでも起こりうるのである」(同, 177-178〈著5, 43〉)。

「器官性抑圧」というものがあって、それが文化への道を整えているという考え方が、第4章の最初と最後にある2つの長い脚注 (S.E., XXI, 99以降および105以降〈著3, 460-461と465-466〉) において展開されているが、これも同じ初期の頃にまで遡るものである。1897年11月14日、フリースに宛てた手紙の中で、フロイトは「何らかの器質的なものが、抑圧に一役かっている」(Freud, 1950a, 書簡75〈手紙146〉) のではないかとしばしば感じてきたと述べている。さらに彼は、2つの脚注で述べているのとちょうど同じように、直立歩行を採用したことと、主たる感覚が嗅覚から視覚へと置きかえられたこととが、抑圧の要因として重要であったことを示唆している。これよりもっと以前、1897年1月11日付の手紙にも、同じ考え方のヒントが現われている (同, 書簡55〈手紙116〉)。出版されたフロイトの論文の中で、本論文より以前にこれらのアイディアについて述べているものと言えば、「鼠男」の分析 (1909d) の中の短い一節 (S. E., X, 247-248〈著9, 281〉) と、愛情生活の心理学に関する第2の論文 (1912d) の中の、さらに短い一節 (S. E., XI, 189〈著10, 193〉) とがあるぐらいのものであろう。特に、文化の持つ深く内的な起源についての分析は、本論文より以前にこの問題をフロイトが論じたものの中で飛び抜けて長い論文、すなわち「「文化的」性道徳と現代人の神経過敏」(1908d) の中にも全く見あたらず、[原注1]むしろこの論文によれば、文化による制限というものは、何か外から押しつけられたもののような印象を受ける。

しかしながら、これらの制限において内的および外的な影響力が果たしている役割や、両者の相互作用についての評価は、フロイトが自我心理学研究を通じて、超自我およびその起源となっている人間の最早期の対象関係に関する仮説へとたどりつくことによって初めて明確に下すことができるようになった。本論文のこれほど多くの部分 (特に7章と8章) が、罪悪感の本質

をさらに探求し解明することに費やされ、フロイトが（S. E., X, 134〈著3，487〉において）「罪悪感が文化発展のもっとも重要な問題であることを指摘しようとする意図」を表明しているのは、そのためである。また、この問題がさらに、第2の重要なサブテーマである（実際のところは両者とも単なるサブテーマとは言えないのだが）破壊の本能の問題の論拠ともなっているのである。

攻撃的・破壊的本能に関するフロイトの見解は複雑な変遷をたどっており、ここではその概略を示すにとどめる。初期の著作においては、彼はこの問題を主としてサディズムの文脈上で捉えていた。この問題を初めて長々と論じたのは『性欲論三篇』（1905d）においてであり、ここでは性本能の「部分本能」の1つとして登場する。彼は第1の論文のセクション2（B）において、「従ってサディズムとは、性本能の攻撃的な部分に相当し、それが独立的になり、誇張されて、置きかえによって主導権を奪いとったものと思われる」と述べている（S. E., VII, 158〈著5，27〉）。にも関わらず、その後第2の論文のセクション4においては、攻撃的な衝動が、もともと独立したものであったことを認め、次のように述べている。「残忍な衝動は、実際は性的なものとは別個の源泉から生じるものと思われるが、幼年期に性的なものと結合してしまう場合があるのだと思われる」（同，193注〈著5，55〉）。ここでいう別個の源泉とは、自己保存本能に由来するものであった。この一節は1915年版において変更が加えられ、「残虐な衝動は支配の本能から生じる」となって、「性的なものとは別個のもの」であるという語句は取りのぞかれた。だが、すでに1909年の時点で、フロイトはアドラー理論との論戦の中で、はるかに決定的な発言をしている。「少年ハンス」の症例（1909b）の第3章のセクション2においてフロイトは、「われわれのよく知っている自己保存本能や性本能と並んで、それらと同等の地位を持つものとして、攻撃本能なるものが特別に存在するとは、私には考えられない」と述べている（S. E., X, 140〈著5，270〉）。（原注2）リビドーから独立した攻撃本能というものを受け入れるのをためらったのは、ナルシシズムの仮説に支えられてのことであった。攻撃の衝動は、憎悪の衝動と同様に、最初から自己保存本能に属するものと考えられ、自己保存本能はリビドーの下に組み入れられたため、攻撃本能という独立したものは必要なかったのである。対象関係は愛と憎しみとがしばしば混在する極端なもので、しかも憎悪そのものが複雑な由来を持っている

にも関わらず、である（「本能とその運命」1915c, S. E., XIV, 138-139〈著6，76-77〉を参照のこと）。真に独立した攻撃本能というものは、『快感原則の彼岸』（1920g）において、「死の本能」という仮説を持ち出すまで考えられてはいなかった（特に第4章、S. E., XVIII, 54-55〈著4，184-185〉を参照のこと）。しかしその時点においてすら、またフロイトの後の著作（例えば『自我とエス』の第4章）においても、攻撃本能はやはり何か2次的なもので、自己破壊的な死の本能という1次的本能に由来するものとされているのは注目に値する。このことは本論文においても当てはまる。ただし、死の本能の外に向かっての顕現の方にずっと重きが置かれてはいるが。そして、『続精神分析入門』（1933a）の第32講の後半でこの問題をさらに論じている所や、死後出版された『精神分析学概説』（1940a[1938]）の複数の箇所においても、やはりこのことは当てはまる。それでもなお、1937年5月27日にフロイトがマリー・ボナパルト王妃に宛てた手紙(原注3)の数ヶ所を引用してみたいという気持ちに駆られるのだが、この中でフロイトは、外へと向かう破壊性について、この本来的な独立性を、それまでよりも多くほのめかしているように見える。「攻撃本能が内側へ向かうことは、リビドーが自我から対象へと移動し外へと向かうことと、もちろん対をなすものです。そもそも人生の始まりの時点では、リビドーは全て内側に、攻撃性は全て外側に向けられていて、生きていく中でこれが次第に変化していくのだと考えれば、図式としてはすっきりします。しかし、この考え方は多分正しくないでしょう。」フロイトがその次の手紙で書いたこともつけ加えるべきだろう。「破壊の本能に関する私の意見を過大評価しないように願います。あれはただ思いつくまま述べただけで、公にする場合には慎重に考えてみなければなりません。その上あの中には、新しい要素はほとんど存在しません。」

このように、『文化への不満』における関心領域は、社会学の範囲をはるかに超えていることは明らかである。

（原注1） この問題に簡単に触れている論文ならこれ以外にもたくさんあり、例えば「精神分析への抵抗 The Resistances to Psycho-Analysis」（1925e, S. E., XIX, 219以降）や、『ある幻想の未来』（1927c）の最初の数頁、『戦争はなぜ』（1933b）の最後の数段落などを挙げることができよう。

（原注2） 1923年につけ加えられた脚注においては、この判断に限定を加えることを

余儀なくされている。そこでフロイトは、「私も『攻撃本能』なるものの存在を認めざるをえなくなったが、それはアドラーが言っているものとは違っている。私はむしろそれを「破壊本能」もしくは「死の本能」と呼びたい」と述べている。アドラーの言っているのは、実際はむしろ「自己主張の本能」というのがふさわしいものであった。

（原注3）　彼女のご厚意で、手紙をここに載せることを許していただいた。全文はアーネスト・ジョーンズの伝記（Jones, 1957, 494）の付録A（33番）の中にも見られる（異なる翻訳で）。この話題についてフロイトは、この手紙の少し前に書かれた「終わりある分析と終わりなき分析」（1937c）という論文のセクション6において考察している。

（訳注1）　B・ベッテルハイムは『フロイトと人間の魂』において、Civilization and its Discontents は、独語の Das Unbehagen in der Kultur の訳としては重大な誤訳だとしている。ベッテルハイムは独語における文化 Kultur と文明 Zivilisation との違いについて、「文化とは倫理的価値体系であり、知的・美的業績であって、要するに人間科学と呼ぶことのできるもののこと」であり、「文明とは物質的・技術的業績」であると説明し、フロイトは文明ではなく文化を念頭に置いていたのだと主張しており、文明 civilization と文化 culture とを厳密に区別している。さらに独語の Unbehagen は、「不満」という知的思弁の結果ではなく感覚的な「不快」を表わす語であって、タイトル全体の訳としては「文化につきものの不快 The Uneasiness Inherent in Cultur」が正しいとしている。ベッテルハイムによれば、フロイトはこのタイトルによって「何らかの不快は必然的かつ不可避的に文化につきまとうものである」ということを暗示しているのにも関わらず、英訳タイトルではそのニュアンスは失われ、あたかも不満のない文明が可能であるかのような誤解を与えてしまっている、と批判している。

呪物崇拝
（1927e）

FETISCHISMUS
FETISHISM

(a)独語版
1927年　*Almanach 1928*〈年鑑1928〉, 17-24.
1948年　*G. W.*, 14, 309-317.

(b)英語訳
1928年　Int. J. Psycho-Anal., 9(2), 161-166.（Tr. Joan Riviere.）
1950年　C. P., 5, 198-204.（上記のものの修正再録）
1961年　S. E., XXI, 147-157.（この翻訳は、1950年に出版されたものを修正したものである）
(c)邦　訳
1932年　「崇物症」（大槻憲二訳）全9
1933年　「フェティシスムス論」（林　髞訳）大15
1969年　「呪物崇拝」（山本厳夫訳）著5，391-396.
1997年　「フェティシズム」（中山元訳）『エロス論集』ちくま学芸文庫

　この論文は1927年8月第1週の週末に完成され（Jones, 1957, 146〈生涯465〉）、同じ年の秋に『年鑑1928』および独語版雑誌1927年最終号において、ほとんど同時に発表された。
　呪物崇拝〈フェティシズム〉に関する最も古い議論は、『三篇』（1905d）の中（S. E., VII, 153-155〈著5，23-25〉）に見られるが、その中でフロイトは、「病理に関わる性的本能のうち、これほどまでにわれわれの関心を引きつけて止まないものは他にない」と述べており、実際彼は何度もこの問題に戻って考察している。この最初の言及においては、「呪物〈フェティッシュ〉の選択はたいてい、早期幼児期に受けた何らかの性的な印象の名残である」と主張しているに留まり、この主張は、1，2年後に書かれた『グラディーヴァ』に関する研究（1907a）の中の、足に対するフェティシズムへの簡単なコメント（S. E., IX, 46-47〈著3，39-40〉）においても、そのままに保たれている。彼がその次にこの問題に取り組んだのは、「フェティシズムの起源について On the Genesis of Fetishism」という未公刊の論文においてであり、これは1909年2月24日、ウィーンの精神分析学会で発表されている（Jones, 1955, 332）が、残念なことにわれわれは今まで学会の記録を見る機会を得ていない。当時彼は「鼠男」の分析（1909d）の出版に向けて準備をしていた頃で、その中で彼は、フェティシズムと嗅覚の快感との関係（S. E., X, 247〈著9，281〉）という新しい視点を打ち出しており、この問題は、1910年の『三篇』第2版に付け加えられた脚注（S. E., VII, 155〈著5，24-25〉）において、さらに展開されている。だがそのすぐ後に、新しい、さらに重要な連想が浮かんだようで、この同じ脚注には、フェティッシュは女性の失われた

ペニスを表わしている、という主張が初めて盛りこまれている。この主張は、幼児の性理論の中でも重要な意味を持つものだが、彼は当時、その問題に関する論文（1908c、$S.\,E.$, IX, 215-218〈著5, 100-102〉）をまとめたばかりであった。フェティッシュについてのこの新解釈は、（フロイトが標準版第X巻、153頁の脚注〈著5, 392〉で述べているように）レオナルド研究（1910c、$S.\,E.$, XI, 96〈著3, 115-116〉）の中でも主張されている。このレオナルド研究が出版されたのは、『三篇』に例の脚注が加えられた、まさにその直後のことである。

　フロイトが足に対するフェティシズムの起源に関する特別な問題（$S.E.$, XXI, 155〈著5, 394〉で言及されている）に惹きつけられるようになったのは、この数年後のことである。1914年3月11日、彼はウィーン精神分析学会においてもう1つ、「足へのフェティシズムの症例 A Case of Foot-Fetishism」に関する論文を発表している。これもやはり未公刊だが、幸いこちらの方は、アーネスト・ジョーンズによる要約がある（1955, 342-343）。なぜフェティッシュとして足が選ばれるのかという問題に関してここでは、女性性器への下方からの接近であるという考え方に到達しているが、この考え方は1915年に出た『三篇』第3版において、先ほどと同じ脚注にさらに追加する形で発表されている。フロイトはもう1つ似たような事例の病歴を『精神分析入門』（1916-17）の第22講においてごく簡単に報告している。本論文は、フロイトのフェティシズムに関するそれまでの見解を集大成し発展させたという意味でも重要だが、この論文の主な関心は、全く別の方面に向けられている。すなわち、新しく発展しつつあったメタ心理学がここで導入されているのである。それまでの数年間にわたってフロイトは、「否認 disavowal」（'Verleugnung'）という概念を、特に子どもが男女両性の解剖学的差異に気づいた時の反応との関連で用いてきた。[原注1]本論文において彼は、新しい臨床的観察に基づいて、「否認」とは必然的に自我の分裂を意味するのだということを示す証拠を提出している。フロイトは晩年この問題をもう一度取り上げ、さらにその射程を伸ばした。即ち、未完の遺稿となった論文「防衛過程における自我の分裂」（1940e［1938］）や、『精神分析学概説』（1940a［1938］）第8章の最後の数段落がそれである。これら2つの著作のいずれにおいても、フェティシズムの問題は特に重視されているものの、フロイトはこれらの著作中で、この「自我の分裂」はフェティシズムにおいてのみ見られるわけではなく、実際には自我が防衛を形成する必要に迫られるような、その他多くの

状況においても見られること、そして、「否認」においてだけでなく、抑圧においても起こることを指摘している。(原注2)

(原注1)　例えば、この問題を表題に据えた論文「解剖学的な性の差別の心的帰結の2、3について」(1925j)や、もっと以前のものでは、「幼児期の性器体制　The Infantile Genital Organization」(1923e)「マゾヒズムの経済的問題」(1924c)「神経症および精神病における現実喪失」(1924e)を参照のこと。

(原注2)　これらの考え方の端緒が、1896年1月1日にフロイトがフリースに送った書付け(Freud, 1950a, 草案K)の中にあるという見方は、さほど奇抜ではないと思う。この中でフロイトは、「防衛神経症」の最終段階においては、自我の「変形 malformation」または「変容 alteration」が伴うものであると述べている。似たような記載は、それより以前、防衛-神経精神病 the neuro-psychoses of defence に関する最初の論文（1894a）のセクション3においても見いだすことができる。

ユーモア
（1927d）

DER HUMOR
HUMOUR

(a)独語版
1927年　*Almanach 1928*, 9-16.
1948年　*G. W.*, 14, 381-389.
(b)英語訳
1928年　*Int. J. Psycho-Anal.*, 9(1), 1-6.（Tr. Joan Riviere.）
1950年　*C. P.*, 5, 215-221.
1961年　*S. E.*, XXI, 159-166.（この翻訳は、1950年に出版されたものの修正版である）
(c)邦　訳
1931年　「フモール」（大槻憲二訳）全6
1953年　「フモール（ユーモア）」（高橋義孝訳）選7
1969年　「ユーモア」（高橋義孝訳）著3，406-411.
1970年　「ユーモア」（高橋義孝・池田紘一訳）選7改訂

この論文はフロイトが1927年8月第2週の5日間に書いたもので（Jones, 1957, 146〈生涯465〉）、9月1日、インスブルックで開かれた第10回国際精神分析学会学術大会において、代理人であるアンナ・フロイトによって読み上げられた。最初に出版されたのは、同年秋、1928年の精神分析『年鑑』においてである。

　この論文は、『機知』についての本（1905c）の最後の部分で論じていた問題に、20年以上もの空白期間をおいて、再び立ちかえったものである。ここでフロイトはこの問題を、人間の心の構造に関する新しい図式によって照らしだし、考察している。この論文の後半に、いくつかの興味深いメタ心理学的問題も登場し、われわれはここで初めて、超自我が優しさや暖かみを持ったものとして表現されているのを見いだす。

ある宗教体験
（1928a[1927]）

EIN RELIGIÖSES ERLEBNIS
A RELIGIOUS EXPERIENCE

(a)独語版
1928年　*Imago*, 14(1), 7-10.
1948年　*G. W.*, 14, 391-396.
(b)英語訳
1929年　*Int. J. Psycho-Anal.*, 10(1), 1-4（訳者不詳）
1950年　*C. P.*, 5, 243-246.（Tr. James Strachey.）
1961年　*S. E.*, XXI, 167-172.（この翻訳は、1950年に出版されたものにほとんど修正を加えずに再版するものである）
(c)邦　訳
1984年　「ある宗教体験」（池田紘一訳）著11, 244-247.

　この論文は1928年の初めに出版されたもので、アーネスト・ジョーンズ（1957, 151）によれば、1927年の末に書かれたという。ヴィーレック Viereck のフロイト訪問は、この論文を書くに至る一連の出来事の出発点となっ

たのだが、それはジョーンズの伝えるところでは（同，133）、1926年の6月末のことであった。ヴィーレック（かなり有名なアメリカのジャーナリストで、精神分析に関心をもっていた）は、この訪問に関する記事を、翌年の秋に発表した。これは『偉人を垣間みる Glimpses of the Great』（1930, 28以降）という本に収録され、ジョーンズはその本から何ヶ所かを抜粋している（同引用文中）。

アメリカの医師からフロイトへの手紙の文章が、独語版と正確には一致していないことが目につくかも知れない。この英語版は、もともと英語版国際精神分析雑誌に掲載されたものの再版であり、おそらくその時の編集者たちが、その手紙の英語で書かれた本人自筆のコピーを用いたのに対し、フロイトの方はその手紙を完全に正確に翻訳したわけではなかったのだろうと推測される。しかしながら、2つの版の間の差異はささいなものである。

ドストエフスキーと父親殺し
（1928 *b* ［1927］）

DOSTOJEWSKI UND DIE VATERTÖTUNG
DOSTOEVSKY AND PARRICIDE

(a)独語版

1928年　*Die Urgestalt der Brüder Karamasoff*〈カラマーゾフの兄弟の原像〉, R. Fulop-Miller and F. Eckstein 編, Munich. Pp. ix-xxxvi 所収

1948年　*G. W.*, 14, 397-418.

(b)英語訳

1929年　*The Realist*〈ザ・リアリスト〉, 1(4), 18-33. (Tr. D. F. Tait.)
Dostoevsky and Parricide

1945年　*Int. J. Psycho-Anal.*, 26(1 & 2), 1-8.（上記のものに夥しい修正を加え、さらに、表題も改変している）

1950年　*C. P.*, 5. 222-242.（上記のもののさらなる再版）

1961年　*S. E.*, XXI, 173-194.（この翻訳は、1950年版をほとんど修正せずに再版するものである）

(c)邦　訳

1953年　「ドストイェウスキーと父親殺し」（高橋義孝訳）選7
1969年　「ドストエフスキーと父親殺し」（高橋義孝訳）著3，412-430.
1970年　「ドストエフスキーと父親殺し」（高橋義孝・池田紘一訳）選7改訂

　1925年以降、フュレップ-ミラー Fülöp-Miller とエックシュタイン Eckstein は、メーラー・ファンデンブルック Moeller van den Bruck が編集し数年前に完成していた独語によるドストエフスキー大全集に対する、増補シリーズの出版に取り掛かった。新しく出された巻は、体裁は全集と同じで、遺稿や未完の草稿、ドストエフスキーの人となりと作品に光を投げかける様々な資料から引きだした素材が収められていた。これらの巻のうちの1冊は、『カラマーゾフの兄弟』に関連する予備的な草案やスケッチを集めたものと、この小説の資料に関する議論とを収録することになっていた。そして、編者たちは是非にもフロイトを説得し、この小説及び作者に関する心理学的な序文を書いてもらいたいと考えていた。彼らは1926年の初めにフロイトに対して申しいれを行なったようで、フロイトはその年の6月末に評論を書きはじめた。しかし、テオドール・ライクの一件の成りゆきが思わしくなくなってきた[訳注1]のを見て、素人による分析に関する小冊子（1926e）の製作を急ぐ必要が出てきたため、この仕事から離れてしまった（S. E., XX, 180〈著11，160〉）。その後、彼はドストエフスキーにかんする評論を書くことに興味を失ってしまったようであるが、それは、アーネスト・ジョーンズ（1957, 152〈生涯468〉）によると、ノイフェルト Neufeld（1923）が同じテーマを扱った本をたまたまフロイトが見つけてからは、とくにそうであったという。フロイトが脚注（S. E., X, 194〈著3，430〉）で言っているように、——きわめて謙虚に述べているのに違いないが——彼が提起しようとした考えのほとんどが含まれていたのである。彼がこの評論に再び取り組んだのがいつなのかは、はっきりしない。ジョーンズ（同引用文中）によれば、1927年の初めに完成したのではないかということだが、これはまずありえそうにない。というのは、この評論の後半で取り上げているシュテファン・ツヴァイクの小説は、1927年になってから発表されたものだからである。このフロイトの評論を序文とする巻（『カラマーゾフの兄弟の原型 The Original Version of the Brothers Karamazov』）は、1928年の秋になって出版された。
　この随筆は、2つの部分に分割することができる。初めの部分はドストエフスキーの性格を全体的に、すなわち彼のマゾヒズム、罪悪感、「てんかん

様の」発作、エディプス・コンプレックスにおける二重の態度について扱っている。後半では彼の賭事に対する情熱を特別な論点として取り上げ、この種の熱中の起源に光を当てたシュテファン・ツヴァイクの短編の話へと論を進めている。フロイトがその後テオドール・ライクに送った手紙を付録として載せたが（S. E., X, 195）、それからも分かるように、この評論の2つの部分は、一見したところよりずっと緊密に関連しあっているのである。

　この評論は「その場限り」の作品のように見えるかもしれないが、興味を惹くものがたくさん含まれている。例えばヒステリー発作について論じているのは、フロイトが20年前に論文にして（1909a）以来初めてのことだし、エディプス・コンプレックスと罪悪感に関するその後の見解について新たに論じている部分もあるし、自慰の問題については、以前論じた時（1912f）には見られなかったような側面から光を当てている。が、それより何より、彼はここで、自分が取りわけ高く評価している小説家についての見解を表明する機会を得たのである。

（訳注1）　医師でない者が精神分析を行なうことの可否をめぐる裁判において、ライクが不利な立場に立たされつつあったことを指す。

付録
〔フロイトからテオドル・ライクへの手紙〕
〈略〉

マクシム・ルロワへの手紙——デカルトの夢について
（1929b）

BRIEF AN MAXIM [sic] LEROY : ÜBER EINEN
TRAUM DES CARTESIUS
SOME DREAMS OF DESCARTES'
A LETTER TO MAXIME LEROY

(a)仏語版

1929年　Leroy's *Descartes, le philosophe au masque,*〈『デカルト、仮面の哲学者』〉1, 89-90, Paris: Editions Rieder（仏語）所収

1934年　*G. S.*, 12, 403-405.（フロイトの手紙とルロワの本からの抜粋。仏語）

1948年　*G. W.*, 14, 558-560.（上記のものの再版）

(b)英語訳

1961年　*S. E.*, XXI, 197-204.（この翻訳は初めての英訳であり、アンジェラ・リチャーズによるものである）

(c)邦　訳

1984年　「マクシム・ルロワへの手紙──デカルトの夢について」（生松敬三訳）著11, 390-393.

　この手紙の独語原文は現存しない。仏語のものがルロワによって書かれたことはほぼ確実で、これを基にして英語訳を作成するよりほかない。

　マクシム・ルロワは、デカルトに関する本（1929）を執筆していた頃、この哲学者の見たいくつかの夢(原注1)をフロイトに提供して、コメントを求めた。ルロワがこれらの夢についてどんな説明をフロイトに伝えたのか、正確なことはわからない。というのも、独語版には実際の手紙の文面は載っておらず、ルロワが出版した本の中から夢に関する記述を引用しているに過ぎないからである。このルロワの本には、ルロワの質問に対するフロイトの返事を翻訳したものも載せられている。

　これらの夢に関するデカルト自身の記述およびその解釈は、「オリンピア」の名で知られる原稿の、最初の数頁を占めていたらしい。この原稿はおそらく1619年から20年にかけての冬に書かれたもので、今では失われてしまっている。が、これを17世紀の聖職者アドリアン・バイエ Adrien Baillet が読んで、わかりやすく意訳し、原文のラテン語からの引用も折り込んだものを、『デカルト氏の生涯』(Paris, 1691, 1巻) の中に収めて出版している。この夢に関する記述は81-85頁にある。ルロワはこの版に基づいて書いているが、フロイトがバイエの全文を吟味したのは間違いないようで、それは例えば次のことからも分かる。フロイトは彼の返答の中で「外国産のメロン」と言っており、これはバイエの記述の中に出てくる語句であり、ルロワの本の中では単に「メロン」としか言っていないのである。

　「オリンピア」の原稿はライプニッツも読んでおり、彼はそこから抜き書きをしている。残念なことにライプニッツのメモの中では、これらの夢につ

いてはたった1ヶ所、短く言及されているに過ぎない。'*Somnium 1619, nov. in quo carmen 7 cujus initium : Quod vitae sectabor iter ?... Auson.*〈1619年11月の夢における頌歌7の冒頭：いかなる生の途にかわれ従わん…アウソニウス。〉'(原注2) ルロワがこれらの夢の「解釈」の部分をどう読んだかについて全く触れていないところを見ると、どうやら彼はこれらを、少なくとも多くの部分について、バイエ師の作り話だと考えていたらしい。彼は自分の本の中ではこの見解を表明しているが、このことをフロイトに伝えた形跡はない。(原注3)

これらの夢についてルロワが出版した内容（1929年，第1巻84）は、バイエによる意訳であり、フロイトによる独語版の脚注に（仏語で）出ているが、それは以下のようなものである。

「そして、その夜じゅう、全ては熱気をはらみ、雷鳴と嵐、恐怖、そして亡霊が夢を見ている彼の前に立ち現われた。彼はそれらを追いはらうために起きあがろうと試みた。しかし彼は再び倒れ、右半身がひどく弱っていることに困り、恥じ入った。突然、部屋の窓が開いた。おびえた彼は、一陣の暴風に運び去られるのを感じ、おかげで左足を軸にして数回ぐるぐると回転させられた。」

「彼はよろめきながら足を引きずるように歩いて、かつて教育を受けた大学の建物へと辿りついた。彼は祈るために礼拝堂に入ろうと必死に試みた。その時何人かの人が通りかかった。彼は立ちどまってその人たちに話しかけたいと思った。その時、彼らのうちの1人がメロンを持っているのに気づいた。が、暴風は彼を礼拝堂の方へ引きもどした。」

「その時、彼は左半身がずきりと鋭く痛むのを感じ、目を覚ました。彼は自分が夢を見ているのか、目覚めているのか、分からなかった。半分覚めた頭で彼は、これは邪悪な霊が自分を誘惑しようとしているのだと自分に言い聞かせ、悪魔を追いはらうために祈りを唱えた。」

「彼は再び眠りに落ちた。雷鳴が彼を再び目覚めさせ、部屋を閃光で満たした。彼は再び、果して自分は眠っているのか起きているのか、これは夢なのか幻なのかと自問し、頭をはっきりさせるため、目を開けたり閉じたりした。そして安心してうとうととし、疲れ切って眠りこんでしまった。」

「頭がかっかと火照り、これらのざわめきと漠然とした苦痛に心を乱された状態で、デカルトは辞典を開き、次いで詩集を開いた。この勇敢な旅人は、次の1行を夢に見たのである。『いかなる生の途にかわれ従わん *Quod vitae sectabor iter ?*』夢の国におけるもう１つの旅？すると突然１人の見知らぬ男が現われ、"*Est et non*"[原注4]という言葉で始まるアウソニウスの一節を読ませようとした。が、この男は消え、他の男がとってかわった。次いで本も消えて、銅版刷りの肖像画で飾られて再び現われた。そして最後に、静かな夜がやってきた。」

　ルロワ（前掲、85）がバイエから引用したこれらの夢の解釈（これもフロイトの独語版の中で、脚注として印刷されている）は、次の通りである。

　「彼［デカルト］は、『辞典』とは単に全ての科学を寄せあつめたものを意味すると考えた。そして "*Corpus Poetarum*〈ラテン語で詩集の意〉" と題された『詩集』の方は、特に、もっとはっきりと、哲学と英知とが結びついたものを指し示していると考えた…デカルトは眠っている間も自分の夢を解釈しつづけながら、生き方の選択における不確実性を語っているこの一節および『いかなる生の途にかわれ従わん』という出だしは、賢者からのよき助言であり、倫理神学ですらあると考えた……」

　「詩集の中に集められた詩人達によって彼は、彼が諦めることなく与えられることを待ち望んでいた啓示と熱狂とを理解した。"*Est et non*"（ピタゴラスの、しかりまたしからず）という一節によって彼は、人間の知識と世俗的な科学との真実と誤謬を理解した。これらの全ての事柄は彼の好みにぴったり適合しているのを見て、彼は大胆にも、これは真理の精霊がこの夢を通じて科学の賜物のすべてを自分の前に開いてくれるべく遣わされたのだと信じた。そして、まだ説明のつかないものは第２の本の中の銅版刷り［taille douce］の小さな肖像画だけとなり、まさにその翌日１人のイタリア人の画家が来訪した後は、彼はもはやこのことの解釈を捜し求めようとはしなかった。」

　「この最後の夢は、心地よく［doux］感じのよい事柄のみを含んでいるが、これは彼の未来を暗示しており、彼の残りの人生の中で起きるであろう事柄にのみ関係している、と彼は考えた。彼はしかし最初の２つの夢については、神の目から見れば人の目に映るほどには潔白とは言えないであろう彼の過去の人生に関する、脅迫的な警告であると考えた。これら２つの夢に恐怖とおびえが伴う理由はそこにある、と彼は考えた。最初の夢で彼らが差しだそうとしたメロンは、彼によれば孤独の魅力を意味するが、純粋に人からの誘導によって提示されている。風が彼を大学の礼拝堂へと運び、彼が右半身に痛みを感じたのは、彼が自分の意志ですすんで足を踏みいれようとする場所へ、

邪悪な霊が力ずくで彼を投げ込もうとしているのに他ならない。神が彼に対して、それ以上進むことを許さず、神聖な場所へさえ、神が遣わしたものでない霊によっては運ばれることを許しもしなかったのは、このためである。彼は自分を最初にこの教会へと導いたのは神の精霊だったと固く信じていたのであるが。2番目の夢において彼を襲った恐怖は、彼の見解によれば、彼の良知 synderesis、すなわち、自分がそれまでの人生の中で犯したかもしれない罪に対する、彼の良心の呵責を示している。彼が聞いた雷鳴の轟きは、彼を訪れた真理の精霊が彼に乗りうつる合図であった。」

（原注1）　ここで取りあげられているのは、同じ晩に見た一連の夢であり、独語の表題が示すような、1つの夢ではない。フロイト自身はこれらを複数形で呼んでいる（S.E., XXI, 203〈著11, 390〉）。
（原注2）　「1619年11月の夢の中の、頌歌7の出だし：私はどのような人生航路をたどればいいのだろう？…アウソニウス。」デカルト、1859-60年、第1巻8頁参照。
（原注3）　この問題全体に関する議論の全容については、Gouhier（グイエ）、1958年を参照のこと。
（原注4）　「そうであり、またそうではない。」ここで引用されている頌歌は、Ⅶ巻の2番および4番である。

ゲーテ賞1930年
（1930d）

GOETHE-PREIS 1930
THE GOETHE PRIZE

(a)独語版
Brief an Dr. Alfons Paquet〈アルフォンス・パケ博士への手紙〉
1930年　*Psychoanal. Bewegung*, 2(5)（9-10月号.）419.
1948年　*G. W.*, 14, 543-546.
Ansprache im Frankfurter Goethe-Haus〈フランクフルトのゲーテ・ハウスでの挨拶〉
1930年　*Psychoanl. Bewegung*, 2(5)（9-10月号.）421-426.
1948年　*G. W.*, 547-550.

(b)英語訳
S. E., XXI, 205-212.（この翻訳は、英語への初訳であり、アンジェラ・リチャーズによるものである）
(c)邦　訳
1972年　「1930年度ゲーテ賞」（菊盛英夫訳）『フロイト・造形美術と文学』河出書房新社
1984年　「ゲーテ賞1930年　アルフォンス・パケ博士への手紙、フランクフルトのゲーテ・ハウスでの挨拶」（生松敬三訳）著11, 396-402.

　1927年にフランクフルト市はゲーテ賞を創設した。これは年に1度「ゲーテの思い出に捧げられる栄誉にふさわしい創造的な仕事を為し、立派な業績を上げた人物」に与えられるものである。最初の3回の賞は、詩人シュテファン・ゲオルゲ Stefan George、音楽家であり医学の伝道者アルベルト・シュバイツァー Albert Schweitzer、そして哲学的作家レオポルド・ツィーグラー Leopord Ziegler らに与えられた。賞金総額は10,000帝国マルクであり、当時の約500ポンドまたは約2500ドルに相当する。
　1930年の賞は、著名な文学者で本基金の理事会の事務局長であったアルフォンス・パケの提案によって、フロイトに授与することに決定された。このことは、1930年7月26日付のパケの手紙（『精神分析運動』2巻417-418に印刷されている）によって、フロイト（その時ザルツカンマーグートで休暇を過ごしていた）に伝えられた。これに対してフロイトは8月3日に返事を書いている。(原注1) パケが手紙の中で説明しているように、慣例では毎年8月28日、フランクフルトのゲーテの生家で行なわれる式典において賞が授与され、受賞者はそこで講演を行ない、自らのゲーテとの精神的な結びつきを語ることになっていた。フロイトは病気のためこれを自ら行なうことはできなかったが、彼が執筆した演説が、アンナ・フロイトによって、8月28日ゲーテハウスでの式典において読み上げられた。

（原注1）　この日付は、独語版のこれより後の2つの版においては、8月5日となっている。

リビドー的類型について
(1931*a*)

ÜBER LIBIDINÖSE TYPEN
LIBIDINAL TYPES

(a)独語版
1931年　*Int. Z. Psychoanal.*, 17(3), 313-316.
1948年　*G. W.*, 14, 507-513.
(b)英語訳
1932年　*Psychoan. Quart.*〈季刊精神分析〉, 1(1), 3-6.（Tr. E. B. Jackson.）
1932年　*Int. J. Psycho-Anal.*, 13(3), 277-280.（Tr. Joan Riviere.）
1950年　*C. P.*, 5, 247-251.（上記のものの改訂版）
1961年　*S. E.*, XXI, 215-220.（この翻訳は、1950年に出版されたものの修正版である）
(c)邦　訳
1932年　「リビドー関係による個人型に就て」（木村廉吉訳）東北帝大医学部精神病学教室業報（精神分析学論叢）1
1953年・1969年改訂　「リビドー的類型について」（懸田克躬訳）選5
1969年　「リビドー的類型について」（懸田克躬・吉村博次訳）著5, 157-160.
1997年　「リビドー的類型について」（中山元訳）『エロス論集』ちくま学芸文庫

　この次の論文（「女性の性愛について」）と同じように、この論文も1931年初めに書きはじめられ、その年の夏の間に完成している。これは、フロイトが性格学を扱った数少ない論文の1つとして、後期に書かれたものである。この話題は彼の多くの著作の中に顔を出しはするものの（例えば『自我とエス』第3章前半（1923*b*）、*S. E.*, XIX, 28以降〈著6, 276以降〉、これ以前の論文の中で、はっきりとこの話題を取り扱っているのは、「性格と肛門愛」（1908*b*）と「精神分析的研究からみた2、3の性格類型」（1916*d*）の2篇だけである。本論文で、この題材はフロイトの後期における精神に関する構造論的観点から光を当てられ、考察されている。

女性の性愛について
(1931*b*)

ÜBER DIE WEIBLICHE SEXUALITÄT
FEMALE SEXUALITY

(a)独語版
1931年　*Int. Z. Psychoanal.*, 17(3), 317-322.
1948年　*G. W.*, 14, 515-537.
(b)英語訳
1932年　*Psychoan. Quart.*, 1(1), 191-209. (Tr. E. B. Jackson.)
1932年　*Int. J. Psycho-Anal.*, 13(3), 281-297. (Tr. Joan Riviere.)
1950年　*C. P.*, 5, 252-272. (上記のものの改訂版)
1961年　*S. E.*, XXI, 221-243. (この翻訳は、1950年に出版されたものの修正版である)
(c)邦　訳
1953年・1969年改訂　「女性の性愛について」(懸田克躬訳) 選5
1969年　「女性の性愛について」(懸田克躬・吉村博次訳) 著5, 139-156.
1997年　「女性の性愛について」(中山元訳)『エロス論集』ちくま学芸文庫

　本論文の最初の草稿は1931年2月末までに書かれていたようだが、完成したのはその年の夏になってからであった(Jones, 1957, 176〈生涯482〉)。
　この論文は本質的には、フロイトがこれより6年前に「解剖学的な性の差別の心的帰結の2、3について」(1925*j*)の中で初めて発表したいくつかの発見について、再び論じているものであり、それらの発見については、その論文に付した編者ストレイチーの覚書(*S. E.*, XIX, 243〈本書397頁〉)において、いくらか論じている。以前の論文が公表されたことで、精神分析家たちの間で、おそらくとくにイギリスにおいて、相当な反響が巻きおこり、それがフロイトを刺激し、再びこの問題へと立ちかえらせたのであろう。本論文の最後のセクションには、フロイトの著作としては非常に異例なことだが、他の多くの論文に対するいくらかの批判を含んでいる。そして不思議なことに、それらの論文は明らかに、1925年の彼のやや革命的な論文に対する反応

であるにも関わらず、フロイトはそれらをまるで自然発生したものであるかのように扱っているようだ。しかも彼は当の自分の論文について、ここではまったく言及していないのである。

　しかしながらこの本には、その前著を敷衍しているところも１、２ヶ所存在する。ここではさらに、幼い少女の前エディプス期における母親への愛着は強く、長く続くものであることが、（生き生きとした臨床的な素材によってしっかりと裏付けながら）強調されている。しかし、最も興味深い点といえばおそらく、幼い少女の母親に対する態度および女性性全体とにおける、能動的な要素を論じた長い議論の部分であろう。

　この論文を発表した１年ほど後、フロイトは『続精神分析入門』（1933*a*）第33講において、再び女性の性愛の問題に立ちかえっている。そこでのこの問題の扱い方は、本論文の方向と非常によく似ているが、ただしむしろあまり専門的ではない調子で論じられており、しかも、成人期における女性の特徴についての議論で終わっている。

ライク博士と偽医者治療の問題
（『ノイエ・フライエ・プレッセ』への手紙）
（1926*i*）

DR. REIK UND DIE KURPFUSCHEREIFRAGE
DR. REIK AND THE PROBLEM OF QUACKERY
（A LETTER TO THE *NEUE FREIE PRESSE*）

(a)独語版
1926年　*Neue Freie Presse*〈新自由新聞〉1926年7月18日日曜日刊
1987年　*G. W.*, 補遺巻, 715-717.
(b)英語訳
1948年　*Bulletin of the American Psychoanalytic Association*, 4, 56.（訳者不祥）「1928年7月18日」の日付は誤り
1961年　*S. E.*, XXI, 247-248.（翻訳はジェームズ・ストレイチーによる新訳である）

この手紙は「素人の分析」に関するフロイトの小冊子（1926e）と共に、標準版第XX巻に含まれるべきものだったが、不幸にも見逃されていた。この手紙をフロイトに書かせた状況の説明は、標準版第XX巻180頁のストレイチーの覚書〈本書424頁〉に記されている。

アーネスト・ジョーンズ50歳の誕生記念日に
(1929a)

ERNEST JONES ZUM 50. GEBURTSTAG
DR. ERNEST JONES (ON HIS 50th BIRTHDAY)

(a)独語版
1929年　*Int. Z. Psychoanal.*, 15(2-3), 147.
1948年　*G. W.*, 14, 554-555.
(b)英語訳
1929年　*Int. Z. Psycho-Anal.*, 10(2-3), 123.（翻訳者は不明）
1961年　*S. E.*, XXI, 249-250.（翻訳は上記の修正し転載したものである）
(c)邦　訳
1984年　「アーネスト・ジョーンズ五十歳の誕生記念日に」（生松敬三訳）著11, 389-390.

　この賛辞は1879年1月1日アーネスト・ジョーンズの50歳の誕生日を祝って、独語版と英語版の国際精神分析学雑誌の両巻において巻頭を飾った。

ハルズマン裁判における専門家の意見
(1931d [1930])

DAS FAKULTÄTSGUTACHTEN IM PROZESS HALSMANN
THE EXPERT OPINION IN THE HALSMANN CASE

(a)独語版

1931年　*Psychoan. Bewegung*〈精神分析運動〉, 3, 1, 32-34.
1948年　*G. W.*, 14, 539-542.
(b)英語訳
1961年　*S. E.*, XXI, 251-253.（今回の翻訳はおそらく英語への初訳であり、アンジェラ・リチャーズによる）

　若い学生フィリップ・ハルズマン Philipp Halsmann が、1929年インスブルックの法廷に親殺しの罪で告発された。法廷はこの囚人の精神状態に関して疑いをもち、インスブルックの医学部教授団に専門家としての意見を求めた。その意見は、エディプス・コンプレックスと抑圧のテーマにつながるものであるにもかかわらず、明らかに精神分析に対する無知とアンビヴァレンス（両価感情）とを示していた。インスブルックの法廷はその囚人を有罪と認め、ウィーンの控訴院への控訴は、1930年1月21日に棄却された。しかし、ハルズマンは結果として赦免された。ウィーン大学の法律学教授ヨーゼフ・クプカ Josef Kupka は、その若い男が彼の性格に不当な非難を受けたと感じて、一審の判決を逆転させようと積極的にキャンペーンを始め、その過程でノイエ・フライエ Neue Freie 新聞（1930年11月29日と30日付）に長い記事を発表したのであるが、その中で彼は、インスブルックの専門家の意見を批判している。彼の事例についての準備をするさいクプカ教授は、この問題についてのフロイトの見解を聞いており、この覚書はその結果である。

『メディカル・レヴュー・オヴ・レヴューズ』
第36巻（1930年）への序文
(1930*c*)

GELEITWORT ZU *MEDICAL REVIEW OF REVIEWS*
INTRODUCTION TO THE SPECIAL PSYCHOPATHOLOGY
NUMBER OF *THE MEDICAL REVIEW OF REVIEWS*

(a)独語版
初出は英語
1948年　*G. W.*, 14, 570-571.

(b)英語版
1930年　The Medical Review of Reviews, 36(3), 103.（訳者不詳）
1961年　S. E., XXI, 254-255.（翻訳はジェームズ・ストレイチーによる新しいものである）
(c)邦　訳
1984年　「「メディカル・レヴュー・オヴ・レヴューズ」第36巻（1930年）への序文」（生松敬三訳）著11, 394-395.

メディカル・レヴュー・オヴ・レヴューズの特集「精神病理学の巻 'Psychopathology Number'」はドリアン・フェイゲンバウム博士によって編集された。

エドアルド・ヴァイス著『精神分析学要綱』への序言
(1931c[1930])

GELEITWORT ZU *ELEMENTI DI PSICOANALISI* VON EDOARDO WEISS
INTRODUCTION TO EDOARDO WEISS'S *ELEMENTS OF PSYCHO-ANALYSIS*

(a)独語版
1931年　E. Weiss's *Elementi di psicoanalisi,* Milan, vi-vii（Grundlsee, 1930年8月）
1948年　G. W., 14, 573.
(b)英語訳
1961年　S. E., XXI, 256.（翻訳はアンジェラ・リチャーズによるもので、初めての英語訳のようである）
(c)邦　訳
1984年　「エドアルド・ヴァイス『精神分析学要綱』への序言」（生松敬三訳）著11, 396.

小冊子『ベルリン精神分析研究所の10年』への序言
(1930*b*)

VORWORT ZUR BROSCHÜRE *ZEHN JAHRE*
BERLINER PSYCHOANALYTISCHES INSTITUT
PREFACE TO *TEN YEARS OF THE*
BERLIN PSYCHO-ANALYTIC INSTITUTE

(a)独語版
1930年　*Zehn Jahre Berliner psychoanalytisches Institut,* Leipzig, Vienna and Zurich
1948年　G. W., 14, 572.
(b)英語訳
1951年　*Max Eitingon in Memoriam,* Jerusalem, 47.
1961年　S. E., XXI, 257.（翻訳はジェームズ・ストレイチーによるものである）
(c)邦　訳
1984年　「小冊子「ベルリン精神分析研究所の10年」への序言」（生松敬三訳）著11, 393-394.

　この数年前、フロイトはベルリン研究所（当時「ベルリン精神分析無料診療所」として知られていた）の最初の2年間の活動報告をしている別のパンフレット（マックス・アイティンゴンによる）に序文（1923*g*）を書いている。

ヘルマン・ヌンベルグ著『精神分析に基づく神経症学説総論』への序文
(1932*b*[1931])

GELEITWORT ZU *ALLGEMEINE NEUROSENLEHRE*
AUF PSYCHOANALYTISCHER GRUNDLAGE
VON HERMANN NUMBERG

PREFACE TO HERMANN NUMBERG'S *GENERAL THEORY OF THE NUEROSES ON A PSYCHO-ANALYTIC BASIS*

(a)独語版
1932年　*Allgemeine Neurosenlehre auf psychoanalytischer Grundlage,* Berne and Berlin, 1932, iii.
1950年　*G. W.*, 16, 273.
(b)英語訳
1961年　*S. E.*, XXI, 258.（今回の翻訳は、英語への初訳で、ジェームズ・ストレイチーによる）

プリボール市長への手紙
(1931*e*)

BRIEF AN DEN BÜRGERMEISTER DER STADT PŘÍBOR
LETTER TO THE BURGOMASTER OF PŘÍBOR

(a)独語版
1931年　*Psychoan. Bewegung*, 3(6), 566.
1948年　*G. W.*, 14, 561.
(b)英語訳
1961年　*S. E.*, XXI, 259.（この翻訳は英語への初訳だと思われるが、ジェームズ・ストレイチーによるものである）
(c)邦　訳
1984年　「プリボール市長への手紙」（生松敬三訳）著11, 403.

　1931年10月25日、フロイトの生家の壁に飾られた青銅の記念碑の除幕式がプリボール市長によって執り行なわれた（*S. E.*, XXI の口絵参照）。この手紙はその時アンナ・フロイトによって読まれている。そのイベントについてはアーネスト・ジョーンズによって報告されている（1957, 172〈生涯479-480〉）。

続精神分析入門
(1933a[1932])

NEUE FOLGE DER VORLESUNGEN ZUR EINFÜHRUNG
IN DIE PSYCHOANALYSE
NEW INTRODUCTORY LECTURES
ON PSYCHO-ANALYSIS

(a)独語版
1933年　Wien: Internationaler Psychoanalytischer Verlag. Pp. 255.
1940年　G. W., 15. Pp. iv + 207.
(b)英語訳
1933年　London: Hogarth Press and Institute of Psycho-Analysis. Pp. xi + 240.（Tr. W. J. H. Sprott.）
1964年　S. E., XXII, 1-182.（ジェームズ・ストレイチーによる新版である）
(c)邦　訳
1953年・1969年改訂　『続精神分析入門』（古澤平作訳）選3
1971年　「精神分析入門（続）」（懸田克躬・高橋義孝訳）著1, 385-536.

　第30講と第31講の部分の原文は、『年鑑1933』（9-30と35-58）に収録されていた。さらに第34講は、『精神分析運動』4号481-497頁に入っていた。第30講の英語訳は1933年のもので、デヴリュー Devereux 編集の『精神分析とオカルト』（New York, 1953）91-109頁に収録されていた。

　扉の日付では「1933年」となっているが、アーネスト・ジョーンズ（1957, 186-187〈生涯486〉）の記述によって、実際に出版されたのは1932年12月6日のことだったことが分かる。つまり、『夢判断』の経緯を繰り返しているのである（S.E., XXII, 219 参照）。
　1932年の初め、精神分析関係の出版業務（Verlag〈出版社〉）が、財政的に逼迫した状況となったため、フロイトは、『入門』の新シリーズ（独語のタイトルは 'Neue Folge〈新シリーズ〉'）による援助を思いついた。最初と最後

の講義は、5月末までに用意され、本全体は8月末までには仕上がったのである。

　これらの講義は、前著とはさまざまな点で異なっており、それも、単に、こちらの方には講義の予定がなかったという事実だけではない。フロイト自らが序文で語っているように、これは独立したものではなく、本来的に補足なのである。しかしながら、とくに注目に値するのは、今回のものと前著との相違の仕方そのものが、それぞれの講義の特性によって、異なるということである。最初の講義は、夢についてであるが、ほとんど前著の夢の部分の要約にすぎない。一方、3、4、5番目（心の構造、不安と本能の理論、女性の心理に関するもの）には、全く新しい題材や理論が提示されている。ともかく3番目と4番目の講義では、15年前には慎重を期して避けていた、難解なメタ心理学的かつ理論的考察に踏み込んでいるのである。残りの3つの講義――2番目と最後の2つ――では、精神分析とは間接的にしか関わっていないような、種々雑多なトピックが、それも通俗的とも言えそうな形で論じられている。講義が面白くないと暗に言っているわけではない、それどころか、読者は、他の講義に比べて、およそ異なる種類と程度の注意を喚起されるのである。もしも読者が、テレパシー、教育、宗教、共産主義について、フロイトが何を考えているのか聞きたいと望むなら、あるいは、超自我について、不安について、死の本能について、少女の前エディプス期について、フロイトの最新の見解を知りたいと望むなら、きっとこれらの講義に熱中するだろう。

火の支配について
(1932*a* [1931])

ZUR GEWINNUNG DES FEUERS
THE ACQUISITION AND CONTROL OF FIRE

(a)独語版
1932年　*Imago*, 18(1), 8-13.
1950年　*G. W.*, 16, 1-9.
(b)英語訳

The Acquisition of Fire
1932年　*Psychoan. Quart.*, 1(2), 210-215.（Tr. E. B. Jackson.）
The Acquisition of Power over Fire〈火の力の支配について〉
1932年　*Int. J. Psycho-Anal.*, 13(4), 405-410.（Tr. Joan Riviere.）
1950年　*C. P.*, 5, 288-294.（上記の改訂再版）
1961年　*S. E.*, XXII, 183-193.（1950年発行のものの修正版であり、表題も改められた）
(c)邦　訳
1969年　「火の支配について」（木村政資訳）著3，497-501.

　この論文は1931年の12月に書かれたようである（Jones, 1957, 177）。
　プロメテウスの神話についての、この議論の主要点は、火と放尿の関係であるが、これについてフロイトは長い間考えてきた。これが「ドラ」（1905e [1901], *S. E.*, VII, 64〈著5，319〉以降）の例における最初の夢の分析の手掛かりとなり、さらに、ずっと後になって、「狼男」の分析（1918b[1914], *S. E.*, XVII, 91-92〈著9，426-427〉）で思いがけなく再登場する。これらの症例では、共に、遺尿の主題が関わっているが、これが、本論文中のもう1つの大きな文脈に結び付くのである。つまり、ペニスのもつ2つの機能の間の、密接な生理的かつ心理的関係である（*S.E.*, XXII, 192,〈著3，501〉）。これもまた、「ドラ」の分析においても、はっきりと記述されている（*S. E.*, VII, 31〈著5，294〉）ように、フロイトの初期の著作において長い歴史を持っているのである。これよりかなり前の1898年9月27日付のフリースへの手紙で、フロイトは「…7歳になるまで、しょっちゅう寝床を濡らしているような子どもは、幼児期の性的興奮を体験しているのに違いない」と断言している（Freud, 1950a, 書簡97〈手紙178〉）。[原注1]遺尿と自慰の等価性についての主張は、どの時期にも繰り返されている。ここでもう一度例をあげると、「ドラ」（*S. E.*, VII, 79〈著5，332〉）、『三篇』（1905d, *S. E.*, VII, 190〈著5，53〉）、ヒステリー発作についての論文（*S. E.*, IX, 233）、さらにずっと後の「エディプス・コンプレックスの消滅」（1924d, *S. E.*, XIX, 175〈著4，311〉）、そして、解剖学的な性の差別についての論文（1925j, *S. E.*, XIX, 250〈著5，163〉）などがある。
　尿道性愛は人格形成の領域とも関わりがあるが、『文化への不満』（1930a, *S. E.*, XXI, 90〈著3，453〉）の脚注にはそれについての記述があるにもかかわ

らず、それを敷衍した論文である本稿では言及されていない。尿道性愛と野心 ambition の関係について、最初に明確な指摘があるのは、「性格と肛門愛」（1908b, $S. E.$, IX, 175〈著5，138〉）であった。もっとも、かなり類似したものはあり、尿道愛と、壮大な感情 feelings of grandeur や誇大妄想との関連についての考察が、『夢判断』（1900a）では2ヶ所（$S. E.$, IV, 218と $S. E.$, V, 469〈著2，181と385〉）にわたってなされていて、後者では、火を消すことについても軽く触れられている。野心との関連は、後になって、何度かほのめかされてはいたが、この論文の出版に続く『続精神分析入門』（1933a）の第32講の102頁〈著1，469〉では、記述がかなり増えている。

（原注1） 初期の論文「子どもの夜尿に併発しやすい症状について On a Symptom which often accompanies Enuresis Nocturna in Children 」（1893g）は全く神経学的な論文であって、心理学的なものではない（$S. E.$, III, 243を参照。(訳注1)）。

（訳注1） Freud（1950a）の書簡15〈手紙33〉の1893年11月27日における手紙の中で、彼は論文のことを「下らない物」と侮蔑的に書いている。

戦争はなぜ
（1933b［1932］）

WARUM KRIEG？
WHY WAR？

(a)独語版
1933年　Paris: Internationales Institut für Geistige Zusammenarbeit（Völkerbund）Pp. 62.
1950年　$G. W.$, 16, 11-27.（上記の再版）
(b)英語訳
1933年　Paris: International Institute of Intellectual Cooperation（League of Nations）Pp. 57.（Tr. Stuart Gilbert.）
1950年　$C. P.$, 5, 273-287.（アインシュタインの手紙は省略）（Tr. James Strachey.）
1964年　$S. E.$, XXII, 195-215.（フロイトの手紙の翻訳は、1950年に出版された

ものの修正版である。アインシュタインの手紙が、彼の遺言執行者の許可を得て収録されている。さらに、執行者側の要望により、スチュアート・ギルバート訳の英語版のものとなった）

(c)邦　訳
1937年　「何故の戦争か？」（伊東豊夫訳）全4改訂
1954年　「何故の戦争か」（土井正徳・吉田正己訳）選8
1970年　「何故の戦争か」（吉田正己訳）選8改訂
1984年　「戦争はなぜ」（佐藤正樹訳）著11, 248-261.

　1931年、国際知的協力機関 the International Institute of Intellectual Co-operation は、国際連盟文学芸術常任委員会 the Permanent Committee for Literature and the Arts of the League of Nations より、「国際連盟と知的生活の共通の利益に資するに適した主題について」、代表的な知識人の間で書簡の交換が行なわれるよう準備すること、さらにこれらの書簡を定期的に公刊するよう、通達を受けた。この機関が最初に打診した中にアインシュタインがおり、彼こそがフロイトの名前を挙げたのであった。それに応じる形で、1932年6月に、機関の事務官が参加を求める手紙をフロイトに送り、すぐに承諾された。アインシュタインの書簡が、8月初旬に彼の手元に届き、フロイトの返信は1ヶ月後に完成した。この往復書簡は、機関によってパリで1933年3月、独語版、仏語版および英語版が同時に出版された。しかし、ドイツでは配布が禁止された。

　フロイト自身は、この仕事にそれほど乗り気だったわけではなく、これは退屈で不毛の議論であると述べている（Jones, 1957, 187）。2人は結局、互いに親密になることはなかったが、一度だけ、1927年の初めにベルリンで、フロイトの末の息子の家で会っている。フロイトは、フェレンツィへの手紙に、その時の様子について次のように記している。「彼の心理学についての理解は私の物理学についての理解と同じ程度であったため、我々は大変愉快に話し合いました」（同）。そして1936年と1939年には、2人の間できわめて友好的な手紙が交わされた（同）。

　フロイトは、以前から、戦争という主題について「戦争と死に関する時評」（1915b, 著5, 397-420）の最初の部分（「戦争の幻滅　The Disillusionment of War」）の中で語っており、これが著わされたのは、第1次世界大戦の勃発直後であった。本論文で考察されている問題のいくつかは以前のものにも

見られるが、むしろ、社会学的な主題についての彼の最近の著作、『ある幻想の未来』(1927c, 著3, 362-405) や『文化への不満』(1930a, 著3, 431-496) の中に表わされた思想の方に、密接につながっている。文化を「過程 process」とするフロイトの見解が、ここでさらに発展していることは特に興味深い。後者の著作で、フロイトは、何度もこの考えを持ち出していたのであった（例えば、標準版第XXI巻の第3章の終り96-98頁〈著3, 457-459〉や、その第8章の後半139頁〈著3, 491〉以降）。(原注1) 彼は、破壊本能という主題も再び取り上げているが、これについては同書の第5章と第6章で初めて少なからぬ説明を施しており、後の著作でもそこに立ちかえることになるのである（『文化への不満』の編者の序文を参照せよ〈本書433-437〉）。

（原注1）『続精神分析入門』(1933a) 最終講義の編者脚注179頁、および、22, 215頁〈著11, 261〉も参照のこと。

ヨーゼフ・ポッパー-リュンコイスとの接触
(1932c)

MEINE BERÜHRUNG MIT JOSEF POPPER-LYNKEUS
MY CONTACT WITH JOSEF POPPER-LYNKEUS

(a)独語版
1932年　*Allgemeine Nährpflicht*〈一般的栄養義務〉(*Vienna*), 15.
1950年　*G. W.*, 16, 261-266.
(b)英語訳
1942年　*Int. J. Psycho-Anal.*, 23(2), 85-87.（Tr. James Strachey.）
1950年　*C. P.*, 5, 295-301.
1964年　*S. E.*, XXII, 219-224.（今回の翻訳は、1950年のものの修正版である）
(c)邦　訳
1984年　「ヨーゼフ・ポッパー-リュンコイスとの接触」（生松敬三訳）著11, 404-408.

　この論文は、初め、ヨーゼフ・ポッパー Josef Popper (1838-1921) の影

響を受けて創刊された、ある定期刊行物に発表された。それは、彼の没後10周年を記念して発刊された特別号であった。フロイトは、その10年前、ポッパーの死去にあたって、これよりも短いが似たような文脈の論文を書いている（1923*f*）。その論文を紹介しているストレイチーの覚書をみれば、ポッパーについての若干の記載がある（*S. E.*, XIX, 260,〈本書401頁〉）。本論文の最初の部分では、フロイトの心理学理論の精髄の全てが概説されているが、独特の明晰さと正確さで記述されている。

サンドール・フェレンツィ
(1933*c*)

SÁNDOR FERENCZI
SÁNDOR FERENCZI

(a)独語版
1933年　*Int. Z. Psychoanal.*, 19(3), 301-304.
1950年　*G. W.*, 16, 267-269.
(b)英語訳
1933年　*Int. J. Psycho-Anal.*, 14(3), 297-299.（訳者不詳）
1964年　*S. E.*, XXII, 227-229.（ジェームズ・ストレイチーによる新訳である）
(c)邦　訳
1984年　「サンドール・フェレンツィ」（生松敬三訳）著11, 409-411.

　サンドール・フェレンツィは、1873年7月16日に生まれ、1933年5月22日に没した。フロイトがフェレンツィに以前贈ったという記念文（Freud, 1923*i*）は、ここでも引用されたものだが、標準版第XIX巻267頁（著11, 381「フェレンツィ・サンドール博士」）に収録されている。

ある微妙な失錯行為
(1935b)

DIE FEINHEIT EINER FEHLHANDLUNG
THE SUBTLETIES OF A FAULTY ACTION

(a)独語版
1935年　*Almanach 1936*, 15-17.
1950年　*G. W.*, 16, 35-39.
(b)英語訳
The Fineness of Parapraxia〈失錯行為の微妙さ〉
1939年　*Psychoan. Rev.*, 26(2), 153-154.（Tr. A. N. Foxe）
The Subtleties of a Parapraxis〈失錯行為の微妙なところ〉
1950年　*C. P.*, 5, 313-315.（Tr. James Strachey）
1964年　*S. E.*, XXII, 233-235.（1950年に発行されたものの改訂版であり、表題も改められている）
(c)邦　訳
1970年　「ある微妙な失錯行為」（吾郷晋浩訳）著4，477-479.

　これは日常生活の精神病理学（Freud, 1901b）という、フロイトが好んだ主題についての、最後ではないが、晩年の論文である。彼は、未完の論文「初級講座」（1940b[1938]）で、再びこの主題に戻っている。

ロマン・ロランへの手紙（アクロポリスでのある記憶障害）
(1936a)

BRIEF AN ROMAIN ROLLAND
(EINE ERINNERUNGSSTÖRUNG AUF DER AKROPOLIS)
A DISTURBANCE OF MEMORY ON THE ACROPOLIS

(a)独語版
1936年　*Almanach 1937*〈年鑑 1937〉, 9-21.
1950年　*G. W.*, 16, 250-257.

(b)英語訳
1941年　*Int. J. Psycho-Anal.*, 22(2), 93-101.
1950年　*C. P.*, 5, 302-312.（上記の再版）
1964年　*S. E.*, XXII, 239-248.（1950年に発行されたものの修正版である）

(c)邦　訳
1984年　「ロマン・ロランへの手紙—アクロポリスでのある記憶障害」（佐藤正樹訳）著11, 262-270.

　ロマン・ロランは、1866年1月29日生まれで、彼の70歳の誕生日にこの論文が捧げられた。フロイトはロランを最大級に評価しており、それはこの著作ばかりでなく、ロランの60歳の誕生日に贈ったメッセージ（Freud, 1926*a*）や、出版もされた彼宛ての4、5通の手紙（Freud, 1960*a*）や、『文化への不満』（*S. E.*, XXI, 64-65〈著3, 431-496〉）の初めの一節からも窺える。フロイトが最初に彼と手紙を交わしたのは1923年であるが、会ったのはたった一度で、おそらく1924年であったと思われる。
　この論文の独語版で、上記の『年鑑』のものより古いものを捜し出すことは不可能である。この頃、ロマン・ロランに関する出版物は、トーマス・マンや当然すべてのユダヤ人作家を含む他の多くの著作家たちに関係する出版物と同様に、ナチスによって弾圧されていたということを心に留めておくべきであろう。

ゲオルグ・フックスへの手紙の抜粋
(1931*f*)

AUSZUG EINES BRIEFS AN GEORG FUCHS
LETTER TO GEORG FUCHS

(a)独語版
1931年　Georg Fuchs *Wir Zuchthäuser*〈我ら囚人〉Munich, Langen, x-xi.

1987年　G. W., 補遺巻, 759-760.
(b)英語訳
1961年　A Hitherto Unnoticed Letter by Sigmund Freud, *Int. J. Psycho-Anal*., 42, 199-200.（Tr. K. R. Eissler.）
1964年　*S. E.*, XXII, 251-252.（翻訳はジェームズ・ストレイチーによる新訳である）

　この手紙はアイスラー博士によって発見され、親切にもそれへ我々の注意を喚起し、ここに使用する許可を与えてくれた。（本当は標準版の第XXI巻に含められるべきであったが、見つかったのが遅かった。）この手紙を書いたフロイトの状況は、アイスラー博士の上記の論文に見出される。以下の記載は、それに基づく。
　ゲオルグ・フックス（1868-1949）は、ミュンヘンに住む文学評論家で特に劇場に密に関わっていた。政治犯として投獄されたが、獄中での体験の長い報告を書いた。彼はその本を出版する前に、様々な著名人（フロイトの他に、Ricarda Huch、Herman Keyserling、Oswald Spengler を含む）にその原稿を送り、本文の前書きとして彼らの返事を掲載した。

リヒャルト・ステルバ著『精神分析辞典』への緒言
（1936*b*［1932］）

VORWORT ZU RICHARD STERBA,
HANDWÖRTERBUCH DER PSYCHOANALYSE
PREFACE TO RICHARD STERBA'S
DICTIONARY OF PSYCHO-ANALYSIS

(a)独語版
1936年　Sterba, *Handwörterbuch der Psychoanalyse*, Vienna
1987年　G. W., 補遺巻, 761.
(b)英語訳
1964年　*S. E.*, XXII, 253.（翻訳はジェームズ・ストレイチーによる）

ステルバの本の第1分冊（'Abasie'から'Angst'まで）の口絵に、複写で印刷された。この仕事が開始されたばかりで、フロイトはそのサンプルを見ただけで、この手紙を書いた。標準版までの間にこの手紙は印刷されたことがなかったようである。

ボナパルト著『エドガー・ポー　精神分析的研究』への緒言
(1933d)

VORWORT ZU EDGAR POE, ÉTUDE PSYCHANALYTIQUE
PREFACE TO MARIE BONAPARTE'S THE LIFE AND WORKS OF EDGAR ALLAN POE : A PSYCHO-ANALYTIC INTERPRETATION

(a)仏語・独語版

1933年　"*Edgar Poe, étude psychanalytique*", Paris, 1933年, 1, xi.（仏語）

1934年　"*Edgar Poe, eine psychoanalytische Studie*", Vienna, 1934, v.（独語原文）

1950年　G. W., 16, 276.

(b)英語訳

1949年　*The Life and Works of Edgar Allan Poe: a Psycho-Analytic Interpretation*, London, 1949, xi.（Tr. John Rodker.）

1964年　S. E., XXII, 254.（翻訳はジェームズ・ストレイチーによるものである）

トーマス・マン60歳誕生日に寄せて
(1935c)

THOMAS MANN ZUM 60. GEBURTSTAG
TO THOMAS MANN ON HIS SIXTIETH BIRTHDAY

(a)独語版

おそらく1935年の秋　*Almanach 1936*〈年鑑1936〉, 18.
1950年　G. W., 16, 249.
(b)英語訳
1960年　*Letters of Sigmund Freud 1873-1939*, New York, 1960, 426と London, 1961, 422.（Tr. T. and J. Stern.）
1964年　S. E., XXII, 255.（翻訳はジェームズ・ストレイチーによる）
(c)邦　訳
1974年　書簡296，著8，425-426.

　アーネスト・ジョーンズ（1957年，213〈生涯497〉）によれば、これはマン Mann の出版社 Fischer Verlag からの要請に応えて、マン60歳の誕生日の贈り物として書かれたものである。しかし、『年鑑1936』以前にこの手紙が出版された形跡をたどることはできなかった。しかしながらロマン・ロラン Romain Rolland に関連する編者の記述（S. E., XXII, 238）(訳注1)を見よ。トーマス・マン Thomas Mann はフロイトの熱烈な賞賛者であり、フロイトに多くの謝辞を述べている。フロイトからマンへのナポレオンの主題についての長い手紙は、この手紙の1年後（1936年11月29日）に書かれたものであるが、上記の書簡集〈著8，書簡304〉とジョーンズの伝記（1957, 492-493）に収められている。

（訳注1）　トーマス・マンやすべてのユダヤ人作家に関する著述は、ナチ政権下では読むことが禁じられていたこと。

人間モーセと一神教
（1939*a*[1934-38]）

DER MANN MOSES UND DIE MONOTHEISTISCHE RERIGION : DREI ABHANDLUNGEN
MOSES AND MONOTHEISM : THREE ESSAYS

(a)独語版
1939年　Amsterdam : Verlag Allert de Lange. Pp. 241.

1950年　G. W., 16, 101-246.
(b)英語訳
1939年　London : Hogarth Press and Institute of Psycho-Analysis., Pp. 223. New York : Knopf. Pp. viii＋218.（Tr. Katherine Jones.）
1964年　S. E., XXIII, 1-137.（ジェームズ・ストレイチーによるものである）
(c)邦　訳
1954年　「人間モーセと一神教」（土井正徳・吉田正己訳）選8
1970年　「人間モーセと一神教」（吉田正己訳）選8改訂
1984年　「人間モーセと一神教」（小此木啓吾訳）著11, 271-376.
2003年　『モーセと一神教』（渡辺哲夫訳）ちくま学芸文庫

　本著作を構成する3論文のうちの最初の2篇は、もともと1937年に『イマーゴ』第23巻1号5-13頁および、同4号389-419頁に掲載されたものである。この2論文の英語訳は英語版国際精神分析学雑誌第19巻3号（1938）291-298頁、および20巻1号（1939）1-32頁に掲載された。3つめの論文の第II部セクションCの部分は1938年8月2日、パリ国際精神分析学会学術大会においてアンナ・フロイトによって代読されたものであり、後に国際精神分析学雑誌イマーゴ第24巻1/2号（1939）6-9頁に 'Der Fortschritt in der Geistigkeit'（知性の進歩 The Advance in Intellectuality）という表題で別に掲載された。最初の論文と2番目の論文のはじめの3つのセクションは、『年鑑1938』9-43頁に掲載された。完成版の著作の中におさめられたときには、これら初期の出版に、さほど重要でない2、3の修正が加えられた。本稿ではそれらの修正に注を付けている。

　フロイトは1934年の夏の間に、『人間モーセ、ある歴史小説　The Man Moses, a historical Novel』という表題の最初の草稿を完成させたらしい（Jones, 1957, 206）。1934年9月30日付のアーノルド・ツヴァイクに宛てた長い手紙（Freud, 1960a, 書簡276〈著8，書簡292〉）の中で、フロイトは本書についての説明とともに、何故出版しないかについても述べている。それは、3つめの論文の序文的覚書（S.E., XXIII, 54）で説明していることとほぼ同じである。すなわち、1つには、彼の論点が十分に確立されているかどうかについての疑問が挙げられ、もう1つには本書の出版に対するローマカトリック教会組織からの反応が挙げられている。ローマカトリック教会は当時のオ

ーストリアの政治において支配的な力を有していたのだ。そのとき、フロイトが著作自体についてした説明からすると、作品は本質的には現在われわれが目にするものと同じものであるようだ。3つの別々のセクションからなる形式もそのままである。にもかかわらず、その中でいつくかの変更が加えられたに違いない。フロイトは絶えずこの著作に対して、とりわけ第3論文に対して不満を表明していた。1936年の夏の間に全体的な書き直しをしたようだが、その主題について何を言おうとしているのかはっきりしない（Jones, 1957, 388）。いずれにしても第1論文は翌年（1937）の初めに出版され、第2論文は同年末に出版された。[原注1] しかし第3論文は手元にとどめおかれたままで、ようやく印刷に回されたのは1938年の春フロイトが英国に着いてからのことだった。オランダでその年の秋に出版され、英訳版は翌年の3月に出版された。

　『人間モーセと一神教』を読んでおそらく読者がまず最初に驚くであろうことは、この本の構成上の、ある種の非正統性、ないしは突飛さと言ってもよいものであろう。3論文はそれぞれに長さが大変異なっており、2つの序言のどちらもが第3論文の冒頭におかれている。また3つめの序言は第3論文の中ほどにおかれている。また要約や繰り返しがきわめて多い。このような不規則性は他のフロイトの著作のどこにも見当たらないが、これについてはフロイト自身が一度ならず指摘し、弁解している。このことはどう説明すべきであろうか。疑いもなく、本書が成立した状況、つまり、4年以上、もしくはそれ以上の長期間にわたって書き直され続けたことや、最終段階で起こった急激な外的困難にかかわっている。オーストリアでは政治的混乱が続いていたが、ナチのウィーン占領によってその混乱は頂点に達し、そのためフロイトは英国へ移住せざるをえなくなったのである。そのような影響の結果は、本書ただ1巻の、限定された、一時的領域にのみ認められるはずであるが、それはすぐ後に書かれた著作を見るとはっきりとわかる。すなわち、フロイトの著作の中でも最も簡潔で構成の整ったものの1つである『精神分析学概説』である。

　しかし、『人間モーセと一神教』に、その提示の形式において欠陥があると判断されるとしても、それは本論文の内容の重要さや、議論の説得力に対する批判とはならない。本論文の歴史的な基盤については、疑いもなく専門的な議論を要することであるが、心理学的発達を諸仮定にあてはめていくそ

の巧みさは、先入観をもたない読者に対して非常に説得力があるだろう。とりわけ個人的精神分析に馴染んだ人々は、民族集団の分析において個人と同じ発達の道筋が示されることに魅了されるだろう。もちろんこの著作全体が、『トーテムとタブー』(1912-13)や『集団心理学と自我の分析』(1921c)でなされた人間社会の組織化の起源に関するフロイトの以前の研究に連なるものとみなされるものである。アーネスト・ジョーンズによるフロイトの伝記(1957)の第3巻13章、388-401頁において、この本に関するきわめて詳細で情報に満ちた考察がなされている。

(原注1) 後者は1937年8月11日に完成した。(Freud, 1960a, 書簡290〈著8, 書簡292, 421-422〉)

精神分析学概説
(1940a[1938])

ABRISS DER PSYCHOANALYSE
AN OUTLINE OF PSYCHO-ANALYSIS

(a)独語版
1940年　*Int. Z. Psychoanal. Imago*, 25(1), 7-67.
1941年　*G. W.*, 17, 63-138.
(b)英語訳
1940年　*Int. J. Psycho-Anal.*, 21(1)27-82.（Tr. James Strachey.）
1949年　London : Hogarth Press and Institute of Psycho-Analysis. Pp. ix + 84.
1964年　*S. E.*, XXIII, 139-207.（1949年に出版された翻訳に相当の改訂を加えたものである）
(c)邦　訳
1932年　「精神分析学の梗概」（林　髞訳）大13
1958年　「精神分析学概説」（古澤平作訳）選15
1969年　「精神分析学概説」（小此木啓吾訳）選15改訂,
1983年　「精神分析学概説」（小此木啓吾訳）著9, 156-209.

この本が英語版と独語版の両方で最初に出版されたときには、当時フロイトが書いた断章「精神分析初級講座」（1940b[1938]）からの2つの長い抜き書きが添えられていた。これらの抜粋は独語版では第4章（S.E., XXIII, 158を見よ）の脚注として、英語版では付録として載せられている。抜粋が引用されたその断章は全文がすぐ後に出版されている（同，279）。後の再版においては、その脚注と付録は結果的に省略された。

　不運な見過ごしによって、フロイトの「序言」（同，144）は独語版全集の再版から除かれてしまったので、独語ではそれは独語版雑誌においてしか見ることはできない。独語版著作集の中でも（1941年に）一番最初に出版されることになった第17巻が *Schriften aus dem Nachlass*（遺稿集）として別の表題紙と装丁で同時に出版されたということは明記しておくべきであろう。

　この著作全体の原稿は著しく短縮化された形で書かれている。とりわけ第3章（「性的機能の発達 The Development of Sexual Function」, 152〈著9，162〉）は、その大部分が非常に短縮化されて書かれており、例えば定冠詞や不定冠詞、多くの主動詞が省略されていて、まるで電文体とでも形容したくなるようなものである。独語版の編集者たちが、われわれに語ってくれたところによれば、これらの短縮された部分を補充したという。だが全体的な意味については疑いをさしはさむ余地はない。だから、編集がいくつかの点において多少恣意的ではあるが、それを受け入れて、独語版全集の版を翻訳するのが最も素直であるように思えた。

　本著作の第1部にはフロイトによる表題がつけられていない。独語版の編集者は便宜上'Die Natur des Psychischen〈精神の本質〉'という題を借用したが、この表題は先に言及した同時期に書かれた断章「精神分析初級講座」（S. E., XXIII, 282）の中見出しである。本版では、より一般性のある見出しが考案された。(訳注1)

　フロイトがいつこの『概説』を書き始めたかについては議論がある。アーネスト・ジョーンズ（1957, 255〈生涯518〉）によれば、「彼はウィーンで待機していた間にこれを書き始めた」とあるが、それなら1938年の4月か5月ということになる。しかし、原稿の冒頭の頁には、「7月22日」という日付がついている。このことは、本著作が1938年の7月、すなわちフロイトが6月の初旬にロンドンに到着したすぐ後に書き始められたという独語版の編集者たちの主張を裏づけている。9月の初旬までにフロイトは『概説』のうち

の63枚を書いていたが、その頃フロイトは非常に大きな手術を受けなければならなかったため、この著述は一時中断されることになった。そして再びこの著述へは戻らなかった。彼はそのすぐ後で、もう１つの解説的な著作（「精神分析初級講座」）にとりかかったが、しかし、これもまたほどなく中断することになった。

　そのようなわけで『概説』は未完の著作といわなければならないだろうが、だがこれを不完全とみなすのは難しい。最後の章は確かに他の章と較べると短いし、すでに第６章で触れていた罪悪感のような問題の議論にまで及んでいてもよかった筈ではある。しかしながら、一般的に言って、はたしてフロイトがこの本で、いったいどこまで、そしてどのような方向へ進もうとしていたのかという点は非常に興味をそそられる問題である。というのも、著者が序言において示した予定は、それなりにすでにこなされているようにみえるからである。

　フロイトが長いあいだ書き続けてきた解説的な著作の中でも、この『概説』はユニークな特徴を見せている。というのも、他の著作は例外なく外部の一般大衆に精神分析を説明することを目的としており、すなわち、フロイトの主題に対するアプローチの仕方は、概してその程度やタイプが様々ではあるものの、常にどちらかというと無知である大衆向けに書かれているのである。このことは『概説』についてはあてはまらない。これが初心者向けの著作でないことは明確に理解しておかねばならない。どちらかといえば、これは上級の研究者のための「再研修コース refresher course」といったようなものであろう。著作のどこにおいても読者には、心理学に対するフロイトの全般的なアプローチのみならず、彼の発見や諸理論について、きわめて詳細にまで精通していることが期待される。例えば、言語的感覚印象の記憶痕跡が演じる役割についてほのめかしている２、３の非常に短い言及（162および199〈著９，171および203〉）などは、「夢判断」の最終章や、「無意識」に関するメタ心理学的論文の最終部分で展開された数々の難解な議論を知らない人にとっては、ほとんど理解不能であろう。さらに２、３の箇所（193, 205〈著９，198, 208〉）で、同一化や、同一化と遺棄された愛情-対象との関係についてきわめて不十分な言い方をしているのは、少なくとも「自我とエス」第３章についての知識を前提としているということである。しかしすでにフロイトの著作に精通している人にとっては、この著作は実に魅力的なエピローグに思えることだろう。最も基本的な理論であれ、最も詳細な臨床的

観察であれ、フロイトが触れるものにはすべて新しい光が投げかけられ、すべての事柄がフロイトの最新の用語を用いて議論されている。まったく新しい発展をほのめかしていることすらある。中でも第8章の後半では、自我の分裂という問題と、それがもたらす外的世界の諸部分の否認という問題が、フェティシズムの症例において提示され、さらに拡大された考察が加えられる。これらすべてが示すことは、82歳という年齢にしてフロイトは、すでに使い古されたかのように見えるトピックに対して斬新なアプローチをなすだけの驚くべき才能を、依然として保持していたということである。おそらく彼の文体がこれ以上の簡潔さや明快さのレベルに達した著作は他にはないだろう。名匠が自ら創造した様々なアイディアについて、最後に語るというにふさわしい堂々たる態度で著わしたその筆致によって、著作全体が、われわれに自由な感覚を与えている。

（訳注1）　標準版の第1部の見出しは"THE MIND AND ITS WORKING"となっている。

終わりある分析と終わりなき分析
（1937c）

DIE ENDLICHE UND DIE UNENDLICHE ANALYSE
ANALYSIS TERMINABLE AND INTERMINABLE

(a)独語版
1937年　*Int. Z. Psychoanal.*, 23(2), 209-240.
1950年　*G. W.*, 16, 57-99.
(b)英語訳
1937年　*Int. J. Psycho-Anal.*, 18(4)373-405.（Tr. Joan Riviere.）
1950年　*C. P.*, 5, 316-357.（上記のもの修正版である）
1964年　*S. E.*, XXIII, 209-253.（本訳は1950年に出版されたものの改訂版である。独語原版のセクション6の最後から8つ半の段落は、1937年の秋に『年鑑1938』44-55で再版された）
(c)邦　訳

1958年　「終りある分析と終りなき分析」（古澤平作訳）選15
1969年　「終りある分析と終りなき分析」（小此木啓吾訳）選15改訂
1970年　「終りある分析と終りなき分析」（馬場謙一訳）著6，377-413.

　この論文は1937年のはじめに書かれ、6月に出版された。本論文と次の「分析技法における構成の仕事（1937d）」に関する論文は、生前に出されたフロイトの著作の中で、厳密な意味で精神分析的といえる最後の著作である。技法の問題はフロイトの他の著述の中でももちろん取り扱われてはきたが、彼が純粋に技法的な著作を出版してからすでに20年近くが経過していた。

　精神分析的治療の作用に関する、初期のフロイトの主たる論考は、『精神分析入門』（1916-17）の第27講と第28講の中にある。フロイトは『続精神分析入門』（1933a）の第34講の中で再びこの主題についてずっと短くではあるがふれている。これらの初期の著作を読んだ読者は、本論文とそれに先立つ著作との間の相違のように見えるものに驚くことがある。だからこれらの表面的な違いについての検討が必要である。

　この論文は、精神分析の治療的有効性に関して、全体として悲観的な印象をもたらす。精神分析の限界が繰り返し強調されているし、手続きの難しさや、立ちはだかる障害が強調されている。実のところこれらのことが主要なテーマなのである。しかしながら、実際この中には何ひとつ革新的なものはない。フロイトは分析における成功の前に立ちはだかる障壁について常に十分に意識していたし、いつでもそれについて検討する準備があった。さらにフロイトはつねに精神分析に対する非治療的な関心の重要性に注意を向けることに熱心であった。それがフロイト自身の個人的な指向性であり、ことに彼の人生の後半はそうであった。『続精神分析入門』（1933a）の中の技法に関する短い論考の中で、彼が「私は決して狂熱的治療家ではなかった」と書いていることが思い出されよう（$S.\ E.$, XXII, 151〈著1，510〉）。だからこの論文の中で精神分析の治療的野心に対して冷静な態度を示したことにしても、精神分析の前に立ちはだかる困難を列挙していることにしても、少しも思いがけないことではない。われわれをより驚かせるのは、おそらくこれらの困難の根底にある本質と困難の原因に対してなされたフロイトの検討に見られるいくつかの特徴である。

　まず第1に、フロイトが広く注意を引こうとしている諸要因が、生理学的あるいは、生物学的性質のものであるということは注目に値する。つまりこ

れらは概して心理的な影響の外にある。例えば、本能の相対的な「素因的」強さ（*S.E.*, XXIII, 224〈著6，385〉以降）や、思春期や更年期や身体疾患など生理的な原因による自我の相対的な弱さなどである（同，226〈著6，386〉）。しかし、すべての中で最も強力で全くコントロールのきかない妨害要因（これについては本論文の数頁が費やされている。同，242〈著6，402〉以降）は死の本能である。これより前の著作の中でも指摘しているように、ここでフロイトが示唆していることは、この死の本能が、多くの分析中に出会う抵抗の原因となっているというだけでなく実際のところ心の中の葛藤の究極的な原因であるということである（同，244〈著6，404〉）。しかしながら、この全体を見わたしても、やはり、革新的なことは何も出てこない。フロイトは精神分析がぶつかる困難の中で、素因的な要因を普段以上に強調しようとしていたのかもしれないが、素因的要因の重要性は常に彼が認識していたことである。

　われわれの治療的努力が成功するために「決定的な」力をもつとしてフロイトがここで選択している3つの要因は、どれも新しいものではない（*S.E.*, XXIII, 224,〈著6，385〉）。3つの要因とは、「外傷的な」原因のある症例の方が「素因的な」起源をもつ症例よりも予後が良好であること、「量の」問題の重要性、そして「自我の変容 alteration of ego」という問題である。本論文において多くの新たな光が投げかけられているのは、この3つめの点である。治療過程に関する以前の説明で、最も重要な場は常に自我の変容に割り当てられていた。患者が抑圧を解除するための準備として、分析家がもたらすこととなっている自我の変容は、つねに必須のものとされていた（例えば『精神分析入門』第28講の記述 *S. E.*, XVI, 455〈著1，370〉を見よ）。しかし、この変容の性質や、それがいかにしてもたらされるものかということに関して、わかっていることはほとんどない。フロイトの自我の分析における最近の進歩のおかげで、研究をさらに先に進めることもここでは可能となっていた。治療的な自我の変容はむしろ、防衛過程の結果としてすでにそこに存在する変容を解除することだと見なされた。さらに、自我の変容が防衛過程によってもたらされるという事実に、フロイトがきわめて初期に言及していたということは思い起こす価値がある。この考えはフロイトの防衛-神経精神病に関する2つめの論文中（1896*b*, *S. E.*, III, 185）の妄想に関する考察の中に見いだされる。またいくつかの点に関しては、1896年1月1日に書かれたもっと初期の草案K（Freud, 1950*a*）の中にも見られる。それ以来この概念は

棚上げにされていたようで、逆備給と反動形成、自我変化との間のつながりは、『制止、症状、不安』(1926d, S. E., XX, 157, 159, 164〈著6，320-376〉)において初めて明白に叙述されている。それは『続精神分析入門』(S. E., XXII, 90〈著1，459-460〉)の中に再び現われ、次に、本論文における長い考察の後に『人間モーセと一神教』(1939a, S. E., XXIII, 77〈著11, 329〉)、そして最後に、『精神分析学概説』(1940a, S. E., XXIII, 179〈著9，185，選15, 186〉)に現われる。

しかしながら、本論文でフロイトが表明している見解が、彼の以前の著作と異なっている、あるいは矛盾してさえいるという点が1つある。すなわち、本論文において、フロイトが、精神分析の予防的 prophylactic な力について懐疑主義を表明している点である。彼の疑いは新しいかあるいは異なった神経症の発生だけでなく、すでに治療済みの神経症の再発の予防の見通しにまでも向けられている。『精神分析入門』の第27講 (1916-17, S. E., XVI, 444-445〈著1，367〉) の中の次の文章、「医師との関係において、抑圧された本能的衝動の作用から自由になり正常になった人間は、医師がその関係から離れてしまった後にも、自分自身の生活の中で正常でいられるでしょう」を思い起こせば、明らかな変化がわかるだろう。そして再び同じ第28講（同, 451,〈著1，372〉) では、催眠暗示と精神分析の効果を比較して次のように述べている。「分析治療は医師にも患者にもやっかいな作業の達成が要求されます。この作業は、内的抵抗を取り除くためのものです。これらの内的抵抗を克服することを通して、患者の精神生活は永続的に変化させられ、これまでよりも高い発達段階へと高められ、ふたたび罹患する可能性が生じることから守られ続けるのです。」 同様に『続精神分析入門』の第31講の結びの文章で、フロイトは精神分析の意図は、「自我を強化し、自我を超自我からさらに独立させ、自我の知覚領域を拡大させ、自我の組織を広げ、そうすることで自我がエスの新しい諸部分を我がものにできるようにすることなのです。エスがあったところに自我をあらしめるのです」(S. E., XXII, 80〈著1, 452〉) と書いている。これらの文章の背後にある理論は同一であり、本論文において暗に言われていることとは重要な点において異なっているようである。(原注1)

フロイトの懐疑が増大したことの原因は、「現実の」ものではない葛藤を取り扱うことは不可能であると確信したことと、「潜在的な」葛藤を「現実の」葛藤に変えることに対して重大な異議の念を抱いたことにあるように思

える。この立場は単に治療プロセスについてだけでなく、より一般的に心的な事象についての見解の変更を暗に含んでいるように思える。ここでフロイトは「現実となっている葛藤」を何か孤立したもの、いわば防水区画の中にあるようなものと見なしているようだ。たとえ自我がこの葛藤に対処すべく援助されたとしても、別の葛藤を処理する能力には影響はないだろう。本能的な力もまた、同じように孤立したものと考えられているようだ。すなわち本能の力の圧力が現在の葛藤の中で緩和されたという事実は、本能が次にどのような行動をおこすかということに光をなげかけはしないということである。対照的に、初期のフロイトの見解によれば、分析の過程はより全般的な意味でも自我の変容を引き起こす力があると考えられてきたし、それは分析が終わった後も持続するものと考えられていたようだ。そして本能的な力は、力の未分化な貯蔵庫からその圧力を引き出していると見なされてきたようだ。だから分析が成功であった度合いに応じて、本能的力によるいかなる新しい侵襲も、分析によってその圧力の幾分かを低減されるはずだったし、分析によって本能的な力に対処できるようにされた自我が、本能的な力と対峙するはずであった。したがって「現実の」葛藤と「潜在的」葛藤との間に絶対的な区別は何もないだろう。そして分析のもつ予防的な力は（その直接的な結果と同様に）量的な問題にかかってくるのである。すなわち、分析のもたらす自我の強度の相対的な増大と、本能の強度の相対的低減に依っているのである。

　本論文から１年後に、フロイトが『精神分析学概説』（1940a［1938］）の中で書いた分析の治療的効果についての説明は、ここでなされている説明と全体的にみればほぼ一致しているが、われわれがここで考察した特定の問題に関していえば、おそらく初期の見解へと立ち戻っているようであるということを、指摘しておいたほうがいいだろう。例えばフロイトはそこで、抵抗を克服することに伴う大きな困難についてふれた後、次のように書いている。「しかし、これは報いられるところの大きい仕事である。なぜならば、それは転移の結果とは無関係に維持され、一生存続する喜ばしい自我の変化を招来するからである」（同，179，著９，186）。これは、何らかの全般的な変容を示唆したものと思われる。

　フロイトが開業したばかりの頃、これと非常によく似た問題に悩んでいたということに着目すると面白い。するとこの問題はフロイトの分析的研究の

初めから終りまで延長されたものとも言えるだろう。以下にあげるのは、1900年の4月16日付でフロイトが、E氏の問題についてヴィルヘルム・フリース宛てに書いた手紙（Freud, 1950*a*, 書簡133〈手紙242〉）からの抜き書きである。E氏は確かに1897年以来治療を受けていた。そしておそらく少なくとも1895年からは、その症例の浮き沈みについて、症例についての言及が文通の中で繰り返しなされた。「ある晩を過ごすためにここに招待した日に、E氏の患者としての経歴はとうとう終りになりました。彼の謎はほとんど完全に解かれました。彼の状態は最高で、彼の全存在は変容しましたが、しばらく彼の症状の残渣は続くでしょう。治療の明らかに終りない性質は法則によって決定されたものであり、転移に依存しているということを私は理解し始めようとしています。この残渣が実際上の成功を傷つけることがないことを願っています。治療をさらに延長すべきか否かという決定を下すのが私の役目でした。しかし私は、そのような延長は、病気であることと健康であることとの間の妥協であることがわかり始めたのでした。それは患者が望むところであり、それゆえに医師が同意すべきでないことなのです。漸近的asymptoticな治療の終結は本質的には私にとってはどちらでもいいことなのです。それが失望となるのは、むしろ部外者にとってのことなのです。いずれにせよ、私はこの男性を見守っていくことになるでしょうから…。」

（原注1）『続精神分析入門』のもう1つの講義（第34講）の中で、フロイトは精神分析治療の限界をはっきりと主張しているということも、付け加えておくべきであろう（*S. E.*, XXII, 153-154〈著1，511以降〉）。

分析技法における構成の仕事
(1937*d*)

KONSTRUKTIONEN IN DER ANALYSE
CONSTRUCTIONS IN ANALYSIS

(a)独語版
1937年　*Int. Z. Psychoanal.*, 23(4), 459-469.
1950年　*G. W.*, 16, 41-56.

(b)英語訳
1938年　*Int. J. Psychoanal.*, 19(4), 377-378.（Tr. James Strachey.）
1950年　*C. P.*, 5, 358-371.（上記の改訂版）
1964年　*S. E.*, XXIII, 255-269.（本書の翻訳は1950年に出版されたものの改訂版である）
(c)邦　訳
1958年　「分析技法における構成の仕事」（古澤平作訳）選15
1969年　「分析技法における構成の仕事」（小此木啓吾訳）選15改訂
1983年　「分析技法における構成の仕事」（小此木啓吾訳）著9，140-151.

　この論文は1937年の12月に出版された。
　フロイトも認めているように、分析的技法を論ずるにあたって、構成は解釈に比べ、わずかな注意しか払われてこなかったが、フロイト自身の著作の中には構成についての間接的な言及がたくさん含まれている。フロイトの症例報告の中には2、3の省略していないその実例がある。すなわち「鼠男」の分析（1909*d*, *S. E.*, X, 182, 205〈著9，183-184, 250-251〉）と「狼男」の分析（1918*b*）などである。後者の症例は全体が構成をめぐって展開しているが、この問題は特にセクション5において論じられている（*S. E.*, XVII, 50〈著9，388〉以降）。最後に、同性愛の少女の症例報告（1920*a*）において構成が大きな役割を果たしたが、それはそのセクション1で明らかにされている（*S. E.*, XVIII, 152.〈著11, 35〉）。
　この論文はフロイトが当時大いに関心を寄せていた問題、すなわち彼がそれぞれ「歴史的」真実、「物質的」真実と呼んでいた事柄の間の区別に関する考察でしめくくられている。

防衛過程における自我の分裂
（1940*e*[1938]）

DIE ICHSPALTUNG IM ABWEHRVORGANG
SPLITTING OF THE EGO IN THE PROCESS OF DEFENCE

(a)独語版

1940年　*Int. Z. Psychoanal. Imago*, 25(3/4), 241-244.
1950年　*G. W.*, 17, 57-62.
(b)英語訳
Splitting of the Ego in the Defensive Process
1941年　*Int. J. Psycho-Anal.*, 22(1), 65-68. (Tr. James Strachey.)
1950年　*C. P.*, 5, 372-375.（上記のものの再版）
1964年　*S. E.*, XXIII, 271-278.（この翻訳は1950年に出版されたものに相当の修正を加え、表題も変えてある）
(c)邦　訳
1958年　「防衛過程における自我の分裂」（古澤平作訳）選15
1969年　「防衛過程における自我の分裂」（小此木啓吾訳）選15改訂
1983年　「防衛過程における自我の分裂」（小此木啓吾訳）著9，152-155.

　この重要な未刊の論文の原稿は、1938年1月2日の日付で著者の死後に出版された。そしてアーネスト・ジョーンズ（1957, 255）によれば、これは「1937年のクリスマスに書かれた」ということである。
　この論文には、困難な状況における自我とその振る舞いに関する研究が、以前よりもさらに踏み込んだかたちで載せられている。相互に関連のある2つの話題が含まれ、そのいずれもが当時のフロイトの心を占めていたものである。すなわちそれは「否認」（'*Verleugnung*'）という行為の概念と、その行為が自我の「分裂」へと帰結するという考えである。「否認」はフロイトによって、ここでもそうであるように、通常、去勢コンプレックスとの関連において論じられていた。そのことは、例えば「幼児期の性器体制 The Infantile Genital Organization」(1923*e*, *S. E.*, XIX, 143〈著11, 98-101〉)に見られるが、その論文では、編者の脚注において、この用語が出ている場所が多く参照されている。それらのうちの1つが「呪物崇拝 Fetishism」に関する短い研究（1927*e*, *S. E.*, XXI, 155-156〈選5, 391-396〉）の中にあり、本論文はその続編とみなしてもよいであろう。というのは、その研究においては否認の結果として生じる自我の分裂が強調されているからである。（そのことはすでに「神経症と精神病」（1924*b*）19, 152-153〈選10, 181-182〉においてほのめかされていた。）
　理由は明らかでないが、この論文は未完成のままにされ、ほんの少し後にフロイトは再びその主題を、彼の『精神分析学概説』の第8章の最後の2、

3頁（1940a[1938], 201-204〈著9，202-207〉）でとりあげている。しかしながら彼はそこでは、自我の分裂という考えをフェティシズムや精神病の症例を越えて、神経症一般にまで適用している。かくしてこの話題は、防衛の過程によって必ずもたらされる「自我の変容 alteration of the ego」という、より広義の問題へとつながっていく。このこともまた当時フロイトが、「終わりある分析と終わりなき分析」についての技法的論文で（1937c, とくにセクション5において）取り扱っていたことである。しかし、このことはわれわれを最初期の、防衛‐神経精神病に関する第2論文（1896b, S. E., III, 185）へ、さらにもっと前のフリース書簡の草案K（1950a）へと引き戻すのである。

精神分析初級講座
(1940b[1938])

SOME ELEMENTARY LESSONS IN PSYCHO-ANALYSIS

(a)独語版
1940年　*Int. Z. Psychoanal. Imago*, 25(1), 21-22.（抜粋）
1950年　*G. W.*, 17, 139-147.（全文）
(b)英語訳
1940年　*Int. J. Psycho-Anal.*, 21(1),（83-84, 抜粋）(Tr. James Strachey.)
1950年　*C. P.*, 376-382.（全文。同訳者による）
1964年　*S. E.*, XXIII, 279-286.（翻訳は1950年に出版されたものを改訂再版したものである）
　もともとの部分的な出版は独語版初版の『精神分析学概説』（1940a[1938]）に付された脚注、および、同書の最初の英訳版の付録であった。

　元の表題は英語である。これはロンドンで書かれ、原稿の日付には1938年10月20日と記されている。しかし断片として残された。それに先立って『概説』が、同年9月に打ち切られており、これも断片のままであるが、本著作よりはずっと長くより重要である。本著作は同じ問題に対する新たな、異なったアプローチである。『概説』の中の編者の覚書（*S.E.*, XXIII, 142〈本書473

頁〉〉で書いたより広範な考察を参照されたい。

反ユダヤ主義運動についての批評
(1938*a*)

EIN WORT ZUM ANTISEMITISMUS
A COMMENT ON ANTI-SEMITISM

(a)独語版
1938年　*Die Zukunft : ein neues Deutschland ein neues Europa* 〈未来へ：新しきヨーロッパの新しいドイツ〉, No. 7, 2.（11月25日号）
1987年　*G. W.*, 補遺巻, 771-781.
(b)英語訳
On Antisemitism〈反ユダヤ主義について〉
1938年　上記に同じ（訳者不詳）
1964年　*S. E.*, XXIII, 287-293.（この翻訳はジェームズ・ストレイチーによるものである）

この論文が掲載されている雑誌についての詳報はアーサー・ケストラー Arthur Koestler（1954, 406以降）から得た。彼はわれわれが関心をもっているその時代に編集に携わっていた。この雑誌はパリで発行されており、彼はこの雑誌のことを'a German *émigré* weekly〈週刊ドイツ移民〉'と呼んでいた。この雑誌は1938年の秋に創刊され、およそ18ヶ月後に廃刊になった。ケストラー氏は最初の数ヶ月間、この雑誌の発行に携わっていた。フロイトの記事が掲載されている号は、英独両方の言語で印刷された「英独」版で、ケストラー氏が説明してくれたところによると、彼がロンドンに行って、その雑誌に投稿してくれるようフロイトを説得したのだそうだ。その雑誌は今では手に入れるのが困難で、フロイトのオリジナル原稿と印刷記事、および、当時の匿名の極めて自由な翻訳の写真複製を提供してくれたジクムント・フロイト資料館のK・R・アイスラー博士に負うところが大きい。

見てわかるように、この記事のほとんど全体が、引用元をたどることはも

はや不可能だとフロイトが断言している引用からなっている。相当の信憑性をもって次のように言われている（Ernest Jones, 1957, 256を参照）。すなわち、この引用は実はフロイト自身が書いたものだというのである。彼はどちらかというと気に入らない見解を述べるにあたって間接的な方法を選ぶ人だったのだ。いずれにしても、ここに含まれていることの多くと、他のところで、とくにこの直前に完成したばかりの『人間モーセと一神教』（1939a）において、フロイトが主張している意見との間には強い近親性がある。（例えば、第3論文の第1部（D）と第2部（A）にあるユダヤ人の気質に関する考察を参照されたい。）そしてさらに、ここで強力に主張された、ユダヤ人迫害に対する抗議が非ユダヤ人によってなされるべきであるという訴えは、この記事よりたった1日遅れて公刊された『タイム・アンド・タイド *Time and Tide*』宛のフロイトの書簡（1938c, S.E., XXIII, 301〈著8，書簡328，453〉）においても見られる。

ルー・アンドレアス・サロメ
(1937a)

LOU ANDREAS SALOMÉ
LOU ANDREAS-SALOMÉ

(a)独語版
1937年　Int. Z. Psychoanal., 23(1), 5.
1950年　G. W., 16, 270.
(b)英語訳
1964年　S. E., XXIII, 297-298.（翻訳は、明らかに英語訳としては初めてのようだが、ジェームズ・ストレイチーによるものである）
(c)邦　訳
1984年　「ルー・アンドレアス・サロメ」（生松敬三訳）著11, 412-413.

　ルー・アンドレアス・サロメは、1861年サンクト・ペテルブルクに生まれた。彼女の夫（フリードリッヒ・カール・アンドレアス、1846-1930）はゲッチンゲンの東洋言語の教授であった。彼は1887年にルー・アンドレアス・サロ

メと結婚した。彼女にあてたフロイトの手紙の多くは、エルンスト・フロイトによって編集された彼の書簡集〈著8〉に含まれている。

成果、考想、問題
(1941 f [1938])

ERGEBNISSE, IDEEN, PROBLEME
FINDINGS, IDEAS, PROBLEMS

(a)独語版
1941年　*G. W.*, 17, 149-152.
(b)英語訳
1964年　*S. E.*, XXIII, 299-300.（翻訳はジェームズ・ストレイチーによる）

　これらの互いに関連性のない短い文章は、1941年に死後出版された独語版全集の最後に（*G. W.*, 17, 149-152）、'Ergebnisse, Ideen, Problme : London, Juni 1938' という見出しをつけて印刷された。この見出しは、日付の年を除いて、フロイトのものである。これらの覚書は、ドイツ人の編者により除外された2つのものと一緒に、1枚の紙の両面に書かれていた。

イギリスにおける反ユダヤ主義
(1938*c*)

BRIEF AN DIE HERAUSGEBERIN VON *TIME AND TIDE*
ANTI-SEMITISM IN ENGLAND

(a)独語版
1987年　*G. W.*, 補遺, 782-783.〈イルゼ・グルブリヒ=ジミティスによる独語訳〉
(b)英語版
1938年　A Letter from Freud, *Time and Tide* 反ユダヤ主義特別号, 1938年11月26日刊

1964年　S. E., XXIII, 301.
(c)邦　訳
1974年　書簡328, 著8, 453.

　英語で書かれており、内容から推察されるように、特集号の編集者（Lady Rhondda）からの寄稿の依頼に応えて、書かれたものである。エルンスト・フロイト（Freud, 1960a）によって作られた書簡集〈著8〉に含まれた。

付録　テーマ別著作リスト

〈ストレイチーが作り上げたテーマ別著作リストは標準版全体に散らばっているが、ここにまとめて掲載する。年代の表記法が不統一だが、原文のまま訳すものである。また、冒頭のストレイチーの導入文は重複するので、必要に応じて掲載した。日本語訳情報は主要なもののみ付記するが、詳しくは本書の該当頁を見てほしい。〉

主として転換ヒステリーを扱ったフロイトの著作リスト
LIST OF WRITINGS BY FREUD DEALING PRINCIPALLY WITH CONVERSION HYSTERIA
(S. E., II, 310)

[以下のリストの中で、それぞれの見出しの頭にある数字は、その作品が書かれたと考えられる年を示している。後ろの丸括弧中の年代は出版の年である。この出版年により、目次および論文索引を通じて、その作品の詳細を探すことができる。カギ括弧で囲われた文献は、没後に出版されたものである。]

[1886年　あるヒステリー男性にみられた半側感覚喪失の重症例の観察（1886d)　S. E., I]

1888年　ヴィラーレの『中辞典』における「ヒステリー」(1888b)　S. E., I

1892年　ヨーゼフ・ブロイアーへの手紙（1941a)　S. E., I

[1892年　ヒステリー発作の理論について（ブロイアーとの共著）(1940d)　S. E., I]

[1892年　メモ「Ⅲ」(1941b)　S. E., I]

1892年　催眠による治癒の一症例（1892-93b)　S. E., I

1892年　ヒステリー現象の心的機制について：予報（ブロイアーとの共著）(1893a)　S. E., II, 著7

1893年　「ヒステリー現象の心的機制について」の講義（1893h)　S. E., III

1894年　器質性運動麻痺とヒステリー性運動麻痺の比較研究についての2、3

の考察（1893c） S. E., I
1894年　防衛-神経精神病，セクション1（1894a）　S. E., III, 著6
1895年　『ヒステリー研究』（ブロイアーとの共著）（1895d）　S. E., II, 著7
[1895年　科学的心理学草稿第二部（1950a）　S. E., I, 著7
[1896年　「草案K」最終セクション（1950a）　S. E., I]
1896年　続・防衛-神経精神病についての論評（1896b）　S. E., III
1896年　ヒステリーの病因について（1896c）　S. E., III, 著10
1901-05年　あるヒステリー患者の分析の断片（1905e）　S. E., VII, 著5
1908年　ヒステリー症者の空想と両性具有に対するその関係（1908a）　S. E., IX, 著10
1909年　ヒステリー発作に関する一般的覚え書き（1909a）　S. E., IX,
1909年　『精神分析について』の講義1，2（1910a）　S. E., XI, 著10
1910年　精神分析的観点から見た心因性視覚障害（1910i）　S. E., XI, 著10

主として、あるいは大きく夢を取り扱っているフロイトの著作リスト
LIST OF WRITINGS BY FREUD DEALING PREDOMINANTLY OR LARGELY WITH DREAMS
(S. E., V, 626-627)

[夢はフロイトの著作の大部分で言及されていると言っても過言ではないだろう。以下の著作は（その重要度には大きなばらつきがあるが）、しかしながらある程度実用的なものである。]

[1895年　科学的心理学草稿（第1部セクション19, 20, 21）（1950a）　S. E., I, 著7
1899年　『夢判断』（1900a）　S. E., IV-V, 著2
[1899年　満たされた予知夢（1941c）　S. E., V]
1901年　『夢について』（1901a）　S. E., V, 著10
1901年　あるヒステリー患者の分析の断片［原題は「夢とヒステリー」］（1905e）　S. E., VII, 著5
1905年　『機知―その無意識との関係―』（第6章）（1905c）　S. E., VIII, 著4
1907年　『W・イェンゼン著「グラディーヴァ」にみられる妄想と夢』（1907a）　S. E., IX, 著3
1910年　偽装されたエディプスの夢の典型例（1910l）　S. E., V

1911年　夢判断への補遺（1911a）　S. E., V
1911年　精神分析療法中における夢解釈の使用（1911e）　S. E., XII, 著9
1911年　民間伝承の中の夢（アーンスト・オッペンハイムとの共著）（1957a）　S. E., XII
1913年　証拠としての夢（1913a）　S. E., XII, 著10
1913年　夢の中の童話素材（1913d）　S. E., XII, 著10
1913年　分析的実践から得た観察と実例（1913h）　S. E., XIII
1914年　「大事業」の夢における表現（1914e）〈「夢判断」に含まれる　S. E., V, 著2〉
1914年　ある幼児期神経症の病歴より（セクション4）（1918b）　S. E., XVII, 著9
1916年　『精神分析入門』（第2部）（1916-17）　S. E., XV, 著1
1917年　夢理論のメタ心理学的補遺（1917d）　S. E., XIV, 著10
1920年　夢理論への補遺（1920f）　S. E., XVIII〈本書352頁〉
1922年　夢とテレパシー（1922a）　S. E., XVIII, 著11
1923年　夢判断の理論と実践へのいくつかの意見（1923c）　S. E., XIX
1923年　ヨーゼフ・ポッパー-リュンコイスと夢の理論（1923f）　S. E., XIX, 著10
1925年　夢判断全体への2、3の追記（1925i）　S. E., XIX
1929年　マクシム・ルロワへの手紙──デカルトの夢について（1929b）　S. E., XXI, 著11
1932年　ヨーゼフ・ポッパー-リュンコイスとの接触（1932c）　S. E., XXII, 著11
1932年　『続精神分析入門』（第29, 30講）（1933a）　S. E., XXII, 著1
［1938年　『精神分析学概説』（第5章）（1940a）　S. E., XXIII, 著9］

主としてあるいは大きく性愛を扱ったフロイトの著作リスト
LIST OF WRITINGS BY FREUD DEALING PREDOMINANTLY OR LARGELY WITH SEXUALITY
(S. E., VII, 244-245)

［性愛への言及は勿論フロイトの著作の大多数のものに見られる。以下のリストはこの主題をより直接的に扱った著作から成る。］

1898a　神経症の病因における性　S. E., III, 著10
1905d　『性欲論三篇』　S. E., VII, 著5
1906a　神経症病因論における性の役割についての私見　S. E., VII, 著10
1907c　児童の性教育について　S. E., IX, 著5
1908b　性格と肛門愛　S. E., IX, 著5
1908c　幼児期の性理論　S. E., IX, 著5
1908d　「文化的」性道徳と現代人の神経過敏　S. E., IX, 著10
1910a　『精神分析について』の講義4　S. E., XI, 著10
1910c　『レオナルド・ダ・ヴィンチの幼年期のある思い出』、第3章　S. E., XI, 著3
1910h　男性に見られる愛人選択の特殊な一タイプについて　S. E., XI, 著10
1912d　愛情生活の最も一般的な蔑視について　S. E., XI, 著10
1912f　自慰論　S. E., XII, 著10
1913i　強迫神経症の素因　S. E., XII, 選10
1913j　精神分析への関心、第2部（C）　S. E., XIII, 著10
1913k　J. G. ブアク『諸民族の風俗・習慣・信仰・習慣法における汚物』への緒言　S. E., XII, 著10
1914c　ナルシシズム入門　S. E., XIV, 著5
1916-17　『精神分析入門』第20, 21, 22, 26講　S. E., XVI, 著1
1917c　欲動転換、とくに肛門愛の欲動転換について　S. E., XVII, 著5
1918a　処女性のタブー　S. E., XI, 著10
1919e　「子どもが叩かれる」　S. E., XVII, 著11
1920a　女性同性愛の一ケースの発生史について　S. E., XVIII, 著11
1922b　嫉妬、パラノイア、同性愛に関する2、3の神経症的機制について、セクションC　S. E., XVIII, 著6
1923a　事典の2項目：（2）「リビドー理論」　S. E., XVIII, 著11
1923e　幼児期の性器体制　S. E., XIX, 著11
1924c　マゾヒズムの経済的問題　S. E., XIX, 著6
1924d　エディプス・コンプレックスの消滅　S. E., XIX, 著6
1925j　解剖学的な性の差別の心理的帰結の2、3について　S. E., XIX, 著5
1927e　呪物崇拝　S. E., XXI, 著5
1931a　リビドー的類型について　S. E., XXI, 著5
1931b　女性の性愛について　S. E., XXI, 著5
1933a　『続精神分析入門』第32, 33講　S. E., XXII, 著1

1940a[1938]　『精神分析学概説』第3，7章　S. E., XXIII, 著9
1940e[1938]　防衛過程における自我の分裂　S. E., XXIII, 著9

子どもの不安と恐怖症を扱ったものおよび強迫神経症を扱った
いくつかのフロイト著作
SOME WRITINGS BY FREUD DEALING WITH
ANXIETY AND PHOBIAS IN CHILDREN AND
WITH OBSESSIONAL NEUROSIS
(S. E., X, 319)

[S. E., X に収録されたヒステリー症例の2つの主な話題は、当然フロイトによって繰り返し触れられているものである。しかしながら、以下のリストは、それらがとくに議論された主な文章のいくつかを含むものである。]

(A) 子どもの不安と恐怖症
1909年　ある五歳男児の恐怖症分析（1909b）　S. E., X, 著5
1913年　『トーテムとタブー』（1912-13）　S. E., XIII, 著3
1914年　ある幼児期神経症の病歴より（1918b）　S. E., XVII, 著9
1917年　『精神分析入門』第25講（1916-17）　S. E., XVI, 著1
1926年　『制止、症状、不安』（第7，8章）（1926d）　S. E., XX, 著6
(B) 強迫神経症
1894年　防衛-神経精神病（1894a）　S. E., III, 著6
1895年　強迫と恐怖症（1895c）　S. E., III
1895年　草案「K」（1950a）（フリース書簡集）　S. E., I
1896年　続・防衛-神経精神病についての論評（1896b）　S. E., III
1907年　強迫行為と宗教的礼拝（1907b）　S. E., IX, 著5
1908年　性格と肛門愛（1908b）　S. E., IX, 著5
1909年　強迫神経症の一症例に関する考察（1909d）　S. E., X, 著9
1912年　『トーテムとタブー』（1912-13）　S. E., XIII, 著3
1913年　強迫神経症の素因（1913i）　S. E., XII, 選10
1914年　ある幼児期神経症の病歴より（1918b）　S. E., XVII, 著9
1916年　ある具象的強迫観念との神話的類似物（1916b）　S. E., XIV, 著10
1917年　『精神分析入門』、第17講（1916-17）　S. E., XVI, 著1
1917年　欲動転換、とくに肛門愛の欲動転換について（1917c）　S. E., XVII,

著5
1926年　『制止、症状、不安』（1926*d*）　*S. E.*, XX, 著6

フロイトの解説的著作のリスト
LIST OF EXPOSITORY WORKS BY FREUD
（*S. E.*, XI, 56）

1904*a*　フロイトの精神分析の方法　*S. E.*, VII, 著9
1905*a*　精神療法について　*S. E.*, VII, 著9
1906*a*　神経症病因論における性の役割についての私見　*S. E.*, VII, 著10
1910*a*[1909]　『精神分析について』*S. E.*, XI, 著10
1913*j*　精神分析への関心　*S. E.*, XIII, 著10
1913*m*[1911]　精神分析について（オーストラリア医学大会にて）　*S. E.*, XII
1914*d*　精神分析運動史　*S. E.*, XIV, 著10
1916-17　『精神分析入門』　*S. E.*, XV-XVI, 著1
1923*a*[1922]　事典の2項目（マルクーゼ『中辞典』）　*S. E.*, XVIII, 著11〈「精神分析」と「リビード理論」〉
1924*f*　精神分析的要約（『この多事なる年月』）　*S. E.*, XIX, 著11
1925*d*　『自己を語る』と後記　*S. E.*, XX, 著4〈後記はない〉
1926*e*　『素人による精神分析の問題』　*S. E.*, XX, 著11
1926*f*　精神の分析（「ブリタニカ百科事典」）　*S. E.*, XX, 著11
1933*a*[1932]　『続精神分析入門』　*S. E.*, XXII, 著1
1940*a*[1938]　『精神分析学概説』　*S. E.*, XXIII, 著9
1940*b*[1938]　精神分析初級講座　*S. E.*, XXIII

主として精神分析技法と精神療法の理論を扱った
フロイトの著作リスト
LIST OF WRITINGS BY FREUD DEALING MAINLY
WITH PSYCHO-ANALYTIC TECHNIQUE AND
THE THEORY OF PSYCHOTHERAPY
（*S. E.*, XII, 172-173）

1888年	＊ベルネームの『暗示』翻訳への序文（1888-89）	S. E., I
1892年	＊催眠による治癒の一症例（1892-93b）	S. E., I
1895年	『ヒステリー研究』第4部（1895d）	S. E., II, 著7
1898年	神経症の原因としての性（最終部分）（1898a）	S. E., III, 著10
1899年	『夢判断』第2章（冒頭部）（1900a）	S. E., IV, 著2
1901年	あるヒステリー患者の分析の断片，第4章（1905e）	S. E., VII, 著5
1903年	フロイトの精神分析の方法（1904a）	S. E., VII, 著9
1904年	精神療法について（1905a）	S. E., VII, 著9
1905年	＊心的治療（魂の治療）（1905b →1890a）	S. E., VII, 著9
1910年	精神分析療法の今後の可能性（1910d）	S. E., XI, 著9
1910年	「乱暴な」分析について（1910k）	S. E., XI, 著9
1911年	精神分析療法中における夢解釈の使用（1911e）	S. E., XII, 著9
1912年	転移の力動性について（1912b）	S. E., XII, 著9
1912年	分析医に対する分析治療上の注意（1912e）	S. E., XII, 著9
1913年	分析治療の開始について（1913c）	S. E., XII, 著9
1914年	精神分析治療中における誤った再認識（「すでに話した」）について（1914a）	S. E., XIII, 著9
1914年	想起、反復、徹底操作（1914g）	S. E., XII, 著6
1914年	転移性恋愛について（1915a）	S. E., XII, 著9
1917年	『精神分析入門』第27, 28講（1916-17）	S. E., XVI, 著1
1918年	精神分析療法の道（1919a）	S. E., XVII, 著9
1920年	『快感原則の彼岸』第2章（1920g）	S. E., XVIII, 著6
1923年	夢判断の理論と実践へのいくつかの意見（1923c）	S. E., XIX
1926年	『素人による精神分析の問題』（1926e）	S. E., XX, 著11
1932年	『続精神分析入門』第34講（最終部分）（1933a）	S. E., XXII, 著1
1937年	終わりある分析と終わりなき分析（1937c）	S. E., XXIII, 著6
1937年	分析技法における構成の仕事（1937d）	S. E., XXIII, 著9
1938年	『精神分析学概説』第2章（1940a）	S. E., XXIII, 著9

＊これらの論文は催眠と暗示のみに関する論文である。

社会人類学、神話、そして宗教の歴史を扱ったフロイトの著作リスト
LIST OF WRITINGS BY FREUD DEALING WITH
SOCIAL ANTHROPOLOGY, MYTHOLOGY AND
THE HISTORY OF RELIGION
(S. E., XIII, 162)

1907b　強迫行為と宗教的礼拝　S. E., IX, 著5
1908d　「文化的」性道徳と現代人の神経過敏　S. E., IX, 著10
1910e　原始言語における単語の意味の相反性について　S. E., XI, 著10
1910f　フリードリヒ・S・クラウス博士への手紙――『アントロポピュテイア』について　S. E., XI, 著10
1911d　母音系列の意義　S. E., XII
1911f　「偉大なるはエペソスのディアーナ」　S. E., XII
1912a　シュレーバー症例への補遺　S. E., XII, 著9
1912-13　『トーテムとタブー』　S. E., XIII, 著3
1913d　夢に出てくる童話素材　S. E., XII, 著10
1913f　小箱選びのモティーフ　S. E., XII, 著3
1913j　精神分析への関心，第2部，セクション E, F, G　S. E., XIII, 著10
1913k　J. G. ブアク『諸民族の風俗・習慣・信仰・慣習法における汚物』への緒言　S. E., XII, 著10
1915b　戦争と死に関する時評　S. E., XIV, 著5
1916b　ある具象的強迫観念との神話的類似物　S. E., XIV, 著10
1918a　処女性のタブー　S. E., XI, 著10
1919g　ライクの『宗教心理学の諸問題』への序言　S. E., XVII, 著10
1919h　無気味なもの　S. E., XVII, 著3
1921c　集団心理学と自我の分析　S. E., XVIII, 著6
1923d　十七世紀のある悪魔神経症，セクション3　S. E., XIX, 著11
1927c　『ある幻想の未来』　S. E., XXI, 著3
1930a　『文化への不満』　S. E., XXI, 著3
1932a　火の支配について　S. E., XXII, 著3
1933a　『続精神分析入門』第35講　S. E., XXII, 著1
1933b　『戦争はなぜ』S. E., XXII, 著11
1938a　反ユダヤ主義運動についての批評　S. E., XXIII
1939a　『人間モーセと一神教』　S. E., XXIII, 著11

1940c[1922]　メドゥーサの首　S. E., XVIII

主として一般心理学理論を取り扱っているフロイトの著作リスト
LIST OF WRITINGS BY FREUD DEALING MAINLY
WITH GENERAL PSYCHOLOGICAL THEORY
(S. E., XIV, 259-260)

[1895年　科学的心理学草稿（1950a）　S. E., I, 著7]
[1896年　フリースへの1月1日と12月6日の〈マッソン版手紙85, 112〉（1950a）]
1899年　『夢判断』第7章（1900a）　S. E., V, 著2
1910-11年　精神現象の二原則に関する定式（1911b）　S. E., XII, 著6
1911年　自伝的に記述されたパラノイア（妄想性痴呆）の一症例に関する精神分析的考察，セクション3（1911c）　S. E., XII, 著9
1912年　精神分析における無意識の概念に関する2、3の覚書（1912g）　S. E., XII, 著6
1914年　ナルシシズム入門（1914c）　S. E., XIV, 著5
1915年　本能とその運命（1915c）　S. E., XIV, 著6
1915年　抑圧（1915d）　S. E., XIV, 著6
1915年　無意識について（1915e）　S. E., XIV, 著6
1915年　夢理論のメタ心理学的補遺（1917d）　S. E., XIV, 著10
1915年　悲哀とメランコリー（1917e）　S. E., XIV, 著6
1916-17年　『精神分析入門』第22, 26講（1916-17）　S. E., XVI, 著1
1920年　『快感原則の彼岸』（1920g）　S. E., XVIII, 著6
1921年　『集団心理学と自我の分析』第7, 9章（1921c）　S. E., XVIII, 著6
1922年　事典の2項目：(B)「リビドー理論」（1923a）　S. E., XVIII, 著11
1923年　『自我とエス』（1923b）　S. E., XIX, 著6
1924年　神経症と精神病（1924b）　S. E., XIX, 選10
1924年　マゾヒズムの経済的問題（1924c）　S. E., XIX, 著6
1924年　神経症および精神病における現実の喪失（1924e）　S. E., XIX, 著6
1925年　「魔法のメモパッド」についての覚書（1925a）　S. E., XIX
1925年　否定（1925h）　S. E., XIX, 著3
1929年　『文化への不満』第6, 7, 8章（1930a）　S. E., XXI, 著3

1932年　『続精神分析入門』第31，32講（1933a）　S. E., XXII, 著1
[1938年　『精神分析学概説』第1，2，4，8，9章（1940a）　S. E., XXIII, 著9]
[1938年　精神分析初級講座（1940b）　S. E., XXIII]

フロイトの長めの症例報告のリスト
LIST OF FREUD'S LONGER CASE HISTORIES
(S. E., XVII, 123)

1894年　エミー・フォン・N夫人
　　　　ミス・ルーシー・R
　　　　カタリーナ
　　　　エリーザベト・フォン・R嬢
　　　　　「ヒステリー研究」（1895d）　S. E., II
1901年　あるヒステリー患者の分析の断片（ドラ）（1905e）　S. E., VII, 著5
1909年　ある五歳男児の恐怖症分析（ハンス少年）（1909b, 1922c）　S. E., X, 著5
　　　　強迫神経症の一症例に関する考察（鼠男）（1909d, 1955a）　S. E., X, 著9
1910年　自伝的に記述されたパラノイア（妄想性痴呆）の一症例に関する精神分析的考察（シュレーバー）（1911c, 1912a）　S. E., XII, 著9
1914年　ある幼児期神経症の病歴より（狼男）（1918b）　S. E., XVII, 著9
1915年　パラノイアについての精神分析理論に意義を唱える症例（1915f）
　　　　S. E., XIV
1919年　女性同性愛の一ケースの発生史について（1920a）　S. E., XVIII, 著11

主として、あるいは大きく不安を取り扱っている
フロイトの著作リスト
LIST OF WRITINGS BY FREUD DEALING
MAINLY OR LARGELY WITH ANXIETY
(S. E., XX, 175)

［不安に関する話題は、多くの（おそらく大部分の）フロイトの著作の中に登場している。その中でも以下のリストは、多少なりとも実践的に役立つと思われるものである。］

［1893年　草案B　神経症の病因，セクション2（1950*a*）　*S. E.*, I］
［1894年　草案E　神経症はいかにして発生するか（1950*a*）　*S. E.*, I］
［1894年　草案F　症例集III，第1例（1950*a*）　*S. E.*, I］
［1895年（？）　草案J（1950*a*）　*S. E.*, I］〈『フロイト　フリースへの手紙1887-1904』に邦訳あり〉
1895年　強迫と恐怖症，第2節（1895*c*）　*S. E.*, III
1895年　「不安神経症」という特定症状群を神経衰弱から分離する理由について（1895*b*）　*S. E.*, III，選10
1895年　不安神経症に関する私の論文への批判に対する応答（1895*f*）　*S. E.*, III
1909年　ある五歳男児の恐怖症分析（1909*b*）　*S. E.*, X，著5
1910年　「乱暴な」分析について（1910*k*）　*S. E.*, XI，著9
1914年　ある幼児期神経症の病歴より（1918*b*）　*S. E.*, XVII，著9
1917年　『精神分析入門』第25講（1916-17）　*S. E.*, XVI，著1
1925年　『制止・症状・不安』（1926*d*）　*S. E.*, XX，著6
1932年　『続精神分析入門』第32講（冒頭部）（1933*a*）　*S. E.*, XXII，著1

主として、あるいは大きく芸術、文学、あるいは美学理論を取り扱っているフロイトの著作リスト
LIST OF WRITINGS BY FREUD DEALING MAINLY OR LARGELY WITH ART, LITERATURE OR THE THEORY OF AESTHETICS
(*S. E.*, XXI, 213-214)

［1897年　フリースへの書簡〈マッソン版手紙142〉（1897年10月15日）における『エディプス王』と『ハムレット』に関するもの（1950*a*）　*S. E.*, I］
［1898年　フリースへの書簡〈マッソン版手紙170〉（1898年6月20日）における「女裁判官」（1950*a*）　*S. E.*, I］

1899年 『夢判断』 5章, セクションD（β）〈著ではb〉,『エディプス王』と『ハムレット』に関するもの（1900a） S. E., IV, 著1
1905年 『機知—その無意識との関係—』（1905c） S. E., VIII, 著4
[1905-06年 舞台の上の精神病質人格（1942a） S. E., VII]
1906年 『W・イェンゼンの小説「グラディーヴァ」にみられる妄想と夢』（1907a） S. E., VII, 著3
1907年 「読者と良書について」アンケートへの返答（1907d →1906f） S. E., IX
1907年 詩人と空想すること（1908e） S. E., IX, 著3
1910年 『レオナルド・ダ・ヴィンチの幼児期のある思い出』（1910c） S. E., XI, 著3
1913年 小箱選びのモティーフ（1913f） S. E., XII, 著3
1913年 精神分析への関心（1913j） S. E., XIII
1914年 ミケランジェロのモーゼ像（1914b） S. E., XIII, 著11
1915年 無常ということ（1916a） S. E., XIV, 著3
1916年 精神分析的研究からみた2、3の性格類型（1916d） S. E., XIV, 著6
1917年 『詩と真実』中の幼年時代の一記憶（1917b） S. E., XVII, 著3
1919年 無気味なもの（1919h） S. E., XVII, 著3
1927年 ミケランジェロのモーゼ像「あとがき」（1927b） S. E., XIII
1927年 ユーモア（1927d） S. E., XXI, 著3
1927年 ドストエフスキーと父親殺し（1928b） S. E., XXI, 著3
1929年 ライクのドストエフスキーに関する手紙（1930f） S. E., XXI
1930年 ゲーテ賞（1930d, e） S. E., XXI〈著11, ゲーテ1930年 アルフォンス・パケ博士への手紙、フランクフルト・ゲーテ・ハウスでの挨拶〉
1933年 マリー・ボナパルト『エドガー・ポー 精神分析研究』への緒言（1933d） S. E., XXII

著作索引
(英語・独語・諸国語)

著作はアルファベット順に掲げているが、読者が引きやすいように、タイトルの冒頭にある、冠詞、前置詞などは除外し名詞を主に中心にして並べた。但し、表記においては完全なタイトルで記した。なお、アルファベット順の指標になる冒頭の名詞1語のみを太字で表記することで読者の便宜を図った。

英語

ABSTRACTS OF THE SCIENTIFIC WRITINGS OF Dr. SIGM. FREUD 1877-1897 (1897*b*)	152
THE **ACQUISITION** AND CONTROL OF FIRE (1932*a* [1931])	459
SOME **ADDITIONAL** NOTES ON DREAM-INTERPRETATION AS A WHOLE (1925*i*)	383
ADDRESS TO THE SOCIETY OF B'NAI B'RITH (1941*e* [1926])	428
THE **AETIOLOGY** OF HYSTERIA (1896*c*)	150
ANALYSIS OF A PHOBIA IN A FIVE-YEAR-OLD BOY (1909*b*)	219
ANALYSIS TERMINABLE AND INTERMINABLE (1937*c*)	475
ANTI-SEMITISM IN ENGLAND (1938*c*)	486
THE **ANTITHETICAL** MEANING OF PRIMAL WORDS (1910*e*)	234
ASSOCIATIONS OF A FOUR-YEAR-OLD CHILD (1920*d*)	361
ON **APHASIA** : A CRITICAL STUDY (1891*b*)	64
AUTOBIOGRAPHICAL NOTE (1901*c* [1899])	159
AN **AUTOBIOGRAPHICAL** STUDY (1925*d* [1924])	410
ON **BEGINNING** THE TREATMENT (FURTHER RECOMMENDATIONS ON THE TECHNIQUE OF PSYCHO-ANALYSIS I) (1913*c*)	257
A **CASE** OF PARANOIA RUNNING COUNTER TO THE PSYCHO-ANALYTIC THEORY OF THE DISEASE (1915*f*)	321
A **CASE** OF SUCCESSFUL TREATMENT BY HYPNOTISM WITH SOME REMARKS ON THE ORIGIN OF HYSTERICAL SYMPTOMS THROUGH 'COUNTER-WILL' (1892-93)	66
CHARACTER AND ANAL EROTISM (1908*b*)	209

SOME CHARACTER-TYPES MET WITH IN PSYCHO-ANALYTIC WORK (1916d) 324
CHARCOT (1893f) 126
'A CHILD IS BEING BEATEN': A CONTRIBUTION TO THE STUDY OF THE
   ORIGIN OF SEXUAL PERVERSIONS (1919e) 342
A CHILDHOOD RECOLLECTION FROM *DICHTUNG UND WAHRHEIT* (1917b) 338
CIVILIZATION AND ITS DISCONTENTS (1930a [1929]) 432
'CIVILIZED' SEXUAL MORALITY AND MODERN NERVOUS ILLNESS (1908d) 210
THE CLAIMS OF PSYCHO-ANALYSIS TO SCIENTIFIC INTEREST (1913j) 288
A COMMENT ON ANTI-SEMITISM (1938a) 484
A CONNECTION BETWEEN A SYMBOL AND A SYMPTOM (1916c) 326
CONSTRUCTIONS IN ANALYSIS (1937d) 480
MY CONTACT WITH JOSEF POPPER-LYNKEUS (1932c) 463
CONTRIBUTION TO A QUESTIONNAIRE ON READING (1907d → 1906f) 215
CONTRIBUTIONS TO A DISCUSSION ON MASTURBATION (1912f) 268
CONTRIBUTIONS TO A DISCUSSION ON SUICIDE (1910g) 241
CONTRIBUTIONS TO THE *NEUE FREIE PRESSE* (1903a-1905f) 218
CREATIVE WRITERS AND DAY-DREAMING (1908e [1907]) 206
DELUSIONS AND DREAMS IN JENSEN'S *GRADIVA* (1907a [1906]) 199
A DIFFICULTY IN THE PATH OF PSYCHO-ANALYSIS (1917a) 337
THE DISPOSITION TO OBSESSIONAL NEUROSIS A CONTRIBUTION TO
   THE PROBLEM OF CHOICE OF NEUROSIS (1913i) 276
THE DISSOLUTION OF THE OEDIPUS COMPLEX (1924d) 389
A DISTURBANCE OF MEMORY ON THE ACROPOLIS (1936a) 465
DOSTOEVSKY AND PARRICIDE (1928b [1927]) 442
DR. SANDOR FERENCZI (ON HIS 50th BIRTHDAY) (1923i) 402
DR. ANTON VON FREUND (1920c) 362
DR. ERNEST JONES (ON HIS 50th BIRTHDAY) (1929a) 453
DR. REIK AND THE PROBLEM OF QUACKERY (A LETTER TO THE *NEUE
   FREIE PRESSE*) (1926i) 452
DREAMS AND TELEPATHY (1922a) 358
DREAMS IN FOLKLORE (By Freud and Oppenheim) (1957a [1911]) 260
SOME DREAMS OF DESCARTES': A LETTER TO MAXIME LEROY (1929b) 444
ON DREAMS (1901a) 171
THE DYNAMICS OF TRANSFERENCE (1912b) 255
THE ECONOMIC PROBLEM OF MASOCHISM (1924c) 387
EDITORIAL CHANGES IN THE *ZEITSCHRIFT* (1924h) 409
THE EGO AND THE ID (1923b) 364
SOME ELEMENTARY LESSONS IN PSYCHO-ANALYSIS (1940b [1938]) 483
AN EVIDENTIAL DREAM (1913a) 273

THE EXPERT OPINION IN THE HALSMANN CASE (1931*d* [1930])   453
FAMILY ROMANCES (1909*c* [1908])   214
FAUSSE RECONNAISSANCE ('DÉJÀ RACONTÉ') IN PSYCHO-ANALYTIC
   TREATMENT (1914*a*)   290
FEMALE SEXUALITY (1931*b*)   451
FETISHISM (1927*e*)   437
FINDINGS, IDEAS, PROBLEMS (1941*f* [1938])   486
FIVE LECTURES ON PSYCHO-ANALYSIS (1910*a* [1909])   227
FORMULATIONS ON THE TWO PRINCIPLES OF MENTAL FUNCTIONING
   (1911*b*)   264
FRAGMENT OF AN ANALYSIS OF A CASE OF HYSTERIA (1905*e* [1901])   178
FREUD'S PSYCHO-ANALYTIC PROCEDURE (1904*a* [1903])   187
FURTHER REMARKS ON THE NEURO-PSYCHOSES OF DEFENCE (1896*b*)   148
THE FUTURE OF AN ILLUSION (1927*c*)   431
THE FUTURE PROSPECTS OF PSYCHO-ANALYTIC THERAPY (1910*d*)   233
SOME GENERAL REMARKS ON HYSTERICAL ATTACKS (1909*a* [1908])   213
THE GOETHE PRIZE (1930*d*)   448
"GREAT IS DIANA OF THE EPHESIANS" (1911*f*)   284
ON THE GROUND FOR DETACHING A PARTICULAR SYNDROME FROM
   NEURASTHENIA UNDER THE DESCRIPTION 'ANXIETY NEUROSIS'
   (1895*b* [1894])   141
GROUP PSYCHOLOGY AND THE ANALYSIS OF THE EGO (1921*c*)   354
THE HANDLING OF DREAM-INTERPRETATION IN PSYCHO-ANALYSIS
   (1911*e*)   254
HEREDITY AND THE AETIOLOGY OF THE NEUROSES (1896*a*)   147
FROM THE HISTORY OF AN INFANTILE NEUROSIS (1918*b* [1914])   332
ON THE HISTORY OF THE PSYCHO-ANALYTIC MOVEMENT (1914*d*)   293
HUMOUR (1927*d*)   440
HYPNOSIS (1891*d*)   65
HYSTERIA (1888*b*)   50
HYSTERICAL PHANTASIES AND THEIR RELARION TO BISEXUALITY (1908*a*) 207
THE INFANTILE GENITAL ORGANIZATION (AN INTERPOLATION INTO
   THE THEORY OF SEXUALITY) (1923*e*)   385
INHIBITIONS, SYMPTOMS AND ANXIETY (1926*d* [1925])   412
INSTINCTS AND THEIR VICISSITUDES (1915*c*)   300
THE INTERPRETATION OF DREAMS (1900*a*)   160
INTRODUCTION TO EDOARDO WEISS'S *ELEMENTS OF PSYCHO-ANALYSIS*
   (1931*c* [1930])   455
INTRODUCTION TO J. VARENDONCK'S *THE PSYCHOLOGY OF*

DAY-DREAMS (1921*b*)	363
INTRODUCTION TO PFISTER'S *THE PSYCHO-ANALYTIC METHOD* (1913*b*)	281
INTRODUCTION TO *PSYCHO-ANALYSIS AND THE WAR NEUROSES* (1919*d*)	344
INTRODUCTION TO THE SPECIAL PSYCHOPATHOLOGY NUMBER OF *THE MEDICAL REVIEW OF REVIEWS* (1930*c*)	454
INTRODUCTORY LECTURES OF PSYCHO-ANALYSIS (1916-1917 [1915-1917])	327
JAMES J. PUTNAM (1919*b*)	349
JOKES AND THEIR RELATION TO THE UNCONSCIOUS (1905*c*)	192
JOSEF BREUER (1925*g*)	403
JOSEFF POPPER-LYNKEUS AND THE THEORY OF DREAMS (1923*f*)	401
KARL ABRAHAM (1926*b*)	429
LEONARDO DA VINCI AND A MEMORY OF HIS CHILDHOOD (1910*c*)	229
LETTER TO FRITZ WITTELS (1924*g* [1923])	406
LETTER TO DR. FRIEDRICH S. KRAUSS ON ANTHROPOPHYTEIA (1910*f*)	242
LETTER TO DR. HERMINE VON HUG-HELLMUTH (1919*i* [1915])	326
LETTER TO GEORG FUCHS (1931*f*)	466
LETTER TO JOSEF BREUER (1941*a* [1892])	70
LETTER TO *LE DISQUE VERT* (1924*a*)	407
LETTER TO SEÑOR LUIS LOPEZ-BALLESTEROS Y DE TORRES (1923*h*)	407
LETTER TO THE BURGOMASTER OF PŘÍBOR (1931*e*)	457
LETTER TO THE EDITOR OF THE *JEWISH PRESS CENTRE IN ZURICH* (1925*b*)	408
LIBIDINAL TYPES (1931*a*)	450
LINES OF ADVANCE IN PSYCHO-ANALYTIC THERAPY (1919*a* [1918])	339
LIST OF EXPOSITORY WORKS BY FREUD (*S. E.*, XI, 56)	493
LIST OF FREUD'S LONGER CASE HISTORIES (*S. E.*, XVII, 123)	497
LIST OF WRITINGS BY FREUD DEALING MAINLY OR LARGELY WITH ANXIETY (*S. E.*, XX, 175)	497
LIST OF WRITINGS BY FREUD DEALING MAINLY OR LARGELY WITH ART, LITERATURE OR THE THEORY OF AESTHETICS (*S. E.*, XXI, 213-214)	498
LIST OF WRITINGS BY FREUD DEALING MAINLY WITH GENERAL PSYCHOLOGICAL THEORY (*S. E.*, XIV, 259-260)	496
LIST OF WRITINGS BY FREUD DEALING MAINLY WITH PSCHO-ANALYTIC TECHNIQUE AND THE THEORY OF PSYCHOTHERAPY (*S. E.*, XII, 172-173)	493
LIST OF WRITINGS BY FREUD DEALING PREDOMINANTLY OR LARGELY WITH DREAMS (*S. E.*, V, 626-627)	489
LIST OF WRITINGS BY FREUD DEALING PREDOMINANTLY OR LARGELY WITH SEXUALITY (*S. E.*, VII, 244-245)	490

LIST OF WRITINGS BY FREUD DEALING PRINCIPALLY WITH
  CONVERSION HYSTERIA (*S. E.*, II, 310)   488
LIST OF WRITINGS BY FREUD DEALING WITH SOCIAL ANTHROPOLOGY,
  MYTHOLOGY AND THE HISTORY OF RELIGION (*S. E.*, XIII, 162)   495
THE LOSS OF REALITY IN NEUROSIS AND PSYCHOSIS (1924*e*)   390
LOU ANDREAS-SALOMÉ (1937*a*)   485
MEDUSA'S HEAD (1940*c* [1922])   364
MEMORANDUM ON THE ELECTRICAL TREATMENT OF WAR NEUROTICS
  (1955*c* [1920])   345
A METAPSYCHOLOGICAL SUPPLEMENT TO THE THEORY OF DREAMS
  (1917*d* [1915])   315
MOSES AND MONOTHEISM: THREE ESSAYS (1939*a* [1934-38])   469
THE MOSES OF MICHELANGELO (1914*b*)   291
MOURNING AND MELANCHOLIA (1917*e* [1915])   318
A MYTHOLOGICAL PARALLEL TO A VISUAL OBSESSION (1916*b*)   325
ON NARCISSISM: AN INTRODUCTION (1914*c*)   295
NEGATION (1925*h*)   395
THE NEURO-PSYCHOSES OF DEFENCE (1894*a*)   129
NEUROSIS AND PSYCHOSIS (1924*b* [1923])   386
SOME NEUROTIC MECHANISMS IN JEALOUSY, PARANOIA AND
  HOMOSEXUALITY (1922*b*)   359
NEW INTRODUCTORY LECTURES ON PSYCHO-ANALYSIS (1933*a* [1932])   458
A NOTE ON PSYCHO-ANALYTIC PUBLICATIONS AND PRIZES (1919*c*)   349
A NOTE ON THE PREHISTORY OF THE TECHNIQUE OF ANALYSIS (1920*b*)   361
A NOTE ON THE UNCONSCIOUS IN PSYCHO-ANALYSIS (1912*g*)   270
A NOTE UPON THE 'MYSTIC WRITING-PAD' (1925*a* [1924])   394
NOTES UPON A CASE OF OBSESSIONAL NEUROSIS (1909*d*)   221
OBSERVATION OF A SEVERE CASE OF HEMI-ANAESTHESIA IN A
  HYSTERICAL MALE (1886*d*)   47
OBSERVATIONS AND EXAMPLES FROM ANALYTIC PRACTICE (1913*h*)   289
OBSERVATIONS ON TRANSFERENCE-LOVE (FURTHER RECOMMENDATIONS
  ON THE TECHNIQUE OF PSYCHO-ANALYSIS III) (1915*a* [1914])   259
OBSESSIONS AND PHOBIAS (THEIR PSYCHICAL MECHANISM AND THEIR
  AETIOLOGY) (1895*c* [1894])   137
OBSESSIVE ACTIONS AND RELIGIOUS PRACTICES (1907*b*)   204
ON THE OCCASION OF THE OPENING OF THE HEBREW UNIVERSITY
  (1925*c*)   409
THE OCCURRENCE IN DREAMS OF MATERIAL FROM FAIRY TALES (1913*d*)   273
ORIGINAL RECORD OF THE CASE (1955*a*)   222

AN **OUTLINE** OF PSYCHO-ANALYSIS (1940*a* [1938])   472
BEYOND THE **PLEASURE** PRINCIPLE (1920*g*)   350
SOME **POINTS** FOR A COMPARATIVE STUDY OF ORGANIC AND
   HYSTERICAL MOTOR PARALYSES (1893*c* [1888-1893])   72
PREFACE AND FOOTNOTES TO THE TRANSLATION OF CHARCOT'S
   TUESDAY LECTURES (1892-94)   67
PREFACE TO AICHHORN'S *WAYWARD YOUTH* (1925*f*)   402
PREFACE TO BOURKE'S *SCATALOGIC RITES OF ALL NATIONS* (1913*k*)   282
PREFACE TO FREUD'S SHORTER WRITINGS 1893-1906 (1906*b*)   125
PREFACE TO HERMANN NUMBERG'S *GENERAL THEORY OF THE*
   NUEROSES ON A PSYCHO-ANALYTIC BASIS (1932*b* [1931])   457
PREFACE TO J.J.PUTNAM'S *ADDRESSES ON PSYCHO-ANALYSIS* (1921*a*)   362
PREFACE TO MARIE BONAPARTE'S *THE LIFE AND WORKS OF EDGAR*
   ALLAN POE: A PSYCHO-ANALYTIC INTERPRETATION (1933*d*)   468
PREFACE TO MAX EITINGON'S *REPORT ON THE BERLIN PSYCHO-*
   ANALYTICAL POLICLINIC (*MARCH 1920 TO JUNE 1922*) (1923*g*)   405
PREFACE TO MAXIM STEINER'S *THE PSYCHICAL DISORDERS OF MALE*
   POTENCY (1913*e*)   285
PREFACE TO RAYMOND DE SAUSSURE'S *THE PSYCHO-ANALYTIC*
   METHOD (1922*e*)   404
PREFACE TO REIK'S *RITUAL: PSYCHO-ANALYTIC STUDIES* (1919*g*)   348
PREFACE TO RICHARD STERBA'S *DICTIONARY OF PSYCHO-ANALYSIS*
   (1936*b* [1932])   467
PREFACE TO SANDOR FERENCZI'S *PSYCHO-ANALYSIS : EASSAYS IN THE*
   FIELD OF PSYCHO-ANALYSIS (1910*b* [1909])   218
PREFACE TO *TEN YEARS OF THE BERLIN PSYCHO-ANALYTIC*
   INSTITUTE (1930*b*)   456
PREFACE TO THE TRANSLATION OF BERNHEIM'S *SUGGESTION*
   (1888 [1888-9])   62
PREFACE TO THE TRANSLATION OF CHARCOT'S *LECTURES ON THE*
   DISEASES OF THE NERVOUS SYSTEM (1886*f*)   46
PREFACE TO WILLHELM STEKEL'S *NERVOUS ANXIETY-STATES AND*
   THEIR TREATMENT (1908*f*)   217
PREFATORY NOTE TO A PAPER BY E. PICKWORTH FARROW (1926*c*)   430
A **PREMONITORY** DREAM FULFILLED (1941*c* [1899])   170
PROJECT FOR A SCIENTIFIC PSYCHOLOGY (1950*a* [1895])   77
PROSPECTUS FOR *SCHRIFTEN ZUR ANGEWANDTEN SEELENKUNDE*
   (1907*e*)   216
PSYCHICAL (OR MENTAL) TREATMENT (1905*b* → 1890*a*)   190

SOME PSYCHICAL CONSEQUENCES OF THE ANATOMICAL DISTINCTION BETWEEN THE SEXES (1925*j*)	396
THE PSYCHICAL MECHANISM OF FORGETFULNESS (1898*b*)	156
ON THE PSYCHICAL MECHANISM OF HYSTERICAL PHENOMENA: A LECTURE (1893*h*)	128
PSYCHO-ANALYSIS AND TELEPATHY (1941*d* [1921])	356
PSYCHO-ANALYSIS AND THE ESTABLISHMENT OF THE FACTS IN LEGAL PROCEEDINGS (1906*c*)	201
ON PSYCHO-ANALYSIS (1913*m* [1911])	263
PSYCHO-ANALYSIS (1926*f*)	426
(A) 'PSYCHOANALYSE' AND (B) 'LIBIDOTHEORIE' (1923*a* [1922])	360
PSYCHO-ANALYTIC NOTES ON AN AUTOBIOGRAPHICAL ACCOUNT OF A CASE OF PARANOIA (DEMENTIA PARANOIDES) (1911*c*)	244
THE PSYCHO-ANLYTIC VIEW OF PSYCHOGENIC DISTURBANCE OF VISION (1910*i*)	239
THE PSYCHOGENESIS OF A CASE OF HOMOSEXUALITY IN A WOMAN (1920*a*)	355
PSYCHOPATHIC CHARACTERS ON THE STAGE (1942*a* [1905 or 1906])	191
THE PSYCHOPATHOLOGY OF EVERYDAY LIFE (1901*b*)	172
ON PSYCHOTHERAPY (1905*a* ⌈1904⌋)	188
THE QUESTION OF LAY ANALYSIS (1926*e*)	423
RECOMMENDATIONS TO PHYSICIANS PRACTISING PSYCHO-ANALYSIS (1912*e*)	256
SOME REFLECTIONS ON SCHOOLBOY PSYCHOLOGY (1914*f*)	292
A RELIGIOUS EXPERIENCE (1928*a* [1927])	441
REMARKS ON THE THEORY AND PRACTICE OF DREAM-INTERPRETATION (1923*c* [1922])	382
REMEMBERING, REPEATING AND WORKING-THROUGH (FURTHER RECOMMENDATIONS ON THE TECHNIQUE OF PSYCHO-ANALYSIS II) (1914*g*)	258
A REPLY TO CRITICISMS OF MY PAPER ON ANXIETY NEUROSIS (1895*f*)	145
REPORT ON MY STUDIES IN PARIS AND BERLIN (1956*a* [1886])	44
REPRESSION (1915*d*)	306
THE RESISTANCES TO PSYCHO-ANALYSIS (1925*e* [1924])	391
REVIEW OF AUGUST FOREL'S *HYPNOTISM* (1889*a*)	64
REVIEW OF AVERBECK'S *DIE AKUTE NEURASTHENIE* (1887*a*)	49
REVIEW OF WEIR MITCHELL'S *DIE BEHANDLUNG GEWISSER FORMEN VON NEURASTHENIE UND HYSTERIE* (1887*b*)	49
REVIEW OF WILHELM NEUTRA'S *LETTERS TO NEUROTIC WOMEN* (1910*m*)	243

TO ROMAIN ROLLAND (1926a)	429
SÁNDOR FERENCZI (1933c)	464
SCREEN MEMORIES (1899a)	157
A SEVENTEENTH-CENTURY DEMONOLOGICAL NEUROSIS (1923d [1922])	380
THE SEXUAL ENLIGHTENMENT OF CHILDREN (AN OPEN LETTER TO DR. M. FURST) (1907c)	205
ON THE SEXUAL THEORIES OF CHILDREN (1908c)	212
SEXUALITY IN THE AETIOLOGY OF THE NEUROSES (1898a)	154
A SHORT ACCOUNT OF PSYCHO-ANALYSIS (1924f [1923])	391
THE SIGNIFICANCE OF SEQUENCES OF VOWELS (1911d)	283
A SPECIAL TYPE OF CHOICE OF OBJECT MADE BY MEN (CONTRIBUTIONS TO THE PSYCHOLOGY OF LOVE I) (1910h)	235
SPLITTING OF THE EGO IN THE PROCESS OF DEFENCE (1940e [1938])	481
STUDIES ON HYSTERIA (By Breuer and Freud) (1893-1895)	99
THE SUBTLETIES OF A FAULTY ACTION (1935b)	465
THE TABOO OF VIRGINITY (CONTRIBUTIONS TO THE PSYCHOLOGY OF LOVE III) (1918a [1917])	238
ON THE TEACHING OF PSYCHO-ANALYSIS IN UNIVERSITIES (1919j [1918])	341
THE THEME OF THE THREE CASKETS (1913f)	274
ON THE THEORY OF HYSTERICAL ATTACKS (1940d [1892])	71
TO THOMAS MANN ON HIS SIXTIETH BIRTHDAY (1935c)	468
THOUGHTS FOR THE TIMES ON WAR AND DEATH (1915b)	322
THREE ESSAYS ON THE THEORY OF SEXUALITY (1905d)	182
TOTEM AND TABOO (1913 [1912-13])	285
ON TRANSFORMATIONS OF INSTINCT AS EXEMPLIFIED IN ANAL EROTISM (1917c)	336
ON TRANSIENCE (1916a [1915])	323
TWO INSTANCES OF PATHOGENIC PHANTASIES REVEALED BY THE PATIENTS THEMSELVES (1910i)	243
TWO LIES TOLD BY CHILDREN (1913g)	275
TYPES OF ONSET OF NEUROSIS (1912c)	266
THE 'UNCANNY' (1919h)	346
THE UNCONSCIOUS (1915e)	309
ON THE UNIVERSAL TENDENCY TO DEBASEMENT IN THE SPHERE OF LOVE (CONTRIBUTIONS TO THE PSYCHOLOGY OF LOVE II) (1912d)	236
VICTOR TAUSK (1919f)	350
MY VIEWS ON THE PART PLAYED BY SEXUALITY IN THE AETIOLOGY OF THE NEUROSES (1906a [1905])	189
WHY WAR ? (1933b [1932])	461

'WILD' PSYCHO-ANALYSIS (1910*k*) 240
SOME WRITINGS BY FREUD DEALING WITH ANXIETY AND PHOBIAS IN
  CHILDREN AND WITH OBSESSIONAL NEUROSIS (*S. E.*, X, 319) 492
'III' (1941*b* [1892]) 70

独語

ABRISS DER PSYCHOANALYSE (1940*a* [1938])	472
DIE ABWEHR-NEUROPSYCHOSEN (1894*a*)	129
ALLGEMEINES ÜBER DEN HYSTERISCHEN ANFALL (1909*a* [1908])	213
ÜBER DIE ALLGEMEINSTE ERNIEDRIGUNG DES LIEBESLEBENS (BEITRÄGE ZUR PSYCHOLOGIE DES LIEBESLEBENS II) (1912*d*)	236
ANALYSE DER PHOBIE EINES FÜNFJÄHRIGEN KNABEN (1909*b*)	219
MEINE ANSICHTEN ÜBER DIE ROLLE DER SEXUALITÄT IN DER ÄTIOLOGIE DER NEUROSEN (1906*a* [1905])	189
ANSPRACHE AN DIE MITGLIEDER DES VEREINS B'NAI B'RITH (1941*e* [1926])	427
ANTWORT AUF EINE RUNDFRAGE *VOM LESEN UND VON GUTEN BÜCHERN* (1907*d* → 1906*f*)	215
ANZEIGE (DER *SCHRIFTEN ZUR ANGEWANDTEN SEELENKUNDE*) (1907*e*)	216
ZUR ÄTIOLOGIE DER HYSTERIE (1896*c*)	150
ZUR AUFFASSUNG DER APHASIEN EINE KRITISCHE STUDIE (1891*b*)	64
AUTOBIOGRAISCHE NOTIZ (1901*c* [1899])	159
DIE BEDEUTUNG DER VOKALFOLGE (1911*d*)	283
BEISPIELE DES VERRATS PATHOGENER PHANTASIEN BEI NOUROTIKERN (1910*i*)	243
BEITRÄGE ZUR *NEUR FREIE PRESSE* (1903*a*-1905*f*)	218
BEITRÄGE ZUR ONANIE-DISKUSSION (1912*f*)	268
BEITRÄGE ZUR SELBSTMORD-DISKUSSION (1910*g*)	241
BEMERKUNG ZU E. PICKWORTH FARROW'S 'EINE KINDHEITSERINNENRUNG AUS DEM 6. LEBENSOMONAT' (1926*c*)	430
EINIGE BEMERKUNGEN ÜBER DEN BEGRIFF DES UNBEWUSSTEN IN DER PSYCHOANALYSE (1912*g*)	270
BEMERKUNGEN ÜBER DIE ÜBERTRAGUNGSLIEBE (WEITERE RATSCHLÄGE ZUR TECHNIK DER PSYCHO-ANALYSE III) (1915*a* [1914])	259
BEMERKUNGEN ÜBER EINEN FALL VON ZWANGSNEUROSE (1909*d*)	220
BEMERKUNGEN ZUR THEORIE UND PRAXIS DER TRAUMDEUTUNG (1923*c* [1922])	382
BEOBACHTUNG EINER HOCHGRADIGEN HEMI-ANÄSTHESIE BEI EINEM HYSTERISCHEN MANNE (1886*d*)	47
ÜBER DIE BERECHTIGUNG, VON DER NEURASTHENIE EINEN BESTIMMTEN SYMPTOMENKOMPLEX ALS 'ANGSTNEUROSE' ABZUTRENNEN (1895*b* [1894])	141
BERICHT ÜBER MEINE MIT UNIVERSITÄTS-JUBILÄUMS REISESTIPENDIUM UNTERNOMMENE STUDIENREISE NACH PARIS UND	

BERLIN (1956a [1886]) 44
MEINE BERÜHRUNG MIT JOSEF POPPER-LYNKEUS (1932c) 463
ÜBER EINEN BESONDEREN TYPUS DER OBJEKTWAHL BEIM MANNE
  (BEITRÄGE ZUR PSYCHOLOGIE DES LIEBESLEBENS I) (1910h) 235
BESPRECHUNG VON DR. WILH. NEUTRA, *BRIEFE AN NERVÖSE FRAUEN*
  (1910m) 243
EINE BEZIEHUNG ZWISCHEN EINEM SYMBOL UND EINEM SYMPTOM
  (1916c) 326
BRIEF AN DEN BÜRGERMEISTER DER STADT PŘÍBOR (1931e) 457
BRIEF AN DEN HERAUSGEBER DER *JÜDISCHE PRESSZENTRALE ZÜRICH*
  (1925b) 408
BRIEF AN DIE HERAUSGEBERIN VON *TIME AND TIDE* (1938c) 486
BRIEF AN DR. FRIEDRICH S. KRAUSS ÜBER DIE *ANTHROPOPHYTEIA* (1910f) 242
BRIEF AN FRAU DR. HERMINE VON HUG-HELLMUTH (1919i [1915]) 326
BRIEF AN FRITZ WITTELS (1924g [1923]) 405
BRIEF AN JOSEF BREUER (1941a [1892]) 70
BRIEF AN LUIS LOPEZ-BALLESTEROS Y DE TORRES (1923h) 406
BRIEF AN MAXIM [sic] LEROY: ÜBER EINEN TRAUM DES CARTESIUS
  (1929b) 444
BRIEF AN ROMAIN ROLLAND(EINE ERINNERUNGSSTÖRUNG AUF DER
  AKROPOLIS) (1936a) 465
AUSZUG EINES BRIEFS AN GEORG FUCHS (1931f) 466
BRUCHSTÜCK EINER HYSTERIE-ANALYSE (1905e [1901]) 178
CHARAKTER UND ANALEROTIK (1908b) 209
EINIGE CHARAKTERTYPEN AUS DER PSYCHOANALYTISCHEN ARBEIT
  (1916d) 324
CHARCOT (1893f) 126
ÜBER DECKERINNERUNGEN (1899a) 157
DER DICHTER UND DAS PHANTASIEREN (1908e [1907]) 206
DIE DISPOSITION ZUR ZWANGSNEUROSE EIN BEITRAG ZUM PROBLEM
  DER NEUROSENWAHL (1913i) 276
DOSTOJEWSKI UND DIE VATERTÖTUNG (1928b [1927]) 442
DR. FERENCZI SÁNDOR (ZUM 50. GEBURTSTAG) (1923i) 402
DR. ANTON V. FREUND (1920c) 362
DR. REIK UND DIE KURPFUSCHEREIFRAGE (1926i) 452
DREI ABHANDLUNGEN ZUR SEXUALTHEORIE (1905d) 182
ZUR DYNAMIK DER ÜBERTRAGUNG (1912b) 255
ZUR EINFÜHRUNG DES NARZISSMUS (1914c) 295
ZUR EINLEITUNG DER BEHANDLUNG (WEITERE RATSCHLÄGE ZUR

TECHNIK DER PSYCHO-ANALYSE I) (1913c)	256
EINLEITUNG ZU ZUR PSYCHOANALYSE DER KRIEGSNEUROSEN (1919d)	344
DIE ENDLICHE UND DIE UNENDLICHE ANALYSE (1937c)	475
ENTWURF EINER PSYCHOLOGIE (1950a [1895])	77
ERFAHRUNGEN UND BEISPIELE AUS DER ANLYTISCHEN PRAXIS (1913h)	289
EINE ERFÜLLTE TRAUMAHNUNG (1941c [1899])	170
ERGEBNISSE, IDEEN, PROBLEME (1941f [1938])	486
ERINNERN, WIEDERHOLEN UND DURCHARBEITEN (WEITERE RATSCHLÄGE ZUR TECHNIK DER PSYCHO-ANALYSE II) (1914g)	258
ERNEST JONES ZUM 50. GEBURTSTAG (1929a)	453
DAS FAKULTÄTSGUTACHTEN IM PROZESS HALSMANN (1931d [1930])	453
EIN FALL VON HYPNOTISCHER HEILUNG, NEBST BEMERKUNGEN ÜBER DIE ENTSTEHUNG HYSTERISCHER SYMPTOME DURCH DEN 'GEGENWILLEN' (1892-93)	66
DER FAMILIENROMAN DER NEUROTIKER (1909c [1908])	214
ÜBER FAUSSE RECONNAISSANCE ('DÉJÀ RACONTÉ') WÄHREND DER PSYCHOANALYTISCHEN ARBEIT (1914a)	290
DIE FEINHEIT EINER FEHLHANDLUNG (1935b)	465
FETISCHISMUS (1927e)	437
FORMULIERUNGEN ÜBER DIE ZWEI PRINZIPIEN DES PSYCHISCHEN GESCHEHENS (1911b)	264
DIE FRAGE DER LAIENANALYSE (1926e)	423
DIE FREUD'SCHE PSYCHOANALYTISCHE METHODE (1904a [1903])	187
GEDANKENASSOZIATION EINES VIERJÄHRIGEN KINDES (1920d)	361
ÜBER DEN GEGENSINN DER URWORTE (1910e)	234
GELEITWORT ZU ALLGEMEINE NEUROSENLEHRE AUF PSYCHOANALY- TISCHER GRUNDLAGE VON HERMANN NUMBERG (1932b [1931])	456
GELEITWORT ZU DER UNRAT IN SITTE, BRAUCH, GLAUBEN UND GEWOHNHEITSRECHT DER VÖLKER VON JOHN GREGORY BOURKE (1913k)	282
GELEITWORT ZU DIE PSYCHALYTISCHE METHODE VON DR. OSKAR PFISTER, ZURICH (1913b)	281
GELEITWORT ZU ELEMENTI DI PSICOANALIS I VON EDOARDO WEISS (1931c [1930])	455
GELEITWORT ZU J. VARENDONCK ÜBER DAS VORBEWUSSTE PHANTASIERENDE DENKEN (1921b)	363
GELEITWORT ZU MEDICAL REVIEW OF REVIEWS (1930c)	454
GELEITWORT ZU RAYMOND DE SAUSSURE, "LA MÉTHODE PSYCHANALYTIQUE" (1922e)	404

GELEITWORT ZU *VERWAHRLOSTE JUGEND* VON AUGUST AICHHORN
(1925*f*) 402
ZUR GESCHICHTE DER PSYCHOANALYTISCHEN BEWEGUNGON (1914*d*) 293
AUS DER GESCHICHTE EINER INFANTILEN NEUROSE (1918*b* [1914]) 332
ZUR GEWINNUNG DES FEUERS (1932*a* [1931]) 459
GOETHE-PREIS 1930 (1930*d*) 448
"GROSS IST DIE DIANA DER EPHESER" (1911*f*) 284
ÜBER GRUNDPRINZIPIEN UND ABSICHTEN DER PSYCHOANALYSE
(1913*m* [1911]) 263
GUTACHTEN ÜBER DIE ELEKTRISCHE BEHANDLUNG DER
KRIEGSNEUROTIKER (1955*c* [1920]) 345
DIE HANDHABUNG DER TRAUMDEUTUNG IN DER PSYCHOANALYSE (1911*e*) 254
HEMMUNG, SYMPTOM UND ANGST (1926*d* [1925]) 412
DER HUMOR (1927*d*) 440
HYPNOSE (1891*d*) 65
HYSTERIE (1888*b*) 50
HYSTERISCHE PHANTASIEN UND IHRE BEZIEHUNG ZUR BISEXUALITÄT
(1908*a*) 207
DAS ICH UND DAS ES (1923*b*) 364
DIE ICHSPALTUNG IM ABWEHRVORGANG (1940*e* [1938]) 481
DIE INFANTILE GENITALORGANISATION (EINE EINSCHALTUNG IN DIE
SEXUALTHEORIE) (1923*e*) 385
ÜBER INFANTILE SEXUALTHEORIEN (1908*c*) 212
INHALTSANGABEN DER WISSENSCHAFTLICHEN ARBEITEN DES
PRIVATDOCENTEN DR. SIGM. FREUD 1877-1897 (1897*b*) 152
DAS INTERESSE AN DER PSYCHOANALYSE (1913*j*) 288
INTERNATIONALER PSYCHOANALYTISCHER VERLAG UND
PREISZUTEILUNGEN FÜR PSYCHOANALYTISCHE ARBEITEN (1919*c*) 349
JAMES J. PUTNAM (1919*b*) 349
JENSEITS DES LUSTPRINZIPS (1920*g*) 350
JOSEF BREUER (1925*g*) 403
JOSEF POPPER-LYNKEUS UND DIE THEORIE DES TRAUMES (1923*f*) 401
KARL ABRAHAM (1926*b*) 429
'EIN KIND WIRD GESCHLAGEN': BEITRAG ZUR KENNTNIS DER
ENTSTEHUNG SEXUELLER PERVERSIONEN (1919*e*) 342
EINE KINDHEITSERINNERUNG AUS *DICHTUNG UND WAHRHEIT* (1917*b*) 338
EINE KINDHEITSERINNERUNG DES LEONARDO DA VINCI (1910*c*) 229
KONSTRUKTIONEN IN DER ANALYSE (1937*d*) 480
ZUR KRITIK DER 'ANGSTNEUROSE' (1895*f*) 145

DIE 'KULTURELLE' SEXUALMORAL UND DIE MODERNE NERVOSITÄT
 (1908*d*) 210
KURZER ABRISS DER PSYCHOANALYSE (1924*f* [1923]) 390
ÜBER LIBIDINÖSE TYPEN (1931*a*) 450
LOU ANDREAS SALOMÉ (1937*a*) 485
DER MANN MOSES UND DIE MONOTHEISTISCHE RERIGION: DREI
 ABHANDLUNGEN (1939*a* [1934-38]) 469
MÄRCHENSTOFFE IN TRÄUMEN (1913*d*) 273
MASSENPSYCHOLOGIE UND ICH-ANALYSE (1921*c*) 354
DAS MEDUSENHAUPT (1940*c* [1922]) 364
METAPSYCHOLOGISCHE ERGÄNZUNG ZUR TRAUMLEHRE (1917*d* [1915]) 315
MITTEILUNG DES HERAUSGEBERS (*DER INTERNATIONALEN
 ZEITSCHRIFT FÜR PSYCHOANALYSE*) (1924*h*) 409
MITTEILUNG EINES DER PSYCHOANALYTISCHEN THEORIE
 WIDERSPRECHENDEN FALLES VON PARANOIA (1915*f*) 321
DER MOSES DES MICHELANGELO (1914*b*) 291
DAS MOTIV DER KÄSTCHENWAHL (1913*f*) 274
MYTHOLOGISCHE PARALLELE ZU EINER PLASTISCHEN
 ZWANGSVORSTELLUNG (1916*b*) 325
EINIGE NACHTRÄGE ZUM GANZEN DER TRAUMDEUTUNG (1925*i*) 383
NEUE FOLGE DER VORLESUNGEN ZUR EINFÜHRUNG IN DIE
 PSYCHOANALYSE (1933*a* [1932]) 458
NEUROSE UND PSYCHOSE (1924*b* [1923]) 386
ÜBER EINIGE NEUROTISCHE MECHANISMEN BEI EIFERSUCHT, PARANOIA
 UND HOMOSEXUALITÄT (1922*b*) 359
ÜBER NEUROTISCHE ERKRANKUNGSTYPEN (1912*c*) 266
NOTIZ "III" (1941*b* [1892]) 70
NOTIZ ÜBER DEN'WUNDERBLOCK' (1925*a* [1924]) 394
DAS ÖKONOMISCHE PROBLEM DES MASOCHISMUS (1924*c*) 387
ORIGINALNOTIZEN ZU EINEM FALL VON ZWANGSNEUROSE
 ("RATTENMANN") (1955*a*) 222
PSYCHISCHE BEHANDLUNG (SEELENBEHANDLUNG) (1905*b* → 1890*a*) 190
EINIGE PSYCHISCHE FOLGEN DES ANATOMISCHEN
 GESCHLECHTSUNTERSCHIEDS (1925*j*) 396
ZUM PSYCHISCHEN MECHANISMUS DER VERGESSLICHKEIT (1898*b*) 156
'PSYCHOANALYSE' UND 'LIBIDOTHEORIE' (1923*a* [1922]) 360
PSYCHOANALYSE UND TELEPATHIE (1941*d* [1921]) 356
ÜBER PSYCHOANALYSE (1910*a* [1909]) 226
PSYCHO-ANALYSIS (1926*f*) 426

PSYCHOANALYTISCHE BEMERKUNGEN ÜBER EINEN AUTOBIOGRAPHISCH
BESCHRIEBENEN FALL VON PARANOIA (DEMENTIA PARANOIDES)
(1911c) 244
DIE PSYCHOGENE SEHSTÖRUNG IN PSYCHOANALYTISCHER
AUFFASSUNG (1910i) 239
ÜBER DIE PSYCHOGENESE EINES FALLES VON WEIBLICHER
HOMOSEXUALITÄT (1920a) 355
ZUR PSYCHOLOGIE DES GYMNASIASTEN (1914f) 292
PSYCHOPATHISCHE PERSONEN AUF DER BÜHNE (1942a [1905 or 1906]) 191
ZUR PSYCHOPATHOLOGIE DES ALLTAGSLEBEN (1901b) 172
ÜBER PSYCHOTHERAPIE (1905a ⌜1904⌟) 188
RATSCHLÄGE FÜR DEN ARZT BEI DER PSYCHOANALYTISCHEN
BEHANDLUNG (1912e) 256
DER REALITÄTSVERLUST BEI NEUROSE UND PSYCHOSE (1924e) 390
REFERAT ÜBER AVERBECK, *DIE AKUTE NEURASTHENIE* (1887a) 49
REFERAT ÜBER MITCHELL, *DIE BEHANDLUNG GEWISSER FORMEN VON
NEURASTHENIE UND HYSTERIE* (1887b) 49
EIN RELIGIÖSES ERLEBNIS (1928a [1927]) 441
REZENSION VON AUGUST FOREL, *DER HYPNOTISMUS* (1889a) 64
AN ROMAIN ROLLAND (1926a) 429
SÁNDOR FERENCZI (1933c) 464
EINE SCHWIERIGKEIT DER PSYCHOANALYSE (1917a) 337
SELBSTDARSTELLUNG (1925d [1924]) 410
DIE SEXUALITÄT IN DER ÄTIOLOGIE DER NEUROSEN (1898a) 154
ZUR SEXUELLEN AUFKLÄRUNG DER KINDER (OFFENER BRIEF AN
DR. M. FÜRST) (1907c) 205
SOLL DIE PSYCHOANALYSE AN DEN UNIVERSITÄTEN GELEHRT
WERDEN? (1919j [1918]) 341
STUDIEN ÜBER HYSTERIE (By Breuer and Freud) (1893-1895) 99
DAS TABU DER VIRGINITÄT (BEITRÄGE ZUR PSYCHOLOGIE DES
LIEBESLEBENS III) (1918a [1917]) 238
TATBESTANDSDIAGNOSTIK UND PSYCHOANALYSE (1906c) 201
EINE TEUFELSNEUROSE IM SIEBZEHNTEN JAHRHUNDERT (1923d [1922]) 379
ZUR THEORIE DES HYSTERISCHEN ANFALLES (1940d [1892]) 71
THOMAS MANN ZUM 60. GEBURTSTAG (1935c) 468
TOTEM UND TABU (1913 [1912-13]) 285
TRAUER UND MELANCHOLIE (1917e [1915]) 318
EIN TRAUM ALS BEWEISMITTEL (1913a) 273
TRÄUM UND TELEPATHIE (1922a) 358

ÜBER DEN TRAUM (1901*a*) 171
DIE TRAUMDEUTUNG (1900*a*) 160
TRÄUME IM FOLKLORE (1957*a* [1911]) 260
TRIEBE UND TRIEBSCHICKSALE (1915*c*) 300
ÜBER TRIEBUMSETZUGEN, INSBESONDERE DER ANALEROTIK (1917*c*) 336
DAS UNBEHAGEN IN DER KULTUR (1930*a* [1929]) 432
DAS UNBEWUSSTE (1915*e*) 309
DAS UNHEIMLICHE (1919*h*) 346
DER UNTERGANG DES ÖDIPUSKOMPLEXES (1924*d*) 388
DIE VERDRÄNGUNG (1915*d*) 306
VERGÄNGLICHKEIT (1916*a* [1915]) 323
DIE VERNEINUNG (1925*h*) 395
VICTOR TAUSK (1919*f*) 350
ZUR VORGESCHICHTE DER ANALYTISCHEN TECHNIK (1920*b*) 361
VORLESUNGEN ZUR EINFÜHRUNG IN DIE PSYCHOANALYSE (1916-1917 [1915-1917]) 327
VORREDE DES ÜBERSETZERS ZU BERNHEIM, *DIE SUGGESTION UND IHRE HEILWIRKUNG* (1888 [1888-9]) 61
VORREDE ZU *PROBLEME DER RELIGIONSPSYCHOLOGIE* VON DR. THEODOR REIK (1919*g*) 348
VORTRAG: ÜBER DEN PSYCHISCHEN MECHANISMUS HYSTERISCHER PHÄNOMENE (1893*h*) 128
VORWORT DES ÜBERSETZERS VON J. M. CHARCOT, *LEÇONS SUR LES MALADIES DU SYSTÈME NERVEUX: TOME TROISIÈME* (1886*f*) 46
VORWORT UND ANMERKUNGEN ZUR ÜBERSETZUNG VON J. M. CHARCOT *LEÇONS DU MARDI DE LA SALPÊTRIÈRE* (1887-88) (1892-94) 67
VORWORT ZU *DIE PSYCHISCHEM STÖRUNGEN DER MÄNNLICHEN POTENZ* VON DR. MAXIM STEINER (1913*e*) 284
VORWORT ZU *EDGAR POE, ÉTUDE PSYCHANALYTIQUE* (1933*d*) 468
VORWORT ZU *LÉLEKELEMZZÉS, ÉRTEKEZÉSEK A PSZICHOANALIZIS KÖRÉBÖL* IRTA DR. FERENCZI SÁNDOR (1910*b* [1909]) 218
VORWORT ZU MAX EITINGON, *BERICHT ÜBER DIE BERLINER PSYCHOANALYTISCHE POLIKLINIK (MÄRZ 1920 BIS JUNI 1922)* (1923*g*) 405
VORWORT ZU *NERVÖSE ANGSTZUSTÄNDE UND IHRE BEHANDLUNG* VON WILLHELM STEKEL (1908*f*) 217
VORWORT ZU RICHARD STERBA, *HANDWÖRTERBUCH DER PSYCHOANALYSE* (1936*b* [1932]) 467
VORWORT ZU *SAMMLUNG KLEINER SCHRIFTEN ZUR NEUROSENLEHRE AUS DEN JAHREN 1893-1906* (1906*b*) 125

VORWORT ZUR BROSCHÜRE *ZEHN JAHRE BERLINER PSYCHOANALYTISCHES INSTITUT* (1930*b*)	456
DER **WAHN** UND DIE TRÄUME IN W. JENSENS *GRADIVA* (1907*a* [1906])	199
WARUM KRIEG? (1933*b* [1932])	461
WEGE DER PSYCHOANALYTISCHEN THERAPIE (1919*a* [1918])	339
ÜBER DIE **WEIBLICHE** SEXUALITÄT (1931*b*)	451
WEITERE BEMERKUNGEN ÜBER DIE ABWEHR-NEUROPSYCHOSEN (1896*b*)	148
DIE **WIDERSTÄNDE** GEGEN DIE PSYCHOANALYSE (1925*e* [1924])	391
ÜBER '**WILDE**' PSYCHOANALYSE (1910*k*)	240
DER **WITZ** UND SEINE BEZIEHUNG ZUM UNBEWUSSTEN (1905*c*)	192
EIN **WORT** ZUM ANTISEMITISMUS (1938*a*)	484
ZEITGEMÄSSES ÜBER KRIEG UND TOD (1915*b*)	322
DIE **ZUKUNFT** EINER ILLUSION (1927*c*)	431
DIE **ZUKÜNFTIGEN** CHANCEN DER PSYCHOANALYTISCHEN THERAPIE (1910*d*)	233
ZUSCHRIFT AN DIE ZEITSCHRIFT *LE DISQUE VERT* (1924*a*)	407
ZWANGSHANDLUNGEN UND RELIGIONSÜBUNGEN (1907*b*)	204
ZWEI KINDERLÜGEN (1913*g*)	275

諸国語タイトル

(仏語・ハンガリー語)

QUELQUES **CONSIDÉRATIONS** POUR UNE ÉTUDE COMPARATIVE DES PARALYSIES MOTRICES ORGANIQUES ET HYSTÉRIQUES (1893*c* [1888-1893])	71
KELL-E AZ EGYETEMEN A PSCHOANALYSIST TANITANI? (1919*j* [1918])	341
L'HÉRÉDITÉ ET L'ÉTIOLOGIE DES NÉVROSES (1896*a*)	147
OBSESSIONS ET PHOBIES (LEUR MÉCANISME PSYCHIQUE ET LEUR ÉTIOLOGIE) (1895*c* [1894])	137

【監訳者略歴】

北山　修（きたやま・おさむ）

精神分析医。1946年、淡路島に生まれる。1972年、京都府立医科大学卒業。札幌医科大学内科研修生を経て、ロンドンのモーズレイ病院およびロンドン大学精神医学研究所で卒後研修。帰国後、北山医院（現南青山心理相談室）院長。1991年より九州大学教育学部カウンセリング講座助教授、1994年同教授。2000年より九州大学大学院人間環境学研究院教授、2001年より同大学院医学研究院教授を兼任。医学博士。国際精神分析協会正会員、日本精神分析学会会員、日本語臨床研究会事務局長。

主な著書
『悲劇の発生論──精神分析の理解のために』金剛出版　1982
『錯覚と脱錯覚──ウィニコットの臨床感覚』岩崎学術出版社　1985
『心の消化と排出──文字通りの体験が比喩になる過程』創元社　1988
『見るなの禁止』岩崎学術出版社　1993
『言葉の橋渡し機能──およびその壁』岩崎学術出版社　1993
『自分と居場所』岩崎学術出版社　1993
『幻滅論』みすず書房　2001
『精神分析理論と臨床』誠信書房　2001

監訳書
Ｄ・Ｗ・ウィニコット『抱えることと解釈』岩崎学術出版社　1989
Ｐ・Ｊ・マホーニィ『フロイトの書き方』誠信書房　1996
Ｄ・Ｗ・ウィニコット『小児医学から精神分析へ』岩崎学術出版社　2005

【訳者紹介・分担】(50音順)

氏名	所属	担当
秋田 恭子	東北福祉大学・北山研究所	XVII巻後半
阿比野 宏	Tavistock Clinic（ロンドン）	IX巻
池田 政俊	帝京大学・北山研究所	VII巻、XX巻後半
井口 由子	こどもの城小児保健部	X巻後半
笠井 仁	筑波大学大学院人間総合科学研究科	I巻前半、II巻 全巻校閲
金坂 弥起	牧病院	XII巻
北山 修	九州大学	序文 全巻校閲
工藤 剛	秩父中央病院・国立成育医療センター	XX巻前半
小坂 和子	東洋英和女学院大学・北山研究所	XII巻
酒井 恵子	大阪工業大学教職教室	VIII巻、XXI巻
島田 凉子	人間総合科学大学人間科学部	著作リスト、全巻校閲
須賀 路郎	習志野カウンセリングオフィス	XVII巻前半
鈴木 瑞実	甲南大学人間科学研究所・雄岡病院	XI巻、XVIII巻
野村 学	田崎病院・安里駅前クリニック	VI巻
馬場 謙一	中部大学人文学部	XV巻、XVI巻
福本 修	恵泉女学園大学人文学部	I巻後半、III巻
松森 基子	北山研究所	XX巻後半
妙木 浩之	東京国際大学・北山研究所	XIV巻
山﨑 志緒理	高田馬場新澤ビルクリニック	XIX巻
吉田 弘道	専修大学文学部・北山研究所	X巻前半
若山 隆良	立野心理相談室	XIII巻、XXIII巻
渡辺 智英夫	渡辺メンタルクリニック	IV巻、V巻

フロイト全著作解説
ぜんちょさくかいせつ

2005年8月25日	初版第1刷印刷
2005年8月30日	初版第1刷発行

著　者	J・ストレイチー
監訳者	北　山　　　修
発行者	渡　辺　睦　久
発行所	人　文　書　院

〒612-8447　京都市伏見区竹田西内畑町9
電話075-603-1344　振替01000-8-1103

装幀　間　村　俊　一
印刷所　創栄図書印刷株式会社
製本所　坂　井　製　本　所

© JIMBUN SHOIN 2005, Printed in Japan.
ISBN4-409-33048-9　C3011

http://www.jimbunshoin.co.jp/

R〈日本複写権センター委託出版物〉
本書の全部または一部を無断で複写複製（コピー）することは、著作権法上での例外を除き禁じられています。本書からの複写を希望される場合は、日本複写権センター（03-3269-5784）にご連絡ください。

フロイト著作集　　全11巻　好評発売中

1. 精神分析入門（全）　　4500円
   フロイトの基本的な精神分析講義の記録。『続精神分析入門』も収める。
2. 夢判断　　4500円
   夢研究のあらゆる領域で今日なお生きつづける古典的名著。
3. 文化・芸術論　　4500円
   「トーテムとタブー」「ドストエフスキーと父親殺し」ほか。
4. 日常生活の精神病理学 他　　4500円
   日常生活の些細な行為の背後にひそむ心理。「自己を語る」ほか。
5. 性欲論・症例研究　　4500円
   「性欲論三篇」「女性の性愛について」「ナルシシズム入門」ほか。
6. 自我論・不安本能論　　4500円
   「快感原則の彼岸」「自我とエス」「悲哀とメランコリー」ほか。
7. ヒステリー研究 他　　4500円
   初期の大著『ヒステリー研究』や「科学的心理学草稿」を収録。
8. 書簡集　　4500円
   フロイト17歳から83歳までの主要な書簡339通を収める。
9. 技法・症例篇　　4500円
   「精神療法について」「強迫神経症の一症例に関する考察」など。
10. 文学・思想篇Ⅰ　　4500円
    「愛情生活の心理学への寄与」「精神分析に関わるある困難」ほか。
11. 文学・思想篇Ⅱ　　4500円
    「夢とテレパシー」「人間モーセと一神教」「フェレンツィ」ほか。

表示価格（税抜）は2005年8月現在